普通高等教育“十一五”规划教材
PUTONG GAODENG JIAOYU SHIYIWU GUIHUA JIAOCAI （高职高专教育）

DIANLI GONGCHENG ZHITU YU CAD

电力工程制图与CAD

主　编　赵灼辉
副主编　杨文瑜　房　延
主　审　付　涓　李显民

中国电力出版社
http://jc.cepp.com.cn

内 容 提 要

本书为普通高等教育“十一五”规划教材（高职高专教育）。

全书共分9章，主要内容包括制图的基本知识与技能、计算机绘图基础、投影基础、立体及其表面交线的投影、组合体的视图、物体常用的表达方法、电气设备中的零件图和装配图、电气工程图、电力安装图。与本教材配套使用的《电力工程制图与CAD习题集》由中国电力出版社同时出版。

本书可作为电力行业职业院校和培训中心非机械类专业制图的教学和培训用书，也可作为相关工程技术人员学习计算机绘图的参考书。

图书在版编目(CIP)数据

电力工程制图与CAD/赵灼辉主编．—北京：中国电力出版社，2007.9（2018.8重印）

普通高等教育“十一五”规划教材．高职高专教育

ISBN 978-7-5083-5929-8

Ⅰ.电… Ⅱ.赵… Ⅲ.电力工程—工程制图：计算机制图—应用软件，AutoCAD—高等学校：技术学校—教材 Ⅳ.TM7-39

中国版本图书馆CIP数据核字(2007)第125795号

中国电力出版社出版、发行

（北京市东城区北京站西街19号 100005 http://jc.cepp.com.cn）

北京雁林吉兆印刷有限公司印刷

各地新华书店经售

*

2007年9月第一版 2018年8月北京第十次印刷

787毫米×1092毫米 16开本 25印张 613千字

定价**48.00**元

前　言

为贯彻落实教育部《关于进一步加强高等学校本科教学工作的若干意见》和《教育部关于以就业为导向深化高等职业教育改革的若干意见》的精神，加强教材建设，确保教材质量，中国电力教育协会组织制订了普通高等教育“十一五”教材规划。该规划强调适应不同层次、不同类型院校，满足学科发展和人才培养的需求，坚持专业基础课教材与教学急需的专业教材并重、新编与修订相结合。本书为新编教材。

随着我国高等教育由精品教育向大众化教育的转变，高职高专教育得到了国家和社会的高度重视和支持，并获得了长足的发展，但是高职高专院校从师资到数量、质量以及结构比例上，还远远不能满足高职高专教育发展的需要。同时，随着科学技术的进步及我国经济建设的快速发展，对一些职业岗位和岗位群体人员的知识与技能的要求也在不断地发生变化，从而对高职高专教材的建设提出了新的要求。在这样的发展背景下，我们编写了《电力工程制图与CAD》这本教材。

本教材紧紧围绕我国高等教育发展的新特点，以职业岗位群和行业为主，兼顾学科分类的原则，突出专业特色。在编写过程中，我们根据电力类高职高专人才的培养方案及电力企业中各岗位的职能要求，形成了本教材编写的核心理念——“以人为本”，充分体现“让学生学有价值的图学知识，能获得必需的识绘图能力”的教学目标，不片面强调课程体系的完整性。在认真分析了课程体系和内涵的基础上，我们对传统的非机械类专业的工程制图课程体系重新进行了划分，结合电力类专业的特点，增加了电气工程图、电力安装图的内容，体现了以服务为宗旨，以就业为导向的原则。

本教材在编写过程中，总结了近年来“工程图学”教改的一些成果，并结合课程发展的趋势，将计算机绘图的知识贯穿到工程图样的整个识绘过程中，使传统的图学理论和现代计算机绘图技术有机地结合起来。计算机绘图部分摒去了一些偏涩的内容，更强调实用性和操作性，有利于将传授知识和培养技能有效地结合起来。

本教材中工程图样实例的选择，除了考虑典型性、运用性外，尽量贴近生产实践，突出其实用性，使学生尽早熟悉专业工程图样。本书编者密切关注最新国家制图标准的发展动态，并在本书中进行了全面的贯彻。

本教材以“任务为驱动”，在每章的开始明确本章的目的和任务，注意营造问题情境，利用有效的问题展示教学主题，以此扩充教学信息量，扩充学习领域，确保教学内容的广度和深度，拓展专业知识。本书在编写策略上注意陈述性知识、程序性知识与策略性知识的充分展现，在每一节针对不同的学习内容为学生作了“学习提示”，提高了知识的亲和力。

另外，我们考虑到实际教学的需要，编写了与本教材配套使用的《电力工程制图与CAD习题集》，力求通过实践训练来提高学生绘图技能。

本教材不仅注重内容和体系的改革，同时也注重教学方法和手段的改革，以便能跟上科技发展的脚步，本教材提供了配套的多媒体教学课件，方便教师在实际教学中使用。

本教材是为了适应电力类高等职业技术教育的教学需要而编写的，教材内容按照90学时编写，可以作为各高等职业技术学院、高等专科学校、成人高校以及民办高校的电力工程类、通信工程类、计算机类专业的教材，并可供有关工程技术人员参考。

本书由四川电力职业技术学院赵灼辉主编，四川电力职业技术学院杨文瑜和成都电子机械高等专科学校房延任副主编。编写分工如下：赵灼辉编写第2、3、7、8、9章及各章“本章引言”、“学习提示”和“CAD应用”；杨文瑜编写第4、5章；房延编写第1、6章。本教材由四川电力职业技术学院付涓和山西电力职业技术学院李显民主审。在本书编写过程中还得到了肖兰、肖艳萍的帮助，在此一并表示感谢。

由于编者水平有限，书中疏漏之处在所难免，欢迎各位读者不吝赐教。

编者

2007年5月

目　录

绪　　论

一、工程图样的概念及作用

根据投影原理、制图标准或有关规定，表达工程对象的形状、大小及技术要求的设计文件称为工程图样。

在现代工业生产中，无论是机械制造、仪器设备或是建筑工程，都离不开图样。图样是表达设计意图、交流技术思想与指导生产管理的重要工具，是生产中重要的技术文件，因此工程图样常常被誉为“工程界的技术语言”。每一个从事工程技术工作的人员都必须具有制图的技能和看图的本领。

二、本课程的学习内容与学习目的

（1）制图的基本知识（第1章）——学习绘图工具、仪器的使用，掌握基本制图标准和几何作图等基本知识。目的是学会使用绘图工具及运用绘图的技巧和方法，能够正确地绘制平面图形。

（2）投影制图（第2章～第6章）——学习用正投影法来表达空间物体的基本原理和方法。目的是培养学生具备由立体画出图形和由图形想象出空间立体的能力，掌握各种常用的图示方法，并能熟练地运用AutoCAD绘图软件绘制投影图。

（3）专业图（第7章～第9章）——学习识读和绘制零件图、装配图、电气工程图和电力安装图的方法。目的是熟悉不同专业图的表达方法和图示特点，能识读常见的本专业的工程图样，并能运用AutoCAD绘图软件绘制一般的专业图。

（4）培养和发展学生的空间想象能力和良好的图学素质。

（5）树立标准化意识，培养耐心细致的工作作风和严谨认真的工作态度。

三、本课程的特点和学习方法

本课程是一门既有理论，又有较强实践性的技术基础课。因此，学习本课程应培养理论联系实际的学习习惯。既要注重基本理论、基本知识和基本方法的学习，又要注意练好基本功。在弄懂和掌握书本知识的前提下，应通过大量的作业练习和绘图、读图及上机实践，加深理解和巩固理论知识。并要注意深入生产实际，不断丰富自己的感性认识和实践知识，逐步树立空间概念、培养空间想象能力和空间构思能力。具体的学习方法如下。

（1）在学习本课程时，除了通过听课和复习，掌握基本理论、基本知识和基本方法外，还要结合生产实际完成一系列的制图作业，进行将空间物体表达成平面图形，再由平面图形想象空间物体的反复训练，掌握空间物体和平面图形的转化规律，并逐步培养空间想象力。

（2）正确处理读图和画图的关系。从事电力生产管理的人员，正确地读懂图样是非常重要的。但是，绘制图样也同样重要，画图可以加深对制图规律和内容的理解，从而能够提高读图能力。同样，只有对图样理解得好，才能又快又好地将其画出。

（3）在读图和画图的实践过程中，要注意逐步熟悉和掌握《技术制图》、《机械制图》及《电气制图》的国家标准及其他有关规定，在学习中应注意养成认真负责、耐心细致、一丝不苟的优良作风。

四、我国工程图学的发展简介

工程图样是劳动人民在长期的生产实践中创造和发展起来的。我国古代由于水利工程、房屋施工和宫廷建筑的需要，在工程图学方面也有着悠久的历史。

在公元一千多年前，我国就出现了用以营造城邑的建筑区域平面图。在宋代李诫所著的《营造法式》一书中，就有运用了正投影、轴测投影和透视投影的平面图、立面图和断面图等图样，充分证明了我国的工程图学技术在很早以前就已达到了较高水平。宋代以后，元代王帧所著的《农书》、明代宋应星所著的《天工开物》等书中都附有上述类似图样。明末徐光启所著的《农政全书》，画出了许多农具图样，包括细部构造详图，并附有详细的尺寸和制造技术的注解。但是由于长期的封建统治和列强侵略，致使我国工程图学的发展停滞不前，突出表现为制图标准极为混乱。

解放以后，机械工业发展迅速，我国于 1956 年由原机械工业部颁布了第一个部颁标准《机械制图》，1959 年国家科学技术委员会颁布了第一个国家标准《机械制图》，随后又颁布了国家标准《建筑制图》，使全国工程图样的标准得到了统一，标志着我国工程图学进入了一个崭新的阶段。

改革开放以后，随着工业生产和科学技术突飞猛进的发展，工程图学也随之发展完善。特别是近年来，随着计算机技术的发展与普及，计算机绘图已逐步取代了利用传统仪器的手工绘图。随着科学技术的进步，工程图学在图学理论、图学应用、图学教育、计算机图学、制图技术与制图标准方面必将得到更大的发展。

第1章　制图的基本知识与技能

本　章　引　言

图样是"工程界的技术语言"，为了便于技术交流和指导生产，就必须有一个统一的规定。本章将介绍国家标准对于图样的画法、图线、尺寸注法等作出的统一规定，这些内容是我们识绘工程图样需要遵守的基本规定。本章还介绍了绘图工具的使用、平面作图的基本技巧和方法。

本章重点　国家标准《技术制图》、《机械制图》及《电力工程制图》的有关规定；绘图工具及其使用方法；几何作图的原理和方法。

本章难点　几何作图的原理，徒手绘图的技能。

1.1　制图的基本标准

目的与任务　了解国家标准中有关制图的规定，树立标准化意识，为正确识绘工程图做好准备。

标准是为了在一定的范围内获得最佳秩序，而对活动或其结果规定共同的和重复使用的规则、导则或特性的文件。我国的标准体系分为国家标准、行业标准、地方标准、企业标准4级。我国国家标准的编号由标准代号、标准顺序号、批准年号和标准名称组成，例如：GB/T 17453—2005《技术制图　图样画法　剖面区域的表示法》。"GB"表示强制性国家标准，"GB/T"表示推荐性国家标准；"17453"为标准顺序号；"2005"为标准批准年号。

图样是重要的技术文件，必须按照一定的标准来绘制和阅读。在我国现行的国家制图标准的体系中，《技术制图》标准是处于最高层的标准，《机械制图》、《电力工程制图》、《建筑制图》等标准根据各专业领域的特点，在《技术制图》标准的基础上进行了必要的和技术性的补充。在使用标准的过程中，应及时查用现行有效的、最新的相关标准。

1.1.1　图纸幅面和格式

一、图纸幅面

为了便于绘制、使用和保管图样，国家标准《技术制图》中规定了图样的幅面尺寸。绘制图样时，应优先采用表1-1中规定的幅面尺寸。

表1-1　图纸幅面及周边尺寸　(mm)

<table>
<tr><td colspan="2">幅面代号</td><td>A0</td><td>A1</td><td>A2</td><td>A3</td><td>A4</td></tr>
<tr><td colspan="2">尺寸 $B\times L$</td><td>841×1189</td><td>594×841</td><td>420×594</td><td>297×420</td><td>210×297</td></tr>
<tr><td rowspan="3">图框</td><td>a</td><td colspan="5">25</td></tr>
<tr><td>c</td><td colspan="3">10</td><td colspan="2">5</td></tr>
<tr><td>e</td><td colspan="2">20</td><td colspan="3">10</td></tr>
</table>

从表中可以看出，国家标准规定了5种常用的图纸大小。分别用A0、A1、A2、A3、A4表示，前一号图纸的幅面沿长边对裁，即为后一号图纸的幅面。必要时允许加长幅面，但应按基本幅面的短边整数倍增加。各种基本幅面和加长幅面如图1-1所示。

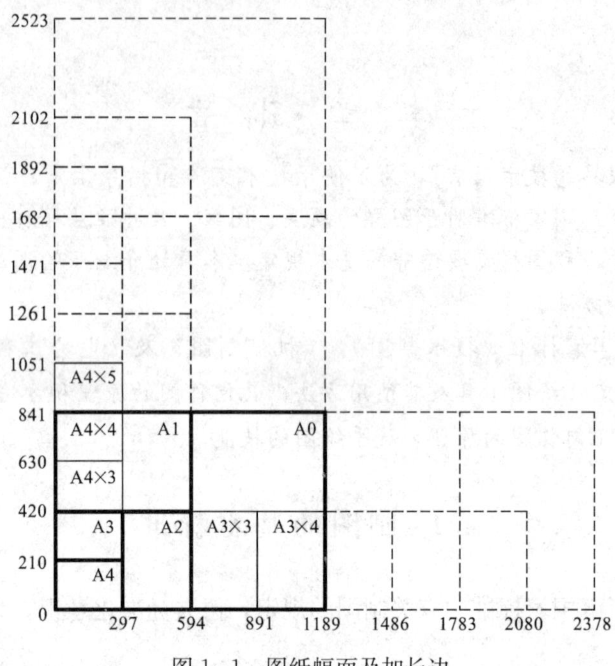

图1-1 图纸幅面及加长边

其中粗实线部分为基本幅面；细实线部分为第一选择的加长幅面；虚线部分为第二选择的加长幅面。加长后幅面记作：基本幅面代号×倍数。如A3×3，表示按A3图幅短边加长为297mm的3倍，即加长后图纸尺寸为420mm×891mm。

二、图框格式

图框格式分为留装订边和不留装订边两种，其装订边等的尺寸如表1-1所示。图1-2所示为采用A4幅面竖装和A3幅面横装时，留装订边和不留装订边的图框格式。

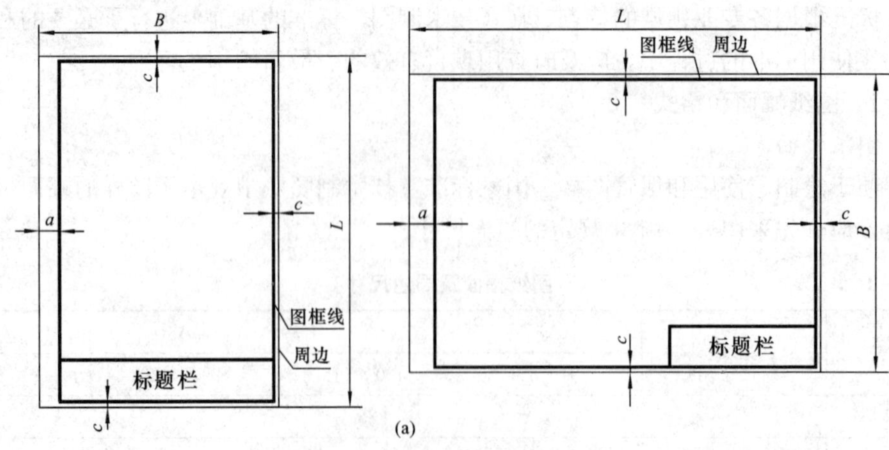

图1-2 图框格式（一）

(a) 留装订边格式

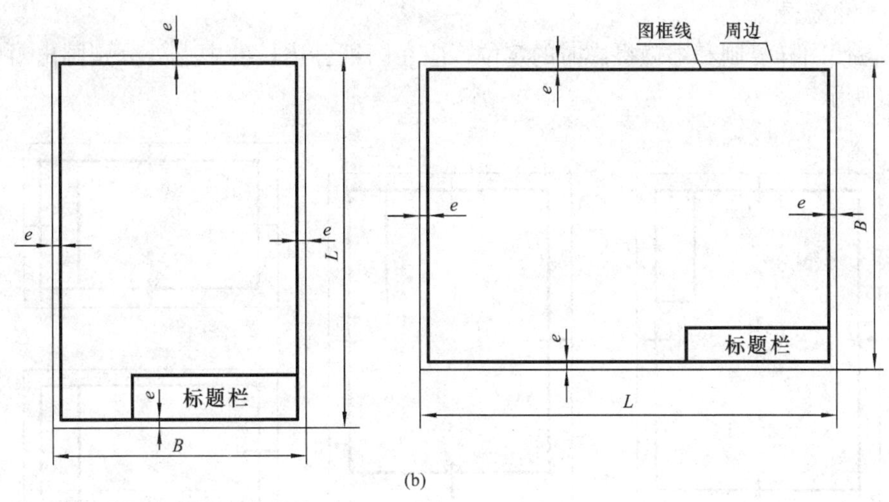

图 1 - 2　图框格式（二）

（b）不留装订边格式

三、标题栏及配置

每张图样上必须画出标题栏，标题栏位于图样的右下角，与看图方向一致。

标题栏分为更改区、签字区、名称及代号区和其他区，如图 1 - 3 所示。对学校采用的图样而言，建议采用图 1 - 4 所示的标题栏格式。外框用粗实线绘制，内框用细实线绘制；标题栏内图名用 10 号字，校名用 7 号字，其余用 5 号字书写。

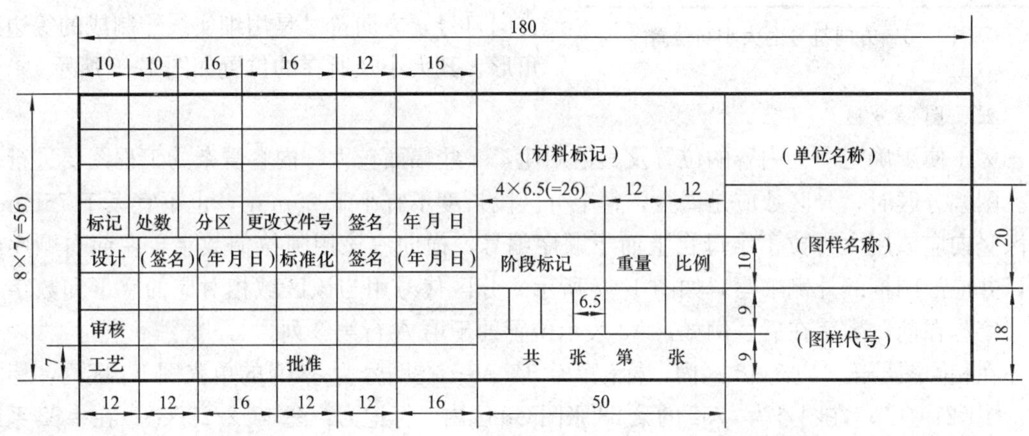

图 1 - 3　标题栏格式及尺寸

（校名）				图号	
				比例	
设计		校核		（图名）	
班级		审核			
学号		日期			
15	30	15	30	90	

5×8=40；8；180

图 1 - 4　学校用标题栏格式及尺寸

四、对中符号

为了方便图样复制和缩微摄影时的定位，应在图纸各边长的中点处分别画出对中符号，如图1-5所示。

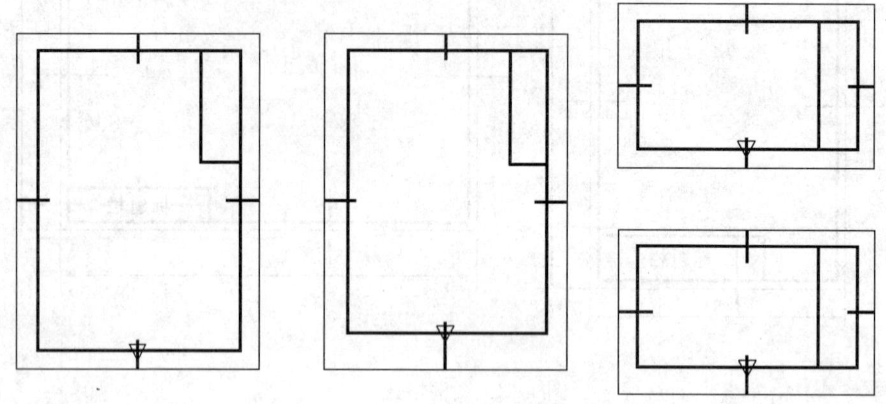

图1-5　对中符号和方向符号

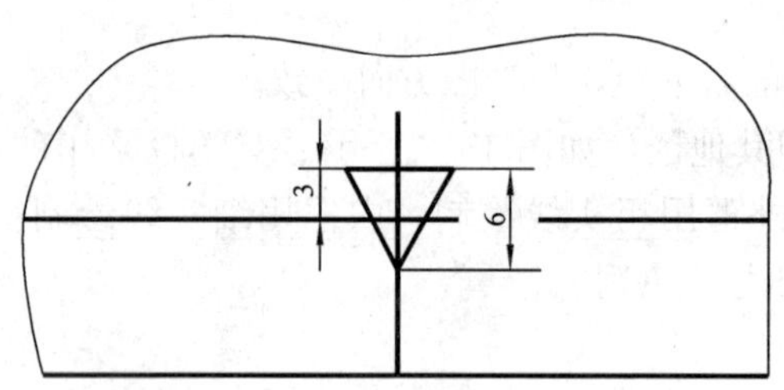

图1-6　方向符号的大小与位置

对中符号用粗实线绘制，线宽不小于0.5mm，长度为从图纸边界开始至伸入图框内约5mm，当对中符号处在标题栏范围内时，则伸入标题栏的部分省略不画。

若使用预先印制好的图纸，为了明确绘图和看图的方向，应在图纸的下边对中符号处画一个方向符号，方向符号是用细实线绘制成的等边三角形，其大小及所在的位置如图1-6所示。

五、图幅分区

为了便于确定图上内容的位置及其他用途，一些幅面较大、内容复杂的工程图要进行分区。图幅分区时，分区数应是偶数，每个分区段长度不宜小于25mm，也不宜大于75mm。分区竖向应该用大写拉丁字母自上而下顺序编号，横向应该用阿拉伯数字自左而右顺序编号，并应沿图框线外侧书写，如图1-7所示。分区代号用与该区域相对应的字母和数字表示，字母在前，数字在后。例如：A3表示位置处于第A行第3列。

在相同图号第34张A6区内，标记为：34/A6；在图号为3219的单张图F3区内，标记为：图3219/F3；在图号为4752的第28张图G8区内，标记为：图4752/28/G8；在=S2系统单张图C2区内，标记为：=S2/C2；在=SP系统第31张图E7区内，标记为：=SP31/E7。

1.1.2　比例

图样中的图形与其实物相应要素的线性尺寸之比，称为比例。绘制图样时，一般应采用表1-2中规定的比例。

绘制同一机件的各视图时，应采用相同的比例，并在标题栏的比例栏中填写，如1∶1。

图样无论是放大还是缩小，在标注尺寸时，都应按机件的实际尺寸标注。当图样中的某一个视图需采用不同的比例时，必须在该视图的上方注明另采用的比例，如图1-8所示。

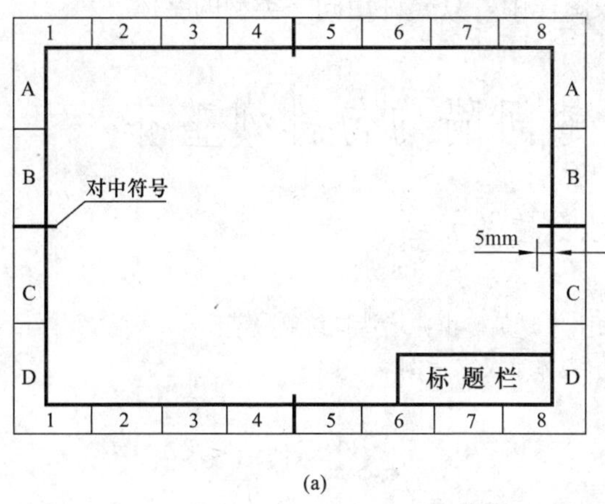

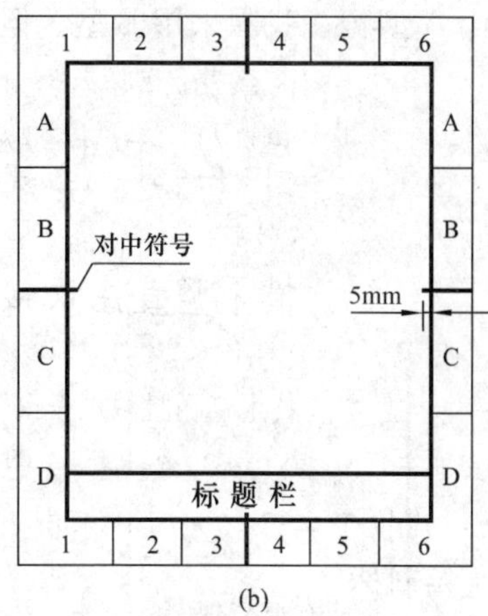

图 1-7　图幅分区和对中符号画法

（a）横式幅面；（b）立式幅面

表 1-2　　**比　　例**

种　　类	比　　例
与实物相同	1∶1
缩小的比例	1∶1.5　1∶2　1∶2.5　1∶3　1∶4　1∶5　$1:10^n$　$1:1.5\times10^n$　$1:2\times10^n$　$1:5\times10^n$
放大的比例	2∶1　2.5∶1　4∶1　5∶1　$1\times10^n:1$　$2\times10^n:1$　$5\times10^n:1$

注　n 为正整数。

1.1.3　字体

字体是指图中文字、字母和数字的书写形式。

图样上所注写的汉字、数字和字母必须做到字体端正、笔画清楚、排列整齐、间隔均匀，这样做的目的是使图样清晰，文字准确，给生产带来方便。

字体按其大小分为若干号。国家标准规定的字号有 20、14、10、7、5、3.5、2.5 共 7 种。字体的号数即为字体的高度（单位 mm），字体的宽高比为 $1:\sqrt{2}$ 。数字及字母的笔画粗度约等于字高的十分之一。

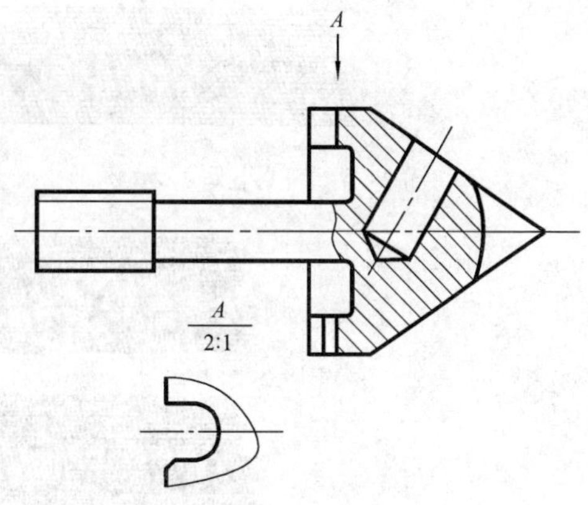

图 1-8　采用不同比例的标注示例

一、汉字

图样上的汉字应采用长仿宋体字，并采用国家正式公布推行的简化字。字的大小应按字号规定，汉字不宜用 2.5 号字。

汉字的书写要领是：横平竖直、注意起落、结构匀称、填满方格。长仿宋体字例如图 1-9所示。

二、数字和字母

在图样中，数字和字母书写时有直体和斜体之分，斜体字的字头向右倾斜，与水平线成 75°。在技术文件中，字母和数字一般写成斜体。字母和数字分为 A 型和 B 型，B 型的笔画宽度比A型宽，我国采用B型。但在同一张图样中，只允许用同一类型的字体。

10号汉字

字体工整笔画清楚间隔均匀排列整齐

7号字

横平竖直注意起落结构均匀填满方格

5号字

技术制图机械电子汽车航空船舶土木建筑矿山井坑港口纺织服装

图1-9 长仿宋体字汉字示例

(一) 拉丁字母(大写)示例

大写斜体

小写斜体

abcdefghijklmnopq

rstuvwxyz

(二) 希腊字母(小写)示例

(三) 阿拉伯数字示例

0123456789

（四）罗马数字示例

三、图样中的书写规定与示例

（1）用作指数、分数、极限偏差、注脚的数字及字母，一般应采用小一号的字体。示例：

$$10^{3}\quad S^{-1}\quad D_{1}\quad T_{d}$$

$$\phi 20^{+0.010}_{-0.023}\quad 7^{\circ}{}^{+1^{\circ}}_{-2^{\circ}}\quad \frac{3}{5}$$

（2）图样中的数字符号、物理量符号、计算单位符号以及其他符号和代号应分别符合有关规定。示例：

$$l/\mathrm{mm}\quad m/\mathrm{kg}\quad 460\mathrm{r/min}$$

$$220\mathrm{V}\quad 5\mathrm{M\Omega}\quad 380\mathrm{kPa}$$

（3）其他标注示例：

$$10JS5(\pm 0.003)\quad M24-6h$$

$$\phi 25\frac{H6}{m5}\quad \frac{II}{2:1}\quad \frac{B-B}{5:1}$$

6.3　R8　5%　3.50

1.1.4　图线

一、图线的种类

绘制图样时，应采用国标 GB/T 17450—1998《技术制图图线》中所规定的图线，如表 1-3 所示。各类图线在图形中都代表一定的含义，其应用举例如图 1-10 所示。

图线的宽度应根据图样的类型和尺寸在下列数系中选取（该数系的公比约为 $\sqrt{2}$ ）。图线宽度推荐系列为：0.18mm、0.25mm、0.35mm、0.5mm、0.7mm、1mm、1.4mm、2mm。其中 0.18mm 避免使用。

粗线、中粗线和细线的宽度比为 4∶2∶1。

表 1-3 **图样中的线型及应用**

图线名称	线型	图线宽度(mm)	一般应用
粗实线	d	d=0.5～2	可见轮廓线、表示剖切面起止和转折的剖切符号
细实线		d/2	过渡线、尺寸线、尺寸界线、剖面线、重合断面的轮廓线、指引线、螺纹牙底线及辅助线等
波浪线		d/2	断裂处的边界线、视图与剖视图的分界线
双折线	7.5d 20~40 14d	d/2	断裂处的边界线、视图与剖视图的分界线
细虚线	2~6 1~2	d/2	不可见轮廓线
粗虚线	2~6 1~2	d	允许表面处理的表示线
细点划线	10~25 2~3	d/2	轴线、对称中心线、剖切线等
粗点划线	10~25 2~3	d	限定范围表示线
细双点划线	10~20 3~4	d/2	相邻辅助零件的轮廓线、可动零件极限位置的轮廓线、毛坯图中制成品的轮廓线、中断线等

二、图线画法及其注意事项

(1) 粗实线的宽度 d，应根据图样的大小和复杂程度，在 0.5～2mm 之间选择，当 d 值确定以后，同一张图样中同类图线的宽度应基本一致。

(2) 虚线、点划线和双点划线的线段长度及间隔应各自大致相等，其推荐值见表 1-3 中的数值。点划线和双点划线中的点是极短的一横（长约 1mm），不能画成圆点，而且应点、线一起绘制，而线的首末两端应该是线段，不应画成点。

(3) 当虚线为粗实线的延长线时，在分界处应稍留空隙。除此之外，两图线相交应画成线段相交。

(4) 绘制圆的中心线时，圆心应为线段的交点。点划线、双点划线的首尾是线段而不应是短划。当点划线、双点划线较短时，可用细实线代替。

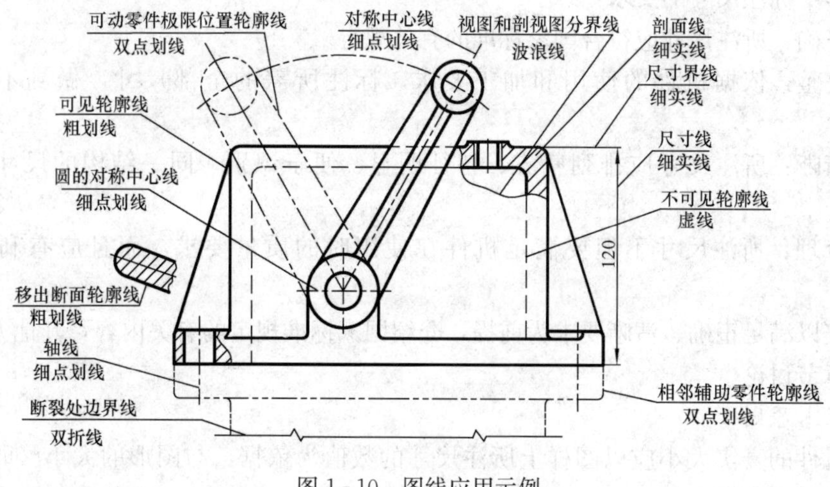

图 1 - 10　图线应用示例

除此以外，画图时还应注意图线的交、接、切处的一些规定画法，如表 1 - 4 所示。

表 1 - 4　　**图线的交、接、切处的规定画法**

画　法	图　例	
	正　确	错　误
虚线与虚线或实线相交，应相交于画线处，不得留有空隙	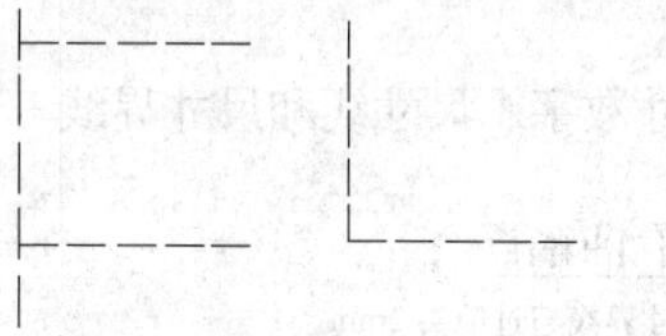	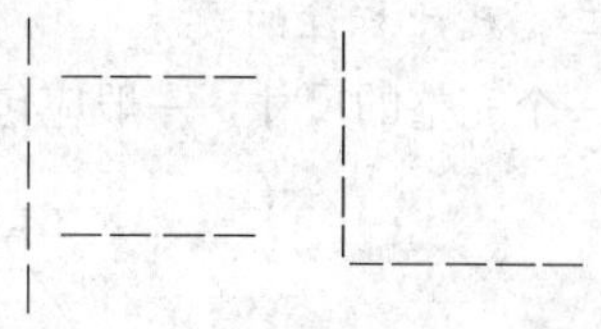
点划线应交于画线处，点划线的首末两端是线段而不是点，并应超出图形 2～3mm	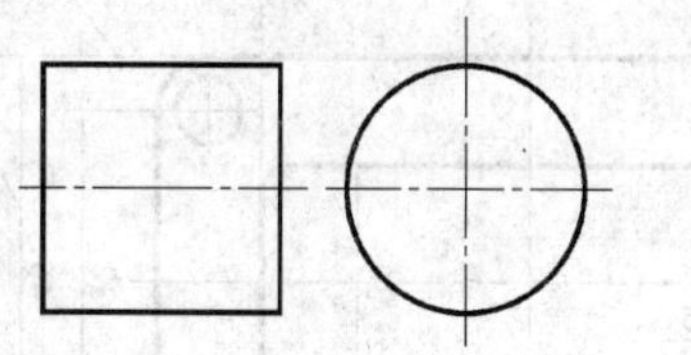	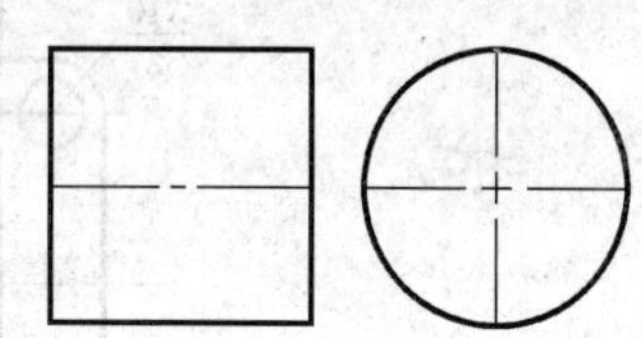
图线与图线相切，应以切点相切，相切处应保持相切两线中较宽的图线的宽度，不得相割或相离	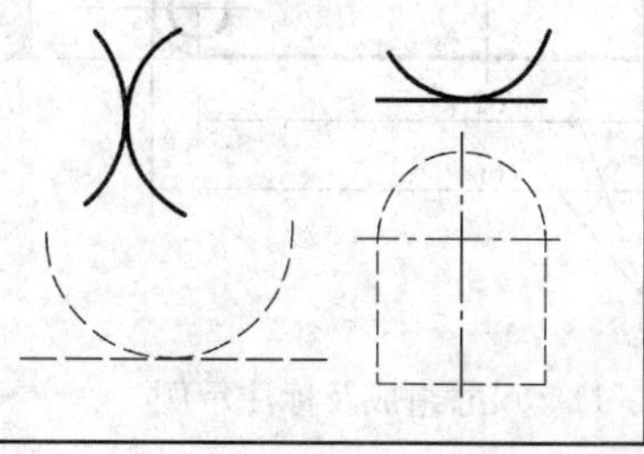	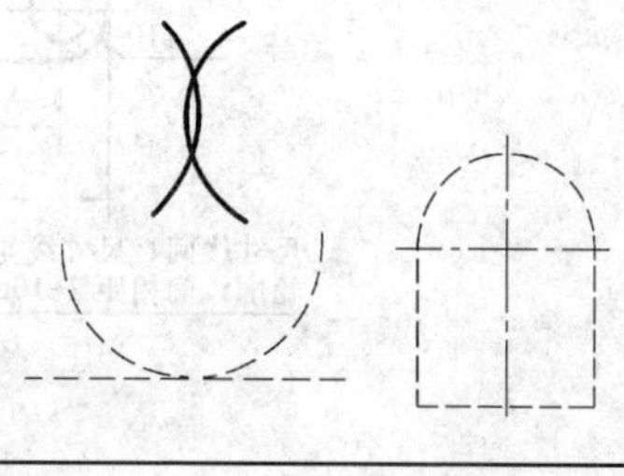

1.1.5　尺寸注法

图样中的图形，只能表达机件的形状，机件的大小是由图中的尺寸确定的，而尺寸是用特定单位的数字来表示的。图样上所注的尺寸，不仅直接影响着机件的加工，而且也是检验机件的重要依据之一。

对图样中标注尺寸的要求：

(1) 正确：所注尺寸应符合国家标准的有关规定。

(2) 完整：依据机件的使用和加工要求，标注所需的全部尺寸，做到不遗漏、不重复。

(3) 清晰：所注尺寸应排列整齐、特征明显、便于识别，同一结构的尺寸尽量集中标注。

(4) 合理：所注尺寸不但要满足机件在使用时的质量要求，而且应有利于加工和测量。

本节仅以满足正确、清晰要求为前提，介绍国家标准规定的有关内容，其他方面的要求将在以后章节讨论。

一、基本原则

(1) 机件的真实大小应以图样上所注尺寸的数值为依据，与图形的大小（即采用的比例）和绘图的准确度无关。

(2) 图样中的尺寸以 mm 为单位时，不需标注计量单位或名称，若采用其他单位，则必须注明相应的计量单位。

(3) 图样中所注尺寸应为该图所示机件的最后完工尺寸，否则应另加说明。

(4) 机件的每一尺寸，一般只标注一次，并应标注在能够最清晰地反映该结构的图形上。

二、尺寸标注的要素

一个完整的尺寸，一般应包括尺寸数字、尺寸线和尺寸界线三个要素，如图 1-11 所示。

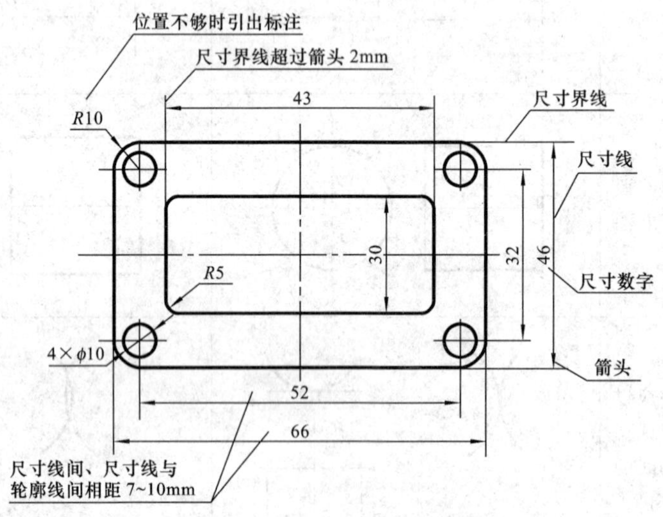

图 1-11 尺寸组成及标注示例

(1) 尺寸数字：它是图样中指令性最强的部分，因而要求字迹清楚，容易辨认，应避免容易造成误解的一切因素。尺寸数字应符合下面的规定。

线性尺寸的数字一般应注写在尺寸线的上方，如图 1-11 所示，也允许注写在尺寸线的中断处。一张图样中尽可能采用一种注写方法。

线性数字的方向，一般采用图1-12（a）所示的方向注写，即水平尺寸数字头朝上，垂直尺寸数字头朝左，倾斜尺寸数字应有朝上的趋势。应尽量避免在图1-12（a）所指明的30°范围内标注尺寸数字，当无法避免时，可按图1-12（b）所示的形式标注。

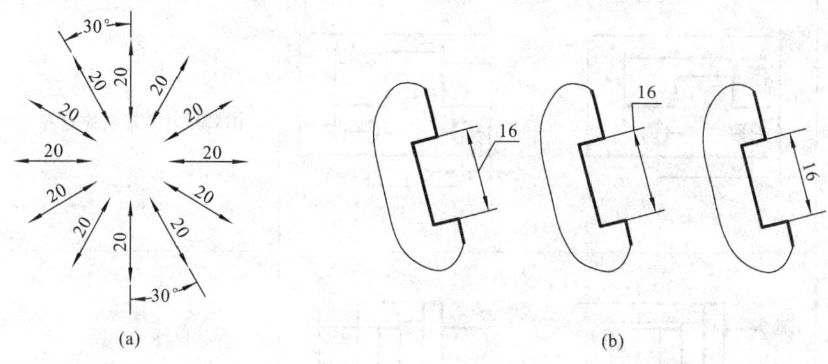

图1-12　线形尺寸数字的注写方向

（a）一般情况下数字的注写方向；（b）特殊情况下数字的标注方法

在注写尺寸数字时，数字不可被任何图线所穿过。当不可避免时，必须把图线断开，如图1-13所示。

角度数字注法，见表1-5。

（2）尺寸线：表示所注尺寸的度量方向，它应符合下面的规定。

尺寸线用细实线绘制，其终端有箭头和斜线两种形式。箭头终端适用于各种类型的图样，其形状大小如图1-14（a）所示。斜线终端必须在尺寸线与尺寸界线相互垂直时才能使用，斜线方向应以尺寸线为准，逆时针旋转45°画出，如图1-14（b）所示。

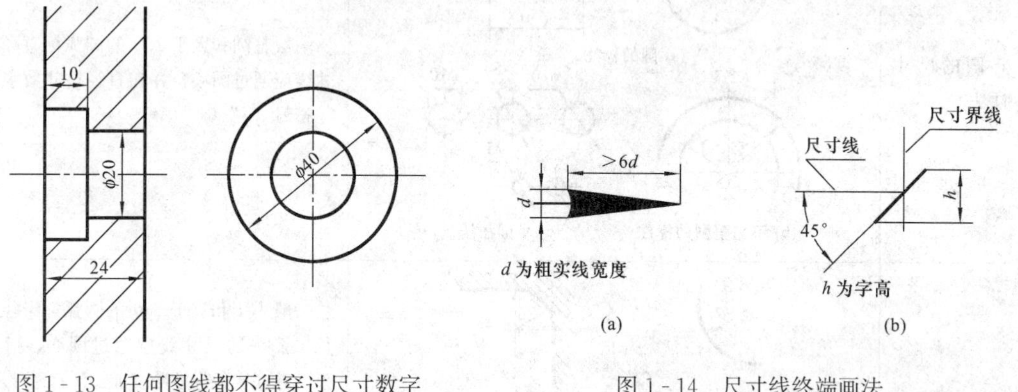

图1-13　任何图线都不得穿过尺寸数字

图1-14　尺寸线终端画法

（a）箭头终端；（b）斜线终端

（3）尺寸界线：表示尺寸度量范围的界线，它应符合下面的规定。

尺寸界线用细实线绘制，并应由图形轮廓线、轴线或对称中心线引出，也可利用轮廓线、轴线或对称中心线作为尺寸界线。

尺寸界线一般应与尺寸线垂直，并超出尺寸线终端2mm左右。必要时允许尺寸界线倾斜画出。

某些常见的尺寸注法如表1-5所示。

表1-5 常用尺寸注法示例

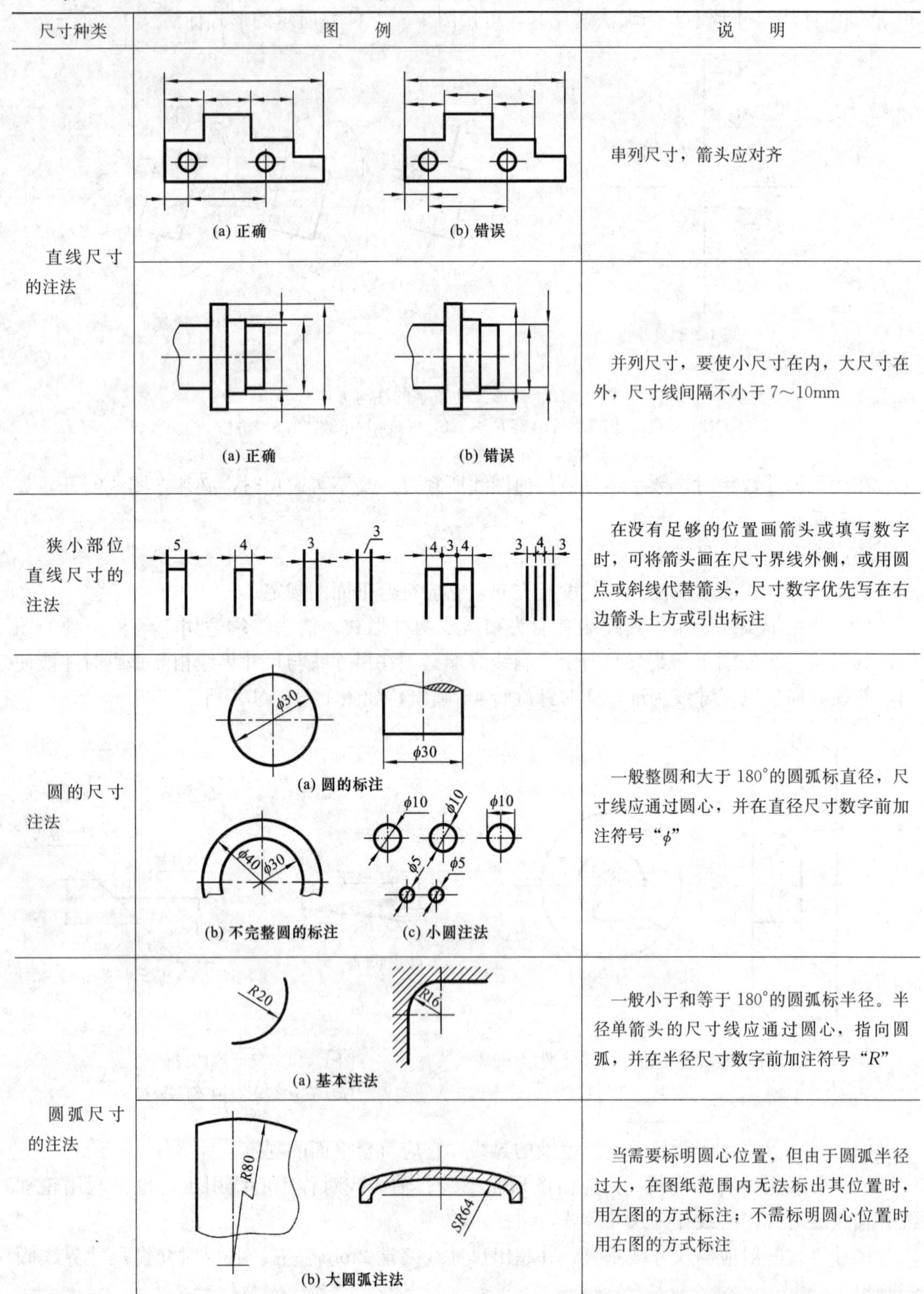

尺寸种类	图例	说明
直线尺寸的注法	(a) 正确 (b) 错误	串列尺寸，箭头应对齐
	(a) 正确 (b) 错误	并列尺寸，要使小尺寸在内，大尺寸在外，尺寸线间隔不小于7～10mm
狭小部位直线尺寸的注法	5 4 3 3 4 3 4 3 4 3	在没有足够的位置画箭头或填写数字时，可将箭头画在尺寸界线外侧，或用圆点或斜线代替箭头，尺寸数字优先写在右边箭头上方或引出标注
圆的尺寸注法	ϕ30 ϕ30 (a) 圆的标注 ϕ40 ϕ30 (b) 不完整圆的标注 ϕ10 ϕ10 ϕ10 ϕ5 ϕ5 (c) 小圆注法	一般整圆和大于180°的圆弧标直径，尺寸线应通过圆心，并在直径尺寸数字前加注符号“ϕ”
圆弧尺寸的注法	R20 R16 (a) 基本注法	一般小于和等于180°的圆弧标半径。半径单箭头的尺寸线应通过圆心，指向圆弧，并在半径尺寸数字前加注符号“R”
	R80 SR64 (b) 大圆弧注法	当需要标明圆心位置，但由于圆弧半径过大，在图纸范围内无法标出其位置时，用左图的方式标注；不需标明圆心位置时用右图的方式标注

续表

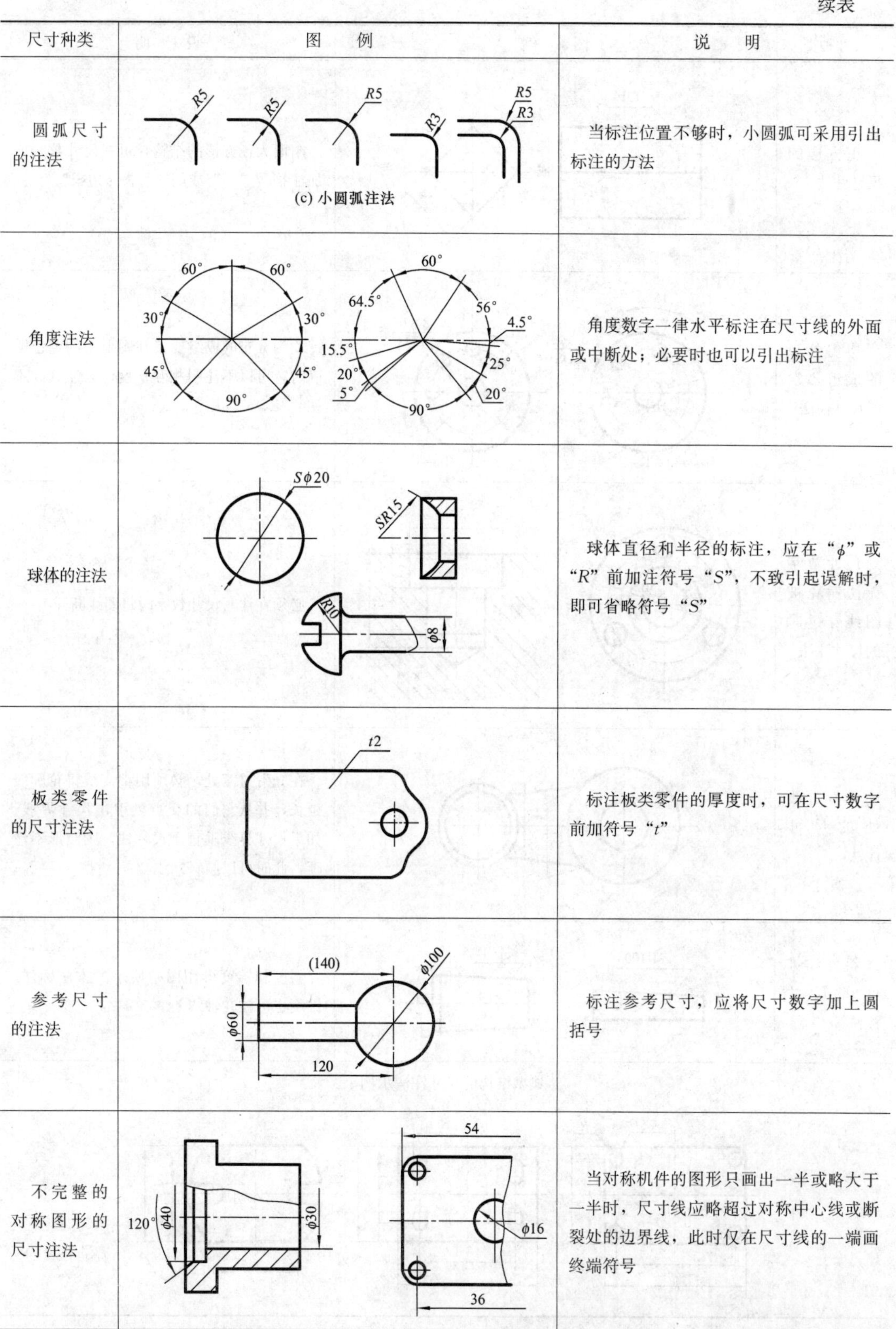

尺寸种类	图　例	说　明
圆弧尺寸的注法	R5　R5　R5　R3　R5　R3 (c) 小圆弧注法	当标注位置不够时，小圆弧可采用引出标注的方法
角度注法	60°　60°　30°　30°　45°　45°　90° 60°　64.5°　56°　4.5°　15.5°　20°　5°　25°　20°　90°	角度数字一律水平标注在尺寸线的外面或中断处；必要时也可以引出标注
球体的注法	$S\phi20$　SR15　R10　$\phi8$	球体直径和半径的标注，应在“ϕ”或“R”前加注符号“S”，不致引起误解时，即可省略符号“S”
板类零件的尺寸注法	$t2$	标注板类零件的厚度时，可在尺寸数字前加符号“t”
参考尺寸的注法	(140)　$\phi100$　$\phi60$　120	标注参考尺寸，应将尺寸数字加上圆括号
不完整的对称图形的尺寸注法	120°　$\phi40$　$\phi30$ 54　$\phi16$　36	当对称机件的图形只画出一半或略大于一半时，尺寸线应略超过对称中心线或断裂处的边界线，此时仅在尺寸线的一端画终端符号

续表

尺寸种类	图　例	说　明
正方形的尺寸注法	□14　或　14×14	断面为正方形的结构，可在尺寸数字前加注符号“□”或用“边长×边长”标注
均匀分布的成组要素的尺寸注法	15°　6×ϕ6 EQS　8×ϕ6 EQS	均匀分布的成组要素在图形中的定位明确时，可以不注明相互角度，只注（或不注）“EQS”（均布）
尺寸数字无法避免被图线穿过时的尺寸注法	ϕ30　ϕ24　10　25　ϕ12	必须在注写尺寸数字时将图线断开
光滑过渡处的尺寸注法	22　35	在光滑过渡处，必须用细实线将轮廓线延长，并从它们的交点处引出尺寸界线。如果尺寸界线垂直于尺寸线，则图形不清晰，此时可以倾斜标注
斜度和锥度的尺寸注法	∠1:100　1:15	斜度和锥度可用图中所示的方法标注。锥度也可注在轴线上

典型结构的尺寸注法示例 1

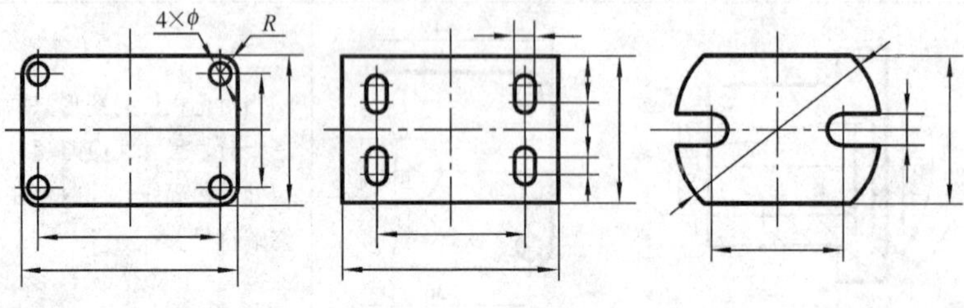

续表

典型结构的尺寸注法示例 2

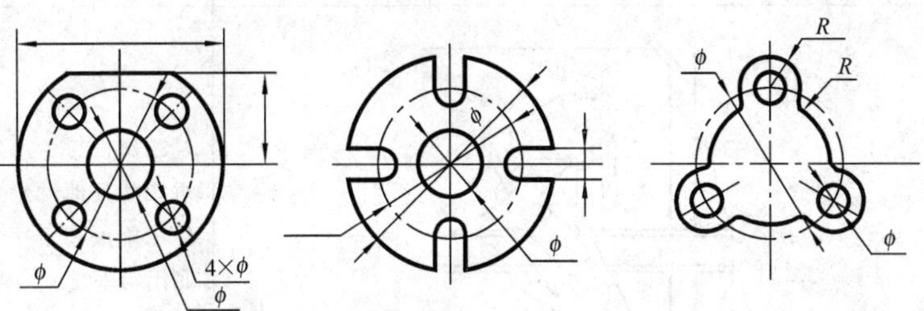

学习提示：

通过本节的学习，除了要了解国家标准《技术制图》、《机械制图》、《电力工程制图》的有关规定外，还要注意理清各标准之间的关系，并树立作图规范化的学习理念。

1.2　常用手工绘图工具、仪器和用品

目的与任务　学会正确使用绘图工具、仪器和用品。

正确使用绘图工具和仪器是保证绘图质量和提高绘图速度的重要方面，因此必须养成正确使用、维护绘图工具和仪器的良好习惯。常用的手工绘图工具及其使用方法如表 1 - 6 所示。

表 1 - 6　**手工绘图工具及其使用要点**

工具名称	图　示	说　明
图板、丁字尺、三角板		图板板面要平坦，板边要平直。丁字尺尺头紧贴图板左侧工作边，上下滑动即可画出水平线
	铅笔	铅笔沿尺口自左向右画出水平线，此时绘图者左手要压住尺身

续表

工具名称	图示	说明
图板、丁字尺、三角板	铅笔	三角板与丁字尺配合使用可画铅垂线和其他倾斜线，绘图时左手压住三角板和丁字尺，右手自下向上画出铅垂线
	75° 15° 15° 75°	两块三角板与丁字尺一起使用可画出15°倍角的斜线
圆规	作分规时用 定心针 画圆时用 铅芯插腿 钢针插腿 鸭嘴插腿 6~8 6~8 加长杆 微调螺钉 (a) (b) 75° 5~8 90° (c) (d) 加长杆 R (e) (f)	圆规主要用于画圆和圆弧，其中一条腿可以换装铅芯插腿、鸭嘴插腿、钢针插腿和加长杆 圆规有大圆规［见图(a)］和小圆规［见图(b)］两种。其中，小圆规主要用于画5mm以下的圆，用微调螺钉进行调节，使用方法如图（f）所示

续表

工具名称	图　示	说　明
分规	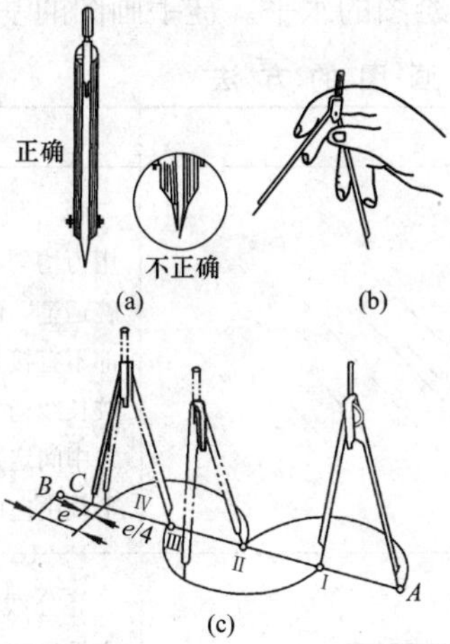 正确 不正确 (a)　(b) B C e e/4 Ⅳ Ⅲ Ⅱ Ⅰ A (c)	分规是用来量取和等分线段的工具，分规两腿针尖并拢时应平齐[见图(a)] 量取尺寸时，应先将两脚张开至大于被量尺寸距离，再逐步将其压缩至被量尺寸大小［见图(b)]。分规等分线时的用法如图（c）所示
曲线板	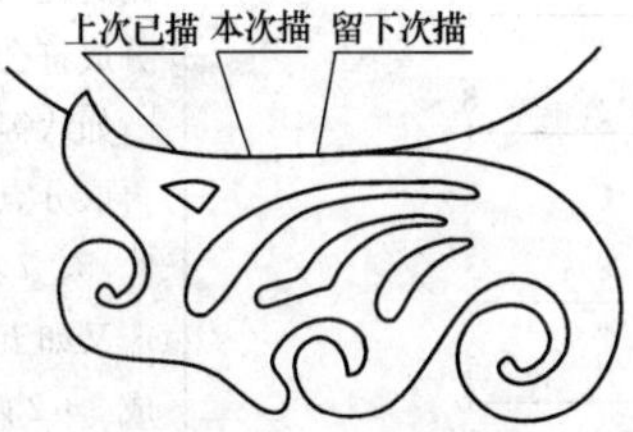 上次已描　本次描　留下次描	曲线板是绘制非圆曲线的工具。使用时，应先用铅笔轻轻地把各点光滑连接起来，然后，选择曲线板上曲率合适的部分，分段描绘
铅笔	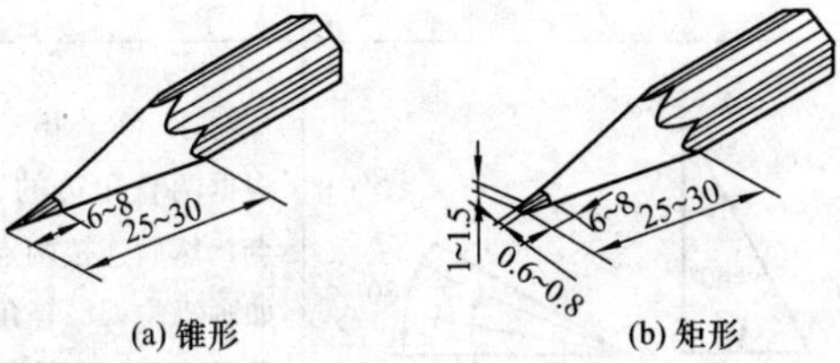 6~8　25~30 (a) 锥形 1~1.5　0.6~0.8　6~8　25~30 (b) 矩形	铅笔有软（代号为 B)，硬（代号为 H）之分，代号前的数字越大则表示铅笔越软或越硬。一般绘图前应准备 H，HB，B 型铅笔各一支，并将其削磨成图中所示的形状。H 型铅笔用于画底稿，HB 型铅笔用于写字和描深细实线，B 型铅笔用于描深粗实线
擦图片	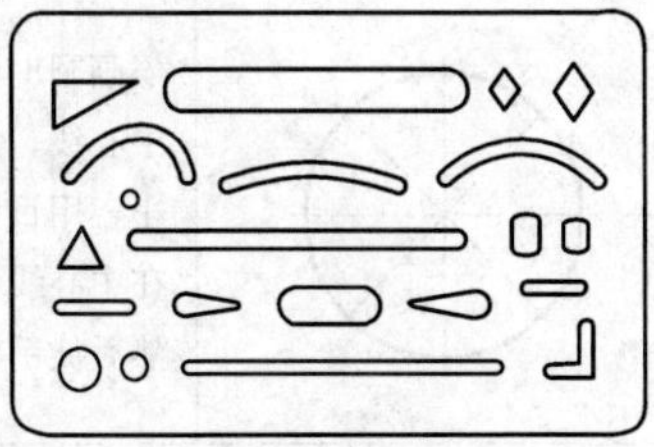	擦图片用于修改图线时遮盖不需擦掉的图线

另外，掌握正确的绘图方法和步骤也是十分必要的。手工绘图的方法一般有三种。

一、徒手绘制草图

草图是仅用铅笔，经过目测比例，徒手在图纸上画出的图样。草图一般用在设计构思的初级阶段，用来反映设计者的技术思想。另外，在现场测绘工作中，草图用来记录机件的形状结构和尺寸大小。草图要求内容完备、图形准确、线条工整、字体清晰。

画草图的图纸可以不固定，以便于转向于有利画线的方位。画线时执笔手的小手指可轻轻抵靠纸面，以保证运笔平稳。徒手绘图是工程技术人员必须具备的一种重要的基本技能，只有通过不断地实践，才能逐步提高徒手绘图的水平。徒手画图的基本方法如表 1-7 所示。

表 1-7　　徒手画图的方法

类别	图　例	画法说明
直线	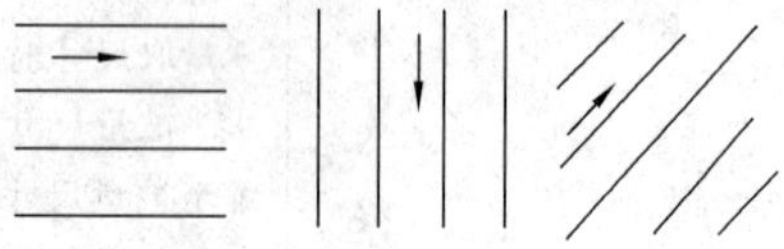	画直线时，眼睛看着图线的终点，用力均匀，一次画成。画短线常用手腕运笔，画长线则以手臂动作，且肘部不宜接触纸面，否则不易画直。画较长线时，也可以用目测的方法在直线中间定出几个点，然后分段画。水平线由左向右画，铅垂线由上向下画
等分线段	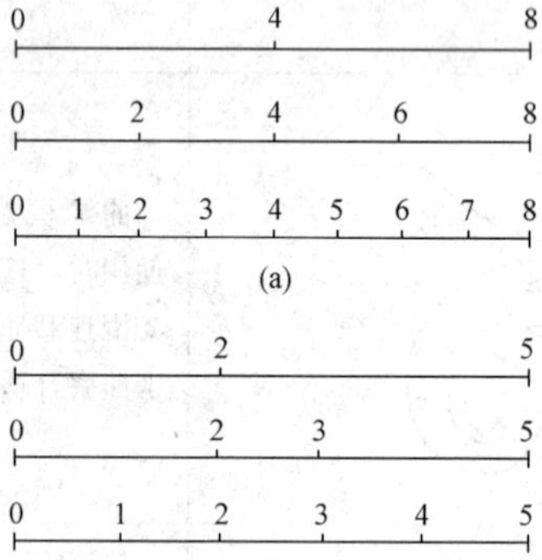 0 4 8 0 2 4 6 8 0 1 2 3 4 5 6 7 8 (a) 0 2 5 0 2 3 5 0 1 2 3 4 5 (b)	等分线段时，根据等分数的不同，应凭目测，先分成相等的或成一定比例的两（或几）大段，然后，再逐步分成符合要求的多个相等小段 如八等分线段，先目测取得中点 4，再取分点 2 和 6，最后取其余分点 1、3、5、7，如左图（a）所示 又如五等分线段，先目测将线段分成 3∶2 两部分，得分点 2，再得分点 3，最后取得分点 1 和 4，如左图（b）所示
角度线	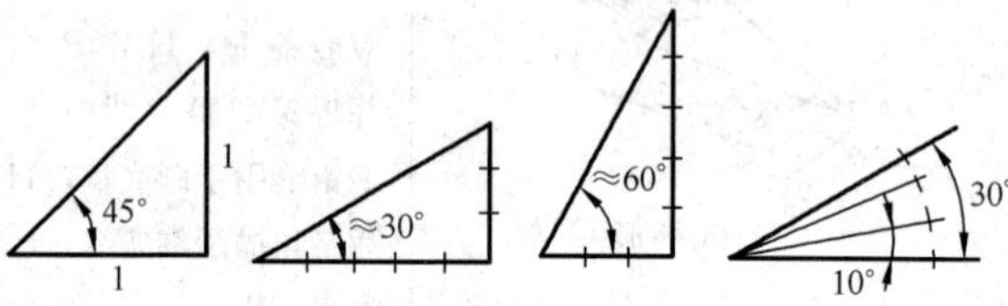 45° 1 1　≈30°　≈60°　30° 10°	对于 30°、45°、60°等常见角度，可根据两直角边的比例关系，定出两端点，然后连接两点即为所画的角度线。如画 10°、15°等角度线，可先画出 30°角后，再等分求得
圆	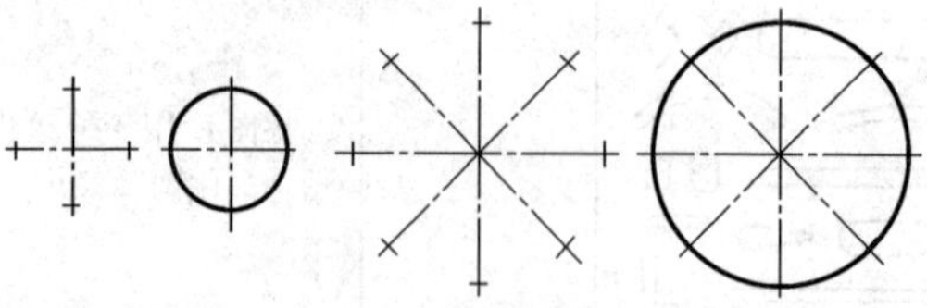	画圆时，先徒手作两条互相垂直的中心线，定出圆心，再根据直径的大小，用目测的方法估计半径的大小，在中心线和其他直径线上截得若干点，然后徒手将各点连接成圆
椭圆	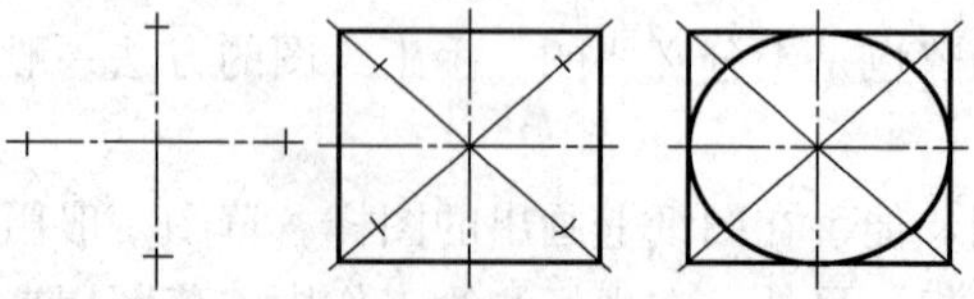	根据椭圆的长短轴，目测定出其端点的位置，过 4 个端点画一矩形，徒手作椭圆与此矩形相切即可

二、用尺规绘图

（一）绘图前的准备工作

准备工具、固定图纸。准备好所用的绘图工具和仪器，削磨好铅笔及圆规上的笔芯。将选好的图纸用胶带固定在图板偏左、偏下的位置，并使图纸下边与丁字尺的边平齐，与图板底边的距离大于丁字尺的宽度。固定好的图纸要平整。

（二）画图框及标题栏

画图框及标题栏应按国标规定的幅面尺寸和标题栏位置，用细实线绘制。待图纸完工后再对图框线进行加深、加粗（预先印制好图框的图纸省略此步骤）。

（三）布置图形

根据预先定好的表达方案，按照国标规定配置各个图形，定出它们在图纸上的位置，注意使各个图形之间均匀分布，并留有标注尺寸和注写技术要求的余地。

（四）画底稿

（1）按布图确定各图形的位置，先画轴线或对称中心线，再画主要轮廓线，然后画细节。

（2）如果图形是剖视图或断面图时，最好待图线加深后，再画断面符号。底稿完成后，经校核，擦去多余的作图线。

（五）图线加深

用 B（或 HB）型铅笔加深粗实线，用削磨好的 H 型铅笔加深虚线、细实线、细点划线等各类细线。画圆时圆规的铅芯应比画相应直线的铅芯软一号。图形完成后，再画其他符号。这项工作关系着图面质量的优劣，应宁慢勿快，耐心仔细地进行。加粗加深的顺序原则是：先粗后细、先曲后直、先上后下、先左后右。

（六）标注尺寸

标注尺寸时，先画出尺寸界线、尺寸线和尺寸箭头，再注写尺寸数字和其他文字说明。若图形尺寸较多，要慎重考虑合理布局。同一张图上的箭头要一致。

（七）填写标题栏

经仔细检查图纸后，用长仿宋体字填写标题栏中的各项内容，完成全部绘图工作。

三、描图

描图是用墨汁将图样绘制在描图纸上。先将描图纸覆盖在原图上，用胶带把它们固牢，再用墨线笔上墨描出图样。上墨描线的顺序与加深描粗铅笔图的顺序相同。描图时一定要冷静细心、掌握要领、切勿急躁。

学习提示：

本节主要介绍了一般绘图工具的使用方法和作图步骤，掌握这些方法不难，关键是要在平时的绘图练习中多实践和训练。

1.3 几 何 作 图

目的与任务　理解和掌握平面几何作图的基本原理，能够在对平面图形进行分析的基础上，正确绘制平面图形。

为了准确、迅速地绘制机件的图形，应该掌握必要的几何绘图的方法技巧并具备对平面图进行尺寸分析的能力。

一、常见几何作图方法

常见的几何作图方法如表1-8所示。

表1-8 常见几何作图方法

内容		方法和步骤	图示
关于线的作图	等分直线段	过点A任作一条直线AC，用分规在AC上取五等分，连接$5B$，过4，3，2，1各点分别作$5B$的平行线，即可将AB五等分	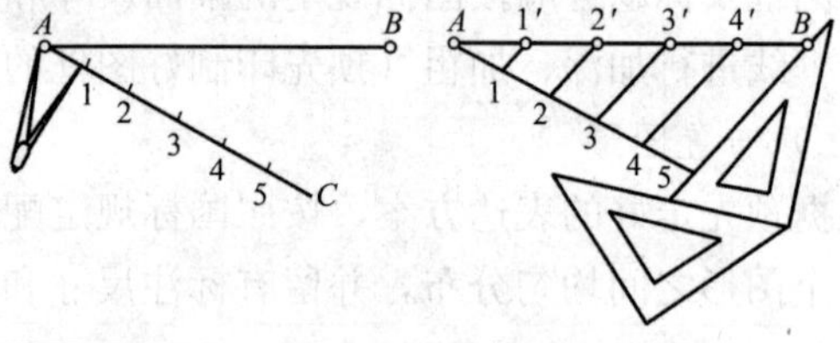
	过定点K作直线AB的平行线	先使三角板的一边过AB，以另一块三角板的一边作导边，移动三角板，使一边过点K即可	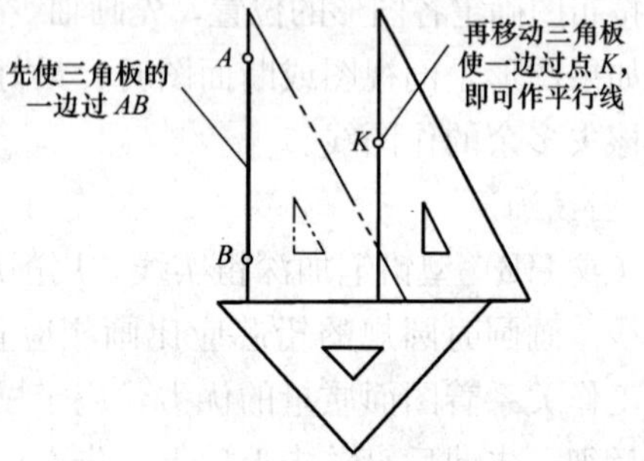
	过定点K作直线AB的垂直线	先使三角板的斜边过AB，以另一块三角板的一边作导边，将三角板翻转90°，使斜边过点K即可	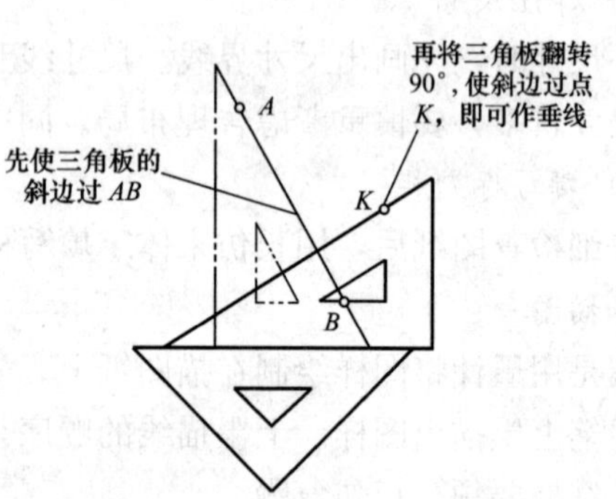
	过点作已知斜度的斜度线	斜度是指一直线或一平面对另一直线或另一平面的倾斜度，其大小用它们夹角的正切值来表示。在图样上常以“1∶n”的形式出现，并在数值前加注符号“∠”，符号斜边方向与斜度方向一致。作图方法如图所示	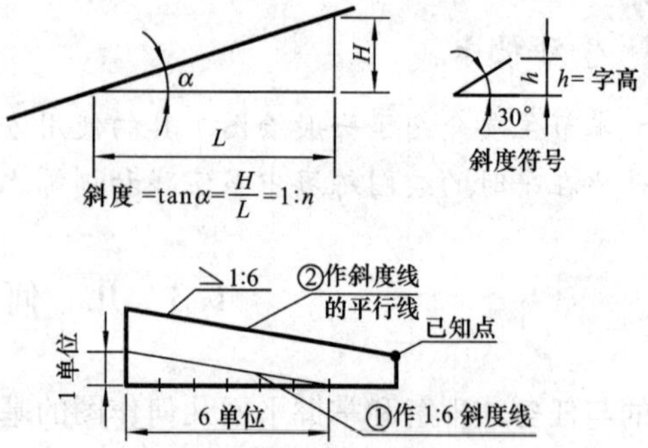 斜度 $=\tan\alpha=\frac{H}{L}=1:n$

续表

内　容		方法和步骤	图　示
关于线的作图	过点作已知锥度的锥度线	锥度是指正圆锥底圆直径与圆锥高度之比。在图样上常以“1 ∶ n”的形式出现，并在数值前加注符号“▷”，符号方向与锥度方向一致。作图方法如图所示	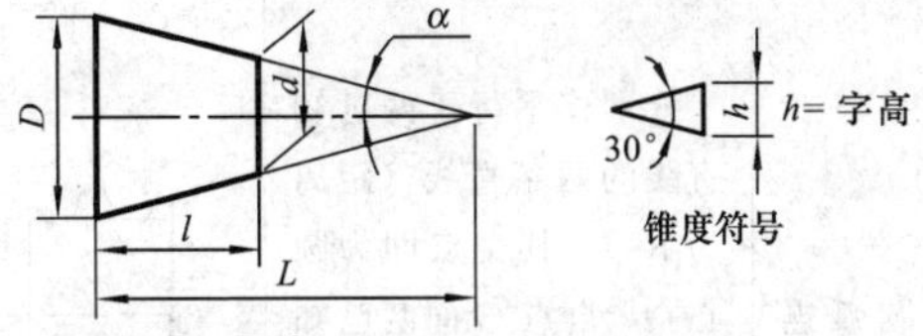 锥度符号 h= 字高 锥度$=\frac{D}{L}=\frac{D-d}{l}=2\tan\alpha=1:n$ 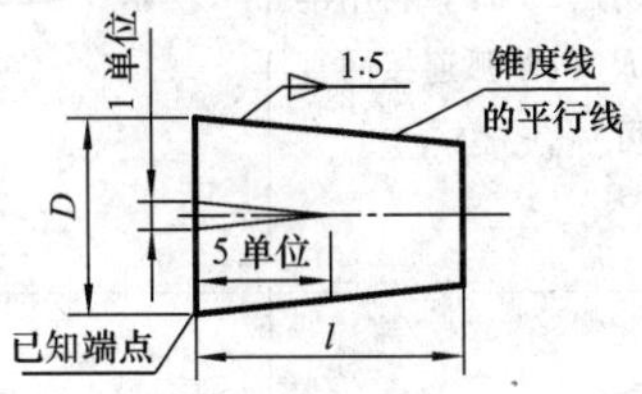 1:5　锥度线的平行线　1 单位　5 单位　已知端点
关于等分圆的作图	六等分圆周及正六边形	按作图方法，分为用三角板作图和用圆规作图两种。按已知条件，由已知外接圆直径作圆内接正六边形和已知内切圆直径作圆外切正六边形两种	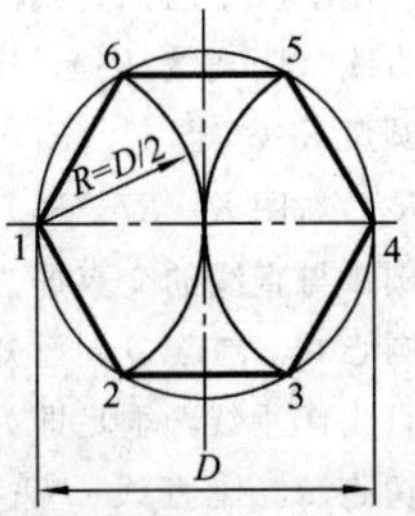 六等分圆周和作正六边形 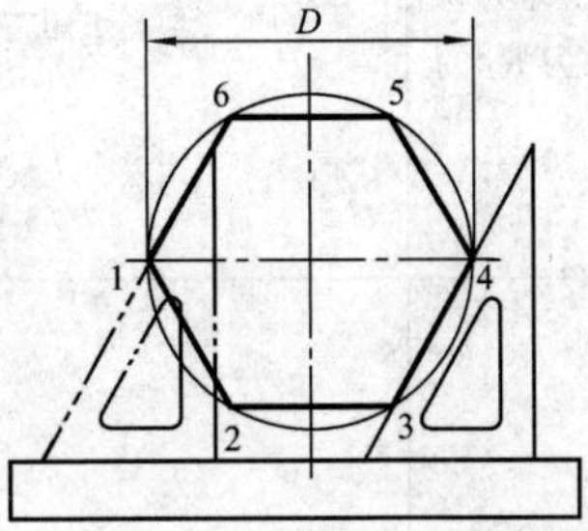 已知对角距作圆内接正六边形 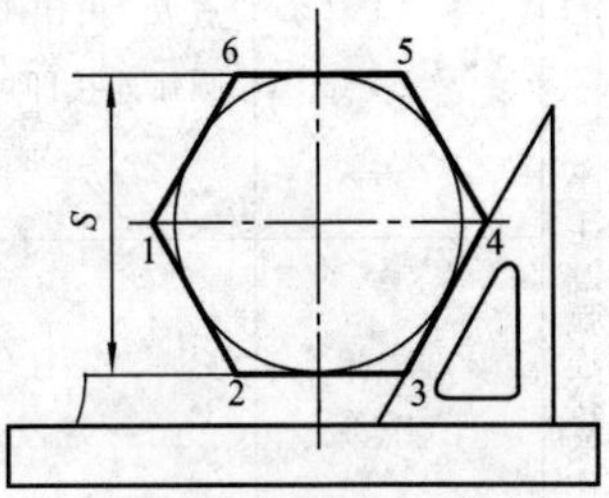 已知对边距作圆外切正六边形
关于圆弧连接的作图	圆弧连接的几何原理		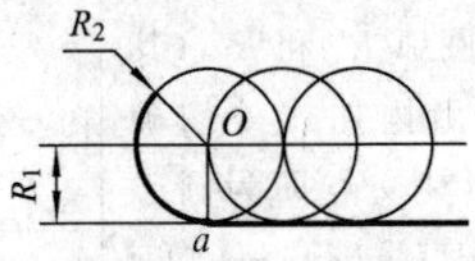 (a) 圆弧与直线连接 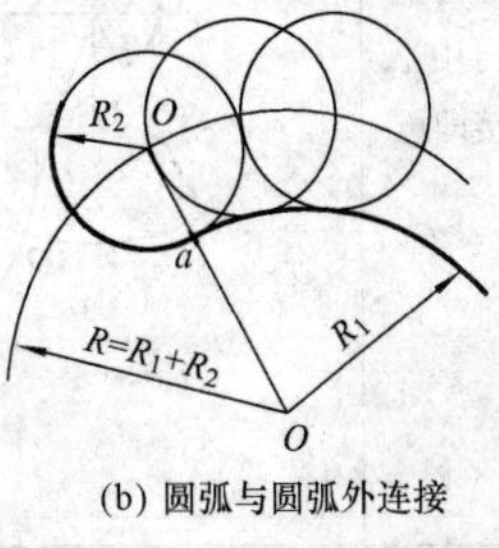 (b) 圆弧与圆弧外连接 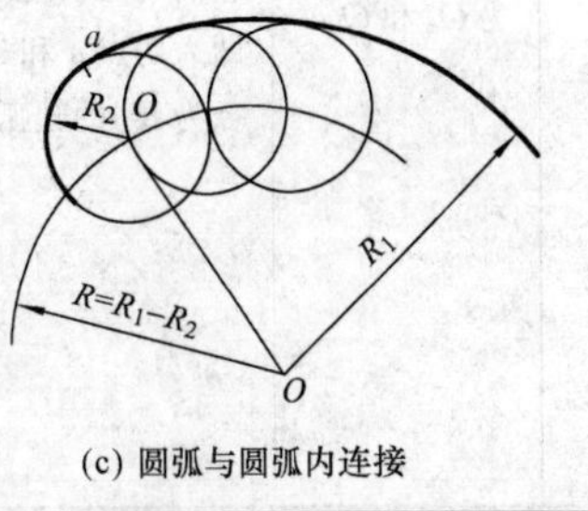 (c) 圆弧与圆弧内连接 $R=R_1+R_2$　$R=R_1-R_2$

续表

内　容		方法和步骤	图　示
关于圆弧连接的作图	用圆弧连接两条直线	分别作平行于两已知直线的两条直线（距离为 R_2），其交点即为圆心 O，自点 O 向两已知直线分别作垂线，垂足即为切点 a 和 b，再用半径为 R_2 的圆弧连接两直线即可	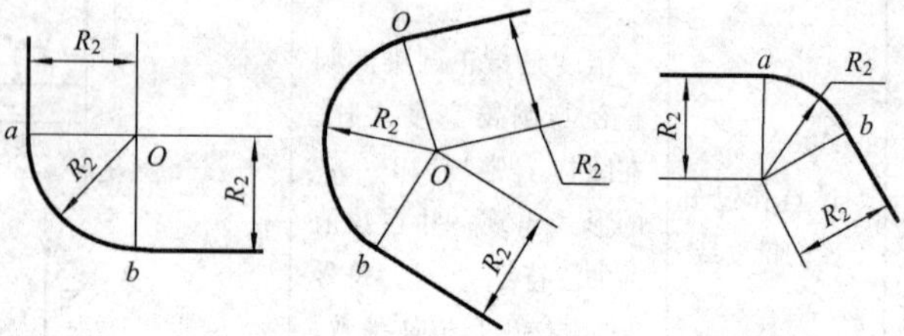
关于圆弧连接的作图	用圆弧 R_2 连接直线与圆弧 R_1（圆心为 O_1）	作平行于已知直线的直线（距离为 R_2），作圆弧 R（左图 $R=R_1-R_2$，右图 $R=R_1+R_2$），圆弧与直线的交点即为圆心 O，自点 O 向已知直线作垂线，垂足即为切点 a，作直线 OO_1，其与圆弧的交点即为切点 b，再用半径为 R_2 的圆弧连接即可	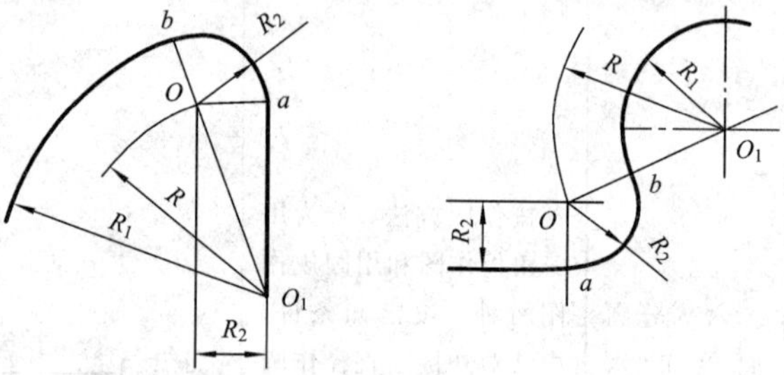
	用圆弧 R_2 连接两圆弧（其圆心分别为 O_a 和 O_b）	作圆弧 R_a 和 R_b（其大小由内切或外切确定），其交点即为圆心 O，作直线 OO_a 和 OO_b，它们与已知圆弧的交点即为切点 a 和 b，再用半径为 R_2 的圆弧连接即可	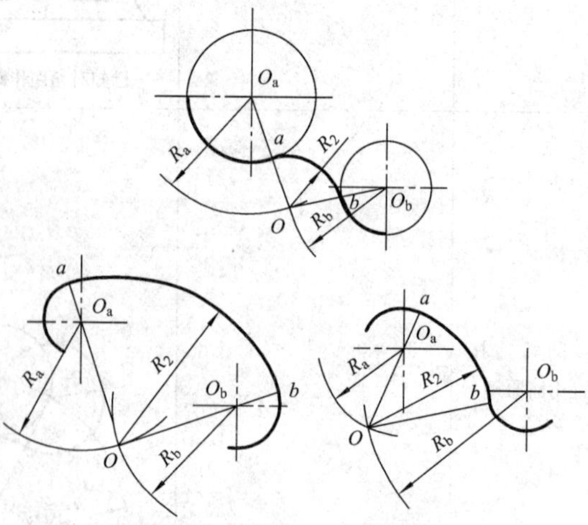

续表

内　容		方法和步骤	图　示
椭圆	一动点到两点（焦点）的距离之和为一常数（等于长轴），该动点的运动轨迹为椭圆	用 4 段圆弧作扁圆近似代替椭圆。作出椭圆的长轴 AB 和短轴 CD，连接 AC，取 $CM=OA-OC$；作 AM 的中垂线，使之与长、短轴分别交于 O_3、O_1 两点；作 O_1、O_3 的对称点 O_2、O_4。连接 O_1O_3、O_1O_4、O_2O_3、O_2O_4，分别以 O_1、O_2 为圆心，O_1C（或 O_2D）为半径画弧，交线段 O_2O_3、O_2O_4、O_1O_3、O_1O_4 的延长线于点 G、H、E、F，再分别以 O_3、O_4 为圆心，O_3A（或 O_4B）为半径画弧，与前面所画圆弧连接即得椭圆	

二、平面图形的分析

图样上的图形都是平面图形，它们由若干个封闭的几何线框组成，各几何线框的大小（定形）和相互位置（定位）又是由尺寸确定的。所以图形和尺寸的关系十分密切，设计、加工人员弄清平面图形中形（图形）与数（尺寸）的关系是很重要的。

（一）平面图形的尺寸分析

尺寸分析包括尺寸基准的分析和定形尺寸、定位尺寸的分析。

（1）尺寸基准。在平面图形上标注尺寸时，首先要确定长度和高度方向尺寸的起始位置，即尺寸基准。平面图形的尺寸基准是点或线。通常以平面图形的对称线、中心线或某一线段作为尺寸基准；圆心、球心、多边形中心、角点等也可作为尺寸基准，如图 1 - 15 所示。

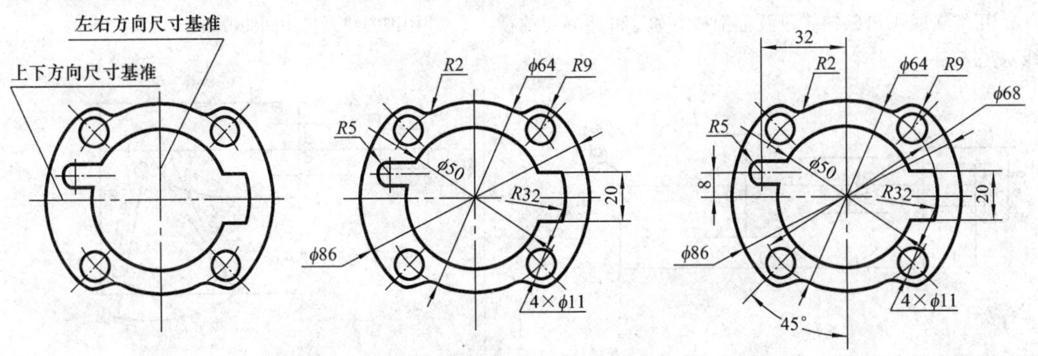

图 1 - 15　平面图形尺寸的分析与标注

（2）定形尺寸。确定平面图形中各封闭线框形状和大小的尺寸，也就是确定直线长度，角度，圆弧半径、直径和斜度、锥度大小的尺寸，如图1-15中的$\phi 64$、$R32$、20等。

（3）定位尺寸。确定平面图形中各线框与基准之间相对位置的尺寸，如图1-15中的$\phi 68$、$\phi 32$等。

注意　有的尺寸既是定位尺寸又是可以影响图形的定形尺寸，如图1-15中的20等。

（二）平面图形中线段性质的分析

平面图形中的各线段（直线或圆弧），具有影响绘图先后顺序的性质，线段的这个性质又是由给定的尺寸大小确定的。线段按其性质分为以下三类。

（1）已知线段。有足够的定形尺寸和定位尺寸，不需要利用与其他线段的连接关系即可以直接画出的直线段或圆弧，称为已知线段，如图1-16中手柄左边的各直线段以及$R5.5$圆弧。

（2）中间线段。缺少一个定位尺寸，需要通过与它相邻某一边图线的连接关系，才能作出的直线段或圆弧称作中间线段，如图1-16中的$R52$弧线。

（3）连接线段。缺少两个定位尺寸，需要通过与它相邻两边图线的相切关系，才能作出的直线段或圆弧称为连接线段，如图1-16中的$R30$弧线。

（三）平面图形的画图步骤

从平面图形的线段分析中可以看出，画平面图形有一定的先后次序。先画已知线段，再画中间线段，最后画连接线段。现以图1-16所示手柄的平面图形为例，说明对平面图形的线段分析及画图的步骤。

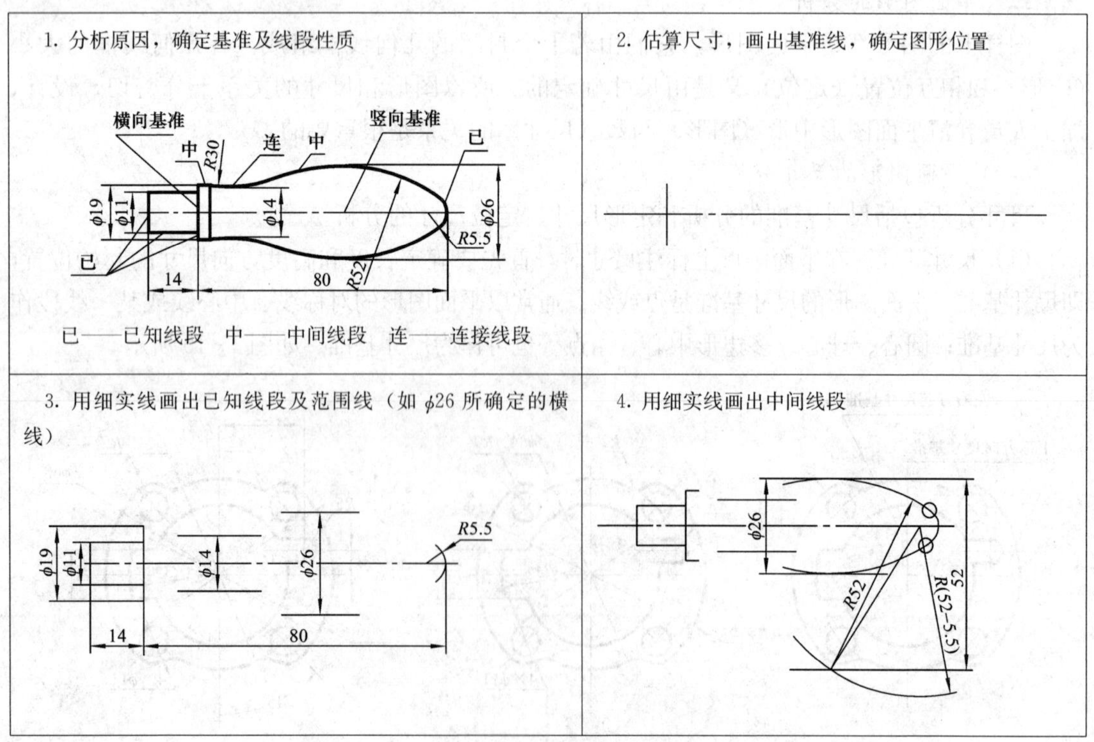

图1-16　手柄的线段分析及画图步骤（一）

续表

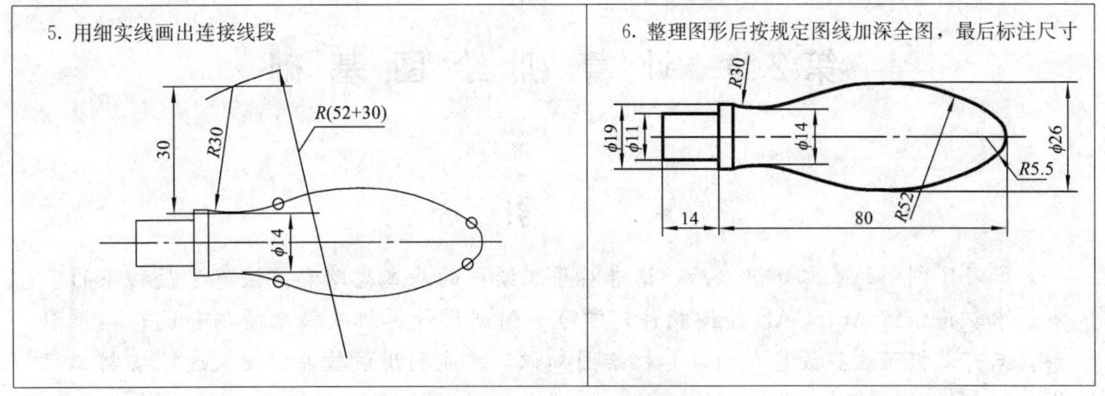

图 1 - 16　手柄的线段分析及画图步骤（二）

（四）平面图形的尺寸标注

标注平面图形的尺寸时必须细心，特别是由多段圆弧光滑连接而成的线框，在确定圆心的横向和竖向尺寸时要反复推敲，正确地确定已知线段、中间线段和连接线段。一般是先选好横向和竖向尺寸基准，然后标注定形尺寸和定位尺寸，最后进行调整。调整的一般原则是：

（1）多条线段连接时，在两已知线段之间可以有（也可无）几条中间线段，但只需一条连接线段。

（2）在抄画平面图形时，所有的尺寸都应用到，未用到的尺寸即为多余尺寸，当某线段不能绘制时，则必是遗漏了尺寸。

学习提示：

理解圆弧连接的作图原理是正确绘制平面图形的基础，确定正确的作图思路和步骤是正确绘制平面图形的保证。

第2章 计算机绘图基础

本章引言

学习了制图的基本知识以后，读者对手工绘图的基本思路和方法有了最初步的了解。本章将介绍AutoCAD绘图软件，学习如何利用计算机软件来绘制和编辑二维图形。只有掌握了这些最基本的计算机绘图知识，才能利用该软件方便快速地绘制工程图样。

本章重点 初步认识AutoCAD 2008软件，并学会绘制和编辑二维图形。

本章难点 绘图环境的设置和绘制、编辑二维图形。

2.1 计算机绘图基础知识

目的与任务 了解AutoCAD 2008的基本功能、界面组成和图形文件管理等，掌握AutoCAD绘图软件的基本操作规则，并学会基本绘图环境的设置。

2.1.1 计算机绘图简介

20世纪50年代，美国根据数控机床原理制造了世界上第一台绘图机，此后，计算机辅助绘图与设计已逐渐发展成为一门新兴的边缘学科。特别是从20世纪70年代开始，人机对话式的交互式图形软件包突破了被动式的、依靠编程的静态绘图模式，使计算机绘图与设计进入了一个新的时代，使其在机械、建筑、电子、航天、造船、石油化工、土木工程、冶金、地质、气象、纺织、轻工、商业等领域得到了广泛的应用。

由美国Autodesk公司开发的通用计算机辅助设计AutoCAD（Computer Aided Design，CAD）软件，具有易于掌握、使用方便、体系结构开放等优点，能够绘制二维图形与三维图形、标注尺寸、渲染图形以及打印输出图纸等，目前已成为工程设计领域中应用最为广泛的计算机辅助绘图与设计软件之一。AutoCAD绘图软件自1982年问世以来，已经历了20余次升级，其功能逐步增强，日趋完善。AutoCAD 2008是目前AutoCAD系列软件的最新版本，与先前的版本相比，它在性能和功能方面都有较大的增强，同时它与先前的版本完全兼容。

2.1.2 AutoCAD的基本功能

为了满足绘图和设计的需要，AutoCAD软件提供了所需的各种功能，并且随着版本的升级，功能也不断地增强和完善。下面仅介绍该软件最常用的基本功能。

（1）多种用户接口。

（2）绘图功能。

1）二维基本实体绘图功能。

2）三维绘图功能。

（3）图形编辑功能。

（4）数据库管理功能。

（5）二次开发编程功能。

（6）与高级语言的接口功能。

（7）对 IGES 的支持功能。

（8）其他辅助功能。

（9）Internet 功能。

（10）图形输出、输入与打印功能。

2.1.3 AutoCAD 2008 工作界面简介

一、启动 AutoCAD 2008

常用的操作方法如下：

（1）双击快捷图标。双击 Windows 桌面上的 AutoCAD 2008 系统快捷图标。

（2）通过 Windows 中的“开始”按钮。即：选择“开始”→“程序”→“Autodesk”→“AutoCAD 2008-Simplified Chinese”→“AutoCAD 2008”命令。

二、AutoCAD 2008 工作界面

启动了 AutoCAD 2008 进入其工作界面后，中文版 AutoCAD 2008 为用户提供了“AutoCAD 经典”和“三维建模”两种工作空间模式。对于习惯于 AutoCAD 传统界面的用户来说，可以采用“AutoCAD 经典”工作空间模式。该模式主要由菜单栏、工具栏、绘图窗口、文本窗口与命令行及状态栏等元素组成，如图 2-1 所示。

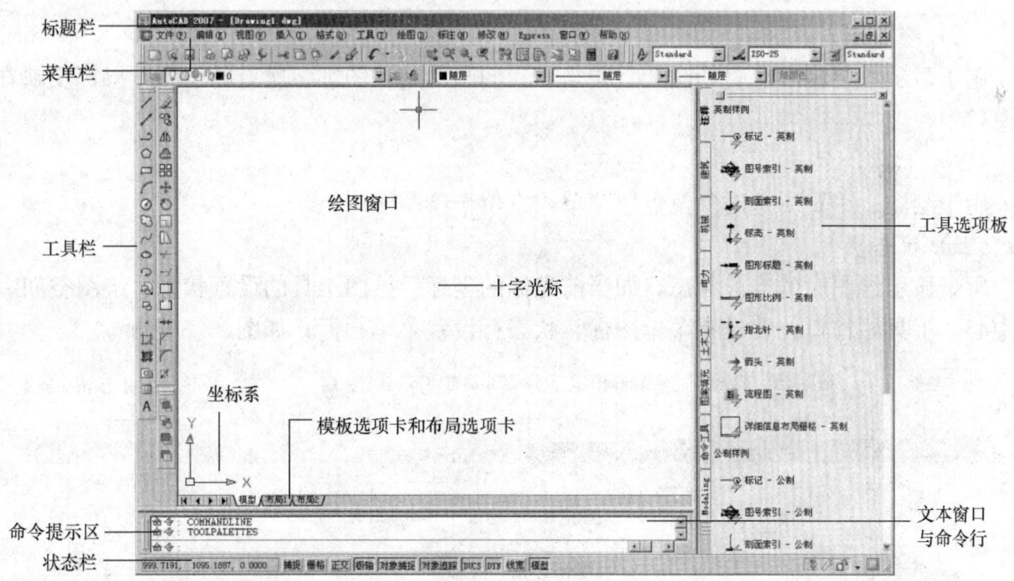

图 2-1 “AutoCAD 经典”工作空间

AutoCAD 2008 系统工作界面主要包括以下元素：

（一）标题栏

标题栏位于应用程序窗口的最上面，用于显示当前正在运行的程序名及文件名等信息，如果是 AutoCAD 默认的图形文件，其名称为 DrawingN. dwg（N 是数字）。

（二）菜单栏与快捷菜单

中文版 AutoCAD 2008 的菜单栏几乎包括了 AutoCAD 中全部的功能和命令。

快捷菜单又称为上下文相关菜单。在绘图区域、工具栏、状态栏、模型与布局选项卡以及一些对话框上右击时，将弹出一个快捷菜单，该菜单中的命令与 AutoCAD 的当前状态相关。使用它们可以在不启动菜单栏的情况下，快速、高效地完成某些操作。

使用下拉菜单的操作模式如图 2-2 所示。

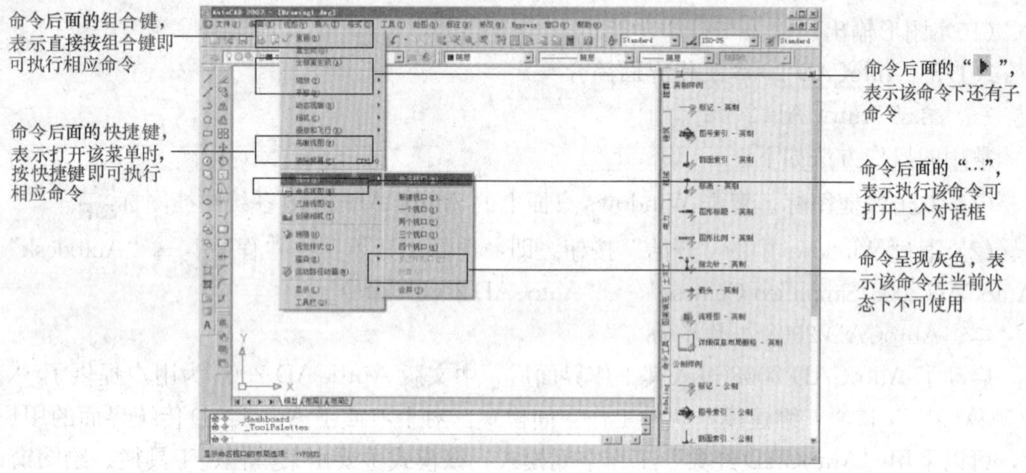

图 2-2 下拉菜单的操作

（三）绘图窗口

用于显示、绘制和编辑的图形。相当于我们画图用的图纸，所有的绘图结果都反映在这个窗口中。

（四）十字光标

用于绘图、编辑所选对象及点取菜单，它位于绘图区内。

（五）状态栏

用于显示绘图时的当前状态，如当前光标的坐标、绘图工具的设置状态、绘图空间、通信中心、工具栏窗口位置设置菜单图标、状态行设置菜单图标，如图 2-3 所示。

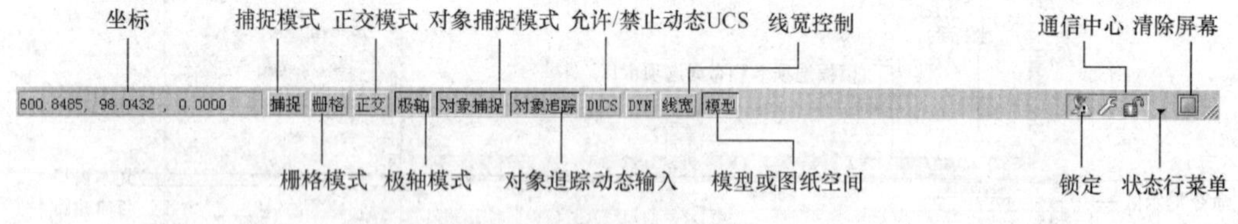

图 2-3 状态栏

（六）命令提示区与文本窗口

命令提示区窗口位于绘图窗口的底部，用于接收用户输入的命令，并显示 AutoCAD 的提示信息。在 AutoCAD 2008 中，命令行窗口可以拖放为浮动窗口。

AutoCAD 文本窗口是记录 AutoCAD 命令的窗口，是放大的命令行窗口，它记录了已执行的命令，也可以用来输入新命令。在 AutoCAD 2008 中，可以选择“视图”→“显示”→“文本窗口”命令或按 F2 键来打开 AutoCAD 文本窗口，它记录了已进行的所有操作，如图 2-4 所示。

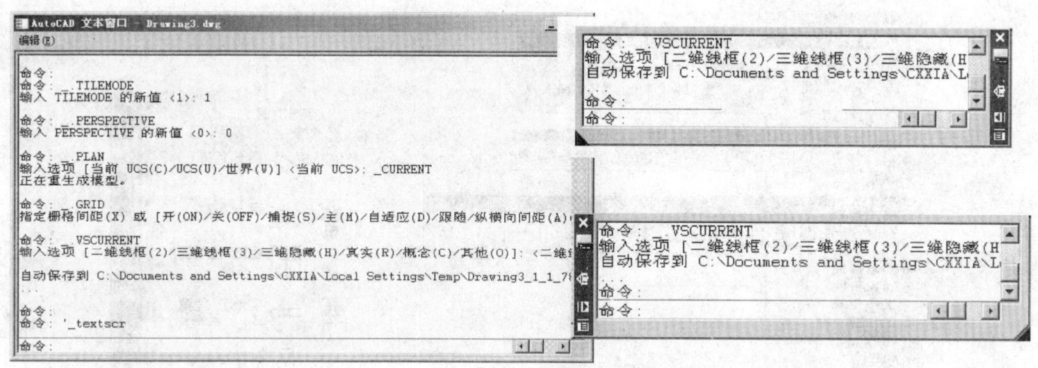

图 2-4 命令提示区与文本窗口

（七）坐标系图标（UCS）

绘图窗口还显示了当前绘图所使用的坐标系类型及坐标原点、X 轴、Y 轴、Z 轴的方向等。默认情况下，坐标系为世界坐标系（WCS）。

（八）模型和布局选项卡

该选项卡用于在模型（Model）空间与图纸布局（Layout）之间切换。

（九）工具栏

工具栏是用图标表示的命令按钮。利用工具栏能够快捷、方便地实现各种命令操作。在AutoCAD中，系统共提供了20多个已命名的工具栏。默认情况下，“标准”、“属性”、“绘图”和“修改”等工具栏处于打开状态。如果要显示当前隐藏的工具栏，可在任意工具栏上右击，此时将弹出一个快捷菜单，通过选择命令可以显示或关闭相应的工具栏。

如果要显示或关闭某一工具栏，可将光标放置在任一工具栏上，单击鼠标右键，弹出一个快捷菜单，如图 2-5 所示，单击其中的某一选项，即可打开或关闭相应的工具栏。

（十）工具选项板窗口

当选用工具选项板窗口中的选项时，在屏幕上会显示工具选项板窗口。系统提供的“工具选项板—所有选项板”的窗口形式，如图 2-6 所示。

三、AutoCAD 2008 的三维建模界面组成

在 AutoCAD 2008 中，选择“工具”→“工作空间”→“三维建模”命令，或在“工作空间”工具栏的下拉列表框中选择“三维建模”选项，都可以快速切换到“三维建模”工作空间界面，如图 2-7 所示。

“三维建模”工作界面对于用户在三维空间中绘制图形来说更加方便。默认情况下，“栅格”以网格的形式显示，增加了绘图的三维空间感。另外，“面板”选项板集成了“三维制作控制台”、“三维导航控制台”、“光源控制台”、“视觉样式控制台”和“材质控制台”等选项组，从而给用户绘制三维图形、观察图形、创建动画、设置光源、为三维对象附加材质等操作提供了便利的环境，如图 2-7 所示。

2.1.4 AutoCAD 2008 命令操作规则

一、AutoCAD 2008 的命令输入

AutoCAD 2008 的命令输入方式有三种：一是选择菜单栏中对应的下拉菜单中的命令；二是选择工具栏中的命令；三是在命令行中输入命令。

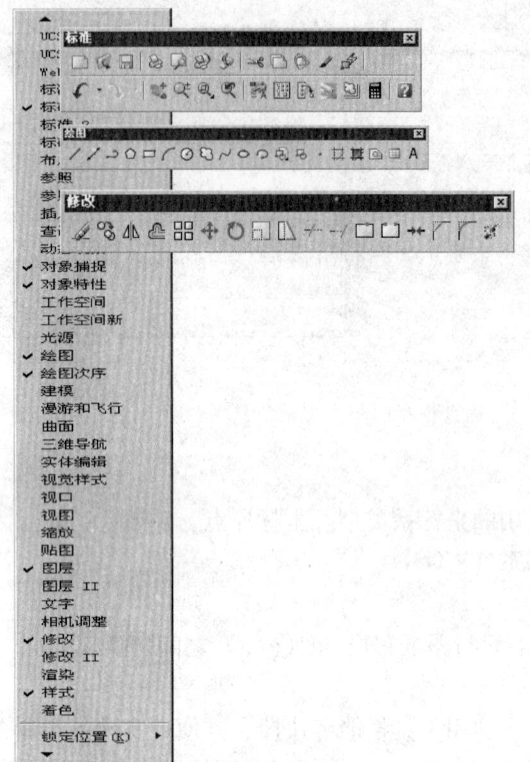

图2-5 浮动工具栏

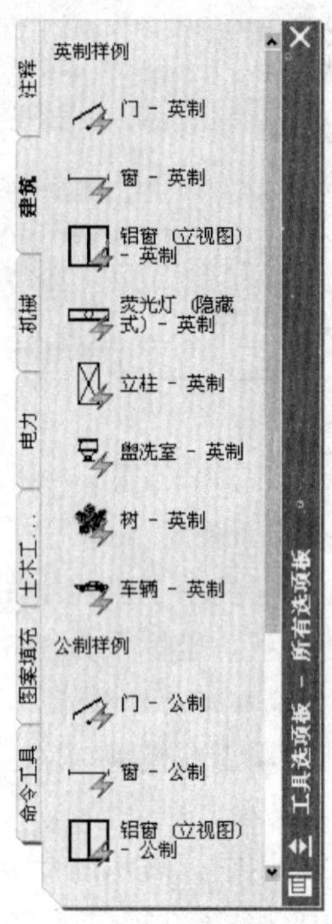

图2-6 工具选项板

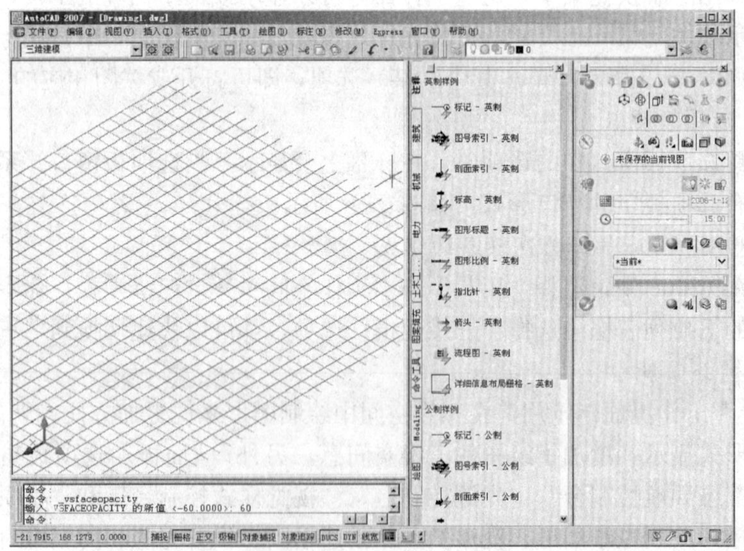

图2-7 AutoCAD 2008的三维建模界面

（一）选择菜单栏中对应的下拉菜单中的命令

在AutoCAD 2008界面的菜单栏中列出了“文件”、“编辑”、“视图”、“插入”、“格式”、“工具”、“绘图”、“标注”、“修改”、“窗口”、“帮助”11个菜单选项，包含了AutoCAD中的绝大多数命令，每个选项下的命令可按图2-2所示的方法单击执行即可。

（二）选择工具栏中的命令

AutoCAD 2008的工具栏列出了一些常用的命令，单击工具栏中的按钮，即可实现相关命令的输入，对于初学者来说，这种方法最为直观、方便。

（三）在命令行中输入命令

在命令行中输入命令也是一种常用的命令输入方式，在命令行中既可以输入完整的英文命令，也可以输入命令别名或快捷键，如：可以输入“c”代替circle启动CIRCLE命令。这种方法的有效运用可以提高作图的速度。

二、AutoCAD 2008重复命令的输入

常用的AutoCAD 2008重复命令的输入方式有两种：一是当一个命令执行完，需要继续执行该命令时，按Enter键或Space键即可（输入文字时除外）；二是在绘图区域中单击鼠标右键（与按Enter键的作用相同）并选择相应的命令，即可重复上一次使用的命令，如图2-8所示。

三、命令的取消

要取消AutoCAD 2008中的命令常用的操作方式有三种：一是在键盘操作输入错误时，可用Back Space键删除出错的字符；二是在操作过程中，可按Esc键中断激活的命令；三是在命令操作完成后，输入“U（UNDO）”命令或单击工具栏上的↶按钮，取消上次操作或多次操作。

四、命令选项操作

在命令行中输入命令时，在激活的命令提示中，一般“〈〉”内的数值表示默认选项的当前设定值，按Enter键，可使用当前值。方括号内“/”分隔的选项，使用时应键入选项全称或开头的数字和字母。

命令：

CIRCLE指定圆的圆心或［三点（3P）/两点（2P）/相切、相切、半径（T）］：

指定圆的半径或［直径（D）<20.0000>］：

五、命令参数的输入

在执行AutoCAD 2008命令时，经常要输入一些与所要绘制的对象有关的、执行命令需要的参数。参数输入的方法主要有两种。一是通过鼠标输入；另一种是通过键盘输入。

（一）鼠标输入

在绘图时，当我们要确定一个点时，最为常用的方法就是用鼠标直接单击。另外还常常利用捕捉、极轴、追踪等辅助作图功能来精确确定一些特征点。在距离和角度的输入中，也可以用鼠标直接在绘图区上点两点，计算机会自动地将两点的长度作为输入的距离或以两点拉出的角度作为输入的角度。这种通过鼠标直接确定点的输入方式在工程制图中应用较广。

（二）用键盘输入数值

参数的输入也可以通过命令行输入数值的方式来实现。输入的数值有坐标、距离、角度等，常用的坐标形式如下：

（1）输入绝对坐标：绝对坐标是指相对于当前坐标系坐标原点的坐标。当以绝对坐标的形式输入一个点时，常采用直角坐标（50，100）和极坐标（20<60）的方式输入，如图

2-9（a）、（b）所示。

（2）输入相对坐标：相对坐标是指给定点相对于前一个已知点的坐标增量。相对坐标也有直角坐标（@50，100）和极坐标（@20<60）之分，如图 2-8（c）、（d）所示。

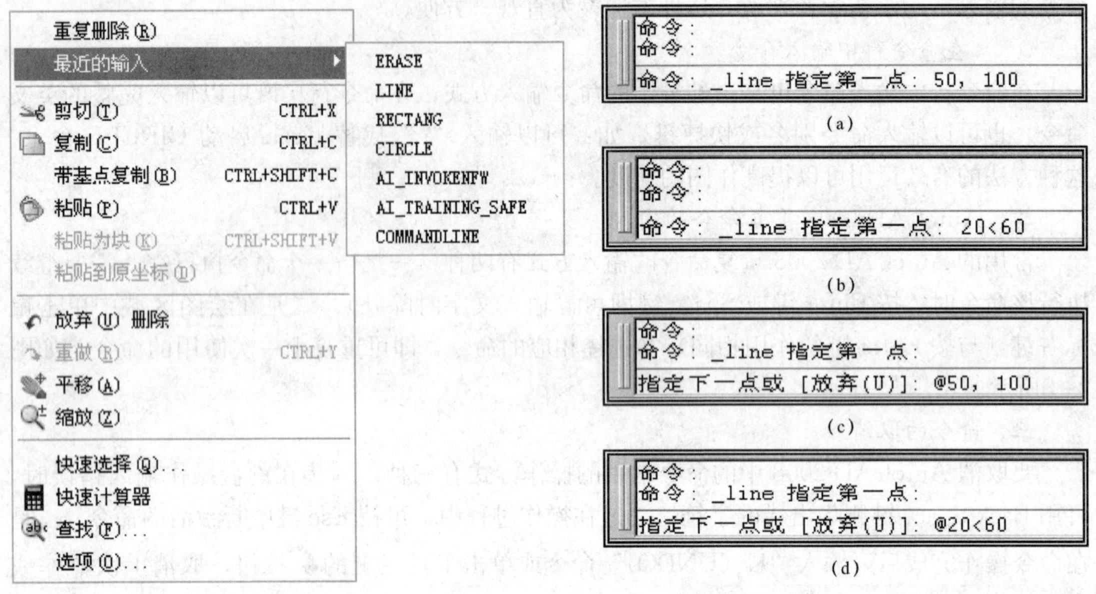

图 2-8　右键菜单输入重复命令

图 2-9　在命令行中输入数值
（a）绝对直角坐标；（b）绝对极坐标；
（c）相对直角坐标；（d）相对极坐标

（3）从键盘上输入位移量：输入两个点的坐标，这两点的坐标差即为位移量。我们常常用鼠标直接输入一个点的坐标后，利用极轴、正交等辅助工具在指定方向上通过键盘给定距离来输入下一个点的位置。

（4）角度的输入：当出现输入角度提示符时，需要输入角度值。一般规定，X 轴的正向为 0°方向，逆时针方向为正值，顺时针方向为负值。

（三）图形单位

AutoCAD 系统中的各个实体的坐标、两点之间的距离等，都是以图形单位来度量的，如坐标（20，5），表示 X 轴的坐标为 20 个图形单位，Y 轴的坐标为 5 个图形单位。在屏幕的绘图范围中，图形单位的数量可以任意确定，因此它在屏幕上的长度也是变化的。

在工程图绘制中，一般 1 图形单位以 1 毫米计。建议大家采用 1∶1 的比例因子绘图，因此，所有的直线、圆和其他对象都可以真实大小来绘制。例如，如果一个零件长 200mm，那么它也可以按 200mm（绘图单位）的真实大小来绘制，在需要打印出图时，再将图形根据图纸的大小进行缩放，或者在图形输出时，指定相应的出图比例，以得到所需图形的大小。

六、使用透明命令

在 AutoCAD 中，透明命令是指在执行其他命令的过程中可以嵌入执行的命令。常使用的透明命令多为修改图形设置的命令和绘图辅助工具的命令，例如 SNAP、GRID、ZOOM、CAL 等。

要以透明方式使用命令，应在输入命令之前输入单引号（“'”）。命令行中，透明命令的提示前有一个双折号（“>>”）。完成透明命令后，将继续执行原命令。

七、使用系统变量

在 AutoCAD 中，系统变量用于控制某些功能和设计环境、命令的工作方式。

系统变量通常是 6～10 个字符长的缩写名称。许多系统变量有简单的开关设置。例如，使用 FILL 系统变量可以打开或关闭宽线、宽多段线和实体填充等命令，如图 2-10 所示，操作如下。

命令：FILL ↓（输入系统变量名称）

输入：FILL 新值 ＜OFF＞：ON（输入系统变量的新值）↓

打开填充模式 FILL=ON

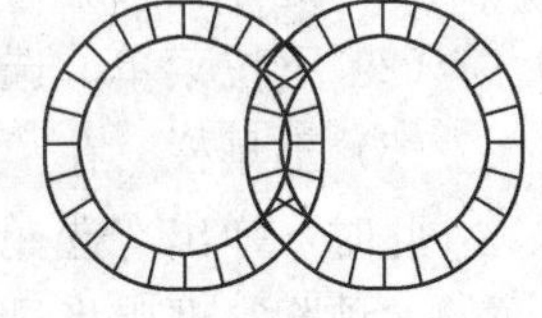
关闭填充模式 FILL=OFF

图 2-10 系统变量 FILL

八、AutoCAD 坐标系统

AutoCAD 系统在确定某点位置时应使用坐标系统。AutoCAD 系统提供了两种坐标系统：世界坐标系（WCS）和用户坐标系（UCS），它们都是通过坐标（x，y，z）来精确定位点的。

（一）世界坐标系（又称笛卡儿坐标系）

在默认情况下绘制图形，当前坐标系为世界坐标系即 WCS，它包括 X 轴、Y 轴和 Z 轴（在二维图形中 Z 轴坐标为零，且 Z 轴垂直于屏幕）。其坐标原点位于图形窗口的左下角（0，0，0）的位置，在世界坐标系中所有的坐标值都是相对于原点计算的，并且沿 X 轴向右为正，Y 轴向上为正，Z 轴向外为正。它在 AutoCAD 中一般恒定不变，如图 2-11 所示。

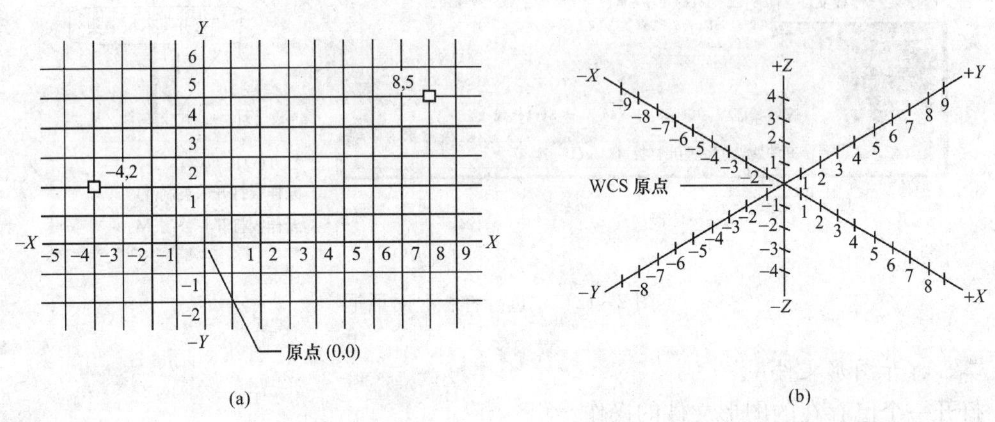

图 2-11 笛卡儿坐标系

(a) 平面坐标系；(b) 空间坐标系

（二）用户坐标系（简称 UCS）

在 AutoCAD 中，为了能够更好地辅助绘图，经常需要修改坐标系的原点和方向，这时世界坐标系将变为用户坐标系即 UCS。UCS 的原点以及 X 轴、Y 轴、Z 轴的方向都可以移动及旋转，甚至可以依赖于图形中某个特定的对象。尽管用户坐标系中三个轴之间仍然互相垂直，但是在方向及位置上却都很灵活。

用户坐标系的坐标轴方向符合右手定则。它在三维作图中的应用十分广泛。

2.1.5 图形文件管理

在 AutoCAD 2008 中，图形文件管理包括创建新的图形文件、打开已有的图形文件、关闭图形文件以及保存图形文件等操作。

一、创建新的图形文件

(1) 键盘输入。命令：NEW（或 QNEW）↓。

(2) 下拉菜单。选择“文件”→“新建”命令。

(3) 工具栏。在“标准”工具栏中，单击“新建”按钮。

此时，弹出“选择样板”对话框，在“名称”列表框中选择某一样板文件，这时在其右面的“预览”框中将显示出该样板的预览图像，如图 2-12 所示。单击“打开”按钮，可以以选中的样板文件为样板创建新图形，除了选择样板文件“acad. dwt”或“acadiso. dwt”外，一般此时会显示图形文件的布局。

图 2-12 “选择样板”对话框

二、打开图形文件

打开一个已存在的图形文件的操作：

(1) 键盘输入。命令：OPEN↓。

(2) 下拉菜单。选择“文件”→“打开”命令。

(3) 工具栏。在“标准”工具栏中，单击“打开”按钮，默认情况下，打开的图形文件的格式为“. dwg”，如图 2-13 所示。

三、保存图形文件

在 AutoCAD 中，可以使用多种方式将所绘图形以文件形式存入磁盘。例如，可以选择“文件”→“保存”(QSAVE) 命令，或在“标准”工具栏中单击“保存”按钮，以当前使用的文件名保存图形；也可以选择“文件”→“另存为”（SAVEAS）命令，将当前图形以新的名称保存。

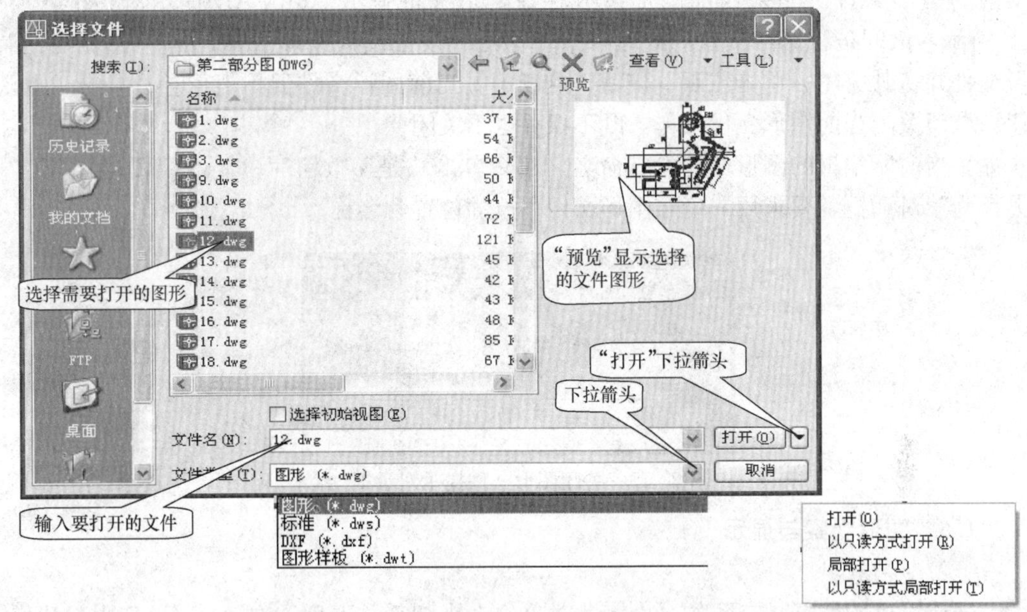

图 2-13 “选择文件”对话框

在第一次保存创建的图形时，系统将打开“图形另存为”对话框，如图 2-14 所示。默认情况下，文件以“AutoCAD 2004 图形（*.dwg）”格式保存，也可以在“文件类型”下拉列表框中选择其他格式，如“AutoCAD 2000/LT2000 图形（*.dwg）”、“AutoCAD 图形标准（*.dws）”等格式。

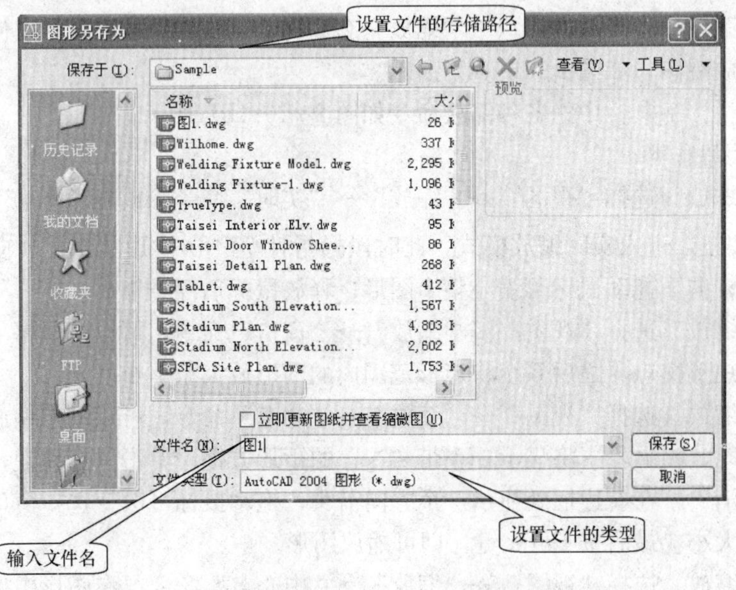

图 2-14 “图形另存为”对话框

四、关闭图形文件

选择“文件”→“关闭”（CLOSE）命令，或在绘图窗口中单击“关闭”按钮，可以关闭当前的图形文件。如果当前图形没有存盘，系统将弹出AutoCAD提示对话框，如图2-15所示，询问是否保存文件。此时，单击“是”按钮或直接按Enter键，可以保存当前图形文件并将其关闭；单击“否”按钮，可以关闭当前图形文件但不能保存；单击“取消”按钮，取消关闭当前图形文件操作，既不保存也不关闭。

如果当前所编辑的图形文件没有命名，那么单击“是”按钮后，AutoCAD会打开“图形另存为”对话框，要求用户确定图形文件存放的位置和名称。

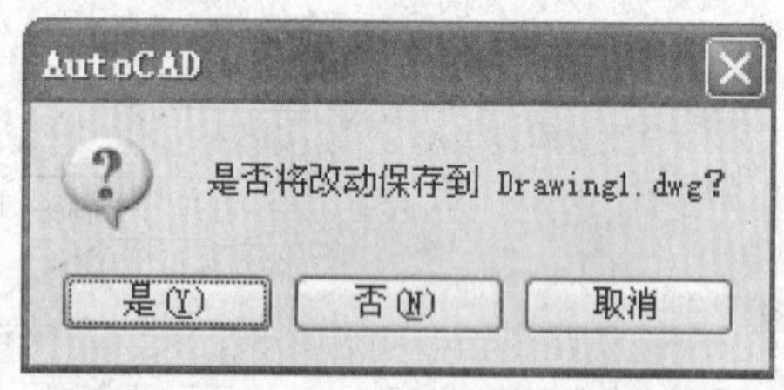

图2-15 关闭图形文件提示对话框

2.1.6 图形观察与显示

一、图形缩放

由于计算机的屏幕是有限的，而表达对象的大小却千差万别，在AutoCAD中，我们可以通过缩放视图来观察图形对象。在对象的真实尺寸保持不变的情况下，通过改变显示区域、比例和不同的图形对象，使得用户能够更准确、更详细地绘图。

（一）使用图形缩放命令

（1）键盘输入。命令：ZOOM↓。

提示：指定窗口的角点，输入比例因子（nX或nXP），或者[全部(A)/中心(C)/动态(D)/范围(E)/上一个(P)/比例(S)/窗口(W)/对象(O)]<实时>:(输入选择项)

（2）下拉菜单。选择“视图”→“缩放”（ZOOM）命令中的子命令或使用“缩放”工具栏，可以缩放视图，如图2-16（a）所示。

（3）工具栏。工具栏中的各种缩放命令如图2-16（b）所示。

（二）缩放的种类

（1）实时缩放。选择“视图”→“缩放”→“实时”命令，或在“标准”工具栏中单击“实时缩放”按钮，进入实时缩放模式，此时鼠标指针呈“🔍±”形状。此时向上拖动鼠标可放大整个图形；向下拖动鼠标可缩小整个图形；释放鼠标后停止缩放。

（2）窗口缩放。选择“视图”→“缩放”→“窗口”命令，可以在屏幕上拾取两个对角点以确定一个矩形窗口，之后系统将矩形范围内的图形放大至整个屏幕。

（3）动态缩放。选择“视图”→“缩放”→“动态”命令，可以动态缩放视图。当进入动态缩放模式时，在屏幕中将显示一个带“×”的矩形方框。单击鼠标左键，此时选择窗口中心的“×”消失，在右边框处显示一个方向箭头，拖动鼠标可改变选择窗口的大小，以确定选择区域的大小，最后按Enter键，即可缩放图形。

（4）中心缩放。选择“视图”→“缩放”→“中心点”命令，在图形中指定一点，然后指定一个缩放比例因子或者指定高度值来显示一个新视图。

(5) 比例缩放。以一定的比例来缩放视图。有3种方式输入缩放倍数。n 方式：输入一个大于1或小于1的正数值，将图形以 n 倍于原图尺寸显示；nX 方式：将图形以当前显示尺寸的 n 倍在当前视窗上显示；nXP 方式：相对于图纸空间缩放每幅图形。

通常，在绘制图形的局部细节时，需要使用缩放工具放大该绘图区域，当绘制完成后，再使用缩放工具缩小图形来观察图形的整体效果。常用的缩放命令或工具有"实时"、"窗口"、"动态"和"中心点"。

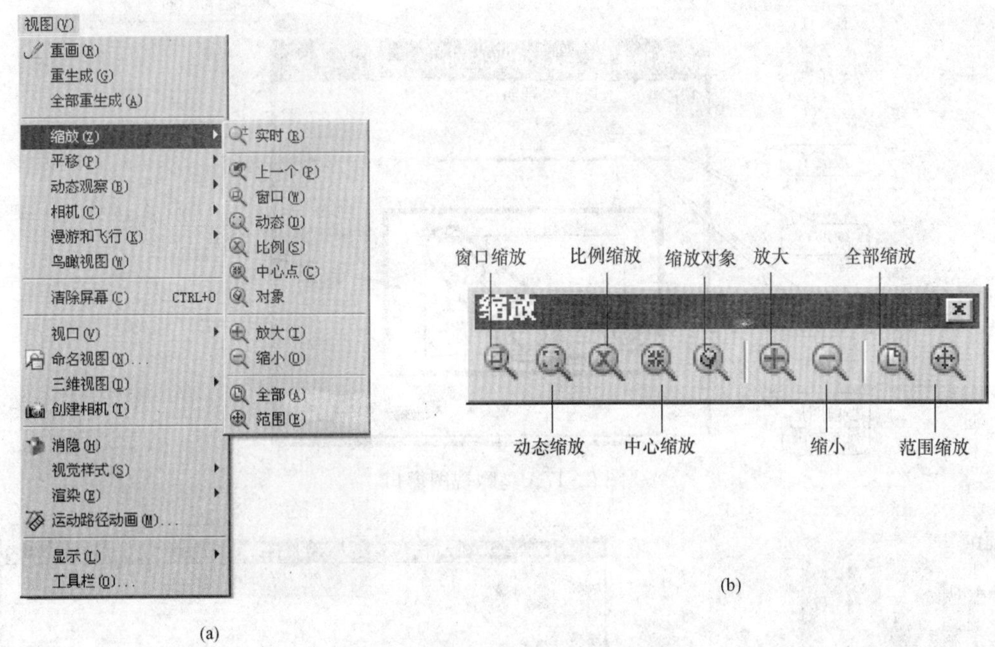

图2-16 图形缩放的下拉菜单和工具栏

(a)"缩放"级联菜单；(b)"缩放"工具栏

(三) 使用鸟瞰视图

鸟瞰又称"鹰眼"，就像在空中俯视整个图形一样，可方便地执行图形缩放和平移操作，同时又可掌握当前显示的部分图形在整个图形中的位置。操作如下：

(1) 键盘输入。命令：DSVIEWER (AV) ↓。

(2) 下拉菜单。选择"视图"→"鸟瞰视图"命令。

此时，弹出"鸟瞰视图"窗口，如图2-17所示。

二、平移视图

使用平移视图命令，可以重新定位图形，以便看清图形的其他部分。此时不会改变图形中对象的位置或比例，只改变视图。

(一)"平移"命令

(1) 键盘输入。命令：PAN↓。

(2) 工具栏。在"标准"工具栏中，单击"实时平移"按钮。

(3) 下拉菜单。选择"视图"→"平移"→"光标菜单"命令。

使用平移命令平移视图时，视图的显示比例不变。除了可以上、下、左、右平移视图外，还可以使用"实时"和"定点"命令平移视图。

（二）实时平移

选择“视图”→“平移”→“实时”命令，如图2-18所示，此时光标指针变成一只小手，按住鼠标左键拖动，窗口内的图形就可按光标移动的方向移动，如图2-19所示。释放鼠标，可返回到平移等待状态。按Esc键或Enter键退出实时平移模式。

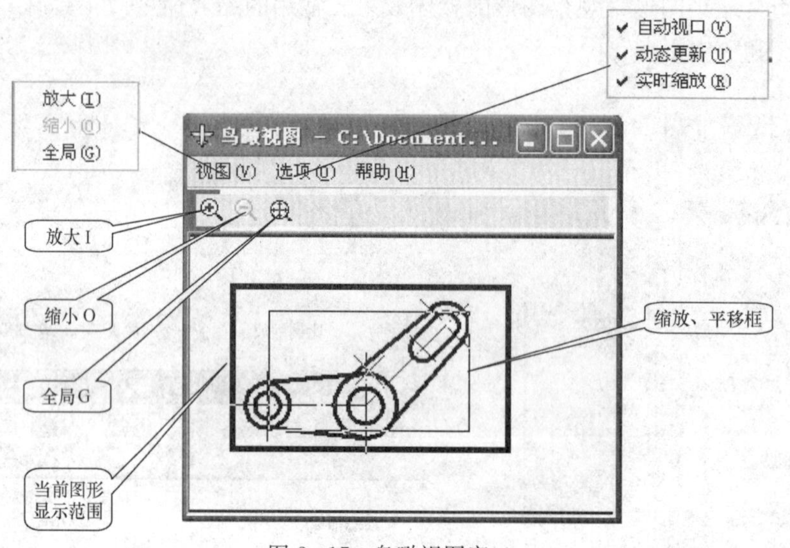

图2-17 鸟瞰视图窗口

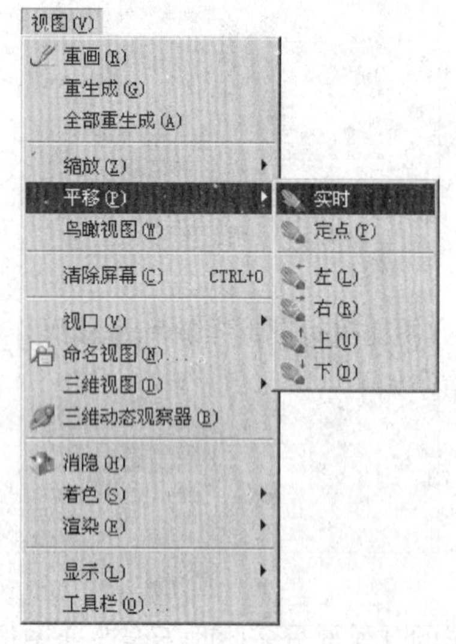

图2-18 “视图”下拉菜单

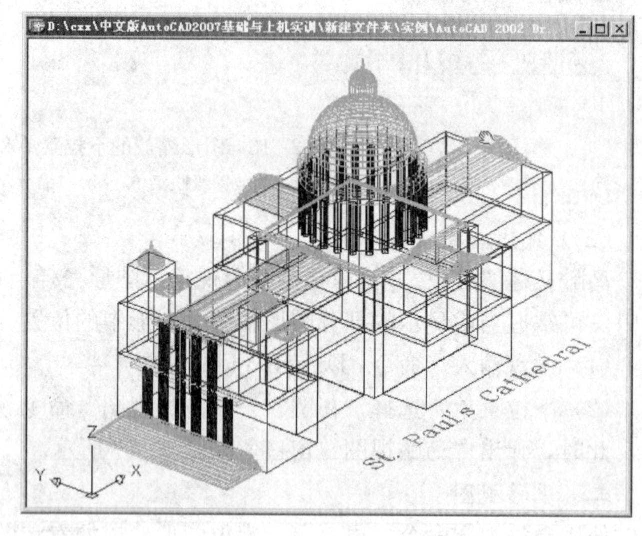

图2-19 实时平移

三、重画与重生成图形

在绘图和编辑过程中，屏幕上常常留下对象的拾取标记，这些临时标记并不是图形中的对象，有时会使当前图形画面显得混乱，这时就可以使用AutoCAD的重画与重生成图形功能清除这些临时标记。

（一）重画图形

在AutoCAD中，使用“重画”命令，系统将在显示内存中更新屏幕，消除临时标记。

使用重画命令（REDRAW），可以更新用户使用的当前视区。

（二）重生成图形

重生成与重画在本质上是不同的，利用“重生成”命令可重生成屏幕，此时系统从磁盘中调用当前图形的数据，比“重画”命令执行速度慢，更新屏幕花费的时间较长。在AutoCAD中，某些操作只有在使用“重生成”命令后才生效，如改变点的格式。如果一直使用某个命令修改编辑图形，但该图形似乎看不出发生什么变化，此时可使用“重生成”命令更新屏幕显示。

选择“重生成”命令有以下两种方法：选择“视图”→“重生成”（REGEN）命令，可以更新当前视区；选择“视图”→“全部重生成”（REGENALL）命令，可以同时更新多重视口。

学习提示：

本节是AutoCAD操作的基础，学习中应通过反复的上机实际操作来加强理解，这样才能在后面的学习中掌握正确的操作方法。

2.2 AutoCAD 2008的绘图环境设置

目的与任务 了解AutoCAD 2008绘图环境配置的基本思想和内容，学会设置适合自己的绘图环境。

设置绘图环境是绘图要做的第一步工作，这就好比在手工绘图时要准备好绘图纸、搜集相关资料、安放绘图位置等工作一样。绘图环境设置的内容很多，包括图形范围、单位、界面显示、系统配置、图层设置等，这里只对基本设置作简要介绍。

2.2.1 设置绘图界限（LIMITS）

通常情况下，安装好AutoCAD 2008后就可以在其默认状态下绘制图形了，但我们要常常根据需要来确定绘图的工作区域和图纸的边界，也就是图纸大小。

（一）命令操作

（1）键盘输入。命令：LIMITS↓。

（2）下拉菜单。选择“格式”→“图形界限”命令。

提示：重新设置模型空间界限：

指定左下角点或[开(ON)/关(OFF)]<0.0000,0.0000>：（输入坐标值）↓

指定右上角点<420.0000，297.0000>：（输入坐标值）↓（表示默认图纸为A3图）

（二）选项说明

（1）ON（开）：打开边界检验功能，这时只能在指定的绘图范围内绘图。当所绘图形超出已设置的绘图范围时，系统拒绝执行该操作。由于输入边界检验是检查点坐标的输入，所以有些实体，如圆，如果处于接近绘图边界位置时，它的一部分可能位于绘图区域之外。

（2）OFF（关）：关闭边界检验功能，即所绘图形不受绘图范围的限制。

也可利用“新建”（NEW）命令向导来设置图形界限，如图2-20所示。

2.2.2 设置图形单位

在AutoCAD 2008中，用户可以选择“格式”→“单位”命令，在打开的“图形单位”对话框中设置绘图时使用的长度单位、角度单位以及单位的显示格式和精度等参数，如图2-21所示。

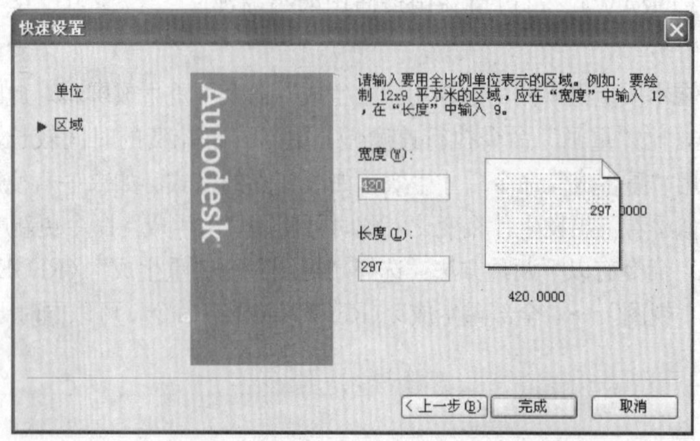

图 2-20 "新建"向导中的图形界线设置

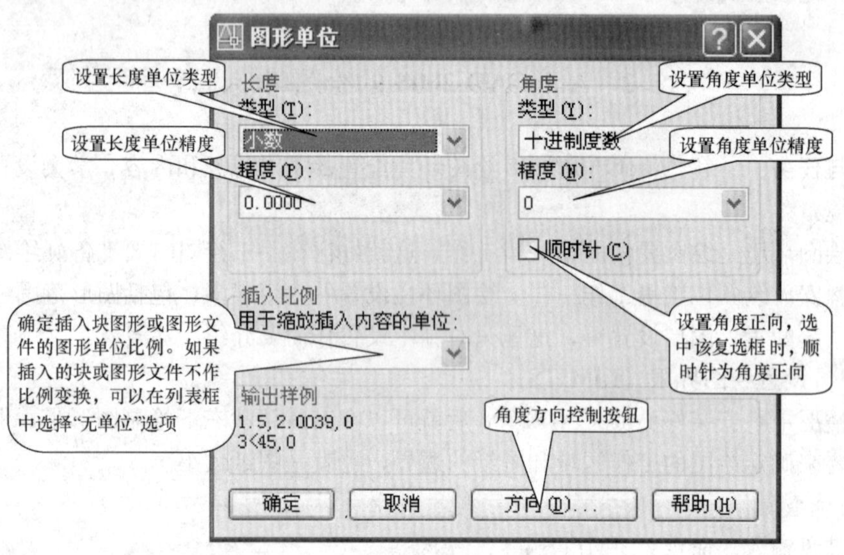

图 2-21 图形单位设置

2.2.3 设置系统环境

进入 AutoCAD 2008 后，我们通常都使用其默认的系统配置绘制图形，有时为了让其更符合个人的习惯和要求，我们需要在绘制图形前先对系统参数进行必要的设置，以提高绘图效率。

一、操作

(1) 键盘输入。命令：OPTIONS↓。

(2) 下拉菜单。选择"工具"→"选项"命令。

(3) 对话框。在打开的"草图设置"对话框中，单击"选项"按钮。

(4) 快捷菜单。在绘图区域单击鼠标右键，在弹出的快捷菜单中，选择"选项"命令。

此时，弹出"选项"对话框。在该对话框中包含"文件"、"显示"、"打开和保存"、"打印和发布"、"系统"、"用户系统配置"、"草图"、"三维建模"、"选择"和"配置"10个选项卡，如图 2-22 所示。用户可以对每个选项卡中的系统参数进行设置。

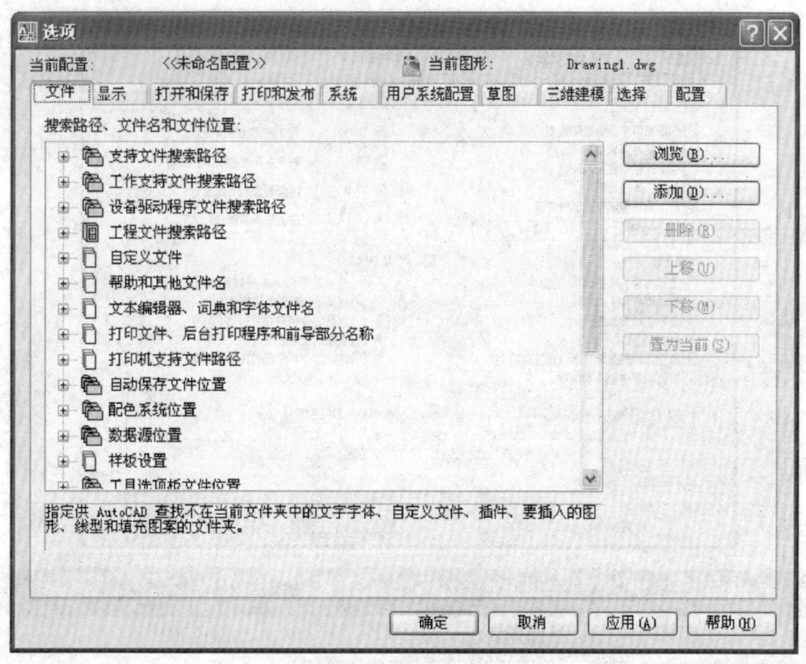

图 2-22 “选项”对话框

二、常用的几个选项卡设置

(1)“显示”选项卡：例如，可以修改绘图区背景色为白色，如图 2-23 所示。

(2)“用户系统配置”选项卡：例如，自定义右键功能，如图 2-24 所示。

2.2.4 规划和管理图层

在 AutoCAD 中，任何图形实体都是绘制在图层上的。图层可以想象为透明的没有厚度的薄片，一般用来对图形中的实体进行分组，可以把具有相同属性的实体，如：线型、颜色和状态，画在同一层上，这样做使绘图、编辑操作变得十分方便。

一、“图层特性管理器”对话框的组成

图层是 AutoCAD 提供的一个管理图形对象的工具，我们可以利用 AutoCAD 提供的图层特性管理器，来创建图层以及设置其基本属性。选择“格式”→“图层”命令，即可打开“图层特性管理器”对话框，如图 2-25 所示。

二、创建新图层

操作命令：

(1) 键盘输入。命令：LAYER（DDLMODES、LA）↓。

(2) 下拉菜单。选择“格式”→“图层”命令。

(3) 工具栏。在“图层”工具栏上，单击“图层特性管理器”按钮。

如图 2-26 所示，开始绘制新图形时，AutoCAD 将自动创建一个名为“0”的特殊图层。默认情况下，图层 0 将被指定使用 7 号颜色（白色或黑色，由背景色决定，本书中将背景色设置为白色，因此，图层颜色就是黑色）、“Continuous”线型、“默认”线宽及“Color-7”打印样式，用户不能删除或重命名该图层。在绘图过程中，如果用户要使用更多的图层来组织图形，就需要创建新图层。

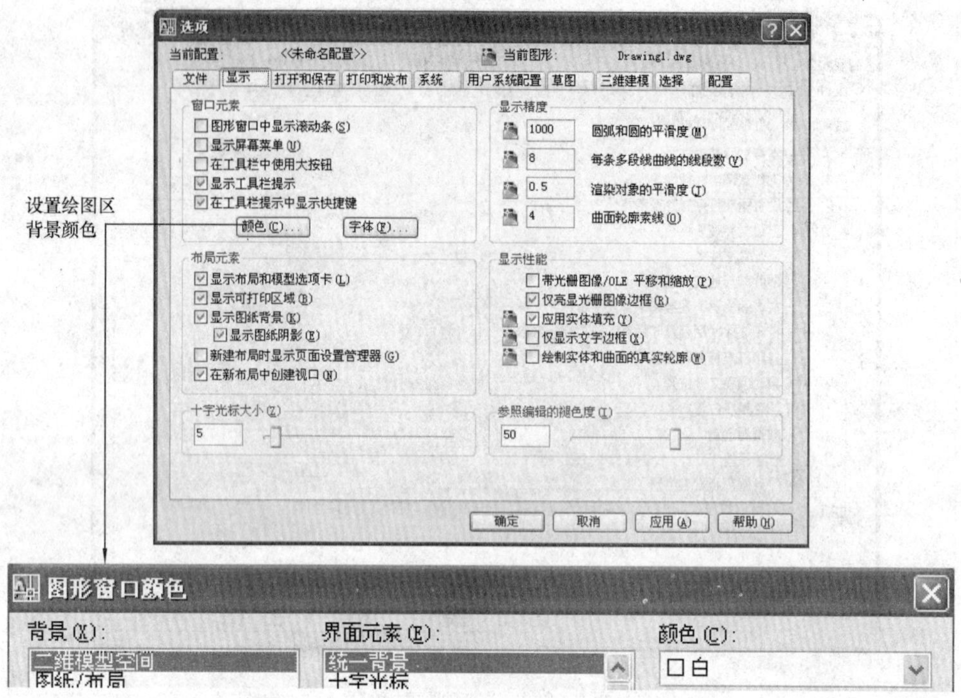

图 2-23 “显示”选项卡设置

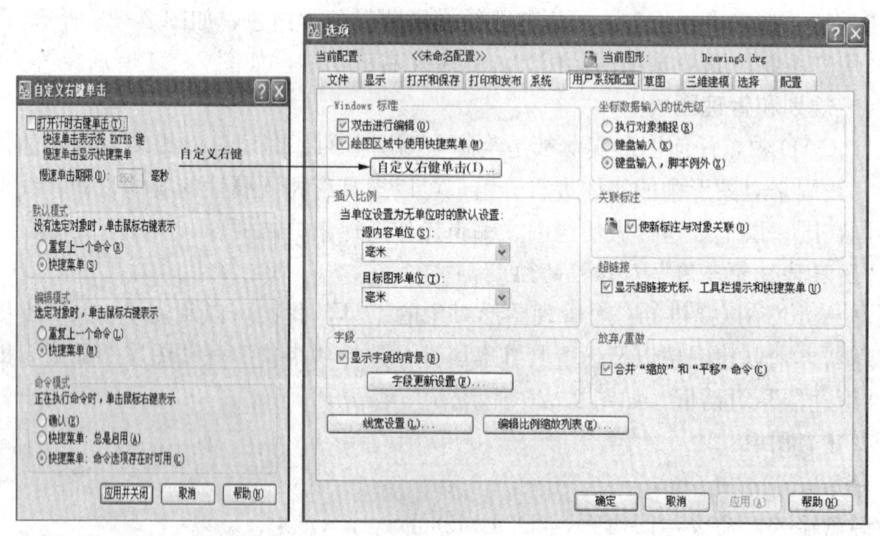

图 2-24 “用户系统配置”选项卡设置

在“图层特性管理器”对话框中单击“新建图层”按钮，可以创建一个名称为“图层1”的新图层。默认情况下，新建图层与当前图层的状态、颜色、线型、线宽等设置相同。

当创建了新图层之后，图层的名称将显示在图层列表框中，如果要更改图层名称，可单击该图层名，然后输入一个新的图层名并按 Enter 键即可。

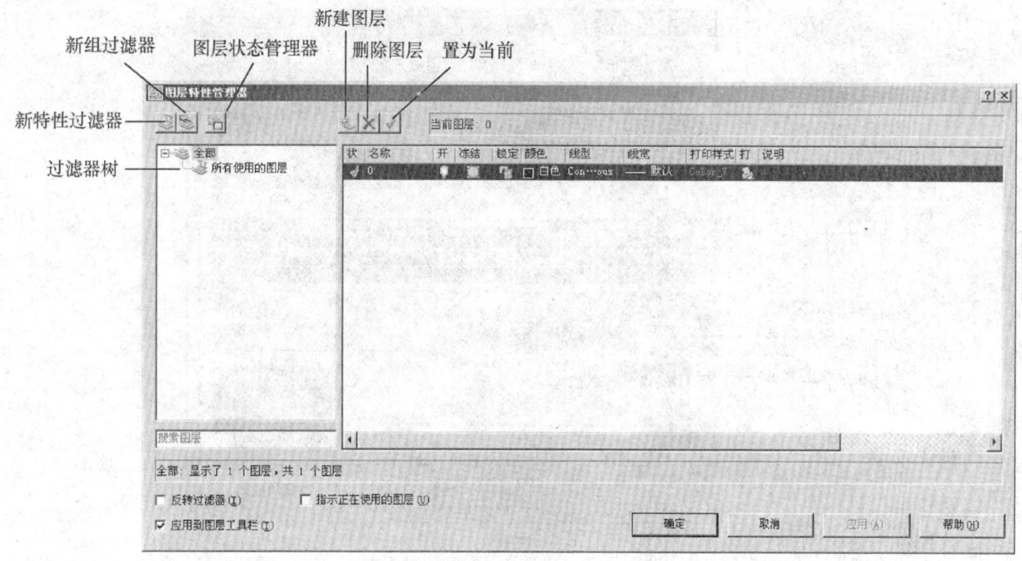

图 2-25　“图层特性管理器”对话框

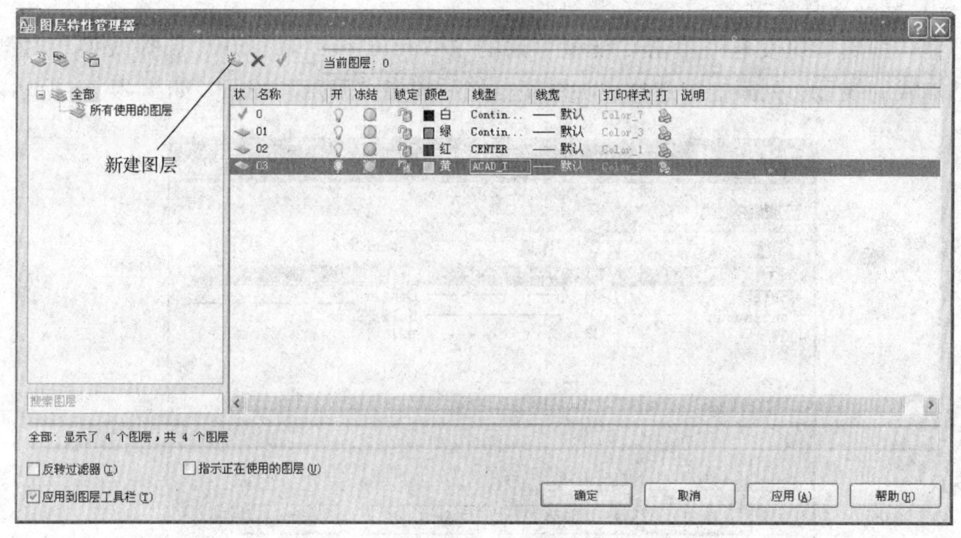

图 2-26　新建图层的设置

三、设置图层颜色

在图形中，我们常常需要用不同的颜色来区分不同的组件、功能和区域。图层的颜色实际上是图层中图形对象的颜色。每个图层都可设置自己的颜色，不同的对象也可以设置不同的颜色，如图 2-27 所示。

新建图层后，要改变图层的颜色，可在“图层特性管理器”对话框中单击图层的“颜色”列对应的图标，打开“选择颜色”对话框，设置图层的颜色。

四、使用与管理线型

线型是指图形的基本元素中最基本的组成形式。按照国家标准的规定，不同的线型有不同的含义，满足不同的表达需要。

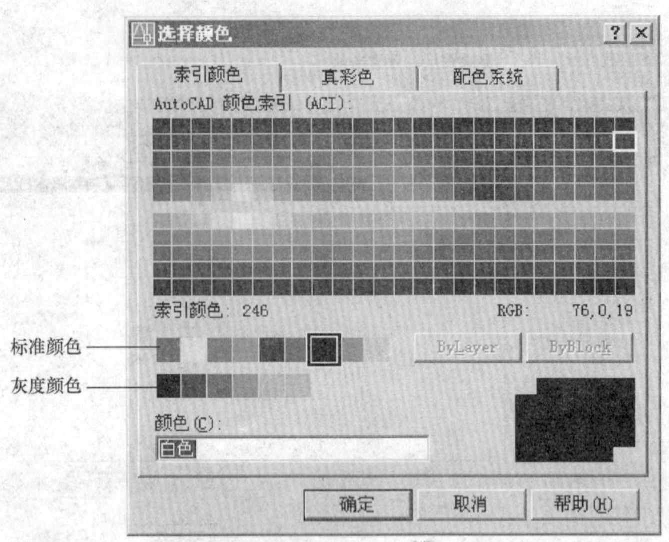

图 2-27 “选择颜色”对话框

（一）设置图层线型

可在“图层”列表框中单击“线型”列的“Continuous”，打开“选择线型”对话框，在“已加载的线型”列表框中选择一种线型，然后单击“确定”按钮，如图 2-28 所示。

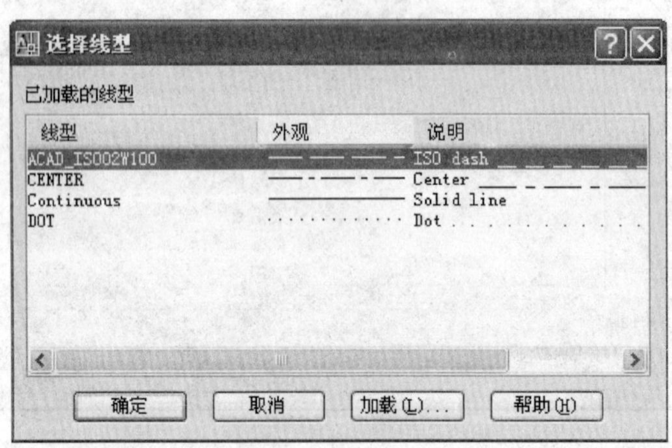

图 2-28 “选择线型”对话框

（二）加载线型

默认情况下，在“选择线型”对话框的“已加载的线型”列表框中只有“Continuous”一种线型，如果要使用其他线型，必须将其添加到“已加载的线型”列表框中。可单击“加载”按钮打开“加载或重载线型”对话框，从当前线型库中选择需要加载的线型，然后单击“确定”按钮，如图 2-29 所示。

（三）设置线型比例

选择“格式”→“线型”命令，打开“线型管理器”对话框，可设置图形中的线型比例，从而改变非连续线型的外观，如图 2-30 所示。

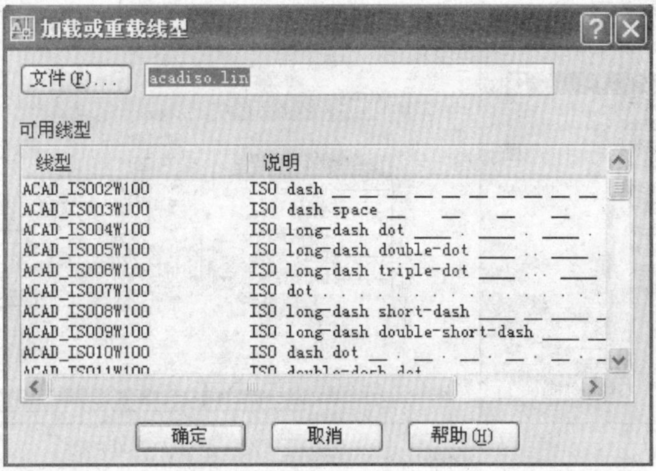

图 2-29 “加载或重载线型”对话框

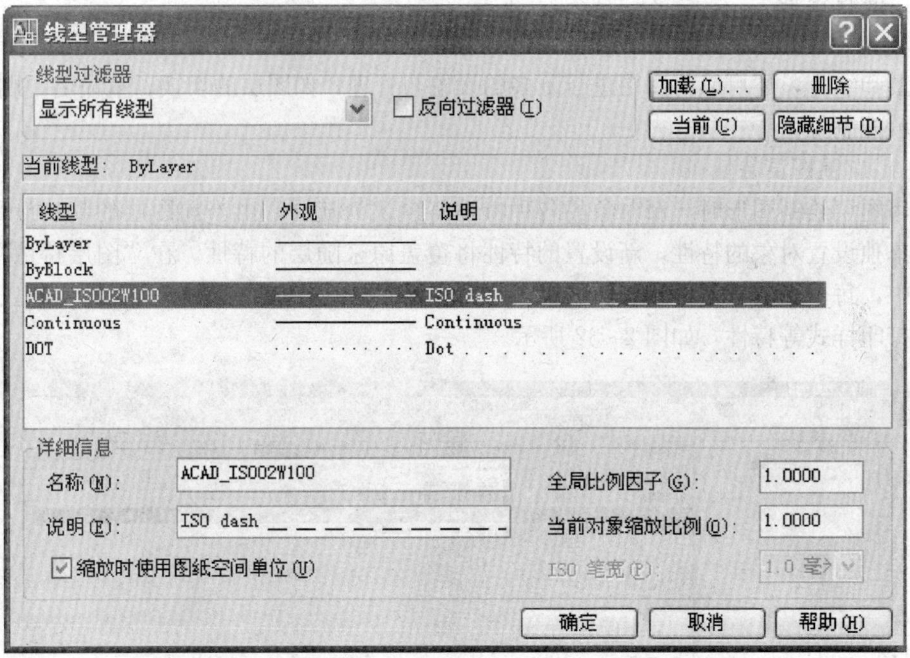

图 2-30 “线型管理器”对话框

五、设置图层线宽

线宽设置就是改变线条的宽度。在 AutoCAD 中，使用不同宽度的线条表现对象的大小或类型，可以提高图形的表达能力和可读性。

要设置图层的线宽，可以在“图层特性管理器”对话框的“线宽”列中单击该图层对应的线宽“—— 默认”，打开“线宽”对话框，如图 2-31（a）所示，有二十多种线宽可供选择。也可以选择“格式”→“线宽”命令，打开“线宽设置”对话框，如图 2-31（b）所示，通过调整线宽比例，使图形中的线宽显示得更宽或更窄。

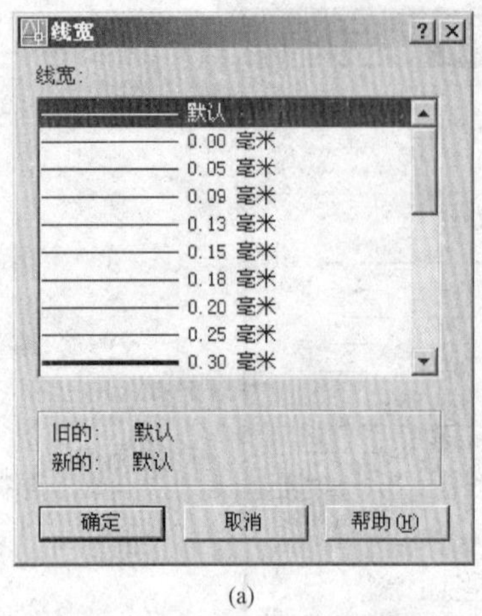

(a)

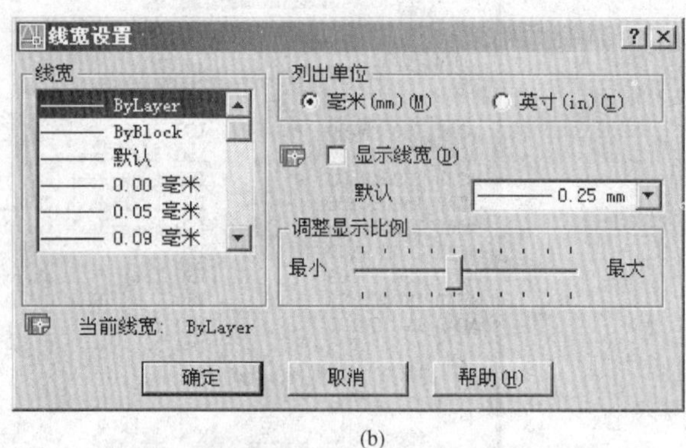

(b)

图 2-31 设置线宽对话框

(a)“线宽”对话框；(b)“线宽设置”对话框

六、管理图层

在 AutoCAD 中，使用“图层特性管理器”对话框不仅可以创建图层，设置图层的颜色、线型和线宽，还可以对图层进行更多的设置与管理，如图层的切换、重命名、删除及图层的显示控制等。

（一）设置图层特性

使用图层绘制图形时，新对象的各种特性将默认为随层，由当前图层的默认设置决定。也可以单独设置对象的特性，新设置的特性将覆盖原来随层的特性。在“图层特性管理器”对话框中，每个图层都包含状态、名称、打开/关闭、冻结/解冻、锁定/解锁、线型、颜色、线宽和打印样式等特性，如图 2-32 所示。

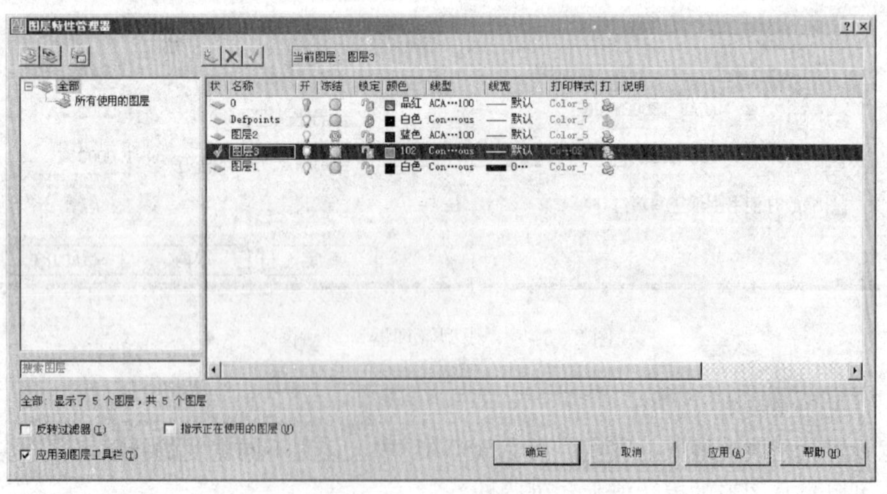

图 2-32 图层管理设置

（二）切换当前层

在“图层特性管理器”对话框的图层列表框中，选择某一图层后，单击“置为当前”按钮，即可将该图层设置为当前层。

在实际绘图时，为了便于操作，主要通过“图层”工具栏和“对象特性”工具栏来实现图层切换，这时只需选择要将其设置为当前层的图层名称即可。此外，“图层”工具栏和“对象特性”工具栏中的主要选项与“图层特性管理器”对话框中的内容相对应，因此也可以用来设置与管理图层特性，如图2-33所示。

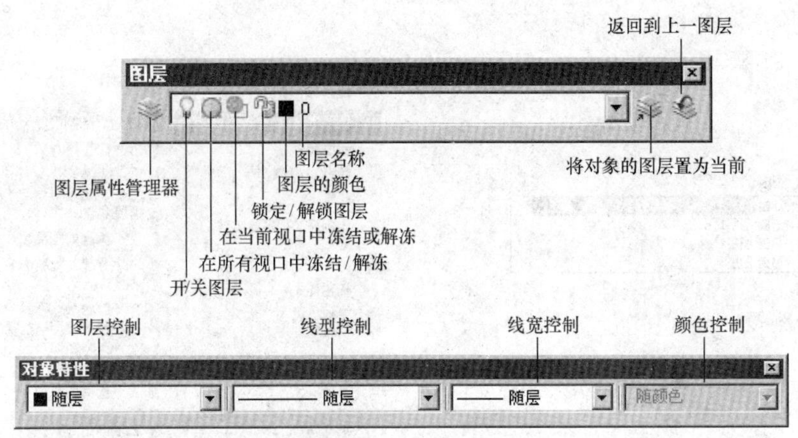

图2-33　图层切换

（三）转换图层

使用“图层转换器”可以转换图层，实现图形的标准化和规范化。“图层转换器”能够转换当前图形中的图层，使之与其他图形的图层结构或CAD标准文件相匹配。例如，如果打开一个与本单位的图层结构不一致的图形时，可以使用“图层转换器”转换图层名称和属性，以符合本单位的图形标准。

选择“工具”→“CAD标准”→“图层转换”命令，弹出“图层转换器”对话框，如图2-34所示。

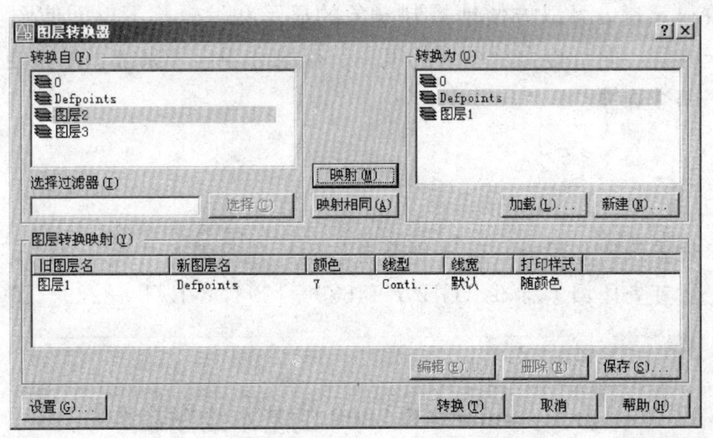

图2-34　“图层转换器”对话框

（四）改变对象所在图层

在实际绘图中，如果绘制完某一图形元素后，发现该元素并没有绘制在预先设置的图层上，可选中该图形元素，并在“图层”工具栏的图层控制下拉列表框中选择所要改变的图层，即可完成操作，如图 2-35 所示。

（五）使用图层工具管理图层

在 AutoCAD 2008 中新增了图层管理工具，利用该功能用户可以更加方便地管理图层。选择“格式”→“图层工具”命令中的子命令，就可以通过图层工具来管理图层，如图2-36 所示。

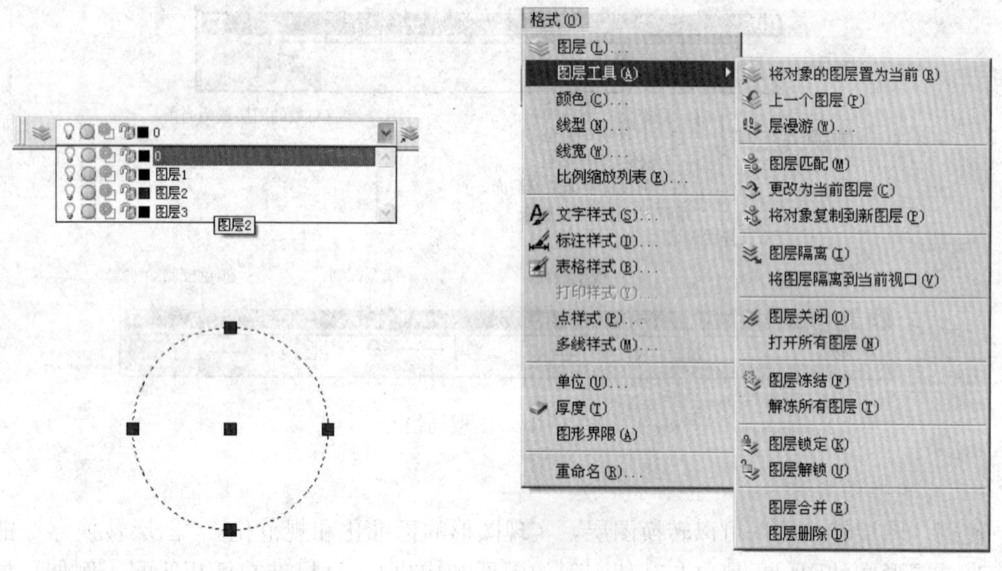

图 2-35　改变对象所在图层　　　　图 2-36　图层工具

图层是用户组织和管理图形的强有力工具。在 AutoCAD 中，所有图形对象都具有图层、颜色、线型和线宽这 4 个基本属性。用户可以根据图层对图形的几何对象、文字、标注等进行归类处理，使用图层来管理它们，使用不同的图层、不同的颜色、不同的线型和线宽绘制不同的对象和元素，可以方便地控制对象的显示和编辑，不仅能使图形的各种信息清晰、有序，便于观察，而且也会给图形的编辑、修改和输出带来很大的方便，从而提高绘制复杂图形的效率和准确性。

学习提示：

注意在设置绘图环境时，既要符合自己的操作习惯和需要，也要遵守国家标准的有关规定。可查阅国家标准（GB/T 14689—1993，GB/T 18229—2000）。

2.3　AutoCAD 2008 的基本绘图命令

目的与任务　掌握在 AutoCAD 2008 中绘制二维图形对象的基本方法，学会点对象，直线、射线和构造线，矩形和正多边形以及圆、圆弧、椭圆和椭圆弧等对象的绘制方法。

2.3.1　绘图方法

为了满足不同用户的需要，为了使操作更加灵活方便，AutoCAD 2008 提供了多种方法来实现相同的功能。例如，可以使用“绘图”菜单、“绘图”工具栏、“屏幕菜单”和绘图命令4种方法来绘制基本的图形对象。

一、“绘图”菜单

“绘图”菜单是绘制图形最基本、最常用的方法，其中包含了AutoCAD 2008的大部分绘图命令。选择该菜单中的命令或子命令，可绘制出相应的二维图形，如图2-37所示。

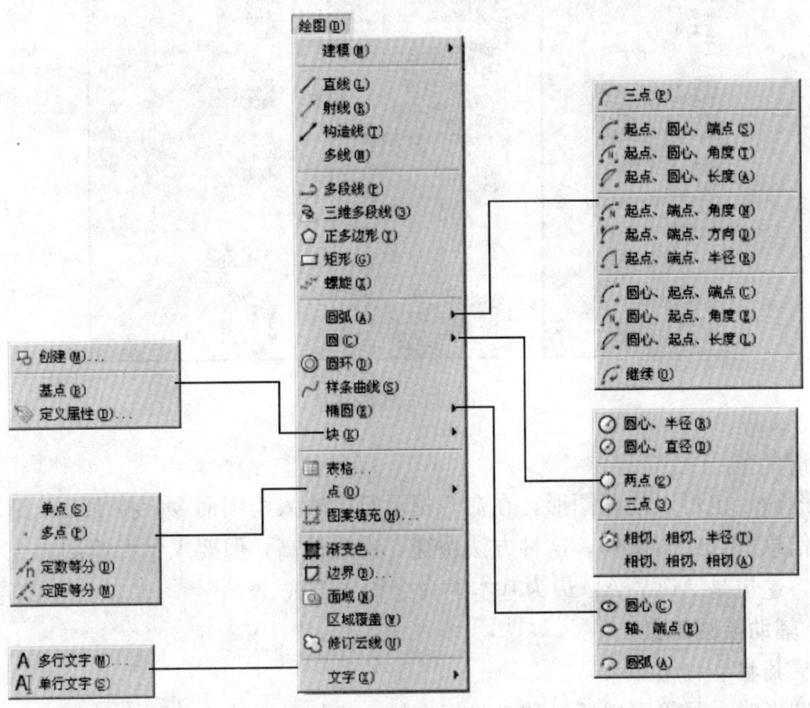

图2-37　“绘图”下拉菜单

二、“绘图”工具栏

“绘图”工具栏中的每个工具按钮与“绘图”菜单中的绘图命令相对应，如图2-38所示。

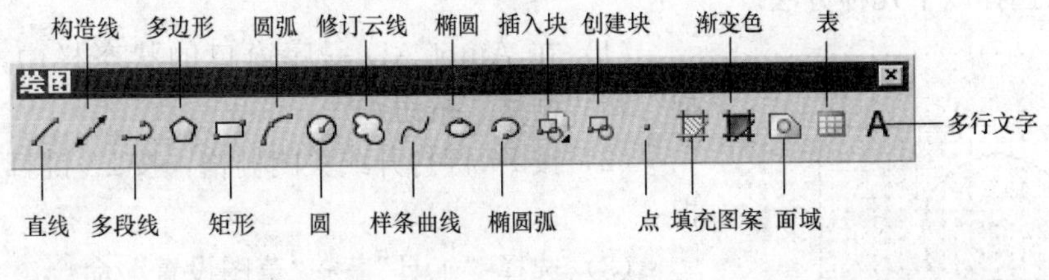

图2-38　“绘图”工具栏

三、“屏幕菜单”

“屏幕菜单”是AutoCAD 2008的另一种菜单形式。选择其中的“工具1”和“工具2”子菜单，可以使用绘图的相关工具。“工具1”和“工具2”子菜单中的每个命令分别与AutoCAD 2008的绘图命令相对应。默认情况下，系统不显示“屏幕菜单”，但可以通过选择“工具”→“选项”命令，打开“选项”对话框，在“显示”选项卡的“窗口元素”选项区域中选中“显示屏幕菜单”复选框将其显示，如图2-39所示。

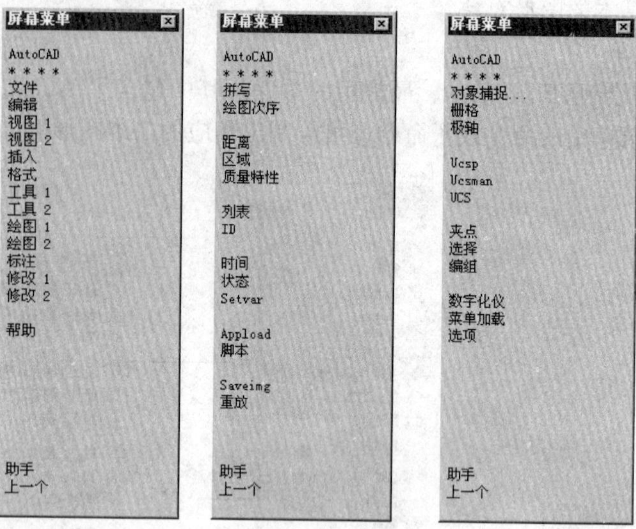

图2-39 屏幕菜单

四、绘图命令

使用绘图命令也可以绘制图形，在命令提示行中输入绘图命令，按Enter键，并根据命令行的提示信息进行绘图操作。这种方法快捷，准确性高，但要求掌握绘图命令及其选择项的具体用法，这也是AutoCAD最为基本的命令输入方式。

2.3.2 辅助绘图工具

一、设置捕捉和栅格

在绘制图形时，尽管可以通过移动光标和输入坐标的方法来指定点的位置，但却很难精确指定点的某一位置。在AutoCAD中，使用“捕捉”和“栅格”等辅助作图工具，可以帮我们精确定位，提高绘图效率。

“捕捉”用于设定鼠标光标移动的间距。“栅格”是一些标定位置的小点，起坐标纸的作用，可以提供直观的距离和位置参照，如图2-40所示。要打开或关闭“捕捉”和“栅格”功能，可以选择以下几种方法。

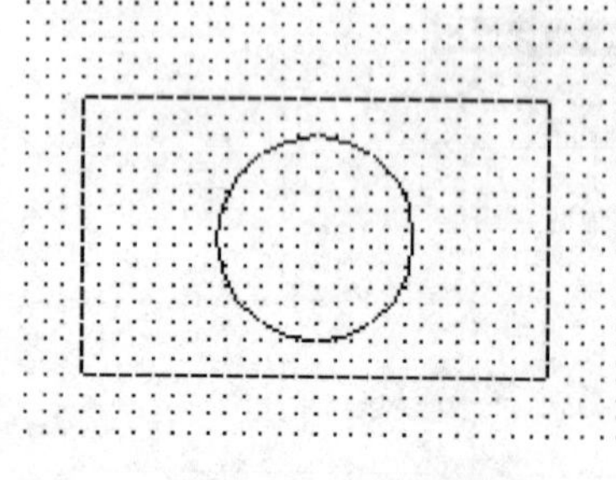
图2-40 栅格显示

（1）在AutoCAD程序窗口的状态栏中，单击“捕捉”和“栅格”按钮。

（2）按F7键打开或关闭栅格，按F9键打开或关闭捕捉。

（3）选择“工具”→“草图设置”命令，打开“草图设置”对话框，在“捕捉和栅格”选项卡中选中或取消选中“启用捕捉”和“启用栅格”复选框，如图2-41所示。

二、打开对象捕捉功能

在绘图的过程中，经常要指定一些对象上已有的点，例如端点、圆心和两个对象的交点等。如果只凭观察来拾取，不可能非常准确地找到这些点。在AutoCAD中，可以通过“对象捕捉”工具栏和“草图设置”对话框等方式调用对象捕捉功能，迅速、准确地捕捉到某些特殊点，从而精确地绘制图形。

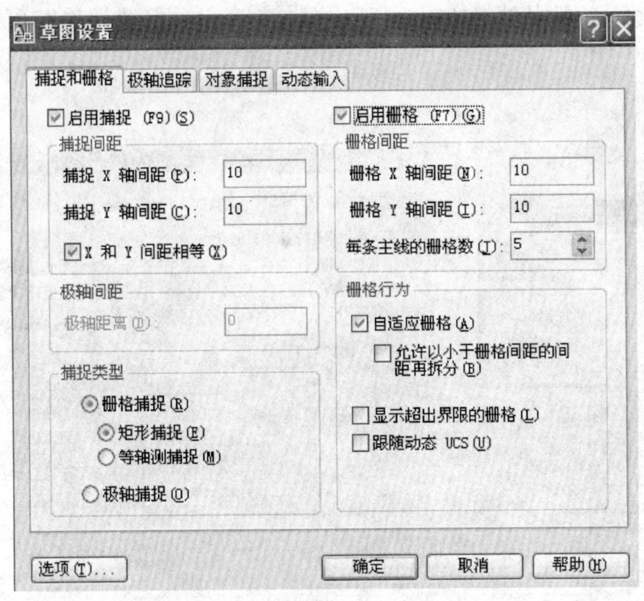

图 2-41 “捕捉和栅格”选项卡

(一)“对象捕捉”工具栏

在绘图过程中，当要求指定点时，单击“对象捕捉”工具栏中相应的特征点按钮，再把光标移到要捕捉对象上的特征点附近，即可捕捉到相应的对象特征点，如图 2-42 所示。

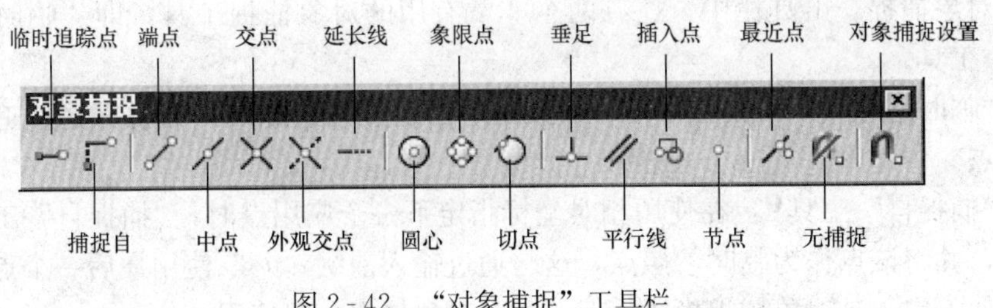

图 2-42 “对象捕捉”工具栏

(二) 对象捕捉快捷菜单

当要求指定点时，可以按 Shift 键或者 Ctrl 键，右击打开对象捕捉快捷菜单，选择需要的子命令，再把光标移到要捕捉对象的特征点附近，即可捕捉到相应的对象特征点，如图 2-43所示。

三、使用自动追踪功能

在 AutoCAD 中，自动追踪可按指定角度绘制对象，或者绘制与其他对象有特定关系的对象。自动追踪功能分极轴追踪和对象捕捉追踪两种，是非常有用的辅助绘图工具。

(一) 极轴追踪与对象捕捉追踪

极轴追踪是按事先给定的角度增量来追踪特征点。而对象捕捉追踪则按与对象的某种特定关系来追踪，这种特定的关系确定了一个未知角度。也就是说，如果事先知道要追踪的方向（角度），则使用极轴追踪；如果事先不知道具体的追踪方向（角度），但知道与其他对象的某种关系（如相交），则用对象捕捉追踪。极轴追踪和对象捕捉追踪可以同时使用，如图 2-44 所示。

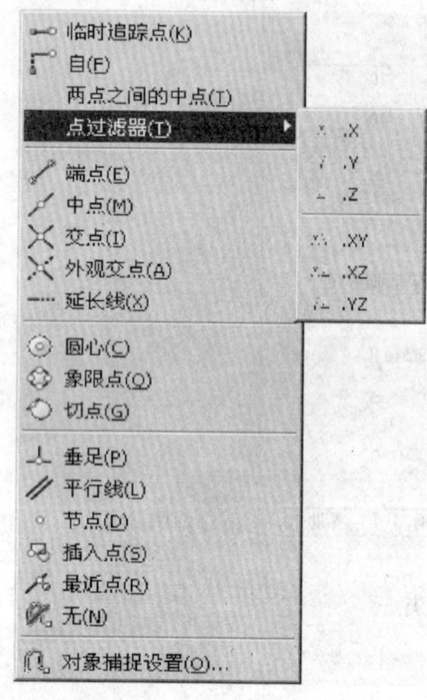

图 2-43 对象捕捉快捷菜单

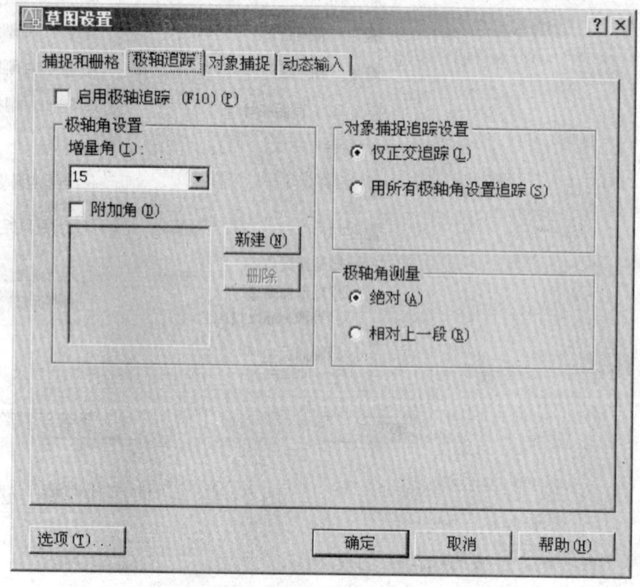

图 2-44 极轴追踪与对象捕捉追踪的设置

（二）使用临时追踪点和捕捉自功能

在“对象捕捉”工具栏中，还有两个非常有用的对象捕捉工具，即“临时追踪点”和“捕捉自”工具。

(1)“临时追踪点”工具：可在一次操作中创建多条追踪线，并根据这些追踪线确定所要定位的点。

(2)“捕捉自”工具[1]：在使用相对坐标指定下一个应用点时，“捕捉自”工具可以提示输入基点，并将该点作为临时参照点，这与通过输入前缀“@”使用最后一个点作为参照点的方法类似。它不是对象捕捉模式，但经常与对象捕捉一起使用。

（三）使用自动追踪功能绘图

使用自动追踪功能可以快速而且精确地定位点，在很大程度上提高了绘图效率。打开“选项”对话框，在“草图”选项卡的“自动追踪设置”选项区域中进行设置，如图 2-45 所示。

四、使用动态输入

在 AutoCAD 2008 中，使用动态输入功能可以在指针位置处显示标注输入和命令提示等信息，从而极大地方便了绘图，如图 2-46 所示。

---

[1] “捕捉自”功能在有的教材上又称为广义相对坐标，除了单击工具栏按钮以外，还可以在输入点时，在命令行中输入“FROM”，重新设定一个相对坐标的基点。

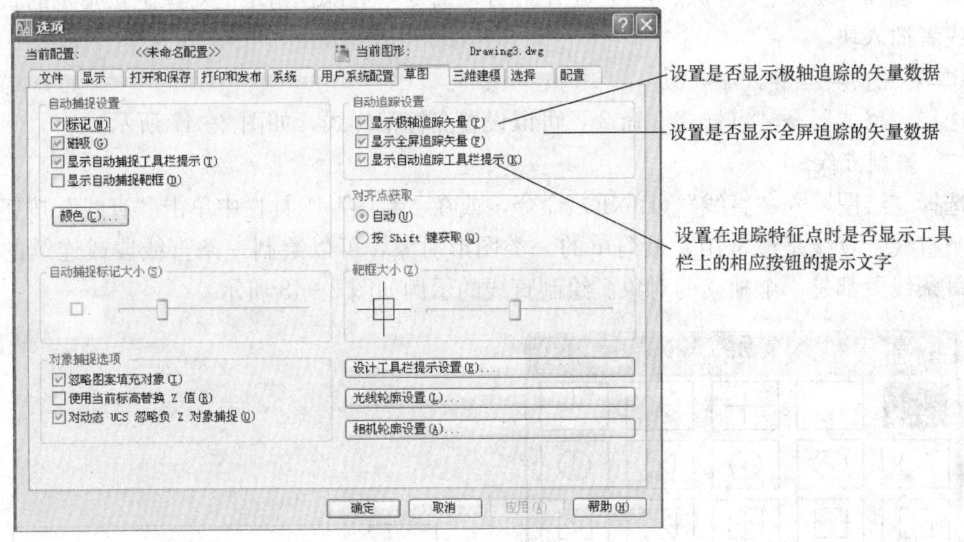

图 2-45 自动追踪设置

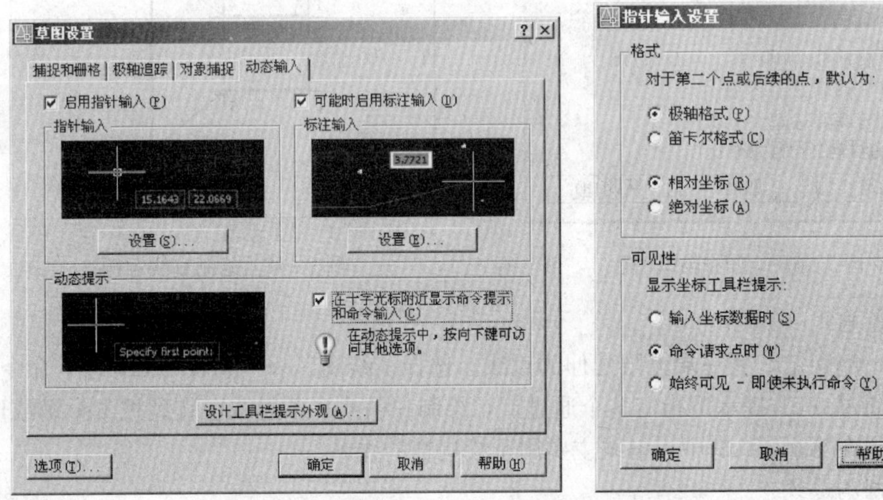

图 2-46 动态输入设置

2.3.3 绘制基本图形

一、绘制点对象

在 AutoCAD 2008 中，点对象有单点、多点、定数等分和定距等分 4 种。

（一）命令操作

(1) 选择“绘图”→“点”→“单点”命令，可以在绘图窗口中一次指定一个点。

(2) 选择“绘图”→“点”→“多点”命令，可以在绘图窗口中一次指定多个点，最后可按 Esc 键结束。

(3) 选择“绘图”→“点”→“定数等分”命令，可以在指定的对象上绘制等分点或者在等分点处插入块。

（4）选择“绘图”→“点”→“定距等分”命令，可以在指定的对象上按指定的长度绘制点或者插入块。

（二）点的类型和大小设置

选择“格式”→“点样式”命令，可以设置点标记样式，如图 2-47 所示。

二、绘制直线

选择“绘图”→“直线”（LINE）命令，或在“绘图”工具栏中单击“直线”按钮，可以绘制直线。直线是最常用、最简单的一类图形对象，可以绘制一条直线段或连续的折线段，每条线段都是一个独立的对象。绘制直线的示例如图 2-48 所示。

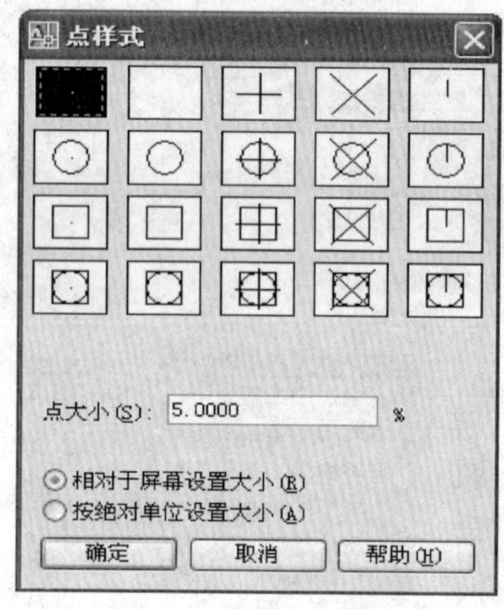

图 2-47　点的样式设置

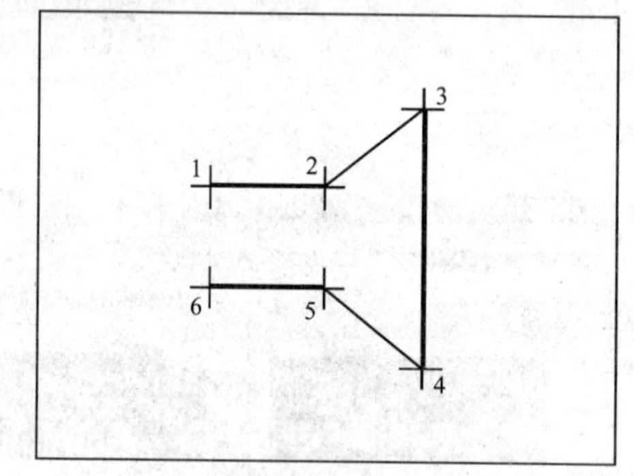

图 2-48　绘制直线示例

三、绘制射线

射线为一端固定，另一端无限延伸的直线。选择“绘图”→“射线”（RAY）命令，即可在“指定通过点：”提示下指定多个通过点，绘制一条或多条射线，直到按 Esc 键或Enter 键退出为止。在 AutoCAD 中，射线主要用于绘制辅助线。

四、绘制构造线

构造线为两端可以无限延伸的直线，没有起点和终点，可以放置在三维空间的任何地方，主要用于绘制辅助线。

选择“绘图”→“构造线”（XLINE）命令。

提示：指定点或［水平（H）/垂直（V）/角度（A）/二等分（B）/偏移（O）］：（输入选择项）

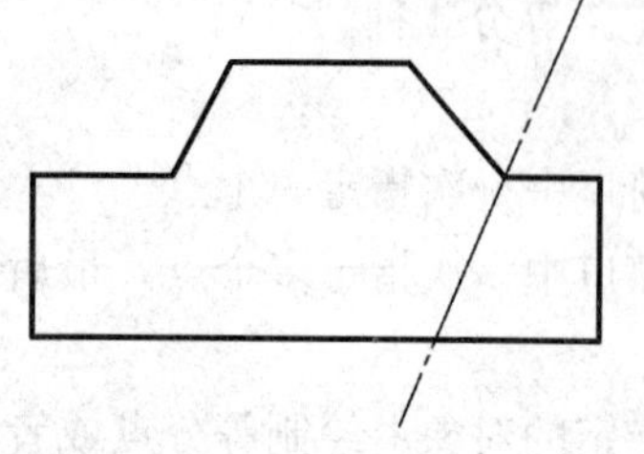

图 2-49　角平分构造线示例

可采用多种方式绘制构造线。图 2-49 中绘制的是角平分构造线。

五、绘制矩形

选择“绘图”→“矩形”（RECTANGLE）命令。

提示：当前矩形模式：倒角＝(当前值)×(当前值)旋转＝(当前值)

指定第一个角点或[倒角(C)/标高(E)/圆角(F)/厚度(T)/宽度(W)]：(输入选择项)

上述操作即可绘制出倒角矩形、圆角矩形、有厚度的矩形等多种矩形，如图 2-50 所示。

图 2-50 用矩形命令绘制的多种矩形

六、绘制正多边形

选择“绘图”→“正多边形”(POLYGON) 命令。

提示：输入边的数目〈默认值〉：(输入正多边形的边数) ↓

指定正多边形的中心点或 [边 (E)]：(输入选择项) ↓

AutoCAD 提供了 3 种画正多边形的方式，可以绘制边数为 3～1024 的正多边形，如图 2-51 所示。

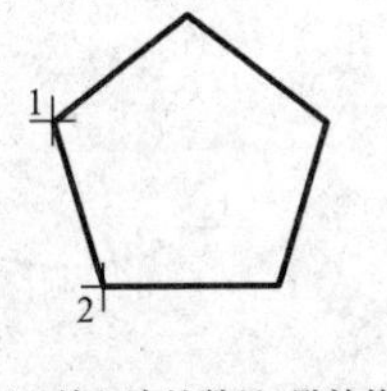

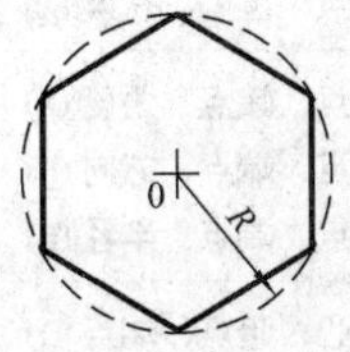

提示：输入边的数目〈默认值〉：5↓
指定正多边形的中心点或 [边 (E)]：E↓
指定边的第一个端点:(点第“1”端点)
指定边的第二个端点：(点第“2”端点)

提示：输入边的数目〈默认值〉：6↓
指定正多边形的中心点或 [边 (E)]：40,40↓
输入选项 [内接于圆 (I)/外切于圆 (C)] <默认值>: C↓
指定圆的半径: 20↓

(a) (b) (c)

图 2-51 正多边形的绘制

(a) 按边长绘制正多边形；(b) 按内接方式绘制正多边形；(c) 按外切方式绘制正多边形

七、绘制圆

在“绘图”工具栏中，单击“圆”按钮。

提示：指定圆的圆心或 [三点(3P)/二点(2P)/相切、相切、半径(T)]:(输入选项) ↓

在 AutoCAD 2008 中，可以使用 6 种方法绘制圆，如图 2-52 所示。

八、绘制圆弧

单击“绘图”工具栏中的“圆弧”按钮，即可绘制圆弧。

提示：指定圆弧的起点或[圆心(C)]：(输入选择项) ↓

输入选择项不同，会出现不同的提示。该命令提供了 11 种绘制圆弧的方式，绘图时，应根据已知条件，灵活运用，如图 2-53 所示。

九、绘制椭圆和椭圆弧

单击“绘图”工具栏中的“椭圆”按钮，即可绘制椭圆。

提示：指定椭圆的轴端点或 [圆弧 (A) /中心点 (C)]：(输入选择项) ↓

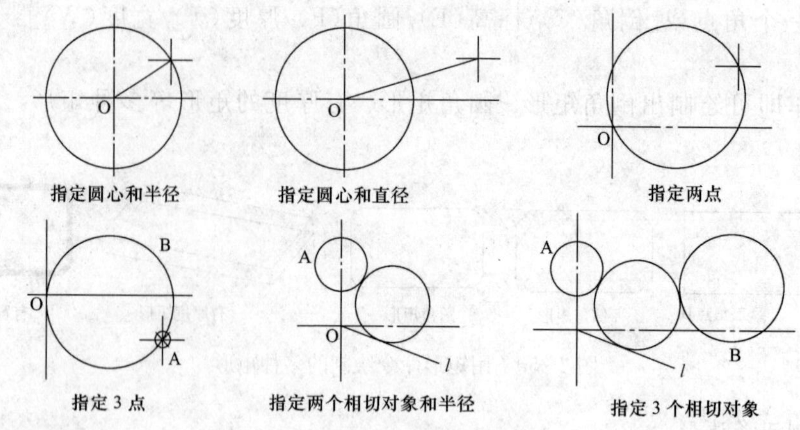

图 2-52 绘圆的方法示例

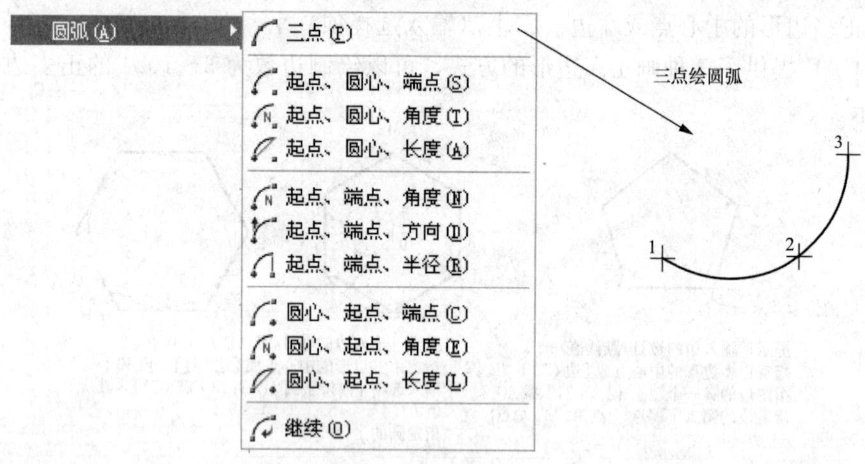

图 2-53 “圆弧”子菜单

输入选择项不同，会出现不同的提示，有两种绘制椭圆的方式。绘图时，应根据已知条件，灵活运用，如图 2-54 所示。

十、绘制圆环

绘制实心(内径为零)或空心的圆或圆环，如图 2-55 所示。

选择“绘图”→“圆环”命令。

提示：指定圆环的内径<默认值>：(输入内径值)↓

指定圆环的外径<默认值>：(输入外径值)↓

确定圆环的中心点或<退出>：(输入圆心或按 Enter 键结束命令)

十一、绘制二维多义线

二维多义线是由直线段和弧线段连接组成的一个图形实体，它可由不同的线段，不同的宽度组成，并且可进行各种编辑操作。

选择“绘图”→“多段线”命令。

提示：指定起点：(输入多义线起点)

当前线宽为×××(默认宽度)

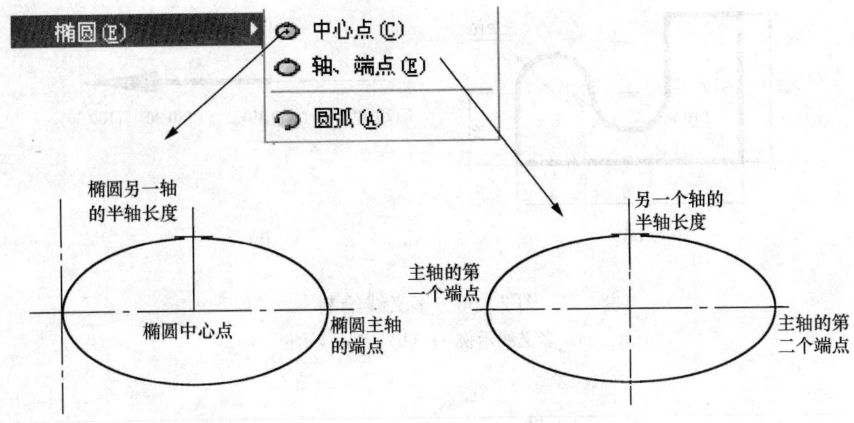

图 2-54 椭圆子菜单

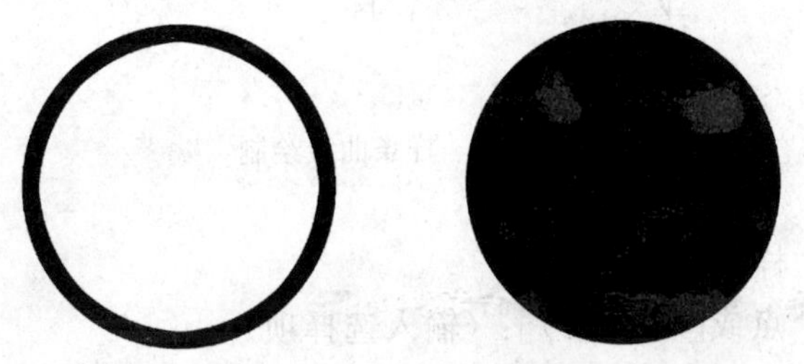

图 2-55 圆环和实心圆

指定下一个点或[圆弧(A)/半宽(H)/长度(L)/放弃(U)/宽度(W)]：(输入各选项)

用 PLINE 命令画直线与 LINE 命令思路相同，画圆弧与 ARC 命令思路相同，可根据需要从提示中确定选项，即作出二维多义线。要特别说明的是，在执行同一次 PLINE 命令中所画各线段是一个实体，如图 2-56 (a) 所示。

绘制图 2-56 (b) 所示的图形，操作如下：

命令：PLINE↓

指定起点：20，30↓

当前线宽为 0.0000

指定下一个点或[圆弧(A)/闭合(C)/半宽(H)/长度(L)/放弃(U)/宽度(W)]：50,30↓

指定下一个点或[圆弧(A)/闭合(C)/半宽(H)/长度(L)/放弃(U)/宽度(W)]：W↓

指定起始点宽度<0.0000>：3↓

指定端点宽度 <3.0000>：↓

指定下一个点或[圆弧(A)/闭合(C)/半宽(H)/长度(L)/放弃(U)/宽度(W)]：80,30↓

指定下一个点或[圆弧(A)/闭合(C)/半宽(H)/长度(L)/放弃(U)/宽度(W)]：W↓

指定起始点宽度<3.0000>：8↓

指定端点宽度 <8.0000>：0↓

指定下一个点或[圆弧(A)/半宽(H)/长度(L)/放弃(U)/宽度(W)]：100,30↓

十二、绘制样条曲线

要绘制一条通过或接近一系列已知点的平滑相连的样条曲线，如图 2-57 所示。

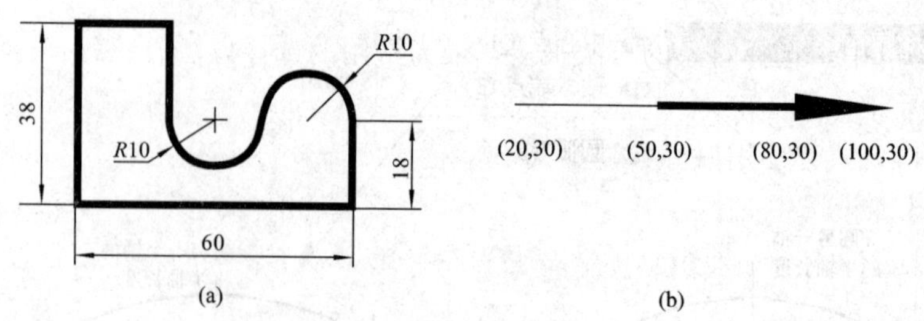

图 2-56 多义线绘制
(a) 多义线示例 1；(b) 多义线示例 2

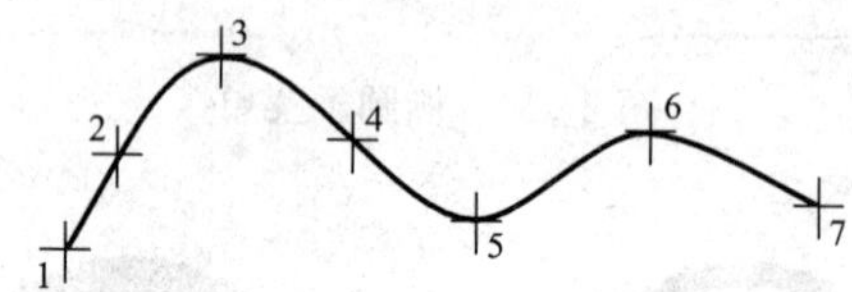

图 2-57 样条曲线绘制

选择“绘图”→“样条曲线”命令。

提示：指定第一个点或[对象(O)]：(输入选择项)

十三、绘制多线

如果要一次绘制多条平行线（最多可达 16 条），可以用“多线”命令。

选择“绘图”→“多线”命令或输入“MLINE”。

提示：当前设置：对正＝当前对正方式，比例＝当前比例值，样式＝当前样式

指定起点或[对正(J)/比例(S)/样式(ST)]：(指定点或输入选项)

还可以选择“格式”→“多线样式”命令来新建和编辑多线的样式，这个命令多用于绘制建筑图中的墙线。

学习提示：

二维图形对象是整个 AutoCAD 的绘图基础，要想熟练地掌握，必须不断地上机实践，并注意把一些命令的不同应用和绘制方法、技巧分类记忆。

2.4 AutoCAD 2008 的基本编辑命令

目的与任务 掌握删除、复制、镜像、移动、对齐、偏移、阵列、旋转、延伸、圆角、拉伸等命令编辑对象的方法，能初步运用多种图形编辑命令绘制二维图形。

2.4.1 选择对象的方法

AutoCAD 编辑命令的一个操作特点是：在输入编辑命令后，需要选择单个或多个要编辑的实体，确认后再按提示进行编辑。因此了解选择对象的方法也是非常重要的。

一、选择对象的常用方法

在AutoCAD中，选择对象的方法很多，最为常用的选择方法有三种：

(1) 用鼠标直接点取方式。

(2) W窗口方式。即用鼠标从左上向右下拖出一个实线的矩形窗口，只有完全包含于窗口中的对象才能被选中。

(3) C交叉窗口方式。即用鼠标从右上向左下拉出一个虚线的矩形窗口，只要接触到窗口的对象都会被选中。

被选中的实体对象以醒目方式（即变为虚线）显示，如图2-58所示。另外，我们还可以向选择集中添加对象或从中删除对象。

此外，还有多种选择方式，这里不再一一介绍。

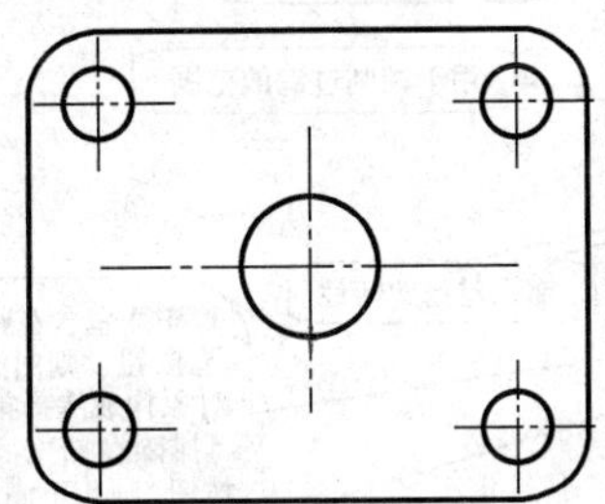
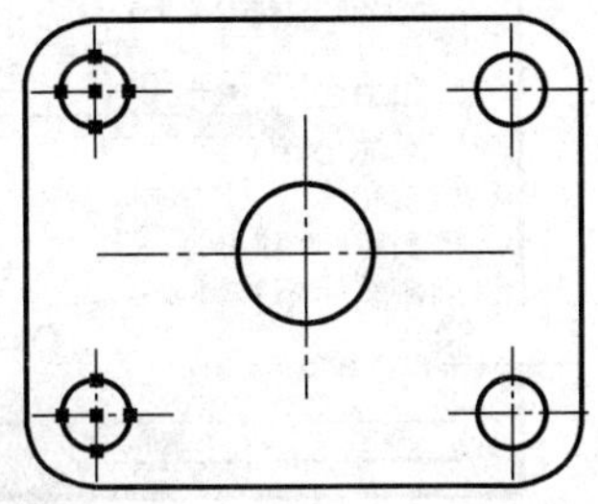

图2-58 图形实体与编辑目标

二、快速选择

在AutoCAD中，当需要选择具有某些共同特性的对象时，可利用“快速选择”对话框，根据对象的图层、线型、颜色、图案填充等特性和类型，创建选择集。选择“工具”→“快速选择”命令，可打开“快速选择”对话框，如图2-59所示。

2.4.2 基本编辑命令

一、删除对象

选择“修改”→“删除”（ERASE）命令，或在“修改”工具栏中单击“删除”按钮，就可以删除图形中选中的对象。

二、偏移对象

如果要对指定的直线、圆弧、圆等对象作同心偏移复制，在AutoCAD 2007中，可以使用“偏移”命令。在实际应用中，常利用“偏移”命令创建平行线或等距离分布的图形。

选择“修改”→“偏移”（OFFSET）命令，或在“修改”工具栏中单击“偏移”按钮，执行偏移命令，其命令行显示如下提示：

指定偏移距离或[通过(T)/删除(E)/图层(L)] <通过>：

默认情况下，需要先指定偏移距离，再选择要偏移复制的对象，然后指定偏移方向，以复制出对象，如图2-60所示。

三、复制对象

如果要将选择的实体对象作一次或多次复制，选择“修改”→“复制”（COPY）命令，或单击“修改”工具栏中的“复制”按钮，即可复制已有对象的副本，在“指定第二个点或

[退出(E)/放弃(U)<退出>:”提示下，通过连续指定位移的第二点来创建该对象的其他副本，直到按Enter键结束，如图2-61所示。

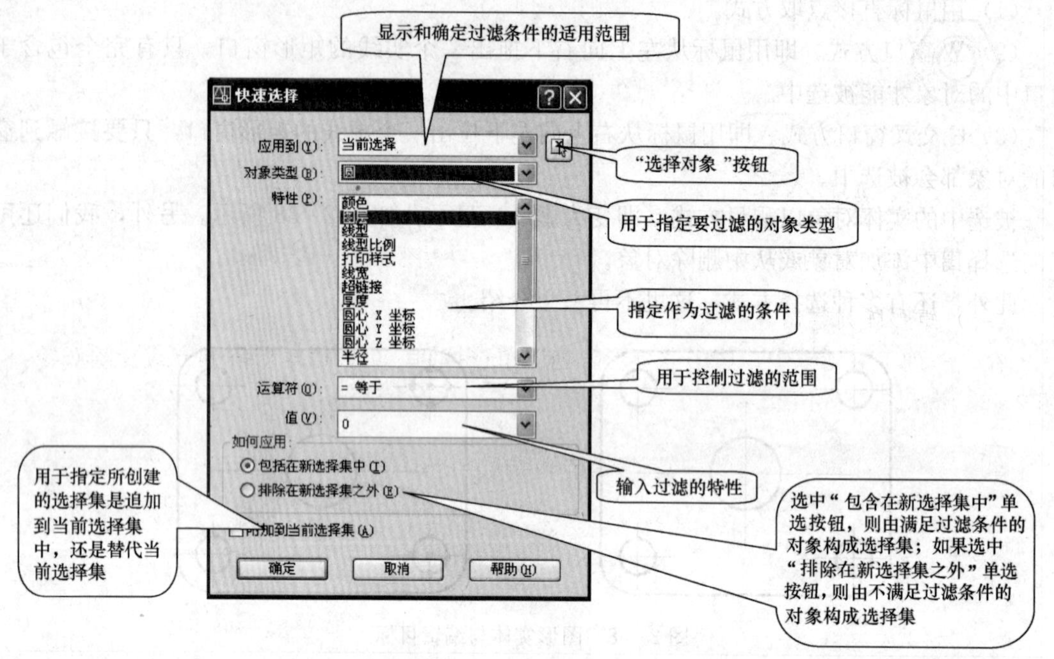

图2-59 “快速选择”对话框

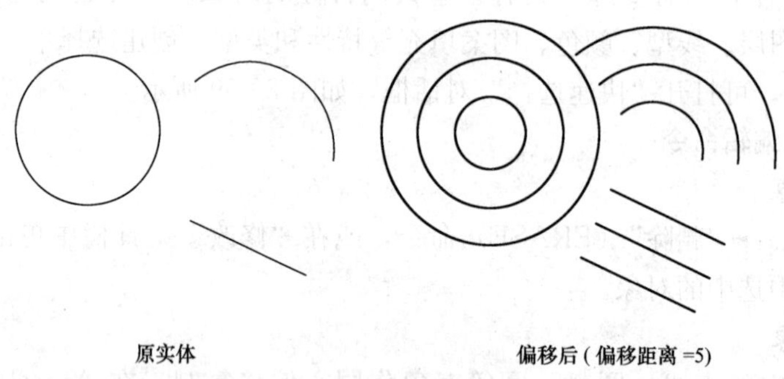

图2-60 偏移操作

四、镜像对象

如果想对称地复制一个图形对象，在AutoCAD 2008中，可以使用“镜像”命令。选择“修改”→“镜像”(MIRROR)命令，或在“修改”工具栏中单击“镜像”按钮即可。

执行该命令时，需要选择要镜像的对象，然后依次指定镜像线上的两个端点，命令行将显示“删除源对象吗？[是(Y)/否(N)]<N>:”提示信息。如果直接按Enter键，则镜像复制对象，并保留原来的对象；如果输入“Y”，则在镜像复制对象的同时删除原对象，如图2-62所示。

五、阵列对象

在AutoCAD 2008中，还可以通过“阵列”命令多重复制对象。选择“修改”→“阵列”（ARRAY）命令，或在“修改”工具栏中单击“阵列”按钮，都可以打开“阵列”对话框，可以在该对话框中设置以矩形阵列或以环形阵列的方式多重复制对象。

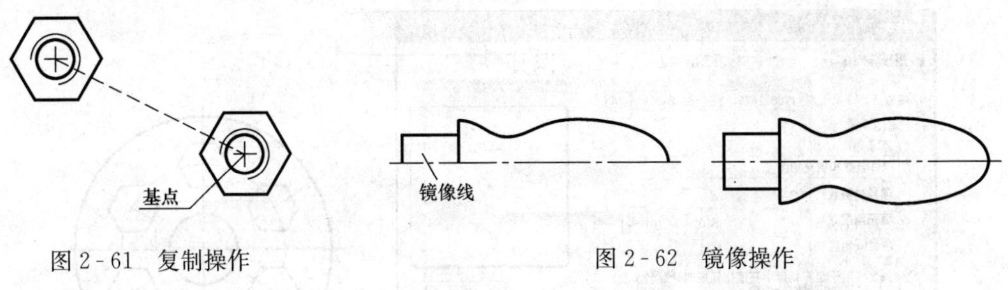

图2-61 复制操作　　图2-62 镜像操作

（一）矩形阵列复制

在“阵列”对话框中，选中“矩形阵列”单选按钮，可以以矩形阵列方式复制对象，如图2-63所示。

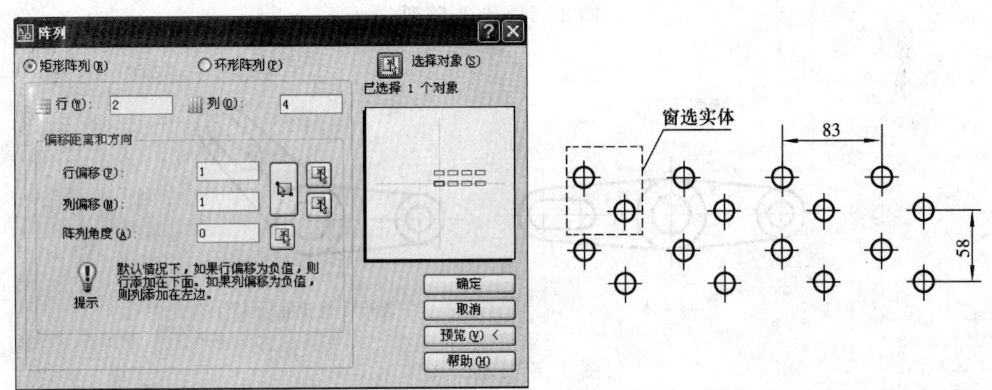

图2-63 矩形阵列

（二）环形阵列复制

在“阵列”对话框中，选中“环形阵列”单选按钮，可以以环形阵列方式复制对象，如图2-64所示。

注意 在矩形阵列时，输入的行距和列距为负值时，则加入的行在原行的下方，加入的列在原列的左方。在环形阵列时，输入的角度为正值时，沿逆时针方向旋转；反之，则沿顺时针方向旋转。

六、移动对象

移动对象是指将对象重新定位。选择“修改”→“移动”（MOVE）命令，或在“修改”工具栏中单击“移动”按钮，可以在指定方向上按指定距离移动对象，对象的位置发生了改变，但方向和大小不改变。

七、旋转对象

选择“修改”→“旋转”（ROTATE）命令，或在“修改”工具栏中单击“修改”按钮，可以将对象绕基点旋转指定的角度，如图2-65所示。

在命令行显示“指定旋转角度或［复制（C）参照（R）］<O>”提示信息时，如果直接输入角度值，则可以将对象绕基点转动该角度，角度为正时逆时针旋转，角度为负时顺时针旋转；如果选择“参照（R）”选项，将以参照方式旋转对象，需要依次指定参照方向的角度值和相对于参照方向的角度值。

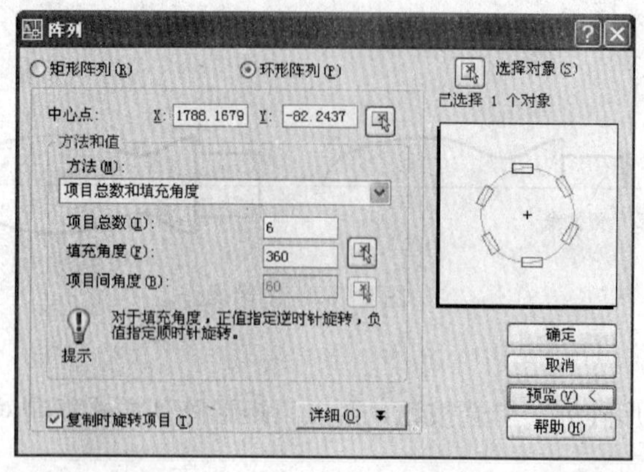

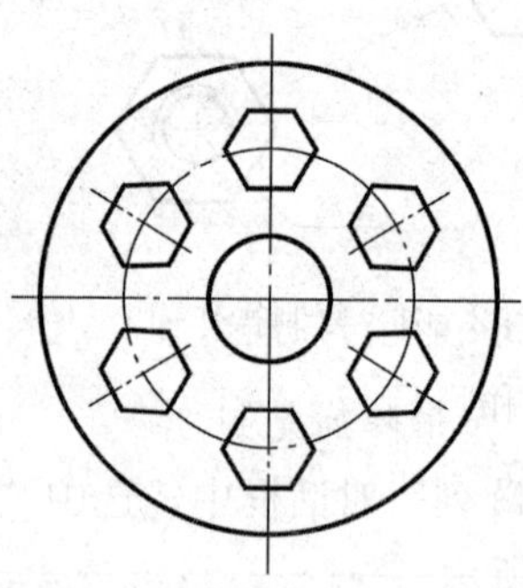

图 2 - 64　环形阵列

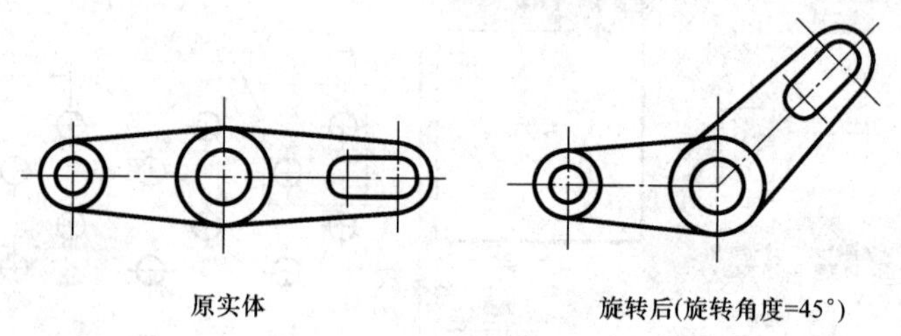

图 2 - 65　旋转操作

八、修剪对象

在 AutoCAD 2008 中，可以使用“修剪”命令缩短对象。选择“修改”→“修剪”（TRIM）命令，或在“修改”工具栏中单击“修剪”按钮，可以以某一对象为剪切边修剪其他对象。

在 AutoCAD 2008 中，可以作为剪切边的对象有直线、圆弧、圆、椭圆或椭圆弧、多段线、样条曲线、构造线、射线以及文字等。剪切边也可以同时作为被剪边。默认情况下，选择要修剪的对象（即被剪边），系统将以剪切边为界，将被剪切对象上位于拾取点一侧的部分剪切掉。如果按 Shift 键，同时选择与修剪边不相交的对象，修剪边将变为延伸边界，将选择的对象延伸至与修剪边界相交，如图 2 - 66 所示。

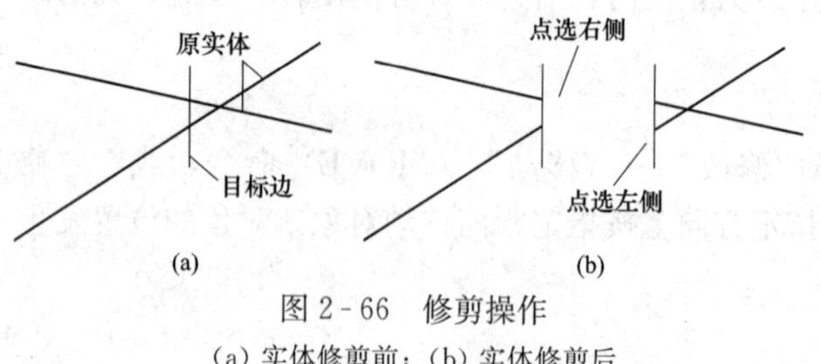

图 2 - 66　修剪操作

（a）实体修剪前；（b）实体修剪后

九、延伸对象

在 AutoCAD 2008 中，可以使用“延伸”命令拉长对象。选择“修改”→“延伸”（EXTEND）命令，或在“修改”工具栏中单击“延伸”按钮，可以延长指定的对象与另一对象相交或外观相交。

延伸命令的使用方法和修剪命令的使用方法相似，不同之处在于：使用延伸命令时，如果在按 Shift 键的同时选择对象，则执行修剪命令；使用修剪命令时，如果在按住 Shift 键的同时选择对象，则执行延伸命令，如图 2-67 所示。

十、对齐对象

选择“修改”→“三维操作”→“对齐”(ALIGN)命令，可以使当前对象与其他对象对齐，它既适用于二维对象，也适用于三维对象。

在对齐二维对象时，可以指定 1 对或 2 对对齐点（源点和目标点），在对齐三维对象时，则需要指定 3 对对齐点，如图 2-68 所示。

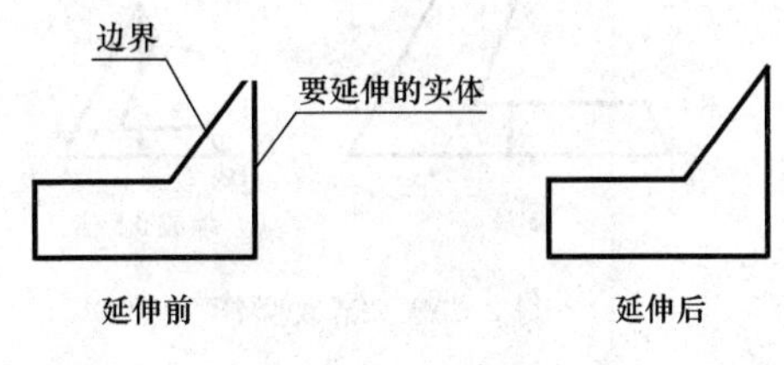

图 2-67　延伸操作

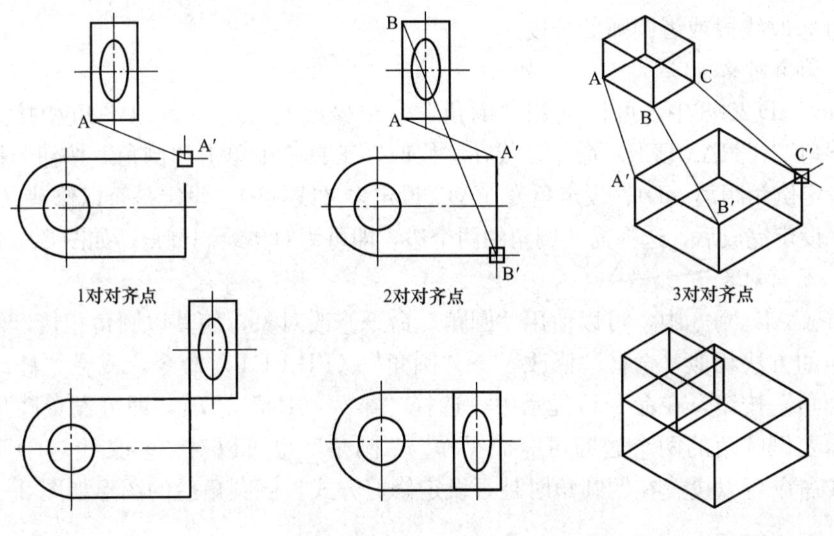

图 2-68　“对齐”操作

十一、缩放对象

在 AutoCAD 2008 中，可以使用“缩放”命令按比例增大或缩小对象。选择“修改”→“缩放”（SCALE）命令，或在“修改”工具栏中单击“缩放”按钮，可以将对象按指定的比例因子相对于基点进行尺寸缩放。先选择对象，然后指定基点，命令行将显示“指定比例因子或［复制(C)/参照(R)］<1.0000>：”提示信息。如果直接指定缩放的比例因子，对象将根据该比例因子相对于基点缩放，当比例因子大于 0 而小于 1 时缩小对象，当比例因子大于 1 时放大对象；如果选择“参照（R）”选项，对象将按参照的方式缩放，需要依次输入参照长度的值和新的长度值，AutoCAD 根据参照长度与新长度的值自动计算比例因子（比例因子＝新长度值/参照长度值），然后进行缩放，如图 2-69 所示。

十二、拉伸对象

选择“修改”→“拉伸”（STRETCH）命令，或在“修改”工具栏中单击“拉伸”按钮，就可以移动或拉伸对象，操作方式根据图形对象在选择框中的位置决定。执行该命令时，可以使用交叉窗口方式或者交叉多边形方式选择对象，然后依次指定位移基点和位移矢量，将会移动全部位于选择窗口之内的对象，而拉伸（或压缩）与选择窗口边界相交的对象，如图 2-70 所示。

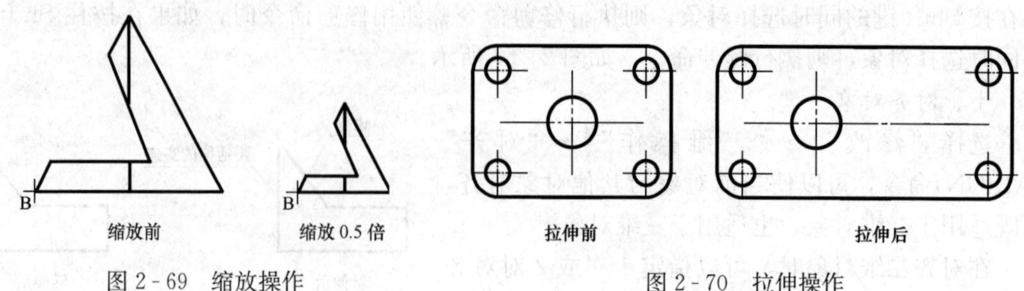

图 2-69 缩放操作

图 2-70 拉伸操作

十三、拉长对象

选择“修改”→“拉长”（LENGTHEN）命令，或在“修改”工具栏中单击“拉长”按钮，即可修改线段或者圆弧的长度。

十四、倒角对象

在 AutoCAD 2008 中，可以使用“倒角”命令修改对象，使其以平角相接。选择“修改”→“倒角”（CHAMFER）命令，或在“修改”工具栏中单击“倒角”按钮，执行该命令后，可以设定倒角距离（D）、设定角度（A）、设定多义线（P）、设定是否以修剪（T）的方式进行倒角，设定完成后，选择需要倒角的两个边，即可为对象绘制倒角，如图 2-71 所示。

十五、圆角对象

在 AutoCAD 2008 中，可以使用“圆角”命令修改对象，使其以圆角相接。修圆角的方法与修倒角的方法相似，选择“修改”→“圆角”（FILLET）命令，或在“修改”工具栏中单击“圆角”按钮，在命令行提示中，选择“半径（R）”选项，即可设置圆角的半径大小。选择需要倒圆角的两个边即可完成操作；“圆角”也可以对“多义线（P）”进行倒圆角；TRIM 命令可以设置在倒圆角时是否设定修剪方式。倒圆角后的图形如图 2-71 所示。

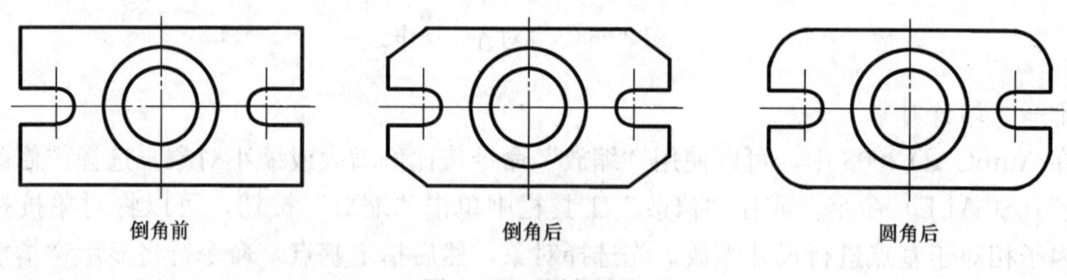

图 2-71 倒角操作

注意 当设定倒角距离和圆角的半径为“0”时，可以对图形完成“90°”的修剪。

十六、打断对象

在 AutoCAD 2008 中，使用“打断”命令可部分删除对象或把对象分解成两部分，还可以使用“打断于点”命令将对象在一点处断开成两个对象。

（一）打断对象

选择“修改”→“打断”（BREAK）命令，或在“修改”工具栏中单击“打断”按钮，即可部分删除对象或把对象分解成两部分。执行该命令并选择需要打断的对象，如图 2-72 所示。

（二）打断于点

在“修改”工具栏中单击“打断于点”按钮，可以将对象在一点处断开成两个对象，它是从“打断”命令中派生出来的。执行该命令时，需要选择要被打断的对象，然后指定打断点，即可从该点处打断对象，如图2-73所示。

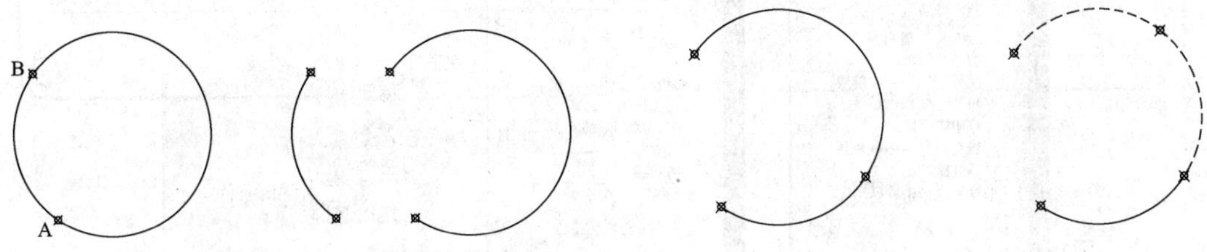

图2-72　打断操作　　图2-73　打断于点操作

十七、合并对象

如果需要连接某一连续图形上的两个部分，或者将某段圆弧闭合为整圆，可以选择“修改”→“合并”命令或在命令行中输入“JOIN”命令，也可以单击“修改”工具栏上的“合并”按钮。合并对象操作如图2-74所示。

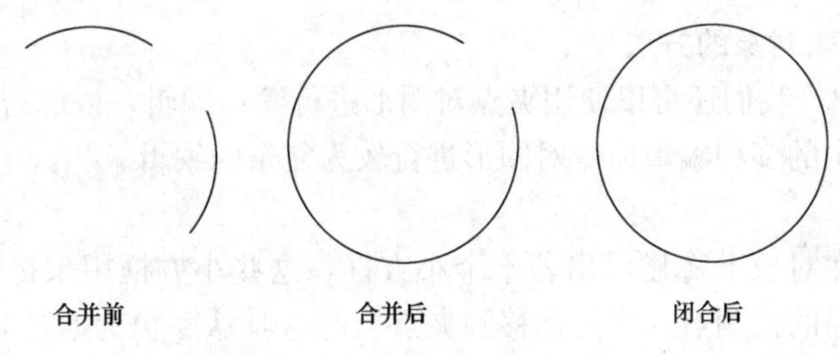

图2-74　合并对象操作

十八、分解对象

对于矩形、块等由多个对象组成的组合对象，如果需要对单个成员进行编辑，就需要先将它分解开。选择“修改”→“分解”（EXPLODE）命令，或在“修改”工具栏中单击“分解”按钮，选择需要分解的对象后按Enter键，即可分解图形并结束该命令。

2.4.3　编辑对象特性

对象特性包含一般特性和几何特性，一般特性包括对象的颜色、线型、图层及线宽等，几何特性包括对象的尺寸和位置。可以直接在“特性”选项板中设置和修改对象的特性。

一、打开“特性”选项板

选择“修改”→“特性”命令，或选择“工具”→“特性”命令，也可以在“标准”工具栏中单击“特性”按钮，打开“特性”选项板 。

默认状态下，“特性”选项板处于浮动状态。在“特性”选项板的标题栏上右击，将弹出一个快捷菜单。可通过该快捷菜单确定是否隐藏选项板、是否在选项板内显示特性的说明部分以及是否将选项板锁定在主窗口中，如图2-75所示。

二、“特性”选项板的功能

“特性”选项板中显示了当前选择集中对象的所有特性和特性值，这实际上是AutoCAD

中描述实体的后台数据库的内容显示。当选中多个对象时，“特性”选项板将显示它们的共有特性。用户可以通过该选项板浏览、查询、修改对象的特性。在实际的工程绘图中，我们常利用这个命令来修改单个实体的特征值，或查询它的状态，如图 2-75 所示。

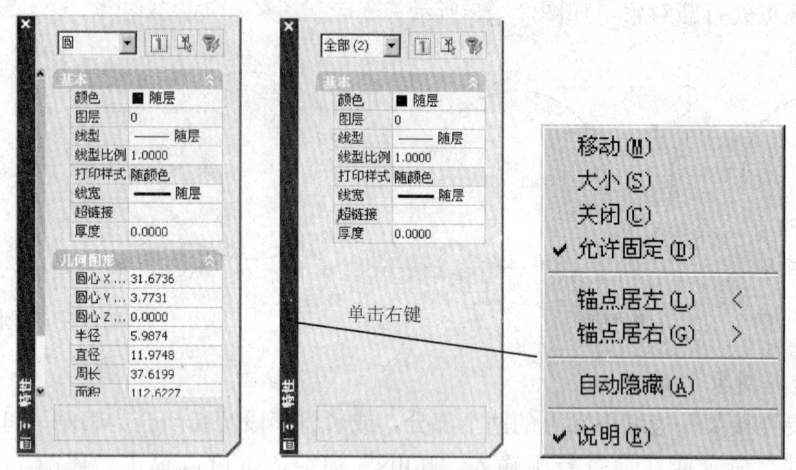

图 2-75　对象“特性”选项板

2.4.4　夹点编辑对象的方法

在 AutoCAD 中，我们还可以使用夹点对图形进行简单编辑，或综合使用“修改”菜单和“修改”工具栏中的多种编辑命令对图形进行较为复杂的编辑。

一、夹点

选择对象时，在对象上将显示出若干个小方框，这些小方框用来标记被选中对象的夹点，夹点就是对象上的控制点。当光标移到夹点上时（默认颜色为蓝色），此时单击它，夹点就会变成实心方块（默认颜色为红色），表示此夹点被激活，如图 2-76 所示。

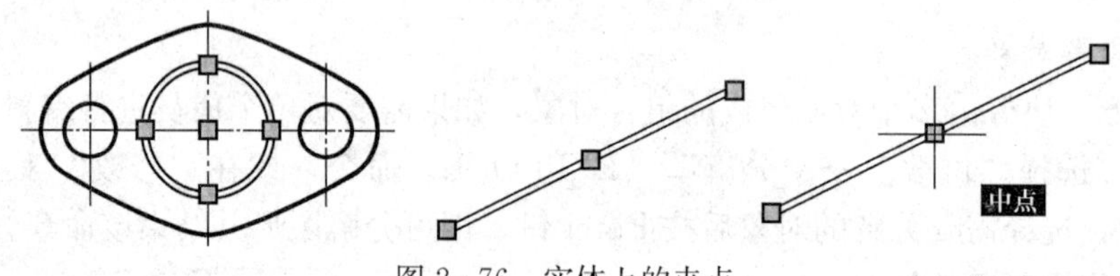

图 2-76　实体上的夹点

二、使用夹点拉伸对象

在 AutoCAD 中，夹点是一种集成的编辑模式，提供了一种方便快捷的编辑操作途径。在不执行任何命令的情况下选择对象，显示其夹点，然后单击其中一个夹点作为拉伸的基点，命令行将显示如下提示信息。

* * 拉伸 * *

指定拉伸点或 [基点(B)/复制(C)/放弃(U)/退出(X)]：(根据选项可完成相关操作)

默认情况下，指定拉伸点（可以通过输入点的坐标或者直接用鼠标指针拾取点）后，AutoCAD 将把对象拉伸或移动到新的位置。对于某些夹点，只能移动对象而不能拉伸对象，如文字、块、直线中点、圆心、椭圆中心和点对象上的夹点。

三、使用夹点移动对象

移动对象仅仅是位置的平移，对象的方向和大小并不会改变。要精确地移动对象，可使用捕捉模式、坐标、夹点和对象捕捉模式。在夹点编辑模式下确定基点后，在命令行提示下输入“MO”，进入移动模式，命令行将显示如下提示信息。

* * 移动 * *

指定移动点或[基点(B)/复制(C)/放弃(U)/退出(X)]：

通过输入点的坐标或拾取点的方式来确定平移对象的目的点后，即可以以基点为平移的起点，以目的点为终点将所选对象平移到新位置。

四、使用夹点旋转对象

在夹点编辑模式下，确定基点后，在命令行提示下输入“RO”，进入旋转模式，命令行将显示如下提示信息。

* * 旋转 * *

指定旋转角度或[基点(B)/复制(C)/放弃(U)/参照(R)/退出(X)]：

默认情况下，输入旋转的角度值或通过拖动的方式确定旋转角度后，即可将对象绕基点旋转指定的角度。也可以选择“参照（R)”选项，以参照方式旋转对象，这与“旋转”命令中的“对照”选项功能相同，还可以同时复制旋转对象。

五、使用夹点缩放对象

在夹点编辑模式下确定基点后，在命令行提示下输入“SC”，进入缩放模式，命令行将显示如下提示信息。

* * 比例缩放 * *

指定比例因子或[基点(B)/复制(C)/放弃(U)/参照(R)/退出(X)]：

默认情况下，当确定了缩放的比例因子后，AutoCAD将相对于基点进行缩放对象操作。当比例因子大于1时，放大对象；当比例因子大于0而小于1时，缩小对象。

六、使用夹点镜像对象

与“镜像”命令的功能类似，镜像操作后将删除源对象。在夹点编辑模式下确定基点后，在命令行提示下输入“MI”，进入镜像模式，命令行将显示如下提示信息。

* * 镜像 * *

指定第二点或[基点(B)/复制(C)/放弃(U)/退出(X)]：

指定镜像线上的第2个点后，AutoCAD将以基点作为镜像线上的第1点，新指定的点为镜像线上的第2个点，将对象进行镜像操作并删除源对象。

七、综合举例

【例2-1】 绘制铣刀平面图，如图2-77所示。

(1) 利用“直线”命令绘制互相垂直的两条中心线，交点为“O”。

(2) 绘制 $\phi 25$ 的圆。

命令：_CIRCLE 指定圆的圆心或[三点(3P)/两点(2P)/相切、相切、半径(T)]：INT ↓

（捕捉两中心线的交点“O”）

指定圆的半径或[直径（D)]：D↓

指定圆的直径：25↓

同理，作出圆心为“O”，直径为50、70、94的3个同心圆。

(3) 绘制键槽左边形状，如图 2-78 所示。

命令：_ line 指定第一点：FROM↓ (使用“From”捕捉自…)

基点：＜osnap on＞ (捕捉图中基点“a”)

＜偏移＞：@0，28 ↓ (利用相对坐标形式得“b”点坐标)

指定下一点或［放弃(U)］：4 ↓ (输入直线水平向左的距离为 4)

指定下一点或［放弃(U)］：4 ↓ (输入直线垂直向下的距离为 4)

指定下一点或［闭合(C)/放弃(U)］：

(4) 利用“镜像”命令得键槽右边形状。

命令：_ mirror 选择对象：指定对角点：找到 2 个

选择对象：↓

指定镜像线的第一点： (选定 a 点)

指定镜像线的第二点： (选定 b 点)

是否删除源对象？［是(Y)/否(N)］＜N＞：↓

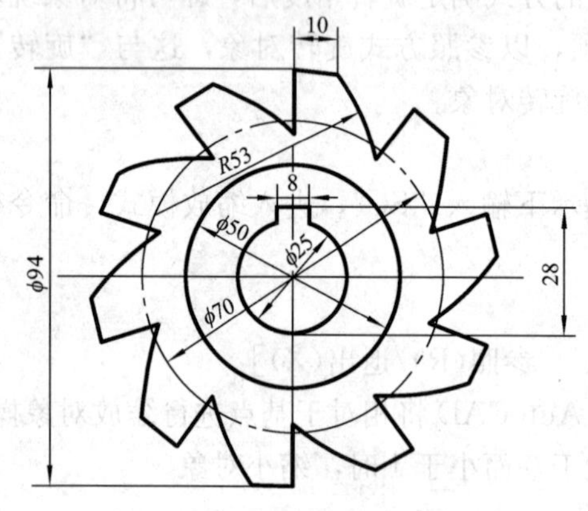

图 2-77 铣刀平面图

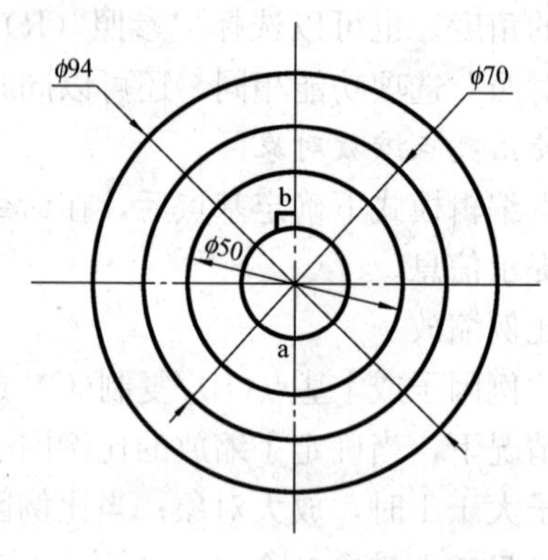

图 2-78 键槽左边形状图

(5) 对多余线段进行修剪。

命令：_ trim

选择剪切边… (用方框形式框住要修剪的边界)

选择对象：指定对角点：找到 5 个

选择对象：↓

选择要修剪的对象或［投影(P)/边(E)/放弃(U)］： (将需要修剪的边进行修剪)

选择要修剪的对象或［投影(P)/边(E)/放弃(U)］：↓

(6) 对两中心线进行动态伸长或缩短，使其长度适中。

命令：_ lengthen

选择对象或［增量(DE)/百分数(P)/全部(T)/动态(DY)］：DY↓

选择要修改的对象或［放弃(U)］：↓

(7) 利用 point，array 命令将 ϕ94 圆 10 等分。

先将点形式设为可见，选择“格式”→“点样式”命令，设为可见点。

命令：point↓

指定点： （捕捉 ϕ94 圆 90°的象限点）

命令：array↓ （操作如图 2-79 所示）

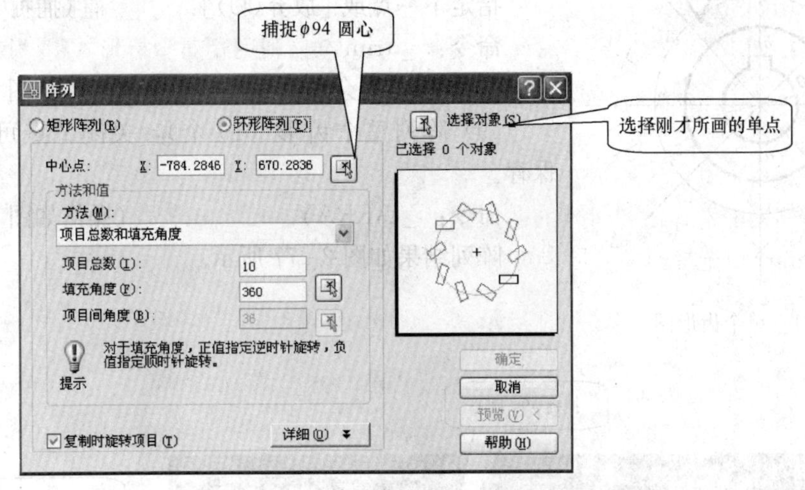

图 2-79 阵列操作一

(8) 绘制单个齿轮顶端齿形，如图 2-80 所示。

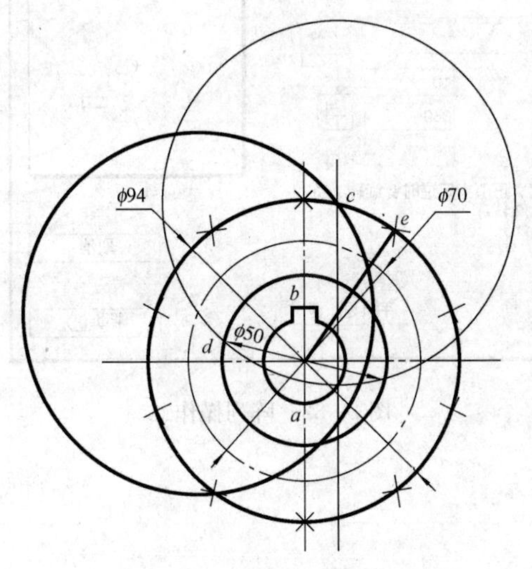

图 2-80 齿轮顶端齿形的绘制图

命令：_offset

指定偏移距离或［通过(T)/删除(E)/图层(L)］<通过>：10↓

选择要偏移的对象：

命令：_circle （求作 R53 圆弧的圆心）

指定圆的圆心： （以"c"点为圆心）

指定圆的半径：53↓ （该圆与 ϕ70 圆的交点为求作的 R53 圆弧的圆心"d"点）

命令：_circle （画 R53 圆弧）

指定圆的圆心： （以"d"点为圆心）

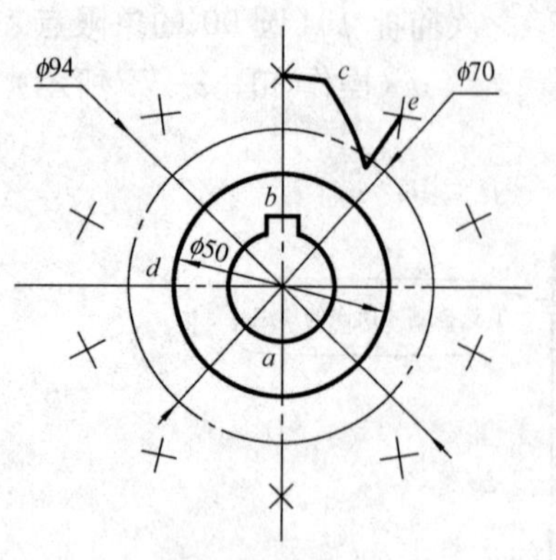

图 2-81 单个齿形图

指定圆的半径：53↓

命令：_line 指定第一点： （捕捉 φ94 圆心）

指定下一点或［放弃(U)]： （捕捉等分点“e”）

命令：_trim

（修剪多余的图线得到单个齿形，如图 2-81 所示）

(9) 阵列整个齿形（10 个），关闭“点可见”模式，保存。

命令：_ARRAY （操作如图 2-82 所示）

阵列结果如图 2-77 所示。

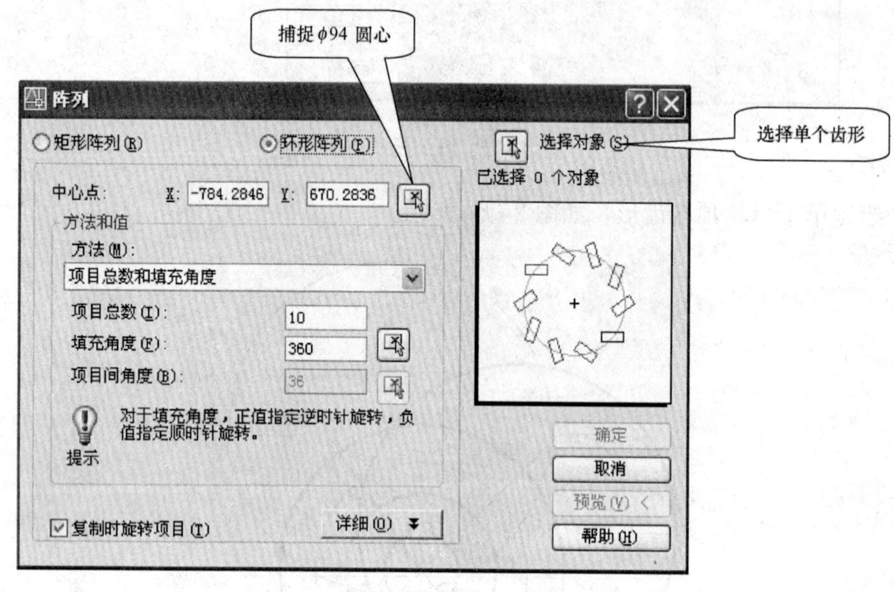

图 2-82 阵列操作二

学习提示：

图形编辑命令在二维绘图中起着至关重要的作用，大家在学习中应结合上机实践对不同的编辑命令进行比较、归类、总结，这样才能将其灵活自如地运用到实际绘图中，并不断积累操作技巧。

第3章 投 影 基 础

本 章 引 言

要画工程图时，首先遇到的问题就是采用什么样的办法将一个三维的、立体的对象表达在一个二维的、平面的媒介——图纸上。并且还要考虑这种方法的正确性、实用性和可操作性。遵循这样的思路，本章将引导读者利用投影的方法找到工程图样中最基本的构图规律，研究用平面图形表达空间结构的最基本方法。

本章重点 正投影的投影特性和三视图的形成及其投影规律，按形体分析法绘制模型的三视图。

本章难点 三视图的绘制方法和步骤；三视图的投影关系和方位关系。注意理解课程中提到的两个顺序，即组成立体的形体顺序和同一个形体三个视图的绘制顺序。

3.1 投影法与三视图

目的与任务 通过本节的学习，了解投影法的分类，掌握正投影的概念和基本性质，掌握三视图的形成和投影规律，初步建立空间概念，并能按照模型或立体图绘制简单立体的三视图。

3.1.1 投影法的基本概念

在日常生活中，空间物体在光的照射下，在地面或墙面上会产生影子，这种司空见惯的影子现象其实就是投影。人们根据这一现象经过科学的总结，将其抽象成为一种由三维的空间结构转换成为二维平面图形的方法——投影法。可以把产生光线的光源称为投影中心，光线称为投射线，墙面或地面称为投影面。投射线通过物体，向选定的投影面投射，并在该面上得到图形的方法叫投影法，如图3-1所示。

人们根据生活中不同的投射现象又进一步将投影法进行了不同的分类，形成了各种投影法。最为常用的分类是根据投射线的相对位置不同，将投影法分成了中心投影法和平行投影法。

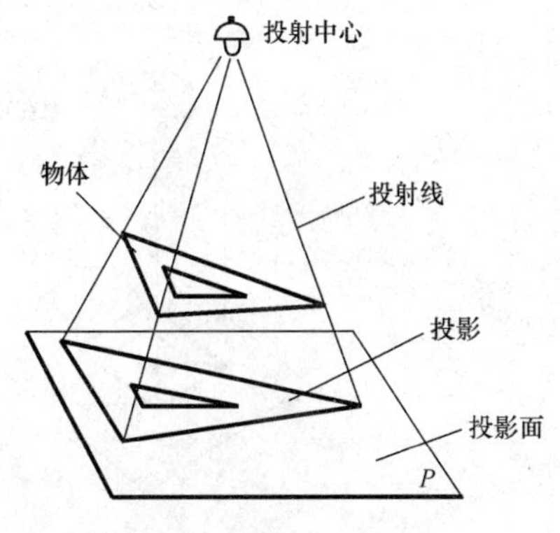

图3-1 投影法

一、中心投影法

投射线在有限远处交汇于一点的投影法称为中心投影法，如图3-2（a）所示。其实这就像我们日常生活中灯泡的投影。这种用中心投影法得到的投影与物体相对于投影面的位置有关，投影不能反映物体表面的真实形状和大小，但这种投影图形富有立体感，称为透视图。透视图常用于绘制建筑物或产品的立体图，由于作图难度大，仅将其作为工程图中辅助的表达方法，如图3-2（b）所示。

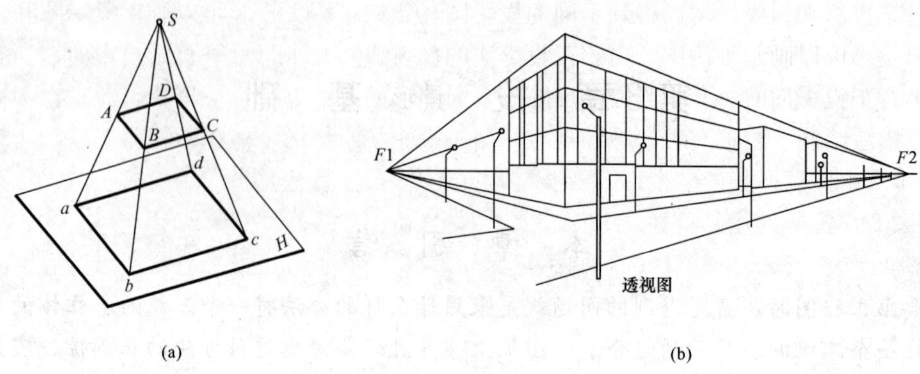

图 3-2 中心投影法与透视图

(a) 中心投影法；(b) 透视图

二、平行投影法

投射线相互平行的投影叫平行投影法。其实这也与日常生活中日光的投影相似。在平行投影法中，根据投射线是否垂直于投影面又将其分为斜投影法和正投影法。

（1）斜投影法：投射线与投影面相倾斜的平行投影法，如图 3-3 所示。

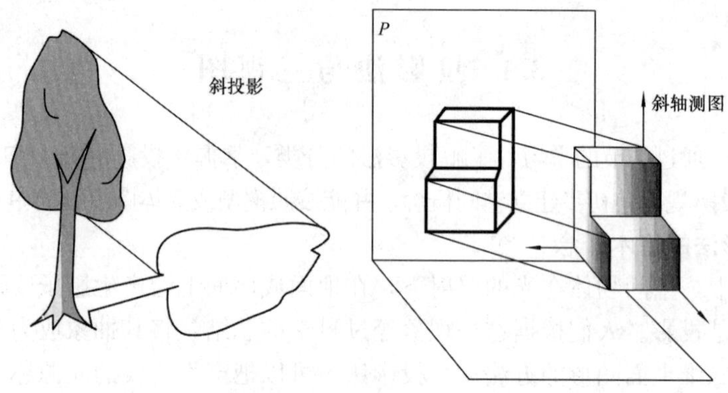

图 3-3 斜投影法与斜投影图

（2）正投影法：投射线与投影面相垂直的平行投影法，如图 3-4 所示。

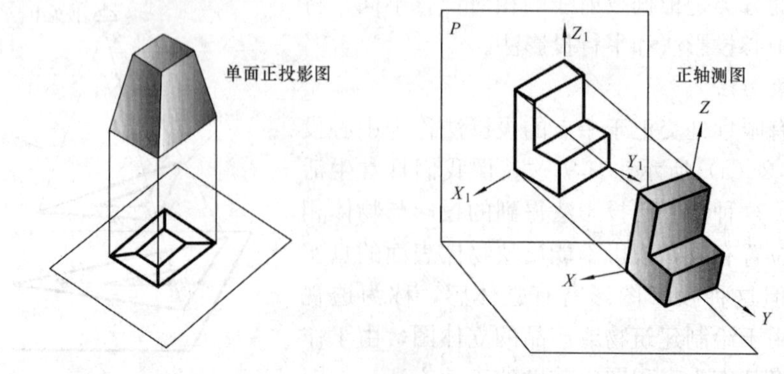

图 3-4 正投影法与正投影图

通过正投影和斜投影可以得到不同的投影图，比如，用正投影可以画正投影图和正轴测图，用斜投影可以画斜轴测图。由于正投影法的投射线相互平行且垂直于投影面，当空间平面图形平行于投影面时，其投影能够反映该平面图形的真实形状和大小，因此工程图样主要采用正投影法绘制。根据有关标准和规定，用正投影法绘制的物体图形称为正投影图（后称视图）。本书中以后所指的“投影”，在没有特指的情况下一般是指“正投影”。

3.1.2 正投影的投影特性

本节从研究一根简单的直线或平面的投影出发，开始了解正投影的特性，一根直线或平面与投影面的关系存在平行、垂直和倾斜三种可能。

一、显实性

当直线或平面平行于投影面时，直线的投影反映实长，平面的投影反映实形，如图 3-5 所示。

二、积聚性

当直线或平面垂直于投影面时，直线的投影积聚为一个点，平面的投影积聚为一条直线，如图 3-6 所示。

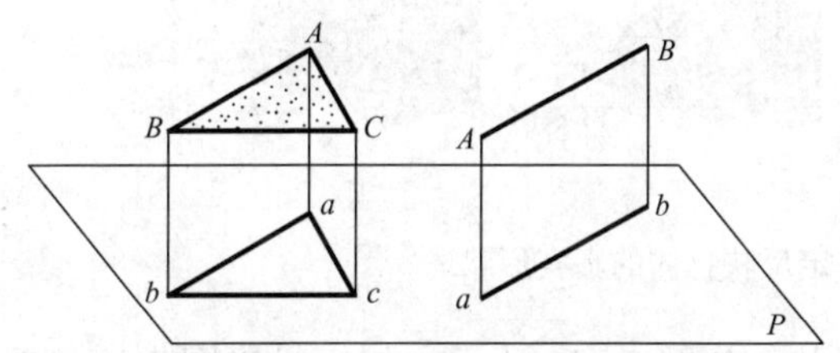

图 3-5 平面、直线平行于投影面时的投影

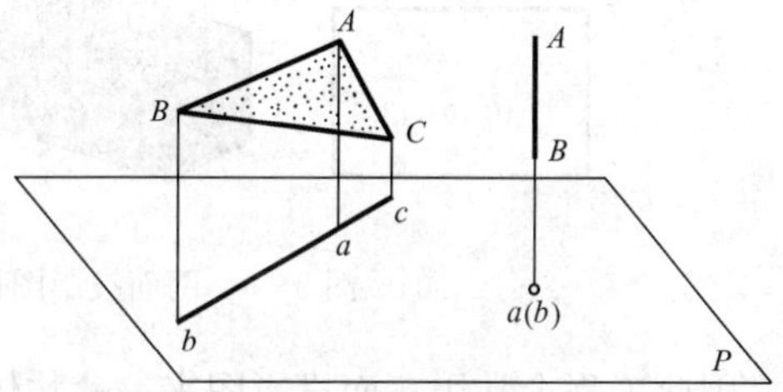

图 3-6 平面、直线垂直于投影面时的投影

三、类似性

当直线或平面倾斜于投影面时，直线的投影还是直线，但长度缩短，平面的投影反映类似形，但面积缩小，如图 3-7 所示。

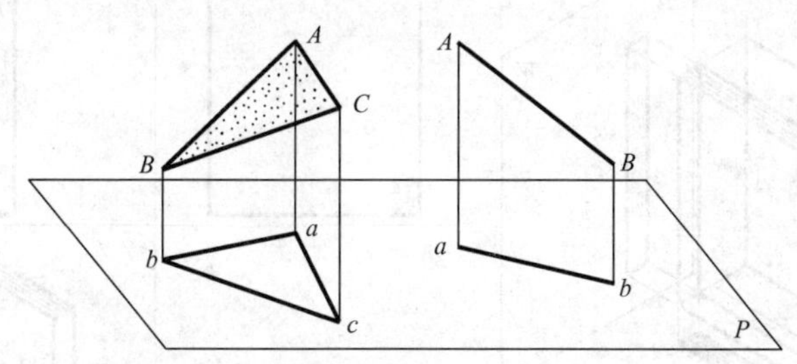

图 3-7 平面、直线倾斜于投影面时的投影

正投影具有的显实性、积聚性和类似性的投影特性，是绘制正投影图时应遵循的基本规律。

3.1.3 三视图及其对应关系

利用正投影的投影特性绘制视图表达物体的形状时，存在一个问题。物体的一面投影图只能反映物体两个方向的尺寸，是无法完全确定物体的形状和大小的，如图 3-8 所示。

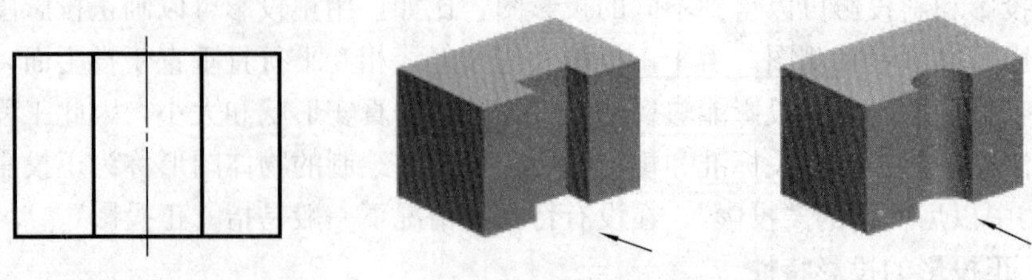

图 3-8　一面投影图不能反映物体的真实形状

物体的两面投影图虽然能反映物体 3 个方向的尺寸，但也不一定能将物体的形状表达清楚，如图 3-9 所示。

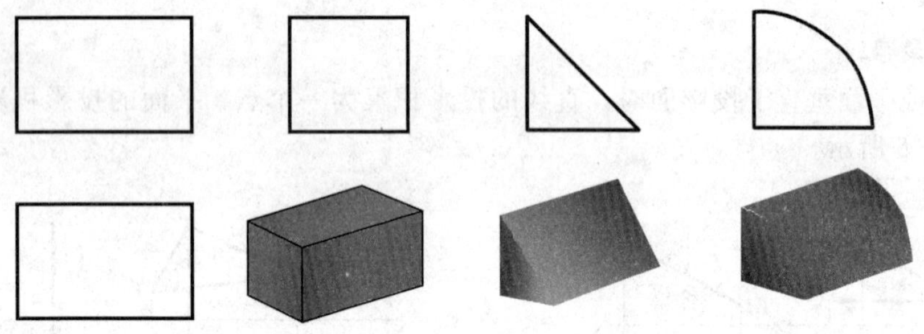

图 3-9　两面投影图也不一定反映物体的真实形状

因此工程上常用三面投影图来表达物体的形状，如图 3-10 所示，三面投影图表达“教材”——长方体的三面投影图。对于像地形这样特殊的形体，工程上常采用单面投影图（水平投影图）加注高程数字的方式（标高投影）来表达，如图 3-11 所示。

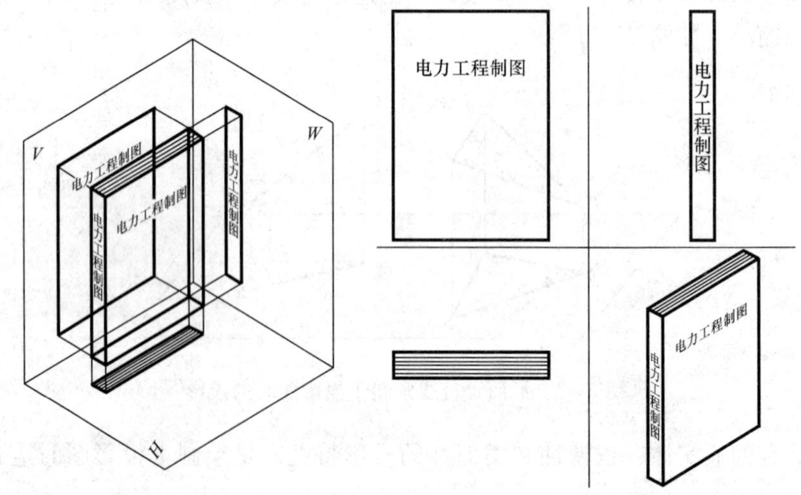

图 3-10　用多面正投影表达物体的形状

按照国家标准规定，以人的眼睛为投射中心，人发出的视线为投射线，用正投影的方法将物体向设定的投影面投射所得的图形称为视图。

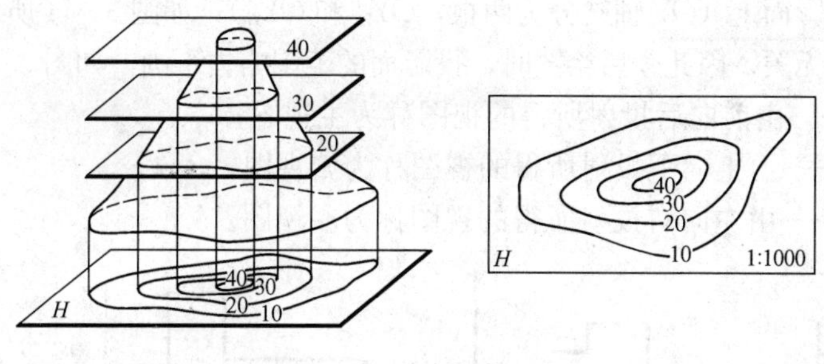

图 3-11 标高投影

一、三视图的形成过程

(一) 三投影面体系的建立

对于三视图投影面的选择，按照我国的表达习惯，采用投影体系中第一投影分角的 3 个投影面，如图 3-12 所示。三投影面体系由 3 个互相垂直的投影面所组成。投影面之间的交线，称为投影轴。即 OX、OY、OZ。按照画法几何的约定：

OX 轴——代表物体的长度方向；

OY 轴——代表物体的宽度方向；

OZ 轴——代表物体的高度方向。

三根投影轴相互垂直，交点 O 成为原点。

(二) 物体在三投影面体系中的投影

物体放在三投影面体系中，按照正投影法向各投影面投射，即可分别得到物体的正面投影、水平投影和侧面投影，如图 3-13 所示。

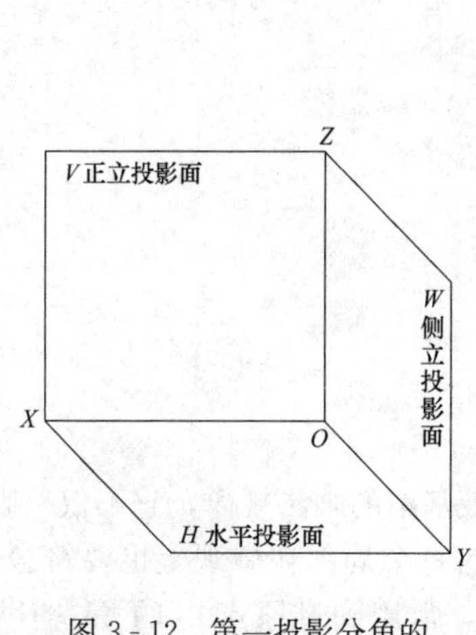

图 3-12 第一投影分角的三个投影面

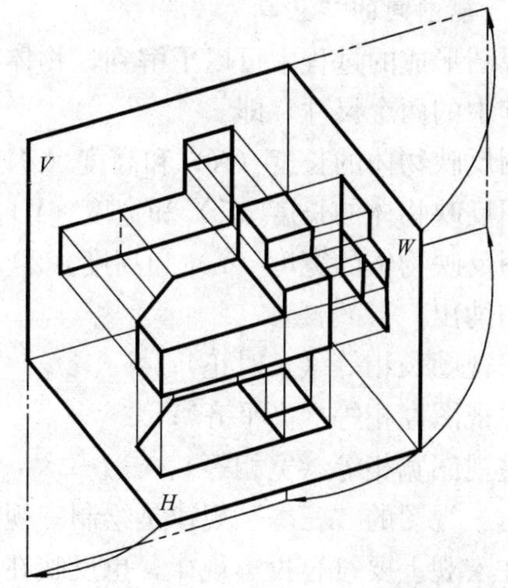

图 3-13 物体的三面投影

(三) 三投影面的展开

为了绘图方便，我们必须将三个相互垂直的投影面展开在同一个平面上。国家标准规定：正立投影面不动，将水平投影面绕 OX 轴向下旋转 90°，将侧立投影面绕 OZ 轴向右旋转 90°，分别重合到正立投影面上（OY轴被分为两根，OY_H和OY_W），如图3-14所示。由于投影面的范围与物体的视图无关，因此今后绘图时，投影面的范围略去不画，如图3-15所示。

正面投影V——由前向后投射所得的视图称为主视图；

水平投影H——由上向下投射所得的视图称为俯视图；

侧面投影W——由左向右投射所得的视图称为左视图。

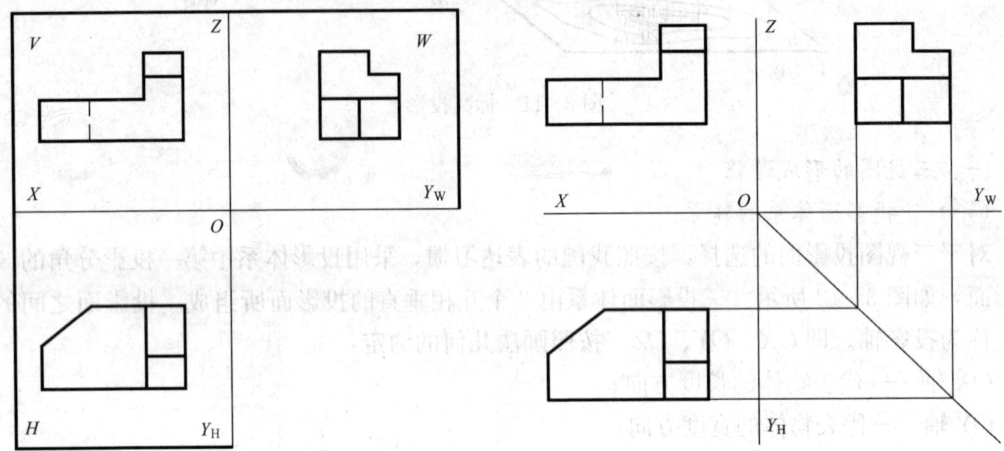

图3-14 三投影面的展开　　图3-15 三视图的位置关系

二、三视图之间的对应关系

(一) 三视图的位置关系

以主视图为准，俯视图在主视图的正下方，左视图在主视图的正右方。

(二) 三视图间的“三等”关系

从三视图形成的过程中可以了解到，物体有长、宽、高三个方向的尺寸，在每个视图上只能反映其中的两个尺寸，即：

主视图反映物体的长度（X）和高度（Z）；

俯视图反映物体的长度（Z）和宽度（Y）；

左视图反映物体的宽度（Y）和高度（Z）。

由此归纳出：

主、俯视图长相等（长对正）；

主、左视图高相等（高平齐）；

俯、左视图宽相等（宽相等）。

注意　三视图的“三等”规律是绘制三视图的最基本的画法规律，它不仅反映在物体的整个图形在宏观上要符合投影规律，也反映在物体的每个局部在微观上也要符合这一规律。特别是为了方便实现左视图和俯视图的“宽相等”，常用到过原点O的45°辅助线来辅助作图。

(三) 视图与物体的方位关系

所谓方位关系是指物体在三面投影体系中上、下、左、右、前、后的位置对应关系。一般按表达习惯，用X坐标来确定左右方位，用Y坐标来确定前后方位，用Z坐标来确定上下方位，如图3-16所示。

主视图——反映物体的左、右和上、下；

俯视图——反映物体的左、右和前、后；

左视图——反映物体的前、后和上、下。

特别应注意的是：俯、左视图远离主视图的一侧，表示物体的前面，靠近主视图的一侧，表示物体的后面。这是初学者较易出错的地方。汽车三视图的前后方位，如图 3-17 所示。

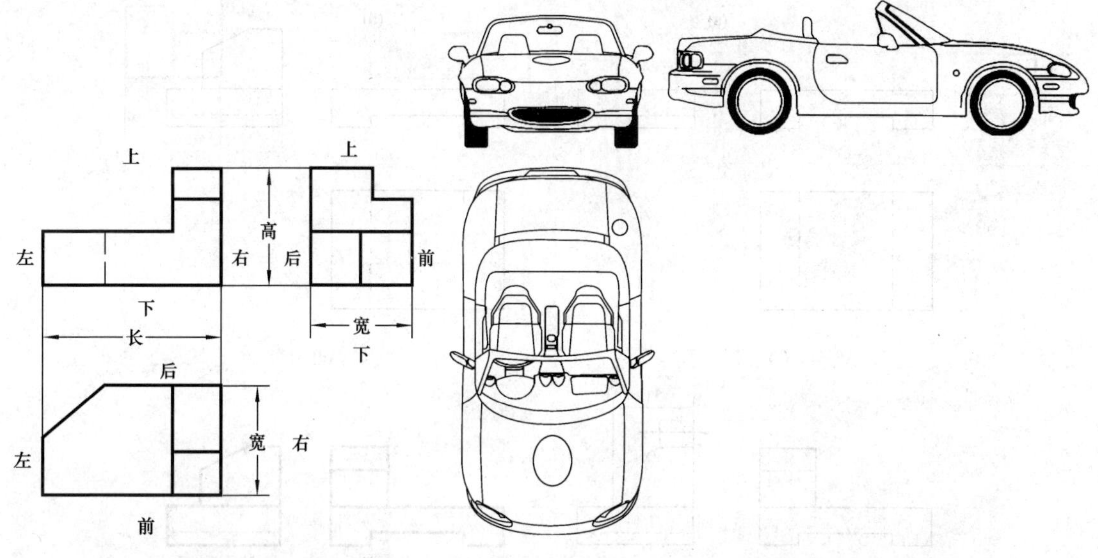

图 3-16 三视图的方位关系　　图 3-17 汽车三视图与前后方位的识别

3.1.4 三视图的作图方法和步骤

【例 3-1】 根据物体（或轴测图）画三视图。

首先对物体作形体分析，然后根据物体的生成过程从基础形体入手，由大到小逐步完成。画图时要注意处理两个顺序：①不同形体的画图顺序，比如根据物体的结构形状不同可以先下后上或先左后右等灵活进行；②同一个形体三个视图的画图顺序，三个视图中要先画形状特征最明显的那个视图。

分析 此物体的基础形体是一个长方体，底部挖切方槽，然后在上面叠加一个侧板，侧板和长方体的右面、后面对齐，侧板上前方切去一角。

作图步骤 如图 3-18 所示。

(1) 选择主视图的投射方向，如图 3-18 (a) 所示。

(2) 绘制基准线，确定图形的位置。

(3) 分部分绘制三视图底稿。

1) 画底板。注意布图，先画俯视图，后画主、左视图，如图 3-18 (b) 所示。

2) 画底部切去的方槽。先画主视图，方槽为通槽，后画俯、左视图，如图 3-18 (c) 所示。

3) 画右侧板。它与底板的后、右两个面都共面，这两处无交线，如图 3-18 (d) 所示。

4) 画右侧板切角。要先画左视图，再画主、俯视图，如图 3-18 (e) 所示。

(4) 检查，擦去多余图线，加深完成全图，如图 3-18 (f) 所示。

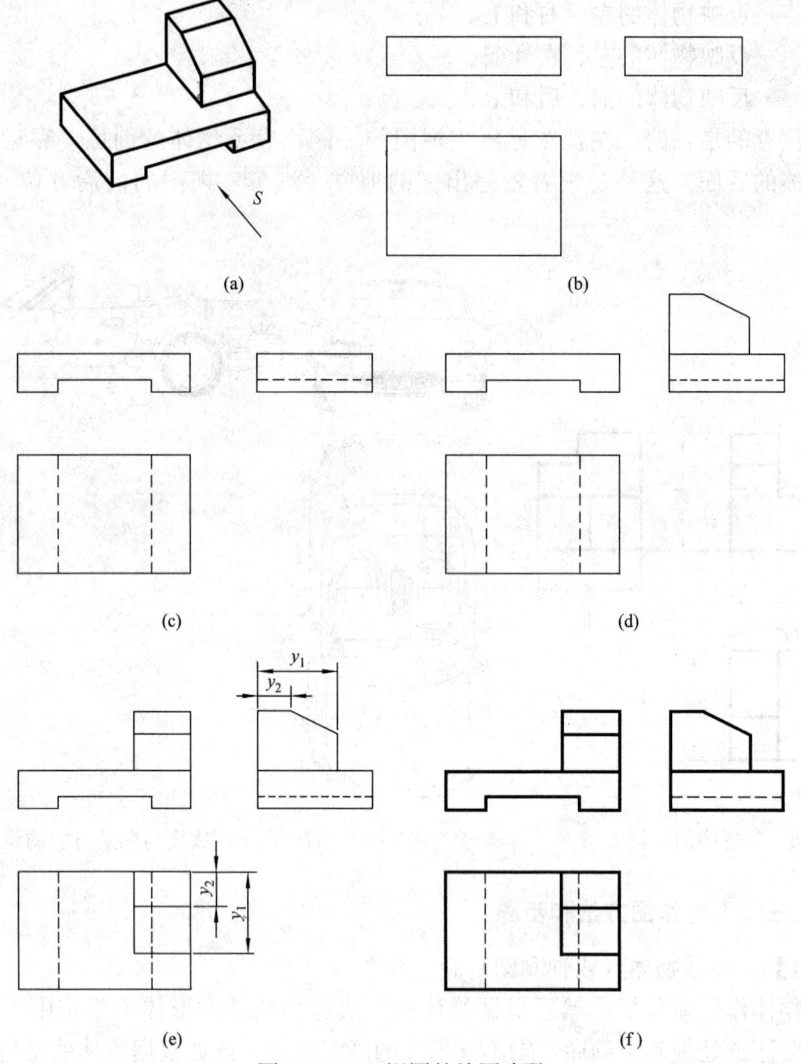

图 3-18　三视图的绘图步骤

（a）选择主视图的投影方向；（b）画底板；（c）画方槽；
（d）画右侧板；（e）画右侧板切角；（f）加深全图

学习提示：

（1）注意投影法在实际绘制工程图中的不同应用。

（2）注意深刻理解正投影的基本投影特性，为今后的学习打下良好的基础。

（3）弄清三视图的形成以及绘制的方法和步骤，正确分析问题并明确正确的绘图顺序对于解决实践中的问题具有重要的作用。

3.2 点 的 投 影

目的与任务　本节主要介绍点的投影规律以及点与投影轴、投影面的关系。应学会求作点的投影的方法；并能对点的坐标与投影轴、投影面的关系进行基本的分析判断。为绘制、阅读工程图样以及图解空间几何问题打下基础。

3.2.1　概述

点是构成立体的最基本的几何元素。研究点的投影将为直线、平面乃至于立体的投影打下坚实的基础。例如，画如图 3-19 所示的三棱锥的三视图，它由 4 个棱面组成，各棱面又相交成 6 条棱线，而各棱线又交汇于 4 个顶点，绘制该三棱锥的三视图时，关键就是要画出这 4 个顶点的三面投影，将这些投影依次连线就能得到三视图。

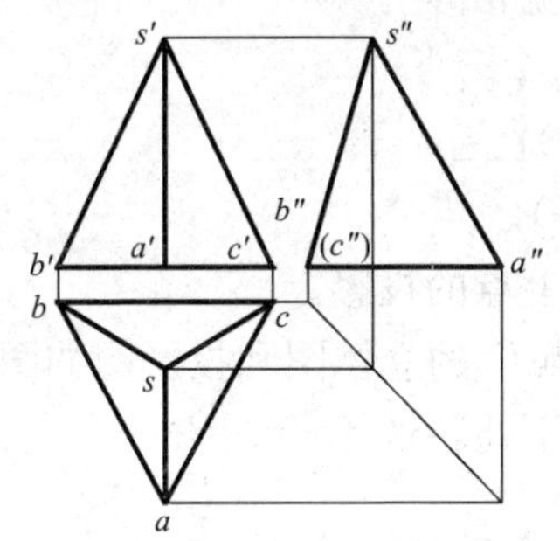

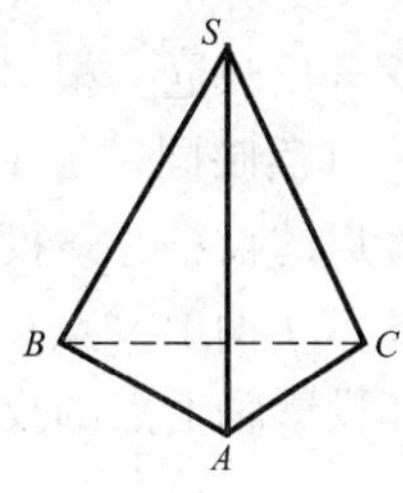

图 3-19　三棱锥的构成与投影

那点是什么呢？怎样认识它呢？运用基本的几何知识及生活常识，不难得到下面的观点：

（1）点的定义：点在空间只有位置没有大小，要确定一个点的空间位置一般需要 3 个维度的坐标。

（2）点的投影仍然是点，而且是唯一的。

（3）点的一个投影只能反映两个维度的坐标，不能确定点在空间的位置，点的两个投影能反映点的三个维度的坐标，可以确定点在空间的位置。

结合以后用到的立体三视图，从点的三面投影开始学习。

3.2.2　点的三面投影

一、点的投影的形成

如图 3-20 所示，按照正投影的规则，求作点 A 的三面投影就是由点 A 分别向三个投影面作垂线，其在 H、V、W 三个投影面上的垂足分别标记为 a、a'和 a''，即为点 A 的三面投影，我们将其展开得到点的三视图。

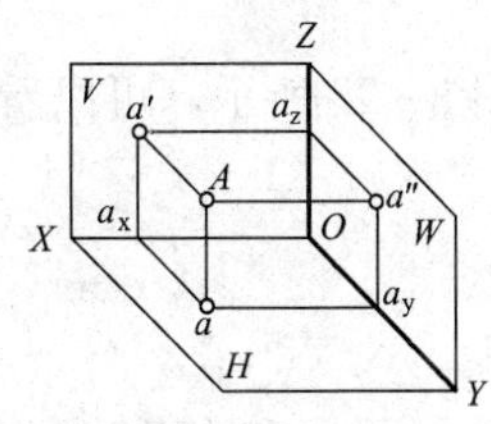

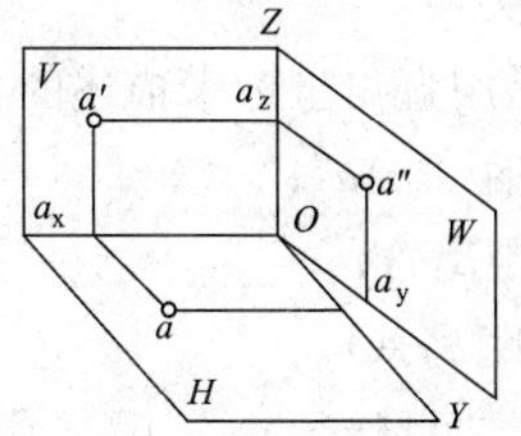

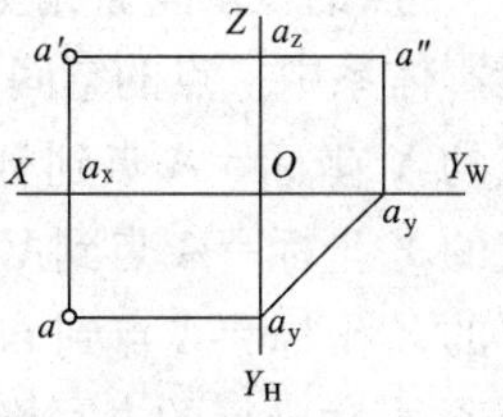

图 3-20　点的投影的形成

二、点的三面投影规律

由点的三视图的形成过程可以看出，空间点 A 处于由 V 面、H 面和 W 面所组成的三投影面体系中，点 A 在 V 面上的投影为 a'，在 H 面上的投影为 a，在 W 面上的投影为 a''。它们具有如下的特点：

（1）点的两面投影连线必垂直于投影轴。

即：$a'a \perp OX$；$a'a'' \perp OZ$；$aa_y \perp OY_H$，$a''a_y \perp OY_W$。

（2）点的投影到投影轴的距离，等于该点到相应投影面的距离，这一特点再一次从微观上反映了三视图的作图规律“长对正、高平齐、宽相等”。

即：$a'a \perp OX$（反映同一根 X 轴——长对正）；

$a'a'' \perp OZ$（反映同一根 Z 轴——高平齐）；

$aa_x = a''a_z$（反映同一根 Y 轴——宽相等）。

（3）特殊位置点的投影——投影面和投影轴上点的投影。

V 面上的点 B、H 面上的点 C、OX 轴上的点 D 的立体图和投影图如图 3-21 所示。由图可知，投影面和投影轴上点的投影及坐标具有下述特性：

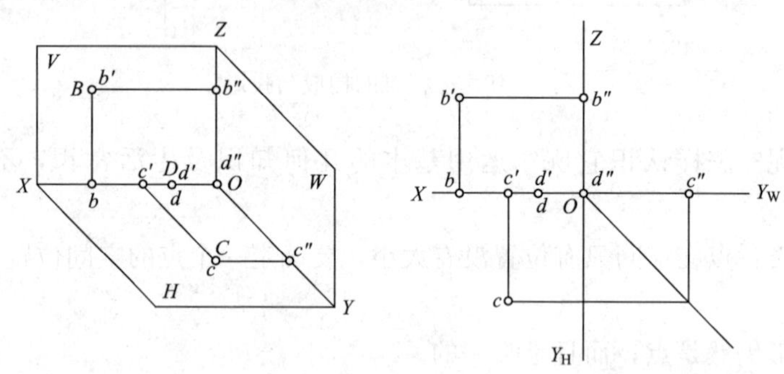

图 3-21 特殊点的投影

1）投影面上的点有一个坐标为零；点在该投影面上的投影与该点重合，在相邻投影面上的投影分别落在相应的投影轴上。画图时应注意：H 面上点 C 在 W 面的投影 c''，应画在 W 面的 OY_W 轴上，而不能画在 H 面的 OY_H 轴上，以便使三视图的位置配置符合正常的投影位置。

2）投影轴上的点有两个坐标为零；点在包含这条坐标轴的两个投影面上的投影都与该点重合，而在第三个投影面上的投影则与坐标原点 O 重合。

由此可见，特殊点的三视图仍符合“长对正、高平齐、宽相等”的作图规律。

3.2.3 点的投影与直角坐标的关系

在投影体系中，点的空间位置是用直角坐标来描述的，如图 3-22 所示，可以看出：

A 点的 X 坐标 $=$ A 点到 W 面的距离 Aa''；

A 点的 Y 坐标 $=$ A 点到 V 面的距离 Aa'；

A 点的 Z 坐标 $=$ A 点到 H 面的距离 Aa。

点 A 的直角坐标的书写格式为：“A（x，y，z）”，了解了点的投影和直角坐标的关系，就可以根据点的两面投影，利用点的坐标和投影规律画出点的三面投影来。图 3-23 展示了已知点 A 的主、左视图，求作俯视图的过程。

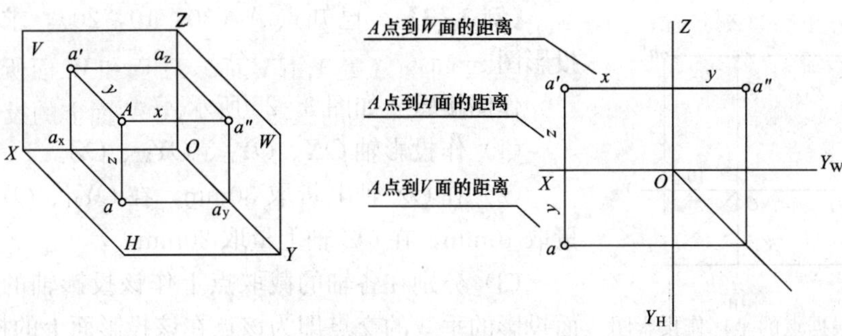

图 3-22　点的投影与直角坐标的关系

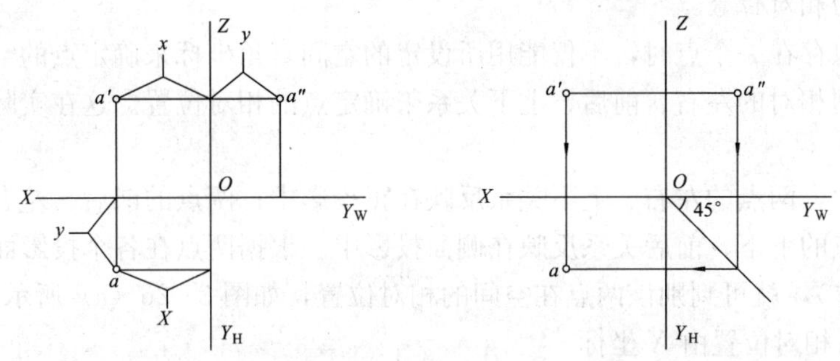

图 3-23　由主、左视图求作俯视图

【例 3-2】　已知 A、B、C 各点的两面投影，试求出其第三面投影，如图 3-24（a）所示。

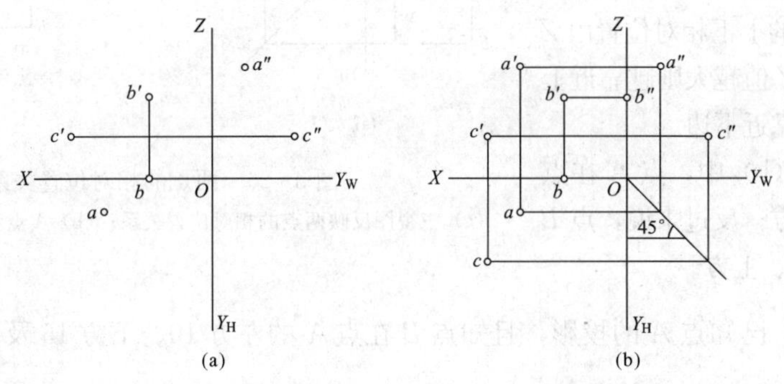

图 3-24　已知点的两面投影求作第三面投影

（a）点的两面投影；（b）点的三面投影

分析　已知点的两面投影，即知道了这些点在空间的（x，y，z）坐标，根据点的两面投影连线必垂直于投影轴即可求出点的第三面投影来。

作图步骤　如图 3-24（b）所示。

（1）过各点的两面投影分别用“长对正、高平齐、宽相等”的规律作投影轴的垂线，注意“宽相等”利用45°斜线作图。

（2）两两垂线的交点即为该点在该投影面的投影。

（3）正确书写点的投影标记。

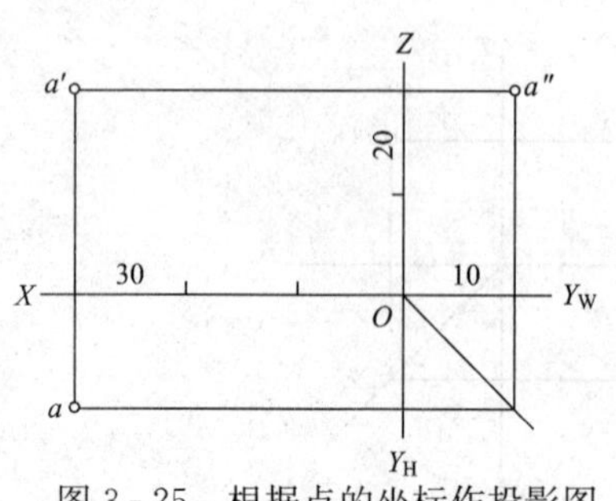

图 3-25　根据点的坐标作投影图

【例 3-3】　已知点 A（30，10，20），求作它的三面投影图。

作图步骤　如图 3-25 所示。

（1）作投影轴 OX、OY_H、OY_W、OZ。

（2）在 OX 轴上量取 30mm，在 OY_H、OY_W 轴上分别量取 10mm，在 OZ 轴上量取 20mm。

（3）分别在各轴的截取点上作该投影轴的垂线，其两面投影的垂线的交点即为该点在该投影面上的投影。

3.2.4　两点的相对位置和重影点

一、两点的相对位置

当空间不只存在一个点时，不仅能用所设定的空间直角坐标来确定点的空间位置，还可以利用两点之间相对的左右、前后、上下关系来确定点的相对位置。这在实际的形体构成中是非常有用的。

在投影图中，两点的左右、上下关系反映在正投影中；两点的前后、左右关系反映在水平投影中；两点的上下、前后关系反映在侧面投影中。根据两点在各个投影面上投影的相对位置（或坐标差），就可判别该两点在空间的相对位置，如图 3-26（a）所示。

两点的左右相对位置由 X 坐标差来确定，X 值越大则越靠近左边，X 值越小则越靠近右边；两点的前后相对位置由 Y 坐标差来确定，Y 值越大则越靠近前边，Y 值越小则越靠近后边；两点的上下相对位置由 Z 坐标差来确定，Z 值越大则越靠近上边，Z 越小则越靠近下边。

在图 3-26（b）中，点 A 在点 B 的左、后、下方；反过来说，点 B 在点 A 的右、前、上方。

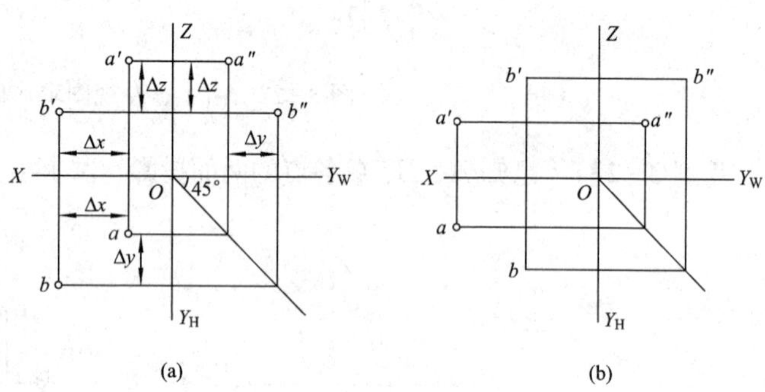

图 3-26　两点的相对位置关系

（a）三视图反映两点的相对位置关系；（b）A 点和 B 点的三视图

【例 3-4】　已知点 A 的投影，且知点 B 在点 A 的左方 10、下方 15 及前方 12，试作出点 B 的投影。

作图步骤　如图 3-27 所示。

二、重影点

当空间的两点位于同一条投射线上时，它们的投影会发生重叠。在坐标值上表现为两点的三个坐标值中有两个坐标值相同，则这两点必在某一投影面上发生重影现象。重影时，必有一点的投影被“遮盖”住，故有可见与不可见之分。被“遮盖”的点的投影应打上“括号”以示其不可见性，判别方法如下：V 面的重影点是前遮后；H 面的重影点是上遮下；W 面的重影点左遮右。

例如，在图 3-28 所示的三棱柱中，A、C 两点位于同一根投射线上，在水平投射中，这两点的投影发生重合。

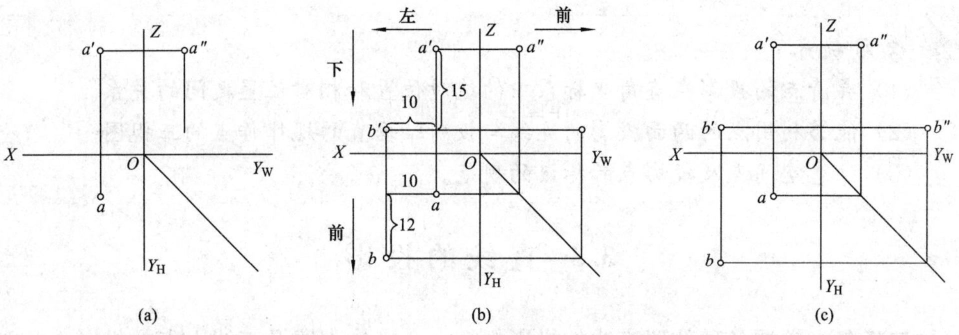

图 3-27 求作点 B 的投影作图步骤

(a) 已知 A 点的三面投影；(b) 以 A 点坐标为基准，量取 B 点坐标；(c) 完成 B 点的三面投影

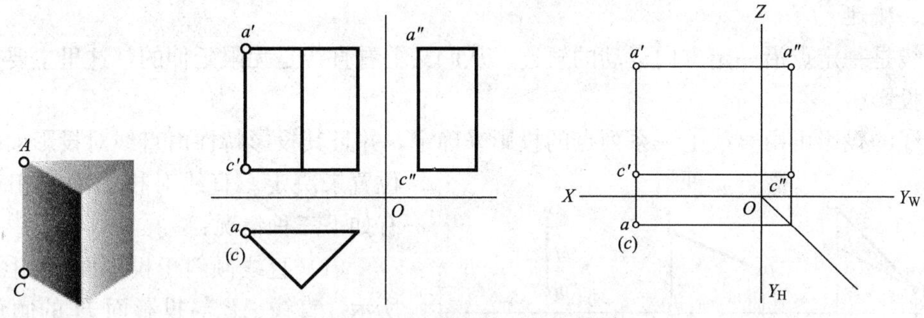

图 3-28 重影点的可见性判别

3.2.5 点的立体图

根据三面投影图，要想按投射的逆过程求点的原来空间位置，可以求作点的轴测图，详细步骤如图 3-29 所示。

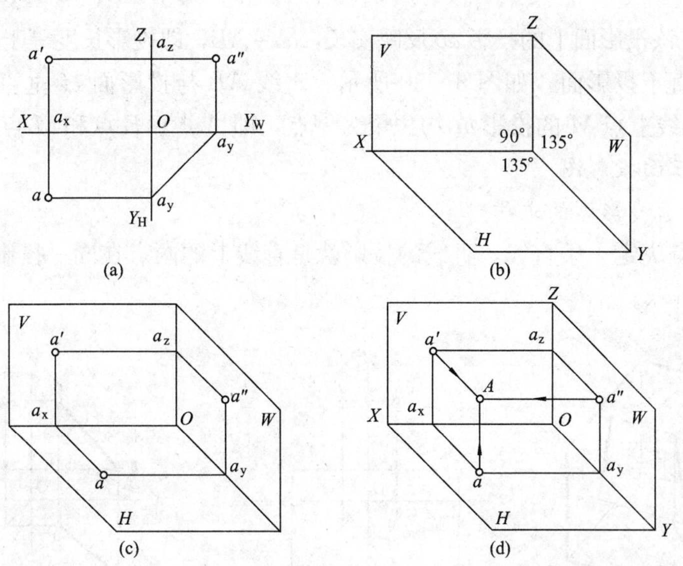

图 3-29 作点的轴测图的步骤

(a) 点的三视图；(b) 作轴测投影坐标；(c) 作 A 点的三面投影轴测图；

(d) 过点 a、a'、a''作面 H、V、W 的垂线得交点 A

学习提示：

（1）弄清点的投影在直角坐标系中的绝对位置和相对位置之间的关系。

（2）能够利用点的两面投影的连线与投射轴垂直的规律作点的三视图。

（3）注意空间点及投影点的标记的规范。

3.3 直线的投影

目的与任务 掌握各种位置直线的投影规律，会求作直线及直线上点的投影，并能够根据直线的投影图判断直线的空间位置。

3.3.1 直线的投影特性

一、概述

直线是一定点沿一定方向运动的轨迹。从广义上看直线是无限延伸的，这里主要研究直线段的投影。

直线的投影可由直线上一系列点的投影来确定，并且其投影特性由直线对投影面的相对位置来决定。直线对投影面的相对位置有如下三种情况：

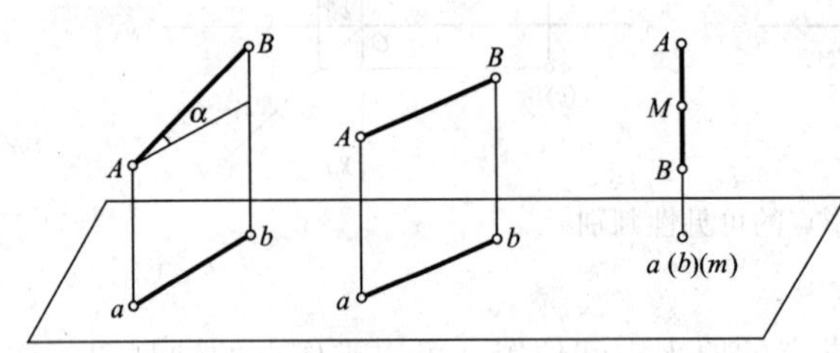

图 3-30 直线对投影面的投影特性

（1）直线倾斜于投影面，如图 3-30 所示。直线 AB 与投影面 H 的倾角为 α，它在该投影面上的投影为直线 ab。投影 ab 小于直线 AB 的实长，$ab=AB\times\cos\alpha$。

（2）直线平行于投影面，如图 3-30 所示。如果直线 AB 与投影面 H 平行，则 $\alpha=0$，直线 AB 在该投影面上的投影 ab 反映实长，$ab=AB$，即投影长度等于空间直线长度。

（3）直线垂直于投影面，如图 3-30 所示。直线 AB 与投影面 H 垂直，它在该投影面上的投影 ab 及直线上点 M 的投影 m 均积聚为一点，即 A 点、B 点和 M 点重影。

二、直线的三面投影图

（一）直线三面投影图的求作

空间内的两点决定一条直线，直线的投影就是直线上的两点在同一投影面上的投影的连线，如图 3-31 所示。

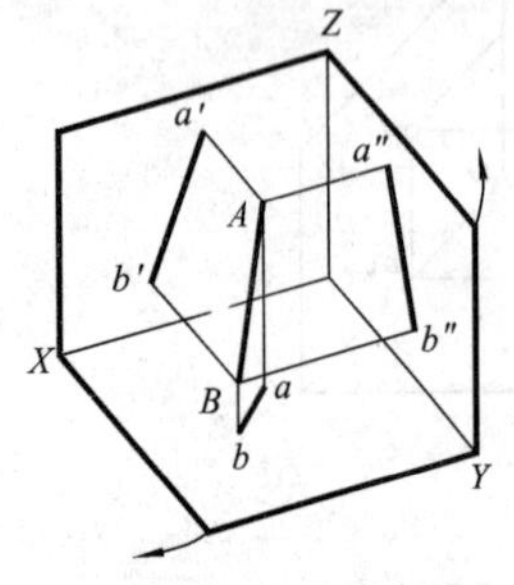

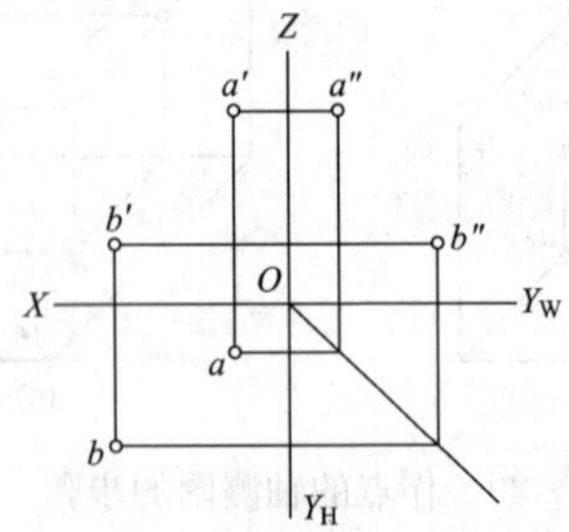

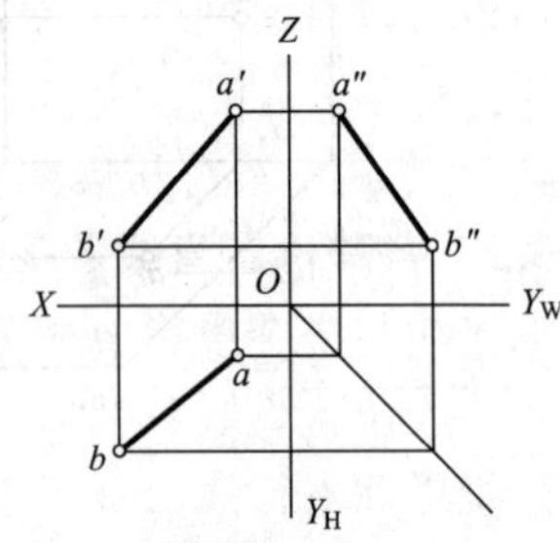

图 3-31 直线的三面投影

（二）直线上的点的投影特性

（1）点的从属性：若一点属于一直线，则该点的三面投影必落在该直线的同面投影上。如图 3-32 所示，线段 AB 上有一点 K，则 k、k'、k''必在 ab、$a'b'$、$a''b''$上。

（2）点的定比性：点分割线段之比在投影中保持不变，如图 3-32 所示，点 K 点将线段 AB 的各个投影分割成和空间相同的比例，即 $AK : KB = a'k' : k'b' = ak : kb = a''k'' : k''b''$。

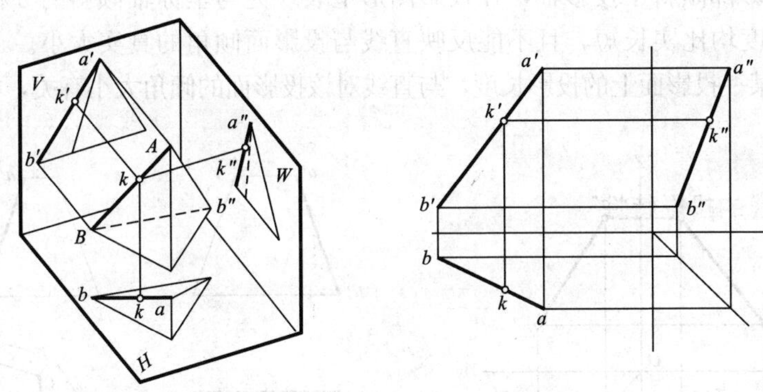

图 3-32　直线上的点的投影特性

【例 3-5】　已知直线 AB 及点 K 的两面投影，判断点是否属于直线，如图 3-33（a）所示。

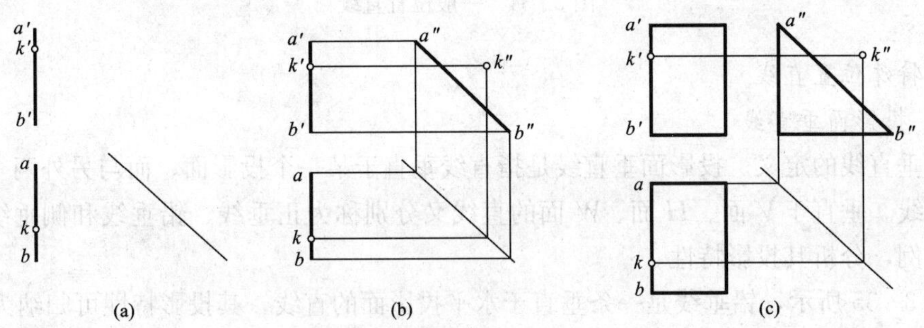

图 3-33　判断点是否属于直线

（a）直线和点的两面投影；（b）步骤之一；（c）步骤之二

分析　若点 K 在直线 AB 上，其投影必符合从属性和定比性，可求出其第三个投影后再判断，也可以直接利用定比性判断。

作图步骤　如图 3-33（b）、（c）所示。

结论　点 K 不符合从属性和定比性，点 K 不在直线 AB 上。

3.3.2　各种位置直线的投影特性

根据直线与三个投影面相对位置的不同，可以将直线划分为 3 类：

（1）一般位置直线：与三投影面都倾斜的直线。

（2）投影面平行线：平行于一个投影面，倾斜于另两个投影面的直线。

（3）投影面垂直线：垂直于一个投影面，平行于另两个投影面的直线。

投影面平行线和投影面垂直线又称为特殊位置直线。

一、一般位置直线

（一）一般位置直线的定义

一般位置直线是指与三投影面都倾斜的直线。按照画法几何的习惯，一般将直线对 H 面的倾角定义为 α 角；将直线对 V 面的倾角定义为 β 角；将直线对 W 面的倾角定义为 γ 角。

（二）一般位置直线的投影特性

（1）三面投影都倾斜于投影轴，在投影图形上表现为与坐标轴倾斜的 3 根斜线。

（2）投影长度均比实长短，且不能反映直线与投影面倾角的真实大小。

空间直线在某一投影面上的投影长度，与直线对该投影面的倾角大小有关，如图 3-34 所示。

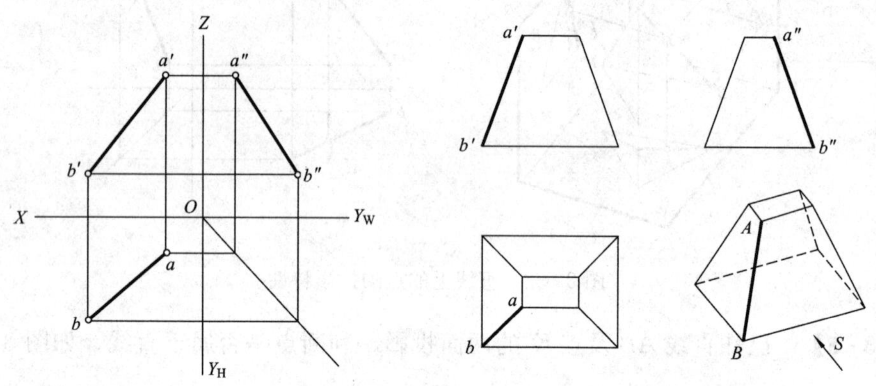

图 3-34 一般位置直线

二、特殊位置直线

（一）投影面垂直线

（1）垂直线的定义。投影面垂直线是指直线垂直于某一个投影面、而与另外两个投影面平行的直线。垂直于 V 面、H 面、W 面的直线又分别称为正垂线、铅垂线和侧垂线。现以铅垂线为例，分析其投影特性。

如图 3-35 所示，铅垂线是一条垂直于水平投影面的直线，其投影特性可归纳为三点：

1）水平投影具有积聚性，AB 重影为一点。

2）正面投影 $a'b'$ 平行于 OZ 轴；侧面投影 $a''b''$ 平行于 OZ 轴。

3）正面投影 $a'b'$ 和侧面投影 $a''b''$ 均反映实长，即：$a'b'=a''b''=AB$。

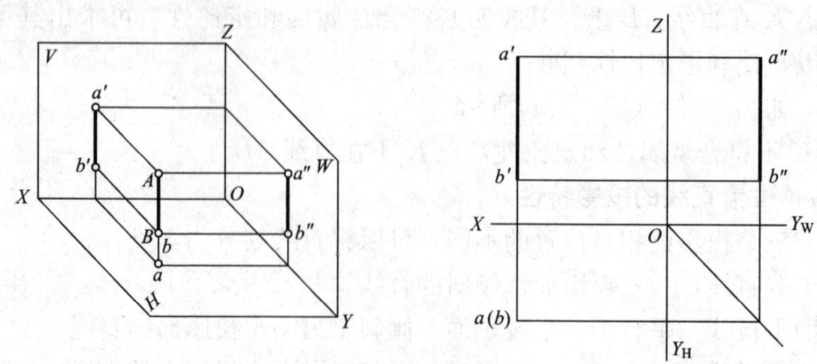

图 3-35 铅垂线的投影

（2）垂直线的投影特性。从上例中可以总结出垂直线的投影特性：在所垂直的投影面上的投影积聚为一点；在所平行的另两个投影面上的投影反映实长，并同时垂直于相应的投影轴。

有关铅垂线、正垂线、侧垂线的投影特性如表 3-1 所示。

表 3-1　　　　投影面垂直线的投影特性

<table>
<tr><th>名称</th><th>实　例</th><th>投 影 图</th><th colspan="2">特　征</th></tr>
<tr><td>铅垂线</td><td>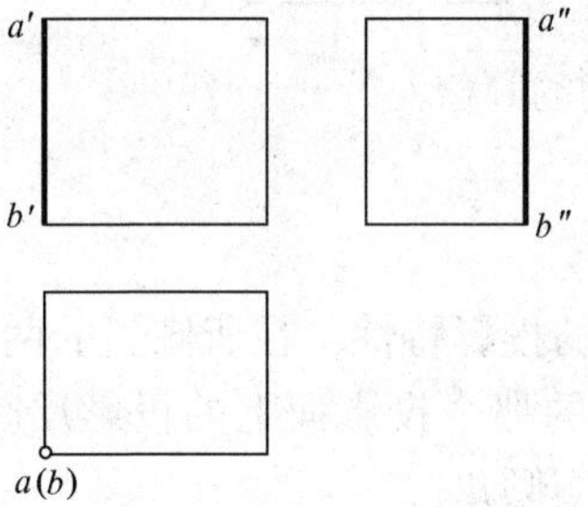
</td><td rowspan="3">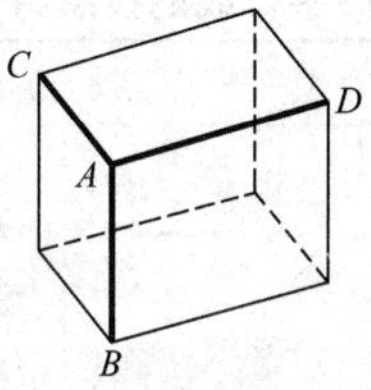
</td><td>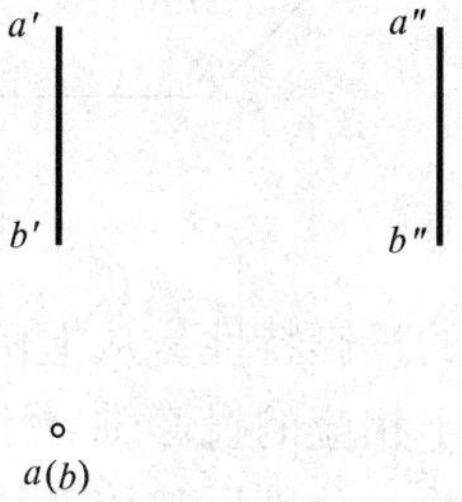
</td><td>①a、b 积聚为一个点
②$a'b' \perp OX$
$a'b'=AB$
③$a''b'' \perp OY$
$a''b''=AB$</td></tr>
<tr><td>正垂线</td><td>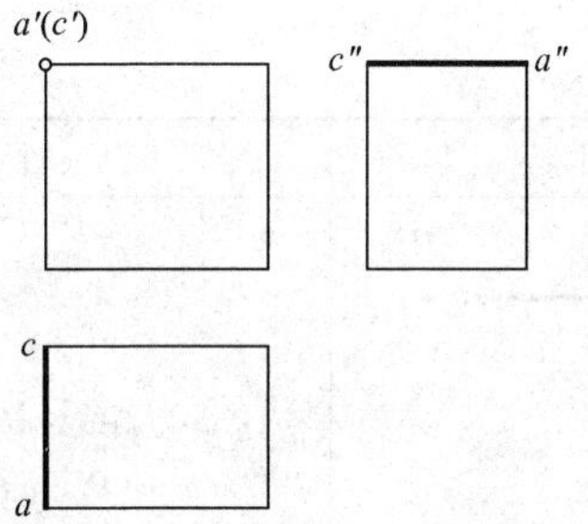
</td><td>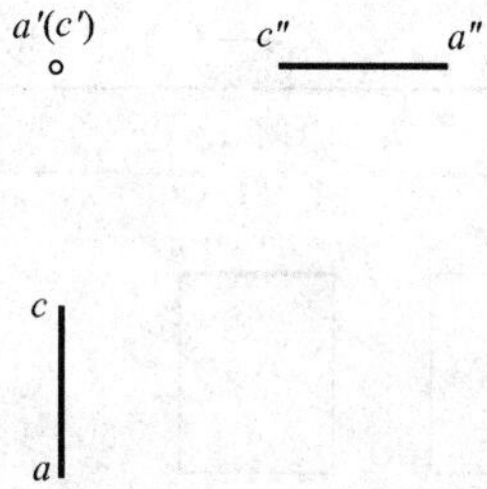
</td><td>① a′、c′ 积聚为一个点
②$a''c'' \perp OZ$
$a''c''=AC$
③$ac \perp OX$
$ac=AC$</td></tr>
<tr><td>侧垂线</td><td>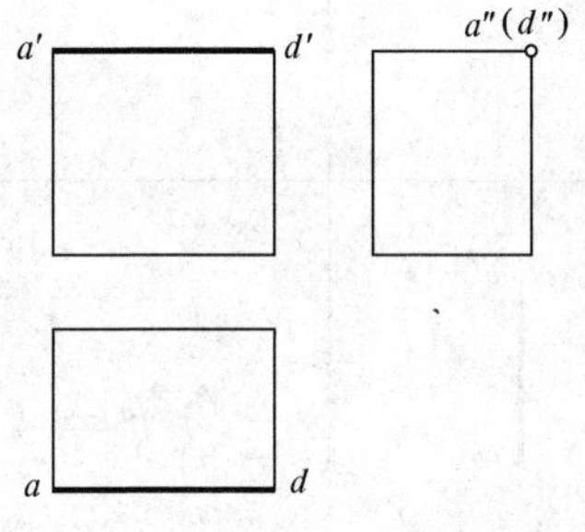
</td><td>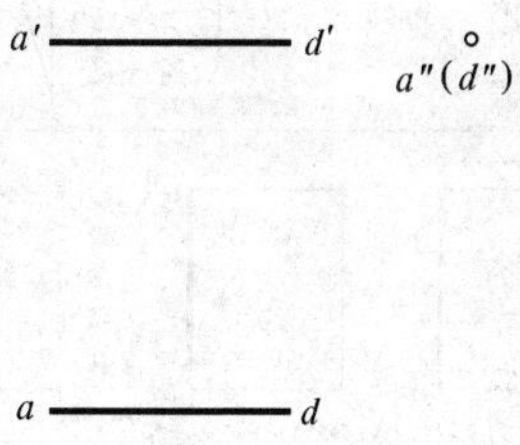
</td><td>①a″、d″积聚为一个点
②$ad \perp OY$
$ad=AD$
③$a'd' \perp OZ$
$a'd'=AD$</td></tr>
</table>

（二）投影面平行线

（1）平行线的定义。投影面平行线是指直线平行于某一个投影面、而与另外两个投影面倾斜的直线。当其平行的投影面为 V 面、H 面、W 面时，平行线又分别称为正平线、水平线和侧平线。现以水平线为例，分析其投影特性。

如图 3-36 所示，水平线是一条平行于水平投影面的直线，它与正面投影面和侧面投影面倾斜，且分别成 β 和 γ 倾角，其投影特性可归纳为三点：

1）水平投影 ab 反映直线的实长，即：$ab=AB$。

2）正面投影 $a'b'$平行 OX 轴，侧面投影 $a''b''$平行 OY_W 轴。

3）水平投影 ab 与 OX 轴的夹角为 β（即直线 AB 与 V 面的倾角），ab 与 OY_H 轴的夹角为 γ（即直线 AB 与 W 面的倾角）。

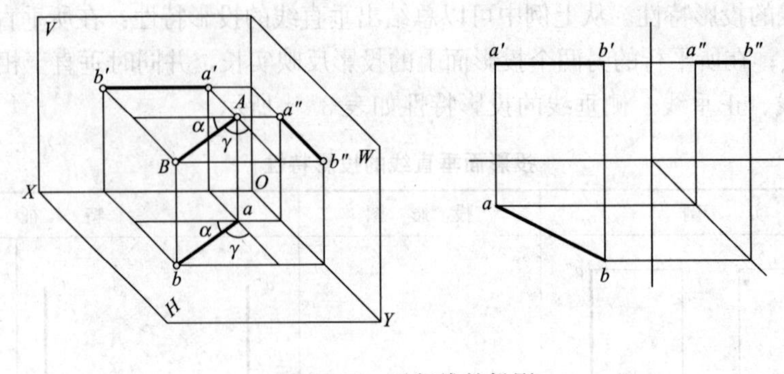

图 3-36 平行线的投影

（2）平行线的投影特性。从上例中可以总结出平行线的投影特性：在所倾斜的两个投影面上的投影平行于相应的投影轴，不反映实长；在所平行的那个投影面上的投影反映实长，其与投影轴的夹角，分别反映该直线对另两个投影面的真实倾角。

有关水平线、正平线、侧平线的投影特性如表 3-2 所示。

表 3-2 投影面平行线的投影特性

名称	实 例	投 影 图	特 性
水平线	a′ b′ a″ b″ a b A B	a′ b′ a″ b″ a b	①ab 为斜线，$ab=AB$ ②$a'b'/\!/OX$，$a'b'<AB$ ③$a''b''/\!/OY_W$，$a''b''<AB$
正平线	a′ a″ b′ b″ A b a B	a′ a″ b′ b″ b a	①$a'b'$为斜线，$a'b'=AB$ ②$ab/\!/OX$，$ab<AB$ ③$a''b''/\!/OZ$，$a''b''<AB$
侧平线	a′ a″ b′ b″ a A b B	a′ a″ b′ b″ a b	①$a''b''$为斜线，$a''b''=AB$ ②$a'b'/\!/OZ$，$a'b'<AB$ ③$ab/\!/OY_H$，$ab<AB$

3.3.3　两直线的相对位置

两直线的基本位置关系有平行、相交和交叉（异面），而垂直则是包含于基本关系中的一种特殊情况。

一、两直线平行

当空间内两条直线平行时，它们在各投影面上的同面投影也平行；反之，也成立，如图 3-37 所示。

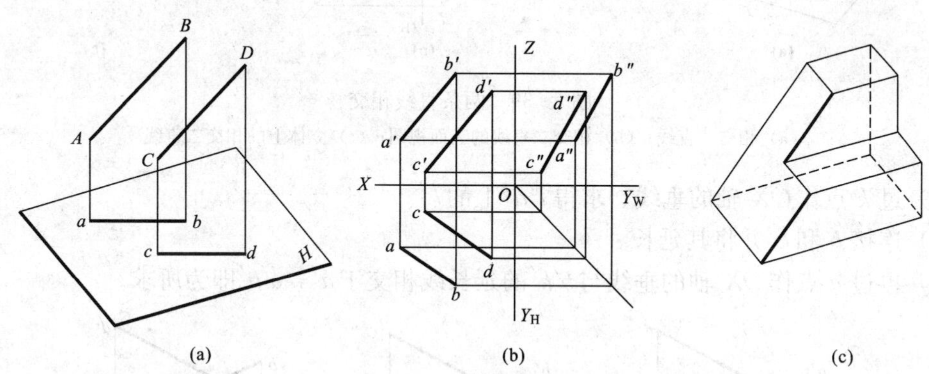

图 3-37　两条平行直线

(a) 平行二直线的投影；(b) 平行二直线的三面视图；(c) 立体上的平行二直线

图 3-37 中，直线 $AB // CD$，则：$ab // cd$、$a'b' // c'd'$、$a''b'' // c''d''$。对于一般位置直线来说，若直线的两个同面投影平行，则两直线平行。如图 3-38 所示，$ab // cd$、$a'b' // c'd'$ 则 $AB // CD$。

注意　对于特殊位置直线来说，如果两条直线有两个投影面上的同面投影平行，这两条空间直线并不一定平行。

如图 3-38 所示，AB、CD 是两条侧平线，它们的正面投影及水平投影均相互平行，$a'b' // c'd'$、$ab // cd$，但它们的侧面投影并不平行，因此 AB、CD 两直线的空间位置并不平行。

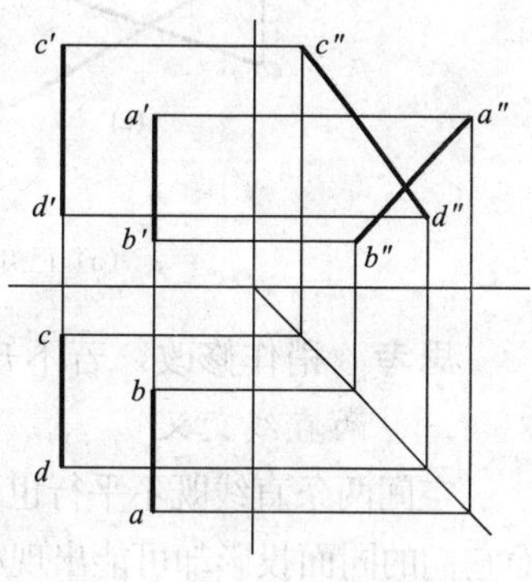

图 3-38　两条直线平行的判定

二、两直线相交

若空间两条直线相交，必有一个交点，该点满足点的投影特性，所以它们在投影图上的同面投影亦分别相交，且交点的投影一定符合点的投影规律。

如图 3-39 所示，直线 AB、CD 相交于 K 点，K 点是两条直线的共有点，所以 ab 与 cd 交于 k，$a'b'$ 与 $c'd'$ 交于 k'，k 和 k' 的连线必垂直于 OX 轴。

【例 3-6】　已知两条相交直线 AB、CD 的水平投影 ab、cd 及直线 CD 和 B 点的正面投影 $c'd'$ 和 b'，求直线 AB 的正面投影 $a'b'$，如图 3-40 所示。

分析　利用两直线相交的投影特性，可求出交点 K 的两投影 k、k'；再运用相交原理即可求得 $a'b'$。

作图步骤

(1) 设两直线的水平投影 ab 与 cd 相交于 k，即已知交点 K 的水平投影。

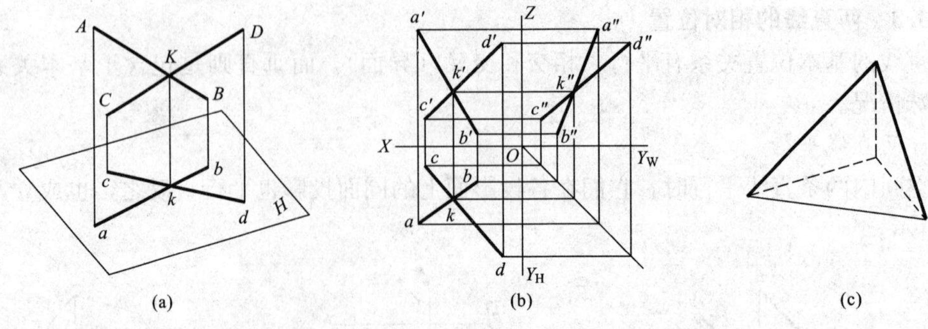

(a) (b) (c)

图 3-39 两条直线相交

(a) 相交二直线；(b) 相交二直线的三面视图；(c) 立体上的相交二直线

(2) 过 k 点作 OX 轴的垂线，求得 $c'd'$ 上的 k'。

(3) 连接 b' 和 k' 并将其延长。

(4) 再过 a 点作 OX 轴的垂线与 $b'k'$ 的延长线相交于 a'，$a'b'$ 即为所求。

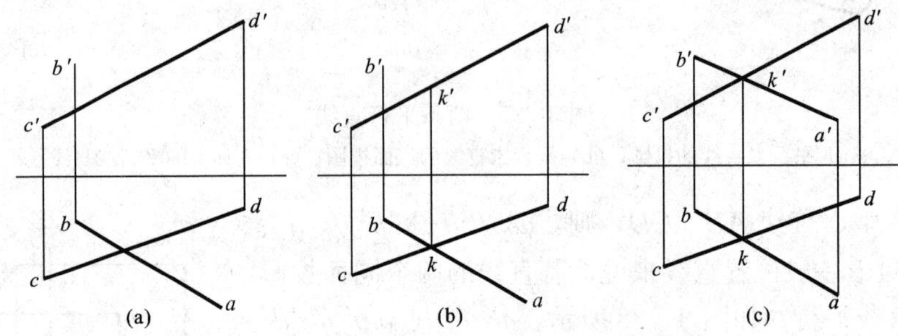

(a) (b) (c)

图 3-40 求作相交的两条直线的投影

(a) 已知条件；(b) 求交点 K 的投影；(c) 求直线 AB 的投影

思考 稍作修改，若不知 b'，但已知 AB 与水平面的夹角为 30°，如何求 $a'b'$？

三、两直线交叉

空间两条直线既不平行也不相交，则称为交叉直线。交叉的两条直线在空间不存在交点，然而它们的同面投影却可能出现相交的情况，这是由于两条直线上点的同面投影重影之故。两条直线交叉既不满足两条直线平行的投影规律，也不满足两直线相交的投影规律，如图 3-41 所示。

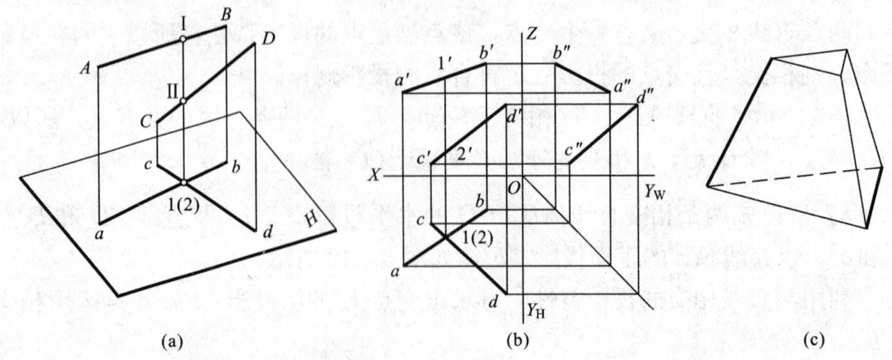

(a) (b) (c)

图 3-41 两条直线交叉

(a) 交叉二直线的投影；(b) 交叉二直线的三面视图；(c) 立体上的交叉二直线

两条交叉直线上重影点可见性的判别方法，见例 3-7。

【例 3-7】 如图 3-41 所示，试判别图中交叉的两条直线 AB、CD 的水平投影上重影点的可见性。

分析 图中两条直线的水平投影交于一点，这一交点是两条直线投影的重影点，实际上是两个点的投影。设属于直线 AB 上的点为Ⅰ，属于直线 CD 上的点为Ⅱ，空间点Ⅰ，Ⅱ在水平投影面上的投影重合。在判别可见性时，只需要比较Ⅰ，Ⅱ两点 Z 坐标的大小，这可从正投影面上看出。

作图步骤 在图 3-41 中，由重影处作 OX 轴的垂线，得到 $a'b'$ 上的 $1'$ 点，$c'd'$ 上的 $2'$ 点；由于 $Z1'>Z2'$，所以对 H 面来讲，Ⅰ点在上，Ⅱ点在下。在水平投影上，Ⅰ点遮住了Ⅱ点，Ⅱ点的水平投影为不可见。同理，若要判别正面投影的重影点的可见性时，只需要比较重影点处两点的 Y 坐标；对 V 面来讲，Y 坐标大的点在前，前面的点遮住后面的点。

【例 3-8】 判断图 3-42 中两条直线的相对位置。

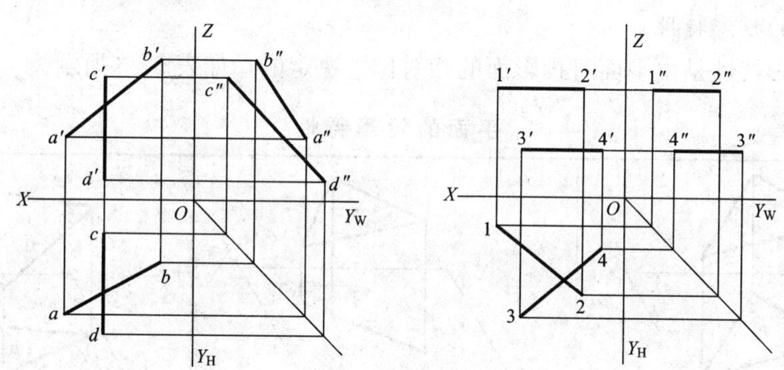

图 3-42 两条直线空间位置的判断

分析 AB 和 CD、ⅠⅡ和ⅢⅣ两条直线的投影既不满足两条直线平行的投影规律，也不满足两条直线相交的投影规律。

结论 AB 和 CD，ⅠⅡ和ⅢⅣ两条直线在空间交叉。

学习提示：

在熟悉各种位置直线的投影特性时，尽量将它与实际立体中直线的位置对照理解，并反复练习，找出由投影图判断直线空间位置的一些规律。

3.4 平面的投影

目的与任务 掌握各种位置平面的投影规律，会求作平面及平面上的直线和点的投影，并能根据平面的投影图判断平面的空间位置。

3.4.1 平面的表示法

平面是一定直线沿一定方向运动的轨迹；空间平面可以用确定该平面的几何元素的投影来表示，以下是表示平面的最常见的 5 种形式，如图 3-43 所示。

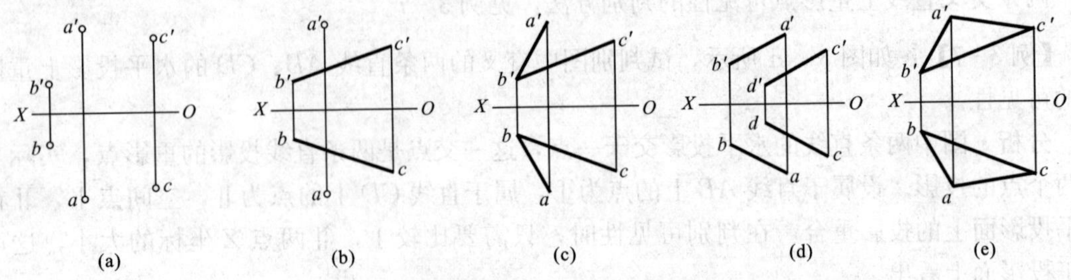

图 3-43 几何元素平面表示法

（a）不在同一直线上的三点；（b）一直线和直线外一点；（c）两条相交的直线；（d）两条平行的直线；（e）任意平面图形

以下所讲平面，多指平面的有限部分，即平面图形。

3.4.2 平面的投影

一、平面的投影特性

平面的投影特性是由平面对投影面的相对位置决定的，如表 3-3 所示。

表 3-3 平面的投影特性

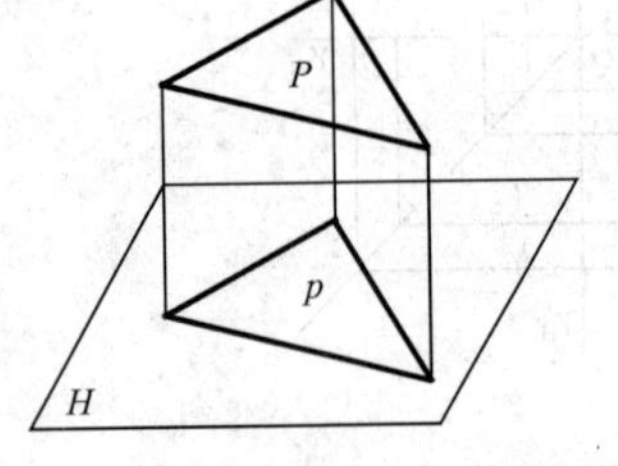	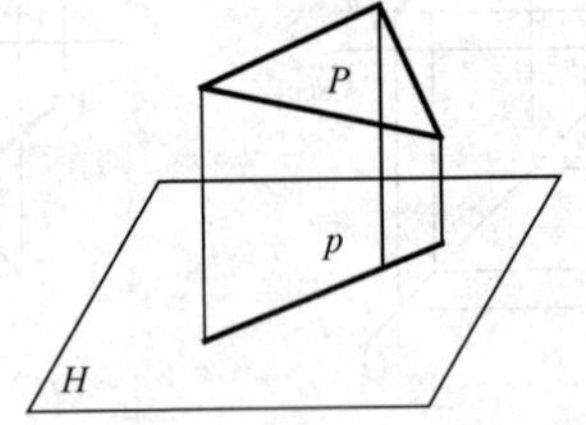	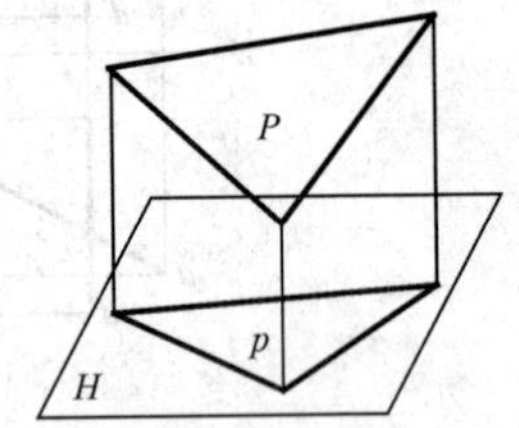
若平面 P 平行于投影面 H，其投影 p 反映了空间平面 P 的实形（称显实性）	若平面 P 垂直于投影面 H，其投影 p 积聚为一条直线（称积聚性）	若平面 P 倾斜于投影面 H，其投影 p 反映空间平面 P 的类似形（称类似性）

二、求平面的投影

求平面的投影即为求决定该平面的顶点的同面投影的连线，如图 3-44 所示。

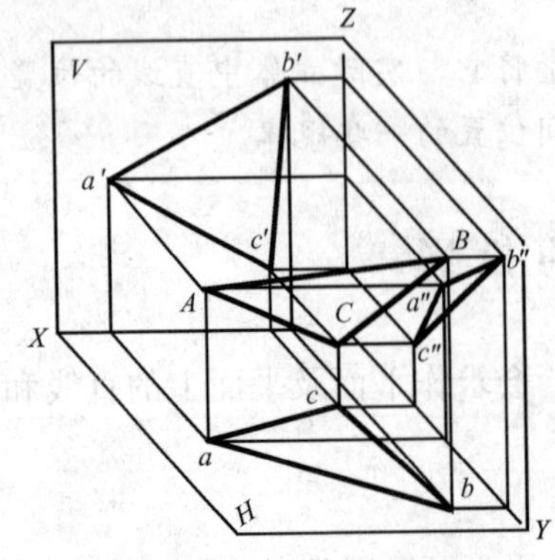

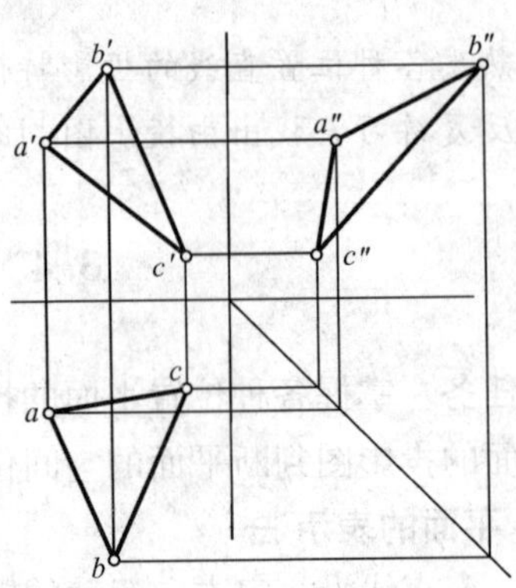

图 3-44 平面的投影

3.4.3　各种位置平面的投影

根据平面与三个投影面位置的不同，可以将平面划分为三类：

（1）一般位置平面：是指与三个投影面都倾斜的平面。

（2）投影面垂直面：是指垂直于一个投影面，倾斜于另两个投影面的平面。

（3）投影面平行面：是指平行于一个投影面，垂直于另两个投影面的平面。

投影面平行面和投影面垂直面又称为特殊位置平面。

一、一般位置平面

（1）定义：同时倾斜于 V、H、W 面的平面，是一般位置平面。

如图 3 - 45 所示，一般位置平面 ABC 对各个投影面都处于倾斜的位置，所以各个投影都不会积聚成直线，也不能反映出实形以及平面对投影面倾斜角度的真实大小，各个投影都是空间原图形的类似形。

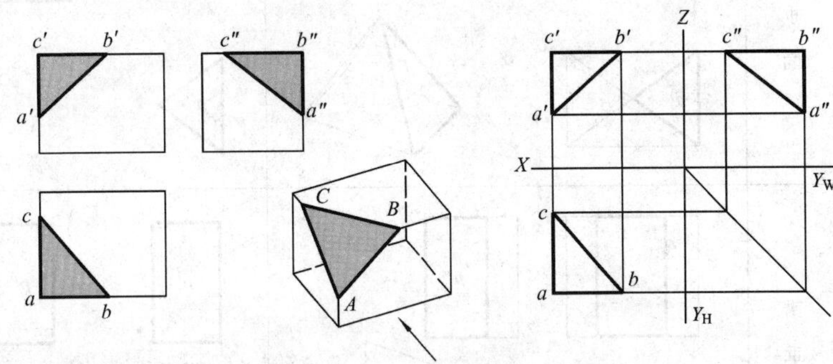

图 3 - 45　一般位置平面的投影

（2）投影特性：三个投影仍是平面图形，而且面积缩小，平面与三个投影面的倾角不能在投影上反映出来。

二、特殊位置平面

（一）投影面垂直面

（1）定义：垂直于一个投影面，倾斜于另两个投影面的平面。

对不同的投影面，垂直面可分为铅垂面（垂直 H 面）、正垂面（垂直 V 面）及侧垂面（垂直 W 面）3 种。现以铅垂面为例，分析其投影特性，如图 3 - 46 所示。

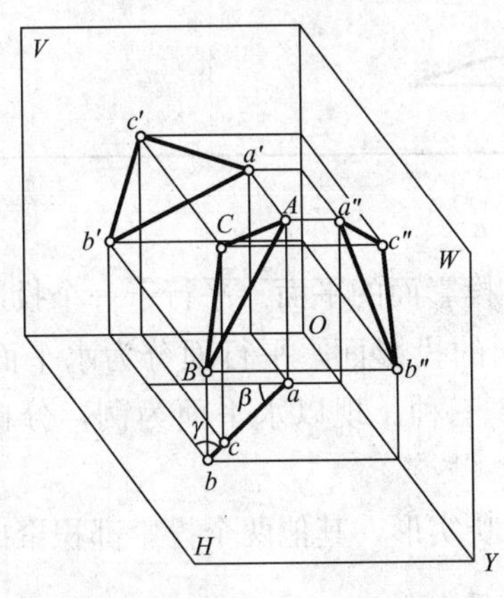

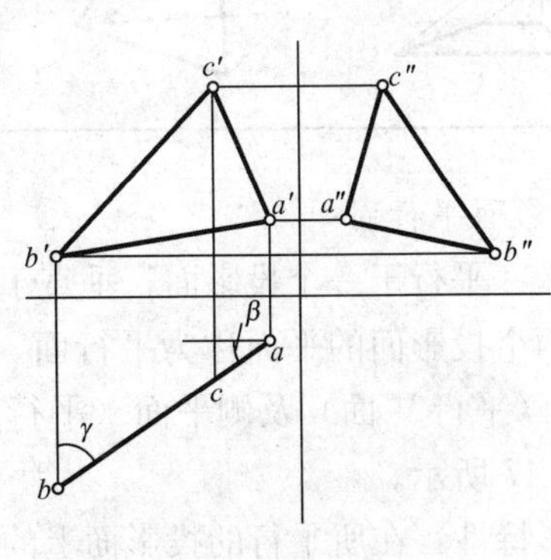

图 3 - 46　垂直面的投影

（2）投影特性：在所垂直的投影面上的投影积聚为一斜直线，此直线与相应投影轴的夹角分别反映该平面与另外两个投影面的倾角，该平面在另两个投影面上的投影均显类似性。

判定：若平面的三个投影中有一个投影是斜直线，则该平面一定是该投影面的垂直面。

三种投影面垂直面的立体图、投影图和投影特性如表 3 - 4 所示。

表 3 - 4　　投影面垂直面的投影特性

名称	实　例	投 影 图	特　性
正垂面	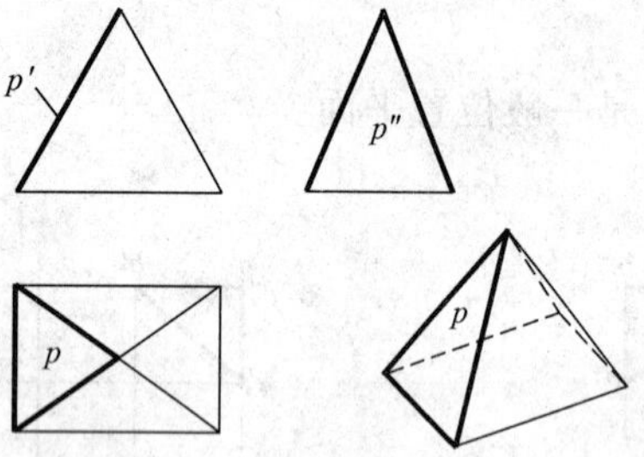 p'　p''　p　p	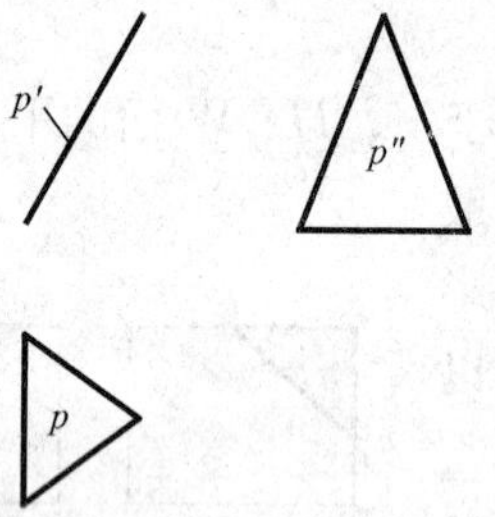 p'　p''　p	①P'具有积聚性，且为一斜线 ②P'与P''为缩小的类似形
铅垂面	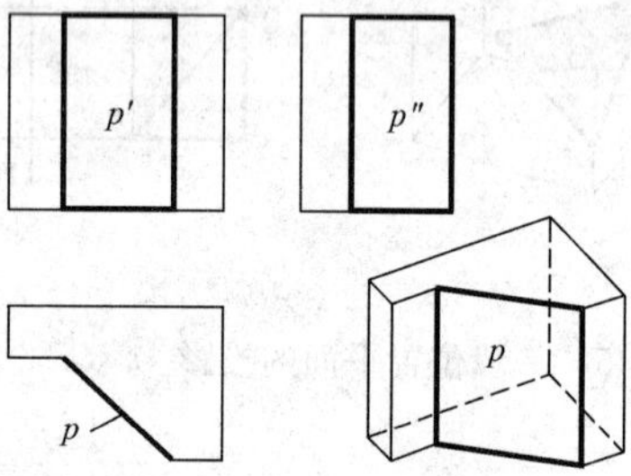 p'　p''　p　p	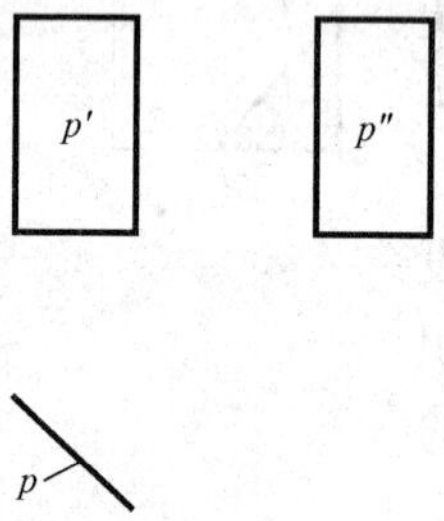 p'　p''　p	①P'具有积聚性，且为一斜线 ②P与P''为缩小的类似形
侧垂面	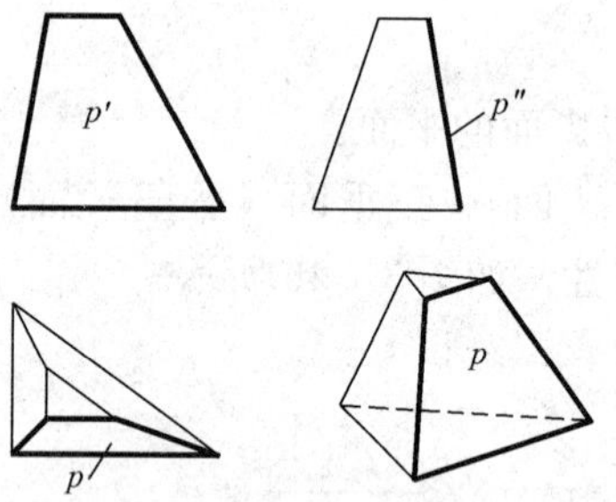 p'　p''　p　p	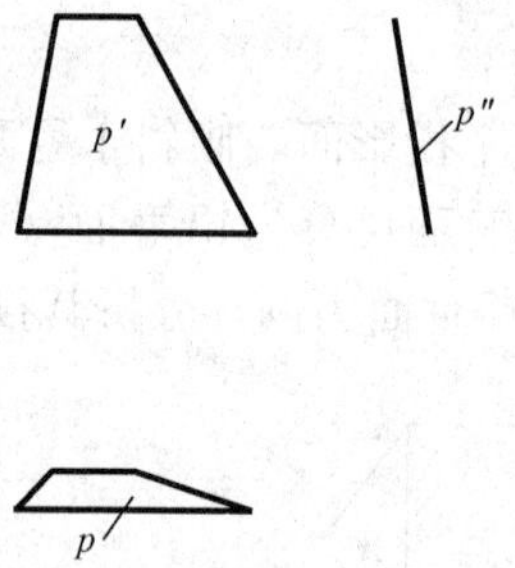 p'　p''　p	①P''具有积聚性，且为一斜线 ②P与P'为缩小的类似形

（二）投影面平行面

（1）定义：平行于一个投影面，垂直于另两个投影面的平面。平行于一个投影面同时必垂直于另外两个投影面的平面称为平行面。对不同的投影面，平行面分为水平面（平行 H 面）、正平面（平行 V 面）及侧平面（平行 W 面）三种。现以水平面为例，分析其投影特性，如图 3 - 47 所示。

（2）投影特性：在所平行的投影面上的投影反映实形，其他两个投影都积聚成直线且平行于相应的投影轴。

判定：若平面的三个投影中有一个投影积聚成直线，并与该投影面的投影轴平行或垂直，则它一定是某个投影面的平行面。

三种投影面平行面的立体图、投影图和投影特性如表 3 - 5 所示。

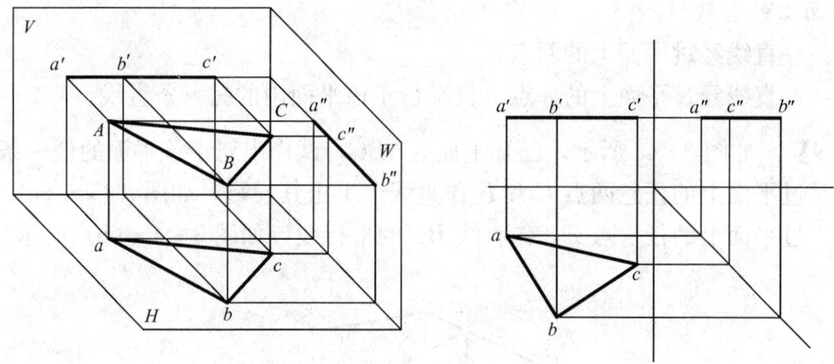

图 3 - 47 垂直面的投影

表 3 - 5 投影面平行面的投影特性

名称	实 例	投 影 图	特 性
正平面	p′ p″ p p	p′ p″ p	①P'具有显实性 ②P 具有积聚性，且 $P \perp OY_H$ ③P''具有积聚性，且 $P'' \perp OY_W$
水平面	p′ p″ p p	p′ p″ p	①P 具有显实性 ②P'具有积聚性，且 $P' \perp OZ$ ③P''具有积聚性，且 $P'' \perp OZ$
侧平面	p′ p″ p p	p′ p″ p	①P''具有显实性 ②P 具有积聚性，且 $P \perp OX$ ③P'具有积聚性，且 $P' \perp OX$

3.4.4 属于平面的直线和点

平面的投影确定了平面的空间位置，在投影图中作平面上的图形、线段或点就如同在空间平面上作图一样。因此，凡是初等几何中有关平面作图的原理都完全适用于投影作图。下面介绍点和直线在平面上的几何条件。

一、平面上的直线

条件 1：一直线经过平面上的两点。

条件 2：一直线经过平面上的一点，且平行于该平面内的另一条直线。

【例 3-9】 如图 3-48 所示，已知平面△*ABC*，试作出属于该平面的任一条直线。

作法 1：过平面上的任意两点 *E* 和 *F* 作直线，求出其投影，如图 3-48（a）所示。

作法 2：过平面上的任一点 *E*，作直线 *BC* 的平行线，如图 3-48（b）所示。

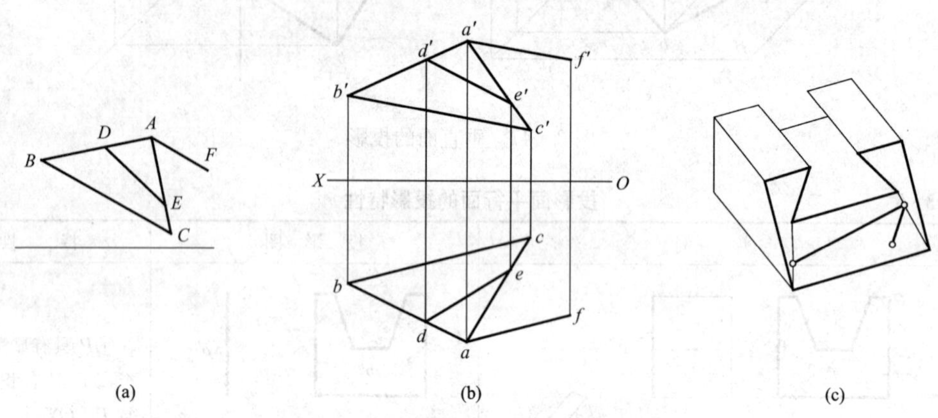

图 3-48 属于平面的直线

（a）过平面上的任意两点作直线；（b）过平面上的点作已知直线的平行线；（c）平面上的直线示意图

二、平面上的点

条件：若点属于一直线，直线属于一平面，则该点必属于该平面。因此，在取属于平面的点时，应先取属于平面的直线，再取属于该直线的点。

【例 3-10】 如图 3-49 所示，已知四边形 *ABCD* 的水平投影 *abcd* 及正面投影 $a'b'c'$，试完成其正面投影。

分析 四边形 *ABCD* 是平面图形，故点 *D* 可看作平面上的点。因不在同一直线上的 3 点可以确定平面，故连接 *ABC* 可得此平面。再把 *D* 点看作平面 *ABC* 上的点，那么确定 *D* 点的投影 d' 就可通过平面上取点的方法求得，然后连接 $a'b'$、$c'd'$，即求得四边形的正面投影。

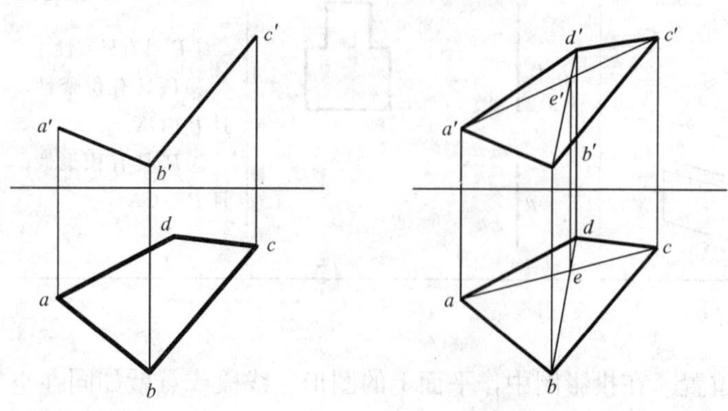

图 3-49 求作四边形的正面投影

作图步骤

（1）连接 *AC* 的同面投影 $a'c'$，*ac*，得两条相交直线中 *AC* 的两面投影。

（2）连接 *BD* 的水平投影 *bd* 交 *ac* 于 *e*，*E* 即为两条相交直线的交点。

（3）作出点 *E* 的正面投影 e'。

（4）*D* 点为该平面上的一

点，其水平投影 d 在 be 的延长线上，其正面投影 d' 必在 $b'e'$ 的延长线上。

(5) 连接 $a'd'$、$c'd'$，即得四边形 $ABCD$ 的正面投影。

学习提示：

除了要进一步熟悉各种位置平面的投影特性，想象其空间位置外，还要注意找到点、线、平面之间的投影关系并应用到作图中。

3.5　用 AutoCAD 绘制物体的三视图

目的与任务　了解创建用户坐标系的方法，能够利用栅格和捕捉功能、对象捕捉和自动追踪功能绘制物体的三视图。

前面介绍了 AutoCAD 的基本绘图命令和基本编辑命令，利用这些命令可以绘制出一般的平面图形，但是要绘制符合国标要求的工程图样，充分利用 AutoCAD 提供的强大功能，保证在绘制三视图时的“三等关系”，下面将介绍在 AutoCAD 中绘制三视图所用的一些工具及作图方法。

3.5.1　三视图的绘图工具

一、使用用户坐标系

在绘图过程中要精确定位就必须以坐标系作为参照。在前面绘制平面图形时，大多数用的是世界坐标系，在绘制三视图时，有时要用到用户坐标系。经常需要修改坐标系的原点和方向，这时世界坐标系将变为用户坐标系，即 UCS。UCS 的原点以及 X 轴、Y 轴、Z 轴的方向都可以移动及旋转，甚至可以依赖于图形中某个特定的对象。尽管用户坐标系中三个轴之间仍然互相垂直，但是在方向及位置上却都很灵活，能够更好地辅助绘图。

（一）创建用户坐标系

在 AutoCAD 中，选择“工具”→“新建 UCS”命令，利用它的子命令可以方便地创建 UCS，包括世界 UCS 和对象 UCS 等。

(1) 键盘输入。命令：UCS↓

通过输入命令提示完成 UCS 设置。

提示：输入选项［新建（N）/移动（M）/正交（G）/上一个（P）/恢复（R）/保存（S）/删除（D）/应用（A）/?/世界（W）］<世界>：(输入选项)↓

(2) 下拉菜单。通过下拉菜单完成 UCS 的设置，如图 3-50 所示。

(3) 操作说明。在命令行调用“UCS”命令，并选择“新建（N）”选项来定义 UCS，系统提示如下：

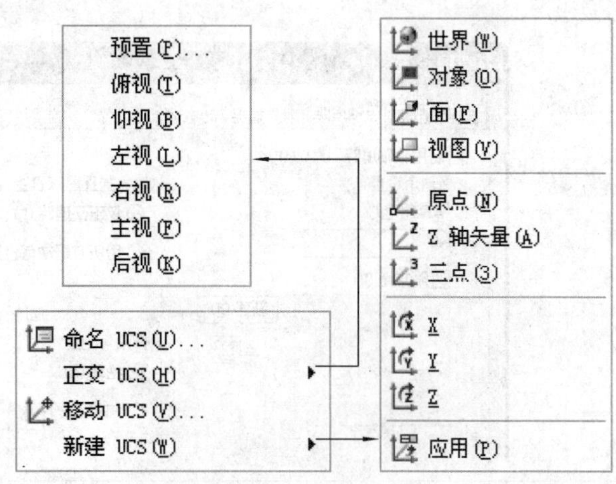

图 3-50　“正交 UCS”和“新建 UCS”的级联菜单

命令：ucs

当前UCS名称：*世界*

指定UCS的原点或[面(F)/命名(NA)/对象(OB)/上一个(P)/视图(V)/世界(W)/X/Y/Z/Z轴(ZA)]<世界>：n

指定新UCS的原点或[Z轴(ZA)/三点(3)/对象(OB)/面(F)/视图(V)/X/Y/Z]<0,0,0>：

用户可通过各种选项来使用不同的方法定义UCS，具体说明如下：

"origin（原点）"：指定UCS的原点，并保持其当前的X、Y和Z轴方向不变，从而定义新的UCS。

"ZAxis（Z轴）"：用指定的Z轴正半轴定义UCS。Z轴正半轴是通过指定新原点和Z轴正半轴上的任一点来确定的。

"3point（三点）"：通过指定三点定义UCS。第一点指定新UCS的原点，第二点定义X轴的正方向，第三点定义Y轴的正方向，Z轴由右手定则确定。

"Object（对象）"：根据选定三维对象定义新的坐标系。新UCS的Z轴正方向与选定对象一样。例如，当选择圆时，以圆的圆心为UCS的原点，X轴通过选择点；当选择直线时，以距离选择点最近的端点为UCS的原点，以直线方向为X轴。

（二）利用用户坐标系作图

【例3-11】 已知直线AB中A(12，33，28)，B(35，14，6)，求作其三视图。

作图步骤

(1) 启动AutoCAD，设置合适的绘图环境（单位、图界、图层、颜色、线型和线宽），绘图辅助工具和点的样式，如图3-51所示。

(2) 开始绘图，作三视图的坐标线，如图3-52所示。

(3) 创建用户坐标系，单击"UCS"工具栏中的按钮，则命令提示区显示如下内容。

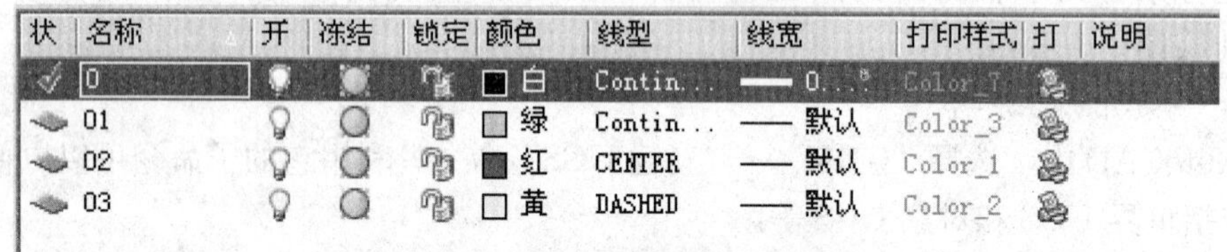

状	名称	开	冻结	锁定	颜色	线型	线宽	打印样式	打	说明
✓	0				白	Contin...	0...°	Color_7		
	01				绿	Contin...	默认	Color_3		
	02				红	CENTER	默认	Color_1		
	03				黄	DASHED	默认	Color_2		

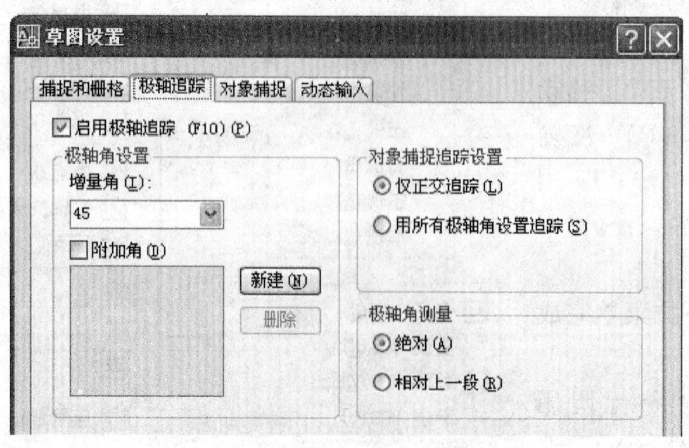

图3-51 设置合适的绘图环境（一）

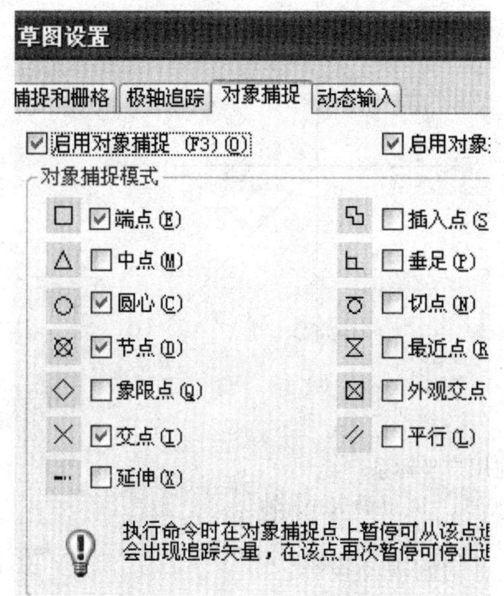

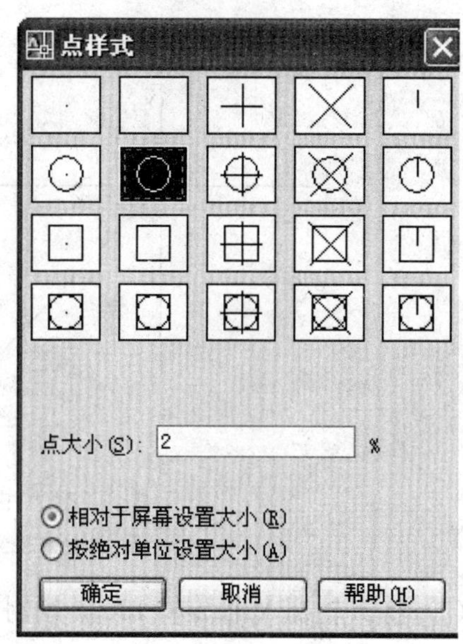

图 3-51　设置合适的绘图环境（二）

命令：_UCS

当前 UCS 名称：*世界*

指定 UCS 的原点或［面（F）/命名（NA）/对象（OB）/上一个（P）/视图（V）/世界（W）/X/Y/Z/Z 轴（ZA）］<世界>：_O↓

指定新原点<0，0，0>：［将坐标原点移至三视图原点，如图 3-53（a）所示］。

将 X 轴绕 Y 轴旋转 $-180°$，使用户坐标系的方向与三视图的方向完全一致。

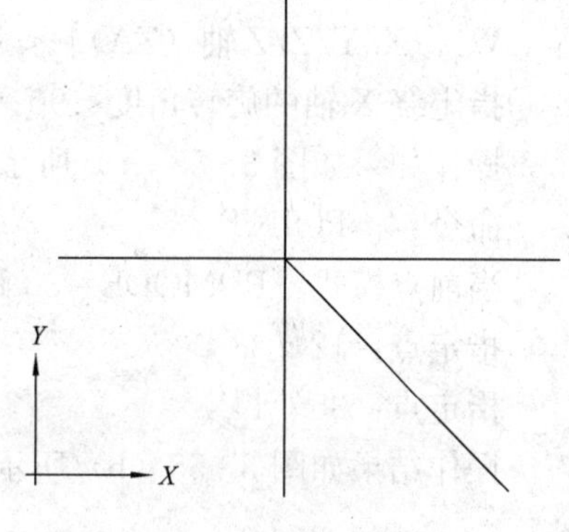

图 3-52　三视图的坐标线

命令：_UCS

当前 UCS 名称：*没有名称*

指定 UCS 的原点或［面（F）/命名（NA）/对象（OB）/上一个（P）/视图（V）/世界（W）/X/Y/Z/Z 轴（ZA）］<世界>：Y↓

指定绕 Y 轴的旋转角度<90>：－180↓

操作结果如图 3-53（b）所示。

（4）绘制 A、B 点的主视图投影。

命令：_POINT

当前点模式：PDMODE=33 PDSIZE=－2.0000

指定点：12，28↓

指定点：35，6↓

操作结果如图 3-54 所示。

注意　要特别注意的是这里输入的坐标是三视图中的（x，z）坐标，与当前屏幕显示的坐标不一致，这是因为三视图中的坐标与 AutoCAD 中的笛卡儿坐标并不完全一致。

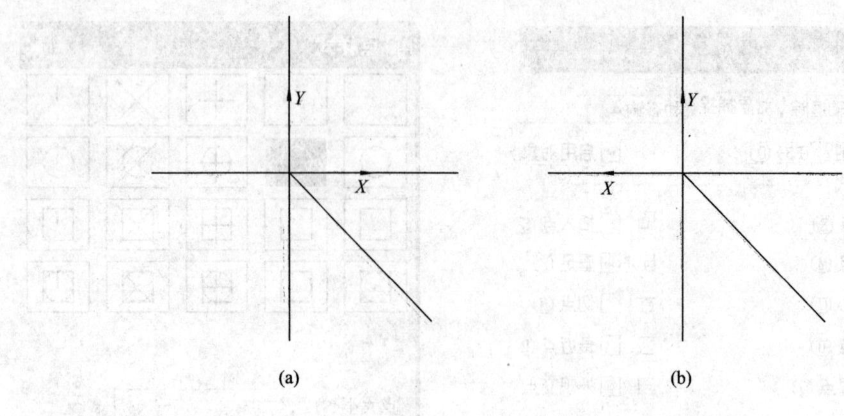

图 3 - 53　创建用户坐标系

(a) 将坐标原点移至三视图原点；(b) 旋转 X 坐标轴

(5) 将 Y 轴绕 X 轴旋转 180°，绘制 A、B 点的俯视图投影。

命令：_ UCS

当前 UCS 名称：* 没有名称 *

指定 UCS 的原点或［面（F）/命名（NA）/对象（OB）/上一个（P）/视图（V）/世界（W）/X/Y/Z/Z 轴（ZA）］＜世界＞：X↓

指定绕 X 轴的旋转角度＜90＞：180↓

操作如果如图 3 - 55（a）所示。

命令：_ POINT

当前点模式：PDMODE＝33 PDSIZE＝－2. 0000

指定点：12，33↓

指定点：35，14↓

操作结果如图 3 - 55（b）所示。

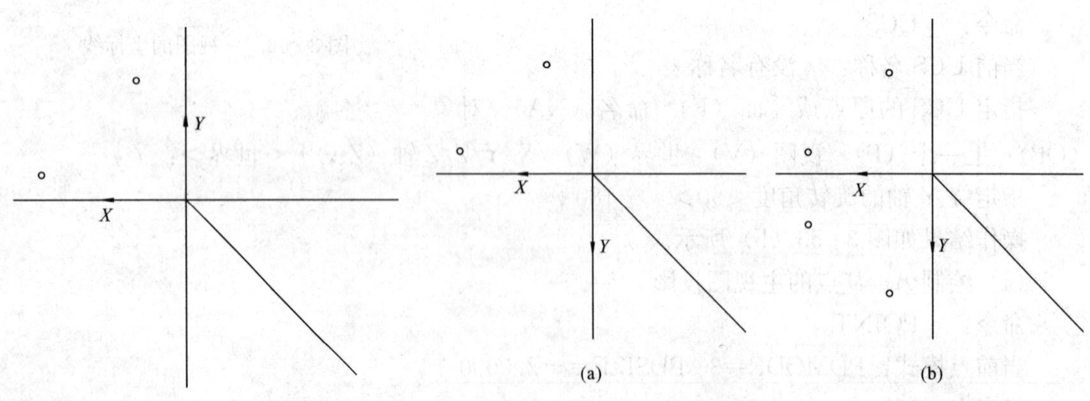

图 3 - 54　点的主视图投影

图 3 - 55　旋转坐标轴及点的俯视图投影

(a) 旋转 Y 坐标轴；(b) 点的俯视图投影

(6) 捕捉节点，作同面投影的连线，完成直线 AB 的主俯视图，并利用捕捉、追踪等工具，补绘直线的左视图，如图 3 - 56 所示。

(7) 单击“UCS”工具栏中的按钮，使用户坐标系转回世界坐标系，并将三视图中的各项换至合适的图层中，打开线宽显示开关。进行标注完成全图，如图 3-57 所示。

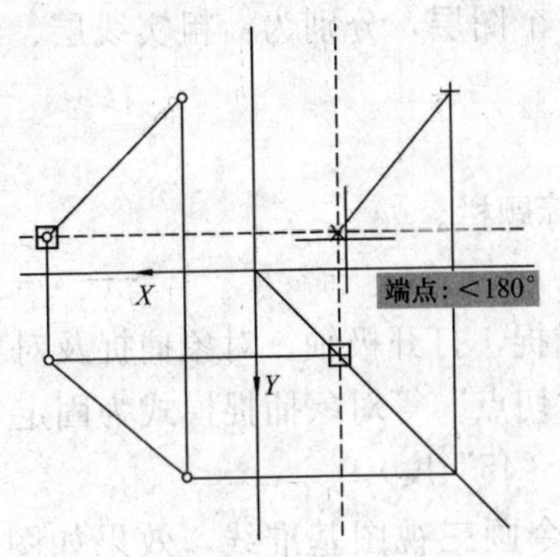

图 3-56　连接同面投影并补绘左视图

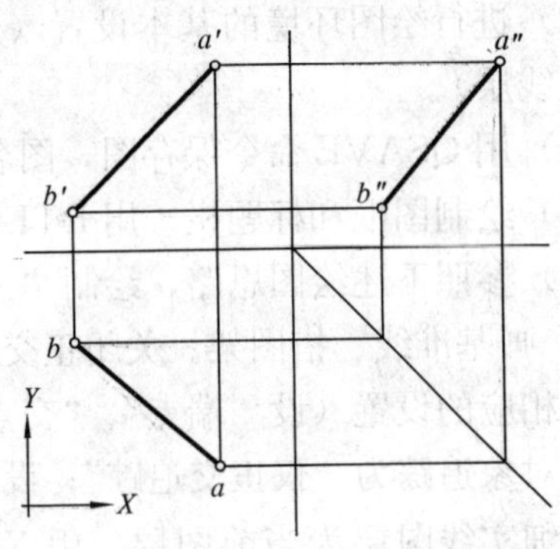

图 3-57　直线 AB 的三视图

二、设置捕捉和栅格、对象捕捉和追踪

AutoCAD 提供了多种绘图辅助工具，如栅格、捕捉、正交、极轴追踪和对象捕捉等，这些辅助工具类似于手工绘图时使用的方格纸、三角板，有了这些工具，可以更容易、更准确地创建和修改图形对象。通过“草图设置”对话框，可以对这些辅助工具进行设置，以便能更加灵活、方便地使用这些工具来绘图。例如：可以利用对象捕捉和自动追踪功能，在不输入坐标的情况下使物体“长对正、高平齐、宽相等”。

特别是利用临时追踪点和 From 捕捉功能可以极大地提高绘制三视图的效率。

三、使用动态输入

在 AutoCAD 2007 中，使用动态输入功能可以在光标位置处显示标注输入和命令提示等信息，从而极大地方便了绘图。

3.5.2　绘制三视图的步骤与方法

在 AutoCAD 中，绘制三视图的方法有很多，步骤也不尽相同，这里利用一个实例来讲解，旨在帮助初学者掌握 AutoCAD 绘制三视图的基本思路。

【例 3-12】　根据物体的轴测图绘制三视图，如图 3-58 所示。

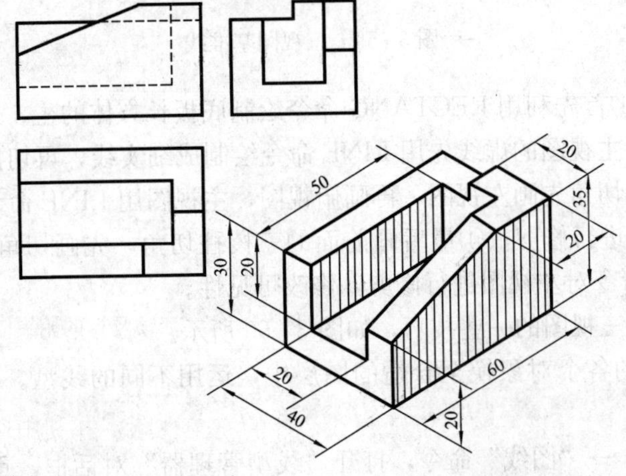

图 3-58　利用 AutoCAD 绘制三视图

作图步骤

（1）用NEW命令新建一张图，图幅为A4（297，210），比例为1∶1。

（2）进行绘图环境的基本设置（建议本图设置3个图层，分别为：粗实线层、细实线层、虚线层）。

（3）用QSAVE命令保存图，图名为“三视图”。

（4）绘制图框和标题栏，用DTEXT命令，填写标题栏。

（5）参照下述绘图思路，绘制“三视图”。

1）画基准线、搭图架。关闭正交、栅格及栅格捕捉，打开极轴、对象捕捉及对象追踪并进行相应的设置（设“端点”、“交点”、“延伸”、“切点”等对象捕捉模式为固定对象捕捉；设对象追踪为“仅正交追踪”；设极轴追踪角度为“45”度）。

设细实线图层为当前图层，用XLINE（ ）命令画三视图基准线，效果如图3-59所示。

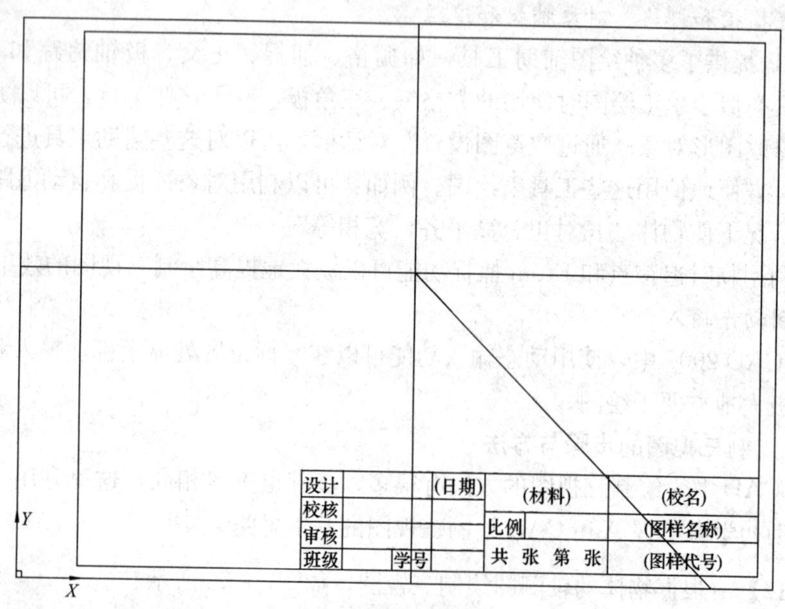

图3-59 三视图基准线

2）画三视图。①首先利用RECTANG命令绘制底板长方体的主、左、俯视图；②再画切槽的俯、左视图，主视图的虚线先用LINE命令绘制成细实线，再切换到“虚线”层；③然后画后面的切角，切角先画左视图，再画俯视图，主视图用LINE命令绘制成细实线，用TRIM命令对左视图进行修剪；④最后画前面的三棱柱切角，先画切角的主视图，再画俯、左视图。用TRIM命令对左视图进行修剪，修改可见性。

利用绘图工具画三视图的一些技巧，如图3-60所示。

3）将三视图中的各个对象换至合适的图层中，运用不同的线型。打开线宽显示开关，如图3-61所示。

4）选择“格式”→“图线”命令，打开“线型管理器”对话框，重新设置虚线的线型比例因子，如图3-62所示。

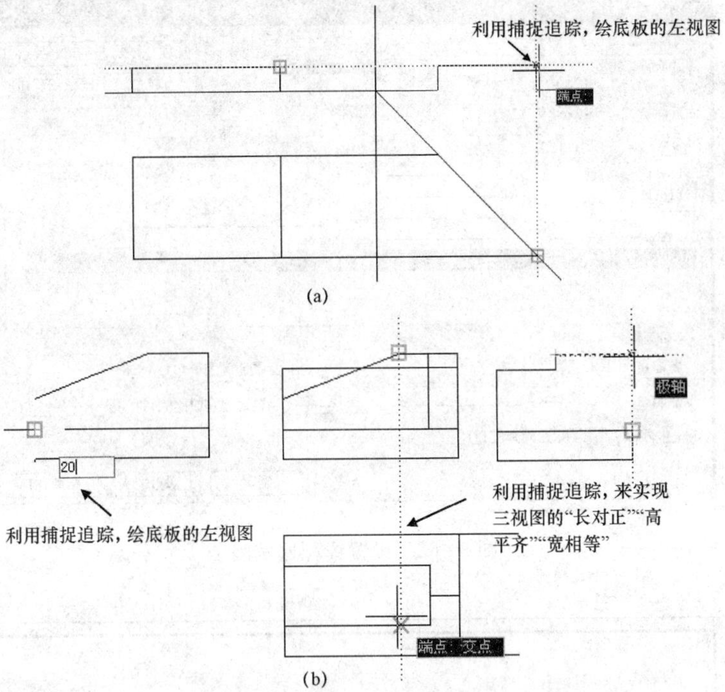

利用捕捉追踪，绘底板的左视图

端点

(a)

20

利用捕捉追踪，绘底板的左视图

极轴

利用捕捉追踪，来实现三视图的“长对正”“高平齐”“宽相等”

端点 交点

(b)

图 3-60　绘制三视图的技巧

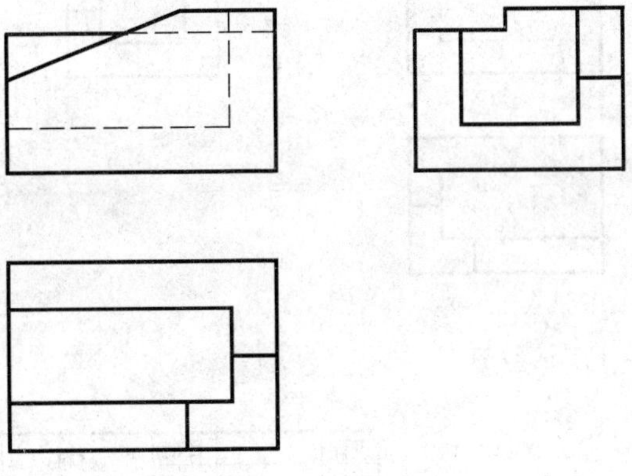

图 3-61　三视图结果

5）缩放至全图显示，检查、修正、存盘。完成绘制，如图 3-63 所示。

注意　绘图过程中要经常存盘。

学习提示：

正确掌握三视图的绘图思路是计算机绘图的基础，建立用户自己的坐标系，熟练运用对象捕捉、极轴和自动追踪等辅助工具绘图，是快速精准作图的关键。

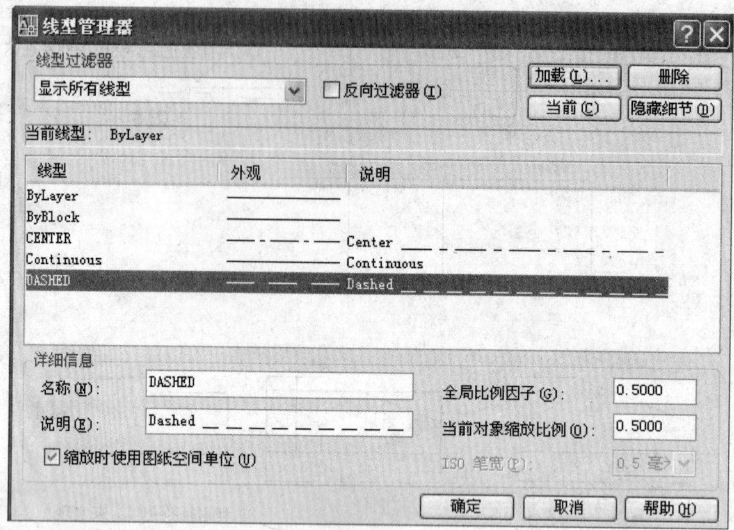

图3-62 设置线型比例因子

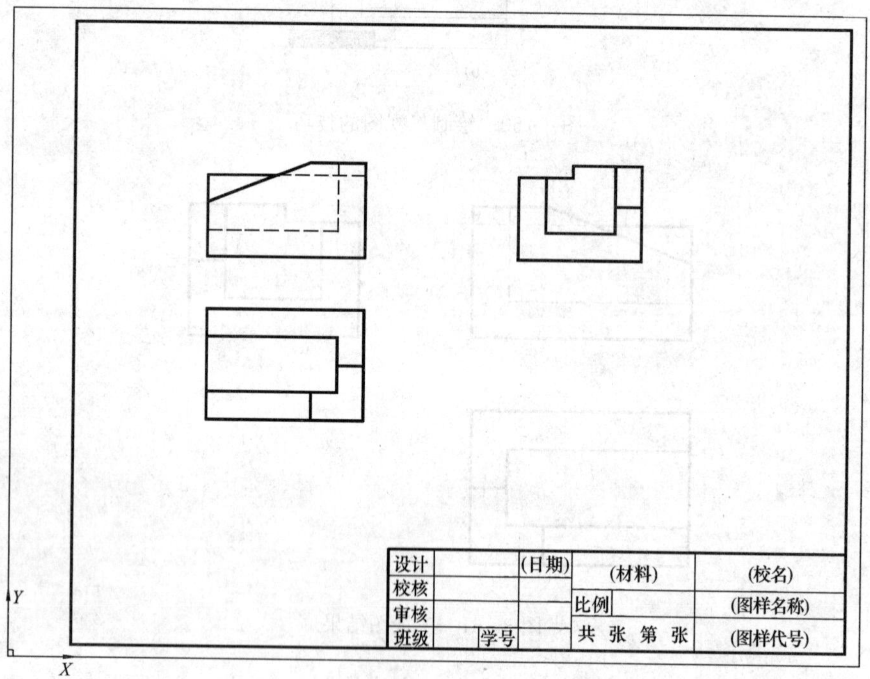

图3-63 绘图结果

第4章　立体及其表面交线的投影

本　章　引　言

当找到了工程图样最基本的构图规律——三视图，又研究了点、线、面的投影后，才发现要表达工程对象还是有一定难度的。从看周围的物体，不难发现再复杂的物体也是由一些最基本的几何体构成的，只要找到这些基本几何体的投影规律，再把它运用到复杂物体的投影问题中，难题就会迎刃而解。本章将研究基本立体的投影以及用基本体构形时的一些投影问题。

本章重点　基本体的投影规律，立体表面交线的求作方法。

本章难点　求作立体表面交线的思路和取点问题。

4.1　几何体的投影

目的与任务　通过本节的学习，应理解几何体表面的组成情况，掌握绘制基本几何体的方法步骤，并能正确绘制几何体的三视图。同时还应掌握利用积聚性、辅助线、辅助面在几何体表面求点的方法。

工程制图中，通常把棱柱、棱锥、棱台、圆柱、圆锥、圆球、圆环等简单的立体称为基本几何体。

基本几何体根据表面形状特征的不同，可分为平面立体和曲面立体。如果立体表面均由平面围成，则称为平面立体，如棱柱、棱锥、棱台等，如图4-1（a）所示。若立体表面由平面和曲面共同围成或直接由曲面围成，则称为曲面立体，如圆柱、圆锥、圆球、圆环等，如图4-1（b）所示。

本节主要讲解平面立体和曲面立体的三视图画法及基本体表面上取点的作图方法。

4.1.1　平面立体

平面立体的表面是由若干个平面多边形围成的，因此，平面立体的投影可归结为平面立体各表面的投影，也就是归结为绘制这些多边形的边和顶点的投影。多边形的边是平面立体的轮廓线，是平面立体两个面的交线，当轮廓线的投影为可见时，画粗实线；不可见时，画虚线；当粗实线与虚线重合时，应画粗实线。

一、棱柱体

棱柱体由顶面、底面及若干个侧棱面组成，其特点是棱柱的各个侧棱相互平行，顶面和底面相互平行。顶面和底面与侧棱垂直的棱柱为直棱柱，反之为斜棱柱。顶面和底面为正多边形的直棱柱，称为正棱柱。常见的棱柱有三棱柱、四棱柱、六棱柱等。

（一）棱柱的三面投影

现以图4-2（a）所示的正三棱柱为例说明棱柱体的投影。

分析　正三棱柱的顶面$\triangle ABE$和底面$\triangle CDF$是大小相同的两个水平面，在水平面上的

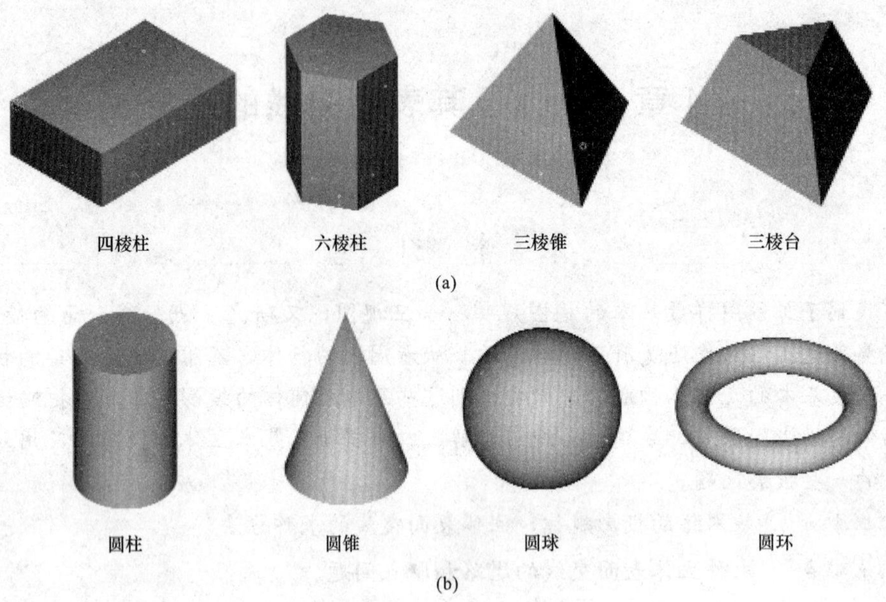

图 4-1　基本几何体
(a) 平面立体；(b) 曲面立体

投影反映实形；后棱面 $BCFE$ 为正平面，水平面投影具有积聚性，另外两个棱面 $ABCD$ 和 $ADFE$ 为铅垂面。三棱柱的三条侧棱 BC、AD 和 EF 均为铅垂线，正面和侧面投影反映实长，水平面投影积聚为一点；顶面的边 AB、AE 为水平线，水平面投影具有显实性，正面和侧面投影有类似性；BE 边为侧垂线，侧面投影积聚为一点，正面和水平面投影反映实长。其余边可自行分析。

因此，三棱柱的水平面投影是：顶面和底面的水平面投影重合，并反映实形，为一正三角形，三个棱面的水平面投影积聚为三角形的三条边。三棱柱的三面投影图如图 4-2 (b) 所示。

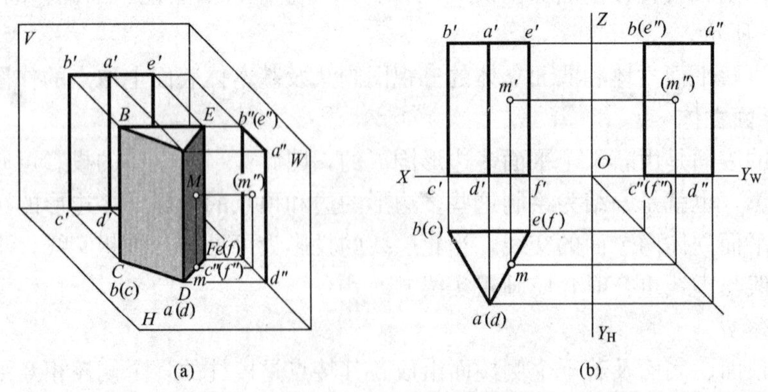

图 4-2　三棱柱的三面投影及表面取点
(a) 三棱柱的立体图；(b) 三棱柱的三视图

作图步骤　由于三棱柱的 5 个棱面和 9 条棱线均为特殊位置平面和直线，根据它们的特殊性逐个画出其在投影面上的投影即为三棱柱的投影。具体步骤如下：

（1）画出上下两个水平面 ABE、CDF 的投影。

（2）画出铅垂棱线 BC、AD、EF 的投影。

（3）判断棱线和棱面在投影图上的可见性。

（4）检查整理图形。

注意　作图熟练后辅助线可以省略不画，以后不再重复说明。

总结　棱柱体三视图的投影特点。一面投影反映底面实形，而其余两面投影则为矩形或复合矩形。

（二）棱柱表面上取点

在平面立体表面上取点，其原理和方法与在平面上取点相同。图 4-2（b）中，三棱柱各个表面都处于特殊位置，因此在表面上取点可利用积聚性原理作图。

已知三棱柱表面上 M 点的正面投影 m'，求其他两面投影 m、m''。由于 M 点是可见的，因此，M 点一定在 $ADFE$ 棱面上，而 $ADFE$ 棱面为铅垂面，水平面投影具有积聚性，故 M 点的水平面投影 m 必在 $a(d)$（f）e 上，由长对正即得投影 m，最后根据 m 和 m'，可求出 m''。

棱柱表面的点若在棱线上，其求作方法与直线上的点求作方法一致；若点在棱面上，其求作方法是利用棱柱体的积聚性先求出一面投影，再根据投影规律求出另一面投影。

【例 4-1】　求作如图 4-3（a）所示的五棱柱的三视图。

作图步骤

（1）画投影图的对称线和中心线，如图 4-3（a）所示。

（2）画底面的各投影，如图 4-3（b）所示。

（3）添加各棱线的投影，如图 4-3（c）所示。

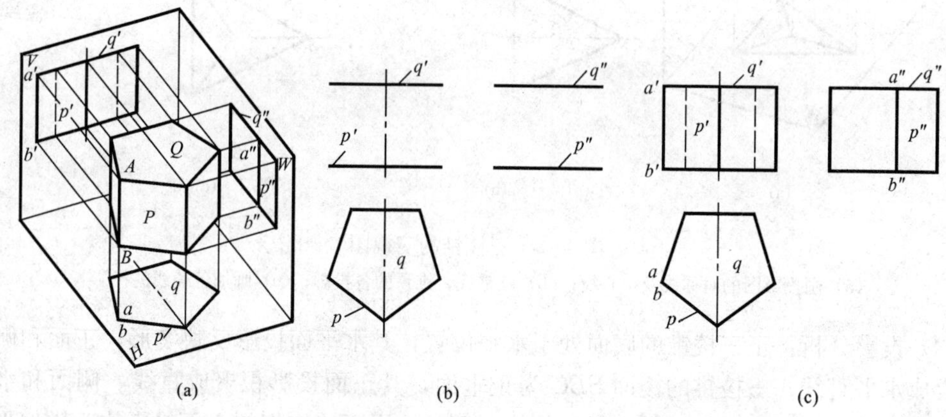

图 4-3　五棱柱的三视图

（a）画投影图的对称线和中心线；（b）画底面的各投影；（c）画各棱线的投影

【例 4-2】　已知正五棱柱表面点Ⅰ的侧面投影 1″，点Ⅱ的正面投影 2′和点Ⅲ的侧面投影（3″），求Ⅰ、Ⅱ、Ⅲ点的其余两面投影。

分析　1″点在五棱柱最前面的棱线上，由直线上求点的方法，可求出其正面投影 1′和水平投影 1。2′在棱面上，首先利用柱体的积聚性求出其水平投影 2，再由高平齐，宽相等求出 2″。3″也是棱面上的点，利用柱体积聚性先求水平投影，侧面投影不可见，说明Ⅲ点一定在棱柱右侧，由宽相等求得水平投影，再由长对正，高平齐得出正面投影，注意可见性的判别，3′为不可见点。具体作图过程如图 4-4 所示。

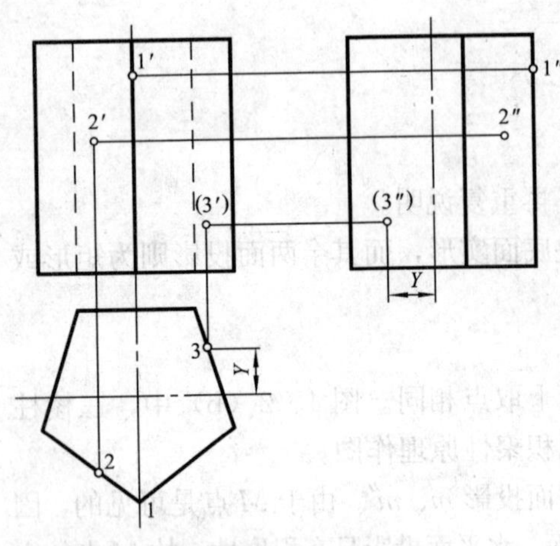

图 4-4 五棱柱取点

二、棱锥体

棱锥体是由一个多边形底面和若干个共顶点的三角形棱面围成的。从棱锥体顶点到底面的距离叫做棱锥体的高。当棱锥体底面为正多边形，顶点投影落在底面正多边形的中心，各棱面是等腰三角形时，称之为正棱锥。

（一）棱锥的三面投影

现以图 4-5（a）所示的正三棱锥为例说明棱锥的投影。

（1）正三棱锥共有 4 个顶点，6 根棱线，4 个棱面。

（2）主视图的选择：将正三棱锥的底面置于水平位置。

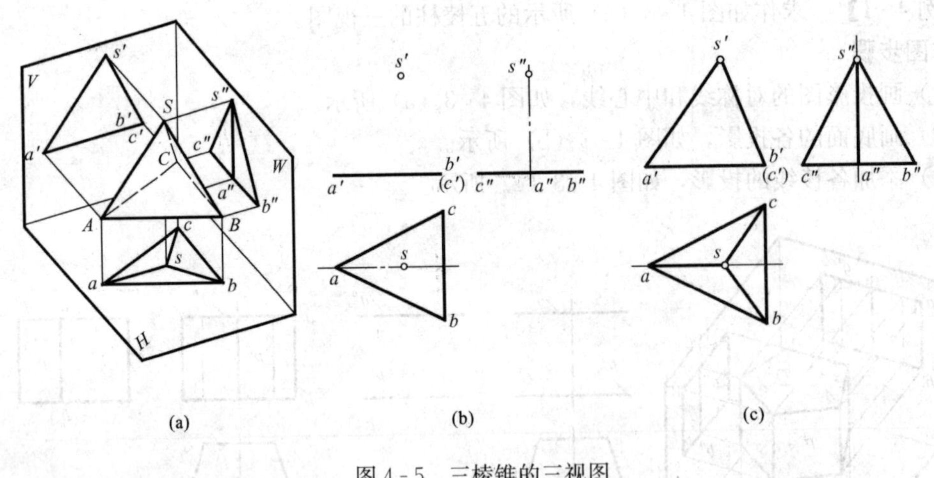

图 4-5 三棱锥的三视图

（a）画投影图的对称线及中心线；（b）画锥底、锥顶的各投影；（c）画加各棱线的投影

（3）投影分析：正三棱锥的底面处于水平位置，其水平面投影反映实形，正面和侧面投影积聚成水平直线；三棱锥的棱面 SBC 为正垂面，其正面投影积聚成直线，侧面和水平面投影为类似形；棱面 SAB 和棱面 SAC 均为一般位置平面，它们的三面投影均为类似形。

总结 棱锥体三视图的投影特点。一面投影为复合多边形❶，其余两面投影为三角形或复合三角形。

棱锥的作图步骤：

（1）画投影图的对称线及中心线，如图 4-5（a）所示。

（2）画锥底的各面投影。

❶ 这里的复合多边形是指由三角形所围成的一个多边形。

(3) 作锥顶的各面投影。

(4) 添加各棱线的投影。

(5) 得到投影图。作图过程如图4-5 (b)、(c) 所示。

(二) 棱锥表面上取点

如图4-6 (a) 所示，已知点M、N、F在正三棱锥的表面上，并已知M点和N点的正面投影m'和n'，F点的侧面投影f''；求出点M、N、F三点的其他两面投影。

棱锥表面的点有两种形式：特殊点和一般位置点。棱线上的点叫特殊点，其求作方法按直线上的点求作。F点的侧面投影在棱线$s''b''$上，是特殊位置点，其他两面投影也一定在SB直线上，利用直线上点的性质，即可作出f'和f的投影。

点M在棱面上是一般位置点，求作方法利用平面上求点的原理，想在平面上找点，先在平面上找线。m'点在$\triangle s'a'b'$上可见，过m'作辅助线$s'1'$，$1'$在底边$a'b'$上，连接$s1$。m'在直线$s'1'$上，先求出$s1$上的投影m，再根据点的投影规律作出侧面投影m''。

点n'在棱面上也是一般位置点，正面投影不可见，说明在$\triangle s'a'c'$面上，$\triangle s'a'c'$面是侧垂面，侧面投影积聚为一条直线，利用高平齐，求出侧面投影n''，再求出水平投影n。作图过程如图4-6 (b) 所示。

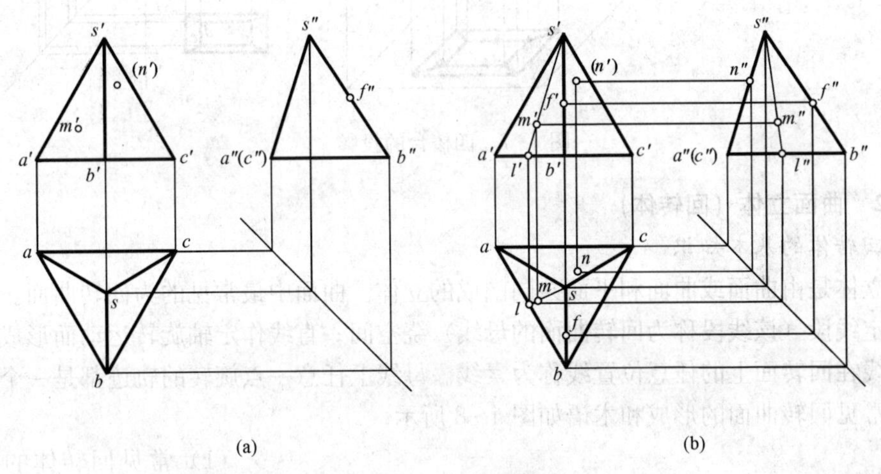

图4-6　正三棱锥表面取点

(a) 正三棱锥的三视图及其已知点的投影；(b) 表面取点的作图过程

总结　平面立体表面上取点的方法一般有两种，一种是积聚性法，另一种是辅助线法。

积聚性法是指若点所在的平面为特殊位置平面（投影面平行面或垂直面），则平面至少在一个投影面上的投影会发生积聚，而点的投影也必落在该平面投影所积聚的那条线上。这种利用积聚性求点投影的方法称为积聚性法。这种方法常用在柱体表面求点和一部分锥体表面取点的作图过程中。

辅助线法是指点位于一般位置平面中，则可在该平面内过已知点作一条辅助线，通过求作该辅助线的投影进而得到点的投影的方法称为辅助线法。该法常用于锥体表面求点的作图。

在平面立体表面上取点时，应首先判断点所在平面的空间特性，再根据平面的空间特性来决定是使用积聚性法还是使用辅助线法来求解点，最后还要判断点的可见性。点所在表面投影可见，点的投影也可见；点所在表面的投影不可见，点的投影也不可见；表面投影具有积聚性，认为点的投影可见。

三、棱台体

棱台体是介于棱柱体和棱锥体之间的一种形体。求作棱台的投影时，既可以将其看成是棱锥体被切掉顶部的特殊情况来画，也可以借助棱柱投影的求作方法，先画顶面和底面（通常为平行面）的投影，再将顶面和底面上对应的各侧棱线的投影添加完成。读者可以自行分析理解，这里不再详述。

总结 棱台投影的特点。一面投影为复合多边形[1]，而其余两面投影则为梯形或复合梯形，如图 4-7 所示。

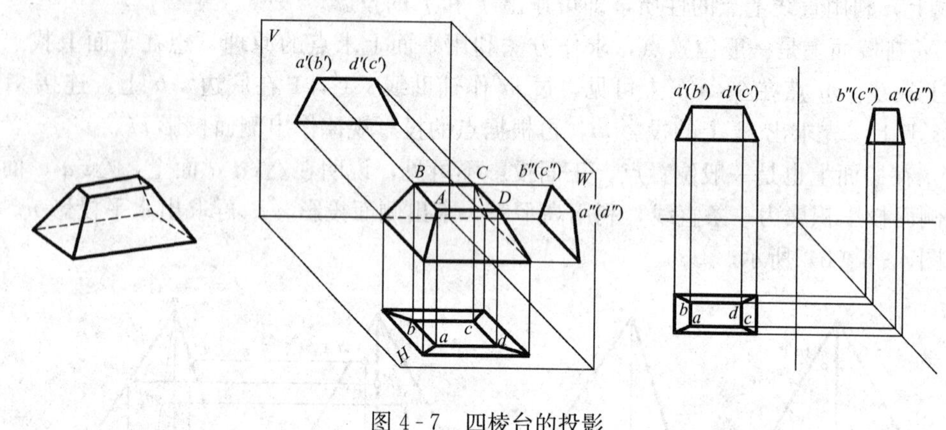

图 4-7 四棱台的投影

4.1.2 曲面立体（回转体）

一、回转体的基本知识

曲面立体是由曲面或曲面和平面共同围成的立体。曲面中最常见的为回转曲面。回转曲面是由一定线段（该线段称为回转曲面的母线）绕空间一直线作定轴旋转运动而形成的光滑曲面。母线在回转面上的任意位置线称为素线。母线上任意一点旋转的轨迹都是一个圆，称为纬圆。常见回转曲面的形成和术语如图 4-8 所示。

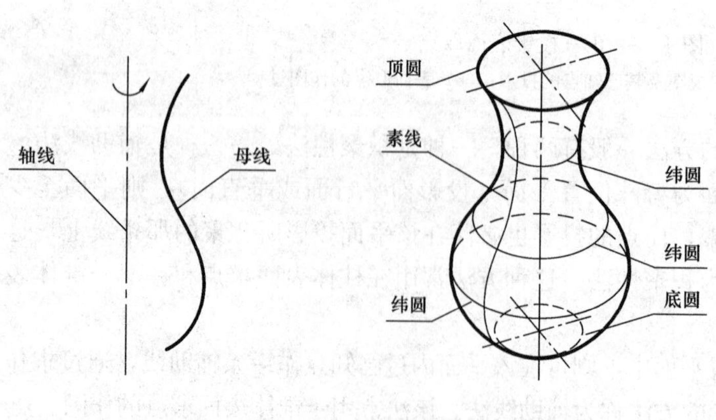

图 4-8 回转体的形成及术语

（1）常见回转体的投影特性：回转体有两个投影图，大小形状完全相同。

（2）画回转体投影图时，首先画出回转轴线（用点划线）、然后画反映实形面的投影、最后画其余两个投影。回转曲面向某一投影面投影时，轮廓素线是回转曲面在该投影面上可见面与不可见面的分界线（又称转向线）的投影，在

[1] 这里的复合多边形是指由梯形所围成的内外相似的多边形。

转向线之前的回转曲面为可见，反之为不可见。轮廓素线是对某一投影面而言的，因此不同的投影面就有不同的轮廓素线。画图时，凡不属于该投影面的轮廓素线，一律不应画出。

二、圆柱体

（一）圆柱体的形成

圆柱体由圆柱面及顶、底面所围成。圆柱面可以看成是由一直母线绕与它平行的回转轴旋转而成的。

（二）圆柱体的投影

如图 4 - 9 所示，圆柱的轴线垂直于水平面，其水平投影为圆，正面投影为矩形，该矩形的两条边分别为圆柱体最左（$a'a_1'$）和最右（$b'b_1'$）两条轮廓素线，其侧面投影也是一个矩形，其两条边是圆柱体最前、最后的两条轮廓素线。

作图步骤　一般应先画出相关的对称轴线及圆的中心线，然后绘制反映圆的投影，最后再绘制其他投影（在完整的圆柱中有两个视图为大小形状相同的矩形）。

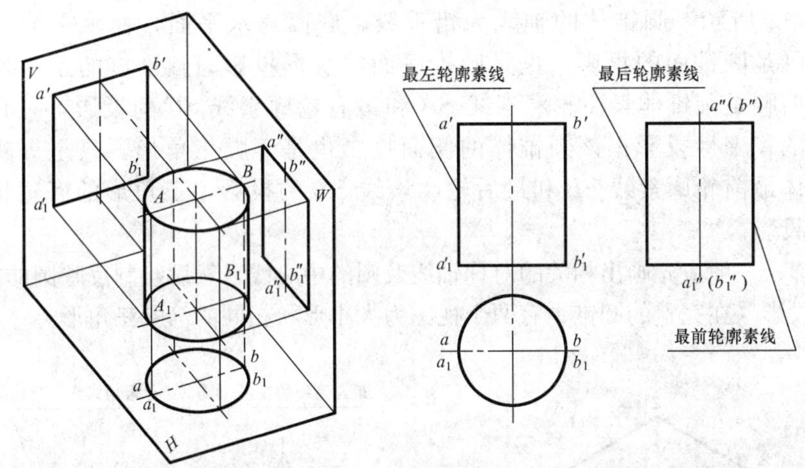

图 4 - 9　圆柱的投影

（三）圆柱体表面上取点

求圆柱体表面上的点的投影，在圆柱体投影为圆的那个投影上，利用点的积聚性特点求作另两个投影，并根据点所处的面判定它的可见性。

【例 4 - 3】　如图 4 - 10 所示，已知圆柱面上点 M 的正面投影 m' 和 N 点的侧面投影 n''，求 M、N 点的另两面投影。

分析　根据 m' 可见，可判断点 M 在前半圆柱面的右半部分；因圆柱面的水平投影有积聚性，固 m 必在前半圆周的右部，m'' 不可见；n'' 可见，故 N 点一定在圆柱左半部分，利用宽相等，求出 n，最后求 n' 的投影并判断可见性。

作图过程如图 4 - 10 所示。

三、圆锥体

（一）圆锥的形成

圆锥体由圆锥面和底面围成。圆锥面可以看成是由一条直母线绕与它相交的回转轴旋转而成的。

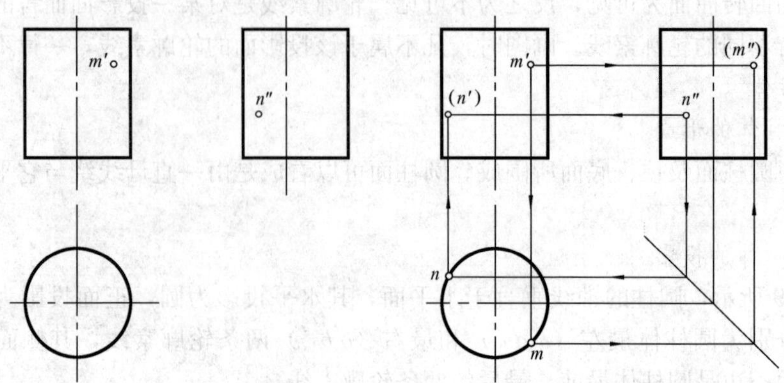

图 4-10 圆柱的投影

（二）圆锥体的投影

如图 4-11 所示，圆锥体的轴线为铅垂线，底面为水平面，在水平面上的投影为圆，这个圆既是圆锥面的投影，也是圆锥底面的实形投影。圆锥体的正面投影是等腰三角形，其两腰是圆锥体最左轮廓素线 *SA* 和最右轮廓素线 *SC* 的投影，三角形的底边是圆锥底面的积聚性投影；该圆锥体的侧面投影也是等腰三角形，只是等腰三角形的两腰是圆锥体最前轮廓素线 *SB* 和最后轮廓素线 *SD* 的投影，三角形的底边也是圆锥底面的积聚性投影。

作图步骤 一般应先画出相关的对称轴线及圆的中心线，然后绘制反映圆的投影，最后再绘制其他投影（在完整的圆锥中有两个视图为大小形状相同的等腰三角形）。

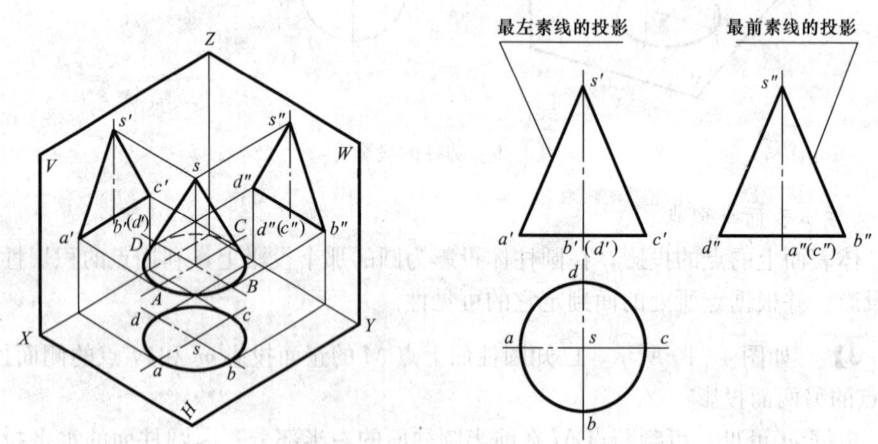

图 4-11 圆锥的投影

（三）圆锥表面上取点

圆锥表面上的点有特殊点和一般点之分，轮廓素线上的点为特殊点，由直线上点的原理可直接求出其投影，此处不举例。

圆锥面的三个投影都不具有积聚性，所以在圆锥表面取点，就不能像圆柱那样，利用积聚性投影直接求出一个投影，而应当采用过已知点作素线或纬圆的方法来求作。

【例 4-4】　如图 4-12 所示，已知圆锥面上 M 点的正面投影 m'，求出 M 点的水平面投影 m 和侧面投影 m''。

方法一：辅助素线法

如图 4-12 (a) 所示，连接 s'和 m'并延长，交底面于 $1'$，$1'$在圆锥底面上，水平投影一定落在圆周上，由 $1'$作投影线，在前半圆的水平面投影上得交点 1，连接 $s1$，根据直线上点的从属性规律，求出水平投影 m，由高平齐，宽相等，最后求出侧面投影 m''，再判断点的可见性。

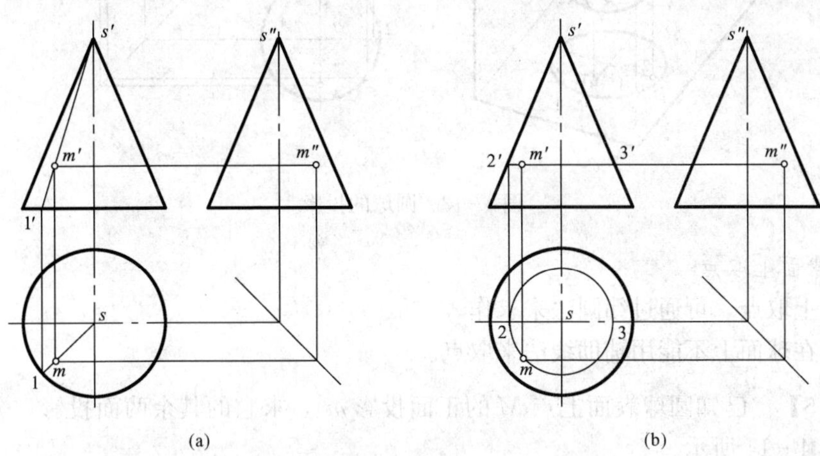

图 4-12　圆锥体表面取点

(a) 辅助素线法；(b) 辅助圆法

方法二：辅助圆法（纬圆法）

如图 4-12（b）所示，过 M 点作正圆锥的纬圆，既底面圆的同心圆，该圆的正面投影是过 m'的直线 $2'3'$，其水平投影是直径等于 $2'3'$的圆，因 m'可见，则 m 必在前面半个圆周上，求出 m，最后根据点的投影规律求出 m''。

圆锥表面取点首先要确定点所在的表面，并分析该面的投影特性，若该点落在圆锥面上，则该点的投影必属于圆锥面上过该点的一条素线（直线）的投影，即利用辅助素线法求解；该点的投影也属于过该点的纬圆的投影，即利用辅助平面法（又称纬圆法）求解。

四、圆球体

（一）圆球的形成

球是由圆形母线以其直径为回转轴旋转而成的。

（二）圆球的投影

如图 4-13 所示，球体的三面投影都是圆，这三个圆的直径完全相等，都等于球的直径，但其含义不同。正面投影的圆是球体正面投影的轮廓线，也是前后半球可见与不可见的分界线，该圆的水平投影重合在水平中心线上，侧面投影重合在铅垂中心线上，二者都不必画出。水平面投影的圆是球体水平投影的轮廓线，也是上下两半球可见与不可见的分界线，该圆的正面和侧面投影都重合在水平中心线上，也不必画出。侧面投影的圆是球体侧面投影的轮廓线，也是左右半球可见与不可见的分界线，该圆的正面和水平投影重合在铅垂中心线上，不必画出。

作图步骤　作图时，先用点划线画出相互垂直的回转轴的 3 个投影，即可确定出球心再以球心为圆心画出 3 个与圆球直径相等的圆。

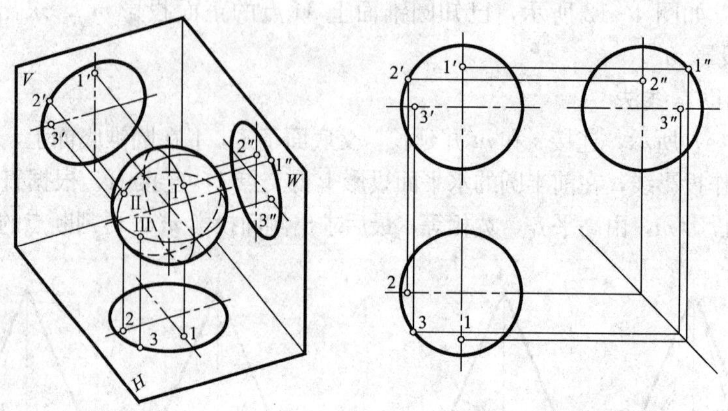

图 4 - 13 圆球的投影

（三）球面上取点

在球面上取点，可通过纬圆法来求作。

注意 在球面上不能用辅助线法来取点。

【例 4 - 5】 已知圆球表面上点 M 的正面投影 m'，求它的其余两面投影，分析略，作图步骤如图 4 - 14 所示。

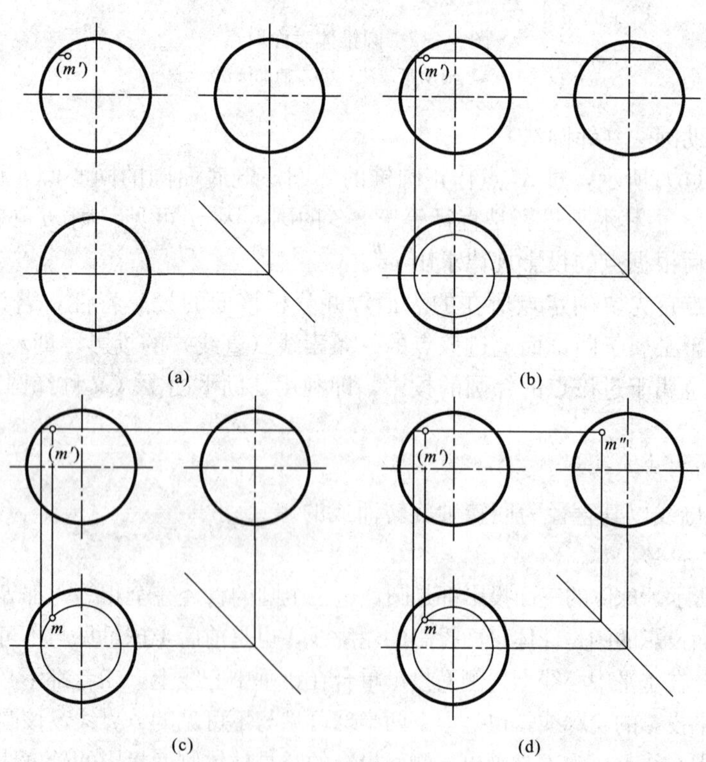

图 4 - 14 圆球上取点

（a）已知条件；（b）过 m' 作水平纬圆的投影；（c）按照长对正的原则在水平圆上找到 m；（d）根据 m'、m，求作出 m''

五、基本体读图方法

基本体的形状和视图表示都较简单，一定要牢记其视图表达特点，它是读者继续学习画图、读图的基础。为了读图方便，可把柱体、锥体、台体和球体的投影，简单记忆为“方方得柱，尖尖得锥，梯梯得台，圆圆得球”。同时，要特别注意不完整曲面体的投影。

图 4 - 15 所示的是一些常见的曲面体的三视图，可灵活运用前面所讲的柱、锥、台、球的投影特性，想出其立体形状。

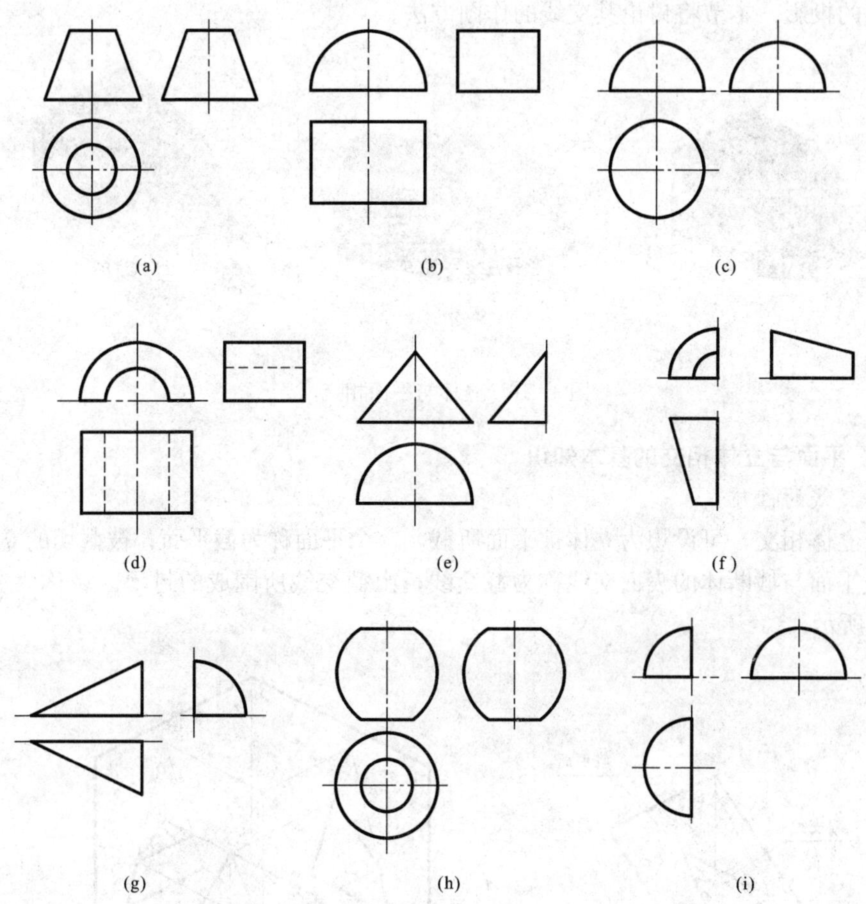

图 4 - 15　不完整的曲面体

(a) 圆台；(b) 半圆柱；(c) 半球；(d) 半圆筒；(e) 半圆锥；(f) 四分之一圆台；(g) 四分之一圆锥；(h) 鼓形回转体；(i) 四分之一圆球

学习提示：

注意掌握和利用基本体的投影特性来作图和读图，在绘制基本体视图的时候，注意养成好的作图思路。在基本体上取点要注意利用基本体和点的投影特性来作图，并正确判断其方位和可见性。绘制曲面体的三视图，圆要画出中心线（点划线），回转轴线也要用点划线画出，这点初学者经常疏忽。

4.2 平面与立体相交

目的与任务 了解截交线的概念、截交线的性质，掌握立体截交线的求作方法，特别要掌握圆柱、圆锥的各种截交线形式，为组合体的学习打下基础。

机器零件上常要加工一些斜面切口或开槽，这些结构可以看成是由一个平面或几个平面切割立体而成，即平面与立体相交。如图4-16所示，为了清晰表达这些物体的形状，必须画出其交线的投影。本节将讨论其交线的作图方法。

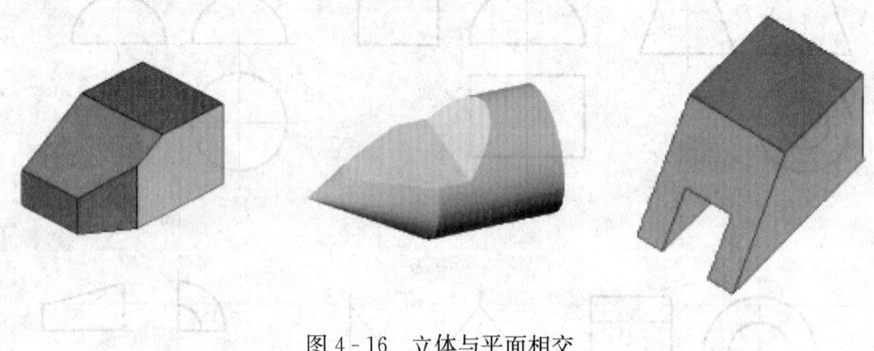

图4-16 立体与平面相交

4.2.1 平面与立体相交的基本知识

一、截交线的性质

平面与立体相交，可设想为立体被平面所截，这个平面称为截平面；被截切的立体称为截断体；截平面与截断体的表面交线称为截交线；由截交线所围成的封闭区域称为截断面，如图4-17所示。

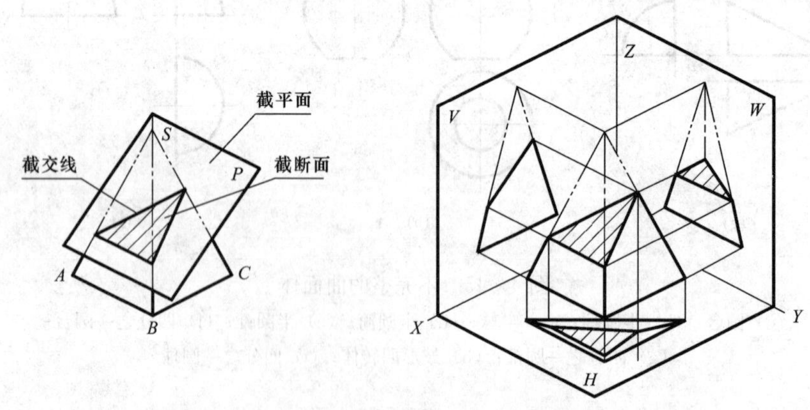

图4-17 平面截切三棱锥

为了正确分析和表达物体的结构形状，需要了解截交线的性质和画法。由于立体本身的形状及截平面与立体的相对位置不同，截交线的形状也各不相同。但任何截交线都具有下列两个基本性质。

(1) 截交线一定是一个封闭的平面图形。

（2）截交线既在截平面上，又在立体表面上，是截平面和立体表面的共有线，截交线上的点都是截平面与截断体表面上的共有点。

截交线的形状取决于被截立体的几何形状及其与截平面的相对位置。

1）当平面与平面立体相交时，其截交线为封闭的平面折线。

2）当平面与曲面立体相交时，其截交线为封闭的平面曲线或为由曲线和直线所围成的封闭平面图形。

二、求截交线的方法和步骤

截交线是由那些既在截平面上，又在立体表面上的点集合而成的。截交线的求法，可归结为求截平面和立体表面的共有点的问题。求出这些共有点的各面投影后，按其可见性用实线或虚线将这些点依次连接，所构成的平面图形即为所求截交线的投影。

（一）求截交线的一般方法

（1）积聚性法。先利用投影规律找出截交线的一至两个投影（截平面有积聚性的投影或被截切的立体表面有积聚性的投影），再根据共有点性质和共有点所在表面的积聚性，求出截交线投影的方法称为积聚性法。此法常用于柱体截交线的求作。

（2）辅助线法。先利用投影规律找出截交线的一个投影（通常为截平面有积聚性的投影），截交线取点时，在立体表面上作辅助线，通过辅助线的投影求截交线上点的各面投影，进而求出截交线投影的方法称为辅助线法。此法常用于锥体、台体表面截交线的求作。

（3）辅助面法。先利用投影规律找出截交线的一个投影（通常为截平面有积聚性的投影），截交线取点时，在截断体上作辅助平面（一般为特殊面），而该辅助平面与截平面、被截立体表面必然相交，根据截交线三面共点的几何原理，求出截交线上点的投影的方法称为辅助面法。此法常用于锥体、台体、球体的截交线求作。

（二）求截交线的一般步骤

（1）分析立体表面形状，补绘出原物体的三视图。

（2）分析截平面与平面立体棱线、棱面的相交情况，截平面与回转体轴线的相对位置，截平面与投影面的关系。利用投影规律找出截交线的一至两个投影。

（3）求截交线上特殊点（平面体棱线上的点，面与面的交点，曲面体轮廓素线上的点）和一般位置点的投影。

（4）判别各点的可见性，光滑连接，即得截交线投影。

（5）检查总体轮廓线是否完整，整理线型，完成作图。

4.2.2　平面与平面立体相交

一、棱柱的截交线

求截平面与棱柱的截交线，可归结为求截平面与棱柱表面的交线或截平面与棱柱棱线的交点问题。因截平面一般为特殊位置平面，因此可利用积聚性法求作截交线。

【例 4-6】　如图 4-18 所示，求正垂面与六棱柱的截交线。

分析　（1）从图 4-18（a）中可以看出截平面截六棱柱的位置是在左上部，截切过程中截平面与六棱柱的 5 条侧棱相交，与顶面相交有两个交点，故截平面与六棱柱有 7 个交点，而截平面与棱面均为平面，因此所得到的截交线形状为一封闭的七边形。

（2）因为截平面是正垂面，则截平面在正面上的投影积聚成一条直线，在水平面和侧面的投影为形状类似的平面多边形（七边形），如图 4-18（b）所示。

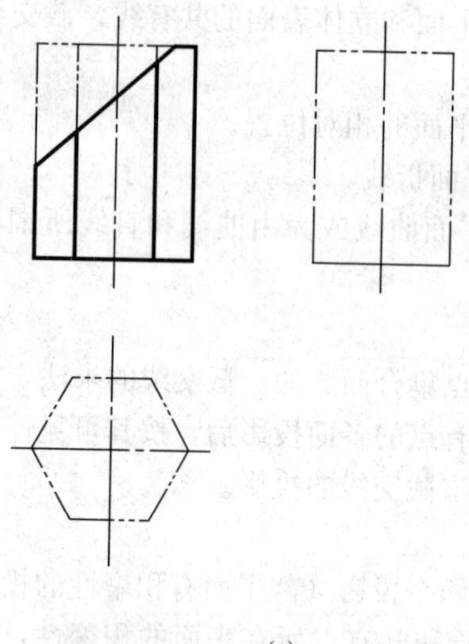

(a)

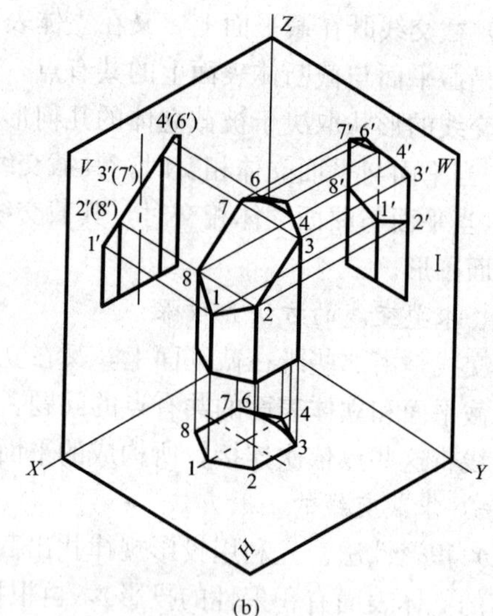

(b)

图 4-18 六棱柱的截交线

(a) 求六棱柱的截交线；(b) 六棱柱截切体的三面投影图

(3) 标注点Ⅰ、Ⅱ、Ⅲ、Ⅳ、Ⅵ、Ⅶ、Ⅷ的正面投影，求出所标各点在水平面和侧面的投影。

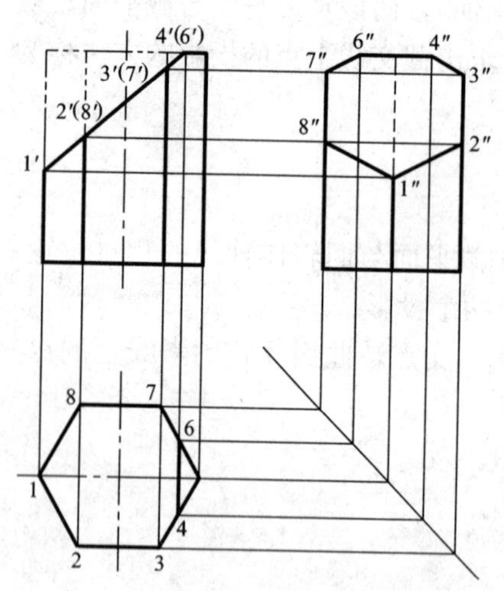

图 4-19 六棱柱截切体的三视图

(4) 在水平面上连接点 4、6，在侧面上连接各点，截面形状为七边形。因为各点均在一个截平面上，因此它们形成一个封闭的七边形，在水平面和侧面的投影均可见。

(5) 完成作图，特别注意，六棱柱最右边的侧棱没有被截，侧面投影应为完整的棱线，不可见的部分画为虚线，结果如图 4-19 所示。

思考 在本例中如果截平面所处的正垂面的位置不变，但该面与水平面夹角小于或大于目前的角度时，截交线的形状又会发生怎样的变化呢？

二、棱锥的截交线

棱锥截交线的求解方法与棱柱截交线的求解方法相似。棱锥表面没有积聚性，在物体表面上取点时常用辅助线法或辅助面法。

【例 4-7】 图 4-20 (a) 所示为一带切口的正三棱锥，已知它的正面投影，试画出三棱锥被截切后的水平面投影和侧面投影。

分析 (1) 从图 4-20 (a) 中可以看出：切口由水平面和正垂面两个平面组合而成。两个平面的正面投影具有积聚性。

(2) 水平截切面在截切三棱锥过程中，与三棱锥的两个侧面及另一个截面（正垂截切面）相交，因此它所截得的截交线是一个封闭的三角形。且该三角形是一个水平面。正垂截切面在截切三棱锥过程中，同样与三棱锥的两个侧面及另一个截面（水平截切面）相交，因此它所截得的截交线也是一个封闭的三角形。且该三角形是一个正垂面。水平截切面在正面和侧面的投影均积聚成直线，在水平面的投影反映实形。正垂截切面在正面的投影积聚成直线，在水平面和侧面的投影均为原形的类似形。

(3) 标注点Ⅰ、Ⅱ、Ⅲ、Ⅳ的正面投影，如图 4-20 (b) 所示。其中，Ⅰ点和Ⅲ点为特殊点，可直接求出其他两面投影；Ⅱ点和Ⅳ点为一般位置点，用辅助面法先求出水平投影，再求侧面投影。

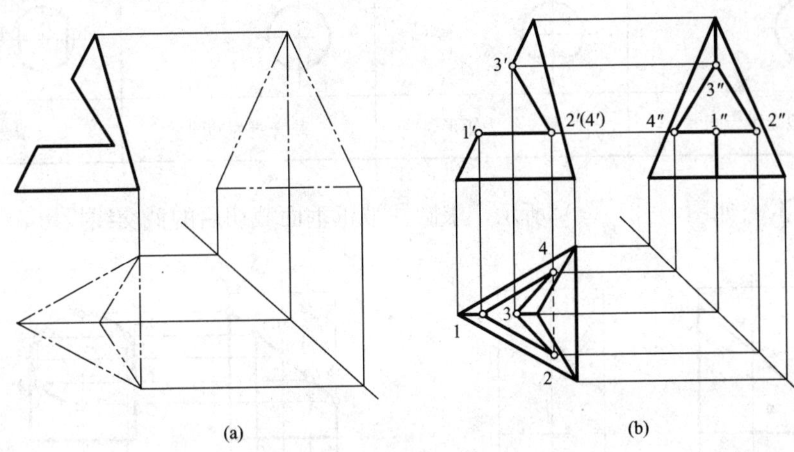

图 4-20　三棱锥的截交线

(a) 求三棱锥的截交线；(b) 三棱锥截切体的三视图

(4) 根据点的位置，连接各点，并判断各点的可见性。

(5) 检查整理图形，完成作图。

4.2.3　平面与曲面立体相交

平面与曲面立体相交产生的截交线一般是封闭的平面曲线，也可能是由曲线与直线围成的平面图形，其形状取决于截平面与曲面立体的相对位置。曲面立体的截交线，就是截平面与曲面立体表面共有点的投影，把各点的同名投影依次光滑连接起来即为截交线。

一、圆柱的截交线

当截平面或曲面立体的表面垂直于某一投影面时，则截交线在该投影面上的投影具有积聚性，可直接利用面上取点的方法作图。

截平面与圆柱体的相对位置不同，截交线的形状也不同，如表 4-1 所示。

表 4-1　　**圆 柱 的 截 交 线**

分类	A 截平面垂直于轴线	B 截平面平行于轴线	C 截平面倾斜于轴线 且不与上下表面相交	D 截平面倾斜于轴线 且与上下表面相交
立体图				

续表

分类	A 截平面垂直于轴线	B 截平面平行于轴线	C 截平面倾斜于轴线且不与上下表面相交	D 截平面倾斜于轴线且与上下表面相交
平面图	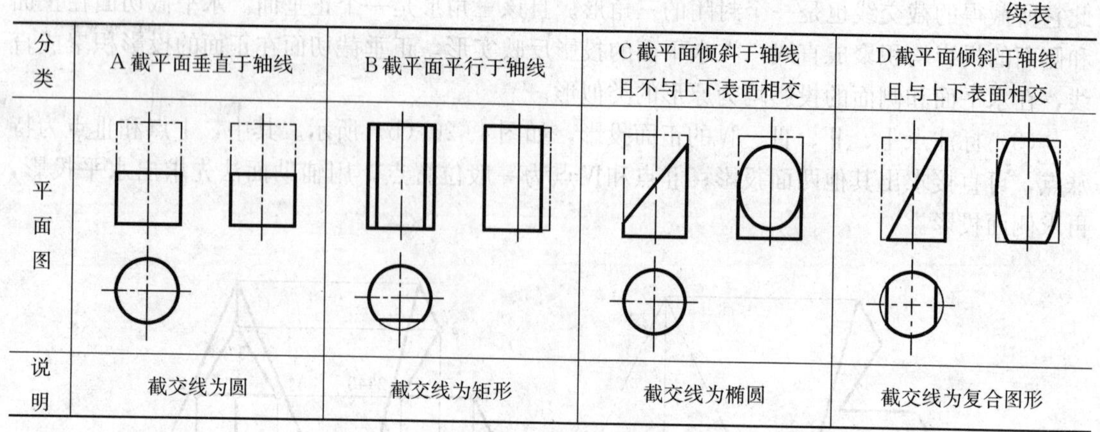			
说明	截交线为圆	截交线为矩形	截交线为椭圆	截交线为复合图形

【例 4-8】 如图 4-21（a）所示，求圆柱被正垂面截切后的截交线投影。

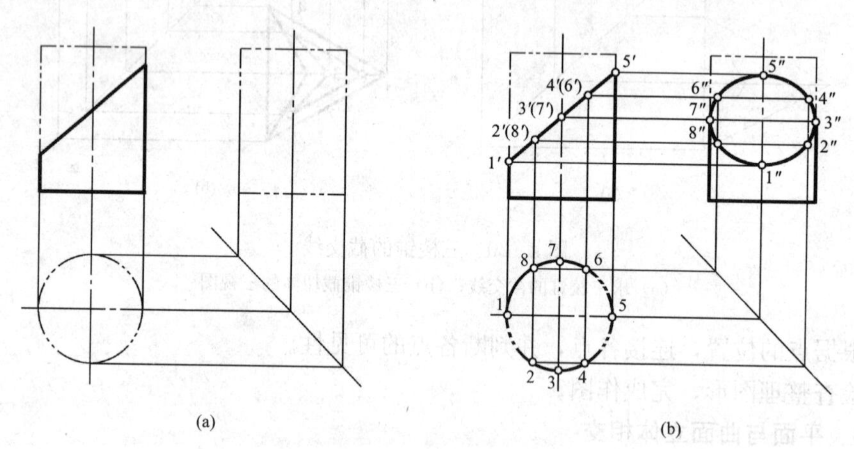

图 4-21　圆柱的截交线
（a）求圆柱的截交线；（b）圆柱截切体的三面投影图

作图步骤

（1）补出圆柱原三视图。

（2）正垂面相对于圆柱轴线倾斜且正垂面与圆柱的上下表面不相交，故正垂面截切圆柱生成的截交线为一完整的椭圆，如表 4-1C 所示，截交线在正面的投影积聚成一条直线段。因截交线上的点均在圆柱面上，而圆柱面在水平面的投影均积聚在圆周上。因此截交线在水平面的投影为圆，并与圆柱在水平面的投影相重合。正垂面与侧面相倾斜，因此截交线在侧面的投影为它的类似形——椭圆。

（3）标注特殊点Ⅰ、Ⅲ、Ⅴ、Ⅶ在水平面的投影。这些点分别是截交线的最左、最前、最右、最后的点，并求出这些点其他两面的投影。标注中间点Ⅱ、Ⅳ、Ⅵ、Ⅷ在水平面的投影，并求出这些点其他两面的投影。

（4）将这些点的侧面投影依次连接起来，即为所求的截交线的各面投影。

（5）检查整理图形，如图 4-21（b）所示。

注意　随着截平面 P 与圆柱轴线相对位置的变化，所得截交线椭圆的长短轴的投影也相应变化。当截平面与轴线成 45°角时，椭圆长、短轴的侧面投影相等，即为圆。

【例 4-9】　圆柱上部有一切口，若已知其 V 面投影，试求 H、W 面的投影，如图 4-22（a）所示。

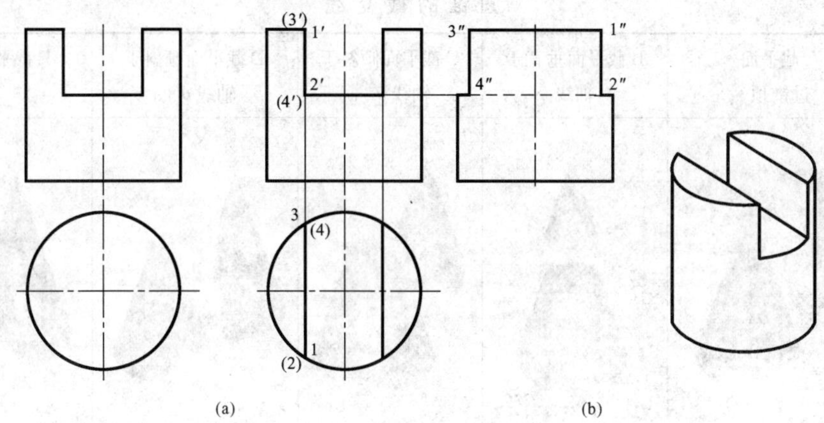

图 4-22　带切口圆柱的视图

（a）已知条件；（b）带切口圆柱的三视图及立体图

作图步骤

（1）补出原物体的三视图。

（2）切口是由两个侧平面和一个水平面截切而成的，因此求切口的投影，就是逐一求出各个截平面与圆柱的交线以及截平面间的交线。两个侧平面与圆柱轴线平行，截交线的侧面投影为矩形线框，水平面与圆柱轴线垂直，截交线的水平投影为圆的一部分。

（3）标出点Ⅰ、Ⅱ、Ⅲ、Ⅳ的正面投影，利用积聚性求出其水平投影，再求出侧面投影。右边侧平面与左边对称，读者可自己分析，如图 4-22（b）所示。

（4）水平面投影连接 1、3 点，2、4 点投影与其重合；侧面投影连接 1、2 点和 3、4 点，侧平面与水平面的交线在侧面投影中不可见，画虚线。并注意圆柱的前、后轮廓线上部被切，其侧面投影应擦掉。

（5）检查整理图形。如果用平面截切圆筒，不仅圆筒外表面有截交线，内筒表面也同样有截交线。其作图方法与圆柱截交线的作法类似，如图 4-23 所示。仔细观察图形，分析截切面位置不同，所得图形有何异同。

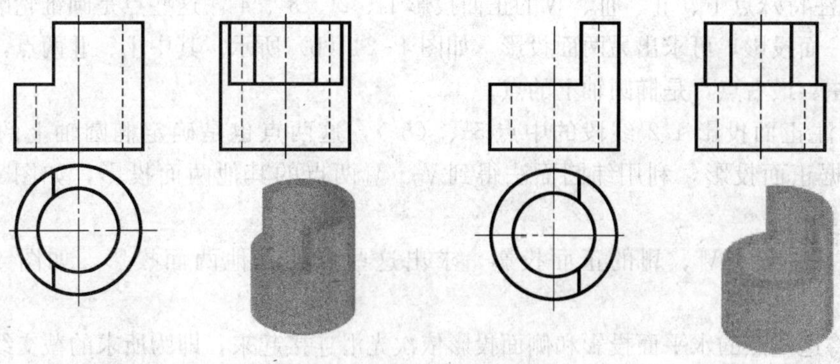

图 4-23　圆筒的截交线

二、圆锥的截交线

平面与圆锥体相交，根据截平面与圆锥体轴线的相对位置不同，截交线的形状不同，如表4-2所示。

表4-2　　**圆锥的截交线**

分类	A截平面过锥顶	B截平面垂直于轴线	C截平面倾斜于轴线 $\theta>\alpha$	D截平面倾斜于轴线 $\theta=\alpha$	E截平面平行于轴线
立体图	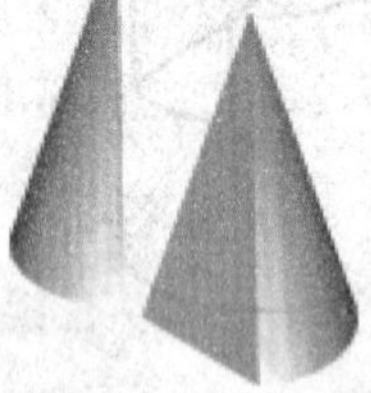	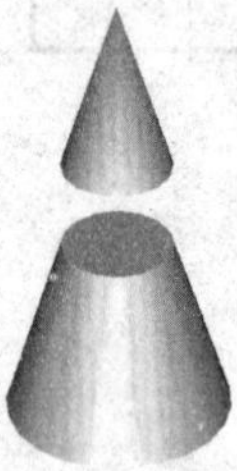		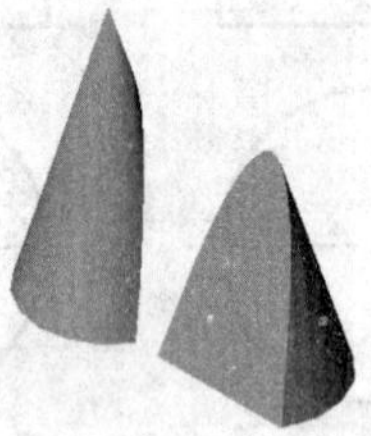	
平面图	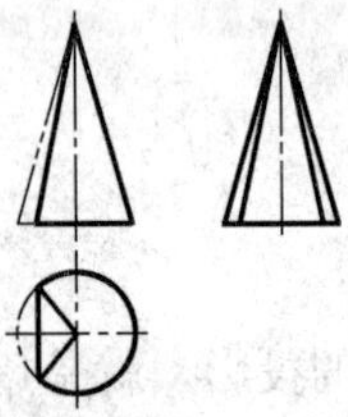	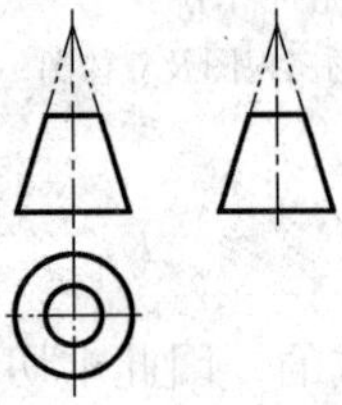	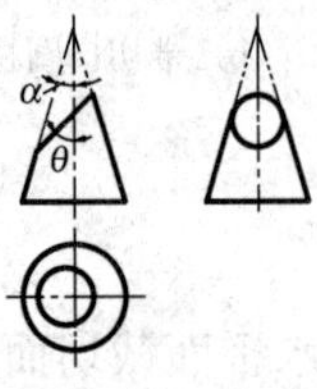	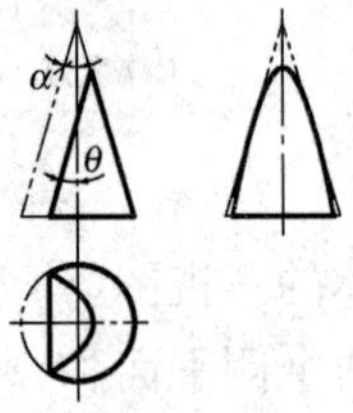	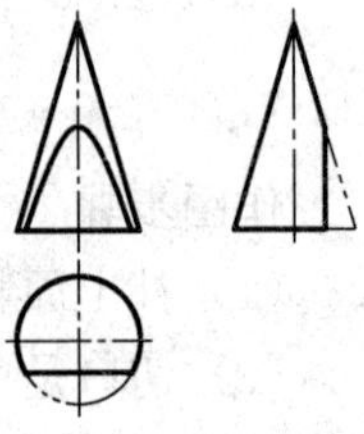
说明	截交线形状为两条相交直线	截交线形状为圆	截交线形状为椭圆	截交线形状为抛物线	截交线形状为双曲线

【例4-10】　如图4-24（a）所示，求圆锥被正垂面截切后的截交线投影。

作图步骤

（1）画出原物体的三视图。

（2）如图4-24（f）所示，正垂面与圆锥轴线倾斜且与圆锥素线不平行，属于表4-2C所示的情况，截交线为椭圆。

（3）圆锥表面求点。

1）标注特殊点Ⅰ、Ⅱ、Ⅲ、Ⅳ的正面投影1′、2′、3′、4′。这些点是圆锥轮廓素线上的点，已知一面投影，可求出另两面投影，如图4-24（b）所示。其中Ⅰ、Ⅱ两点，分别是截交线的最左、最右点，是椭圆轴上的点。

2）标注正面投影1′2′线段的中点5′、（6′），这两点也是确定椭圆轴上的点，必须求出。根据正面投影，利用纬圆面法得到Ⅴ、Ⅵ两点的其他两面投影，如图4-24（c）所示。

3）标注一般点Ⅶ、Ⅷ的正面投影，求出这些点的其他两面投影，如图4-24（d）所示。

（4）将这些点的水平面投影和侧面投影依次光滑连接起来，即为所求的截交线的水平面投影和侧面投影，结果如图4-24（e）所示。

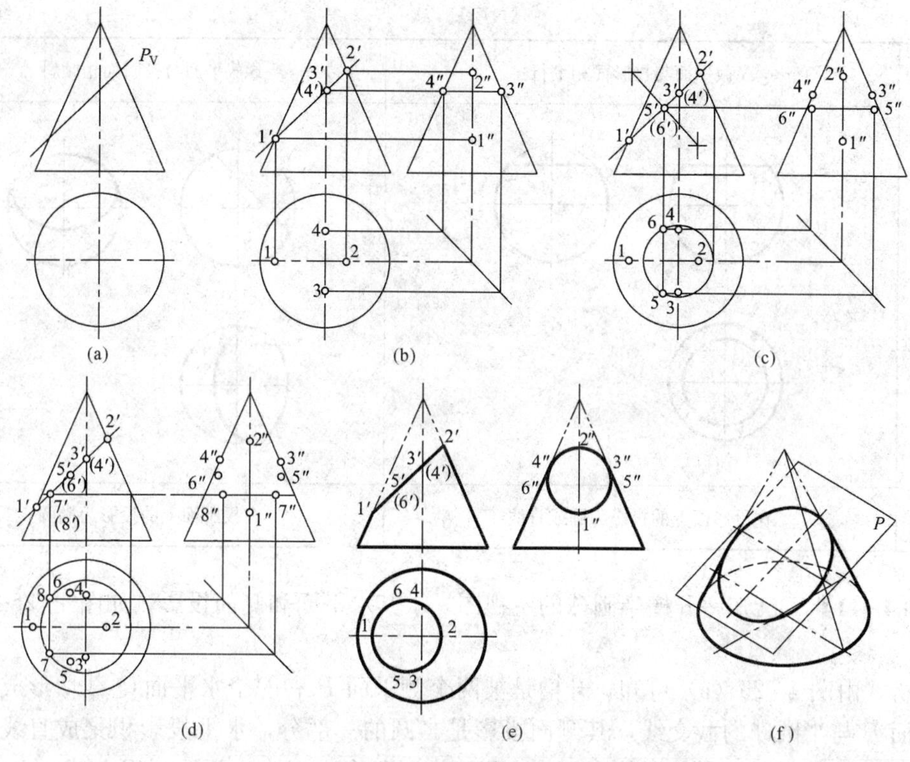

图 4-24　圆锥截交线的求作

(a) 已知条件；(b) 求作特殊点Ⅰ、Ⅱ、Ⅲ、Ⅳ的投影；(c) 求作Ⅴ、Ⅵ两点的投影；
(d) 求作一般点的投影；(e) 连接各点的投影；(f) 立体图

(5) 检查轮廓线是否完整。

三、圆球的截交线

任何截平面与圆球相交，截交线都是圆。当截交线平行于投影面时，在投影面上的投影是圆；当截交线倾斜于投影面时，在投影面上的投影是椭圆；当截交线垂直于投影面时，其投影为直线。圆球截交线的投影如表 4-3 所示。

表 4-3　圆球的截交线

分　类	A 截平面与投影面相平行	B 截平面与投影面相倾斜
立体图		

续表

分　类	A截平面与投影面相平行	B截平面与投影面相倾斜
平面图		
说明	在投影面上的投影为圆或直线	在投影面上的投影为椭圆

【例4-11】　已知一开槽半圆球的主视图，求其水平面和侧面投影，如图4-25（a）所示。

分析　由图4-25（a）可知，开槽是被两个侧平面P和一个水平面Q截切形成的。两个侧平面P与半圆球的截交线，其侧面投影是半圆的一部分，水平投影积聚成直线；水平面Q截球面，其水平投影是圆的一部分，侧面投影积聚成直线；两平面P与Q的交线均为正垂线。注意：左视图中的半球顶部的轮廓线被切掉了。

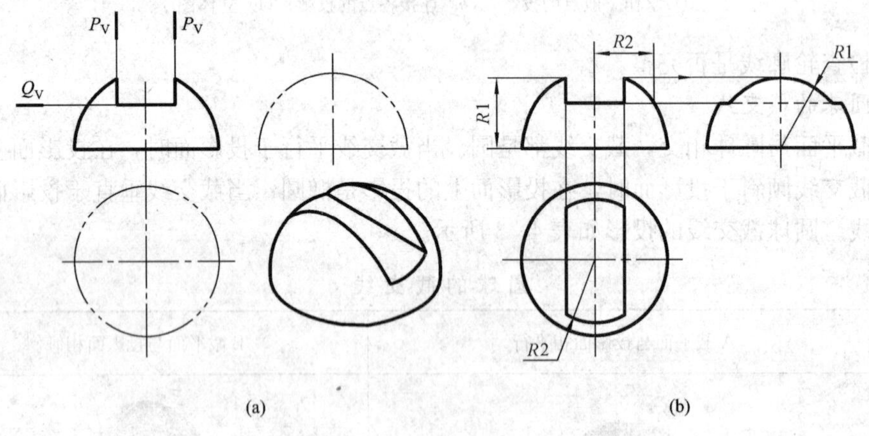

图4-25　开槽半球的截交线画法

（a）已知条件；（b）开槽半球的三视图

作图步骤

（1）先画P、Q面有积聚性的投影，再画投影为圆弧的部分，并判别可见性，完成全图。

（2）因半圆球上平行于W面的轮廓线被截去一部分，所有由开槽产生的轮廓线（弓形面的圆弧线）在侧面的投影向内“收缩”，其圆弧半径为$R1$，如图4-25（b）所示。显然，槽越宽，半径越小；槽越窄，半径越大。同理，Q 平面位置越高，$R2$ 越小，俯视图内开槽圆弧就越小；Q 平面位置越低，$R2$ 越大，俯视图内开槽圆弧就越大。注意区分槽底侧面投影的可见性。

（3）检查整理图形。

4.2.4　组合体截交线

当平面与组合体相截时，可分别讨论该截平面与各基本体的截交线情况，再分析截平面截切各基本体相交处的情况。

【例 4 - 12】　如图 4 - 26 所示，求出平面截切由两个同轴的圆柱体组合而成的组合体的截交线在水平面和侧面的投影。

作图步骤

（1）完成原物体的三视图。

（2）截平面为水平面，截交线在正面和侧面上的投影积聚成直线；在水平面的投影反映实形。截平面与被截圆柱体的轴线平行，此截平面与两圆柱的截交线都是矩形，而且截平面与两圆柱的截交线在同一个平面上，因此应去除平面中的一些多余线段。

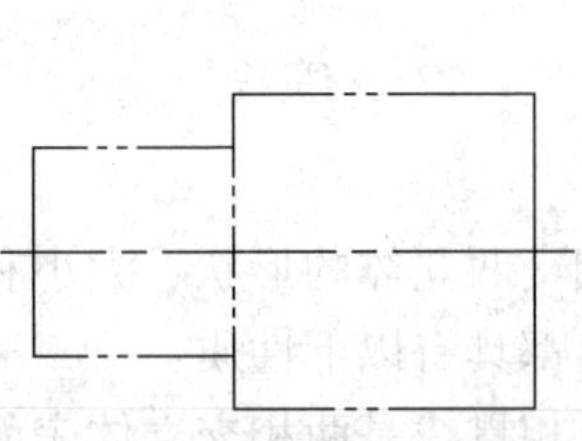

图 4 - 26　求作平面截切组合体的截交线投影

（3）立体表面取点。

标注截交线上的转折点Ⅰ、Ⅱ、Ⅲ、Ⅳ、Ⅴ、Ⅵ、Ⅶ、Ⅷ的正面投影，并作出他们的其他两面投影。作出截交线在侧面的投影——直线。

（4）依次连接各点在水平面上的投影。

（5）整理，去除截切体投影中不存在的图线（2、7 间的粗实线），结果如图 4 - 27 所示。

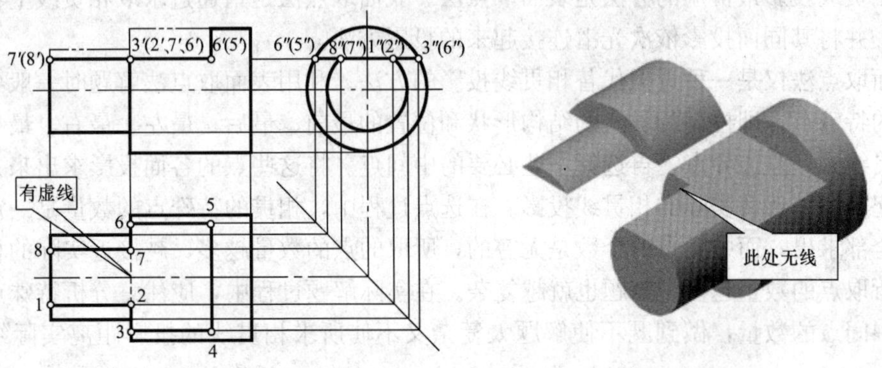

图 4 - 27　组合体的截交线

学习提示：

平面与立体相交的表面交线——截交线是平面封闭图形，学习这部分内容可以与前面所讲的平面的投影特性结合起来，使知识前后贯通。

4.3 立体与立体相交

目的与任务 理解相贯线的性质，能利用表面取点法求作曲面体的相贯线，并会判断相贯线的可见性。掌握圆柱正交、圆筒正交、圆柱上开孔的相贯线画法。进一步培养空间想象能力。

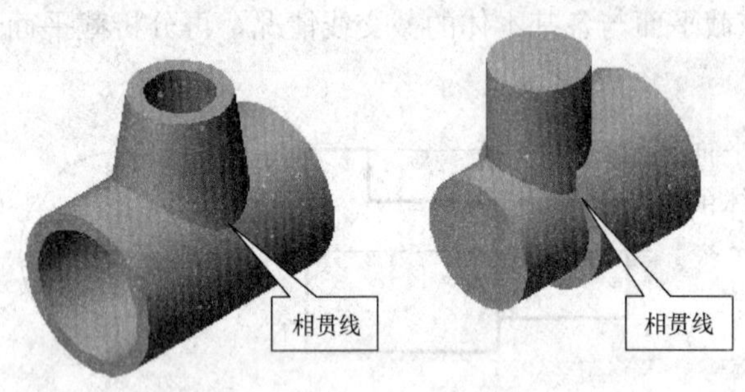

图4-28 相贯线

工程制图中将两立体相交的表面交线称为相贯线，如图4-28所示。画相贯线的意义，在于用它来完整、清晰地表达零件各部分的形状和相对位置，为准确读图和制造零件提供条件。工程上最常见的相贯线是回转体表面间的交线。本节只讨论回转体间的相贯。

4.3.1 相贯线的性质

两曲面体相交，其表面的交线称为相贯线。两立体相交后组成的形体，称为相贯体。由于相交两立体的形状、大小和相对位置不同，其相贯线的形状也不一样，但任何形式的相贯线，都具有以下性质：

（1）共有性：相贯线是两相交立体表面的共有线，也是两立体表面的分界线，相贯线上的点为两立体表面的共有点。

（2）封闭性：由于立体结构形状具有一定的空间范围，故相贯线一般为封闭的空间曲线，特殊的为平面曲线或平面多边形。

4.3.2 相贯线的作图方法

一、求相贯线投影的方法

求相贯线投影最常用的方法是表面取点法。表面取点法是指通过求取相贯线上各点的各面投影，并将其同面投影依次光滑连接起来的投影方法。

表面取点法仅是一种近似代替相贯线投影的方法。利用表面取点法解题时一般先选择相贯线上的特殊点，即控制相贯线的结构形状和位置的最前、最后、最左、最右、最上、最下点和相贯线的一些边界点，再选择一些必要的中间点。将这些点的各面投影求出来并依次光滑连接起来即可代替实际的相贯线投影。在选点过程中，相贯的特殊点的数量是一定的，一般应该全部求出，而中间点的个数是无穷的，所取的点的数量越多，越接近实际的相贯线投影，但所取点的数量越多，解题也就越复杂。在实际解题过程中，应注意分析特殊点的数量并控制中间点的数量，做到既不使解题太复杂又不使所求相贯线的投影距离实际结构形状太远。

在求相贯线上点的各面投影过程中，将会用到前面所学习的积聚性法、辅助线法和辅助面法等。

二、求相贯线投影的步骤

（1）形体分析：分析相贯体表面的组成情况及表面特征，推断相贯线的结构形状。根据相贯体表面的投影特性，确定相贯线上点投影的求取方法。

（2）标出并求出相贯线上特殊点与中间点的各面投影。

（3）判别各点可见性，进行光滑连线。

（4）判别整体可见性，完成作图，整理线型。

本节重点讨论两回转体正交时，即两回转体轴线垂直相交时相贯线的求作方法。

三、两圆柱体正交相贯线的求作方法

（一）表面取点求相贯线

（1）分析：如图4-29所示。

1）大、小圆柱的轴线分别垂直于侧面，水平面。交线为一条封闭的空间曲线。

2）由大、小圆柱的位置可知，大圆柱在侧面的投影具有积聚性，小圆柱在水平面的投影具有积聚性，且都积聚成圆。

3）因相贯线上的所有点都在小圆柱表面上，而小圆柱表面上的所有点在水平面的投影都积聚在水平面的小圆上，因此，相贯线在水平面上的投影就是水平面上的小圆。

4）因相贯线上的所有点都在大圆柱的表面上，而大圆柱表面上的所有点在侧面的投影都积聚在侧面的大圆上，因此，相贯线在侧面上的投影就是侧面大圆上的一段（大圆柱与小圆柱重合的部分）圆弧。

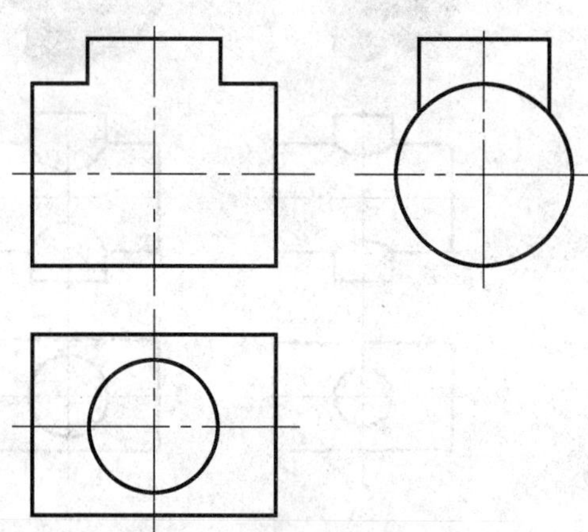

图4-29　圆柱正交相贯

（2）求作方法和步骤。

1）在俯视图的圆周上取特殊点（转向线上的点）1、2、3、4，并求出这些点在正面和侧面上的投影，如图4-30（a）所示。

2）在相贯线的水平面投影——圆上取中间点5、6、7、8，并求出这些点在正面和侧面上的投影，如图4-30（b）所示。

（3）在正面投影中依次光滑连接各点，即为所求相贯线在正面的投影。因6′、4′、8′与5′、2′、7′是重影点，因此，6′、4′、8′不可见，画虚线，但1、5、2、7、3可见，画实线，实线与虚线重合取实线，结果如图4-30（b）所示。

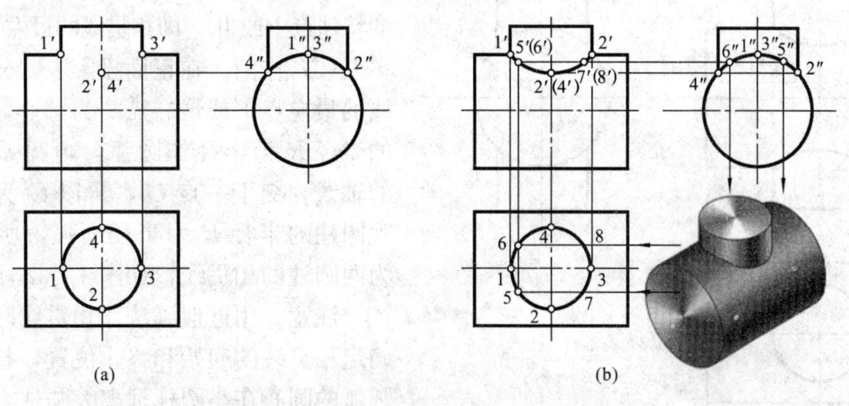

图4-30　圆柱正交相贯的三视图

（a）画出特殊点的各面投影；（b）作图结果

(4) 检查整理。通过圆柱表面找点，求得相贯线，知道异径圆柱相交的相贯线为空间曲线。

注意 当轴线垂直相交的两圆柱的直径相对变化时，相贯线的形状和位置也将随之变化，变化趋势如图 4-31 所示。

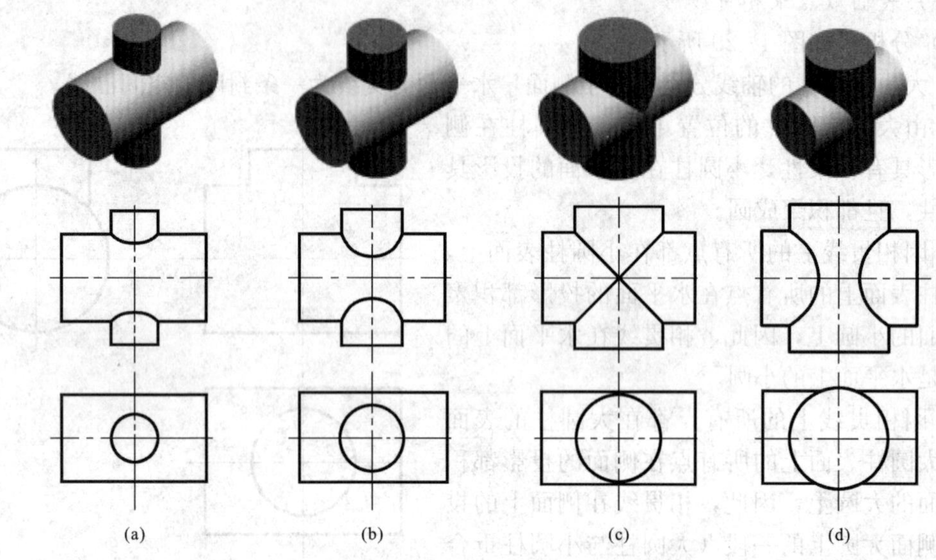

图 4-31 两圆柱正交时相贯线的变化趋势

(a) 两圆柱直径的初始值；(b) 圆柱直径的变化一；(c) 圆柱直径的变化二；(d) 圆柱直径的变化三

（二）相贯线的近似画法

两圆柱正交是机器部件中最常见的情况，它的交线形状和特殊点，读者必须十分熟悉。在实际作图中，当轴线垂直相交的两圆柱的直径相差较大，并且对交线形状的准确度要求不高时，允许采用近似画法。方法如下：

(1) 分析两圆柱的相贯情况，比较两圆柱的大小，预估相贯线的形状和位置。

(2) 利用投影找出垂直正交的两圆柱表面交线的 2 个投影，确定出需要求作的相贯线的特殊点Ⅰ或Ⅱ，即相贯线的最左和最右点。

(3) 作图。在正面投影上，分别以相贯线的最左点 1′或最右点 2′为圆心，以大圆柱的半径 R 为半径作圆弧，则圆弧与小圆柱的轴线相交于一点 O'，再以 O' 为圆心，以大圆柱的半径 R 为半径画弧，所作圆弧即为两圆柱的相贯线，如图 4-32 所示。

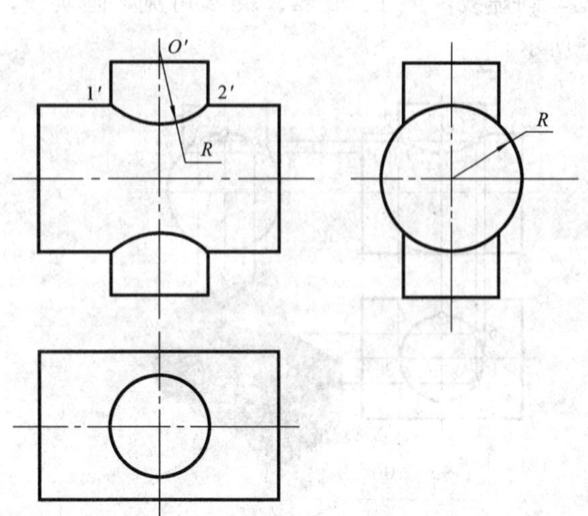

图 4-32 相贯线的近似画法

注意 用近似画法作相贯线时，要注意确定相贯线的起始和终止位置，替代相贯线圆弧的圆心在小圆柱远离大圆柱方向的轴线上，替代相贯线圆弧的半径为大圆柱的半径。

（三）圆孔、圆筒的相贯线

轴线垂直相交的两圆孔，如图4-33（a）所示，圆筒与圆筒相交，如图4-33（b）所示，圆柱开圆孔，如图4-33（c）所示，其相贯线的画法与轴线垂直相交的两圆柱的相贯线的画法相似。只是在绘制过程中应注意图线的可见性问题。特别是圆筒相交，不仅外筒有相贯线，内筒也有相贯线，只是内筒相贯线画虚线而已。图4-33（d）所示为圆柱开方孔的情况。

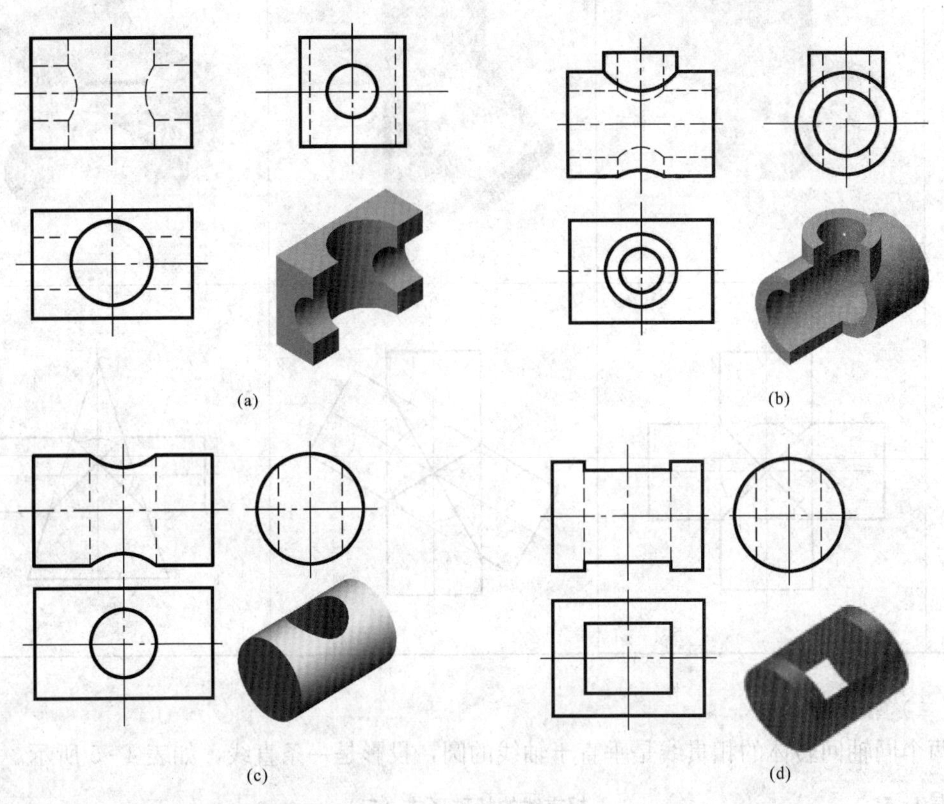

图4-33　相贯线的几种情况

（a）圆孔间的相贯线；（b）圆筒间的相贯线；（c）圆柱开圆孔；（d）圆柱开方孔

（四）长方体与圆柱的相贯线

长方体与圆柱的相贯线的求解方法，应考虑长方体各表面与圆柱体的相交情况，结果如图4-34所示。

在学习过程中，注意与图4-33（d）所示的圆柱开方孔的情况进行分析比较。

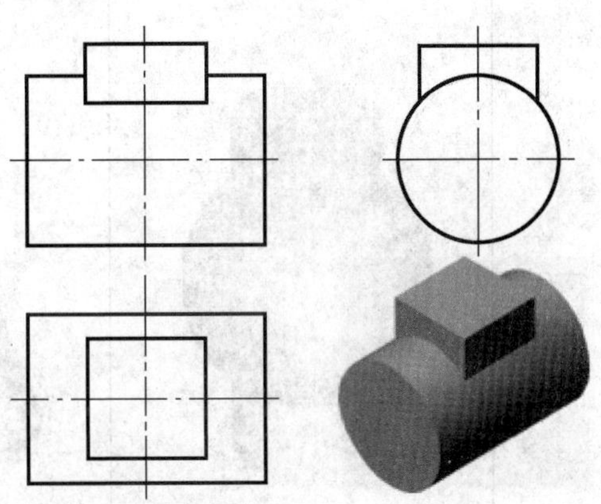

图4-34　长方体与圆柱相贯

四、相贯线投影的特殊形式

（一）轴线相交

两回转体轴线相交，且平行于同一投影面，若它们能公切于一个球，则相贯线是垂直于这个投影面的椭圆，相贯线在该投影面上的投影积聚成一条直线，如表4-4所示。

表4-4　　相贯线的特殊形式（一）

分类	图形		
立体图	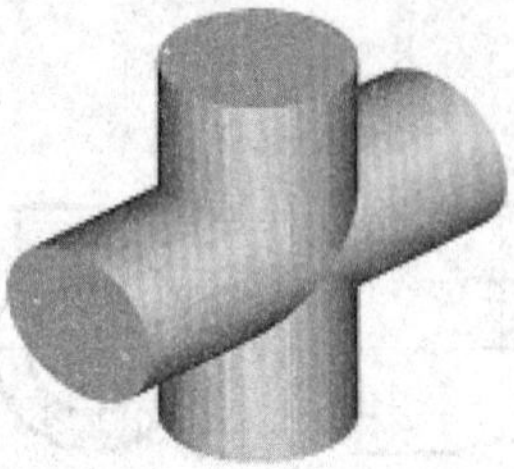	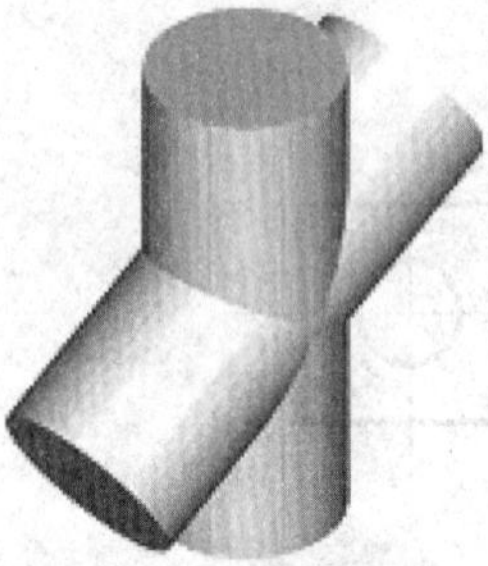	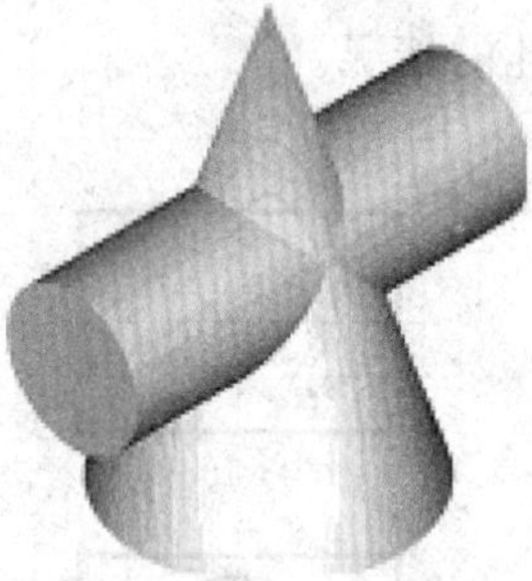
平面图	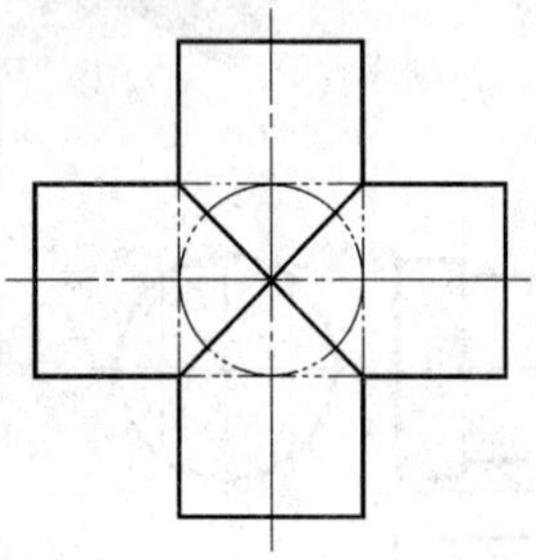	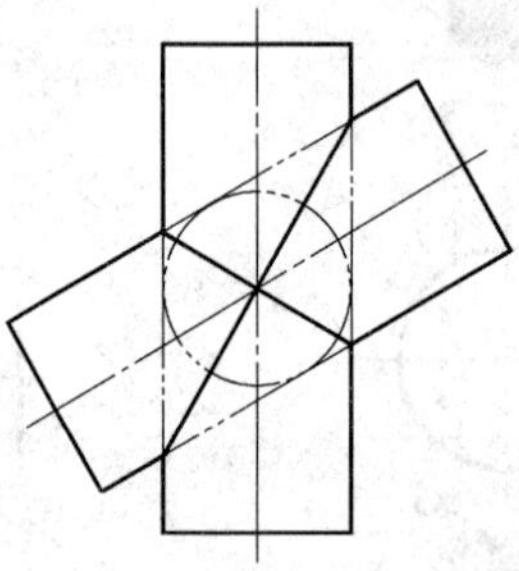	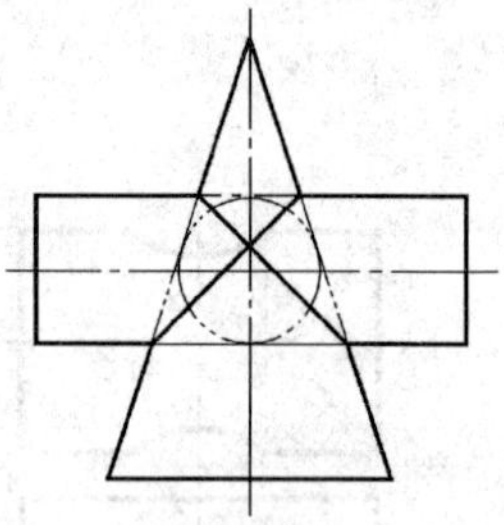

（二）轴线重合

两个同轴回转体的相贯线是垂直于轴线的圆，投影是一条直线，如表4-5所示。

表4-5　　相贯线的特殊形式（二）

分类	图形		
立体图			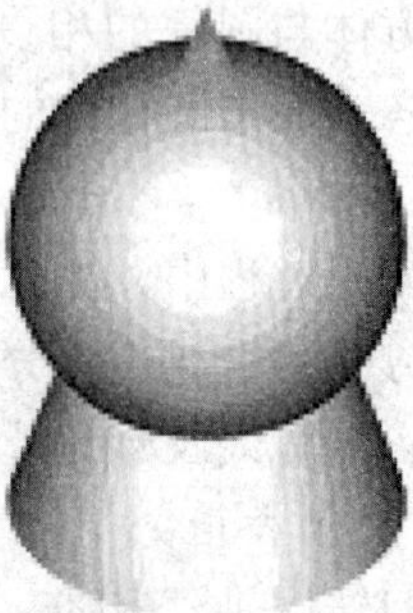

续表

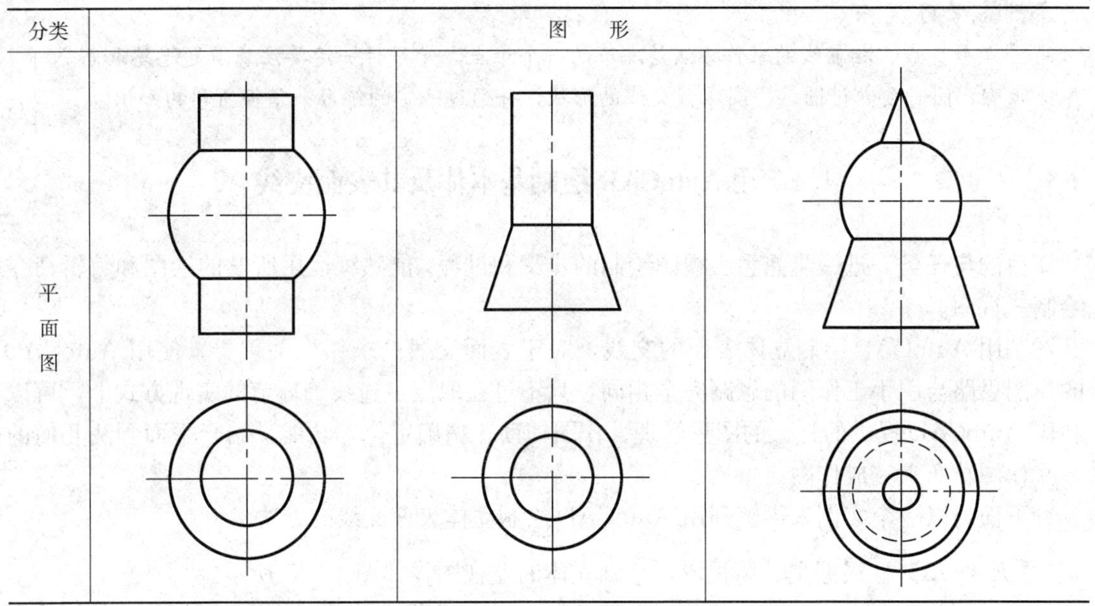

（三）轴线平行

轴线平行的两圆柱的相贯线是两条平行的素线，圆锥共顶点的相贯线是直线，如表 4-6 所示。

表 4-6　相贯线的特殊形式（三）

分　类	立　体　图	平　面　图
图柱形		
图锥形		

学习提示：

截交线、相贯线的求作方法是本节的一个难点，学习时一定要注意解题思路和解题步骤，同时要熟记圆柱、圆锥截交线的形状，并通过一定的练习来掌握所学的知识。

4.4 用AutoCAD绘制基本体及其表面交线

目的与任务 进一步熟悉三视图绘制的步骤和过程，能熟练运用所学的绘图和编辑命令绘制三视图。

利用AutoCAD绘制立体表面的交线，对于表面交线的求作至关重要。使用AutoCAD的作图思路与用手工作图的思路完全相同，只不过在取点，连线等环节的实现方式上，可以利用AutoCAD提供的强大的图形管理、作图辅助、精确定位等功能，结合平面画法几何的一些作图技巧来完成作图。

下面，以一个实例来讲解利用AutoCAD绘制立体表面交线的方法。

【例4-13】 根据主、俯视图，补画立体的左视图，如图4-35所示。

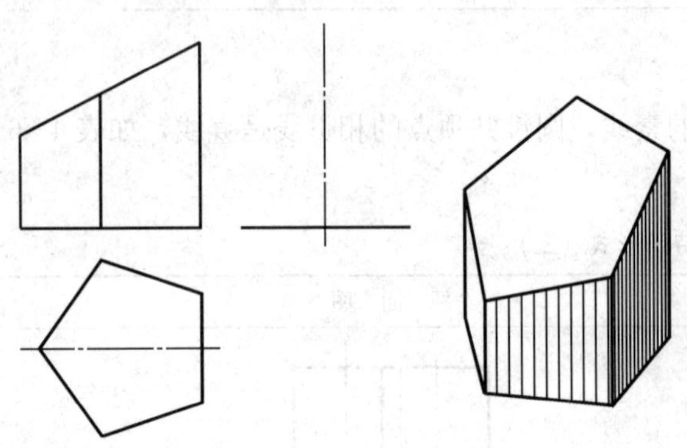

图4-35 求作立体的左视图

分析 该图为一五棱柱被一个正垂面截切后的投影，截交线应为五边形的正垂面，由于五棱柱和正垂面均具有积聚性，因此该截交线在正面的投影积聚成一条线，在水平面的投影与五棱柱的水平投影——五边形重合。在作图时，应先求出未截切前的五棱柱的左视图，再根据主、俯视图取点，求出截交线的投影。

作图步骤

(1) 用NEW命令新建一张图，并保存和命名。

(2) 进行绘图环境的基本设置（建议本图设置3个图层，分别为：粗实线层、细实线层、虚线层）。

(3) 先完成图4-35的主、俯视图。

(4) 绘制完整五棱柱的左视图，如图4-36所示。

打开极轴、对象捕捉及对象追踪并进行相应的设置（设"端点"、"交点"、"延伸"、"切点"等对象捕捉模式为固定对象捕捉；设对象追踪为"仅正交追踪"；设极轴追踪角度为"45"度），利用"RECTANG"和"LINE"命令完成作图。

(5) 选择"格式"→"点的样式"命令，设置捕捉"节点"，如图4-37所示。

(6) 利用投影规律，取截交线上点的投影，如图4-38 (a) 所示。

(7) 使用"LINE"命令连接各点，修剪后，完成全图，如图4-38 (b) 所示。

【例4-14】 完成下列两圆柱相交三视图的绘制，如图4-39所示。

分析 两圆柱相交三视图的绘制难点在于空间曲线的取点，有关取点的原理和方法前面已讲述，这里主要讲解在AutoCAD中怎样实现取点和绘制样条曲线。

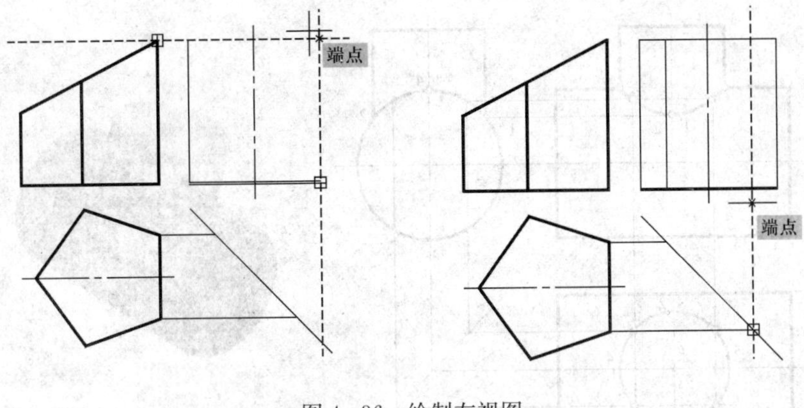

图 4-36　绘制左视图

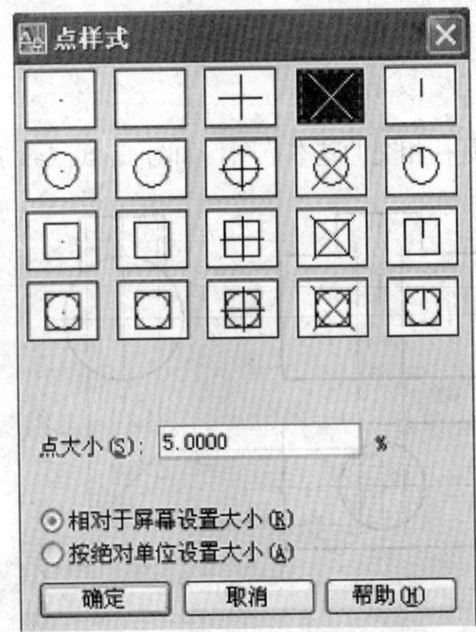

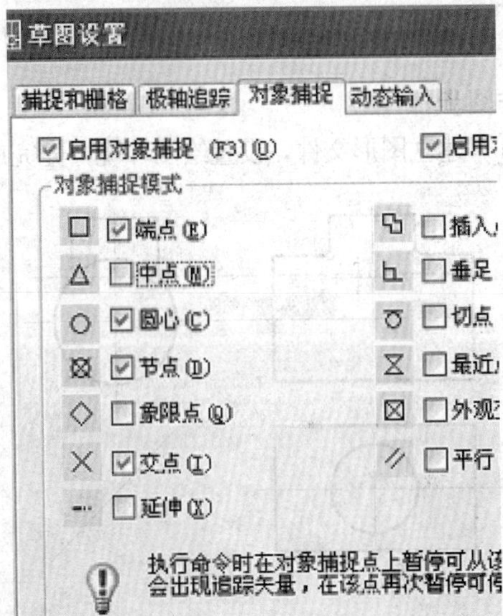

图 4-37　“点样式”及“对象捕捉”的设置

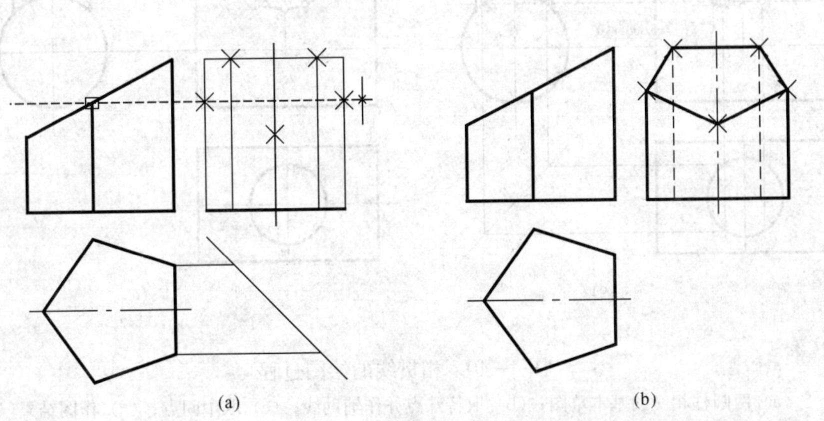

图 4-38　五棱柱截切体的三视图

(a) 截交线上点的投影；(b) 作图结果

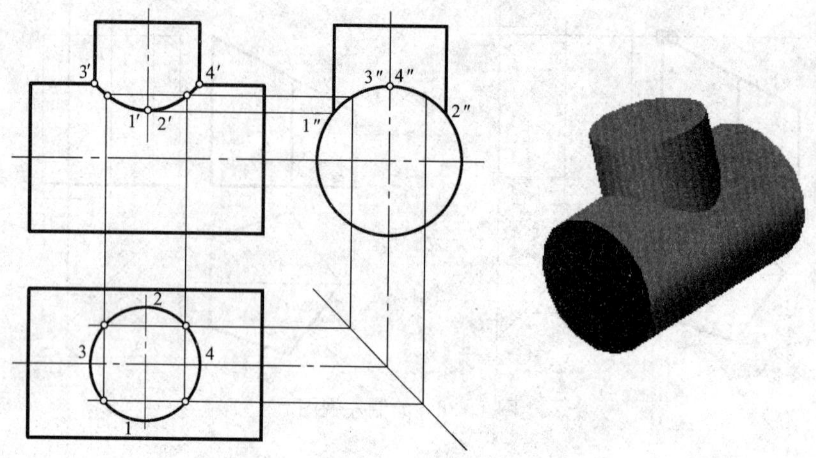

图 4-39　两圆柱相交的三视图

作图步骤

(1) 建立图形文件，设置绘图环境，先完成两圆柱相交的基本草图，如图 4-40 (a) 所示。

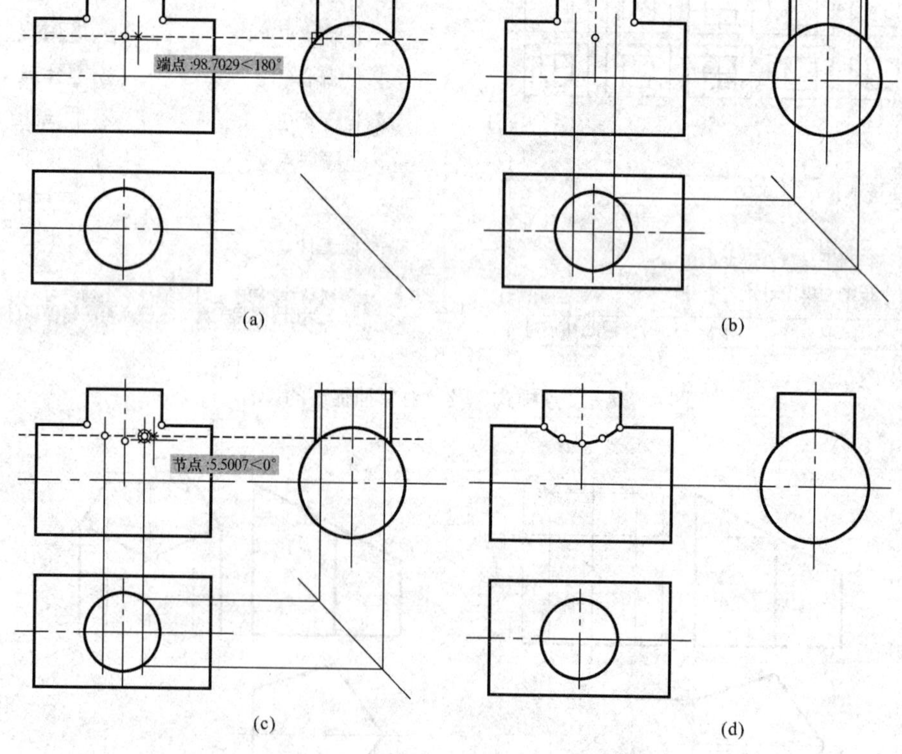

图 4-40　相贯线的绘图过程

(a) 两圆柱相交的基本草图；(b) 取特殊点并作辅助线；(c) 取中间点；(d) 作图结果

(2) 取点：先利用捕捉追踪功能取特殊点，如图 4-40 (b) 所示。再取一般点，在俯视图的相贯线投影中间作辅助线，并利用"OFFSET"命令（保证宽相等）作出辅助线的左视图，如图 4-40（b）所示，并利用捕捉追踪功能取其他中间点，如图 4-40（c）所示。

（3）删除多余的作图线，选择“样条曲线”命令或单击~按钮，依次连接各点，完成相贯线的绘制，如图 4-40（d）所示。

学习提示：

在用 AutoCAD 绘制较为复杂的图形时，清晰的绘图思路比操作的熟练程度更为重要，因此，在学习中要注意总结不同图形采用不同的绘图思路和方法。

第5章 组合体的视图

本章引言

有了前面几章的基础，就要开始研究一些比较复杂的物体投影了。遇到难题怎么办？分解难题往往是解决问题的步骤之一。因为任何复杂的物体都可以看成是由一些最基本的几何体组成的，怎样利用前面的知识来解决复杂物体的投影问题呢？本章将研究组合体三视图的画法、尺寸标注方法和读图方法，为今后识绘专业图打下基础。

本章重点　用形体分析法绘制、识读组合体的视图，并进行尺寸标注。

本章难点　用形体分析法和线面分析法识读组合体视图。

5.1 概　　述

目的与任务　了解组合体的组合方式，掌握组合体表面连接关系的图示要求。

工程上常见的形体，无论复杂与否，就其几何形状来看，一般都可以看作由若干个基本体组合而成。这些由两个或两个以上的基本体按一定的方式所组成的形体称为组合体。本章主要研究组合体的画图、看图及尺寸标注等问题。

5.1.1　组合体的组合形式

组合体的组合形式一般可分为以下3种，如图5-1所示。

(1) 叠加型：由若干个基本体或简单体叠加而形成的组合体称为叠加型组合体。

(2) 切割型：由一个基本体被切去某些部分后形成的组合体称为切割型组合体。

(3) 综合型：既有“叠加”，又有“切割”的组合体称为综合型组合体，它是组合体最常见的组合形式。

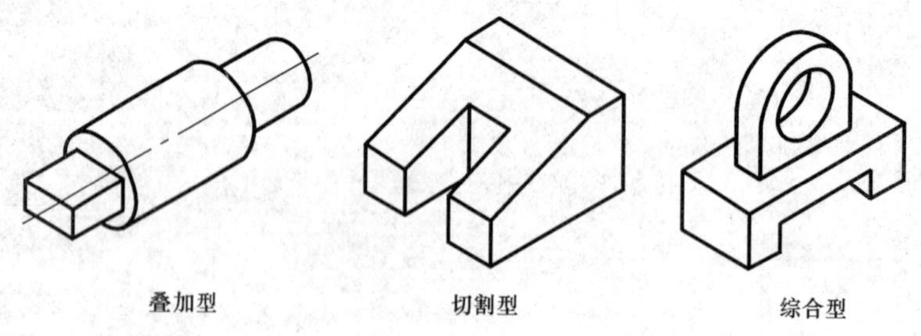

图5-1　组合体的组合形式

5.1.2　组合体的表面连接关系

认识组合体中各基本体的表面连接形式是正确绘制组合体视图的关键所在，一定要弄清楚表面连接关系，并能正确运用。组合体的表面连接形式常分为以下几种。

(1) 平齐连接：两形体表面平齐时，构成一个完整的平面即共面，画图时不可用线隔开，如图5-2所示。

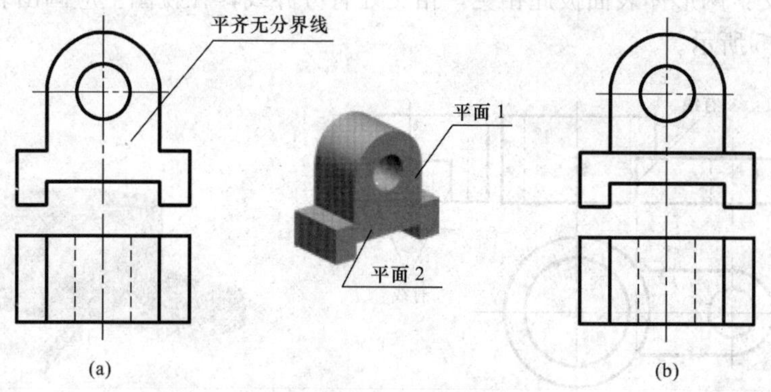

图 5-2　两形体表面平齐
(a) 正确；(b) 错误

(2) 不平齐连接：两形体表面不平齐时（即相错或相交），两表面投影的分界处应用粗实线隔开，如图 5-3 所示。

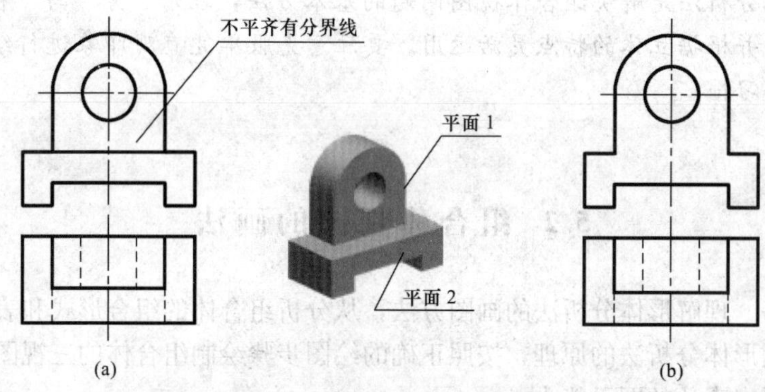

图 5-3　两形体表面相错
(a) 正确；(b) 错误

(3) 相切：相切的两个形体表面为光滑过渡连接（即平面与曲面或曲面与曲面相切），相切处无分界线，视图上不应该画线，如图 5-4 所示。

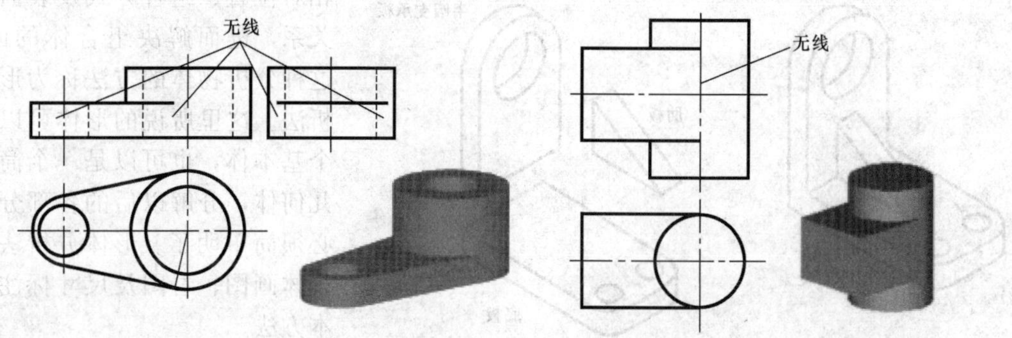

图 5-4　组合体表面相切

（4）相交：两形体表面彼此相交，相交处有分界线，在视图上应画出表面交线的投影，如图5-5所示。

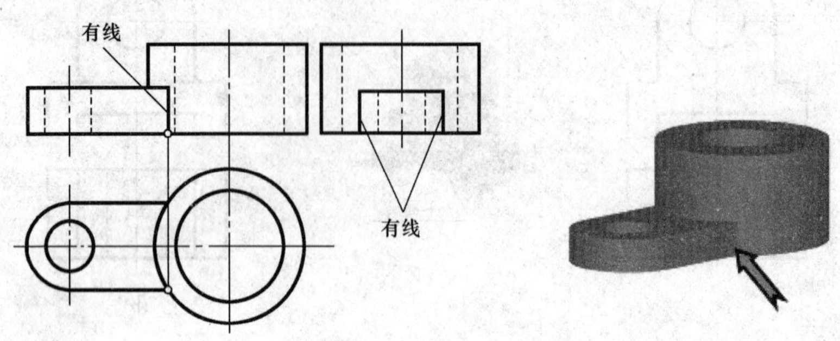

图5-5 组合体表面相交

学习提示：

形体分析法是解决组合体视图问题的基本方法，理清“分”与“和”之间的关系，并根据立体的特点灵活运用。要注意克服单凭直观印象进行绘图和识图的不良习惯。

5.2 组合体视图的画法

目的与任务 理解形体分析法的画图方法，从分析组合体的组合形式和表面连接关系入手，能熟练运用形体分析法的原理，按照正确的绘图步骤绘制组合体的三视图。培养将空间形体用平面图形来表达的图示能力。

组合体视图的绘制，就是运用正投影原理，将空间物体的形状通过平面图形来表达的过程，它是所有工程技术人员必须掌握的一种基本技能。

5.2.1 组合体的形体分析

在画组合体视图时，通常假想把组合体分解成若干个形体，分别搞清楚各形体的形状、相对位置、组合方式及表面连接关系，进而解决组合体的问题。这种分析物体的方法称为形体分析法。这里所说的形体可以是一个基本体，也可以是一个简单的几何体，分解以后的各部分形体必须简单明了。形体分析法是组合体画图、看图及尺寸标注的基本方法。

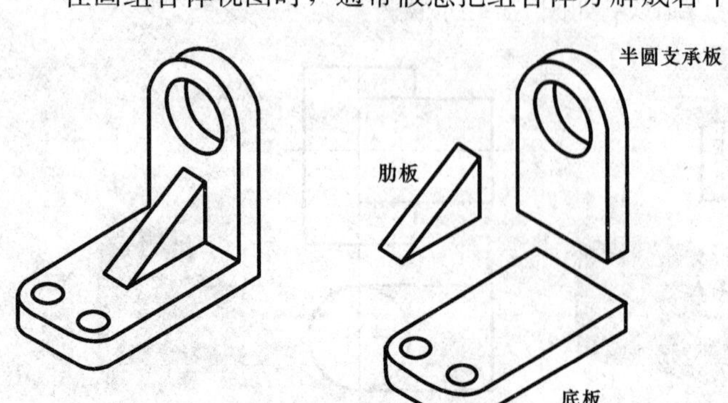

图5-6 组合体的形体分析

如图5-6所示的组合体，通过形体分析可把它分解成底板、半圆支承板和肋板三部分。其中，半圆支承板在底板上部，右端面与底板右端面平齐连接，前、后等宽；肋板同样在底板上部中央处，紧靠半圆支承板。

形体分析是一种使复杂形体简单化的形象思维方法。即分析组合体由哪些基本形体组成，各组成部分的相对位置、组合方式和表面过渡关系，以便进行画图和看图。运用形体分析法应注意两点：

(1) 把组合体分解成若干个基本体，仅仅是一种假想的分析问题的方法。实际上组合体是一个完整的形体，各基本体仅在表面存在分界线，内部则完全融合为一体，各基本体之间不能分裂。

(2) 运用形体分析法分解组合体时，分解过程并非是唯一的和固定的。

5.2.2 组合体视图的方法与步骤

下面以图5-7所示的轴承座为例，说明画组合体视图的方法与步骤。

一、形体分析

如图5-7所示的轴承座，用形体分析法可以把它分解成底板、圆筒、支承板和肋板4个形体。底板可以看成在一个四棱柱中切去两个小圆柱，支承板与肋板放在底板的上面，圆筒放在支承板与肋板上面。这4个形体的左右对称中心面重合，底座、支承板与圆筒的后面平齐，肋板在支承板的前面。通过化整为零的分析，使复杂的问题简单化。

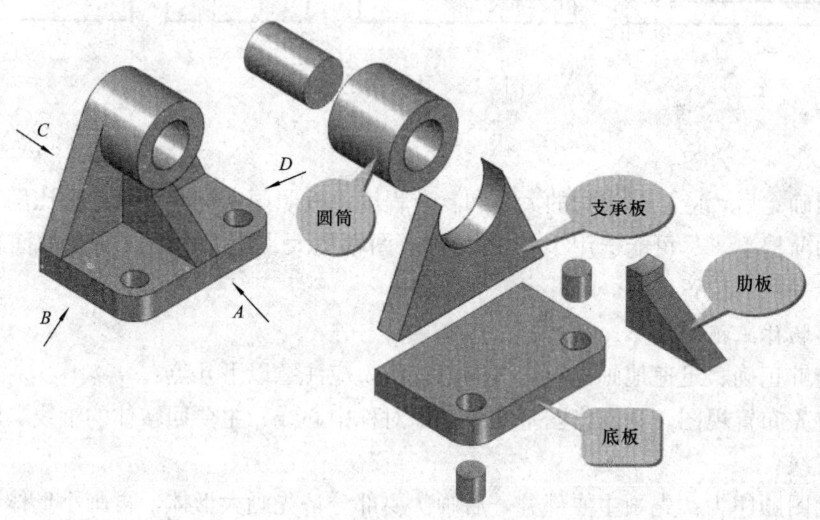

图5-7 轴承座的形体分析

通过对组合体进行形体分析，知道了轴承座是由哪些形体组成的，各组成部分的结构特点，它们之间的相对位置和组合形式以及各形体之间的表面连接关系，从而对该组合体的形体特点有了总的了解。

二、主视图的选择

在组合体的视图表达中，主视图是三视图中最重要的视图。主视图的选择主要从三个方面考虑：

(1) 主视图的投影方向。一般应选择反映组合体各组成部分形状和相对位置较为明显的方向作为主视图的投射方向。

（2）主视图的安放位置。一般应将组合体放正，考虑组合体的自然安放位置，为使投影能得到实形，便于作图，应使物体的主要平面或主要轴线与投影面平行。

（3）视图清晰性。选择主视图时，要兼顾其他两个视图表达的清晰性，尽量减少其他视图中的虚线。

图5-7中的左图是轴承座的自然安放位置，从A、B、C、D4个方向投影，得到4个视图，如图5-8所示。对4个图形进行比较，A向和C向，都能较好地反映轴承座的形状特征，但C向虚线太多，不如A向清晰；对于B向和D向，若将B向作为主视图，左视图虚线较多，不如D向好；再比较A向和D向，两者对反映各部分形状特征和相对位置特征各有特点，差别不大，均符合主视图选择要求，但A向在主视图上更清楚地表达了圆筒的形状特征。这样选择A向作为主视图方向更为理想。

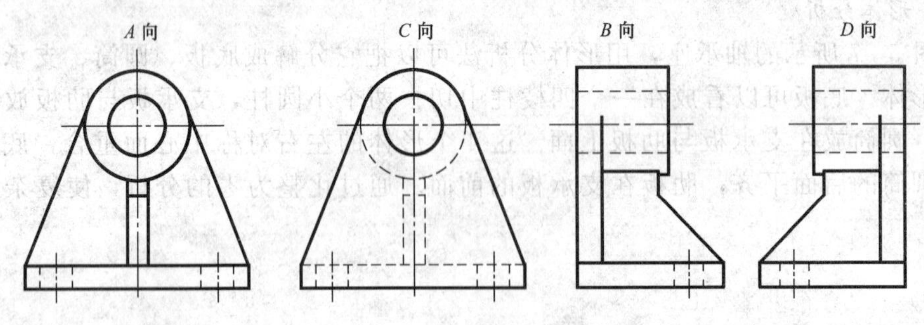

图5-8 主视图的选择

三、选比例、定图幅

主视图确定后，应根据实物的大小和复杂程度，按照国家标准要求选择比例和图幅。在表达清晰的前提下，尽可能选用1∶1的比例。图幅的大小应考虑绘图所占的面积并留足标注尺寸和标题栏的位置。

四、画物体三视图

为了能够正确、迅速地画出组合体的三视图，应注意以下几点：

（1）首先布置视图，画出作图基准线，即对称中心线、主要回转体的轴线、底面及重要端面的位置线。

（2）画图顺序为：先画主要部分，后画次要部分；先画大形体，再画小形体；先画可见部分，后画不可见部分；先画圆和圆弧，再画直线。

（3）画图时，组合体的每一个部分最好是三个视图配合画，每部分应从反映形状特征和位置特征最明显的视图入手，然后通过三等关系，画出其他两面投影。而不是先画完一个视图，再画另一个视图。这样，不但可以避免多线、漏线，还可提高画图效率。

（4）底稿完成后，应认真检查，尤其应考虑各形体之间的表面连接关系以及从整体出发来处理衔接处图线的变化。确认无误后，按标准线型描深。

5.2.3 组合体视图画法举例

一、组合体的画法

组合体应按照形体分析法逐个画出各形体的投影，从而得到整个组合体的三视图。

【例 5-1】 画轴承座的三视图，如图 5-9 所示。

作图步骤

（1）画各个视图的作图基准线，如图 5-9（a）所示。通常选组合体中投影有积聚性的对称面、底面（上或下）、端面（左、右、前、后）或回转轴线、对称中心线作为各视图的基准线。画出轴承座长、宽、高三个方向的基准线。

（2）按形体分析法画各个基本形体的三视图。由于轴承座具有上、中、下的组合形式，按形体分析法，可先下、后上、再中间地逐一画出每个基本形体的三视图，这样有利于保持投影关系，提高作图的准确性和作图效率。画出底板和圆筒的三视图，如图5-9（b)所示。

每个形体应先从具有积聚性或反映实形的视图开始画起，然后画其他投影，并且三个视图最好同时进行绘制，可以避免漏线、多线、确保投影关系的正确并提高绘图速度。

（3）注意各形体之间表面的连接关系。由于支承板与圆筒是相切关系，故在主视图和俯视图上，支承板的两条直线画到切点为止，如图 5-9（c）所示。要注意各形体间内部融为整体，绘图时不应将形体间融为整体而不存在的轮廓线画出。在支承板与圆筒的结合处不应画出圆筒的轮廓线。

（4）检查、描深用细实线画完的底稿，要特别注意检查对各基本形体表面间的连接、相交、相切等关系的处理，是否符合投影原则。检查无误后，擦去多余的底稿线，按国家制图标准规定的线型描深加粗，如图 5-9（d）所示。

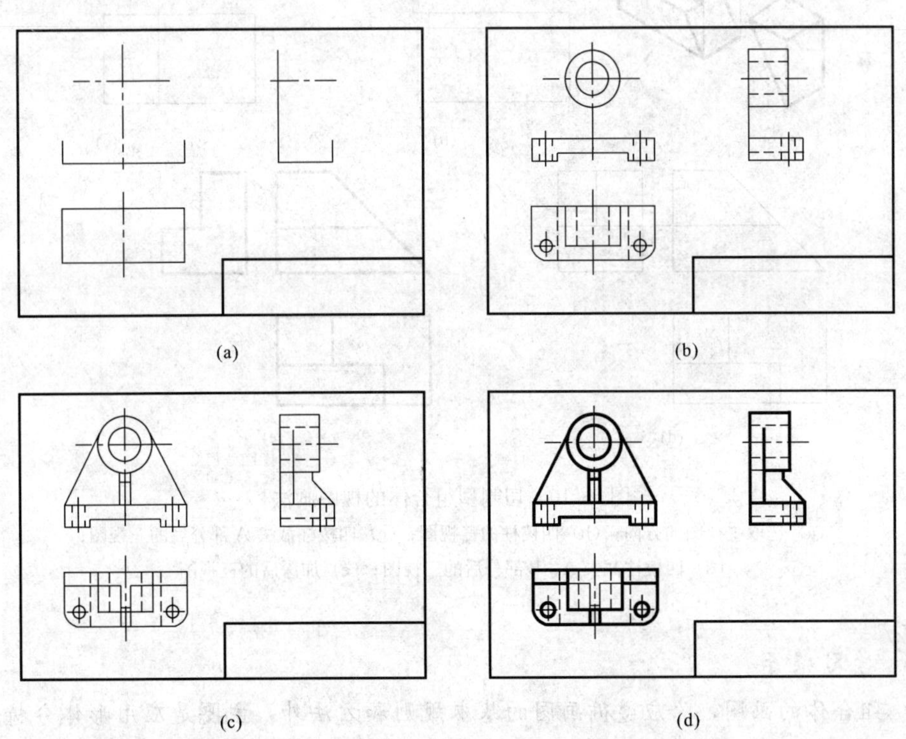

图 5-9　画组合体的三视图

（a）画各个视图的作图基准线；（b）底板和圆筒的三视图；（c）支承板的三视图；（d）描深加粗后的效果图

二、切割式组合体的画法

画切割式的组合体，一般按照先整体后切割的原则，首先画出完整基本体的三视图，再依次画出被切割部分的视图。作图时，应注意线型的变化，并从具有积聚性或反映形状特征最明显的视图画起。

【例5-2】 如图5-10所示，画切割式组合体的三视图。

分析 该切割式的组合体可看成由四棱柱被切去A、B两部分后而成。确定主视图，箭头所指的方向反映形体及其相互位置特征最多，故选箭头方向作为主视图的投影方向，如图5-10（a）所示。

作图步骤

（1）画出四棱柱的三视图，如图5-10（b）所示。

（2）画出四棱柱截去A部分后的三视图，从有积聚性的正面投影入手，如图5-10（c）所示。

（3）画出四棱柱截去B部分后的三视图，从有积聚性和反映特征的侧面投影入手，如图5-10（d）所示。

（4）检查、整理图形，按照标准线型加深图线，如图5-10（e）所示。

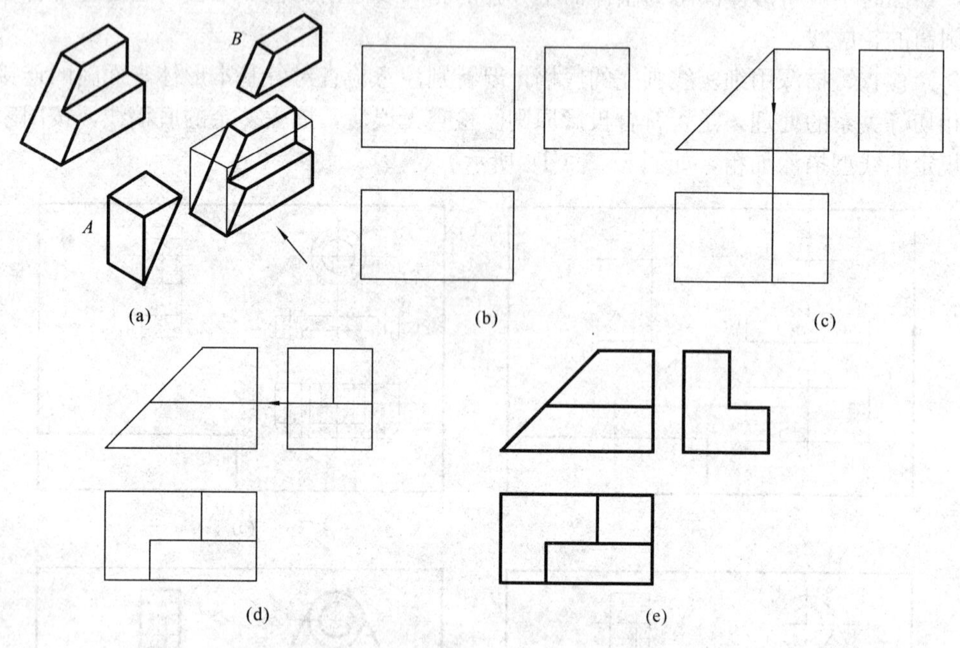

图5-10 切割型组合体的视图画法

（a）选取主视图的方向；（b）四棱柱的三视图；（c）四棱柱截去A部分后的三视图；（d）四棱柱截去A、B部分后的三视图；（e）加深后的三视图

学习提示：

组合体的画图，除应遵循画图的基本规则和方法外，主要是应用形体分析法。应用形体分析法画图，既可积零为整，避免多线、漏线，又可提高绘图效率。为了提高绘图速度和作图的准确性，通常应三个视图一起画。对同一形体在各视图上的同一尺寸，最好一起画出。

5.3 尺 寸 标 注

目的与任务 掌握基本体、带切口几何体尺寸标注的基本规定；明确组合体尺寸标注的基本要求；能分清组合体的三类尺寸，并能较好地选择尺寸基准；正确标注组合体的尺寸。

在工程图样中，图形只用来表达物体的形状，其大小需要通过尺寸标注来确定。本节是在标注平面图尺寸的基础上研究基本体和组合体的尺寸注法。尺寸标注的基本要求是：正确、完整、清晰、合理。

5.3.1 基本体的尺寸标注

一、平面立体的尺寸标注

平面立体一般应标注长、宽、高三个方向的尺寸，以确定其形状大小。正棱柱和正棱锥，除标注高度尺寸外，一般应注出其底面的外接圆直径，如图5-11所示。

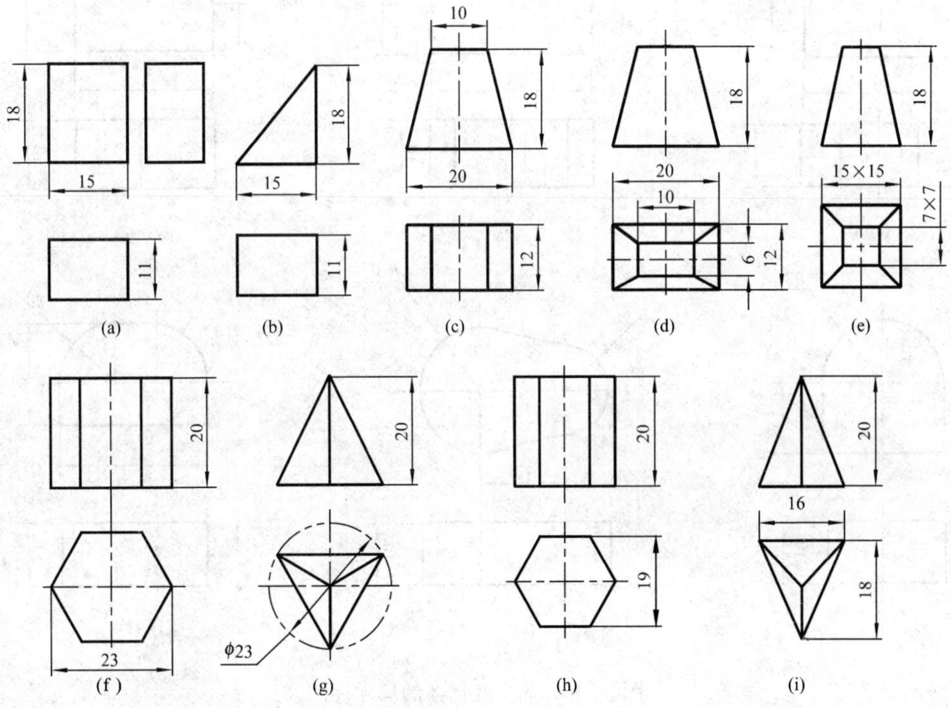

图5-11 平面体的尺寸标注

(a) 四棱柱；(b) 三棱柱；(c) 四棱柱；(d) 四棱台；(e) 正四棱台；(f) 正六棱柱；(g) 正三棱锥；(h) 正六棱柱；(i) 三棱锥

二、曲面立体的尺寸标注

曲面立体通常将直径尺寸注在非圆视图上，只需一个视图即可确定回转体的形状和大小，如图5-12所示。圆柱、圆锥和圆台注出底圆直径和高，直径前加“ϕ”，圆球直径前加“$S\phi$”。

为了读图方便，常在能反映柱体形状特征的视图上集中标注两个坐标方向的尺寸。简单几何体的尺寸标注如图5-13所示。

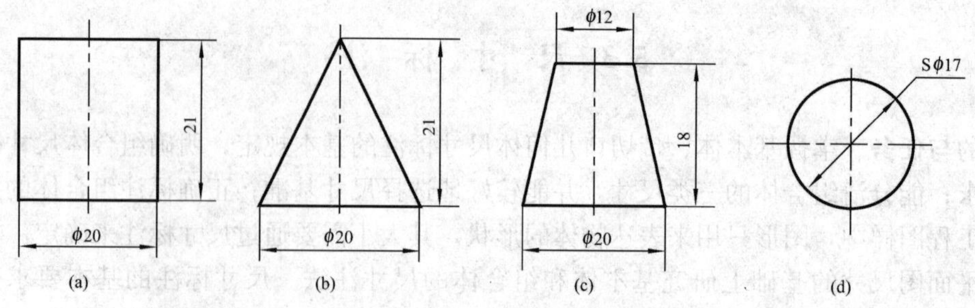

图5-12　曲面体的尺寸标注

(a) 圆柱的尺寸标注；(b) 圆锥的尺寸标注；(c) 圆台的尺寸标注；(d) 圆球的尺寸标注

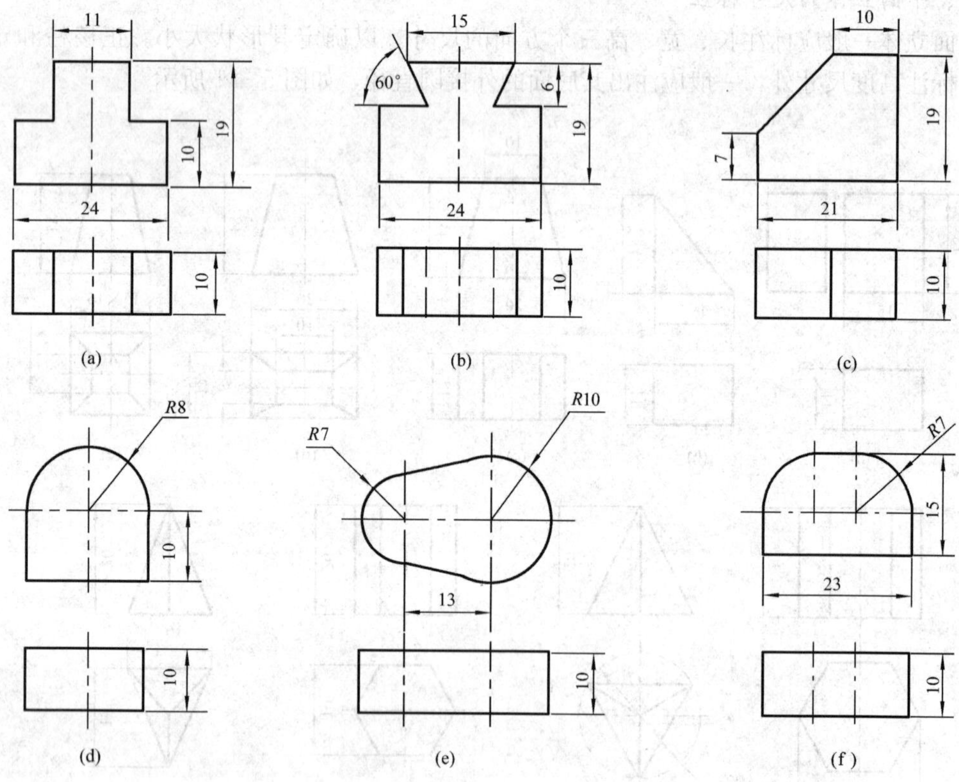

图5-13　简单几何体的尺寸标注

(a)、(b) 八棱柱；(c) 五棱柱；(d)、(e)、(f) 组合柱

三、带切口几何体的尺寸标注

带切口的几何体，除了注出几何体尺寸外，还必须注出切口的位置尺寸，如图5-14所示。

四、截断体的尺寸标注

截断体除了应注出基本形体的尺寸外，还应注出截平面的位置尺寸，但不能标注截交线的尺寸，如图5-15所示（图中有"×"的尺寸不应注出）。

五、相贯体的尺寸标注

相贯体除了应注出相交的两基本形体的尺寸外，还应注出两相交形体的相对位置尺寸，但不能标注相贯线的尺寸，如图5-16所示。

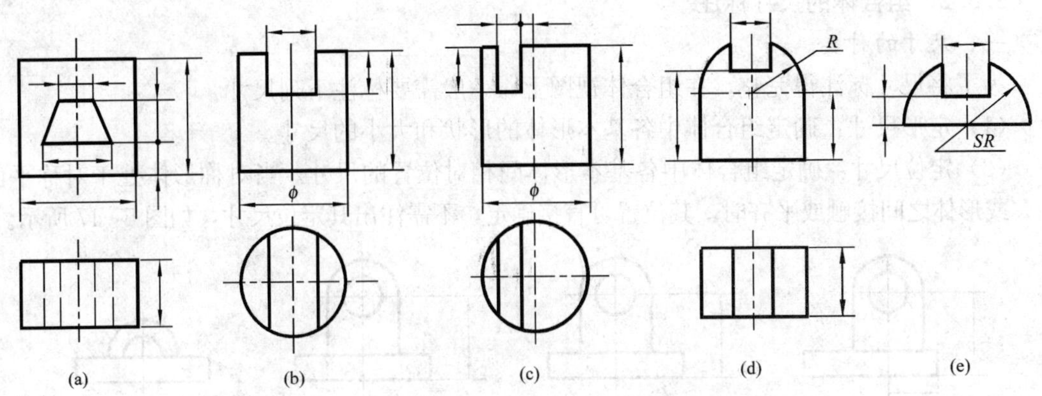

图 5-14　带切口几何体的尺寸标注

(a) 棱柱开槽；(b)、(c) 圆柱开槽；(d)、(e) 圆球开槽

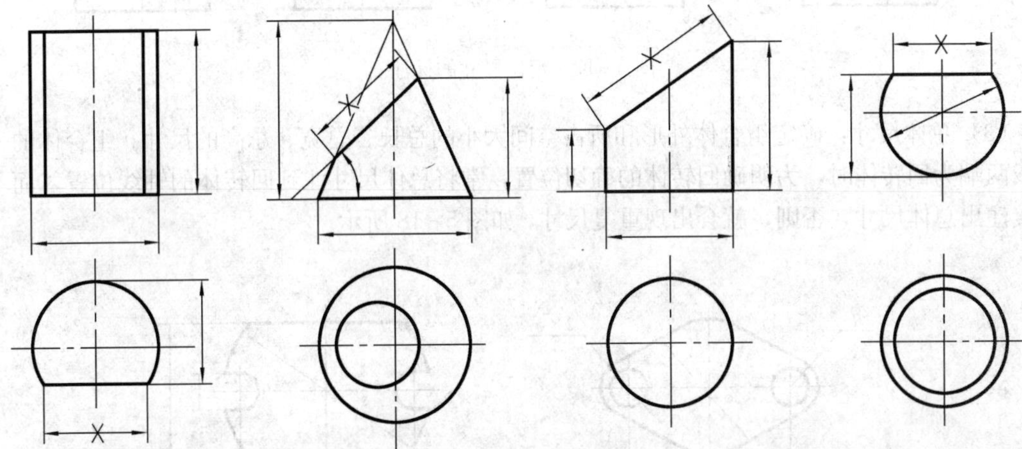

图 5-15　截断体的尺寸标注

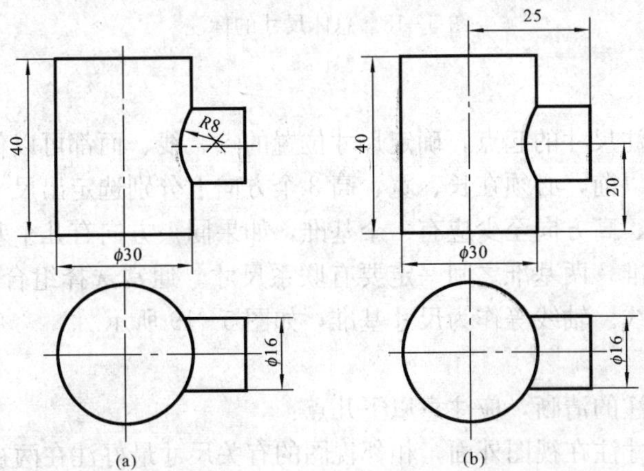

图 5-16　相贯体的尺寸标注

(a) 错误；(b) 正确

5.3.2 组合体的尺寸标注

一、尺寸的种类

为了将尺寸标注得完整，在组合体视图上，一般需要标注下列尺寸：

（1）定形尺寸：确定组合体中各基本形体的形状和大小的尺寸。

（2）定位尺寸：确定组合体中各基本形体间相对位置的尺寸。当对称形体处于对称平面上，或形体之间接触或平齐时，其位置可直接确定，不需注出其定位尺寸，如图5-17所示。

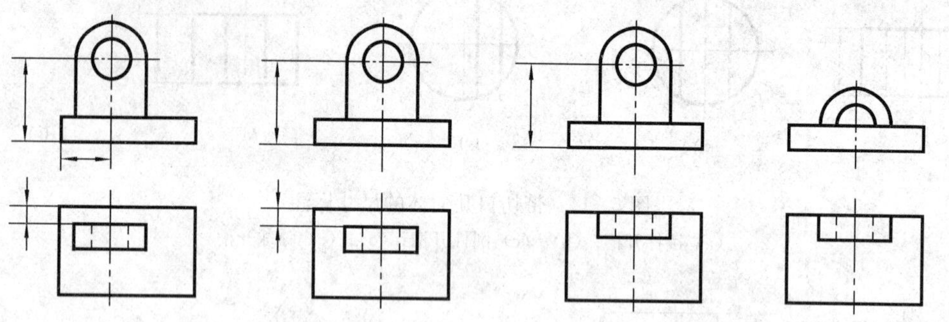

图5-17 定位尺寸的标注

（3）总体尺寸：确定组合体外形和所占空间大小的总长、总宽、总高的尺寸。组合体的一端或两端为回转体时，为明确回转体的确切位置，常将总体尺寸注到回转体的轴线位置，而不直接注出总体尺寸，否则，就会出现重复尺寸，如图5-18所示。

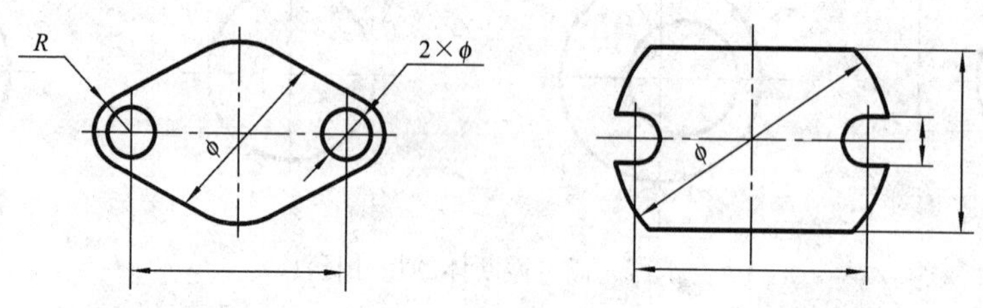

图5-18 总体尺寸的标注

二、尺寸基准

尺寸基准是指标注尺寸的起点，确定尺寸位置的点、线、面都可以作为尺寸基准。标注各基本体的定位尺寸以前，必须在长、宽、高3个方向上分别选定出尺寸基准。组合体是一个空间形体，长、宽、高方向至少应有一个基准，如果同一方向有几个基准，则一个为主要基准，其余为辅助基准，两基准之间一定要有联系尺寸。通常选择组合体的对称面、底面、大的端面、对称中心线、轴线等作为尺寸基准，如图5-19所示。

三、尺寸布置

为了保证尺寸标注的清晰，应注意以下几点：

（1）应尽量将尺寸注在视图外面，相邻视图的有关尺寸最好注在两视图之间，以便于看图，如图5-19中的尺寸“60”。

（2）同一形体的定形尺寸和定位尺寸要集中标注，并尽量注在反映该形体的形状特征和位置特征较为明显的视图上，如图5-20所示。

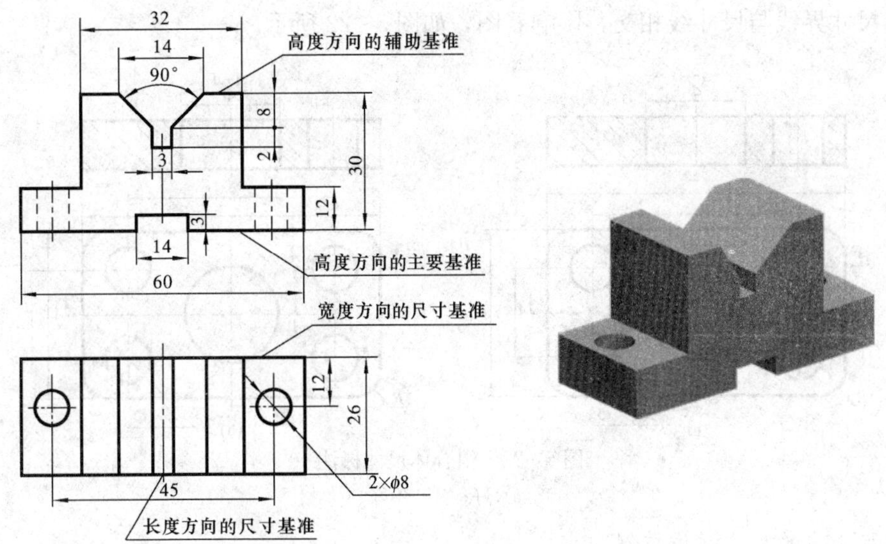

图 5－19　组合体尺寸基准的选择

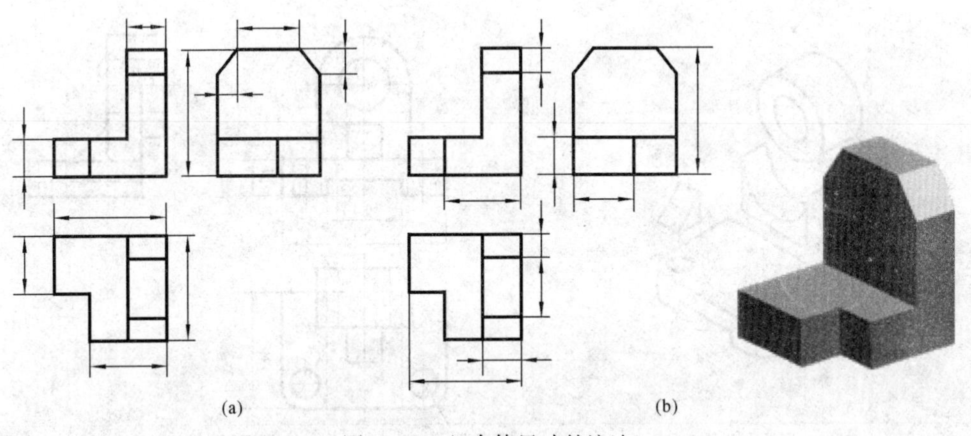

图 5－20　组合体尺寸的注法

(a) 清晰；(b) 不清晰

(3) 圆柱、圆锥的直径一般注在非圆视图上，圆弧的半径应注在投影为圆弧的视图上，如图 5－21 所示。

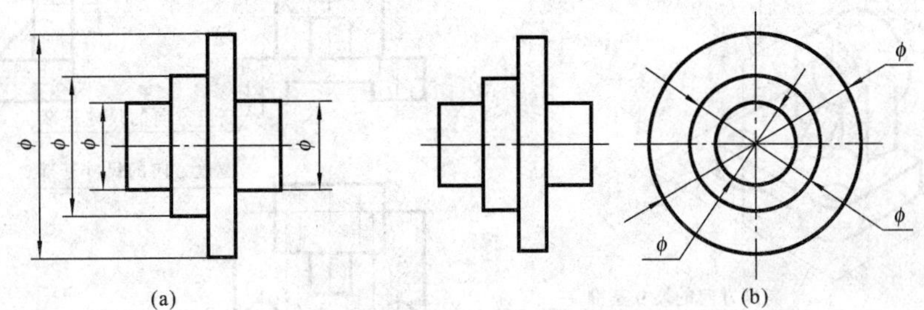

图 5－21　组合体的尺寸标注

(a) 清晰；(b) 不清晰

(4) 尺寸应尽量避免标注在虚线上。

(5) 同方向平行并列的尺寸，应保证小尺寸在内，大尺寸在外，间隔均匀，依次向外分布，以免尺寸界线与尺寸线相交，影响看图，如图 5 - 22 所示。

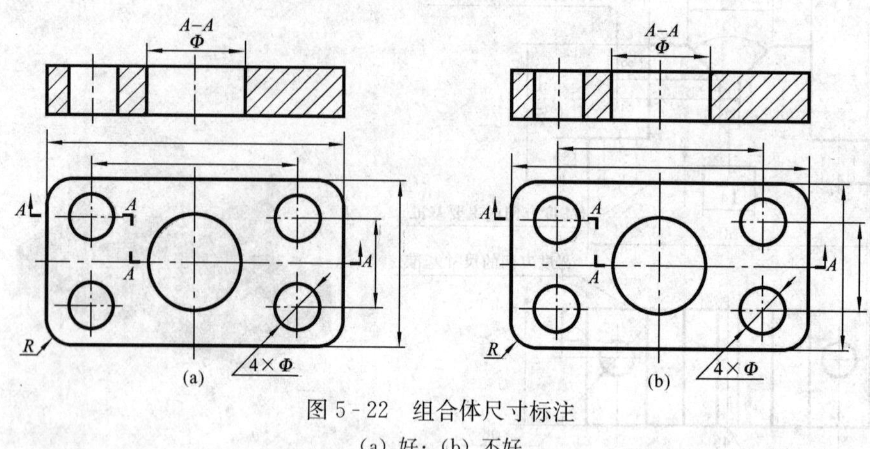

图 5 - 22 组合体尺寸标注

(a) 好；(b) 不好

四、组合体的尺寸注法举例

【例 5 - 3】 标注某支座的尺寸，如图 5 - 23 所示。

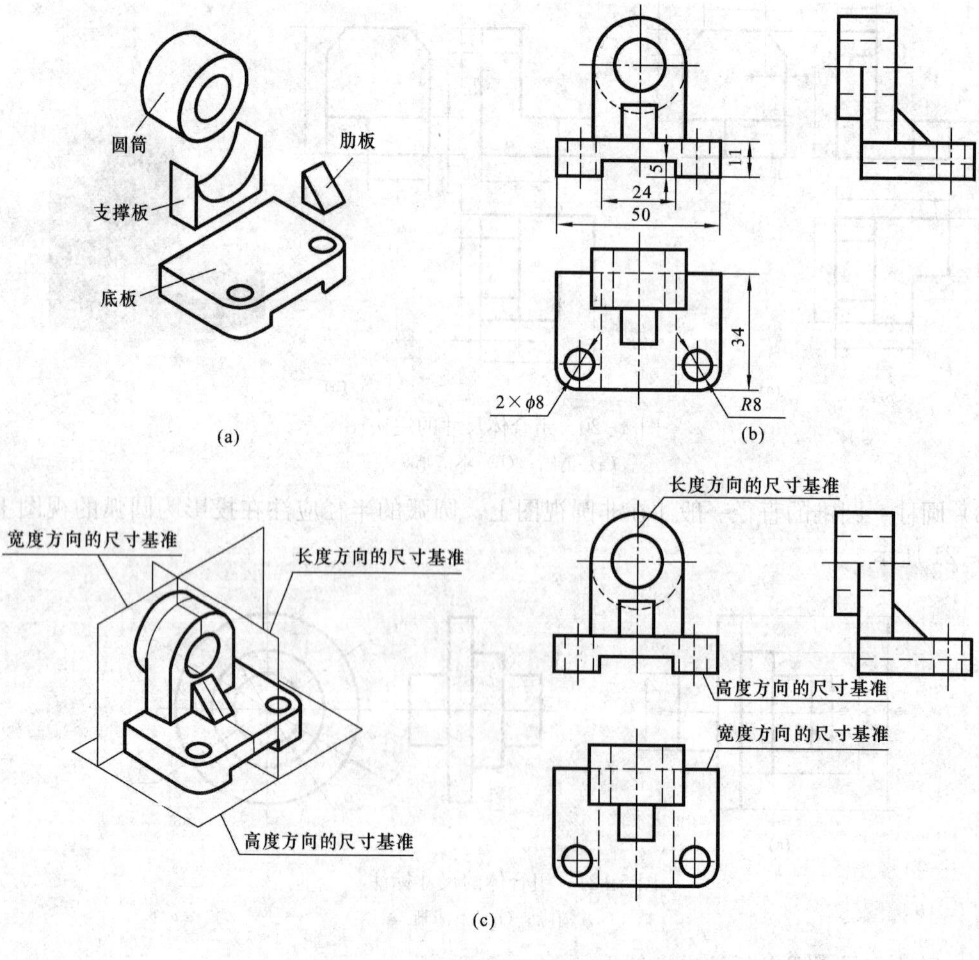

图 5 - 23 组合体视图的尺寸标注（一）

(a) 对支座形体的分析；(b) 标注底板的尺寸 ；(c) 选择支座的尺寸基准

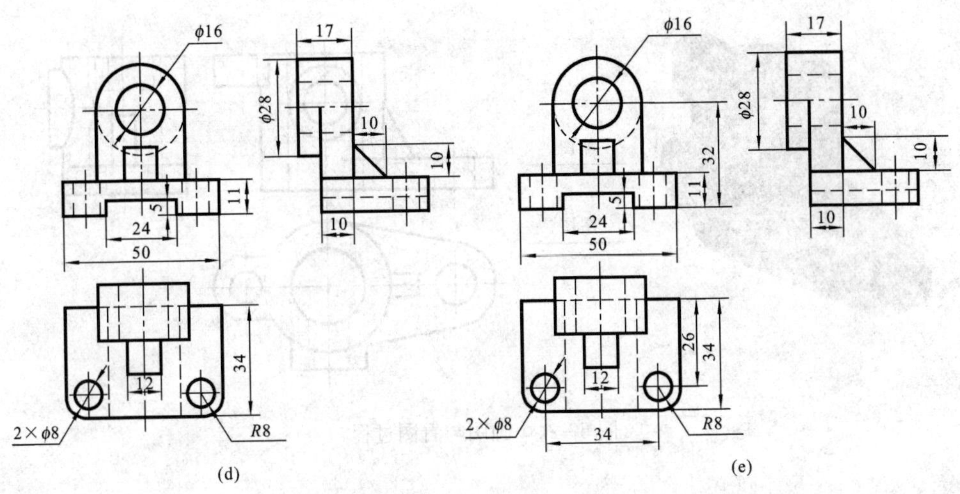

图 5-23 组合体视图的尺寸标注（二）

（d）标注圆筒、支撑板、肋板的定形尺寸；（e）标注支座的定位尺寸和总尺寸

学习提示：

组合体尺寸标注的基本方法仍采用形体分析法，学习中要弄清尺寸标注的方法和步骤。一能找准基准，二能注得齐全。在学习中应多看和多分析一些常见结构尺寸注法的实例，对正确标注尺寸很有帮助。

5.4 看组合体视图

目的与任务 了解图线、图框在视图中的含义，掌握形体分析法和线面分析法的读图技巧，并能灵活运用这些方法识读组合体视图。

读图的目的是要读懂视图所表达形体的形状和大小。运用正投影的规律分析视图，从而想象出空间物体的结构形状的过程，就是读图。要看懂图，除了掌握投影原理的有关知识外，还必须掌握一定的读图方法。

一、看图是画图的逆过程

画图，是运用正投影规律把空间三维物体用平面图形来表达的过程；看图，是根据平面视图想象物体空间形状的过程，如图 5-24 所示。看图、画图两过程互为逆过程。

二、看图时应注意的几个问题

要看懂组合体的视图，首先要掌握三视图的投影规律，即“长对正，高平齐，宽相等”；其次要掌握各种位置直线和平面的投影特性，特别要注意投影面垂直面的特性；再次要熟悉各种基本体的投影特性。除此之外还应注意以下几点：

（一）理解视图中线框和图形的含义

（1）视图中的每个封闭线框，通常都是物体上一个表面（平面、曲面或平面和曲面相切）的投影。图 5-25（a）中，P 代表一个平面，Q 代表平面和曲面相切，图 5-25（b）中，D 代表一个曲面。

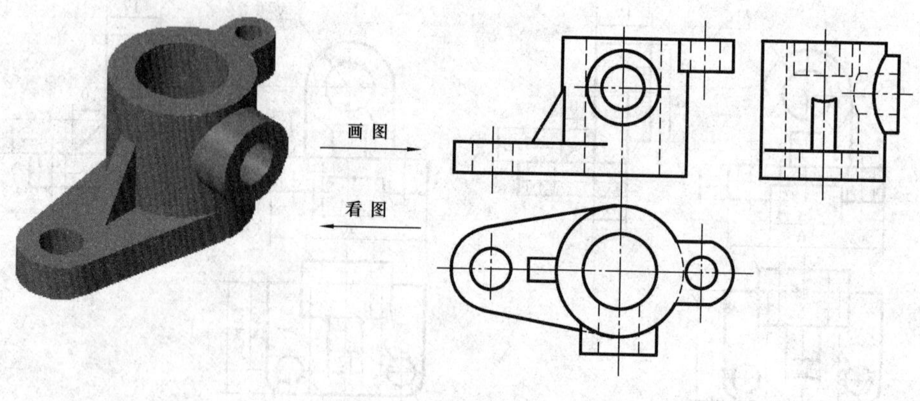

图 5 - 24 画图与看图过程

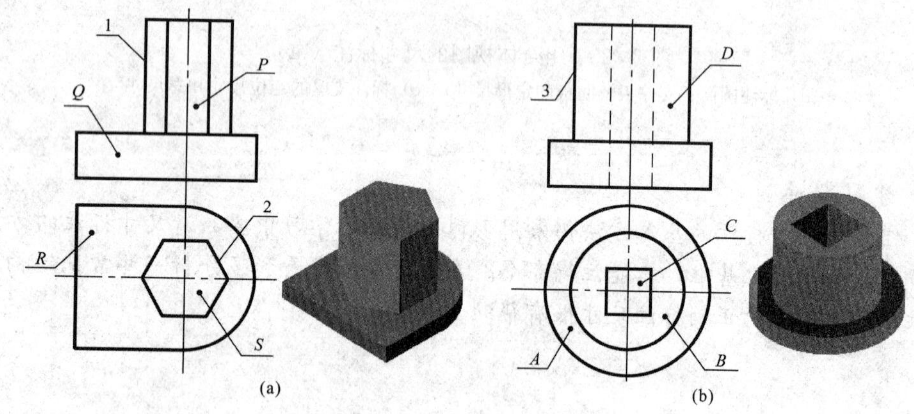

图 5 - 25 线框、图线的含义

(a) 线框、图线示例一；(b) 线框、图线示例二

(2) 视图中的相邻两线框，表示物体上不同位置的两个表面。两个表面或是上下、前后、左右的位置关系，或者是两个表面相交。在图 5 - 25 (a) 中，*P*、*Q* 两个面，*Q* 面在前，*P* 面在后。

(3) 视图中大线框中套小线框，表示在物体表面上凸出或凹进的关系。在图 5 - 25 (a) 中，*R*、*S* 两个面，*S* 面凸出；在图 5 - 25 (b) 中，*B*、*C* 两个面，*C* 面凹进；*A*、*B* 两个面，*B* 面凸出。

(4) 视图中的每一条线，可能是立体表面有积聚性面的投影，如图 5 - 25 (a) 中的线 2；也可能是两平面交线的投影，如图 5 - 25 (a) 中的线 1；还可能是曲面转向轮廓线的投影，如图 5 - 25 (b) 中的线 3。

只有分别读懂视图中线、面的投影，才能看懂视图的投影。理解线、面的含义是读图的出发点。

(二) 要把几个视图联系起来识读

在没有标注尺寸的情况下，一个视图不能确定物体的形状。因为一个视图只能反映物体两个方向的尺寸，一般不能确切地表达出物体三维空间的形状，如图 5 - 26 所示。

有时虽然有两个视图，但视图选择不当，也不能确定物体的形状。如图 5 - 27 所示，只看主、左两个视图，物体的形状仍不能确定。根据俯视图的不同，物体可能是圆柱、四棱柱等。因此，看图时不应只看一个或两个视图，而要把三个视图联系起来进行分析，才能弄清物体的形状。

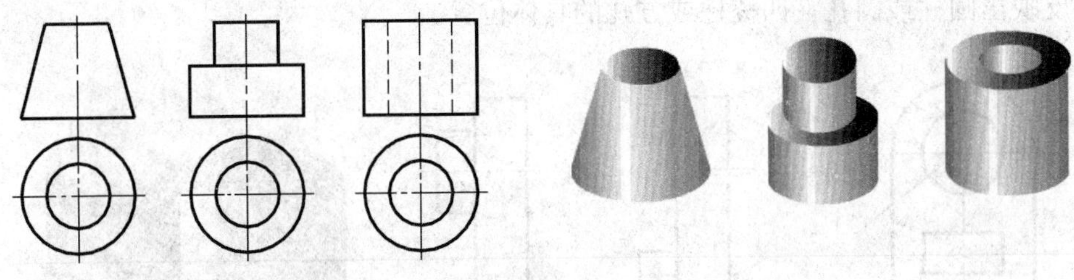

图5-26 一个视图不能确切地表达物体的形状

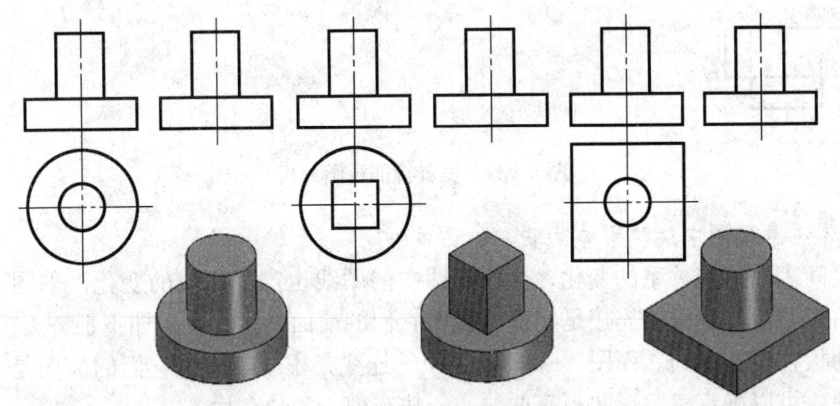

图5-27 要把几个视图联系起来看图

（三）要找出特征视图

特征视图就是物体形状特征反映最充分的那个视图。特征视图有形状特征和位置特征两种。如图5-28所示，（a）图中的俯视图，（b）图中的侧视图都是形状特征视图，它们最能反映物体的形状。

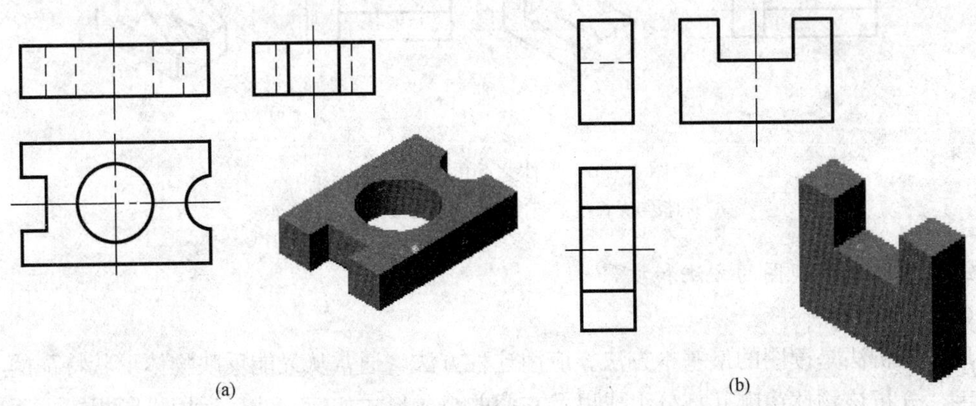

图5-28 形状特征视图

（a）俯视图为形状特征视图；（b）侧视图为形状特征视图

位置特征视图是指最能反映相互位置特征的那个视图。如图 5 - 29 所示，主视图是形状特征视图，但 1、2 线框所代表的形状在位置上不能确定；侧视图（a）、（b）是位置特征视图，它反映出圆柱或圆孔，四棱柱或方孔的具体位置。

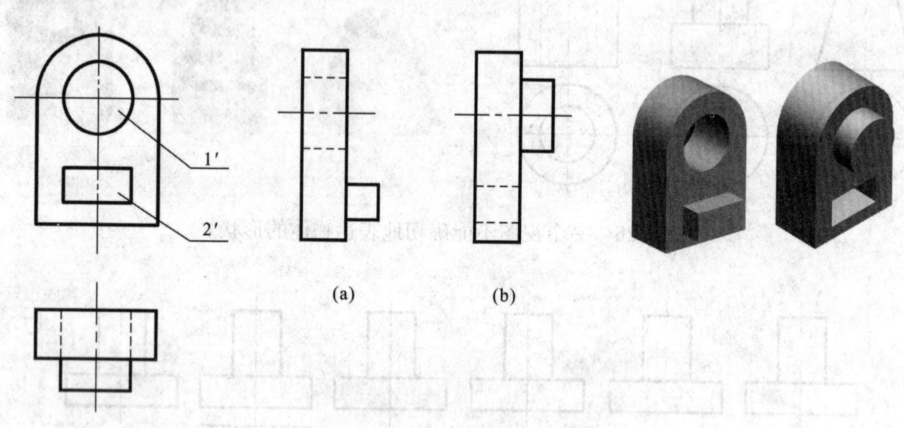

图 5 - 29 位置特征视图分析

（四）要注意视图中反映形体间联系的图线

形体之间表面连接关系的变化，会使视图中的图线也产生相应的变化。如图 5 - 30（a）所示，三角形肋板与底板的连接是实线，说明它们的前面是错位关系即不平齐连接，由俯视图得知，肋板在底板中间。而图 5 - 30（b）中的连线是虚线，说明它们的前面是平齐连接，根据俯视图，可以确定三角形肋板有两块，一块在前，一块在后。

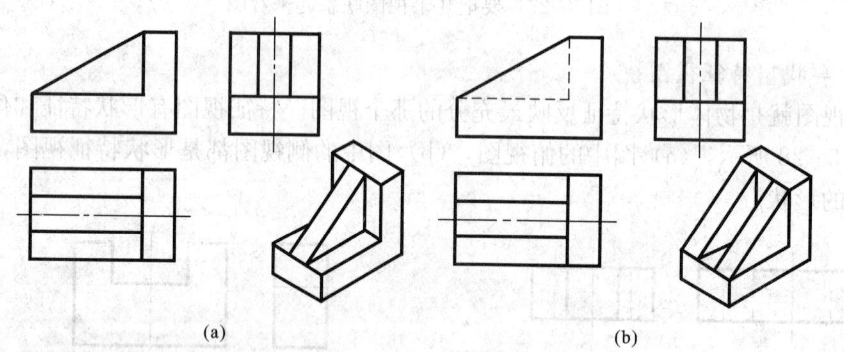

图 5 - 30 形体之间的表面连接关系
（a）肋板与底板不平齐连接；（b）肋板与底板平齐连接

三、看组合体视图的方法和步骤

（一）形体分析法

形体分析法是读图的最基本方法。应用这种方法，通常从最能反映物体形状特征的主视图着手，分析该物体由哪几部分组成以及它们的组成形式如何，然后运用投影规律，逐一找出每一部分在其他视图上的投影，从而想象出各部分所表达的基本形体的形状以及它们之间的相对位置关系，最后综合想象出整个物体的形状。

下面以图 5 - 31 所示的轴承座为例，说明看图的一般方法。

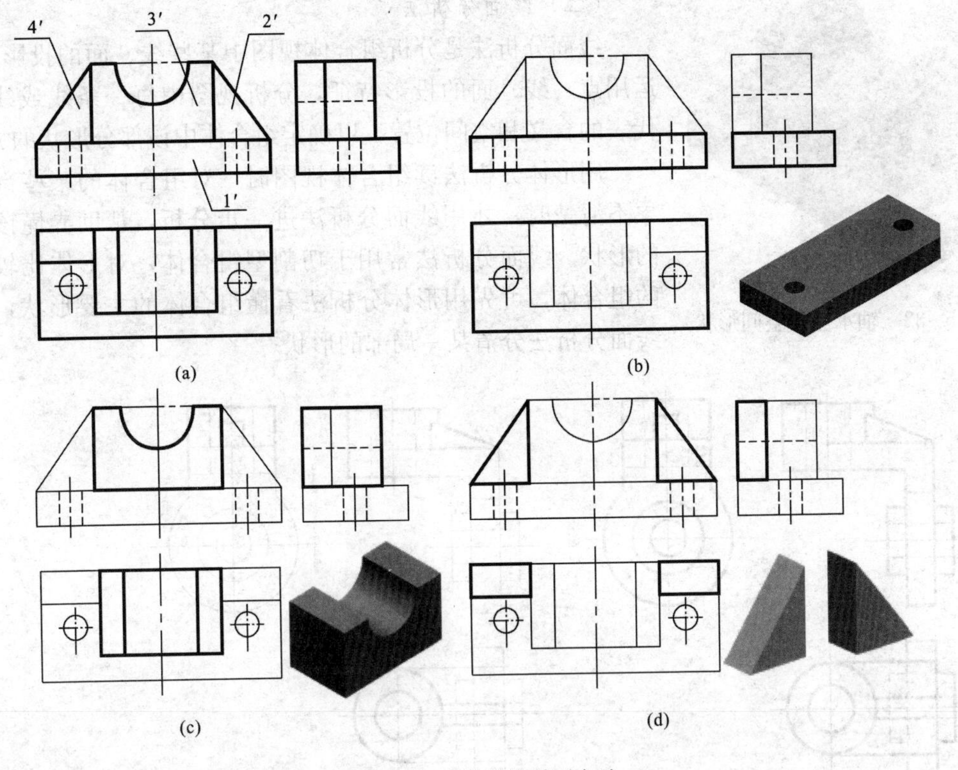

图5-31 轴承座看图方法

(a) 将轴承座分解为4个部分；(b) 底板；(c) 挖去了一个半圆槽的四棱柱；(d) 三棱柱

(1) 看视图，分析形体。运用形体分析法，从主视图上把轴承座分成4个部分，如图5-31 (a) 所示。

(2) 找投影关系想象形状。运用前面所学的投影规律和看图的基本要领，从线框入手，找出各个部分的三视图（画粗实线的部分），抓住特征视图，想出这部分物体的形状。

如图5-31 (b) 所示，粗实线为第1部分底板的三视图，由投影可知，三个视图都为矩形，底板可想象为长方形板，上面开有两个小圆孔。

如图5-31 (c) 所示，粗实线为第3部分的三视图，由投影可知，此部分为四棱柱，上方中间挖去了一个半圆槽。

如图5-31 (d) 所示，粗实线为第2、4两部分的三视图，由投影可知，它们为三棱柱。

(3) 对投影，辨明位置和连接关系。看图不仅要想出各部分的形状，还应抓住位置特征，确定各部分之间的相对位置和表面连接关系，但想象形状和分析位置及表面连接关系，很难截然分开，要综合考虑。如图5-31所示，3位于1上方中央处，背面两部分平齐连接，2、4位于1上方左右两侧仅靠3，背面4部分都为平齐连接，整个物体左右对称。

(4) 综合分析，想象整体形状。经过上述分析，弄清了各部分的形状、相对位置和表面连接关系，综合起来便可想象出物体的整体形状，如图5-32所示。

【例5-4】 读支架的三视图。图5-33所示为支架三视图的读图过程，读者可结合图形，自行分析学习。

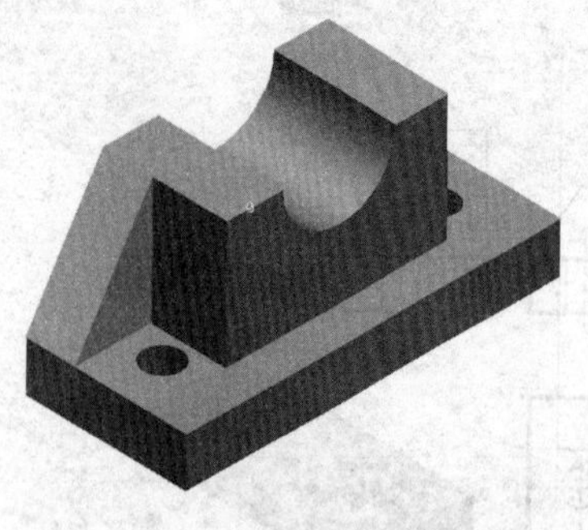

图 5-32　轴承座的空间形状

（二）线面分析法

线面分析法是分析组合体视图中某些线、面的投影关系，运用点、线、面的投影特征，分析视图中每一条线或线框所代表的含义和空间位置，以确定组合体中该部分形状的方法。

用形体分析法读组合体视图时，对组合体的某些部分想象不清楚时，才用线面分析法进一步分析，帮助弄懂该部分的形状。线面分析法常用于切割型组合体，对形体比较复杂的组合体，可先用形体分析法看懂组合体的主要形状，再用线面分析法分清某一局部的形状。

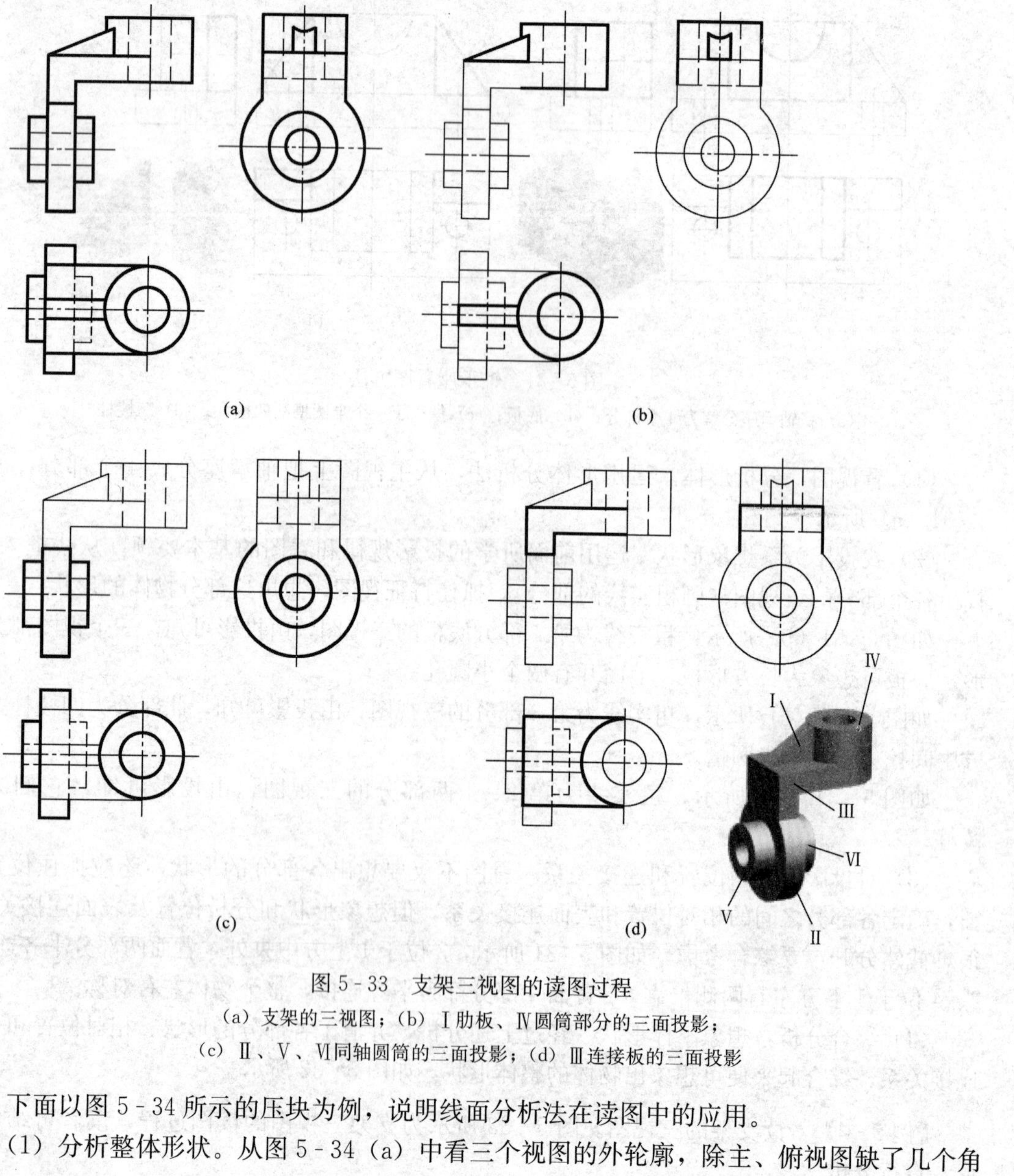

(a)　(b)

(c)　(d)

图 5-33　支架三视图的读图过程

（a）支架的三视图；（b）Ⅰ肋板、Ⅳ圆筒部分的三面投影；
（c）Ⅱ、Ⅴ、Ⅵ同轴圆筒的三面投影；（d）Ⅲ连接板的三面投影

下面以图 5-34 所示的压块为例，说明线面分析法在读图中的应用。

（1）分析整体形状。从图 5-34（a）中看三个视图的外轮廓，除主、俯视图缺了几个角

外，其余部分均属矩形。所以被切割前的原形，可看成是四棱柱。

(2) 抓住特征分清面。抓住特征就是看懂物体上各被切面的空间位置和几何形状。对于压块来讲，主视图左上方的缺角是用正垂面切出的三棱柱；俯视图左面前后位置的切角是用铅垂面切出的三棱柱；侧视图上部中央的缺口是用两个正平面和一个水平面切出的四棱柱，如图 5-34 (b) 所示。可见，压块的外形是由一个四棱柱被几个特殊平面切割后形成的。

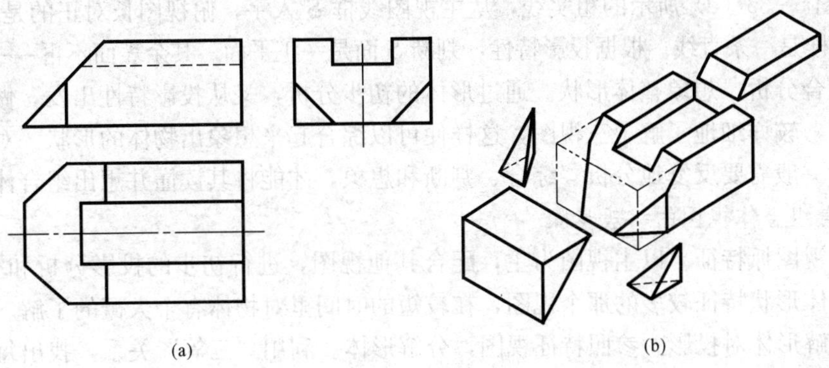

图 5-34 切割型组合体

(a) 切割型组合体的三视图；(b) 切割型组合体的主体分解图

在清楚被切平面的可见位置后，再根据平面投影特性，分清各切面的几何形状。

1) 如图 5-35 (a) 所示的粗实线，从俯视图中的封闭线框 P 入手，长对正，在主视图中找到一条对应斜线 P'，侧视图中找出类似线框 P''，根据垂直平面的投影特性，可判断 P 面是正垂面，形状为十边形。

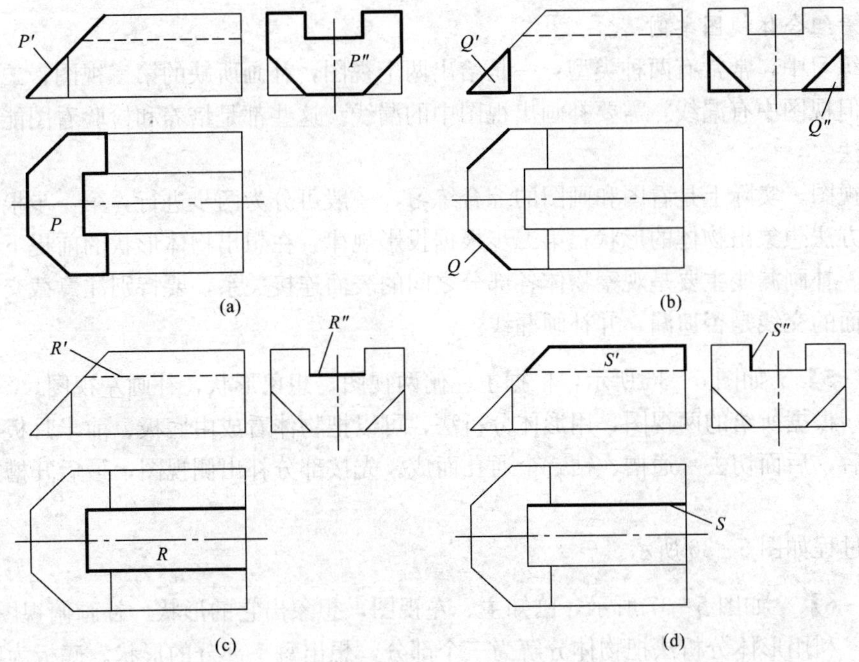

图 5-35 压块的看图方法

(a) 判断正垂面；(b) 判断铅垂面；(c) 判断水平面；(d) 判断正平面

2）如图5-35（b）所示的粗实线，从主视图中的三角形Q'入手，在俯视图中可找到对应斜线Q，侧视图中找到类似三角形线框Q''，根据铅垂面投影特性，判断Q面是铅垂面，图中前后两个铅垂面对称。

3）如图5-35（c）所示的粗实线，从俯视图线框R入手，主视图长对正的是一条虚线，高平齐，宽相等，侧面投影同样是一条直线。根据投影特性，判断R面是一水平面。

4）如图5-35（d）所示的粗实线，从主视图线框S'入手，俯视图长对正的是一条直线，侧面投影同样是一条直线。根据投影特性，判断S面是一正平面。其余表面不再一一分析。

（3）综合分析，想象整体形状。通过形体的初步分析，又从投影特性出发，做了进一步的线面分析，较详细地了解了三视图，这样便可以综合起来想象出物体的形状。对于比较复杂的视图，一般需要反复地分析、综合、判断和想象，才能将其读懂并想出组合体的形状。

（三）看组合体视图的一般步骤

（1）看视图抓特征。以主视图为主，配合其他视图，进行初步的投影分析和空间分析。找出反映物体形状特征较多的那个视图，在较短的时间里对物体有个大概的了解。

（2）分解形体对投影。参照特征视图，分解形体。利用“三等”关系，找出每一部分的三个投影，想出它们的形状。

（3）综合起来想整体。在看懂每部分形体的基础上，进一步分析它们之间的组合方式，表面连接关系和相对位置关系，从而想象出整体的形状。

（4）线面分析攻难点。一般情况下，形体清晰的零件，用上述形体分析方法看图就可以解决读图问题。但是对于一些较复杂的零件，特别是由切割体组成的零件，只用形体分析法还不够，还需采用与线面分析相结合的方法来读懂视图。

（5）综合起来想象整体形状。

四、看组合体视图举例

看图练习中，常常有两种类型：一是给出两个视图，补画所缺的第三视图；二是给出三个视图，但视图中有漏线，需要补画出视图中的漏线。这些都是培养和检验看图能力的行之有效的方法。

补画视图，实际上是看图和画图的综合练习，一般可分为两步进行，第一步根据已给视图按看图方法想象出物体的形状；第二步根据投影规律，在想出物体形状的前提下，画出物体的视图。补画漏线主要是观察物体各部分之间的表面连接关系，要特别注意截交线、相贯线、面与面的交线是否遗漏，并补画漏线。

【例5-5】 如图5-36所示，根据主、俯两视图，想象形状，补画左视图。

分析 根据所给的两视图，用形体分析法，可以把物体看成由底板、前半月板和后立板叠加起来后，后面切去一通槽、钻一个通孔而成。先按部分补出侧视图，最后开槽穿孔，检查视图。

画图过程如图5-36所示。

【例5-6】 如图5-37所示，已知主、左视图，想象出它的形状，补画俯视图。

分析 利用形体分析法把物体分解为三个部分，想出每一部分的形状。底板为四棱柱下方中央开槽，竖直圆筒放在底板上方中央处，水平圆筒与竖直圆筒相贯。在画出俯视图时，注意两个圆筒的外筒等径，相贯线为平面曲线，画出的是直线；内筒不等径，相贯线画出的是曲线。补画视图如图 5 - 38 所示。

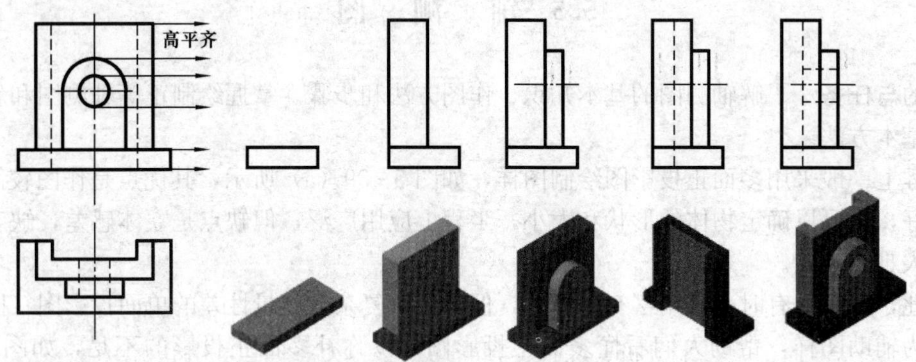

图 5 - 36　由已知视图补画第三视图

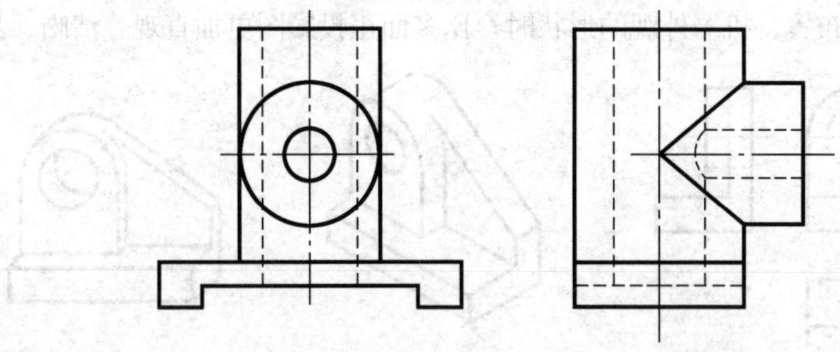

图 5 - 37　组合体的主视图和侧视图

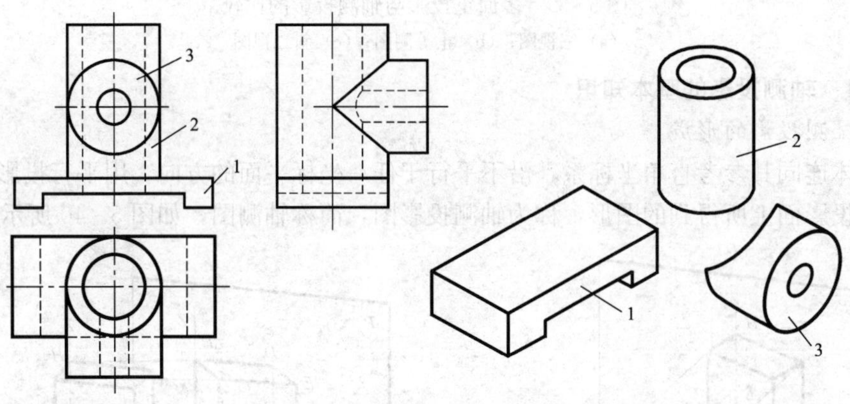

图 5 - 38　补画后的三视图

学习提示：

看组合体视图的方法以形体分析法为主，线面分析法为辅。掌握方法只是看图的基础，更重要的是，要熟悉正投影规律，增加对立体的感性认识并通过画图、看图的反复训练，培养空间想象能力。组合体阶段的学习将为后面的表达方法和专业图打好画图和看图的基础。

5.5 轴　测　图

目的与任务　了解轴测图的基本知识、作图方法和步骤。掌握绘制正等轴测图和斜二轴测图的基本方法。

工程上一般采用多面正投影图绘制图样，如图 5-39（a）所示，其优点是作图较简单且度量性好，它可以确定物体的形状和大小，工程上应用广泛，但缺点是立体感差，缺乏看图基础的人难以看懂。

因此，工程上有时也采用富有立体感，但作图较复杂且度量性差的单面投影图（即轴测图）作为辅助图样，帮助人们看懂多面正投影图，以弥补多面正投影的不足，如图 5-39（b）、（c）所示。

轴测图多用于结构设计、技术革新、产品说明书及广告等方面，它在表达机器的工作原理、操纵机构、空间管路的布置、机器外观的形状时，比多面正投影图更加直观、清晰、易懂。

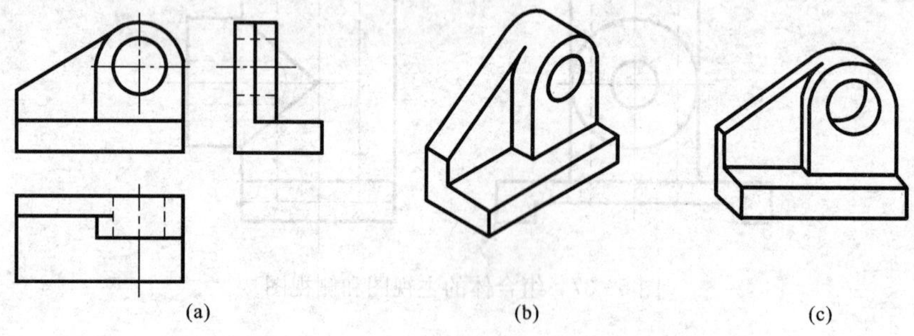

图 5-39　多面正投影与轴测投影的比较

（a）三视图；（b）正等测图；（c）斜二视图

5.5.1　轴测投影的基本知识

一、轴测投影的形成

将物体连同其参考直角坐标系，沿不平行于任一坐标平面的方向，用平行投影法将其投射在单一投影面上所得到的图形，称为轴测投影图，简称轴测图，如图 5-40 所示。

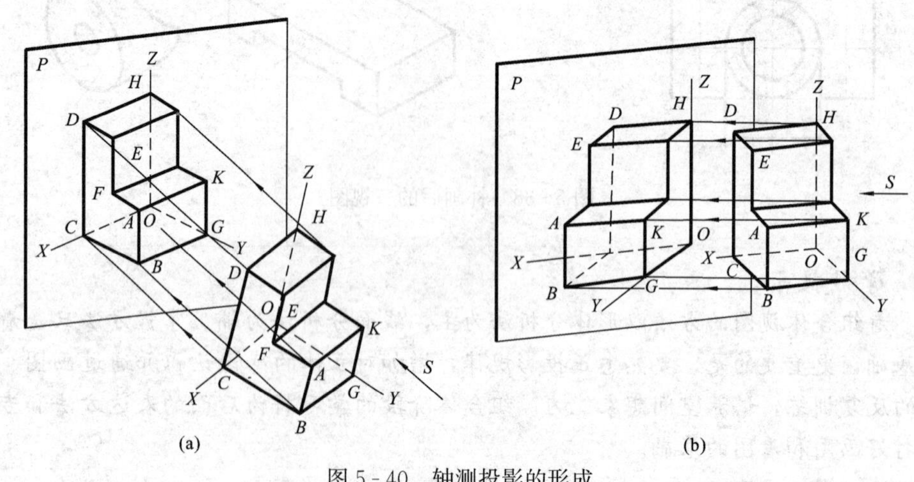

图 5-40　轴测投影的形成

（a）正轴测图的形成；（b）斜轴测图的形成

二、轴测投影的基本要素

(1) 轴测轴——空间直角坐标轴 OX、OY、OZ 在轴测投影面上的投影 O_1X_1、O_1Y_1、O_1Z_1，称为轴测投影轴，简称轴测轴，如图 5-41 (a) 所示。

(2) 轴间角——两轴测轴之间的夹角（$\angle X_1O_1Y_1$、$\angle Y_1O_1Z_1$、$\angle Z_1O_1X_1$），用它来控制轴测投影的形状变化，如图 5-41 (a) 所示。

(3) 轴向伸缩系数——物体上平行于直角坐标轴的直线段投影到轴测投影面 P 上的长度与其相应的原长之比，称为轴向伸缩系数。

规定用 p 表示 OX 轴的轴向伸缩系数，q 表示 OY 轴的轴向伸缩系数，r 表示 OZ 轴的轴向伸缩系数。用轴向伸缩系数控制轴测投影的大小变化。

$$p=\frac{Q_1X_1}{OX}\quad q=\frac{O_1Y_1}{OY}\quad r=\frac{O_1Z_1}{OZ}$$

三、轴测图的种类

在轴测投影中，投影面 P 称为轴测投影面，投射方向 S 称为轴测投射方向。当投射方向 S 垂直于轴测投影面 P 时，所得的图形称为正轴测图，即用正投影法得到的轴测投影，如图 5-40 (a) 所示。当投射方向 S 倾斜于轴测投影面 P 时，所得的图形称为斜轴测图，即用斜投影法得到的轴测投影，如图 5-40 (b) 所示。

对于正轴测图或斜轴测图，按其轴向伸缩系数的不同可分为三种：

(1) 如 $p=q=r$，称为正（或斜）等轴测图，简称正（或斜）等测。

(2) 如 $p=r\neq q$，$p=q\neq r$，$r=q\neq p$ 称为正（或斜）二等轴测图，简称正（或斜）二测。

(3) 如 $p\neq q\neq r$，称为正（或斜）三测轴测图，简称正（或斜）三测。

在国家标准《机械制图》中，推荐采用正等测、正二测、斜二测三种轴测图。本节只介绍正等测轴测图和斜二测轴测图的画法。

四、轴测图的基本性质

轴测投影属于平行投影，因此，轴测图具有平行投影的性质：

(1) 空间平行的直线段，轴测投影后仍相互平行。

(2) 平行于直角坐标轴的直线段，其轴测投影后必平行于相应的轴测轴，且伸缩系数与相应轴测轴的轴向伸缩系数相等。因此，画轴测图时，必须沿轴测轴或平行于轴测轴的方向度量长度，轴测图也因此而得名。

(3) 直线段上两线段长度之比，等于其轴测投影长度之比。

5.5.2 正等测轴测图

一、正等测轴测投影的形成

正等测轴测投影上的 3 根直角坐标轴与轴测投影面的倾角均相等，其轴间角均相等，即 $\angle X_1O_1Y_1=\angle Y_1O_1Z_1=\angle X_1O_1Z_1=120°$，轴向伸缩系数也相同，即 $p=q=r=0.82$。为了作图简便，实际作图时，采用 $p=q=r=1$ 的简化轴向伸缩系数。凡平行于各坐标轴的尺寸均按原尺寸作图。这样画出的轴测图，其轴向尺寸比按理论伸缩系数作图的尺寸放大到 $1/0.82\approx1.22$ 倍，如图 5-41 (c)、(d) 所示。

二、平面立体的正等测图的画法

根据物体的形状特点，画轴测图时有以下 3 种方法：

(1) 坐标法：按坐标画出物体各顶点轴测图的方法，它是画平面立体的基本方法，如图

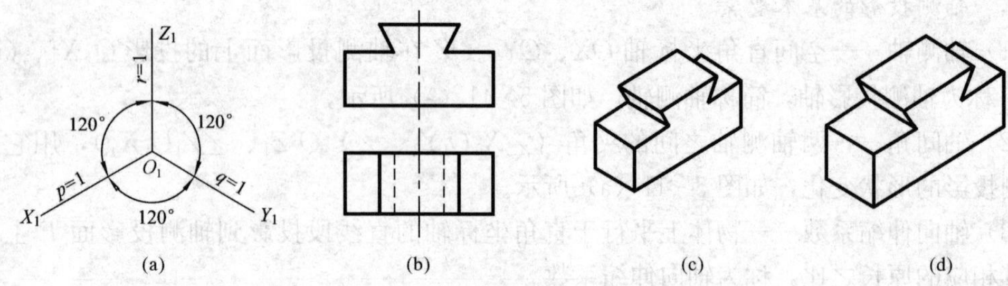

图 5-41 正等轴测图的轴间角和轴向伸缩系数

(a) 轴间角和轴向伸缩系数；(b) 正投影图；(c) $p=q=r=0.82$；(d) $p=q=r=1$

5-42 所示。

(2) 切割法：对不完整的形体，可先按完整形体画出，然后用切割的方式画出其不完整的部分。它适用于画切割类物体，如图 5-43 所示。

(3) 叠加法：对一些较复杂的物体采用形体分析法，分成基本形体，按各基本形体的位置逐一画出其轴测图的方法，如图 5-44 所示。

画轴测图的一般步骤：

(1) 根据形体结构特点，确定坐标原点位置，一般选在形体的对称轴线上，且放在顶面或底面处。

(2) 根据轴间角，画轴测轴。

(3) 按点的坐标作点、直线的轴测图，一般自上而下或自下而上画出，根据轴测投影的基本性质，依次作图，不可见棱线通常不画出。

(4) 检查，擦去多余的图线并加深。

【例 5-7】 根据正六棱柱的正投影图，用坐标法画出其正等测轴测图。

分析 根据六棱柱的形状特点，宜采用坐标法作图。本题的关键在于选择坐标轴和坐标原点，以避免画不必要的作图线。由六棱柱的正投影图可知，六棱柱的顶面和底面均为水平的正六边形，且前后左右对称，棱线垂直于底面，因此取顶面的对称中心 O 点作为原点，OZ 轴与棱线平行，OX、OY 轴分别与顶面对称轴线重合。作图步骤如图 5-42 所示。

【例 5-8】 根据图 5-43 (a) 所示的视图，作出立体的正等测轴测图。

(1) 切割法：先画长方体，然后逐步切割形体作图，作图步骤如图 5-43 所示。

(2) 叠加法：先画长方体底板，再加立板，然后加上三角形斜块，作图步骤如图 5-44 所示。

三、曲面立体的正等测图的画法

作回转体的正等测轴测图，关键在于画出立体表面上圆的轴测投影。

(一) 平行于坐标面的圆的正等测轴测投影

圆的正等测轴测投影为椭圆，该椭圆常采用菱形法近似画出，即用 4 段圆弧近似代替椭圆弧，不论圆平行于哪个投影面，其轴测投影的画法均相同。直径为 d 的水平圆的正等轴测投影的画法，如图 5-45 所示。作图步骤如下：

(1) 过圆心 O 作坐标轴 OX 和 OY，再作四边平行于坐标轴的圆的外切正方形，切点分别为 1、2、3、4，如图 5-45 (a) 所示。

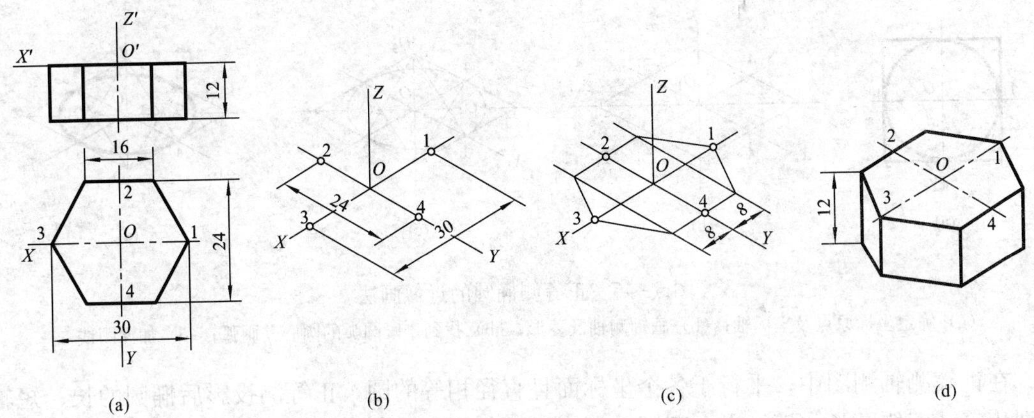

图 5-42　坐标法作六棱柱的正等轴测图

(a) 在投影图上定坐标轴和坐标原点；(b) 画轴测轴，根据尺寸 30、24 定 1、2、3、4 四点坐标；
(c) 过 2、4 点作直线平行于 OX 轴，并在 2、4 点的两边各取尺寸 8，然后连接各顶点；
(d) 过各顶点向下画侧棱，取尺寸 12，画底面各边，检查加深

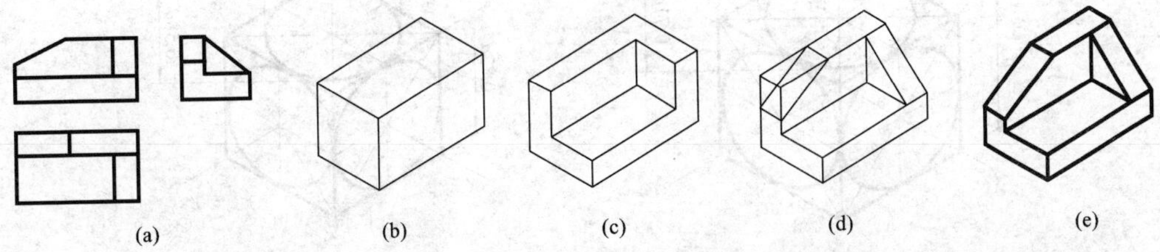

图 5-43　切割法作正等轴测图

(a) 垫块三视图；(b) 先画长方体；(c) 切去前上角；(d) 切去左上角；(e) 整理图线

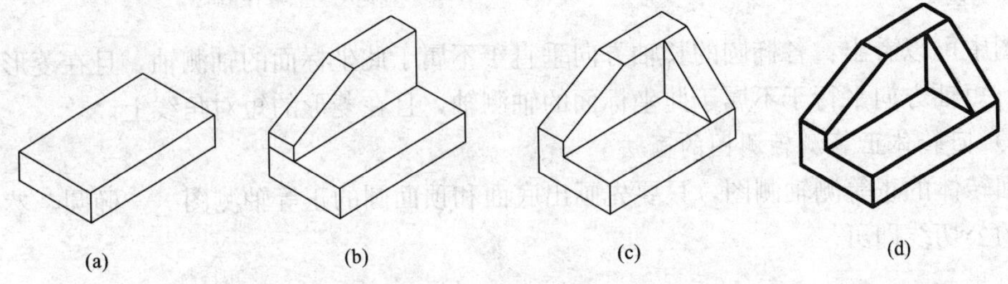

图 5-44　叠加法作正等轴测图

(a) 先画长方体底板；(b) 加上立板；(c) 最后加上三角形斜块；(d) 加深图线

(2) 画出轴测轴 O_1X_1、O_1Y_1，按圆的半径在轴测轴上量取切点 1、2、3、4，过各点作轴测轴的平行线，相交成菱形，即圆的外切正方形的正等测图，菱形的对角线分别为椭圆的长、短轴位置，如图 5-45 (b) 所示。

(3) 过菱形的钝角点 O_1、O_3，连接 $O_1 3$、$O_1 4$，$O_3 1$、$O_3 2$，得交点 O_2、O_4，则 O_1、O_2、O_3、O_4 即是近似椭圆的 4 个圆心，O_1、O_3 是菱形短对角线的顶点，O_2、O_4 在菱形的长对角线上，如图 5-45 (c) 所示。分别以 O_1、O_3 为圆心，$O_3 1$ 为半径画大圆弧 12、34；再分别以 O_2、O_4 为圆心，$O_2 2$ 为半径画小圆弧 23、41。4 段圆弧所连成的就是近似椭圆。

(4) 最后检查、加深，如图 5-45 (d) 所示。

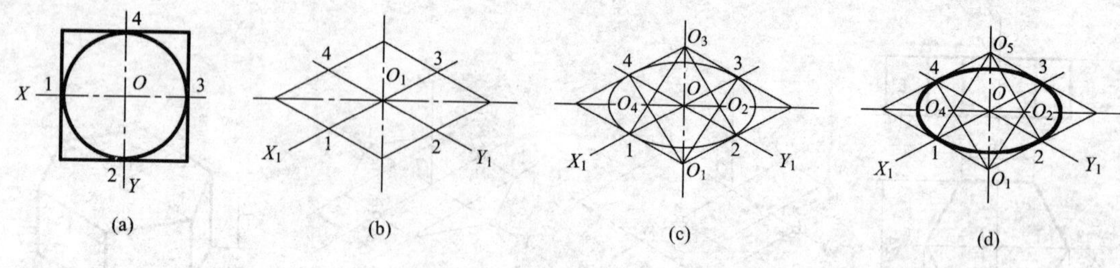

图 5-45　正等测椭圆的近似画法

(a) 确定坐标原点及坐标轴；(b) 画轴测轴及菱形；(b) 找到 4 段圆弧的圆心并画弧；(d) 加深图线

在正等测轴测图中，平行于各个坐标面且直径相等的圆，正等测投影后椭圆的长、短轴分别相等，但椭圆长、短轴方向不同，画图时应注意坐标的变化，如图 5-46 所示。

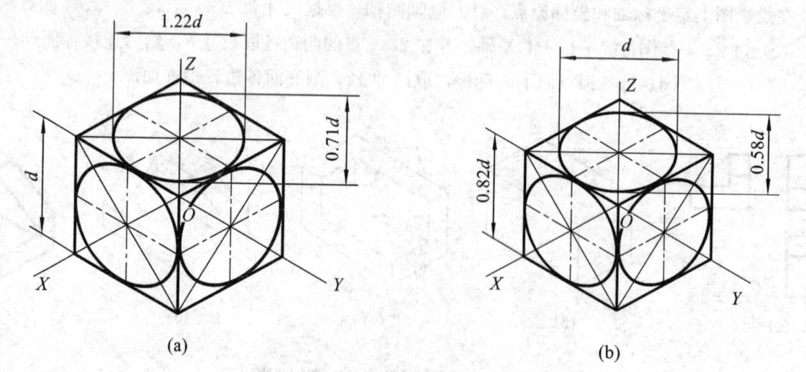

图 5-46　平行于各坐标面的圆的正等测图

(a) 按轴向伸缩系数=1 作图；(b) 按轴向伸缩系数=0.82 作图

从图中可以看出：各椭圆的长轴方向垂直于不属于此坐标面的轴测轴，且在菱形的长对角线上；短轴方向平行于不属于此坐标面的轴测轴，且在菱形的短对角线上。

（二）回转体正等测轴测图的画法

画回转体的正等测轴测图，只要先画出底面和顶面圆的正等轴测图——椭圆，然后作出两椭圆的公切线即可。

【例 5-9】　如图 5-47（a）所示，作圆柱的正等轴测图。

分析　由于圆柱的轴线垂直于水平面，上下底面为两个与水平面平行且大小相等的圆，在轴测图中均为椭圆。

作图步骤

(1) 以上顶圆的圆心为原点 O，取 OX、OY、OZ 为坐标轴，作上顶圆的外切正方形，得切点 a、b、c、d，如图 5-47（a）所示。

(2) 作轴测轴。在轴测轴上量取 a、b、c、d4 点，过 4 点分别作 O_1X_1、O_1Y_1 的平行线，得外切正方形的轴测菱形，如图 5-47（b）所示。

(3) 过菱形的顶点 1、2 连接 $1c$ 和 $2b$，与菱形对角线相交得交点 3，连接 $2a$ 和 $1d$ 得交点 4，则 1、2、3、4 各点即为作近似椭圆的 4 段圆弧的圆心。分别以 1、2 为圆心，$1c$ 为半径作 cd 弧和 ab 弧，分别以 3、4 为圆心，$3b$ 为半径作 bc 弧和 da 弧，即完成了上顶圆的轴

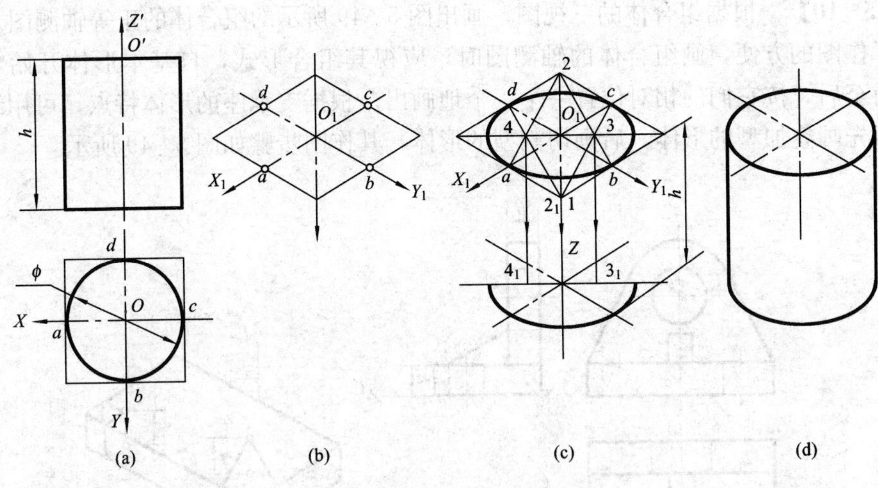

图 5-47　圆柱的正等轴测图画法

(a) 确定坐标原点及坐标轴；(b) 画轴测轴及菱形；(c) 作出上顶圆及下顶圆的轴测图；(d) 作两椭圆的公切线并描深图形

测椭圆。将椭圆的 3 个圆心 2、3、4 沿 Z 轴向下平移高度 h，作出下底椭圆（看不见的一半圆弧不必画出），如图 5-47（c）所示。

（4）作两椭圆的公切线，擦去作图线并描深，作图结果如图 5-47（d）所示。

（三）圆角的正等测轴测图的画法

立体上的 1/4 圆角在正等轴测图上是 1/4 椭圆弧，可用近似画法作出，作图步骤如图 5-48所示。

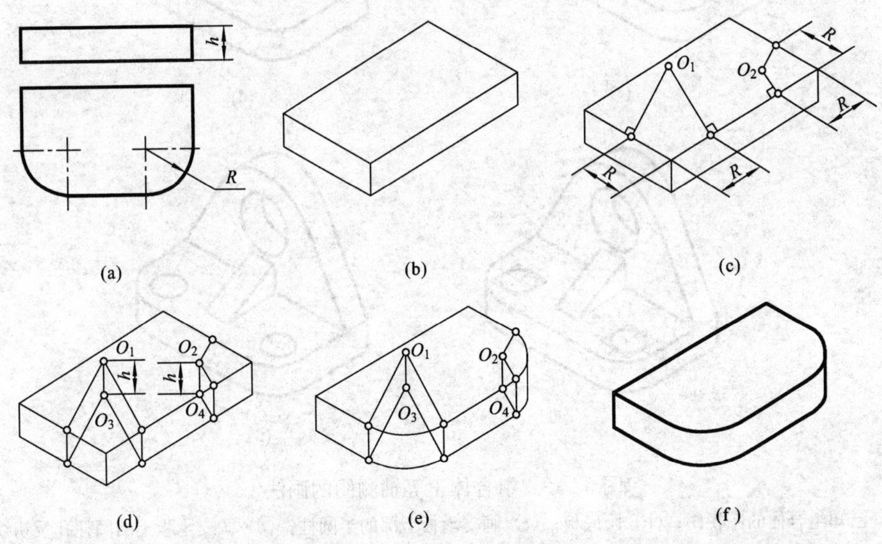

图 5-48　圆角的正等轴测图

(a) 底板的两面投影；(b) 画长方体的正等轴测图；(c) 作底板顶面两圆角的圆心和切点；(d) 把 O_1、O_2 向下平移 h 高，得底面圆心 O_3、O_4 和切点；(e) 以 O_1、O_2、O_3、O_4 为圆心，画对应的圆弧和小圆的外公切线；(f) 擦除多余线并加深完成轴测图

【例 5-10】 根据组合体的三视图，画出图 5-49 所示的组合体的正等轴测图。

为了作图的方便，画组合体的轴测图时，应视其组合形式，自基本形体开始，从下至上，从前至后，按它们的相对位置一个一个地画出。根据支承座的形体特点，可用综合法作图，一般先画叠加型的形体，后画切割型的形体，其作图步骤如图 5-49 所示。

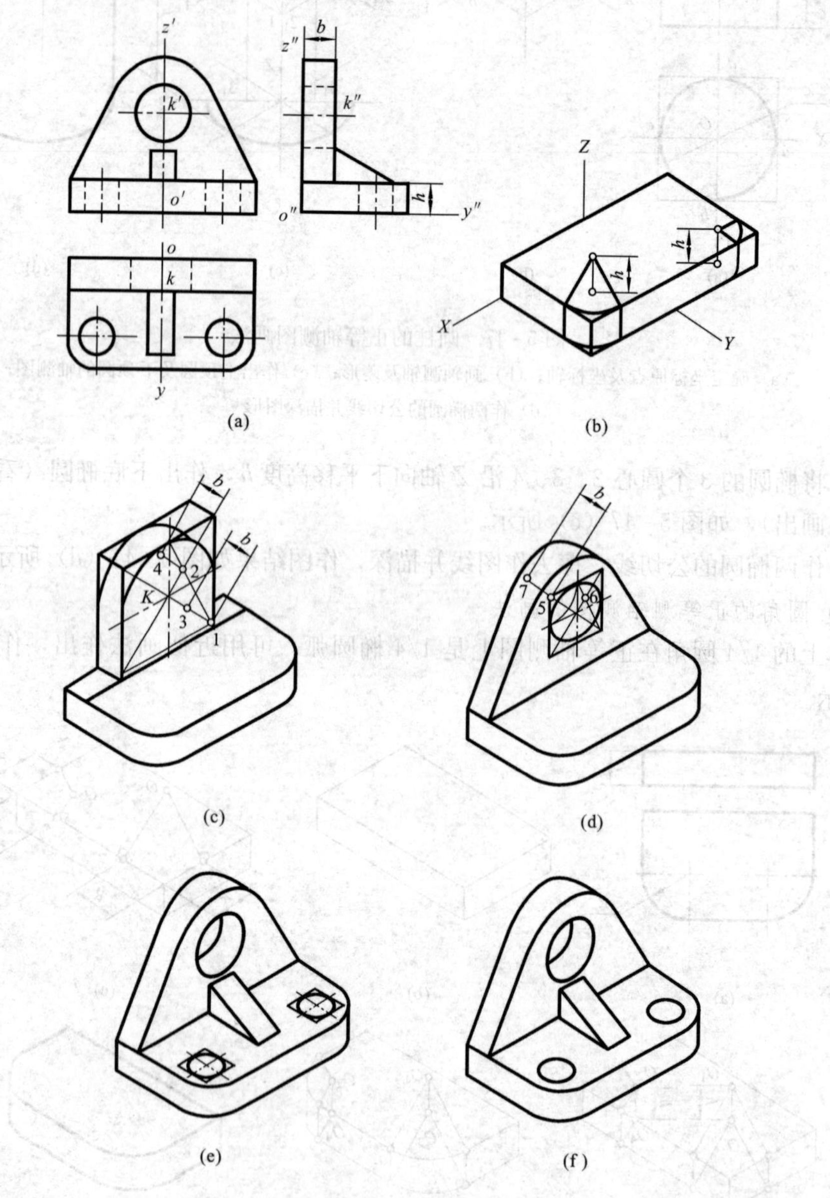

图 5-49 组合体正等轴测图的画法

(a) 已知组合体的三视图；(b) 画底板；(c) 画支承板上部的半圆柱；(d) 画支承板上的圆柱孔及切线；(e) 画肋板及底板上的圆柱孔；(f) 擦去多余图线并加深

5.5.3 斜二测轴测图

轴测投影中，当投射方向倾斜于轴测投影面时，所得的投影为斜轴测投影。若将物体的一个坐标面 XOZ 放置成与轴测投影面平行，所选投影方向使 O_1Y_1 轴与 O_1X_1 轴之间的夹角为135°，并使O_1Y_1轴的轴向伸缩系数为0.5，如图5-50（a）所示，则所得的图形称为斜二等轴测图，简称斜二测。

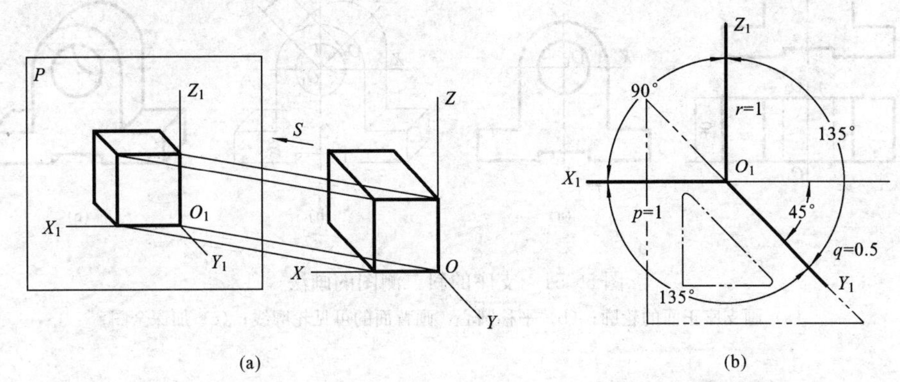

图5-50 斜二等轴测图的形成、轴间角和轴向伸缩系数

（a）斜二等轴测图的形成；（b）轴间角和轴向伸缩系数

一、斜二测的轴间角和轴向伸缩系数

斜二测的轴间角：$\angle X_1O_1Z_1=90°$，$\angle X_1O_1Y_1=\angle Y_1O_1Z_1=135°$；斜二测的轴向伸缩系数：$p=r=1$，$q=0.5$，如图5-50（b）所示。

二、斜二测图的画法

斜二测图在作图方法上与正等测图基本相同，也可采用前述坐标法、切割法、叠加法等作图方法，所不同的是轴间角和轴向伸缩系数。斜二测图沿O_1Y_1轴只取实长的一半。在斜二测中，形体上平行于XOZ坐标面的平面可以反映实形，因此，画斜二测图时，应尽量地把形状复杂的平面或圆（弧）等摆放在与$X_1O_1Z_1$面平行的位置，使作图简便。有时甚至可以通过变换坐标的方法来达到上述目的，这就是斜二测图的优点。

【例5-11】 根据支座的主、俯视图，画出其斜二测轴测图。

支座斜二测图的作图步骤，如图5-51所示。

（1）画支座正面的轮廓，与主视图相同，如图5-51（a）所示。

（2）平移法：因$q=0.5$，圆心沿Y轴向后平移15，得到$O2$点，画出背面可见轮廓线，被前面挡住的部分可不画出来，如图5-51（b）所示。

（3）检查、整理、加深全图，如图5-51（c）所示。

【例5-12】 根据图5-52（a）所示的法兰盘的视图，画出它的斜二等轴测图。

作图步骤 如图5-52所示。

（1）根据视图放置方向，确定法兰盘的画图坐标，使圆盘的形状特征面与轴测投影面XOZ平行，如图5-52（a）所示。

（2）确定圆心位置，作斜二测轴测轴，如图5-52（b）所示。

（3）画$\phi60$的轮廓线，如图5-52（c）所示。

（4）画$\phi160$的可见轮廓线，如图5-52（d）所示。

（5）画$\phi20$和$\phi37$的可见轮廓线，并作出每一对等直径圆的公切线，如图5-52（e）所示。

（6）擦去多余图线，检查、整理加深，如图5-52（f）所示。

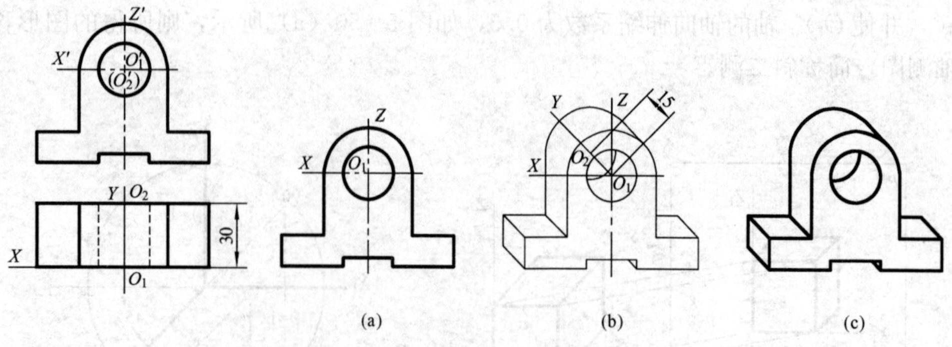

图 5-51　支座的斜二测图的画法

（a）画支座正面的轮廓；（b）平移圆心，画背面的可见轮廓线；（c）加深全图

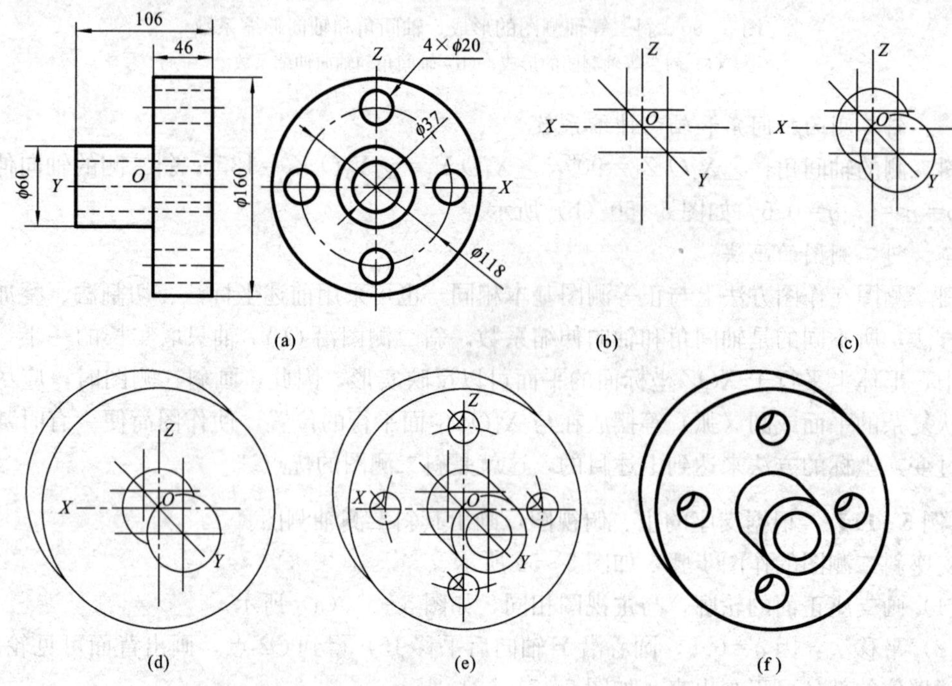

图 5-52　法兰盘的斜二测图的画法

（a）确定法兰盘的画图坐标；（b）确定圆心位置并作轴测轴；（c）作 ϕ60 的轮廓线；（d）作 ϕ160 的可见轮廓线；（e）作 ϕ20 和 ϕ37 的可见轮廓线及等直径圆的公切线；（f）加深全图

学习提示：

画轴测图的关键是熟悉不同轴测图的轴间角和轴向伸缩系数，并将轴测轴的坐标与三视图的坐标对应起来，结合平行投影的特点来求作。另外，坐标原点的选择直接影响作图的难易程度，应特别注意。

5.6 AutoCAD的文字及尺寸标注

目的与任务 了解AutoCAD中文字及尺寸标注的基本内容，掌握创建文字样式、尺寸标注样式的方法，能按照国家标准的要求注写文字和标注尺寸。

5.6.1 注写文字

一个完整的图样中，通常都包含一些文字注释来标注图样中的一些非图形信息。例如，工程图中的技术要求、装配说明，材料说明、施工要求等。因此，文字对象是AutoCAD图形中重要的图形元素，是工程图样中不可缺少的组成部分。

一、创建文字样式

在文字注写时，首先应设置文字样式，这样才能注写符合要求的文本。

选择“文字样式管理器格式”→“文字样式”命令，打开“文字样式”对话框，如图5-53所示。

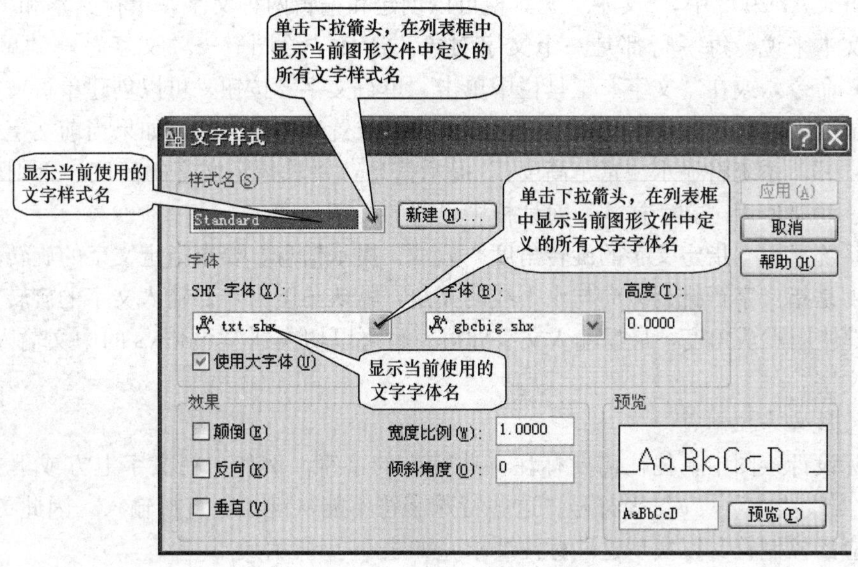

图5-53 “文字样式”对话框

（一）设置样式名

“文字样式”对话框的“样式名”选项区域中显示了文字样式的名称，提供了创建新的文字样式、为已有的文字样式重命名或删除[1]文字样式等操作。

（二）设置字体

“文字样式”对话框的“字体”选项区域用于设置文字样式所使用的字体和字高等属性。其中，“字体”下拉列表框用于选择字体；“字体样式”下拉列表框用于选择字体格式，如斜体、粗体和常规字体等；“高度”文本框用于设置文字的高度。选中“使用大字体”复选框，“字体样式”下拉列表框变为“大字体”下拉列表框，用于选择大字体文件。

---

[1] 在AutoCAD中无法重命名默认的Standard样式，也无法删除已经使用的文字样式和默认的Standard样式。

如果将文字的高度设为“0”，在使用 TEXT 命令标注文字时，命令行将显示“指定高度：”提示，要求指定文字的高度。如果在“高度”文本框中输入了文字高度，AutoCAD 将按此高度标注文字，而不再提示指定高度。

AutoCAD 提供了符合标注要求的字体形文件：gbenor. shx、gbeitc. shx 和 gbcbig. shx 文件。其中，gbenor. shx 和 gbeitc. shx 文件分别用于标注直体和斜体的字母与数字；gbcbig. shx 则用于标注中文。

（三）设置文字效果

在“文字样式”对话框中，使用“效果”选项区域中的选项可以设置文字的“颠倒”、“反向”、“垂直”等显示效果。在“宽度比例”文本框中可以设置文字字符的高度和宽度之比，当“宽度比例”值为 1 时，将按系统定义的高宽比书写文字；当“宽度比例”小于 1 时，字符会变窄；当“宽度比例”大于 1 时，字符则变宽。在“倾斜角度”文本框中可以设置文字的倾斜角度，角度为“0”时不倾斜；角度为正值时向右倾斜；角度为负值时向左倾斜。

二、创建单行文字

在 AutoCAD2008 中，“文字”工具栏可以创建和编辑两种文字，单行文本和多行文本。对于单行文本来说，每一行都是一个文字对象，选择“绘图”→“文字”→“单行文字”（DTEXT）命令，或在“文字”工具栏中单击“单行文字”按钮，可以创建单行文字对象。

默认情况下，通过指定单行文字行基线的起点位置来创建文字。如果当前文字样式的高度设置为“0”，系统将显示“指定高度：”提示信息，要求指定文字的高度，否则不显示该提示信息，而是使用“文字样式”对话框中设置的文字高度。

然后系统显示“指定文字的旋转角度<0>：”提示信息，要求指定文字的旋转角度。文字旋转角度是指文字行排列方向与水平线的夹角，默认角度为 0°。输入文字的旋转角度，或按 Enter 键使用默认角度，最后输入文字即可。也可以切换到 Windows 的中文输入方式下，输入中文文字。

三、使用文字控制符

在实际设计绘图中，往往需要标注一些特殊的字符。例如，在文字上方或下方添加划线、标注“°”、“±”、“ϕ”等符号。这些特殊字符不能从键盘上直接输入，因此 AutoCAD 提供了相应的控制符，以实现这些标注要求，如表 5 - 1 所示。

表 5 - 1　　控　制　符

文字控制符	含　义
%%P	“±”正负公差符号
%%C	“ϕ”圆直径符号
%%D	“°”度符号
%%O	文本上划线开关
%%U	文本下划线开关

四、编辑单行文字

单行文字可进行单独编辑。编辑单行文字包括编辑文字的内容、对正方式及缩放比例，可以选择“修改”→“对象”→“文字”命令进行设置。各命令的功能如下。

（1）“编辑”命令（DDEDIT）：选择该命令，然后在绘图窗口中单击需要编辑的单行文字，进入文字编辑状态，可以重新输入文本内容。

(2)“比例”命令(SCALETEXT)：选择该命令，然后在绘图窗口中单击需要编辑的单行文字，此时需要输入缩放的基点以及指定的新高度、匹配对象或缩放比例。

(3)“对正”命令(JUSTIFYTEXT)：选择该命令，然后在绘图窗口中单击需要编辑的单行文字，此时可以重新设置文字的对正方式。

五、创建多行文字

“多行文字”又称为段落文字，是一种更易于管理的文字对象，可以由两行以上的文字组成，而且各行文字作为一个整体处理。选择“绘图”→“文字”→“多行文字”(MTEXT)命令，或在“绘图”工具栏中单击“多行文字”按钮，然后在绘图窗口中指定一个用来放置多行文字的矩形区域，将打开“文字格式”工具栏和文字输入窗口。利用它们可以设置多行文字的样式、字体及大小等属性。

(一) 使用“文字格式”工具栏

使用“文字格式”工具栏，如图5-54所示，可以设置文字样式、文字字体、文字高度、加粗、倾斜或加下划线效果。

单击“堆叠/非堆叠”按钮，可以创建堆叠文字(堆叠文字是一种垂直对齐的文字或分数)。在使用时，需要分别输入分子和分母(包括机械图中的尺寸偏差的标注)，其间使用“/”、“#”或“∧”分隔，然后选择这一部分文字，单击按钮即可。

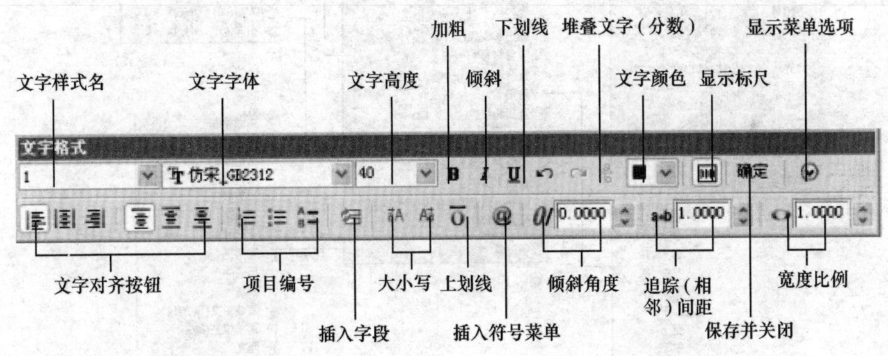

图5-54　创建多行文字的“文字格式”工具条及其说明

(二) 设置缩进、制表位和多行文字宽度

在文字输入窗口的标尺上右击，从弹出的标尺快捷菜单中选择“缩进和制表位”命令，打开“缩进和制表位”对话框，如图5-55所示，可以从对话框中设置缩进和制表位位置。其中，在“缩进”选项区域的“第一行”文本框和“段落”文本框中设置首行和段落的缩进位置；在“制表位”列表框中可设置制表符的位置，单击“设置”按钮可设置新制表位，单击“清除”按钮可清除列表框中的所有设置。

在标尺快捷菜单中选择“设置多行文字宽度”子命令，可打开“设置多行文字宽度”对话框，在“宽度”文本框中可以设置多行文字的宽度，如图5-55所示。

(三) 使用选项菜单输入特殊符号

在“文字格式”工具栏中单击“选项”按钮，打开多行文字的选项菜单，可以对多行文本进行更多的设置。在文字输入窗口中右击，将弹出一个快捷菜单，该快捷菜单与选项菜单中的主要命令一一对应，如图 5-56 所示。

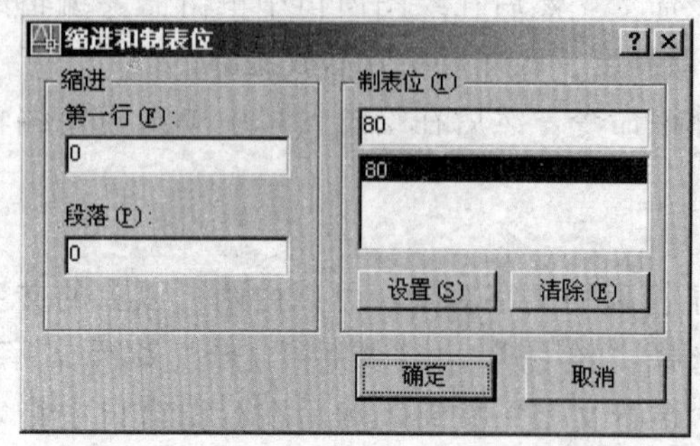

图 5-55 “缩进和制表位”及“设置多行文字宽度”对话框

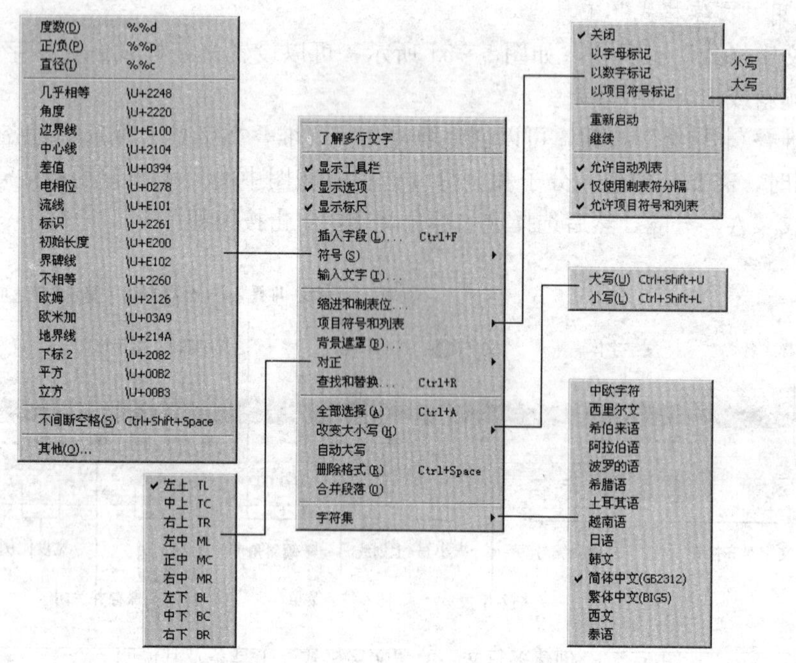

图 5-56 各行文字设置快捷菜单

（四）输入文字

在多行文字的文字输入窗口中，可以直接输入多行文字，也可以在文字输入窗口中右击，从弹出的快捷菜单中选择“输入文字”命令，将已经在其他文字编辑器中创建的文字内容直接导入到当前图形中。

六、编辑多行文字

要编辑创建的多行文字，可选择“修改”→“对象”→“文字”→“编辑”命令(DDEDIT)，并单击创建的多行文字，打开多行文字编辑窗口，然后参照多行文字的设置方法，修改并编辑文字。

也可以在绘图窗口中双击输入的多行文字，或在输入的多行文字上右击，从弹出的快捷菜单中选择“重复编辑多行文字”命令或“编辑多行文字”命令，打开多行文字编辑窗口。

5.6.2 尺寸标注

尺寸用来确定工程形体的大小，是工程图中一项重要的内容。工程图中的尺寸标注必须符合相应的制图标准。目前各国制图标准有许多不同之处，我国各行业制图标准中对尺寸标注的要求也不完全相同。因此应根据需要自行创建标注样式。

一、尺寸标注的基本知识

（一）尺寸标注的组成

一个完整的尺寸由尺寸线、尺寸界线、箭头和尺寸文字组成，如图5-57所示。通常，AutoCAD将构成尺寸的4个部分以块的形式存放在图形文件中。因此，尺寸是一个实体。

（二）尺寸标注的类型

AutoCAD提供了线性（长度）、半径和角度等基本的尺寸标注类型。标注可以是水平、垂直、对齐、旋转、坐标、基线或连续等，如图5-58所示。

（三）尺寸标注的基本步骤

（1）打开“图层特性管理器”对话框，创建一个独立的图层，用于尺寸标注。

（2）打开“文字样式”对话框，创建一种文字样式，用于尺寸标注。

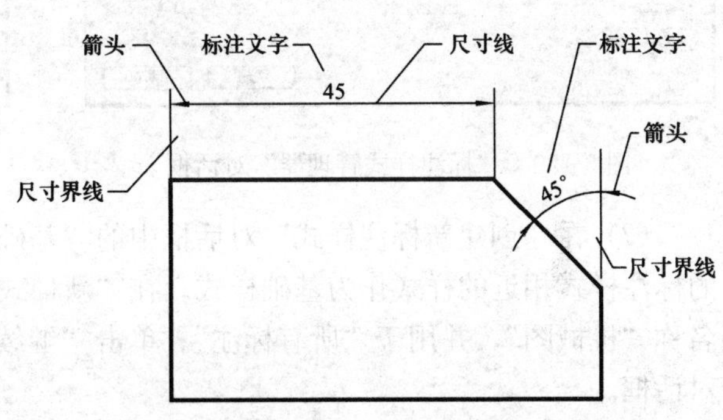

图5-57 尺寸组成

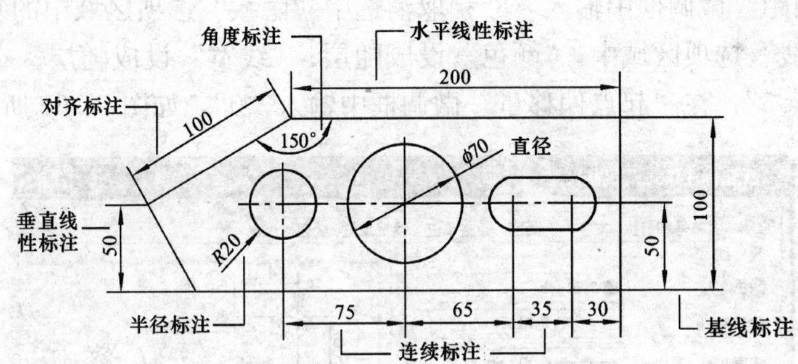

图5-58 尺寸标注的类型

（3）打开“标注样式管理器”对话框，设置标注样式。

（4）选择“尺寸标注”命令，对图形进行尺寸标注。

二、创建标注样式

在AutoCAD中，要创建标注样式，选择“格式”→“标注样式”命令，打开“标注样式管理器”对话框，单击“新建”按钮，在打开的“创建新标注样式”对话框中即可创建新的标注样式。

在一张工程图中，通常有多种尺寸标注的形式，因此应根据需要把绘图中常用的尺寸标注形式一一创建为标注样式。在需要使用时，就可以直接调用，避免尺寸变量的反复设置，提高绘图效率，且便于修改。下面以常用的工程图标注样式的创建为例来讲解创建过程。

(1) 从“标注”工具栏中单击按钮，弹出“标注样式管理器”对话框，如图5-59所示。单击该对话框中的“新建”按钮，弹出“创建新标注样式”对话框，如图5-60所示。

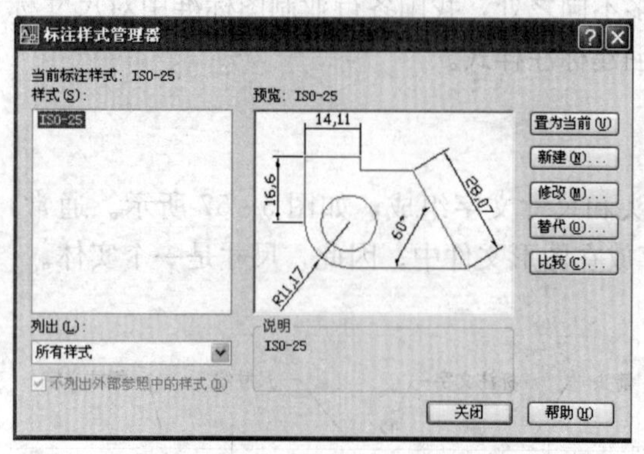

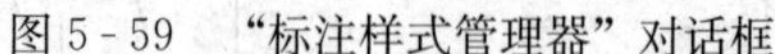

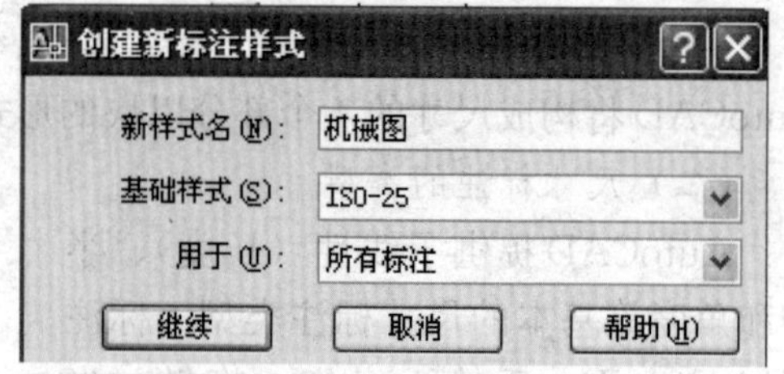

图5-59　“标注样式管理器”对话框　　　　图5-60　“创建新标注样式”对话框

(2) 在“创建新标注样式”对话框中的“基础样式”下拉列表框中选择一种与所要创建的标注样式相近的样式作为基础样式。在“新样式名”文本框中输入所要创建的标注样式的名称“机械图”，并用于“所有标注”。单击“继续”按钮，弹出“新建标注样式：机械图”对话框。

(3) 在“新建标注样式：机械图”对话框中选择“直线”选项卡，进行如下设置：

在“尺寸线”选项区域中，“颜色”设成随层；“线宽”设成随层；“超出标记”设为“0”；在“基线间距”微调框中输入“8”；取消选中“隐藏”选项区域中的复选框。

在“尺寸界线”选项区域中，“颜色”设成随层；“线宽”设成随层；在“超出尺寸线”微调框中输入“2.5”；在“起点偏移量”微调框中输入“0”，如图5-61所示。

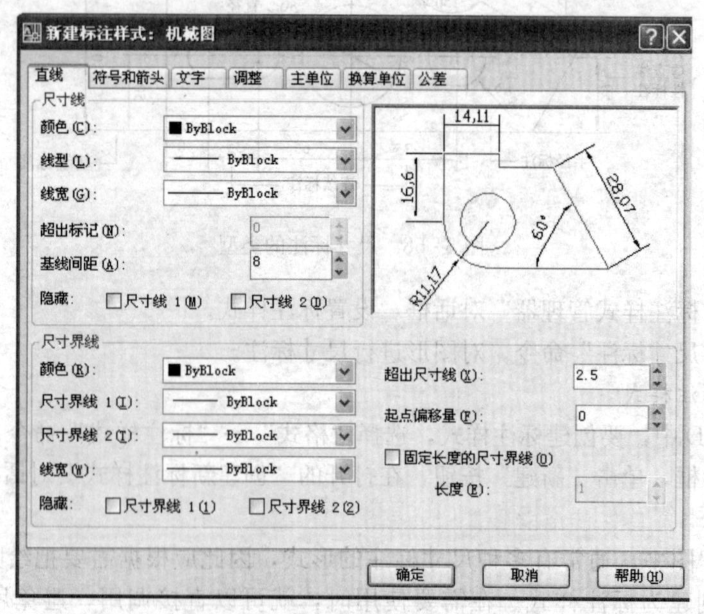

图5-61　“直线”选项卡

(4) 在“新建标注样式：机械图”对话框中选择“符号和箭头”选项卡，进行如下设置：

在“箭头”选项区域中，在“第一项”和“第二个”下拉列表框中，一般工程图（含机械图、电气图、水工图）选择“实心闭合”选项，水工图在需要时也可选择“倾斜”即细45°斜线选项，房屋建筑图选择“建筑标记”即粗45°斜线选项；在“箭头大小”微调框中输入“3.5”或“4”，如图5-62所示。

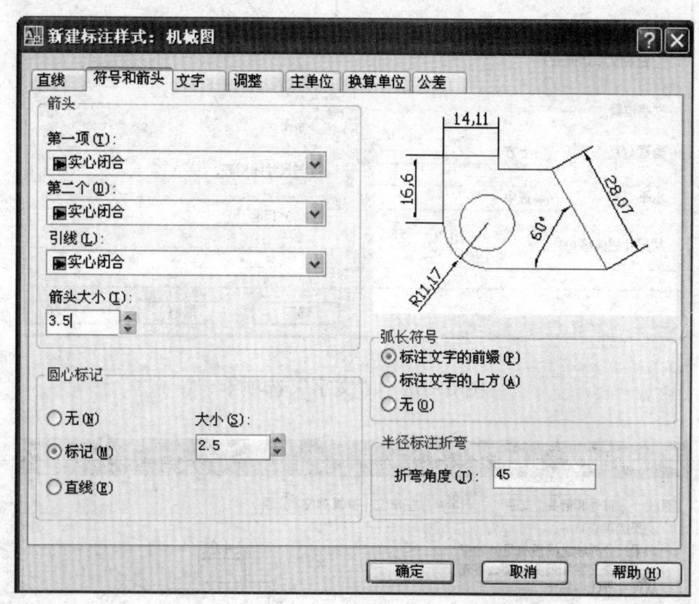

图5-62　“符号和箭头”选项卡

(5) 在“新建标注样式：机械图”对话框中选择“文字”选项卡，进行如下设置：

在“文字外观”选项区域中，在“文字样式”下拉列表框中选择工程图中尺寸文字样式；“文字颜色”设为随层；在“文字高度”微调框中输入“3.5”；取消选中“绘制文字边框”复选框。

在“文字位置”选项区域中，在“垂直”下拉列表框中选择“上方”选项；在“水平”下拉列表框中选择“置中”选项；在“从尺寸线偏移”微调框中输入“1”。

在“文字对齐”选项区域中，选中“与尺寸线对齐”单选按钮，如图5-63所示。

(6) 在“新建标注样式：机械图”对话框中选择“调整”选项卡，进行如下设置：

在“调整选项”选项区域中，选中“文字或箭头（最佳效果）”单选按钮，如图5-64所示。

在“文字位置”选项区域中，选中“尺寸线旁边”单选按钮。

在“标注特征比例”选项区域中，选中“使用全局比例”单选按钮。

在“优化”选项区域中，选中“在尺寸界线之间绘制尺寸线”复选框。

(7) 在“新建标注样式：机械图”对话框中选择“主单位”选项卡，进行如下设置：

在“线性标注”选项区域中，在“单位格式”下拉列表框中选择“小数”即十进制选项；在“精度”下拉列表框中选择“0”（表示尺寸数字是整数，如是小数应按需要选择）选

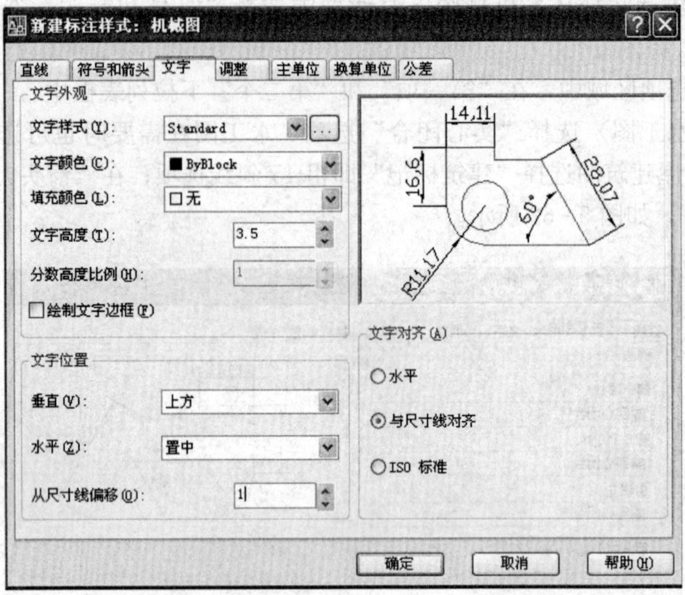

图 5 - 63 “文字”选项卡

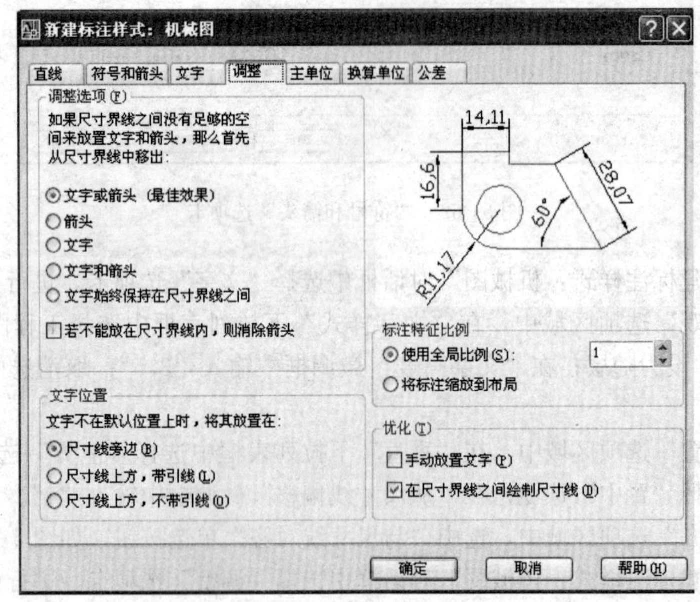

图 5 - 64 “调整”选项卡

项；在“比例因子”微调框中应根据当前图的绘图比例输入比例值。

在“角度标注”选项区域中，在“单位格式”下拉列表框中选择“十进制度数”选项；在“精度”下拉列表框中选择“0”选项，如图 5 - 65 所示。

设置完成后，单击“确定”按钮，AutoCAD 存储新创建的“机械图”标注样式，返回“标注样式管理器”对话框，并在“样式”列表框中显示“机械图”标注样式名称，完成该标注样式的基本创建，如图 5 - 66 所示。

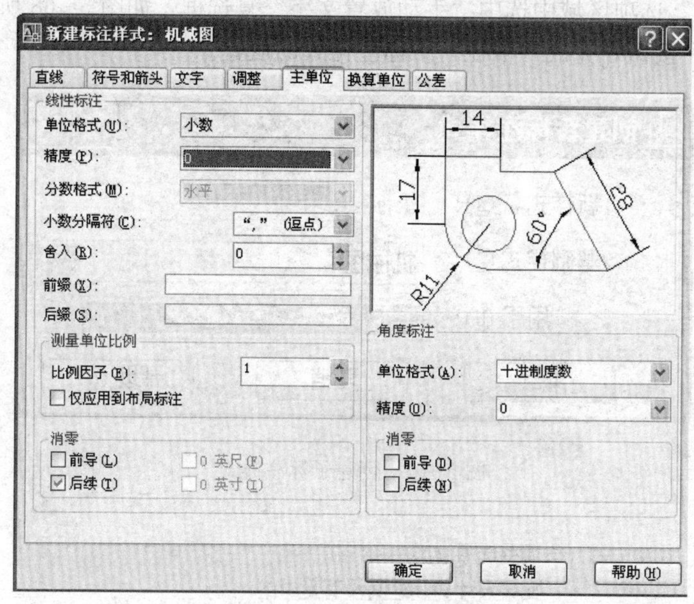

图5-65 “主单位”选项卡

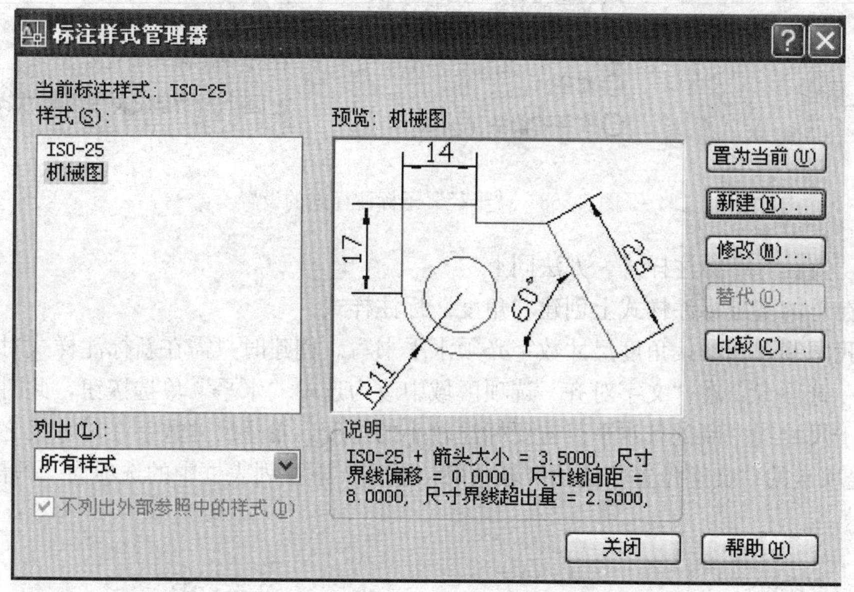

图5-66 完成标注样式的创建

(8) 在总的基础标注样式上创建专门适用于圆与圆弧的子标注样式。

将鼠标定位在“机械图”上再次单击“新建”按钮，在“创建新标注样式”对话框中，“用于”设置为“半径标注”，如图5-67所示，创建过程同上，只需在新建标注样式对话框中修改与“机械图”标注样式中不同的3处：

1）选择“文字”选项卡，在“文字对齐”选项区域中改为选中“ISO标准”单选按钮。

2）选择“调整”选项卡：在“调整选项”选项区域中改为选中“箭头”单选按钮。

3）在“优化”选项区域中选中“手动放置文字”复选框，如图 5 - 68 所示。

单击“确定”按钮，完成“半径”子标注样式的设置。

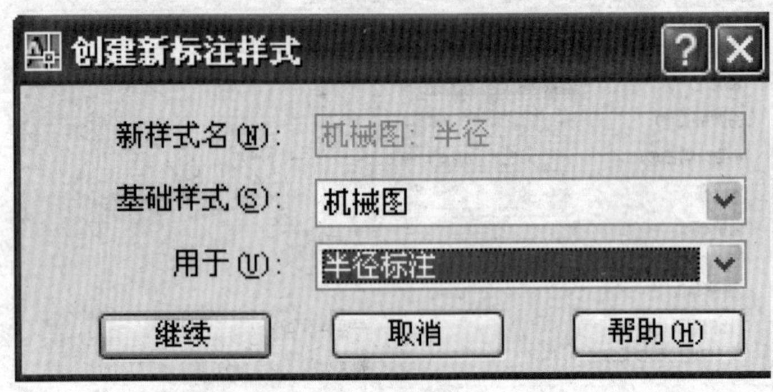

图 5 - 67　创建子标注样式

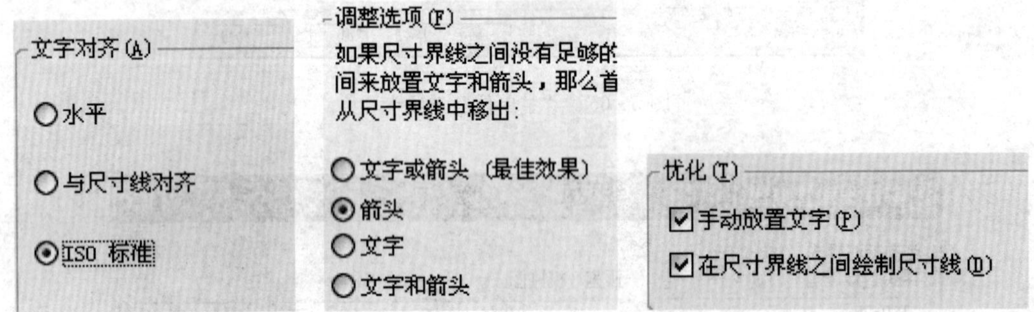

图 5 - 68　“半径”子标注样式的设置

创建“直径”子标注样式，方法同上。

（9）在总的基础标注样式上创建“角度”标注样式。

根据我国制图标准，角度尺寸数字必须水平书写。创建时只需在新标注样式对话框中选择“文字”选项卡，在“文字对齐”选项区域中改为选中“水平”单选按钮，此时角度尺寸数字将处于尺寸线中断处且水平。若要标注较小的角度，希望尺寸数字在尺寸线之外，可改“文字”选项卡的“文字位置”选项区域中的“垂直”下拉列表框中的选项为“外部”，如图 5 - 69 所示。

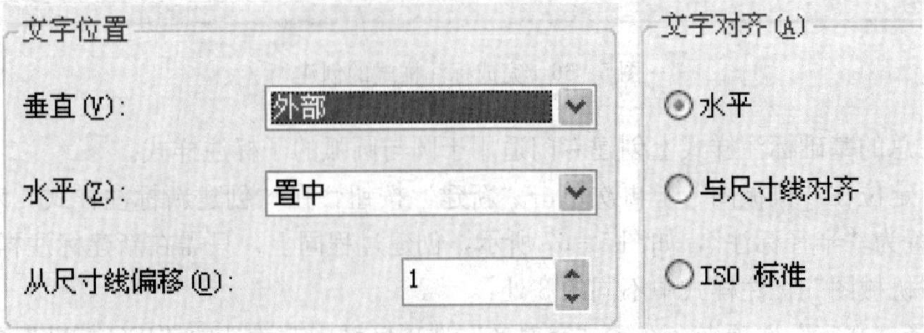

图 5 - 69　“角度”子标注样式的设置

（10）在总的基础标注样式上创建“小尺寸的标注”标注样式。

创建过程相同，只需在新建标注样式对话框中修改与“机械图”标注样式不同的两处：如图5-70所示。

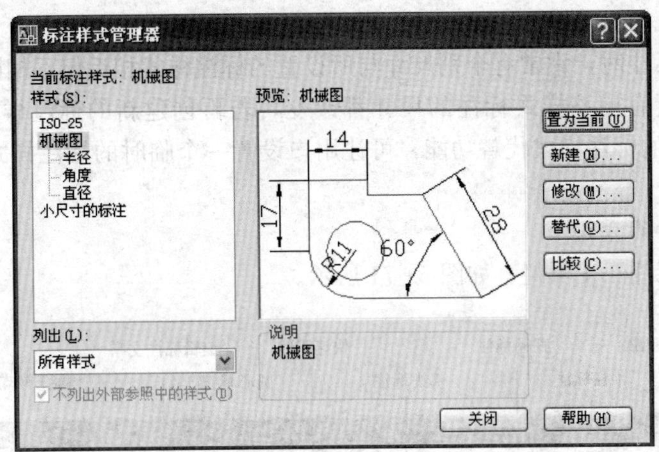

图5-70　“标注样式管理器”对话框

1）选择“符号与箭头”选项卡，在“箭头”选项区域中的“第一项”下拉列表框中选择“小点”选项（“连续小尺寸2”还要在“箭头”选项区域中的“第二项”下拉列表框中选择“小点”选项）。

2）选择“调整”选项卡，在“调整选项”选项区域中选中“文字和箭头”单选按钮。

（11）设置当前标注样式。创建了一系列所需的标注样式后，要标注哪一种尺寸就应把相应的标注样式设为当前标注样式。

单击“标注样式管理器”对话框中的“置为当前”按钮，可将某个已存在的标注样式设为当前标注样式。方法是：先在“标注样式管理器”对话框的“样式”列表框中选择一个标注样式，然后单击“置为当前”按钮，即将所选择的标注样式设为当前标注样式。

设置当前标注样式的快捷方法是：从“标注”工具栏的“样式名”下拉列表框中选择一个样式，选中的标注样式即设为当前的标注样式并显示在窗口中。

三、修改标注样式

若要修改某一标注样式，可按以下步骤操作：

（1）从“标注”工具栏中单击“标注样式”按钮，弹出“标注样式管理器”对话框。

（2）在“标注样式管理器”对话框中，从“样式”列表框中选择所要修改的标注样式，然后单击“修改”按钮，弹出“修改标注样式”对话框。

（3）在“修改标注样式”对话框中进行所需的修改（该对话框与创建新标注样式对话框内容完全相同，操作方法也一样）。

（4）修改后单击“确定”按钮，AutoCAD将按原有样式名存储所作的修改，并返回到“标注样式管理器”对话框中，完成修改。

（5）单击“关闭”按钮，结束命令。

修改后，所有按该标注样式标注的尺寸（包括已经标注和将要标注的尺寸）均自动按新设置的标注样式进行更新。

四、标注样式的代替

在进行尺寸标注时，常常有个别尺寸与所设置的标注样式相近但不相同，若修改相近的标注样式，将使所有用该样式标注的尺寸都改变，若再创建新的标注样式又显得很繁琐。AutoCAD2007 中的标注样式代替功能，可让用户设置一个临时的标注样式，方便地解决了这一问题。

五、标注尺寸的方式

打开尺寸“标注”工具栏，如图5-71所示。

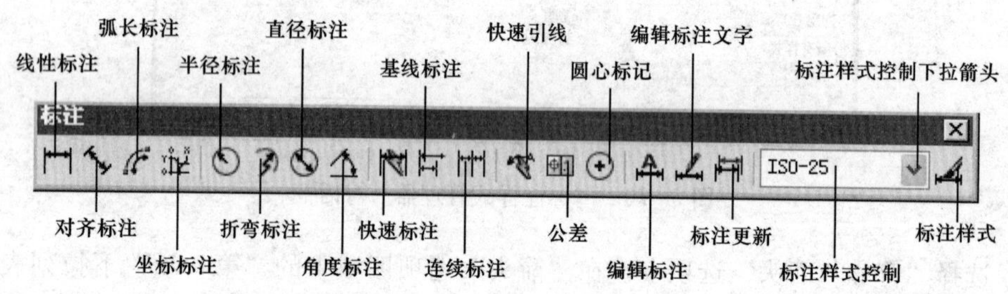

图5-71 “标注”工具栏

（一）线性尺寸标注

该命令主要用来标注水平的或铅垂的线性尺寸。图5-72所示的是用“直线”标注样式所标注的线性尺寸。在标注线性尺寸时，应打开固定对象捕捉和极轴追踪功能。按图5-72演示操作步骤。

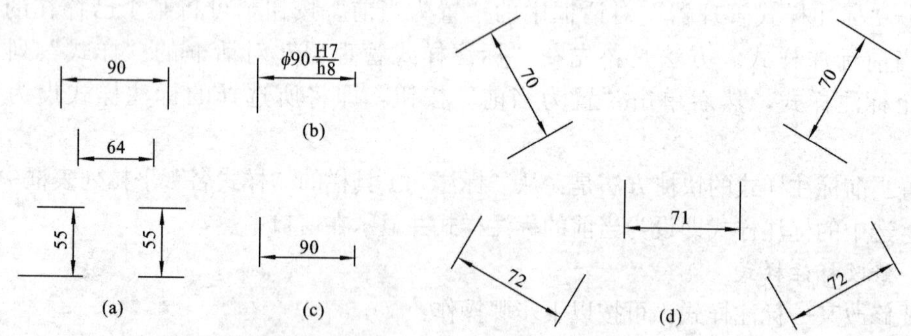

图5-72 线性、对齐尺寸标注的操作步骤

（a）水平或垂直线的线性标注；（b）编辑过的线性尺寸；（c）斜线的线性标注；（d）对齐标注

（二）对齐尺寸标注

该命令用来标注倾斜的线性尺寸。图5-72所示的是用“直线”标注样式所标注的对齐尺寸，按图演示操作步骤。

（三）坐标尺寸标注

该命令用来标注图形中特征点的 X 和 Y 坐标，如图5-72所示。因为 AutoCAD

使用世界坐标系或当前用户坐标系的 X 和 Y 坐标轴，所以标注坐标尺寸时，应使图形的（0，0）基准点与坐标系的原点重合，否则应重新输入坐标值。按图 5-73 演示操作步骤。

（四）半径尺寸标注

该命令用来标注圆弧的半径。图 5-74（a）所示的是“直线”标注样式所标注的半径尺寸，图 5-74（b）所示的是“圆与圆弧引出”标注样式所标注的半径尺寸。按图演示操作步骤。

（五）直径尺寸标注

该命令用来标注圆及圆弧的直径。图 5-74（c）所示的是“直线”标注样式所标注的直径尺寸，图 5-74（d）所示的是“圆与圆弧引出”标注样式所标注的直径尺寸。

（六）角度尺寸标注

该命令用来标注角度尺寸。将“角度”标注样式设为当前标注样式，选择该命令可标注两条非平行线之间、圆弧及圆上两点间的角度，如图 5-75（a）～（d）所示。

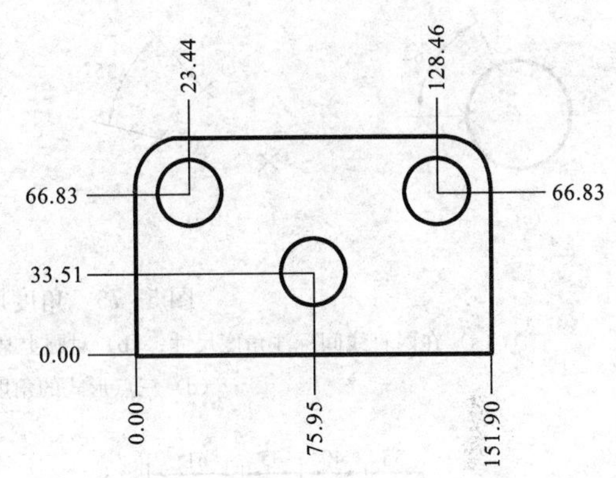

图 5-73 坐标尺寸标注

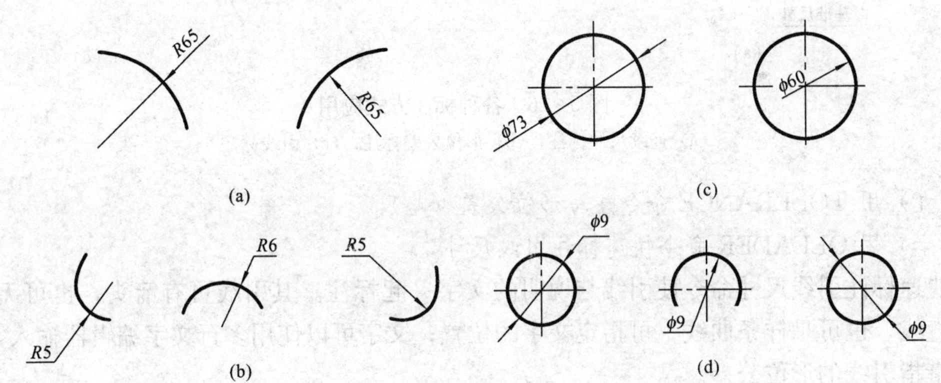

图 5-74 半径和直径的尺寸标注

（a）用“直线”标注样式标注半径；（b）用“圆与圆弧引出”标注样式标注半径；（c）用“直线”标注样式标注直径；（d）用“圆与圆孤引出”标注样式标注直径

（七）用 DIMBASELINE 命令标注基线尺寸

该命令用来快速地标注具有同一起点的若干个相互平行的尺寸。图 5-75（e）所示的是选定“直线”标注样式，采用基线尺寸标注方式标注的一组线性尺寸。

（八）用 DIMCONTINUE 命令标注连续尺寸

该命令用来快速地标注首尾相接的若干个连续尺寸。图 5-76 所示的是选定“直线”标注样式，采用连续尺寸标注方式标注的一组线性尺寸。

以图 5-76 为例：先用线性尺寸标注方式注出一个基准尺寸，然后再进行连续尺寸标注，每一个连续尺寸都将前一尺寸的第二尺寸界线作为第一尺寸界线进行标注。

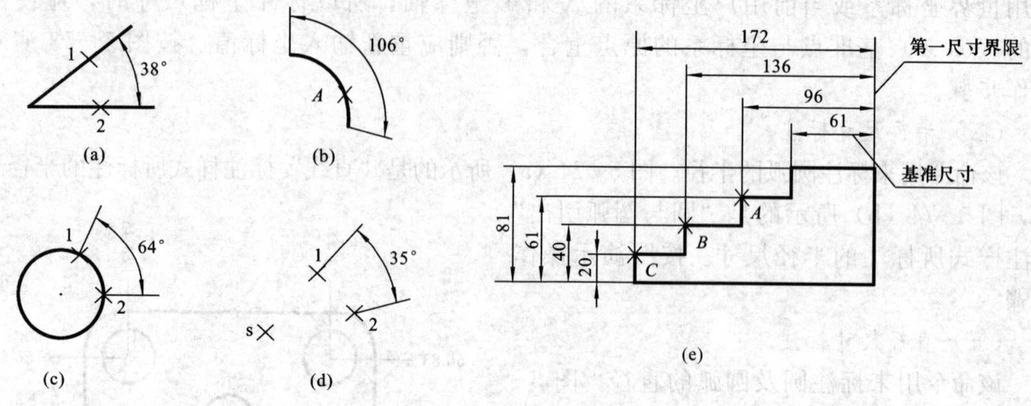

图 5-75 角度尺寸、基线尺寸的标注

(a) 在两直线间标注角度尺寸；(b) 对圆上某部分标注角度尺寸；(c) 对整段圆弧标注角度尺寸；(d) 三点形式的角度标注；(e) 标注基线尺寸

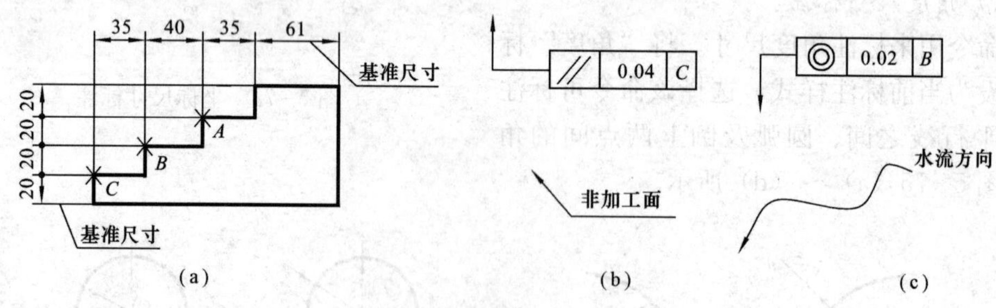

图 5-76 各种标注方式应用

(a) 连续尺寸标注；(b) 形位公差标注；(c) 引线标注

（九）用 TOLERANCE 命令注写形位公差（略）

（十）用 QLEADER 命令快速标注引线尺寸

快速标注引线尺寸命令使引线与说明的文字一起标注。其引线可有箭头，也可无箭头；可是直线，也可是样条曲线；可指定文字的位置；文字可以使用多行文字编辑器输入，并能标注带指引线的形位公差。

（十一）用 QMID 命令快速标注

快速标注命令是用更简捷的方法来标注线性尺寸、坐标尺寸、半径尺寸、直径尺寸、连续尺寸等的标注方式。

（十二）圆心标记（DIMCENTER 命令）

该命令用来绘制圆心标记，圆心标记有 3 种形式：无标记、中心线、十字标记，其形式应首先在标注样式中设定。

六、尺寸标注的修改

（一）用 DIMEDIT 命令编辑尺寸

该命令用来修改尺寸数字的大小，旋转尺寸数字及使尺寸界线倾斜。

（二）用 DIMTEDIT 命令编辑尺寸数字的位置

该命令专门用来编辑尺寸数字的放置位置。当标注的尺寸数字的位置不合适时，不必修改或更换标注样式，用此命令就可方便地移动尺寸数字到所需的位置。DIMTEDIT 命令是标注尺寸中常用的编辑命令。

（三）用 DIMUPDATE 命令更新尺寸的标注样式

该命令可方便地修改已有尺寸的标注样式，使其与当前标注样式相一致。

说明：要全方位地修改一个尺寸，应使用 PROPERTIES“特性”命令，该命令不仅能修改所选尺寸的颜色、图层、线型，还可修改尺寸数字的内容，并能重新编辑尺寸数字、重新选择尺寸样式、修改尺寸样式的内容，操作方法同前所述。

学习提示：

这部分内容与国家标准的规定紧密联系在一起，在创建文字和尺寸标注样式时，应注意样式名称和各系统变量的设置要符合《CAD 工程制图规范》（GB/T18229—2000）的相关规定。

第6章 物体常用的表达方法

本 章 引 言

前面介绍的三视图是表达物体的最基本的方法。怎样才能用最简洁、合理的表达方案把物体的内外形状表达清楚呢？本章将介绍国家标准中规定的视图、剖视图、断面图及简化画法等物体常用的表达方法，让我们在熟悉掌握这些表达方法的概念、画法、标注及其适用条件的基础上，能对一些简单机件选择较适当的表达方案。

本章重点 视图、剖视图、断面图的画法和标注，了解常用的简化画法和规定画法。

本章难点 对不同的物体采用恰当的表达方案。

6.1 视 图

目的与任务 掌握基本视图、向视图、局部视图、斜视图的概念、画法和标注规定及其运用，学会用不同的视图满足不同的表达需要。

根据有关标准和规定，用正投影法绘制出物体的图形称为视图。视图主要用来表达机件的外部结构形状，一般只画机件的可见部分，必要时才用虚线画出不可见部分。视图通常可分为基本视图、向视图、斜视图，局部视图4种。

6.1.1 基本视图

将机件向基本投影面投影所得的图形，称为基本视图。基本投影面是在原来3个投影面的基础上，再增加3个投影面所组成的，共得到6个基本视图。除了主视图、俯视图、左视图外，新增加的三个视图是：

右视图—由右向左投影得到的视图；

仰视图—由下向上投影得到的视图；

后视图—由后向前投影得到的视图。

将因此而形成的六面投影展开，首先使正面固定不动，然后其余5个面按图6-1（a)中所示的方向旋转到与正面同处于一个平面为止，见图6-1（b）。6个基本视图的名称及关系如图6-1（b）所示，在同一张图纸内照此配置视图时，一律不标注视图的名称。

6个视图之间仍应符合"长对正、高平齐、宽相等"的投影规律。除后视图外，各视图靠近主视图里侧，均反应机件的后面，而远离主视图的外侧，均反应机件的前面，如图6-1（b)所示。

在表达机件形状时，并非每一个机件都要画出6个基本视图，而应根据机件的实际结构形状和复杂程度，选择恰当的基本视图。如图6-2所示的机件，选用了主、左、右3个视图来表达其主体和左、右凸缘的形状，并省略了一些不必要的虚线。

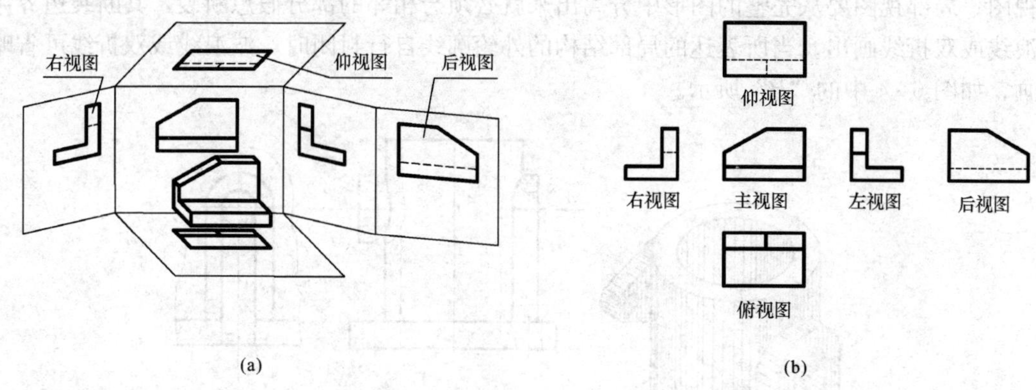

图 6-1　基本视图
(a) 基本视图的形成；(b) 六面基本视图的名称

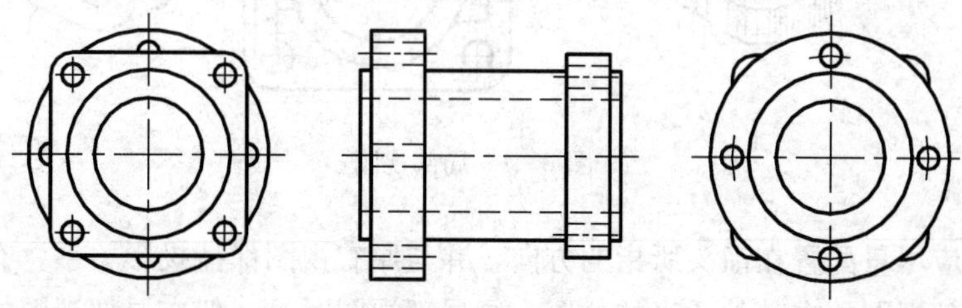

图 6-2　基本视图的应用

6.1.2　向视图

在实际绘图中，由于布图等原因不能将 6 个基本视图按图 6-1 (b) 所示的那样配置时，为了方便识别和读图，应在视图上方标出视图的名称“*X*”(*X* 用大写拉丁字母表示)，并在相应的视图附近用箭头指明投影方向，注上同样的字母，如图 6-3 所示。这种自由配置位置的基本视图称为向视图。❶

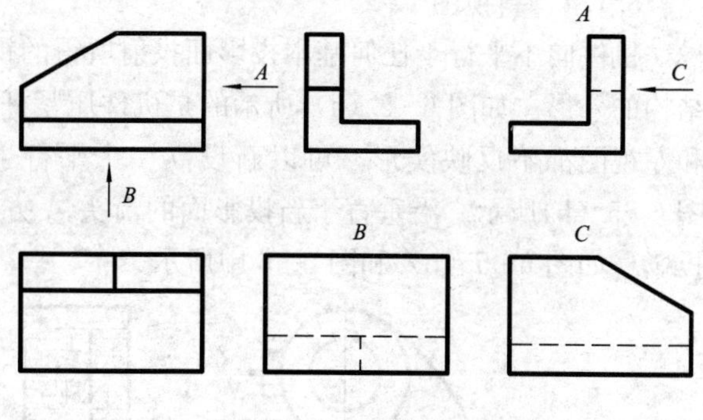

图 6-3　向视图

6.1.3　局部视图

将物体的某一部分向基本投影面投射所得到的视图称为局部视图，如图 6-4所示。局部视图通常用来局部地表达机件的外形，是一个不完整的基本视图，是根据表达的需要对基本视图的一种简化。在实际画图时，用局部视图表达机件可以使图形重点突出，清晰明确，减少绘图工作量。

如图 6-4 所示的机件，当画出其主、俯两个基本视图后，底板和圆筒部分已表达清楚，但两侧的真实结构形状仍然没有表达清楚。因此，需要画出表达该部分的局部左视图和局部

❶　向视图是基本视图的另一种表达方式，是移位（不旋转）配置的基本视图。

右视图。局部视图要从完整的图形中分离出来就必须与相邻的部分假想断裂，其断裂边界用波浪线或双折线画出。当所表达的局部结构的外轮廓线自行封闭时，波浪线或双折线可省略不画，如图 6-4 中的"*B*"所示。

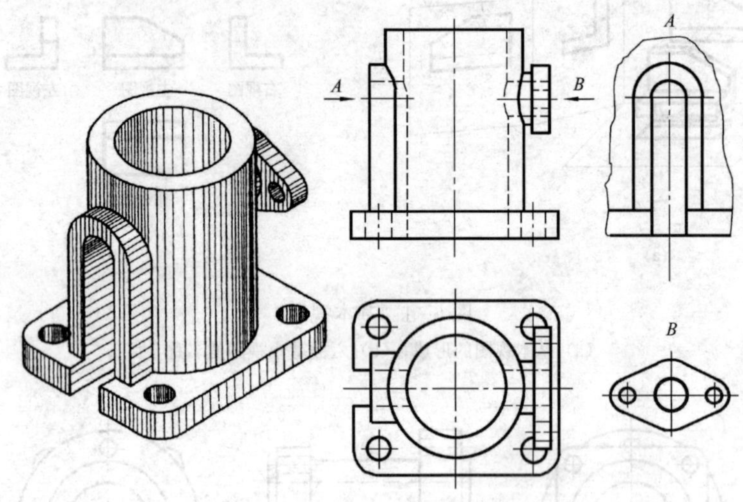

图 6-4 局部视图

局部视图应尽量配置在箭头所指的方向，并与原有视图保持投影关系。有时为了合理布局，也可把局部视图放在其他适当的位置。画局部视图时，一般在局部视图的上方标出视图的名称"*X*"，在相应的视图附近用箭头指明投影方向，并注上同样的字母。当局部视图按图样投影关系配置，中间又没有其他图形隔开时，可省略标注。

6.1.4 斜视图

机件向不平行于任何基本投影面投射所得的视图，称为斜视图。主要用于表达机件倾斜结构的外形。如图 6-5（a）所示的是机件压紧杆的三视图。由于压紧杆倾斜耳板的俯视图和左视图都不反映实形，可以新设立一个平行于倾斜结构的正垂面作为新的投影面，如图 6-5（b)所示。沿垂直于新投影面的箭头 *A* 方向投射，就可以得到反映倾斜结构实形的投影，如图 6-5（b）和图 6-6 中所示"*A*"。

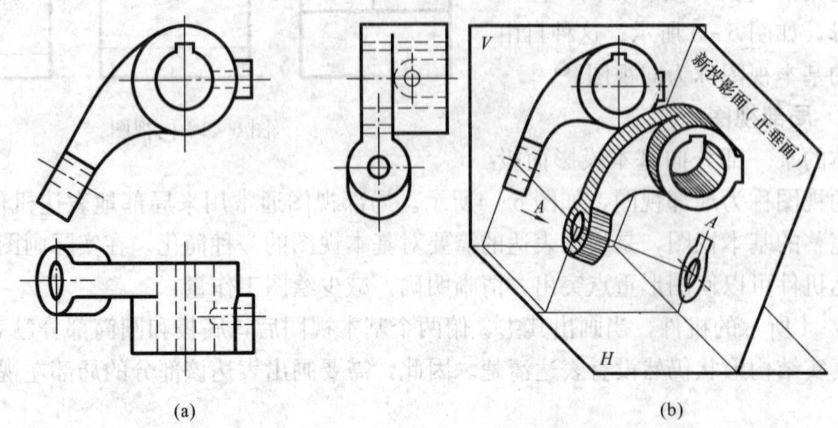

图 6-5 压紧杆的三视图及斜视图的形成

（a）三视图；（b）倾斜结构斜视图的形成

斜视图通常按向视图的配置形式配置并在视图上方标出视图名称“X”，在相应的视图附近用箭头指明投影方向，并在箭头旁水平标注同样的大写拉丁字母“X”，如图 6 - 6 中的“A”。

斜视图必要时也可配置在其他适当的位置。在不至于引起误解的情况下，允许将图形旋转，标注形式为“X+旋转符号”，表示该斜视图名称的大写拉丁字母应靠近旋转符号的箭头端，旋转符号的箭头方向应与实际旋转方向相一致，如图 6 - 6（b）所示。

斜视图通常只画表达倾斜部分的实形投影，其余部分不必画出，应用波浪线或双折线断开，如图 6 - 6所示。

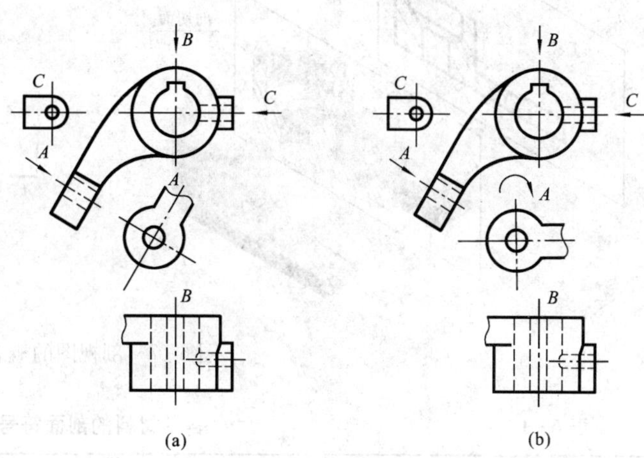

图 6 - 6　斜视图的配置与标注
（a）按投影关系配置；（b）按旋转配置

学习提示：

（1）学习中应注意比较基本视图、向视图、斜视图和局部视图的异同，了解几种视图在表达机件外形中形成的一套体系。

（2）在实际画图和识图中，注意从不作选择地采用“三视图”表达，到学会在多种视图中，经过比较，选择最佳的表达方案的思路转换。

6.2　剖　视　图

目的与任务　理解剖视图的基本概念，熟悉和掌握各种剖视图的用途、画法及标注，能够根据不同的机件选择不同的剖视图，并正确绘制。

6.2.1　剖视的概念

在视图中，机件的内部结构或被遮盖部分是用虚线来表示的，图中的虚线往往会给画图、看图或标注尺寸带来一定困难。为了清晰地表达机件的内部结构，常采用剖视图。

一、基本概念

用假想的剖切面将机件剖开，移去处在观察者和剖切面之间的部分，将其余部分向投影面投射所得的视图，称为剖视图（简称剖视），如图 6 - 7 所示。

二、剖面符号

剖面与机件接触的部分，称为断面。国标规定，在断面图形上要画出剖面符号。不同的材料采用不同的剖面符号，各种材料的剖面符号如表 6 - 1 所示。

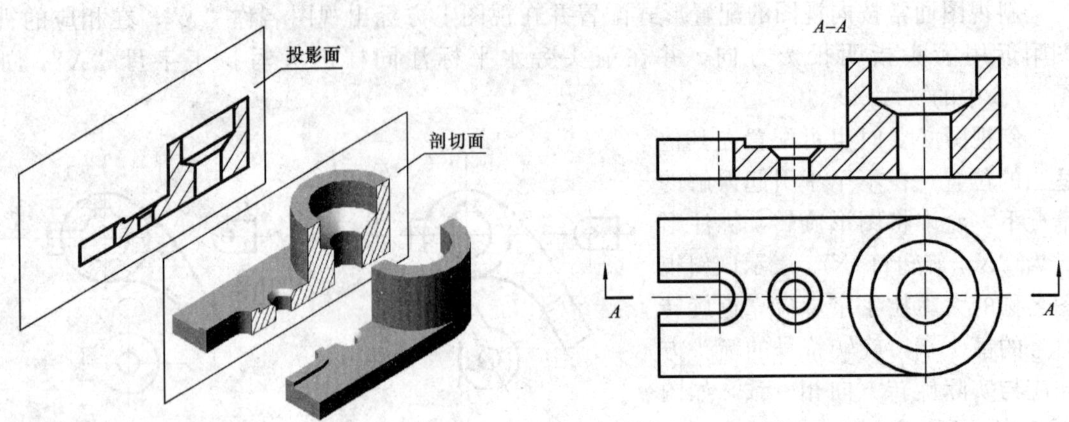

图 6-7 剖视图的概念

表 6-1 **各种材料的剖面符号**

材料类别		剖面符号	材料类别	剖面符号
金属材料（已有规定剖面符号者除外）			胶合板（不分层数）	
线圈绕组元件			基础周围的泥土	
转子、电枢、变压器和电抗器等的迭钢片			混凝土	
非金属材料（已有规定剖面符号者除外）			钢筋混凝土	
型砂、填砂、粉末冶金、砂轮、陶瓷刀片、硬质合金刀片等			砖	
玻璃及供观察用的其他透明材料			格网（筛网、过滤网等）	
木材	纵剖面		液体	
	横剖面			

注 1. 剖面符号仅表示材料的类别，材料的名称和代号必须另行注明。

2. 叠钢片的剖面线方向，应与束装中叠钢片的方向一致。

3. 液面用细实线绘制。

在工程图样中，与主要轮廓或剖面区域的对称线成 45°角、相互平行的细实线（见表 6-1）除了表示金属材料❶的剖面线外，当不需要表示材料类别时，也可作为通用的剖面线使用。剖面线可以左右倾斜，但在同一机件上的所有剖面线的倾斜方向和间隔必须一致。

三、剖视图画法

以如图 6-8（a）所示的机件为例，画出剖视图。

作图步骤

（1）分析机件，画出必要的视图，如图 6-8（b）所示。

（2）确定剖切平面的位置，画出断面图形，即取通过两孔轴线的平面作为剖切面，画出剖切平面与机件接触部分的断面图形，并画上剖面符号，如图 6-8（c）所示。

（3）对剖切平面之后机件的可见轮廓进行绘制，如图 6-8（e）所示。

（4）按照规定方法进行标注，如图 6-8（f）所示。

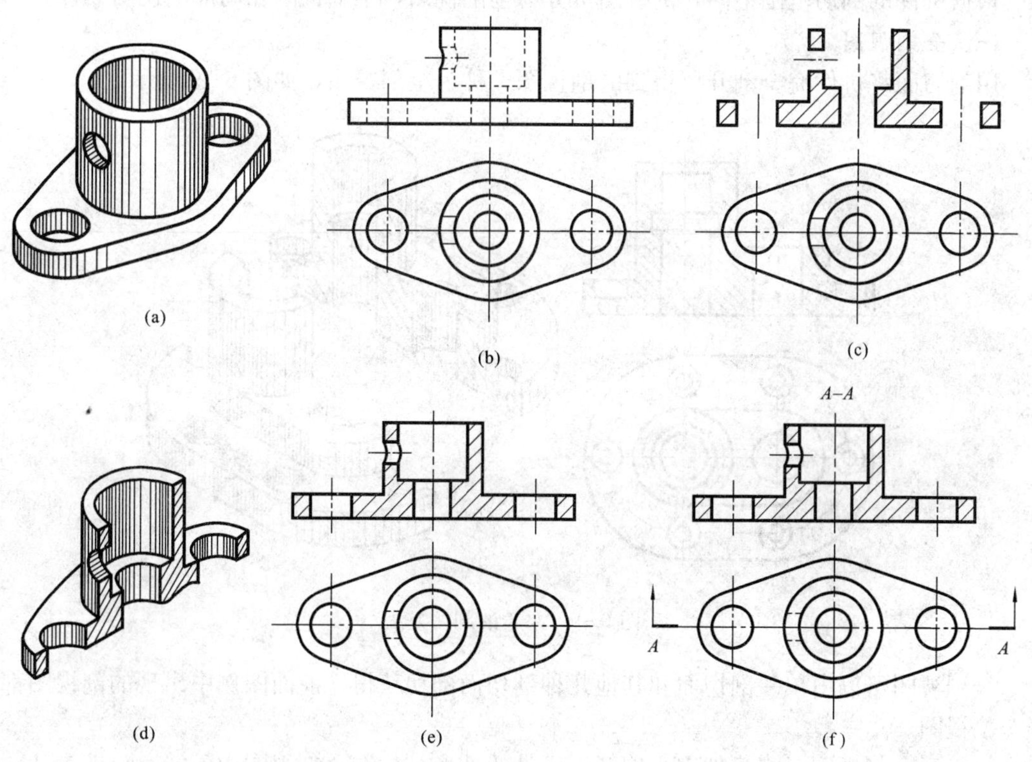

图 6-8　剖视图的画图步骤

（a）机件的立体图；（b）画出必要的视图；（c）取剖切面，画出断面图形；（d）断面立体图；（e）描绘可见轮廓线；（f）按规定方法标注

四、剖视图的标注

剖视图一般应进行标注。标注的内容包括以下各项内容，如图 6-8（f）所示。

（1）剖切线：即指示剖切面位置的线，用细点划线表示，在一般情况下，画在剖切符号

❶ 45°平行线的图例在机械图中表示金属材料，在建筑工程图中表示普通砖。

之间的剖切线可以省略不画。

（2）剖切符号：即指示剖切面起、止、转折位置（用粗短画线表示）及投射方向（用箭头或粗短画[1]表示）的符号，绘制剖切位置的短粗画时，一般不要与图形轮廓线重合。

（3）剖视图名称：在剖切位置线的起止及转折处写上同一字母，并在所画剖视图上方用相同字母标注出剖视图的名称“$X-X$”。

但在下列情况下，剖视图可以简化或省略标注。

（1）当剖视图按投影关系配置，中间没有其他图形隔开时，允许省略表示投射方向的箭头，图 6-8（f）中所标注的箭头即可省略。

（2）当单一剖切平面通过机件的对称或基本对称平面剖切，且剖视图按投影关系配置，中间没有其他图形隔开时，可以不标注，如图 6-8（e）所示。

6.2.2 剖视图的种类

根据机件的剖切范围不同，剖视图可分为全剖视图，半剖视图和局部剖视图 3 种。

一、全剖视图

用剖切面将机件完全剖开所得到的剖视图，称为全剖视图，如图 6-9 所示。

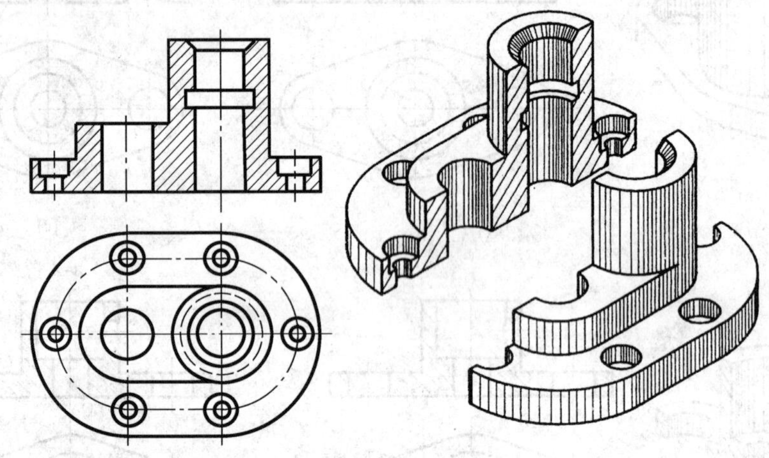

图 6-9 泵盖的剖切方法

全剖视图可以由单一剖切面和其他几种剖切面剖切获得，前面图例中出现的剖视图都属于全剖视图。

由于画全剖视图时将机件完全剖开，机件的外形结构在全剖视图中不能充分地表达，因此全剖视图通常用于外形较简单而需要表达内部结构的机件。如图 6-9 所示的主视图，采用全剖视图后，既清晰地表达了内部结构，又不影响该机件的外形表达。对于外形机构较复杂的机件若采用全剖时，其尚未表达清楚的外形结构可以采用其他视图表示。

二、半剖视图

当机件具有对称平面，向垂直于对称平面的投影面投射时，以对称中心线为界，一半画成视图，表达物体外形，另一半画成剖视图，表达物体的内部形状，这种图形叫半剖视图。

---

[1] 按照 GB/T 17452 中的规定，剖视图的投射方向可用箭头或粗短画表示，一般机械制图采用箭头表示投射方向，建筑制图采用粗短画表示投射方向。

如图 6-10 所示的机件，具有垂直于正投影面和水平投影面的对称面，因而可以在主视图和俯视图上采用半剖视图画法。

半剖视图通常适用于机件在某一方向的投影既需要表达外部结构又需要表达内部结构，且该机件的结构对称或基本对称的情况。如图 6-10 所示的机件，在正投影面上的投影，需要表达机件外部凸台的形状和位置，同时也需要清晰地表达内部台阶孔，而它又具有画半剖视图的条件。该机件的俯视图也是如此。

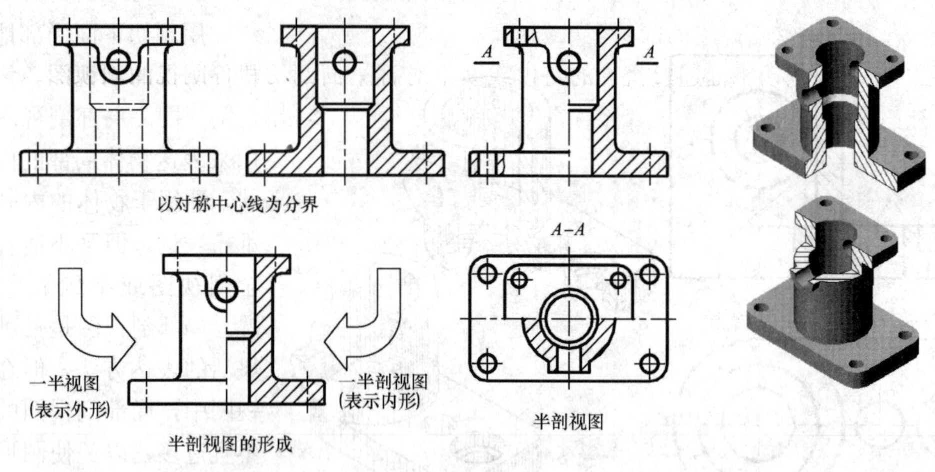

图 6-10　支架的剖切

当机件的结构接近于对称，而且不对称的部分另有图形能够表达清楚时，可画成半剖视图，如图 6-11 所示（在左视图的位置所画出的是轴孔与键槽的局部视图）。

画半剖视图时应注意以下几点：

(1) 半剖视图和半个外形视图必须以细点划线分界，不能画成粗实线。如果机件的轮廓线恰好与细点划线重合，则不能采用半剖视图，此时应采用局部剖视图，如图 6-12 所示。

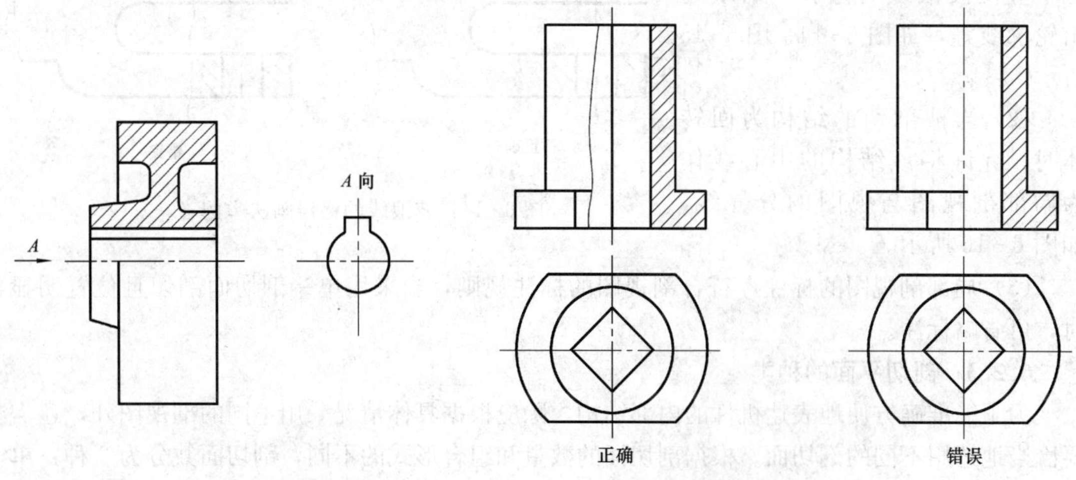

图 6-11　皮带轮的半剖视图

图 6-12　内轮廓线与中心线重合，不宜做半剖视图

（2）半剖视图的标注，仍符合全剖视图的标注规则。

（3）半剖视图中一半的剖视图通常在主视图中配置在对称线的右侧位置；在俯视图中配置在对称线的前侧或右侧位置；在左视图中配置在对称线的前侧位置。特殊情况下也可以另行配置。

（4）在半剖视图中，在半个剖视图中未表达清楚的内部结构，允许在半个视图中作局部剖视图表达，如图6-10中的主视图。

三、局部剖视图

用剖切平面局部地剖开机件所得的剖视图，称为局部剖视图。局部剖视图主要用来表达物体局部的内部形状，适用于物体的内外形状都需表达，但又不适合采用全剖视图或半剖视图的情况。局部剖视图是一种比较灵活的表达方法，但在一个视图中，局部剖视图的数量不宜过多，以免使图形过于破碎。在局部剖视图中，视图部分和剖视图部分是以波浪线或双折线为分界线的，如图6-13所示。

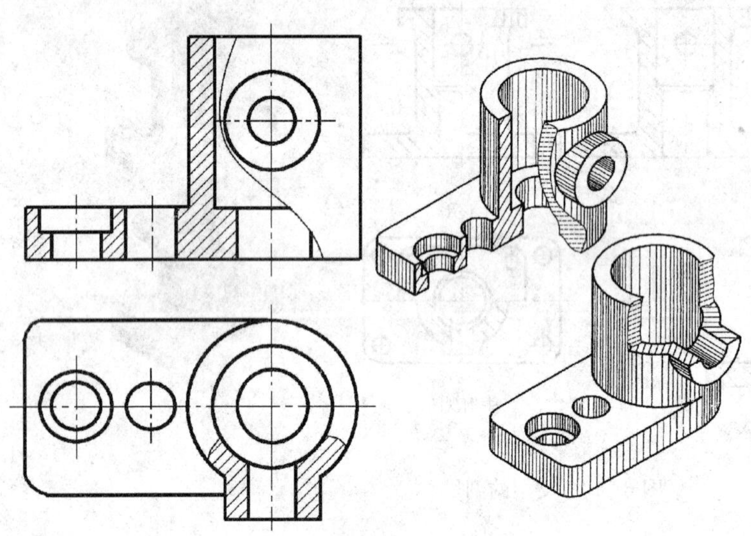

图6-13　局部剖视图

画局部剖视图时，应注意以下几点：

（1）在局部剖视图中，剖与未剖的分界线是用波浪线或双折线表示的，该断裂痕迹线不应和图样上的其他图线重合，也不应使波浪线通过孔、槽或超出轮廓线等，如图6-14、图6-15所示。

（2）当被剖切的结构为回转体时，允许将该结构的中心线作为局部剖视图与视图的分界线，如图6-16所示。

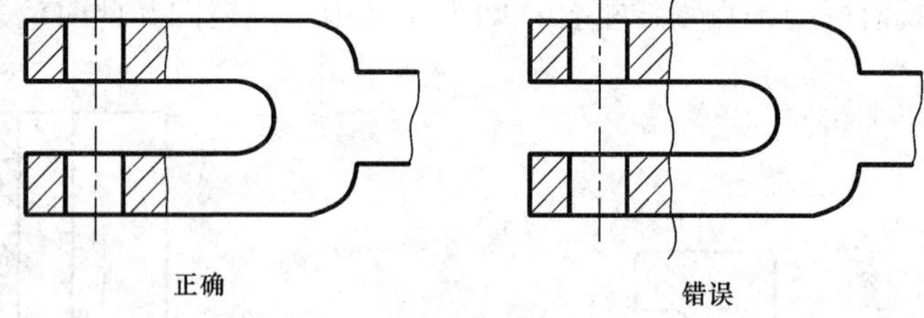

图6-14　波浪线的错误画法举例（一）

（3）局部剖视图的标注，符合剖视图的标注规则，当采用单一剖切面剖切且位置明显时，可省略标注。

6.2.3　剖切平面的种类

为了能准确方便地表达机件的内部结构，除应根据具体情况采用不同的剖视图外，还需要恰当地选用不同的剖切面。根据剖切面的数量和组合形式的不同，剖切面共分为3种：单一的剖切面、几个平行的剖切面、几个相交的剖切面。运用其中任何一种剖切面，都可得到全剖视图、半剖视图和局部剖视图。

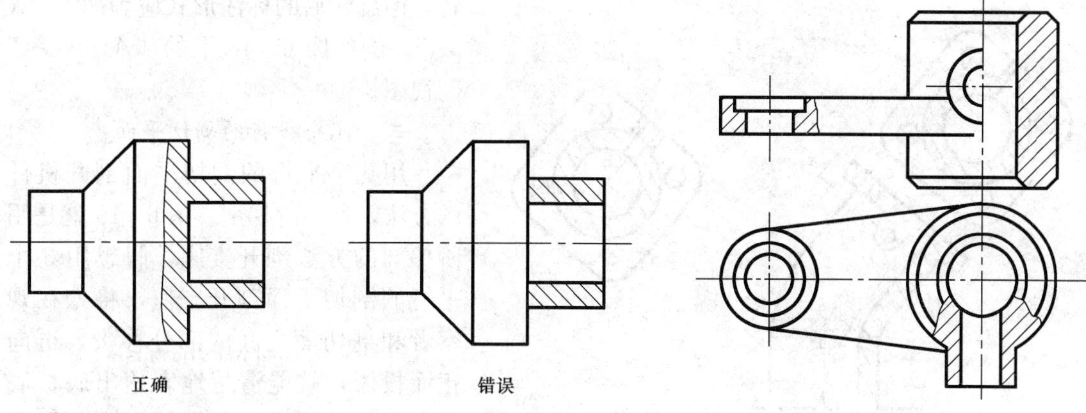

图 6-15　波浪线的错误画法举例（二）

图 6-16　回转结构的局部剖视图画法

一、单一剖切平面

假想用一个剖切面剖开机件的方法称为单一剖。其剖切面一般为平面或柱面。这里仅介绍平面的单一剖切面。

（一）用平行于某一基本投影面的平面剖切

前面所讲述的全剖视图、半剖视图和局部剖视图，都是用平行于某一基本投影面的平面剖开机件后所得出的，这些都是常用的剖视图，如图 6-17 所示。

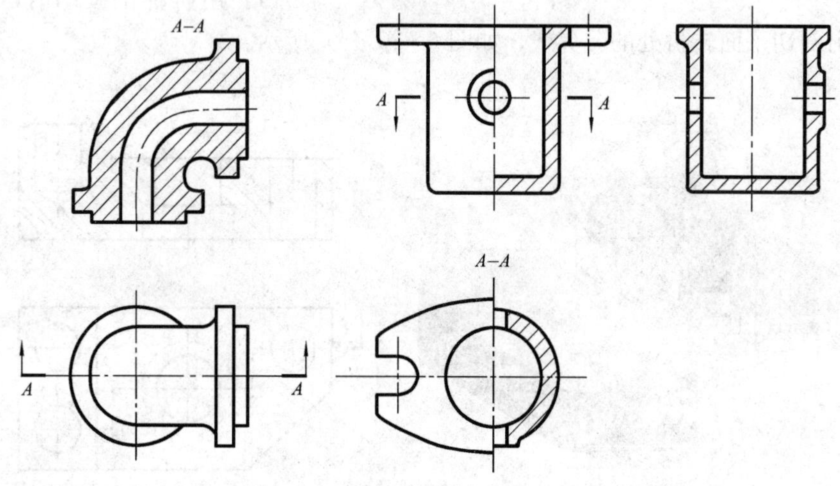

图 6-17　用平行于某一基本投影面的平面剖切

当采用单一剖切面时，如剖视图按投影关系配置，可省略箭头；如剖切面处于物体的对称轴线上，且剖视图按投影关系配置时，可省略全部标注。

（二）用不平行于任一基本投影面的平面剖切

用不平行于任一基本投影面的平面剖开机件的方法一般称为斜剖。常用于机件上倾斜部分的内部结构形状需要表达的情况。如图 6-18 中的“*A*—*A*”全剖视图就是用斜剖画出的，它表达了弯管、凸台、通孔及顶部凸缘的内部结构。剖视图可按投影关系配置在与剖切符号相对应的位置。也可将剖视图平移至图纸的适当位置，在不致引起误解时，还允许将图形旋

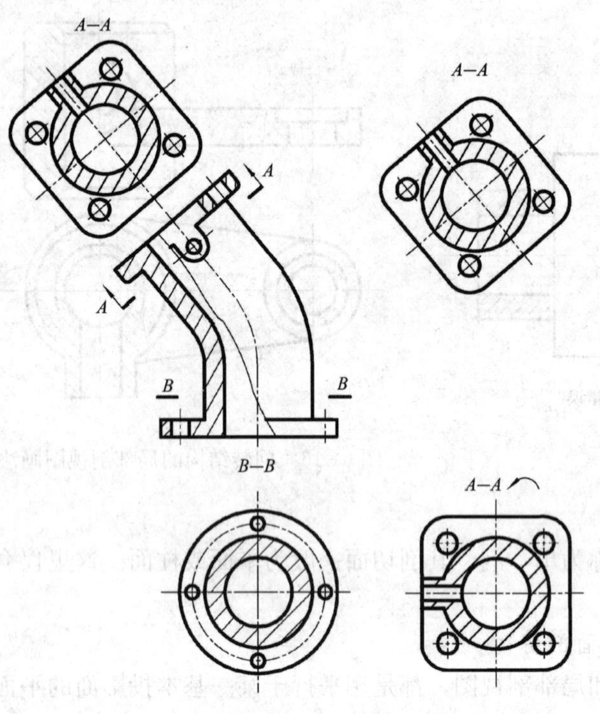

图6-18 用不平行于任一基本投影面的单一平面剖切

转，但旋转后的标注形式应为“X－X ⌒”，例如图6-18中的“A—A ⌒”剖视图。

二、几个平行的剖切平面

用几个平行的剖切平面剖开机件的方法，称为阶梯剖。图6-19就是用阶梯剖的方法剖开支座，假想用3个平行的剖切平面剖开支座，将处在观察者和剖切面之间的部分移去，再向正面投影，就能清楚地表达出底板底部中间的阶梯孔、左端的圆形通孔和前后圆形盲孔的结构。

当机件上具有几种不同的结构要素（如孔、槽等），而且它们的中心线排列在相互平行的不同平面的位置上时，适宜采用几个平行的剖切平面剖切。

画这种剖视图时应注意以下几点：

（1）用阶梯剖画图时，剖视图上不允许画出剖切平面转折处的分界线，如图6-20（a）所示。

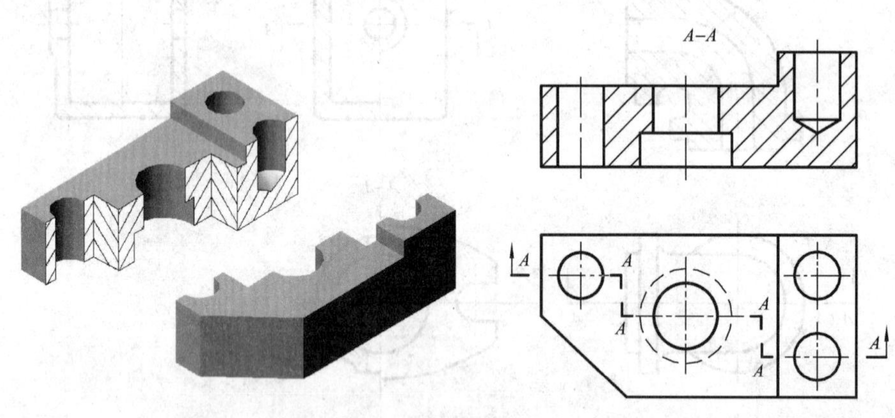

图6-19 阶梯剖

（2）要正确选择剖切平面的位置，剖视图中不应出现不完整的结构要素，如图6-20（b）所示。只有当不同的孔、槽在剖视图中具有共同的对称中心线时，才允许剖切平面在孔、槽中心线或轴线处转折。不同的孔、槽各画一半，二者以共同的中心线分界，如图6-20（c）所示。

采用几个平行的剖切平面也可以获得全剖视图、半剖视图和局部剖视图。如图6-21所示。

采用这种方法画出的剖视图必须按规定标注，各剖切面相互连接而不重叠。标注方法如图6-18，图6-19所示。但要注意：剖切符号的转折处不允许与图上的轮廓线重合；在转折处如因位置有限，且不致于引起误解时，可以不注写字母。

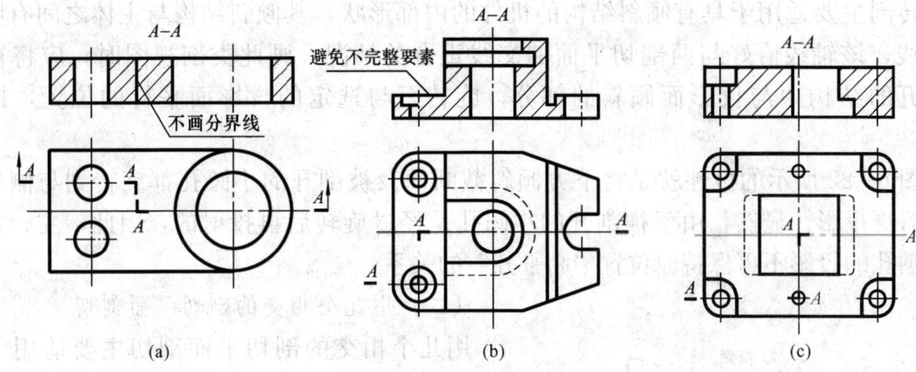

图6-20 几个平行的剖切平面剖切时应注意的问题

(a) 剖切平面转折处无分界线；(b) 避免不完整要素；(c) 具有公共对称中心线的结构画法

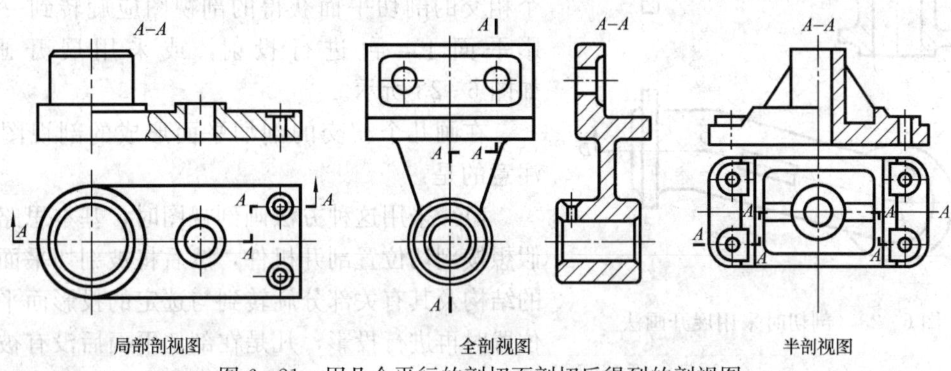

图6-21 用几个平行的剖切面剖切后得到的剖视图

三、几个相交的剖切平面

用几个相交的剖切平面必须保证其交线垂直于某一投影面，通常是基本投影面。根据相交剖切面的情况不同又可以分为两种情况。

(一) 用两个相交的剖切面剖切

用交线垂直于某一基本投影面的两个相交剖切面剖开机件的方法称为旋转剖，如图6-22所示。

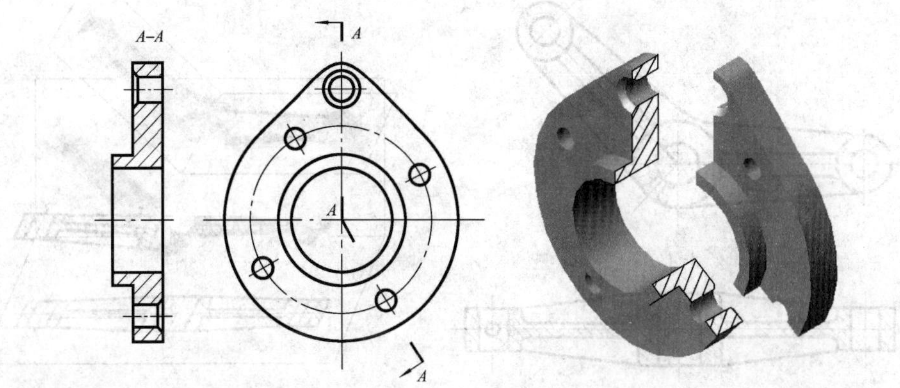

图6-22 旋转剖

旋转剖主要适用于具有倾斜结构的机件的内部形状，其倾斜结构与主体之间有明显的回转轴线，该轴线恰好与两剖切平面的交线重合的情况。画此类剖视图时，应将被剖切平面剖开的结构中与投影面倾斜的部分，旋转至与选定的投影面平行的位置，再进行投影。

如图6-22所示的机件就是将下方倾斜截断面及被剖开的小圆孔都旋转到与侧平面平行，然后再投影。显然，由于被剖开的小圆孔是经过旋转后再投射的，因此，主、左视图中，小圆孔的投影不再保持原位置“高平齐”的关系。

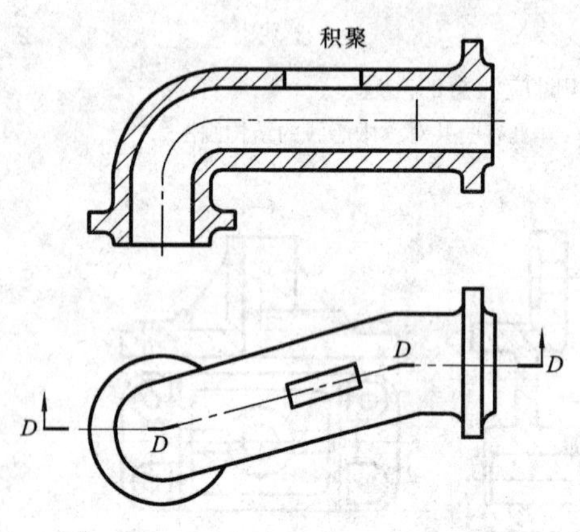

图6-23 剖切时采用展开画法

（二）用几个相交的剖切平面剖切

用几个相交的剖切平面剖切主要适用于当机件的内部结构比较复杂，用以上几种剖切面都不能完全表达的情况。采用这种剖切方法时，用几个相交的剖切平面获得的剖视图应旋转到一个投影平面上，再进行投射，或采用展开画法，如图6-23所示。

在画几个相交的剖切平面形成的剖视图时应注意的是：

(1) 采用这种方法画剖视图时，基本思路是先假想按剖切位置剖开机件，然后将被剖切平面剖开的结构及其有关部分旋转到与选定的投影面平行的位置时再进行投影，凡是在剖切平面后没有被剖到的结构，应按原来位置画出它们的投影，如图6-24中的油孔。当剖切后产生不完整要素时，应将此部分按不剖切绘制，如图6-25所示的臂。

(2) 几个相交的剖切面的剖切符号的画法和标注，与几个平行剖切面的标注相同。图6-26中，用几个相交的剖切面画出了一个机件的“A—A”剖视图。又如图6-27中，按主视图中的剖切符号画出了“A—A”全剖视图，作图时又采用了展开画法，图名应标注为“X—X展开”，如图6-27中标注的“A—A展开”。

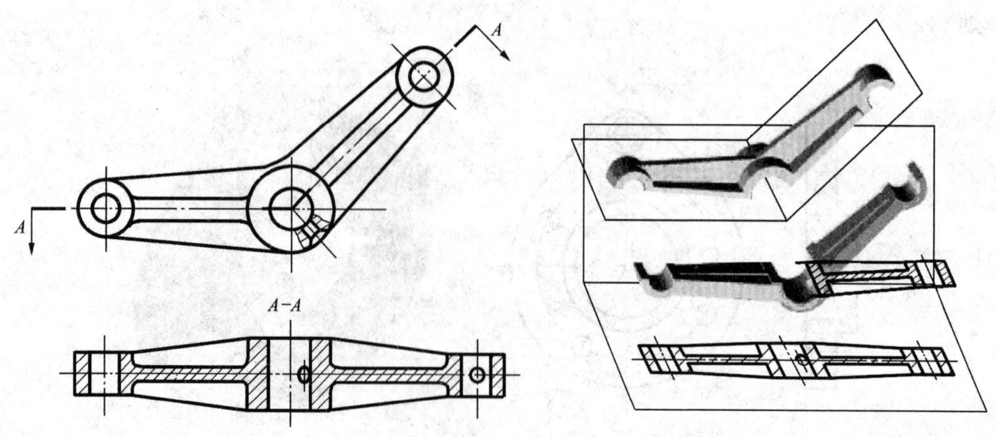

图6-24 未剖到的结构应按原来的位置投影

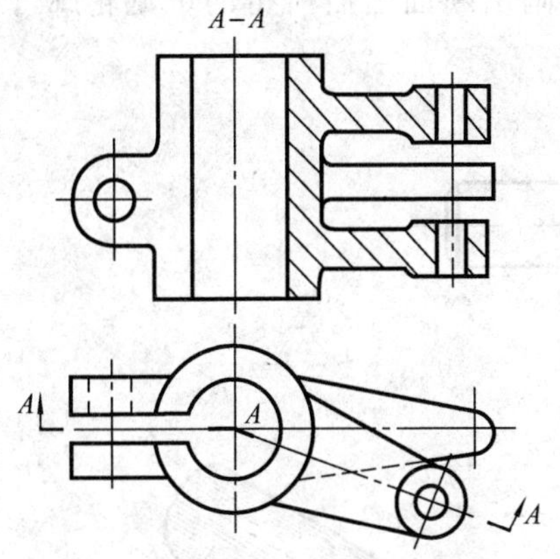

图 6-25　剖切后不完整要素的投影

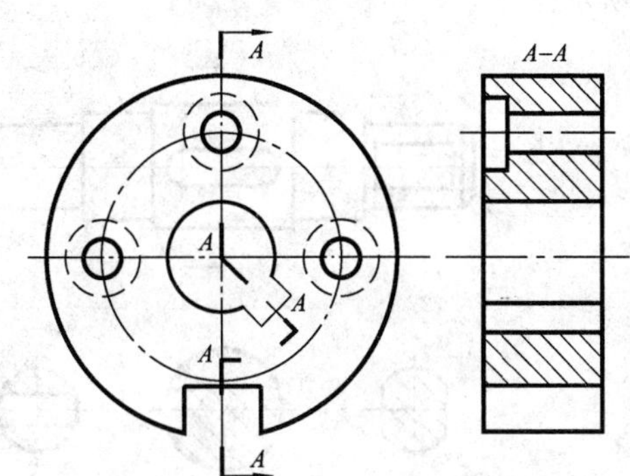

图 6-26　几个相交的剖切面

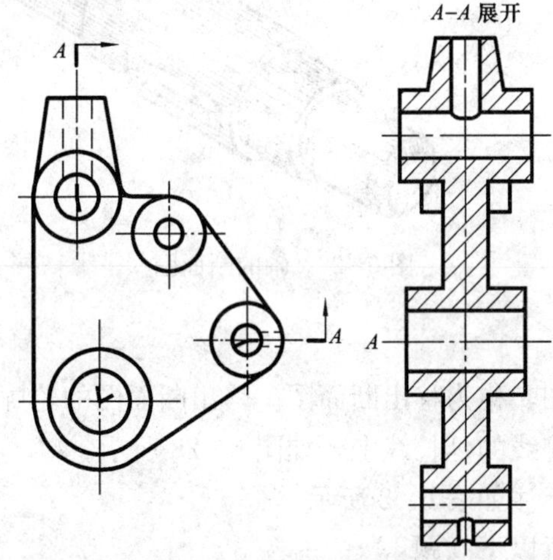

图 6-27　几个相交剖切面的展开画法

学习提示：

学习中首先要理解剖视图的概念及其与视图之间的关系，概念清楚了，再熟悉各种剖视图和剖切面的不同规定，找出它们之间的规律，才能在实践中对这些方法灵活地加以运用。

6.3　断　面　图

目的与任务　掌握断面图画法和标注的有关规定，能看懂断面图，并能根据机件的结构画出其断面图。

假想用剖切面将机件某处切断，仅画出该剖切面与物体接触部分的图形，这种图形称为断面图。断面图主要用来表示断面的形状，有移出断面和重合断面之分。

画断面图时，应特别注意断面图与剖视图之间的区别。断面图只画出物体被切处的断面形状。而剖视图除了画出其断面形状之外，还必须画出断面之后所得的可见轮廓，如图 6-28所示。

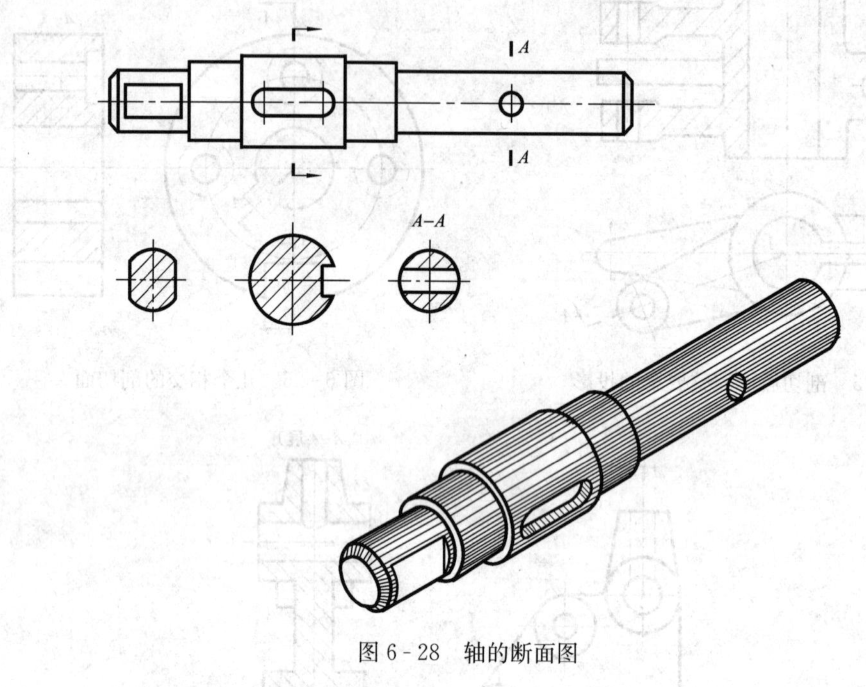

图 6-28　轴的断面图

6.3.1　移出断面图

画在视图之外的断面图，称为移出断面图。移出断面图的轮廓线用粗实线绘制，尽量配置在剖切符号或剖切平面迹线的延长线上，如图 6-28 所示。

移出断面图的配置和标注如表 6-2 所示。

画移出断面图时应注意以下问题：

(1) 移出断面的轮廓线用粗实线绘制，通常配置在剖切线的延长线上，如图 6-29 (a) 所示。

(2) 由两个或多个相交剖切面剖切得到的移出断面图，中间一段应断开，如图 6-29 (b) 所示。

(3) 当剖切平面通过由回转曲面形成的孔或凹槽的轴线时，此孔或凹槽按剖视画，如图 6-29 (c) 所示。

(4) 当剖切平面通过非圆孔，会导致出现完全分离的两个图形时，则这些结构应按剖视绘制，如图 6-29 (d) 所示。

6.3.2　重合断面图

画在视图轮廓线之内的断面图，称为重合断面图。重合断面图的轮廓线要用细实线绘制[1]，而且当断面图的轮廓线和视图的轮廓线重合时，视图的轮廓线应连续画出，不应间断。

---

[1] 通常机械制图中的重合断面图用细实线画出，建筑类制图重合断面图用粗实线画出。

表 6 - 2　移出断面图的配置与标注

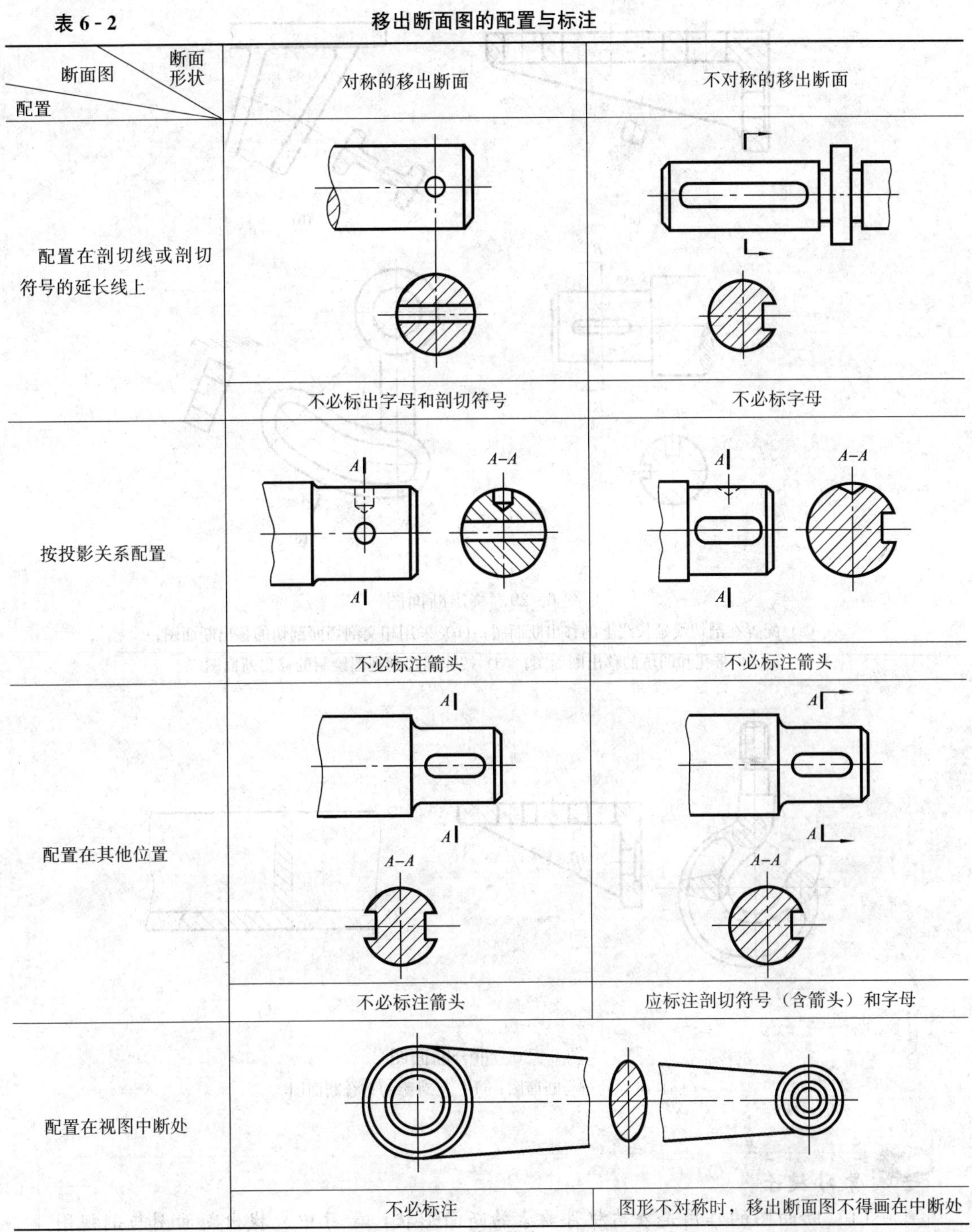

配置＼断面图＼断面形状	对称的移出断面	不对称的移出断面
配置在剖切线或剖切符号的延长线上	不必标出字母和剖切符号	不必标字母
按投影关系配置	不必标注箭头	不必标注箭头
配置在其他位置	不必标注箭头	应标注剖切符号（含箭头）和字母
配置在视图中断处	不必标注	图形不对称时，移出断面图不得画在中断处

当重合断面图形不对称时，要标注投影方向和断面位置标记。对称的重合断面不必标注，如图 6 - 30（a）所示。不对称的重合断面在不至引起误会时，可省略标注，如图 6 - 30（b）所示。

重合断面图是重叠画在视图上的，为了重叠后不至于影响图形的清晰程度，重合断面图一般多用于断面图形状较简单的情况。

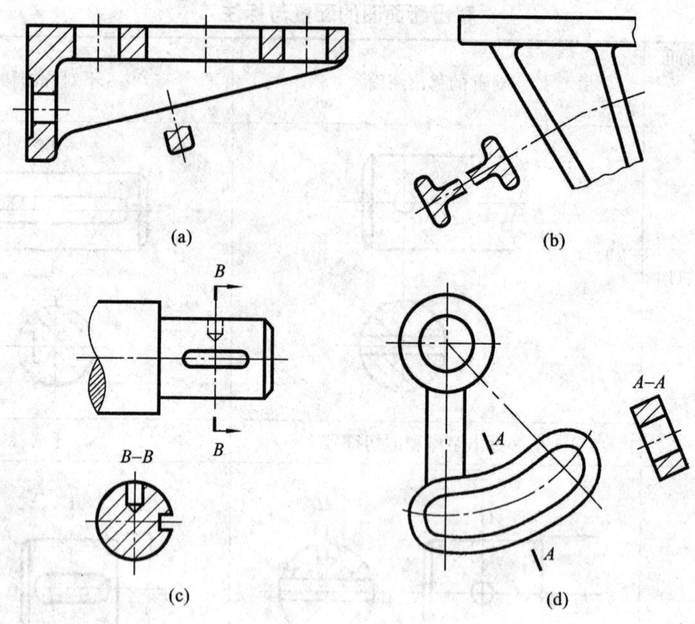

图 6－29 移出断面图

(a) 配置在剖切线延长线上的移出断面图；(b) 采用相交剖切面剖切的移出断面图；
(c) 带孔和凹坑的移出断面图；(d) 按非圆孔剖视图绘制的移出断面图

(a)　(b)

图 6－30 重合断面图

(a) 对称的重合断面图；(b) 不对称的重合断面图

学习提示：

(1) 断面图的作用是表达机件要素的断面形状，学习中应找出断面图与剖视图的异同，要弄清移出断面图和重合断面图的画法及标注。

(2) 了解断面图中的特殊规定画法，学会按规定作图。

6.4 其他表达方法

目的与任务 掌握和熟悉局部放大图、规定画法和简化画法的图示方法，并能正确识读规定画法和简化画法。

6.4.1　局部放大图

当机件上某些细小的结构在原图上表达不够清楚或不便标注尺寸时，可将这些细小的结构用大于原图所采用的比例单独画出，这种图形称为局部放大图。局部放大图可画成视图、剖视、断面图，它与被放大部分的表达方式无关。

画局部放大图时应注意：

（1）局部放大图应尽量配置在被放大部位的附近，并在原图中用细实线圆或椭圆作索引。

（2）当同一机件上有几个被放大的部分时，必须用罗马数字依次标明被放大的部位，并在局部放大图的上方标注出相应的罗马数字和所采用的比例，如图 6-31 所示。

（3）在局部放大图的上方所注明的比例是指图中机件要素的线性尺寸与实际机件相应要素的比值，与原图所采用的比例无关。

（4）同一机件上不同部位的局部放大图，当图形相同或对称时，只画出一个即可。

必要时可用几个图形表达同一个被放大部分的结构，如图 6-32 所示。

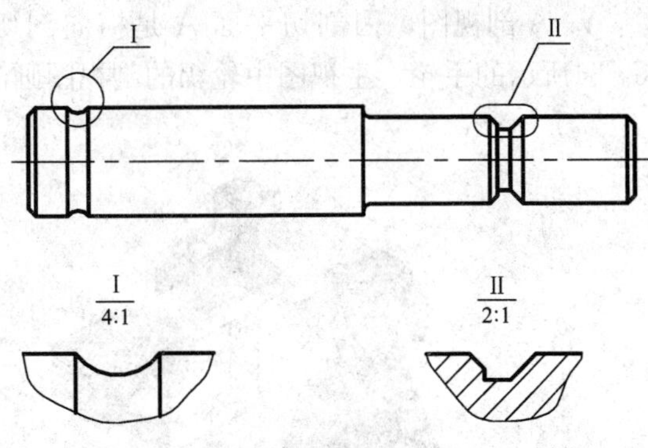

图 6-31　局部放大图

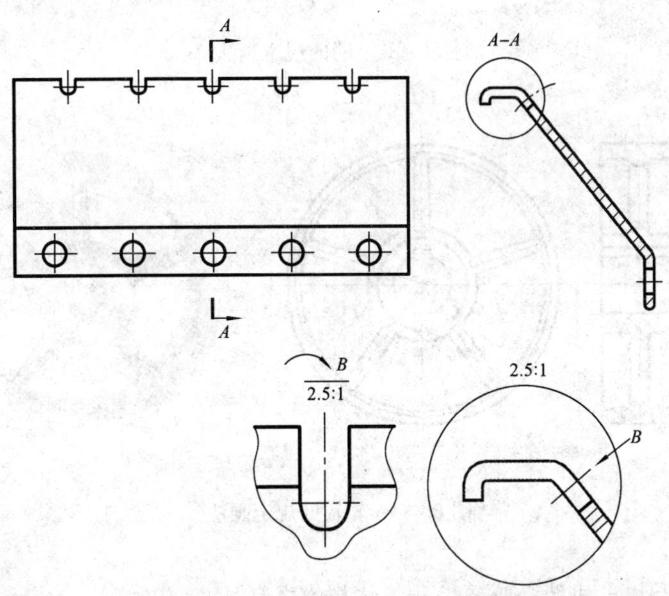

图 6-32　用几个图形表达一个放大结构

6.4.2　规定画法与简化画法

在工程图样中，除了前述用到的表达方法外，还有简化表示法、规定表示法、示意表示法、符号表示法。其中符号表示法将在电气工程图中作专门讲解。

一、规定画法

规定画法是指按投影要求或有关标准规定的规则表示图形的方法。

（一）对机件中的肋、轮辐等薄壁结构纵向剖切的规定画法

对于机件的肋、轮辐及薄壁等，如按纵向剖切，这些结构都不画剖面符号，而是用粗实线将它与邻接部分分开。但当剖切平面横向剖切这些结构时，则应画出剖切面符号，如图 6-33所示的支架，左视图是采用侧平面剖切而得，其剖切面是纵向剖切支架的前肋板，横向剖切壁板，因而前肋板在左视图中不画剖面符号，壁板的左视图中就必须画剖面符号，其 $A—A$ 剖视图，因剖切平面 A 是横向剖切肋板和壁板，所以都需画出剖面符号。如图 6-34所示的手轮，主视图中轮辐的剖视图画法也是如此。

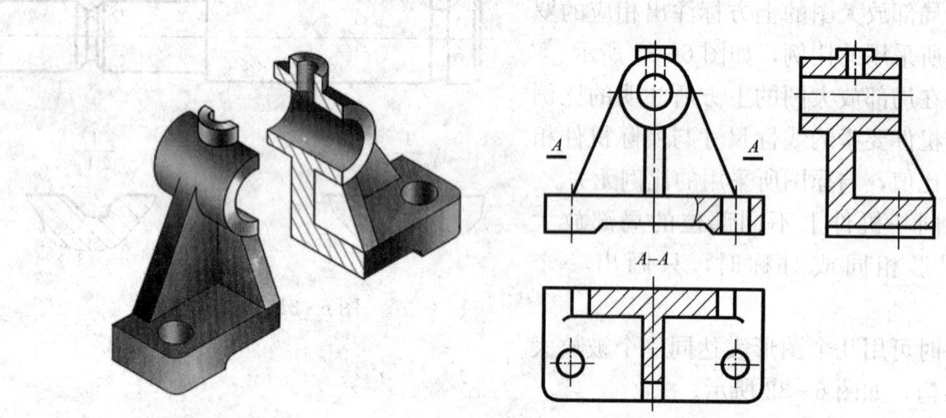

图 6-33　肋的规定画法

图 6-34　轮辐的规定画法

（二）对机件上均布的肋、轮辐、孔等结构的规定画法

当回转体上均匀分布的肋、轮辐、孔等结构不处于剖切面时，可将这些结构回转到剖切平面上画出，不需加任何标注，如图 6-35 所示。

二、简化画法

简化画法是指由必要的主要结构要素和几何参数按比例表示图形的方法，由简化画法和简化注法组成。

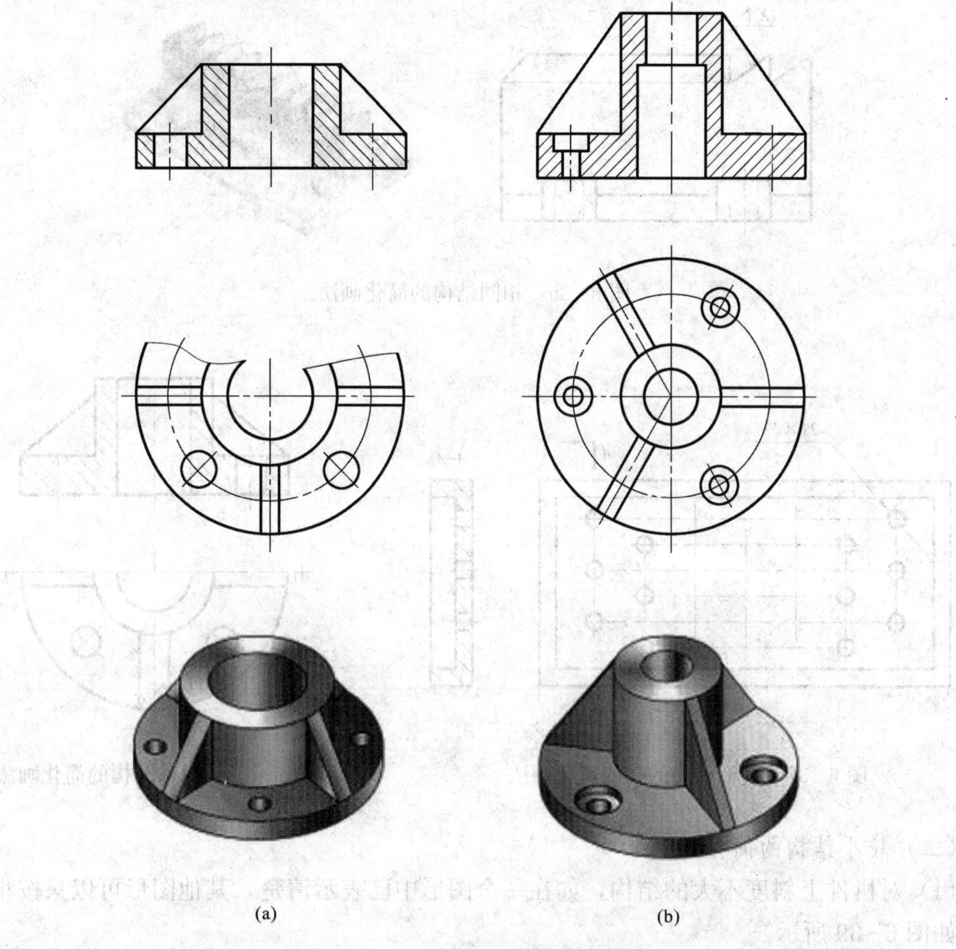

图 6-35　均布孔、肋的规定画法
（a）孔的规定画法；（b）肋的规定画法

运用简化画法的原则：必须保证不至于引起误解和不会产生理解的多意性，应力求制图简便；便于识读和绘制，注重简化的综合效果；不可无据简化，避免随意性。

（一）对相同结构的简化

（1）当机件上具有多个相同结构要素（如孔，槽，齿等）并且按一定规律分布时，只需画几个完整的结构，其余用细实线连接，或画出它们的中心线，但在图中必须注明该结构的总数，如图 6-36 所示。

（2）当机件具有若干个直径相同且成规律分布的孔（圆孔、螺孔、沉孔、管道等）时，可以画出一个或几个，其余只需表示其中心位置，但在图中应注明孔的总数，如图 6-37 所示。

（3）当某一图形对称时，可画略大于一半，也可只画出一半或四分之一，如图 6-38所示的俯视图，此时必须在对称中心线的端部画出与其垂直的二条平行细实线，以示对称。

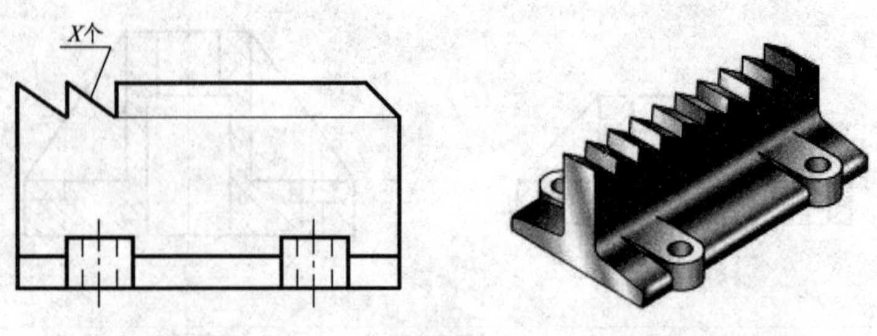

图 6-36 相同结构的简化画法

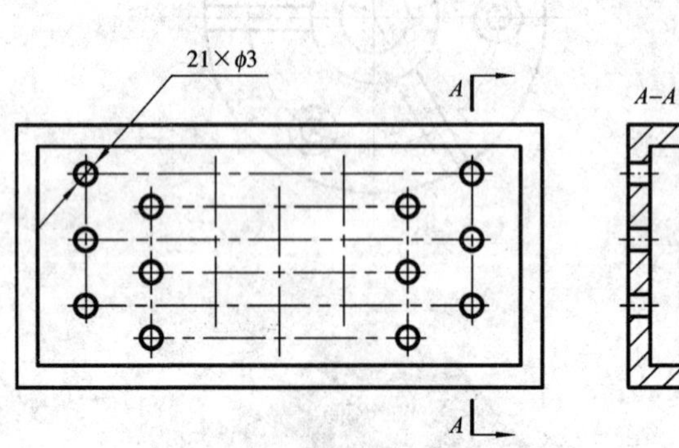

图 6-37 直径相同的孔的简化画法

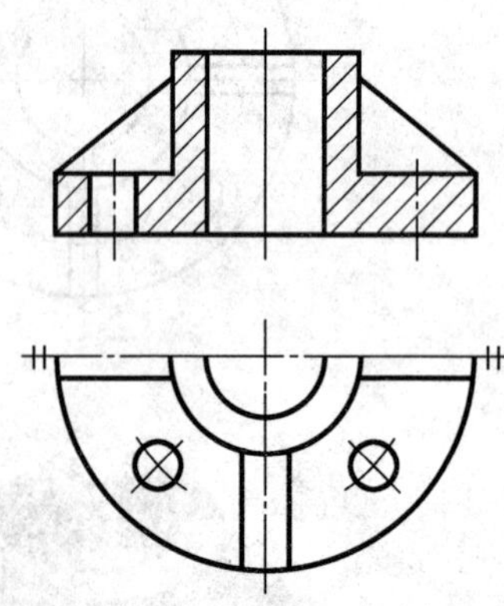

图 6-38 对称结构的简化画法

（二）较小结构的简化画法

(1) 对机件上斜度不大的结构，如在一个图形中已表示清楚，其他图形可以只按小端画出，如图 6-39 所示。

(2) 在不至于引起误解时，机件上的小圆角，锐边的小倒圆或45°小倒角允许省略不画，但必须注明尺寸或在技术要求中加以说明，如图 6-40 所示。

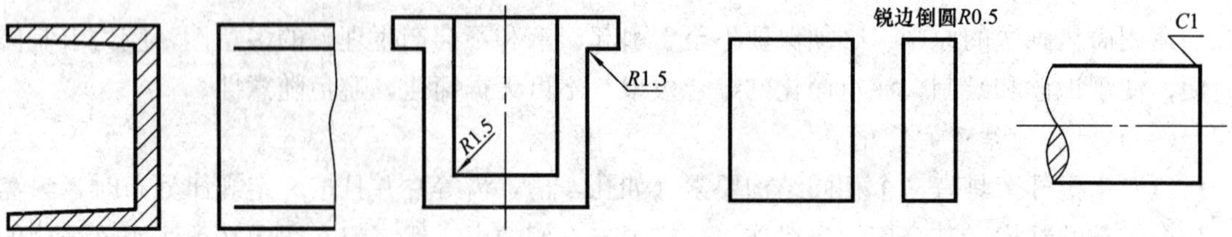

图 6-39 小斜度的简化画法 图 6-40 圆角、倒角的简化画法

（三）机件上某些交线和投影的简化

(1) 相贯线或截交线在不会引起误解时，允许用圆弧或直线来代替非圆曲线，如图 6-41所示。

(2) 与投影面倾斜角度小于或等于 30°的圆或圆弧，其投影可以用圆或圆弧来代替真实投影的椭圆，如图 6-42 所示。

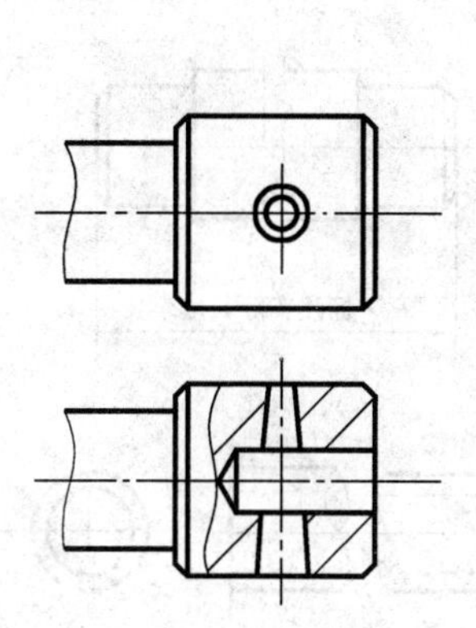
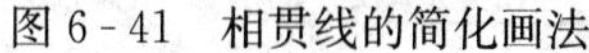

图6-41　相贯线的简化画法

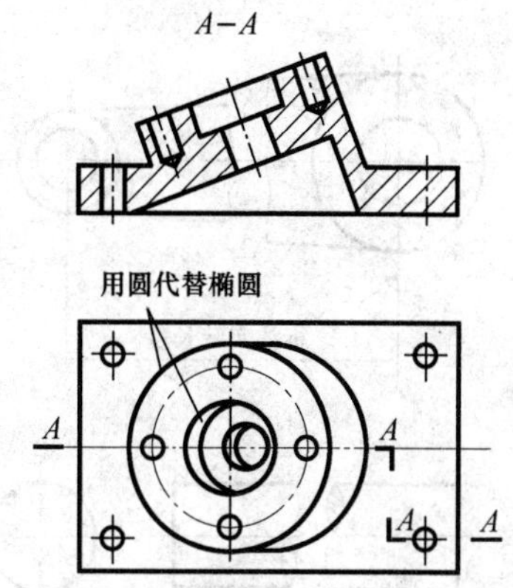

图6-42　倾斜结构的简化画法

(3) 当平面在图形中不能充分表达时，可用平面符号（相交的两条细实线）表示，如图6-43所示。

(4) 当采用移出断面图表达机件时，在不会引起误解的情况下，允许省略剖面符号，但剖切位置和断面图必须按规定进行标注，如图6-44所示。

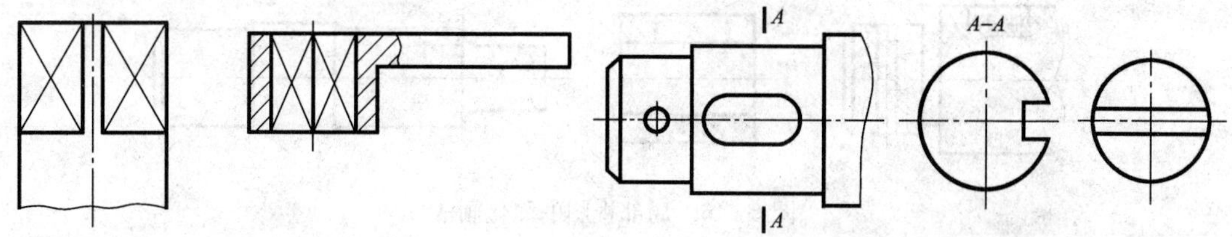

图6-43　用符号表示平面　　图6-44　移出断面图的简化画法

(四) 视图中的一些简化画法

(1) 较长的机件沿长度方向的形状一致或按一定规律变化时，例如轴、杆、型材、连杆等，可以断开后缩短表示，但要标注实际尺寸，如图6-45所示。

(2) 机件上按第三角画法配置的局部视图，当局部视图与相应视图之间用细点划线（或细实线）相连时，可省略标注，如图6-46所示。

(3) 圆柱形法兰和类似零件上均匀分布的孔，可按图6-47所示方法表示。

(4) 在剖视图的剖面区域，可再作一次局部剖，采用这种表达方法时，两个剖面的剖面线应同方向，同间隔，但要互相错开，并用引出线标注其名称，如图6-48所示。当剖切位置明显时，也可省略标注。

(5) 在需要表示位于剖切平面前的结构时，这些结构按假想投影的轮廓线双点划线绘制，如图6-49所示。

三、示意画法

示意画法是指用文字标记或符号不按比例（亦可按比例）地、完整地表示图形信息的方法。

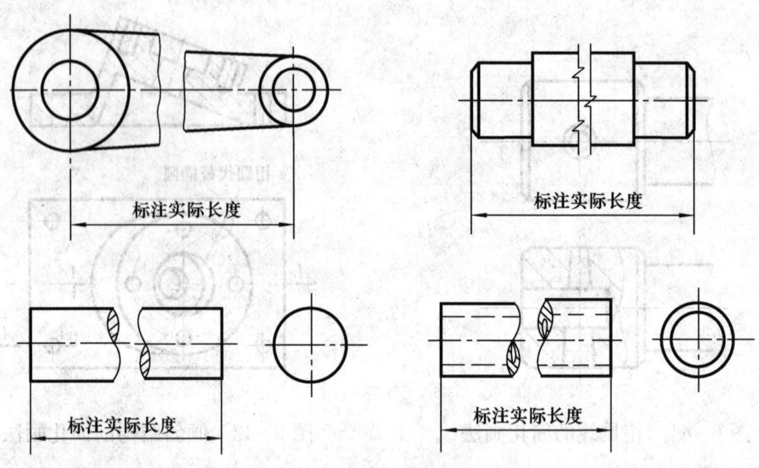

图 6-45　断开画法

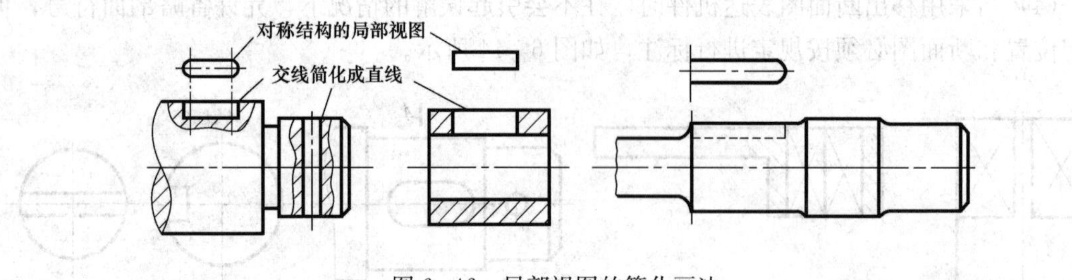

图 6-46　局部视图的简化画法

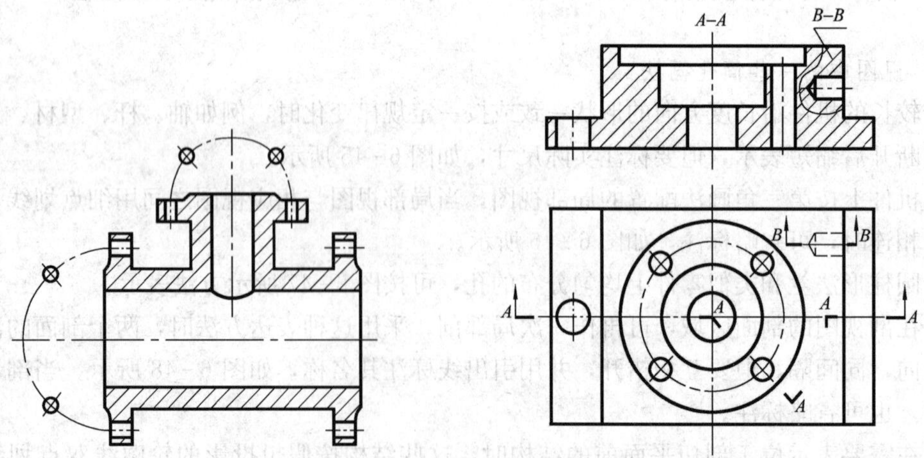

图 6-47　圆柱形零件均布孔的简化画法　　图 6-48　在剖视图的剖面中作局部剖视的简化画法

（1）对于网状物、编制物或机件上的滚花部分，可以在轮廓线附近用细实线示意画出，并在图上或技术要求中注明这些结构的具体要求，如图 6-50 所示。

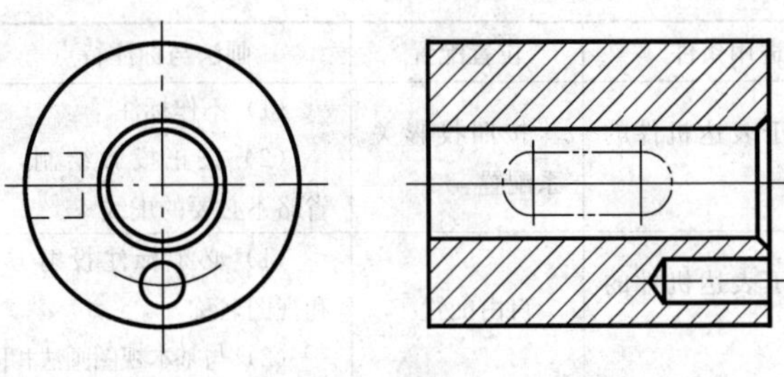

图6-49 假想画法

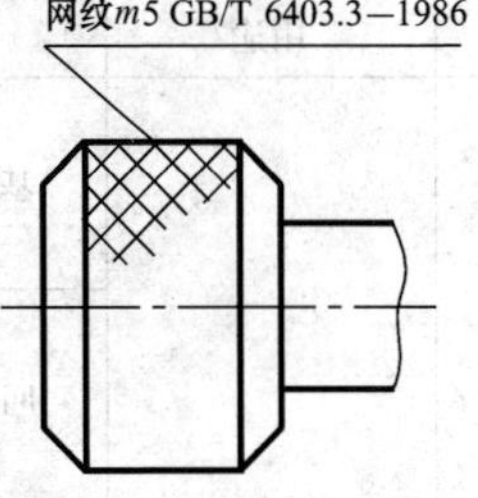

图6-50 网纹的示意画法

(2) 也可采用模糊画法表示相贯线，如图6-51所示。

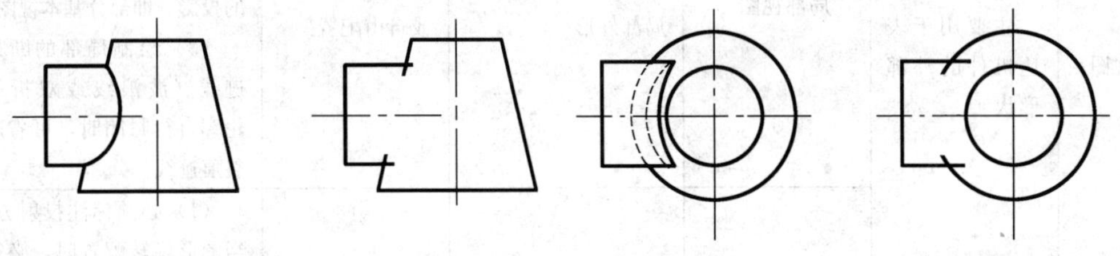

图6-51 相贯线的模糊画法

学习提示：

(1) 本节所述的画法都是国标中的具体规定，学习时要结合图例去理解，并熟悉各种画法的使用条件，待画图使用时可再次查阅。

(2) 该部分内容较多，不可能一次全部记住，可多看、多分析、多比较，以加深了解和记忆。

6.5 机件表达方法的综合举例

目的与任务 进一步熟悉各种画法规定，学会综合分析各种表达方法的合理性及其表达内容，为后续学习零件图和装配图选择表达方案打好基础。

一、各种表达方法小结

为了对国家标准中的各种表达方法的概念、画法、标注和适用条件有一个全面的了解，有必要对前述的表达方法作一个小结，如表6-3所示。

二、运用举例

机件的结构形状多种多样，所表达的方案也各不相同。在实际运用中，除应根据机件的不同结构特点来恰当地选用表达方法外，还应处理好以下几个具体问题：

(1) 在对机件进行形体分析的基础上，先确定主视图。将机件信息量最多的那个视图作为主视图，通常是机件的工作位置、加工位置或安装位置。

表6-3　机件常用的各种表达方法

分类	用途	名称	适用条件	位置配置	画法与标注特点
视图	主要用于表达机件的外部形状	基本视图	用于表达机件的外形	按照投影关系配置	(1) 不作标注 (2) 按正投影绘制，可省略不必要的虚线
		向视图	用于表达机件的外形	自由配置	(1) 必须标注投射方向和视图名称 (2) 与基本视图画法相同
		局部视图	用于表达机件的局部外形	按投影关系或自由配置	(1) 按投影关系配置时，省略标注；按向视图配置时，必须标注 (2) 仅画需要表达的局部的投影（即部分基本视图） (3) 绘制局部的断裂痕迹线（波浪线或双折线），轮廓自行封闭时，可省略断裂痕迹线
		斜视图	用于表达机件倾斜部分的外形	按投影关系或自由配置	(1) 必须标注投射方向，当图形旋转配置时，必须加注旋转方向 (2) 用正投影方法向设定的辅助投影面投射 (3) 绘制局部的断裂痕迹线（波浪线或双折线），轮廓自行封闭时，可省略断裂痕迹线
剖视图	按机件剖切范围分类（主要用于表达内部形状）	全剖视图（用剖切面完全切开机件）	适用于外形简单、内形复杂的机件表达	通常按投影关系配置	(1) 除单一剖切平面通过机件的对称面或剖切位置明显，且中间又无其他图形隔开，可省略标注外，其他情况都必须标注 (2) 用单一剖切面、几个平行的剖切平面、几个相交的剖切面中的任意一种，均可得到全剖视图、半剖视图和局部剖视图 (3) 全剖视图展示整个内腔及其后部可见的结构形状 (4) 半剖视图以对称中心线为界，一半画视图，表外形；另一半画剖视图，表内部形状 (5) 局部剖视图以波浪线或双折线为界，一部分画视图，表外形；另一部分画剖视图，表内形，其范围可大可小
		半剖视图（沿机件对称面切开）	适用于内、外形状均需表达且结构对称的机件表达	通常按投影关系配置	
		局部剖视图（沿机件对称面局部切开）	适用于内、外形状均需表达且不适于用全剖视图和半剖视图的机件	通常按投影关系配置	

续表

分类	用途	名称	适用条件	位置配置	画法与标注特点
剖视图	按剖切面分类（主要用于表达内部形状）	单一剖切面	适用于机件的孔槽等结构均处于同一平面上的机件	通常按投影关系配置	（1）仅平行于投影面的剖切平面通过机件的对称面剖切，且中间无其他图形隔开时可省略标注（含相应形成的全剖视图、半剖视图和局部剖视图） （2）剖视图的常规画法
		几个平行的剖切平面	适用于机件的孔槽等结构均处于几个平行的平面上的机件	通常按投影关系配置	（1）必须按剖视图的要求标注 （2）与单一剖切面的画法相同，各剖切面的分界处无线 （3）在图形内应避免出现不完整的要素，仅当两个要素在图形上具有公共对称中心线或轴线时，才可以各画一半
		几个相交的剖切面	适用于机件的孔槽等结构分布复杂，用上述两种剖切面都无法将所需表达的部分剖切的情况	通常按投影关系配置	（1）必须按剖视图的要求标注 （2）在画图时应遵循“先剖开，后旋转，再投影”的思路，将剖开的结构旋转到与选定的投影面平行的位置后再进行投射 （3）当剖切后产生不完整要素时，应将此部分按不剖绘制
断面图	主要用于表达某一断面的形状	移出断面图	表达机件某一位置的断面形状	配置在视图轮廓线以外	（1）断面图的标注要根据图形是否对称及其配置位置确定，见表6-2 （2）一般仅画剖切面处的断面形状
		重合断面图	表达机件某一位置的断面形状	配置在视图轮廓线以内	（1）当剖切平面通过由回转面形成的孔或凹坑的轴线时，这些结构按剖视绘制 （2）当剖切平面通过非圆孔，会导致出现完全分离的两个断面时，这些结构按剖视绘制 （3）由两个或多个相交平面剖切所得的移出断面图，中间一般应断开

续表

分类	用途	名称	适用条件	位置配置	画法与标注特点
局部放大图	主要用于表达机件细小结构的形状	局部放大图	表达机件局部细小结构的形状和大小	配置在视图之外，与索引部分相对应	（1）要标注索引图名和比例 （2）采用比原图大的比例绘制，其采用的表达方法与原图无关
简化画法	主要为了保证图形的清晰度，提高绘图效率	规定画法	（1）肋、轮辐件纵向不剖，横向剖 （2）回转体上未剖的均布肋、轮辐、孔可旋转至与剖切平面平行的位置画出		
		简化画法	简化画法： （1）回转体上的小平面可用两条相交的细实线表示 （2）对称机件的视图可只画一半或四分之一 （3）细长机件可折断缩短画出 （4）小角度的倾斜圆或圆弧的投影可用圆或圆弧代替 （5）剖切平面前的结构可按假想的轮廓线绘出 （6）圆柱形法兰的均布孔可就地翻转表示 （7）若干个相同结构可只画出几个完整的结构 （8）剖面符号可省略或涂色 （9）若干个相同的孔可只画一个或几个 （10）小结构及斜度在一个图形中已明确的，在其他图形中应省略 （11）小圆角、小倒角可不画，但必注尺寸 运用简化画法的原则： （1）必须保证不至于引起误解和不会产生理解的多意性，应力求制图简便 （2）便于识读和绘制，注重简化的综合效果 （3）不可无据简化，避免随意性		
		示意画法	滚花可在轮廓线附近用细实线局部地画出		

（2）再逐个增加其他视图，应按下述原则选取。

1）在明确表示机件的前提下，剖视图和断面图的数量越少越好。

2）尽量避免使用虚线表达机件的形状。

3）避免不必要的细节重复。

根据上述原则，在确定一个机件的表达方案时，可能会有几种表达方案，必须经过反复地比较和推敲，才能确定较好的方案。画出一组视图，并恰当地标注尺寸，以便完整，清晰地将机件的内外形状结构表达清楚，力求制图简单，看图方便。

【例6-1】 怎样表达图6-52所示的支架？

分析 用4个视图进行表达。为了表达机件的外部结构形状、水平圆柱上的孔和斜板上的4个小孔，主视图采用了局部剖视图，它既表达了肋、圆柱和斜板的外部结构形状，又表达了孔的内部结构形状；为了表达水平圆柱与十字肋的连接关系，采用了一个局部视图；为了表达十字肋的形状，采用了一个移出断面图；为了表达斜板的实形，采用了一个斜视图“*A*”。

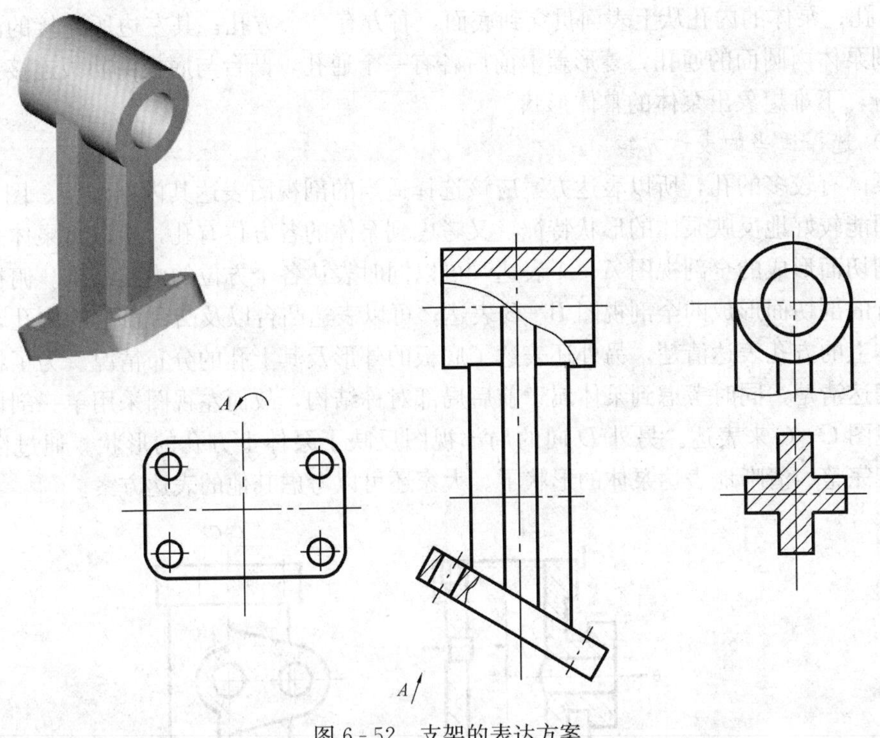

图 6-52　支架的表达方案

【例 6-2】　根据图 6-53 所示的泵体的三视图，想象出它的形状，并按完整、清晰的要求，选用比较合适的表达方案重画泵体。

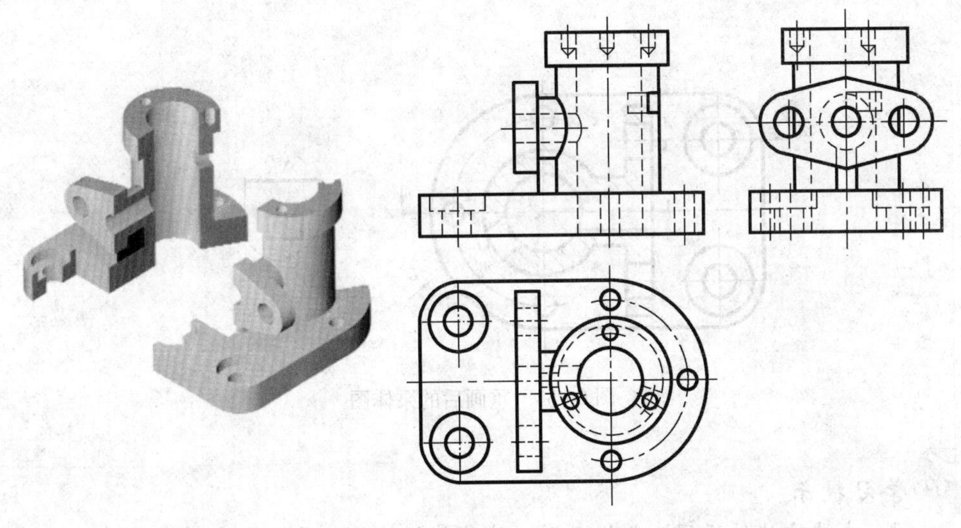

图 6-53　泵体

（一）由三视图想象出泵体的形状

根据投影关系可以看出，泵体的主体是一个带空腔的圆柱体，下方是由长方体与半圆柱组成的底板，泵体的上方是圆柱形上盖，左端连接一个圆凸台，凸台的左方是一个菱形盖，泵体、底板、凸台及上盖等各部分都有内部结构。底板上除了左边有两个沉孔外，右边还有

3 个小通孔；泵体的内孔从上表面贯穿到底面，右方有一个方孔；其左边所连接的凸台有一个贯通到泵体内圆面的通孔，菱形盖上前后各有一个通孔，凸台与底板由肋板连接。经过这样的分析，不难想象出泵体的整体形状。

（二）选择适当的表达方案

因泵体有较多的孔，所以表达方案应该选择适当的剖视图表达其内部结构。图 6 - 54 中的主视图能较好地反映泵体的形状特征，又考虑到泵体的各方位有孔，所以将泵体采用几个相交的剖切面形成的全剖视图 $A—A$ 表达，可以同时表达各个方位的内孔结构。俯视图采用两个平行的剖切面形成的全剖视图 $B—B$ 表达；可以表达凸台以及凸台盖上的内孔，同时还能将泵体上的方孔表达清楚，另外还表达了底板的外形及其上孔的分布情况。为了将凸台盖的外形表达清楚，同时考虑到泵体属于前后局部对称结构，故而左视图采用单一剖切面形成的半剖视图 $C—C$ 来表达。另外 D 向的局部视图反映了泵体上方孔的形状。通过以上的分析，就能完整、清晰地表达泵体的形状了。大家还可以考虑其他的表达方案。

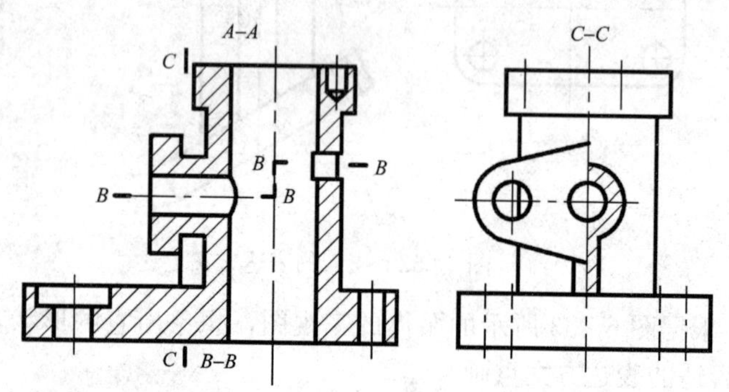

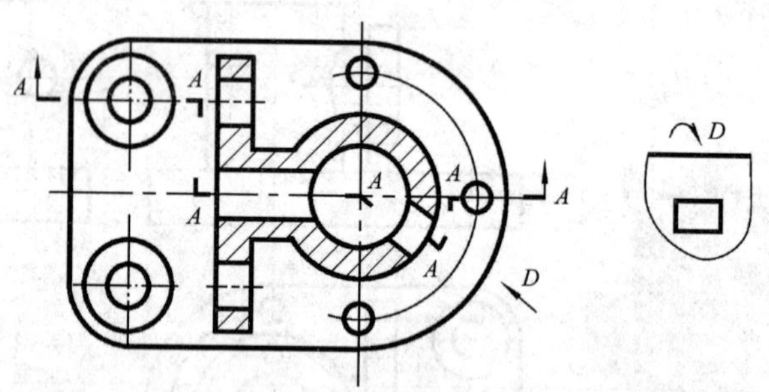

图 6 - 54　重画后的泵体图

学习提示：

（1）表达方法的运用，总体来说，就是掌握简单、量少、清晰、完整、便于识图的原则，多分析比较，以选择出一组最佳的表达方案。

（2）在实践中，通过识图练习，多分析，多比较，以形成自己的识图方法和习惯。

6.6　第三角画法简介

目的与任务　了解第三角画法与第一角画法的视图位置对应关系和方位对应关系，能够识读第三角投影图。

在 GB 4458.1—1984 和 GB/T 17451—1998 中规定，我国优先采用第一角投影，但也有一些国家采用第三角画法，如美国、日本等。随着国际间技术交流和国际贸易的日益增长，在今后的工作中很可能会需要阅读或绘制第三角画法的图样，因此也应该了解第三角画法。

3 个互相垂直的投影面 V、H 和 W 将空间分为 8 个区域，每个区域称为一个分角，若将机件放在 H 面之上，V 面之前，W 面之左进行投射，则称为第一角投影；如将机件放置在 H 面之下，V 面之后，W 面之左进行投射，则称为第三角投影。在第三角投影中，投影面位于观察者和机件之间，就如同隔着玻璃观察机件并在玻璃上绘图一样，即形成人—面—物的相互关系，习惯上物体在第三角投影中得到的三视图是前视图、顶视图和右视图，如图 6 - 55 所示。

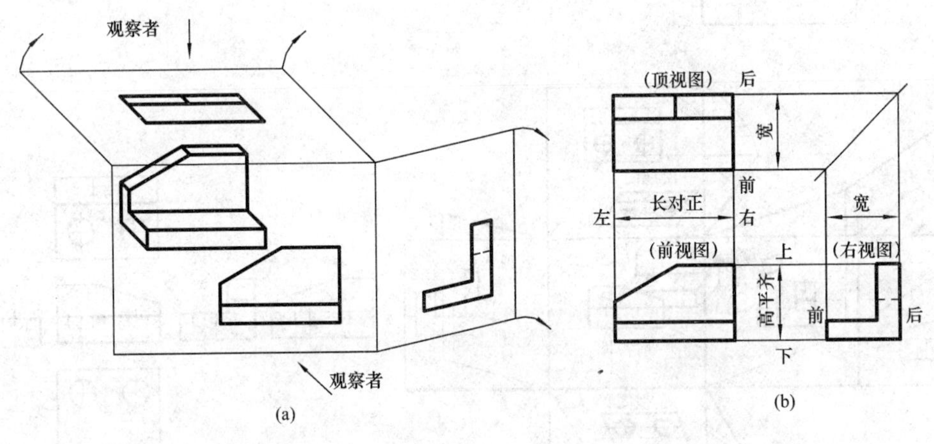

图 6 - 55　第三角投影中的三视图

(a) 三视图的形成；(b) 三视图及其投影规律

第一角画法与第三角画法的投影面展开方式及视图配置，如图 6 - 56 所示。

虽然两组基本视图的配制位置有所不同，但各组视图都表达了机件各个方向的结构和形状，两种画法的投影规律是：

(1) 两种画法都保持“长对正，高平齐，宽相等”的投影规律。

(2) 两种画法的方位关系是：对于“上下、左右”方位关系的判断方法一样，比较简单，容易判断。不同的是对于“前后”方位关系的判断，第一角画法，以“主视图”为准，除后视图以外的其他基本视图，远离主视图的一方为机件的前方，反之为机件的后方，简称“远离主视是前方”；第三角画法，以“前视图”为准，除后视图以外的其他基本视图，远离前视图的一方为机件的后方，反之为机件的前方，简称“远离主视是后方”。可见两种画法的前后方位关系刚好相反。

（3）根据前面两条规律，可得出两种画法的相互转化规律：主视图（或前视图）不动，将主视图（或前视图）周围上和下、左和右的视图对调位置（包括后视图），即可将一种画法转化成（或称翻译成）另一种画法。

另外，ISO国际标准中规定，应在标题栏附近画出所采用画法的识别符号。如图6-57所示。当采用第三角画法时，必须在图样的标题栏附近画出第三角画法的识别符号。

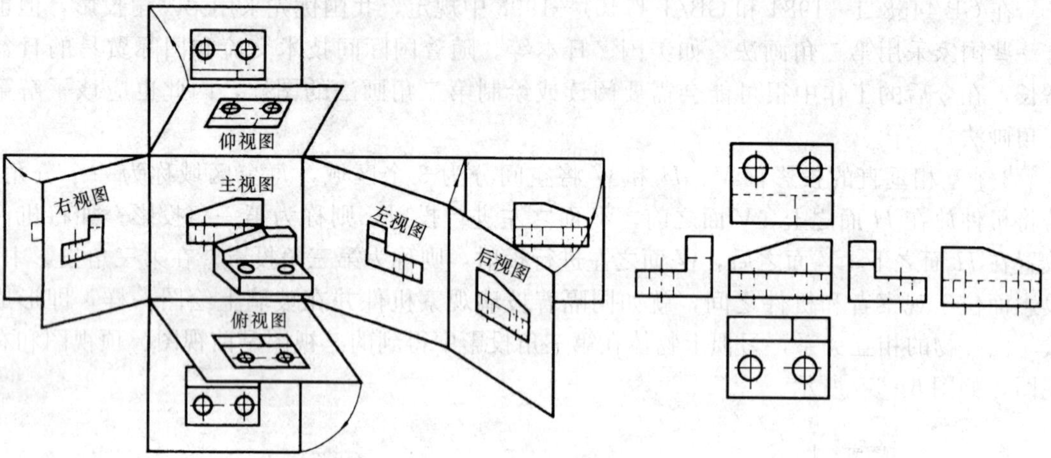

第一角画法

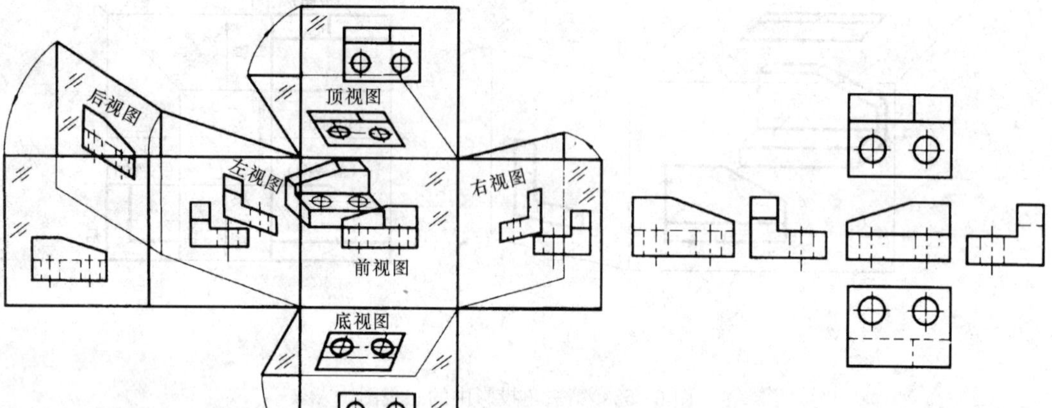

第三角画法

图6-56 两种投影体系的画法区别

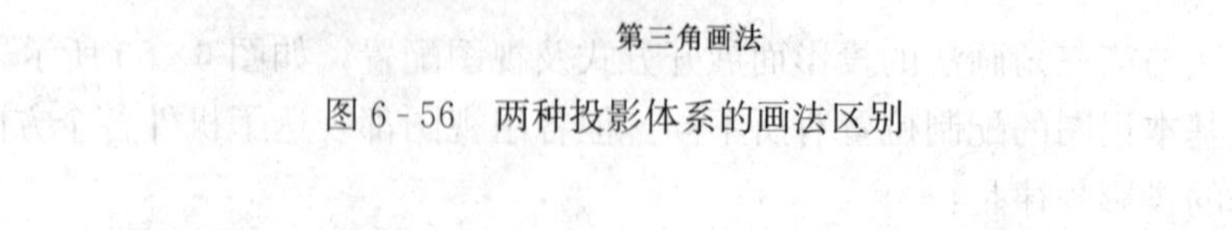

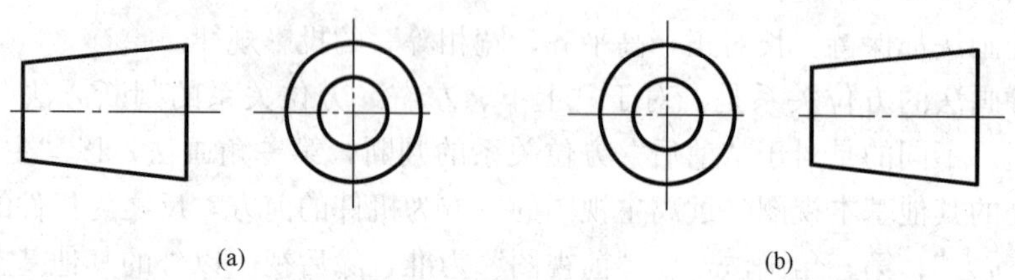

图6-57 两种画法的标识符号

（a）第一角画法的识别符号；（b）第三角画法的识别符号

学习提示：

在本章的学习过程中，首先是要注意形成对机件表达方案的整体概念，然后要对国家标准中规定的各种表达方法进行详细的了解，并通过必要的作业练习加以巩固，加深认识和理解。这样一来，要想用简洁、合理的表达方案把机件的内外形状表达清楚也就不是一件困难的事情了。

6.7　用 Auto CAD 进行图案填充

目的与任务　能够较熟练地掌握几种图案填充的方法。

在机械设计中，图案用来区分工程的部件或表现组成对象的材质，因而不可避免地要绘制剖面线。AutoCAD 提供了两个填充图案命令及 60 种图案，这里将重点介绍关于 AutoCAD 图案填充方面的内容。

6.7.1　使用对话框进行图案填充

选择“绘图”→“图案填充”（BHATCH）命令，或在“绘图”工具栏中单击“图案填充”按钮，打开“图案填充和渐变色”对话框，再选择“图案填充”选项卡，可以设置图案填充时的类型、图案、角度和比例等特性，如图 6-58 所示。

一、“图案填充”选项卡的主要功能

在“类型和图案”选项区域中，可以设置图案填充的类型和图案，主要选项的功能如下。

（1）“类型”下拉列表框：设置填充图案的类型，包括“预定义”、“用户定义”和“自定义”3 个选项。

选择“预定义”选项，可以使用 Auto CAD 提供的图案指定预定义的 Auto CAD 图案。这些图案保存在 acad. pat 和 acadiso. pat 文件中。可以控制任何预定义图案的角度和缩放比例。

选择“用户定义”选项，则需要临时定义图案，该图案由一组平行线或者相互垂直的两组平行线组成；指定以任意自定义 PAT 文件定义的图案，这些自定义的 PAT 文件应已添加到 AutoCAD 的搜索路径中。

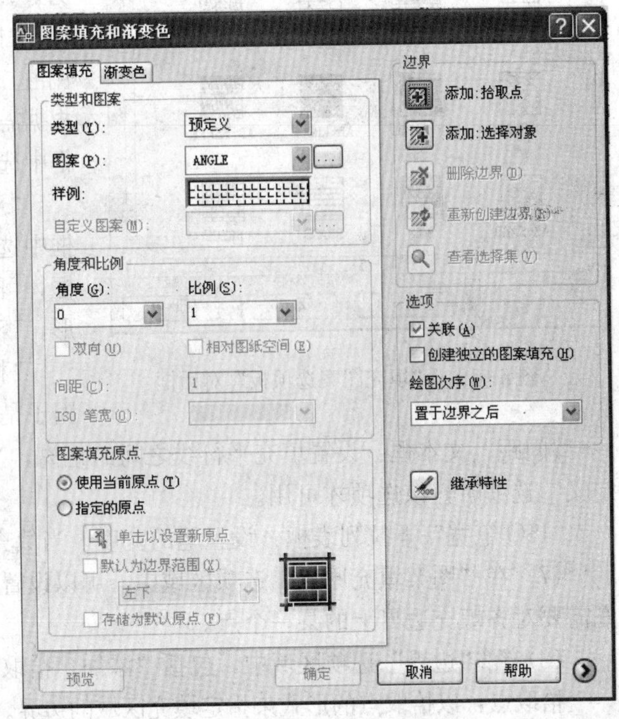

图 6-58　“图案填充和渐变色”对话框

选择“自定义”选项，可以使用事先定义好的图案。基于图形的当前线型创建直线图案，可以控制用户定义图案中直线的角度和间距。

（2）“图案”下拉列表框：设置填充的图案，当在“类型”下拉列表框中选择“预定义”

选项时，该选项可用。在该下拉列表框中可以根据图案名选择图案，也可以通过单击其后的按钮，在打开的“填充图案选项板”对话框中进行选择。在“填充图案选项板”对话框中，可以同时查看所有预定义图案的预览图像，这将有助于用户作出选择，如图6-59所示。

(3)“样例”预览窗口：显示当前选中的图案样例，单击所选的样例图案，也可打开“填充图案选项板”对话框。

(4)“自定义图案”下拉列表框：选择自定义图案，在“类型”下拉列表框中选择“自定义”选项时该选项可用。

(5)“间距”文本框：设置预定义或自定义图案中平行线的间距。只有将“类型”设置为“预定义”或“自定义”时，此选项才可用。

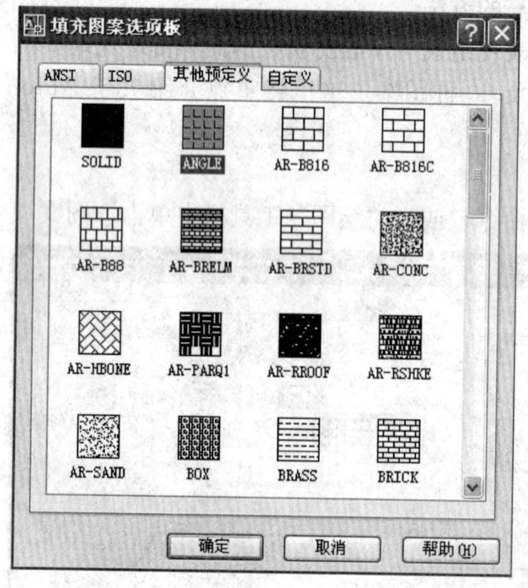

图6-59 “填充图案选项板”对话框

(6)在“角度和比例”选项区域中，可以设置用户所定义的图案的填充角度和比例等参数，主要选项的功能如下：

“角度”下拉列表框：设置填充图案的旋转角度，每种图案在定义时的初始旋转角度都为零。

“比例”下拉列表框：设置图案填充时的比例值。每种图案在定义时的初始比例为1，可以根据需要放大或缩小比例。在“类型”下拉列表框中选择“用户定义”选项时，该选项不可用。

“双向”复选框：当在“类型”下拉列表框中选择“用户定义”选项时，选中该复选框，可以使用相互垂直的两组平行线填充图形，否则为一组平行线。

“相对图纸空间”复选框：用于设置比例因子是否为相对于图纸空间的比例。

“间距”文本框：设置填充平行线之间的距离，当在“类型”下拉列表框中选择“用户定义”选项时，该选项才可用。

“ISO笔宽”下拉列表框：设置笔的宽度，当填充图案采用ISO图案时，该选项才可用。

(7)在“图案填充原点”选项区域中，可以设置图案填充原点的位置，因为许多图案填充需要对齐填充边界上的某一个点。

(8)在“边界”选项区域中，包括“添加：拾取点”、“添加：选择对象”等按钮。

拾取点：以拾取点的形式来指定填充区域的边界。单击该按钮后切换到绘图窗口，可在需要填充的区域内任意指定一点，系统会自动计算出包围该点的封闭填充边界，同时亮显该边界。如果在拾取点后系统不能形成封闭的填充边界，则会显示错误提示信息，如图6-60所示。

拾取对象：单击该按钮后切换到绘图窗口，可以通过选择对象的方式来定义填充区域的边界，如图6-61所示。

(9)其他选项：在“选项”选项区域中，“关联”复选框用于创建其边界时随之更新的图案和填充；“绘图次序”下拉列表框用于指定图案填充的绘图顺序，图案填充可以放在图案填充边界及所有其他对象的后面或前面。

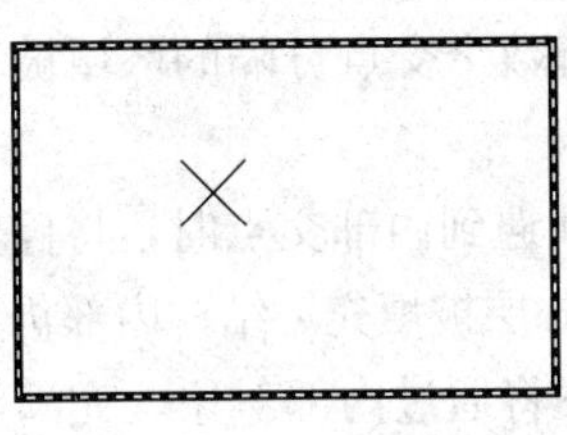

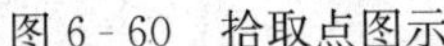

图 6 - 60　拾取点图示

图 6 - 61　拾取边界图示

此外，单击“继承特性”按钮，可以将现有图案填充或填充对象的特性应用到其他图案填充或填充对象中；单击“预览”按钮，可以使用当前图案填充设置显示当前定义的边界，单击图形或按 Esc 键返回对话框，然后单击鼠标右键或按 Enter 键接受图案填充。

二、设置孤岛的边界

在进行图案填充时，通常将位于一个已定义好的填充区域内的封闭区域称为孤岛。单击“图案填充和渐变色”对话框中右下角的按钮，将显示更多的选项，可以对孤岛和边界进行设置，如图 6 - 62 所示。

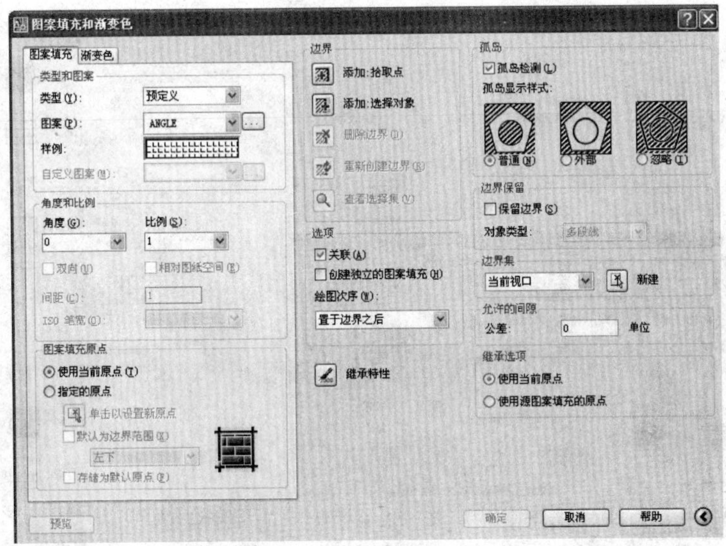

图 6 - 62　对孤岛进行设置

在“孤岛”选项区域中共有 3 种填充区域的方式，如图 6 - 63 所示。

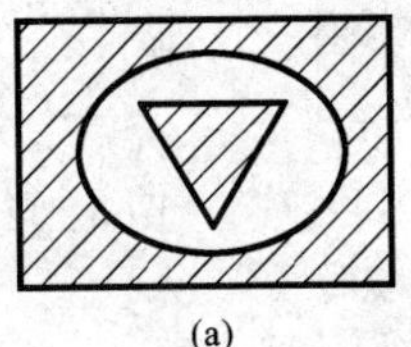

(a)

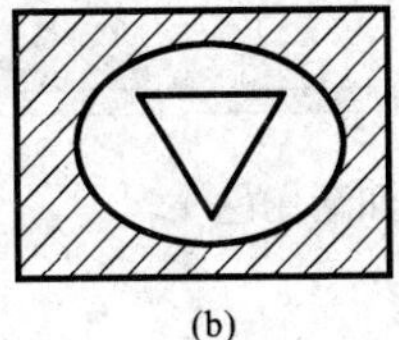

(b)

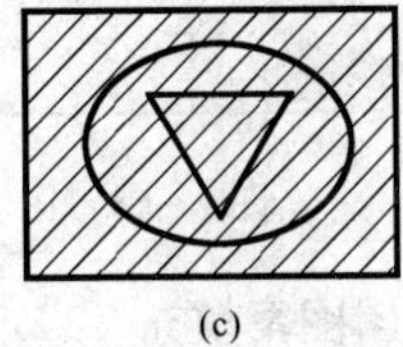

(c)

图 6 - 63　3 种填充方式

(a) 普通方式；(b) 外部方式；(c) 忽略方式

（1）普通方式：从外部边界向内填充。AutoCAD 遇到内部交点时，将停止填充，直到遇到下一交点为止。这样，从填充的区域往外，由奇数个交点分隔的区域被填充，而由偶数个交点分隔的区域不填充。

（2）外部方式：从外部边界向内填充。AutoCAD 遇到内部交点时，将停止填充。因为这一过程从每条填充线的两端开始，所以只有结构的最外层被填充，结构内部仍然保留为空白。

（3）忽略方式：忽略所有的内部边界，填充图案将通过内部对象，充满整个闭合区域。

三、使用渐变色填充图形

选择“图案填充和渐变色”对话框的“渐变色”选项卡，可以创建单色或双色的渐变色，并对图案进行填充，如图 6-64 所示。

6.7.2　使用工具选项板填充图案

在 AutoCAD 2008 中，可以使用如图 6-65 所示的工具选项板向图形中填充图案。使用时只需将填充图案拖到图形中即可。打开选项板的方法如下：

（1）单击“标准”工具栏中的“工具选项板”按扭。

（2）在命令行中输入 TOOLPALETTES 命令，按下 Enter 键。

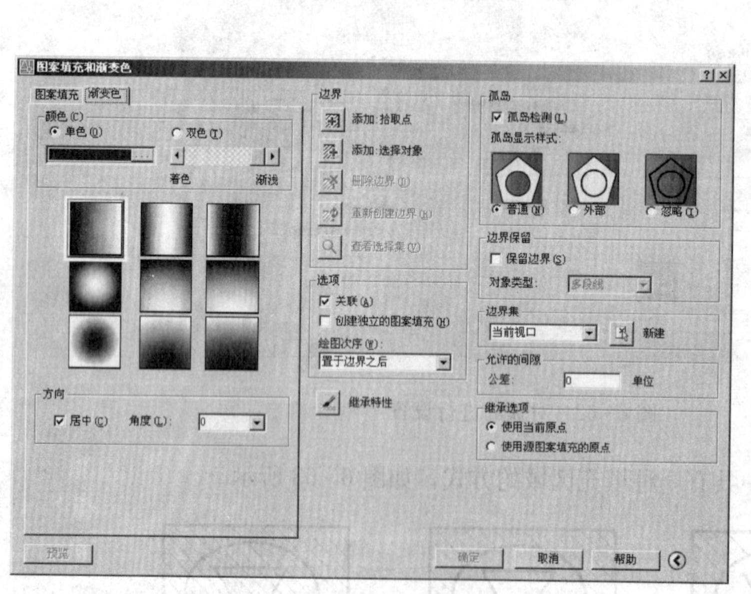

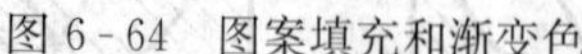
图 6-64　图案填充和渐变色

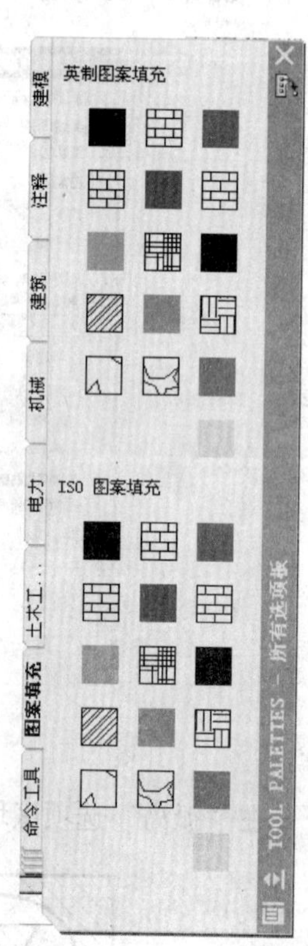

图 6-65　工具选项板

6.7.3　编辑图案填充

创建了图案填充后，如果需要修改填充图案或修改填充区域的边界，可选择“修改”→“对象”→“图案填充”命令，然后在绘图窗口中单击需要编辑的图案填充，这时将打开“图案填充编辑”对话框。

“图案填充编辑”对话框与“图案填充和渐变色”对话框的内容完全相同，只是定义填充边界和对孤岛操作的某些按钮不再可用。

图案是一种特殊的块，称为“匿名”块，无论形状多复杂，它都是一个单独的对象。可以使用“修改”→“分解”命令来分解一个已存在的关联图案。

图案被分解后，它将不再是一个单一的对象，而是一组组成图案的线条。同时，分解后的图案也失去了与图形的关联性，因此，将无法使用“修改”→“对象”→“图案填充”命令来编辑。

学习提示：

在进行图案填充时，一是注意作图要精准，填充边界要封闭；二是注意按图样的要求调整好比例和角度。

第7章 电气设备中的零件图和装配图

本 章 引 言

各种电气设备都是由若干个零件按一定的装配关系和技术要求装配起来的。表达机器或部件的图样，称为装配图。表达零件的图样，称为零件图。装配图和零件图是机械图样中主要的两种图样。零件图表示零件的结构形状、尺寸大小和技术要求，并根据它加工制造零件；装配图表示机器或部件的装配关系、工作原理、主要零件的结构形状、技术要求等。设计时，一般先画出装配图，再根据装配图拆绘零件图；装配时，则根据装配图把零件装配成机器或部件。因此，零件图和装配图的关系十分密切。在电力生产、施工和管理中，读者应对表达电气设备的机械图样有一定程度的了解。本章将介绍零件图和装配图表达的基本知识和读图方法。

本章重点　了解零件图和装配图的作用和内容，掌握识读零件图和装配图的方法和步骤。

本章难点　零件图和装配图的识读。

7.1 电气设备中常用的标准件

目的与任务　理解并掌握螺纹及螺纹连接、销连接、铆连接的规定画法及其标记，能看懂图样中常用的标准件的表达。

在各种电气设备中，广泛应用螺钉、螺母、垫圈、键、销等零件，由于这些零件的使用量很大，为了方便设计、加工和使用，国家将这些零件的结构、尺寸以及技术要求等实行标准化，称之为标准件。这里着重介绍电气设备中最为常用的几种标准件。

7.1.1 螺纹及螺纹连接件

一、螺纹

螺纹是指在圆柱或圆锥表面上，沿着螺旋线所形成的峰谷相间的结构。主要用于连接和传动。在圆柱或圆锥外表面上形成的螺纹称为外螺纹；在圆柱或圆锥内孔表面上形成的螺纹称为内螺纹。

（一）螺纹的要素

螺纹具有牙型、直径、线数、导程（螺距）和旋向这5个要素。当螺纹相互旋合时，其螺纹要素必须相同。

（1）牙型：是指通过螺纹轴线剖切的螺纹轮廓形状，如图7-1所示。螺纹的牙型不同，其用途也不同。

1）普通螺纹（牙型为60°的三角形），用于一般的连接螺纹。

2）管螺纹（牙型为55°），常用于管道连接、旋塞、阀门等。

3）梯形螺纹（牙型为等腰梯形），用于传递运动和动力，如：机床丝杠等。

4）锯齿形螺纹（牙型为不等腰梯形），用于单方向传递动力，如：千斤顶螺杆等。

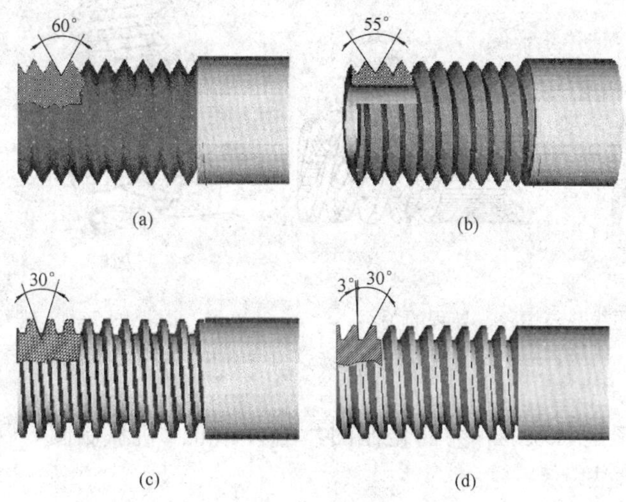

图 7-1　螺纹的牙型

（a）普通螺纹；（b）管螺纹；（c）梯形螺纹；（d）锯齿形螺纹

（2）直径：螺纹直径有大径（外螺纹用 d 表示，内螺纹用 D 表示）、中径和小径之分。外螺纹的大径和内螺纹的小径均称为顶径；外螺纹的小径和内螺纹的大径均称为底径，如图 7-2 所示。螺纹的公称直径为大径（管螺纹用尺寸代号表示）。

（3）线数（n）：螺纹有单线和多线之分，单线螺纹是指沿一条螺旋线所形成的螺纹；多线螺纹是指沿两条或两条以上在轴向等距分布的螺旋线所形成的螺纹，如图 7-3 所示。

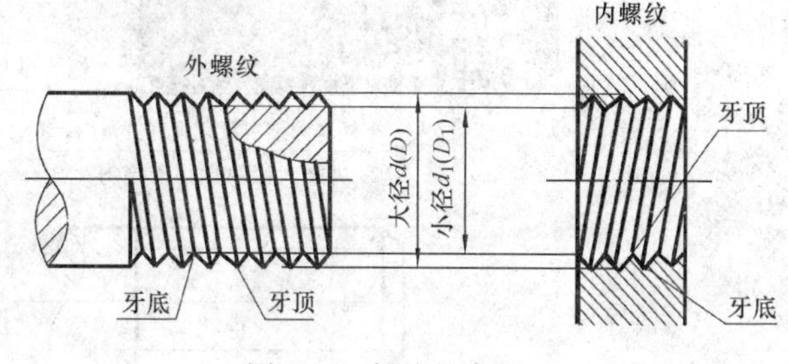

图 7-2　螺纹的直径

（4）螺距（P）和导程（Ph）：螺距是指相邻两牙在中径线上对应两点间的轴向距离。导程是指在同一条螺旋线上的相邻两牙在中径线上对应两点间的轴向距离。

螺距、导程、线数的关系是：导程(Ph)＝线数(n)×螺距(P)

对于单线螺纹来说：导程(Ph)＝螺距(P)，如图 7-3 所示。

（5）旋向：螺纹分左旋和右旋两种，顺时针旋转时旋入的螺纹为右旋螺纹，逆时针旋转时旋入的螺纹为左旋螺纹。旋向的判定方法如图 7-4 所示。

（二）螺纹的种类

螺纹按用途可分为：紧固螺纹、传动螺纹、管螺纹、专用螺纹 4 类。

螺纹按基本要素可分为：

（1）标准螺纹：凡牙型、直径、螺距符合国家标准的螺纹。

（2）特殊螺纹：凡牙型符合国家标准，直径和螺距不符合国家标准的螺纹。

（3）非标准螺纹：凡牙型不符合国家标准的螺纹。

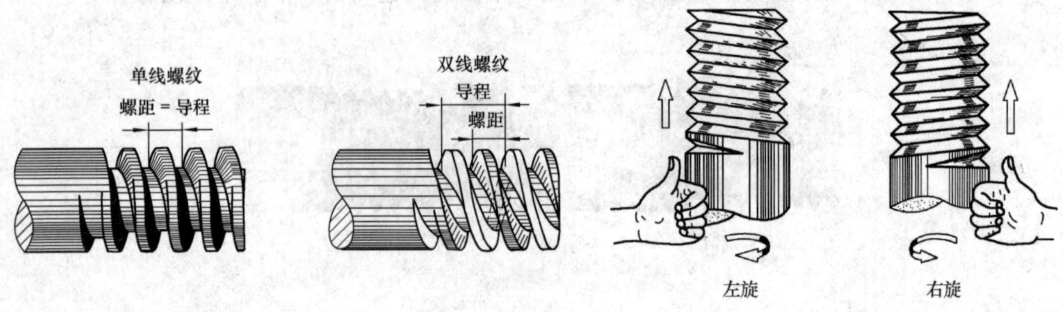

图 7-3　螺纹的线数与螺距、导程的关系　　　　图 7-4　螺纹的旋向

（三）螺纹的规定画法

螺纹的真实投影是繁琐的，为简化作图，国家标准《机械制图》GB/T 4459.1—1995 规定了螺纹的简化画法。

（1）外螺纹的画法。外螺纹的牙顶（大径）及终止线画粗实线；螺纹的牙底（小径）画细实线，如图 7-5（a）所示。在投影为圆的视图中，螺纹牙顶画粗实线整圆，螺纹牙底用细实线圆约画 3/4 圈表示，倒角投影省略不画，如图 7-5（b）所示。外螺纹的剖视图画法，如图 7-5（c）所示。

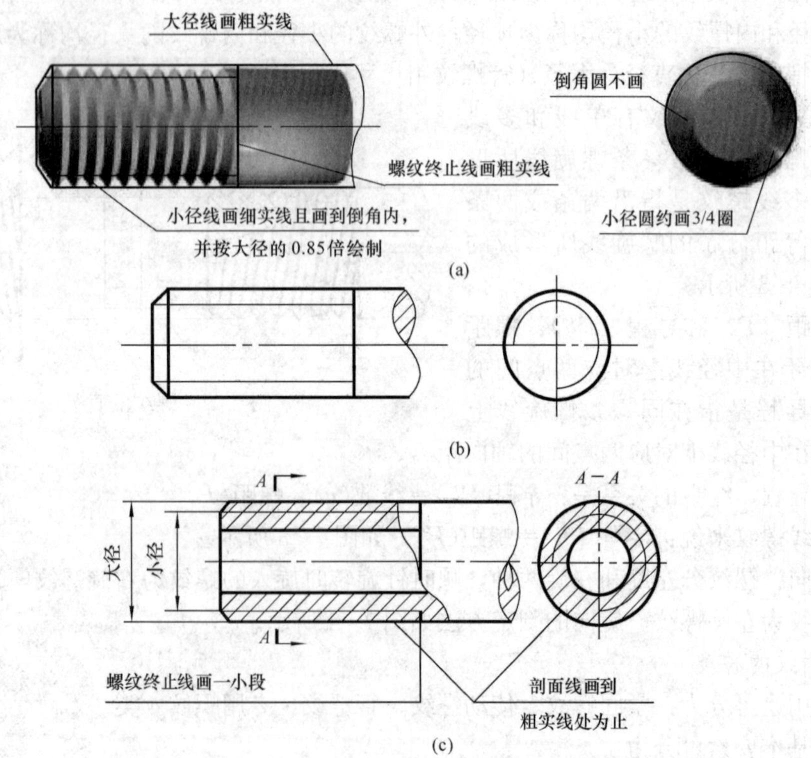

图 7-5　外螺纹的画法

（a）外螺纹规定画法示意；（b）外螺纹视图；（c）外螺纹的剖视图画法

（2）内螺纹的画法。如图 7-6（a）所示，画内螺纹的剖视图时，牙底（大径）画细实

线；牙顶（小径）及终止线画粗实线。在投影为圆的视图中，螺纹牙底的细实线圆约画 3/4 圈。画视图时，牙底、牙顶和螺纹终止线皆为虚线，如图 7-6（c）所示。

穿通的内螺孔的画法，如图 7-6（b）所示。绘制不穿通的螺孔时，一般应将钻孔深度与螺纹部分的深度分别画出，且由于钻头锥角约为 120°，因此钻孔底部的圆锥孔的锥角应画成 120°，如图 7-6（c）所示。

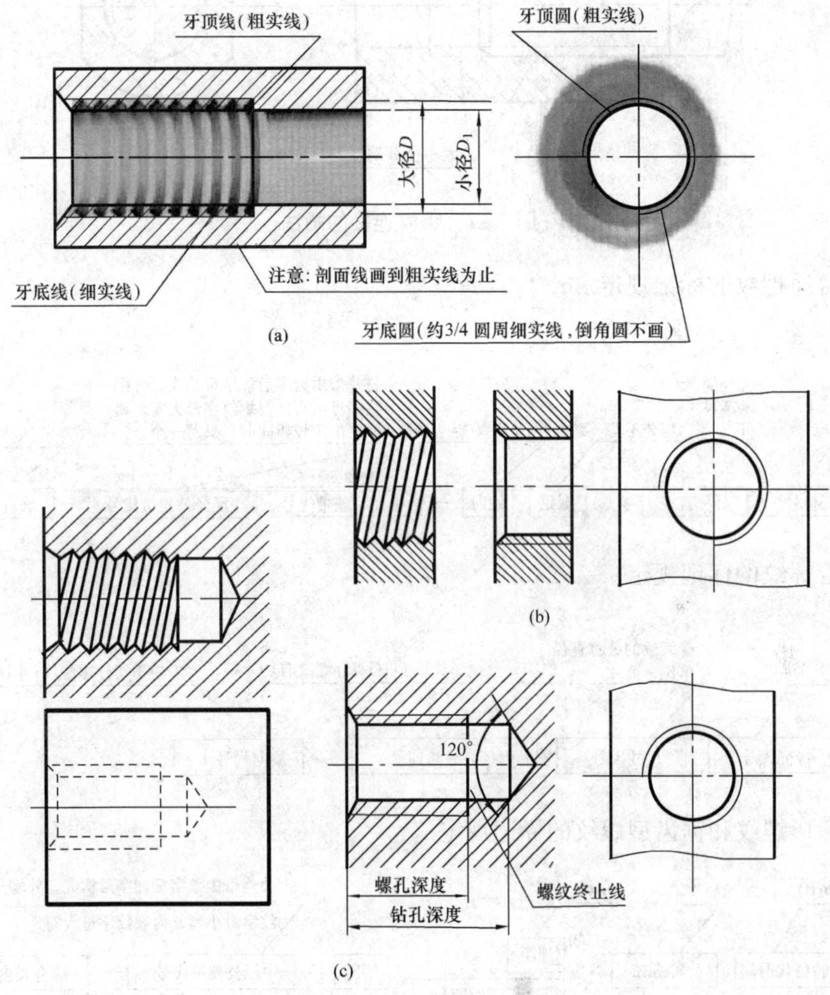

图 7-6　内螺纹的画法

（a）内螺纹规定画法示意；（b）内螺孔（通孔）的画法；（c）内螺孔（不通孔）的画法

（3）螺纹连接的画法。以剖视图表示内外螺纹的连接时，其旋合部分应按外螺纹绘制，其余部分仍按各自的画法表示，如图 7-7 所示。

注意　表示螺纹大小径的粗实线和细实线应分别对齐，与倒角的大小无关。

（四）螺纹的标记规定

由于螺纹采用了用粗、细线表示牙型的特殊图示方法，使得螺纹的牙型及各部分的尺寸和精度要求无法一一表达在图形上。为此，国家标准规定了螺纹标记用来表示螺纹的设计要求。

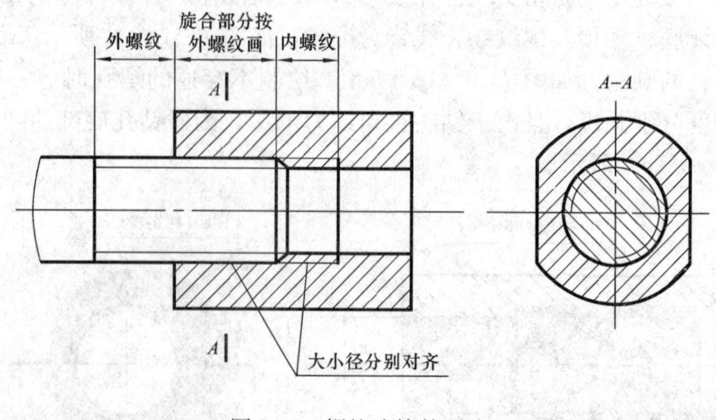

图7-7　螺纹连接的画法

(1) 普通螺纹的标记规定。

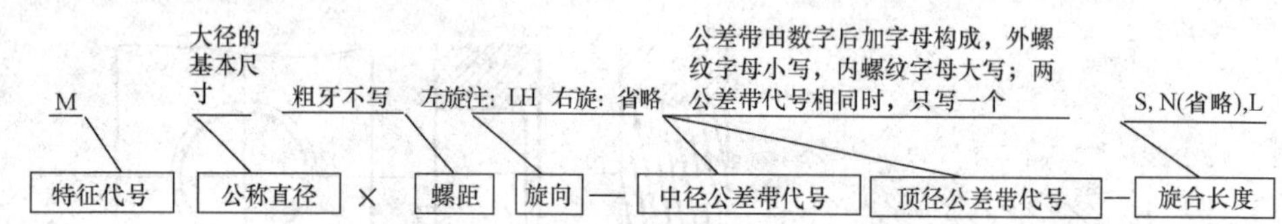

(2) 管螺纹的标记规定。

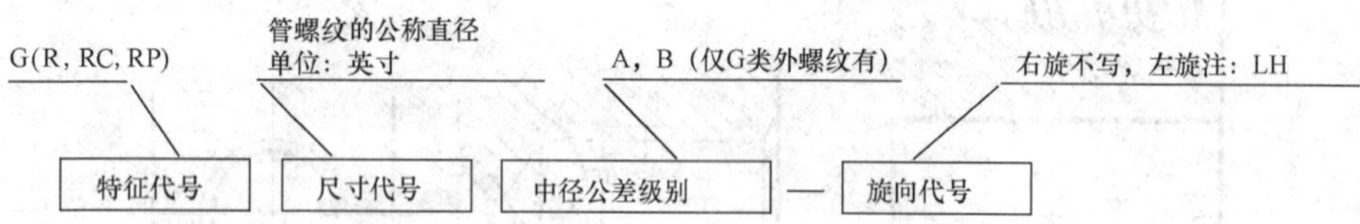

(3) 梯形螺纹和锯齿型螺纹的标记规定。

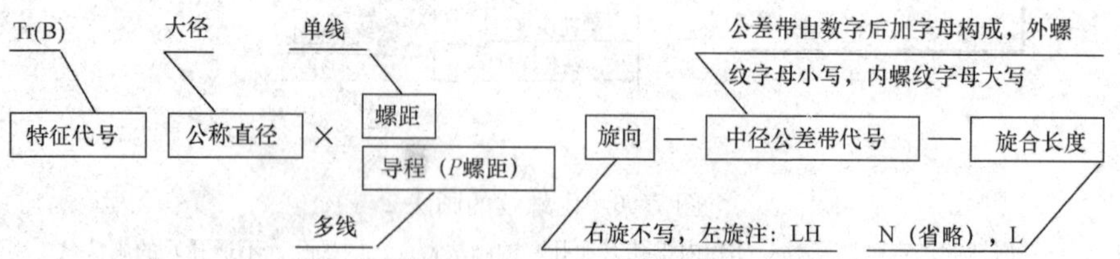

常见螺纹的标注实例如表7-1所示。

二、螺纹连接件

常见的螺纹连接件的形式有螺栓连接、双头螺柱连接和螺钉连接。

常见的螺纹连接件如图7-8所示。

(一) 螺纹连接件的规定标记

常见的螺纹连接件有螺栓、螺母、垫圈、双头螺柱、螺钉等。熟练掌握螺纹连接件的标记对于正确地识绘零件图十分重要，常见螺纹连接件的结构和标记如表7-2所示。

表 7-1　　常用标准螺纹的标记方法

螺纹类别		标准编号	标注示例	标记的识别	标记要点说明
紧固螺纹	普通螺纹（M）	GB/T 197—2003	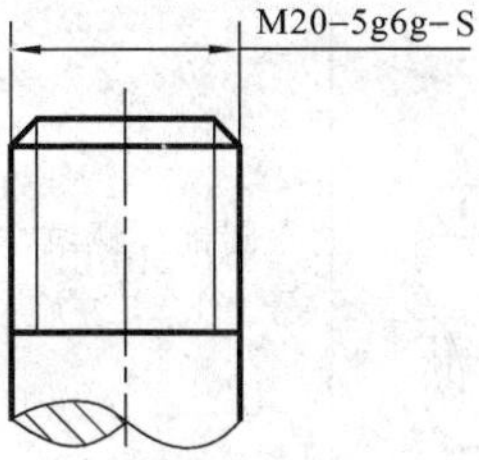 M20-5g6g-S	粗牙普通螺纹，公称直径为 20，右旋，中径、顶径公差带分别为 5g 和 6g，短旋合长度	（1）粗牙螺纹不注螺距，细牙螺纹标注螺距 （2）右旋省略不标，左旋以“LH”表示（各种螺纹皆如此） （3）中径、顶径公差带相同时，只注一个公差带代号 （4）中等旋合长度不标，仅标长旋合 L，短旋合 S （5）螺纹标记应直接注在大径的尺寸线或延长线上
			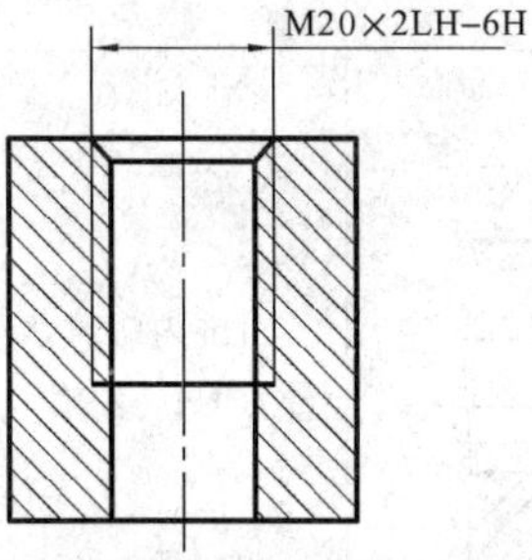 M20×2LH-6H	细牙普通螺纹，公称直径为 20，螺距为 2，左旋，中径、顶径公差带皆为 6H，中等旋合长度	
传动螺纹	梯形螺纹（Tr）	GB/T 3796.4—1986	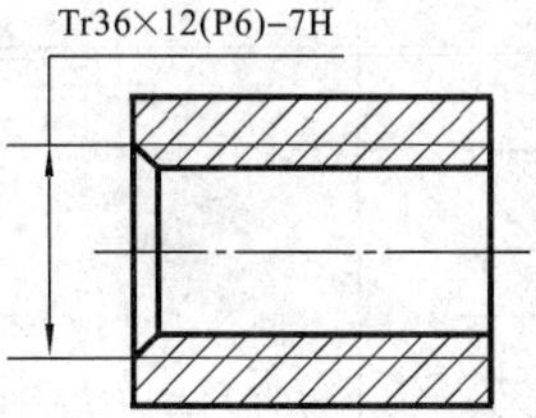 Tr36×12(P6)-7H	梯形螺纹，公称直径为 36，双线，导程为 12，螺距为 6，右旋，中径公差带为 7H，中等旋合长度	（1）两种螺纹只标注中径公差带代号 （2）旋合长度只有中等旋合长度（N）和长旋合长度（L）两种 （3）中等旋合长度省略不标
	锯齿形螺纹（B）	GB/T 13576—1992	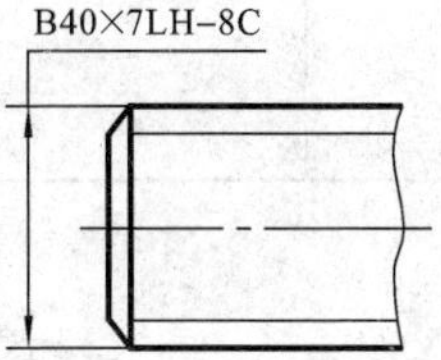 B40×7LH-8C	锯齿形螺纹，公称直径为 40，单线，螺距为 7，左旋，中径公差带为 8C，中等旋合长度	
管螺纹	55°非密封管螺纹（G）	GB/T 7307—2001	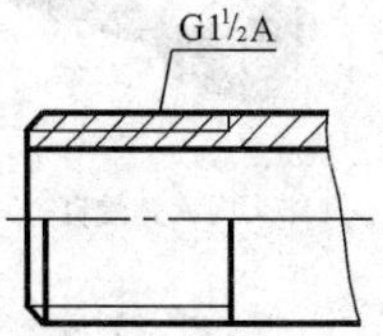 G1½A	非螺纹密封的管螺纹，尺寸代号为 1½，公差为 A 级，右旋	（1）非螺纹密封的管螺纹，其内、外螺纹都是圆柱管螺纹 （2）外螺纹的公差等级代号分别为 A、B 两级，内螺纹不标记
			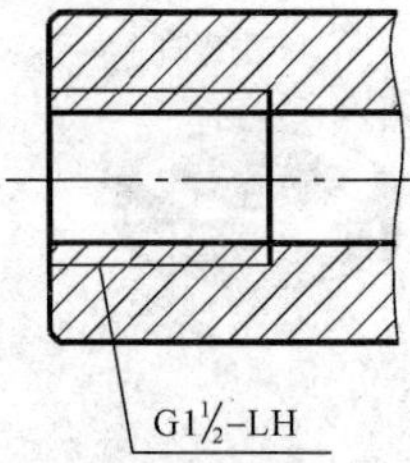 G1½-LH	非螺纹密封的管螺纹，尺寸代号为 1½，左旋	

续表

螺纹类别			标准编号	标注示例	标记的识别	标记要点说明
管螺纹	55°密封管螺纹	圆锥外螺纹(R)	GB/T 7306.1～7306.2—2000	R1/2-LH	圆锥外螺纹，尺寸代号为 1/2，左旋	(1) 螺纹密封的管螺纹，只注螺纹特征代号、尺寸代号和旋向 (2) 管螺纹一律标注在引出线上，引出线应由大径处引出或由对称中心线处引出
		圆锥内螺纹(Rc)		Rc1½-LH	圆锥内螺纹，尺寸代号为 1½，左旋	
		圆柱内螺纹(Rp)		Rp1/2	圆柱内螺纹，尺寸代号为 1/2，右旋	

图 7-8　常见的螺纹连接件

表 7-2　常见的螺纹连接件的结构和标记

视　图	规定标记示例	视　图	规定标记示例
45　M10	螺钉 GB/T 67—2000 M10×45	50　M12	螺柱 GB/T 899—1988 M12×50
40　M16	螺钉 GB/T 70—2000 M16 × 40 —129	M16	螺母 GB/T 6170—1986 M16
45　M10	螺钉 GB/T 819—1985 M10×45	M16	螺母 GB/T 6178—1986 M16
40　M12	螺钉 GB/T 71—1985 M12×40	ϕ17	垫圈 GB/T 79.1—1985 —16—140HV
50　M12	螺栓 GB/T 5780—1986 M12×50	ϕ45	垫圈 GB/T 93—1987—20

(二）螺纹连接件的比例画法

在螺纹连接的装配图中，螺纹连接件的画法一般采用国家标准规定的比例画法。所谓比例画法，就是以螺纹的公称直径（d、D）为基准，其余部分的结构尺寸均按照与公称直径的一定比例关系绘制，而不需要按实际的尺寸来绘制。

在画螺纹连接的装配图时，还应遵守以下基本规定：

(1）当剖切平面通过螺栓、螺母、垫圈等标准件的基本轴线时，应按未剖切绘制，即只画出其外形。

(2）两零件的接触面应只画一条线，而不得画成两条线或特意加粗，凡不接触的表面，不论间隙多小，都必须画两条线。

(3）在剖视图中，两邻接零件的剖面线方向应相反，但同一零件的各个剖视图中，其剖面线的方向和间距都应一致。

（三）螺栓连接的画法

用螺栓、螺母、垫圈把两个零件连接在一起，称为螺栓连接。装配时，先将螺栓的杆身自下而上穿过通孔，并在螺栓上端套上垫圈，再用螺母拧紧，如图 7-9 所示。

图 7-9　螺栓连接

螺栓连接适用于两个被连接零件都不太厚，并能钻成通孔的情况。绘制螺栓连接的图形时，应根据其规定标记，按其标准中的各部分尺寸绘制。但为了方便作图，通常可按其各部分尺寸与螺纹大径 d 的比例关系近似地画出，其比例和画法如图 7-10 所示。

图 7-10 中：螺栓长度 $L=\delta_1+\delta_2+h+m+a$

式中：a 为螺栓伸出螺母的长度，mm。

一般情况下，a 应取（0.2～0.3）d。计算出 L 后，还需从螺栓的标准长度系列中选取与 L 相近的标准值。如计算出 $L=48$，可选 $L=50$。

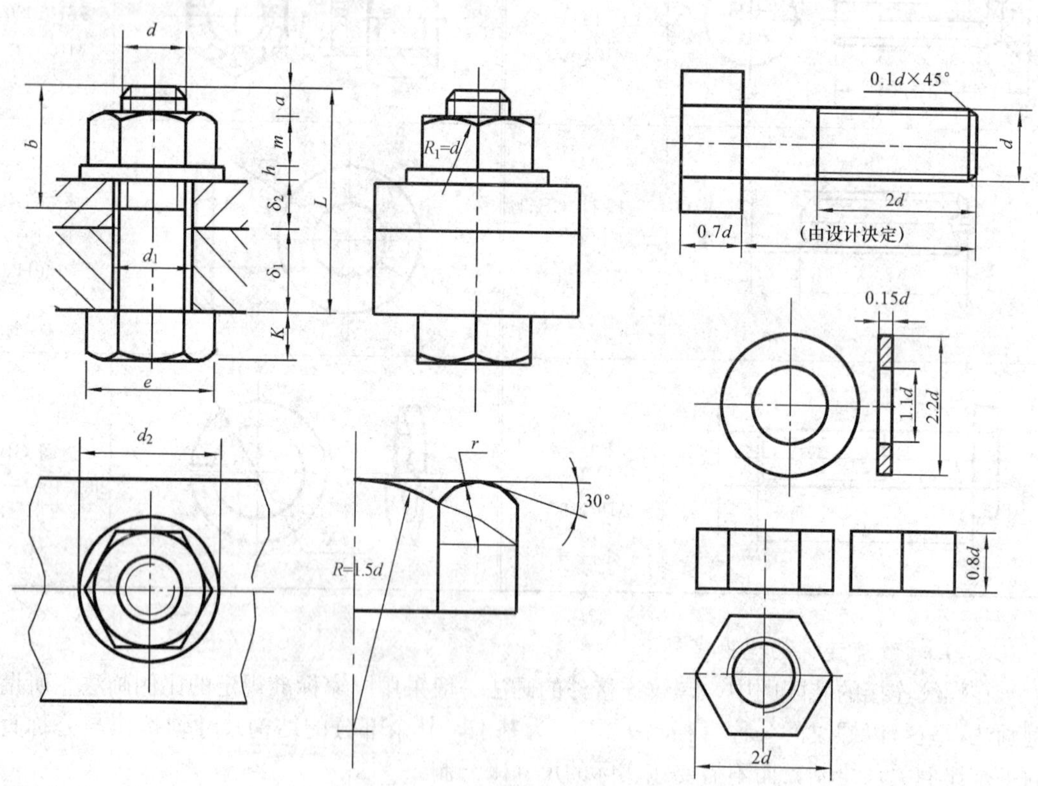

图 7-10　螺栓连接件的比例画法

（四）双头螺柱连接

双头螺柱的连接件中有双头螺柱、六角螺母和垫圈。

双头螺柱的连接件多用于被连接的零件之一较厚而不宜采用螺栓连接，或因拆卸频繁不宜使用螺钉连接的地方。双头螺柱连接通常将较薄的零件制成通孔，较厚的零件制成不通的螺孔。装配时，先将螺纹较短的一端（旋入端）旋入下部较厚零件的螺孔中，再将通孔零件穿过螺纹的另一端（紧固端），套上垫圈，用螺母拧紧，就将两个零件连接起来。

双头螺柱连接的画法如图7-11所示。图7-11中，双头螺柱的长度为：$L=\delta+h+m+a$。

式中：δ为上部零件的厚度；h为垫圈厚度；m为螺母厚度；a为螺柱伸出螺母的长度。

一般情况下，a应取为（0.2～0.3）d。计算出L后，还需从相应标准中选取与L相近的标准值。旋入端的长度L_1根据旋入件的材料而定，钢取$L_1=d$；铸铁或铜取$L_1=1.25d$～$1.5d$；铝合金等轻金属取$L_1=2d$。旋入端的螺孔深度L_2取$L_1+0.5d$，铝孔深度L_3取L_1+d。

（五）螺钉连接

螺钉用于连接较薄和较厚的两个零件，它不需与螺母配用，常用在受力不大和不需经常拆卸的场合。

装配时，先将螺钉杆部穿过一个零件的通孔而旋入另一个零件的螺孔中，再用旋具（螺丝刀）拧紧，使螺钉头部压紧被连接件。螺钉连接图如图7-12所示。

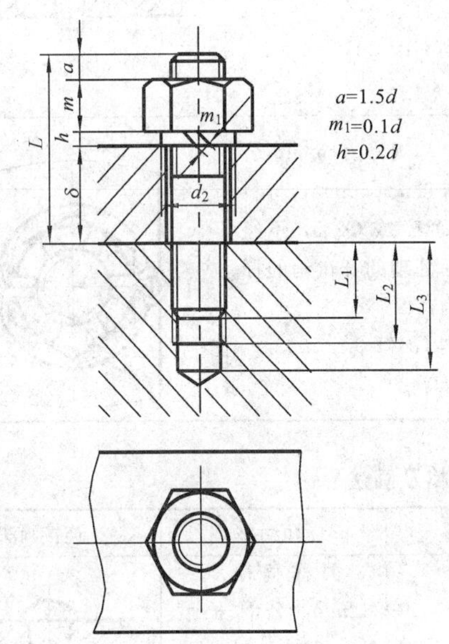

图7-11　螺柱连接的比例画法图

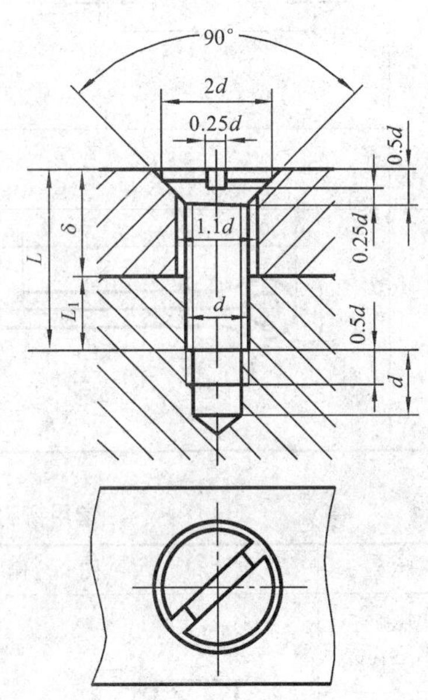

图7-12　螺钉连接的比例画法图

7.1.2　销及销连接

销主要用于零件之间的定位和连接，还可以作为安全装置中的过载剪断元件。销的种类很多，常用的销有圆柱销、圆锥销和开口销3种。圆柱销和圆锥销用作零件间的连接和定位，开口销用来防止螺母松动或固定其他零件。

销的种类、标记及连接画法如表7-3所示。

7.1.3　铆钉及铆连接

铆连接是一种用铆钉把被连接件连接在一起的不可拆卸的连接方式。常用的铆钉有半圆头、平锥头、平头、沉头、半沉头等几种类型。表7-4列出了半圆头和沉头铆钉的形状、规格和画法。

表 7-3　　销的种类、标记及连接画法

名　称	图　例	标记示例	连接画法
圆柱销 GB/T 119.2—2000	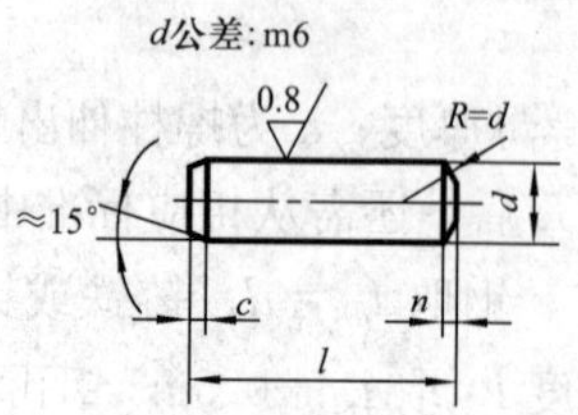 d公差：m6　0.8　R=d　≈15°　c　n　l　d	公称直径 d＝6mm，公差为 m6，公称长度 l＝30mm，材料为钢，普通淬火（A 型）表面氧化处理。圆柱销的标记为：销 GB/T 119.2—2000 6×30	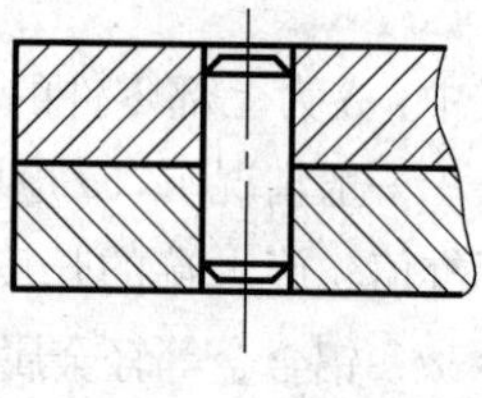
圆锥销 GB/T 117—2000	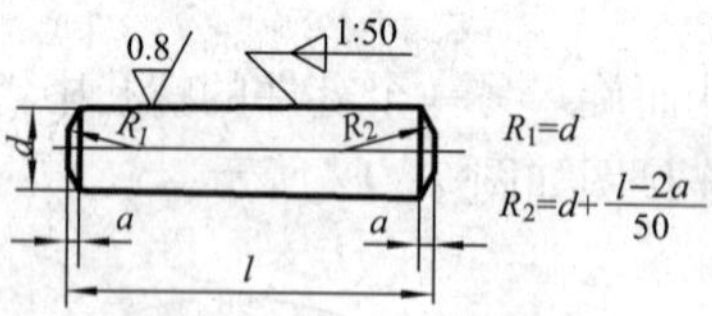 0.8　1:50　R_1　R_2　d　a　a　l　$R_1=d$　$R_2=d+\frac{l-2a}{50}$	公称直径 d＝6mm，公称长度 l＝30mm，材料为 35 钢，热处理硬度为 28～38 HRC，表面氧化处理的 A 型圆锥销的标记为：销 GB/T 117—2000 6×30	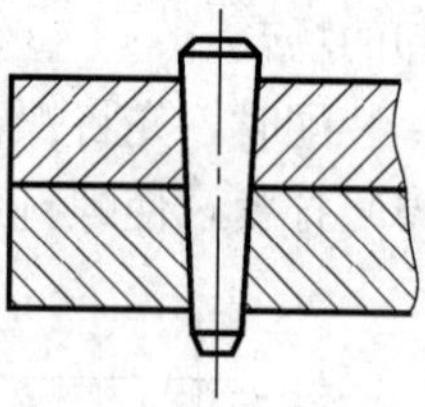
开口销 GB/T 91—2000	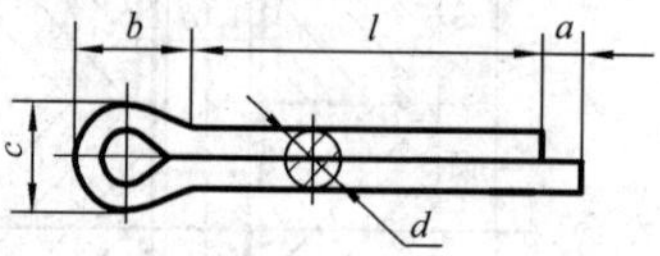 b　l　a　c　d	公称规格为 5mm，公称长度 l＝50mm，材料为 Q215 或 Q235，不经表面处理的开口销的标记为：销 GB/T 91—2000 5×50	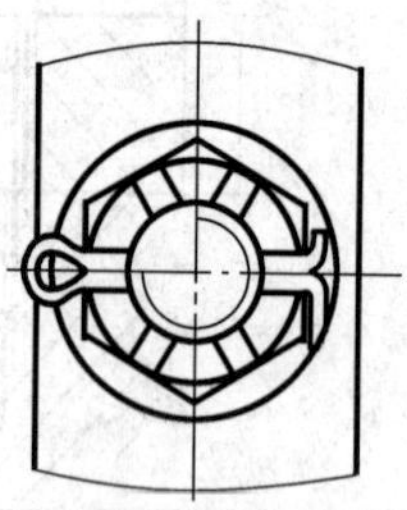

表 7-4　　常用铆钉的形状、规格及画法

名　称	图　例	标记示例	连接画法
粗制半圆头铆钉 GB/T 863.1—1986 粗制小半圆头铆钉 GB/T 863.2—1986 半圆头铆钉 GB/T 867—1986	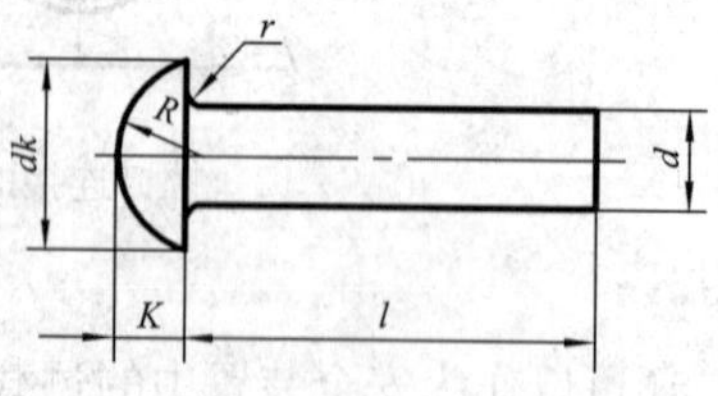 r　R　dk　d　K　l	公称直径 d＝12mm，公称长度 l＝50mm，材料为 ML2，不经表面处理的半圆头铆钉的标记为：铆钉 GB 863.1—1986 —12×50	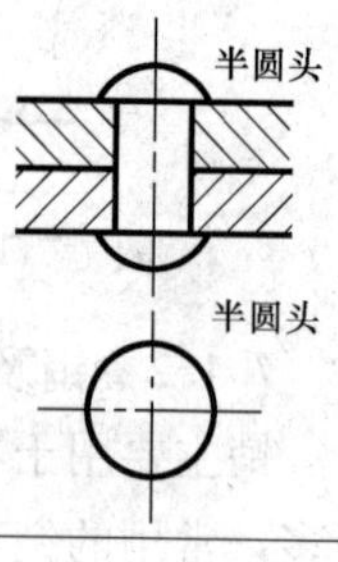 半圆头 半圆头
粗制沉头铆钉 GB/T 865—1986 沉头铆钉 GB/T 869—1986	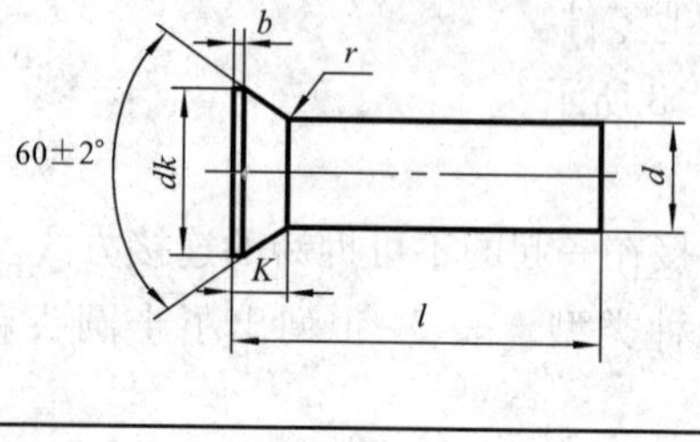 b　r　60±2°　dk　d　K　l	公称直径 d＝12mm，公称长度 l＝50mm，材料为 ML2，不经表面处理的沉头铆钉的标记为：铆钉 GB 869—1986—12×50	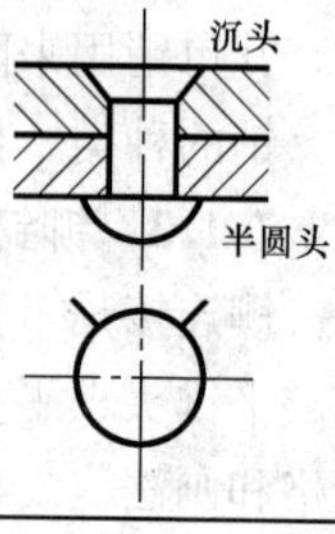 沉头 半圆头

学习提示：

学习中要特别重视培养标准化的意识，学会查阅相关的国家标准。标准件的规定画法、标记等很多的具体内容都要通过查表找到。

7.2 零　件　图

目的与任务　了解零件图的作用和内容，学会识读一般零件图。

7.2.1 零件图的作用和内容

任何机器和部件都是由若干个零件按装配关系和技术要求组装起来的，因此，零件是组成机器和部件的基本单位。表示零件结构、大小及技术要求的图样，称为零件图。零件图是制造零件和检验零件的依据，是指导生产机器零件的重要技术文件之一。从图 7-13 所示的支架的零件图中可以看出，一张完整的零件图应包括下列基本内容：

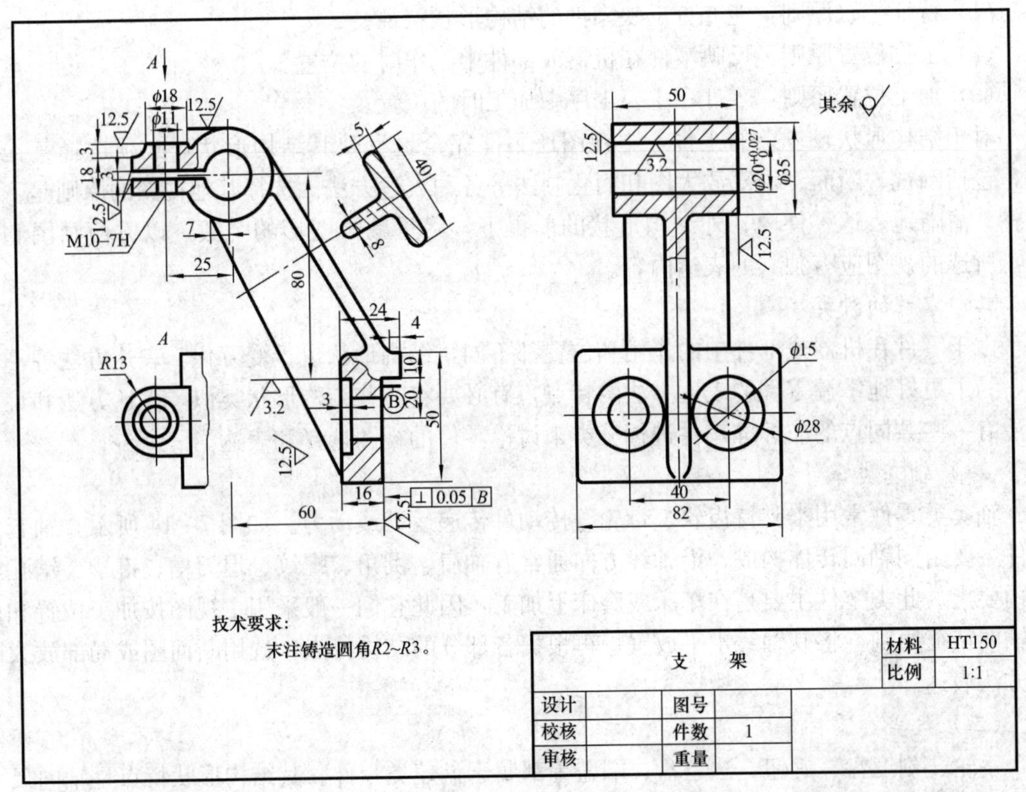

图 7-13　零件图

(1) 一组视图：用于正确、完整、清晰和简便地表达出零件内外形状的图形信息，其中包括机件的各种表达方法，如视图、剖视图、断面图、局部放大图和简化画法等。

(2) 完整尺寸：零件图中应正确、完整、清晰、合理地注出制造零件所需的全部尺寸信息。

（3）技术要求：零件图中必须用规定的代号、数字、字母和文字注解说明制造和检验零件时在技术指标上应达到的要求。如表面粗糙度、尺寸公差、形位公差、材料和热处理、检验方法以及其他特殊要求等。

（4）标题栏：标题栏应配置在图框的右下角。它一般由更改区、签字区、其他区、名称区以及代号区组成。填写的内容主要有零件的名称、材料、数量、比例、图样代号以及设计、审核、批准者的姓名、日期等。标题栏的尺寸和格式已经标准化，可参见有关标准。

7.2.2 零件图的视图选择及尺寸注法

一、零件图的视图选择

零件图的视图选择，要综合运用前面所学的知识，其总的选择原则为：在完整、清晰地表达零件内外结构的前提下，合理选择国家标准规定的各种表达方法，力求制图简便，易于识读。

在拟定表达方案时，首先应根据零件的结构形状特点及表达要求选择主视图，选择主视图应考虑下列原则：

（1）特征位置原则：能充分反映零件的结构形状特征。

（2）工作位置原则：反映零件在机器或部件中工作时的位置。

（3）加工位置原则：零件在主要工序中加工时的位置。

对于结构形状较复杂的零件，主视图还不能完全地反映其结构形状，必须选择其他视图，包括剖视、断面、局部放大图和简化画法等各种表达方法。选择其他视图的原则是：在完整、清晰地表达零件内、外结构形状的前提下，尽量减少图形的个数，以方便画图和看图，所选的视图应有独立的表达内容。

二、零件的种类

由于零件在机器或部件中的作用和位置都不同，结构形状也千变万化，表达方法各不相同，为了更好地掌握零件的表达方法的特点，有必要将一些结构形状类似，表达方法和尺寸标注有一些共同点的非标准零件进行分类来讨论零件的视图选择和表达。

（一）轴套类零件

轴套类零件常用来支持齿轮、带轮等传动件传递运动或动力。如图7-14所示，轴套类零件主要由同轴回转体构成，沿轴线方向通常有轴肩、倒角、螺纹、退刀槽、键槽、销孔等结构要素。此类零件主要是在车床或磨床上加工，因此它们一般采用主视图按加工位置和反映轴向特征原则，将其轴线水平放置，再根据各部分的结构特点，选用断面图或局部放大图等方法表达。

（二）盘盖类零件

手轮、刻度盘、旋钮、法兰盘、端盖等都属于盘盖类零件。其结构形状特点是轴向尺寸小而径向尺寸较大，零件的主体多数是由共轴回转体构成的，为了与其他零件相连，常带有凸缘以及均布的孔、槽、肋、轮辐等。主要在车床上加工。

一般采用两个视图表达。主视图通常选择轴线水平方向放置（反映加工位置）并采用剖视图绘制，左视图（或俯视图）表达其外部形状特别是孔、槽、肋、轮辐的分布情况，如图7-15所示。

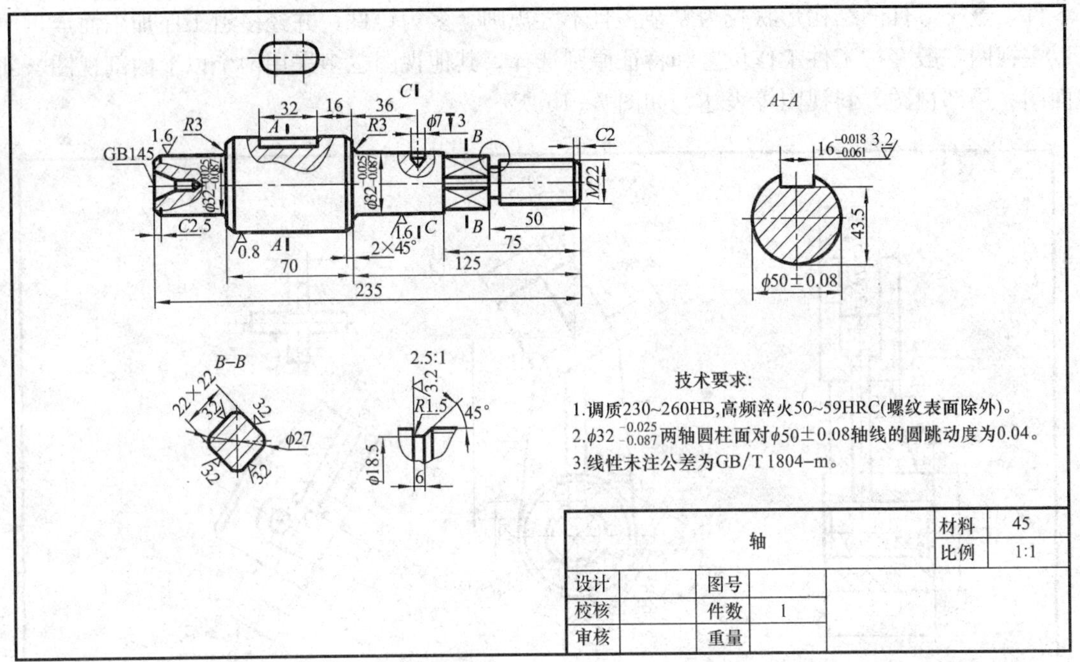

图 7-14　轴套类零件

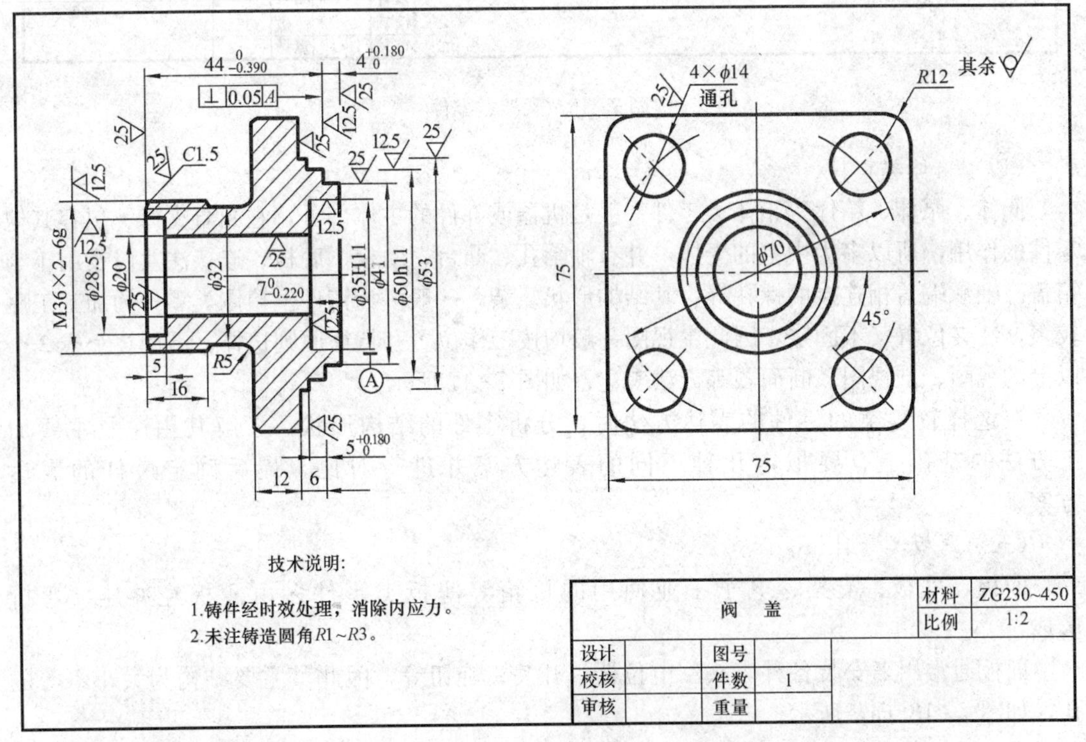

图 7-15　轮盘类零件

（三）叉架类零件

支架、连杆、拨叉、轴承座、踏脚座等属于叉架类零件，多用于支撑、连接、操纵其他零件，这类零件的结构形状较为复杂，且不太规则。多为铸件，并经多道工序加工而成，所以主视图一般多按工件工作位置和特征原则选择，其他视图也多采用两个以上的剖视图、断面图、局部视图、斜视图等表达，如图 7 - 16 所示。

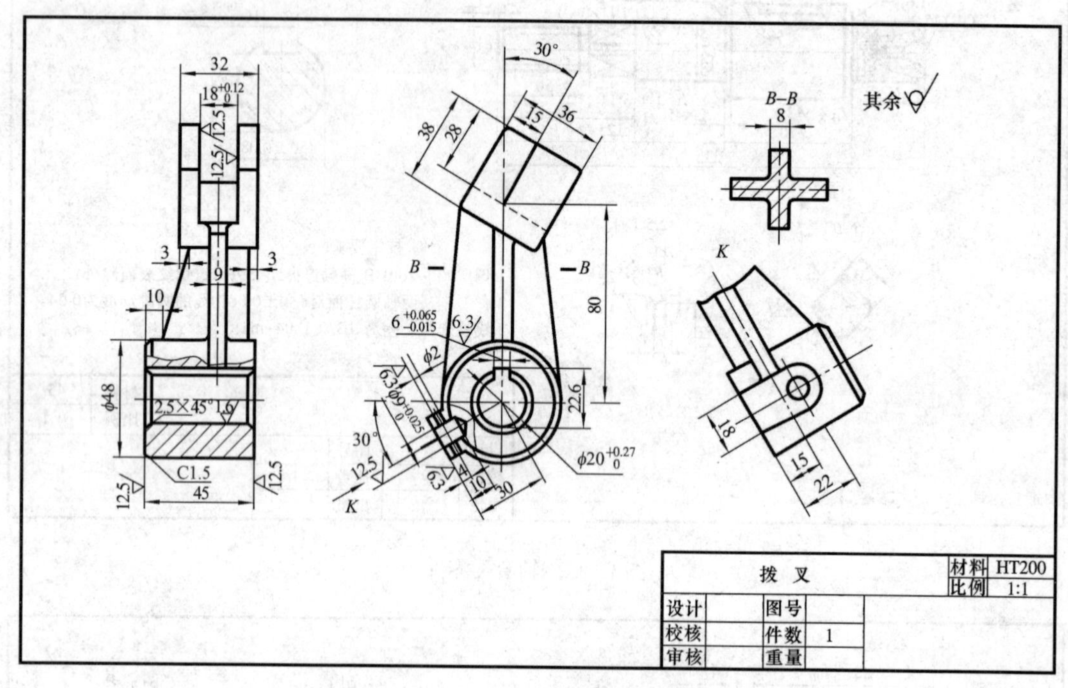

图 7 - 16　叉架类零件

（四）箱体类零件

阀体、泵体、箱体等箱体类零件一般是机器或部件的主体部分，它起着支撑、包容其他零件的作用，所以多为中空的壳体，并有轴承孔、凸台、肋板、底板、连接法兰以及用于与箱盖、轴承端盖相连接的螺孔等，其结构形状复杂，一般多为铸件。箱体类零件的加工工序较多，装夹位置又不固定，因此主视图一般均按工作位置和特征原则选择，需用 3 个或 3 个以上的视图、剖视图、断面图等方法表达，如图 7 - 17 所示。

在选择较复杂的零件的表达方法时，分析零件的结构形状，了解其用途及主要加工方法的基础上，要拟定几种不同的表达方案并进行对比，最后确定最佳的表达方案。

（五）薄板类零件

面板、底板、支架、电子工业使用的机箱等薄板类零件多由薄板经冲压、弯折形成。

面板通常用来安装各种表头、电位器、开关、旋钮等，因此其主要结构为大小不等的孔，如图 7 - 18（a）所示。

底板通常由薄板弯折形成，主要用来安装变压器、电容器、电位器、印刷电路板的电子元器件，因此上面分布着大小不等的孔，如图 7 - 18（b）所示。

机箱的表达，如图 7 - 18（c）所示。

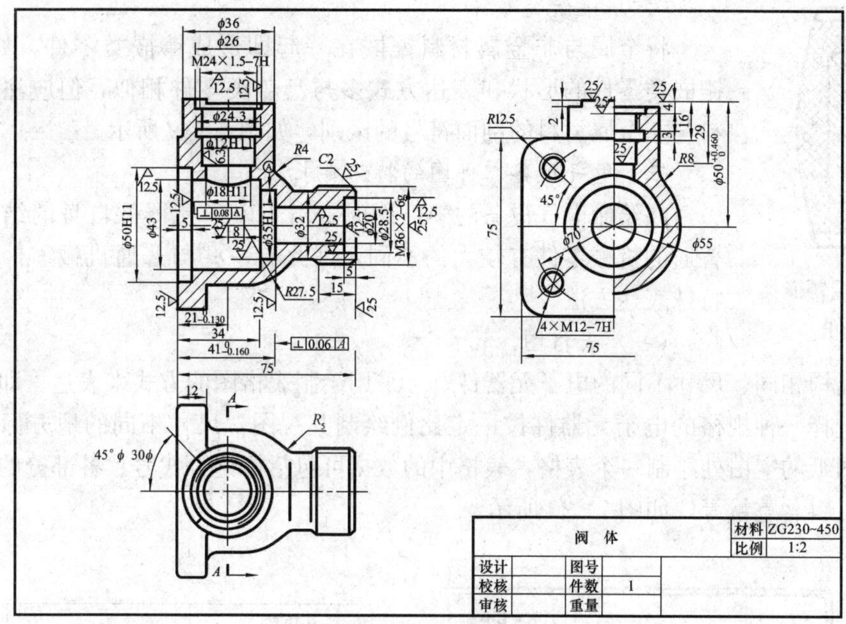

图 7-17　箱体类零件

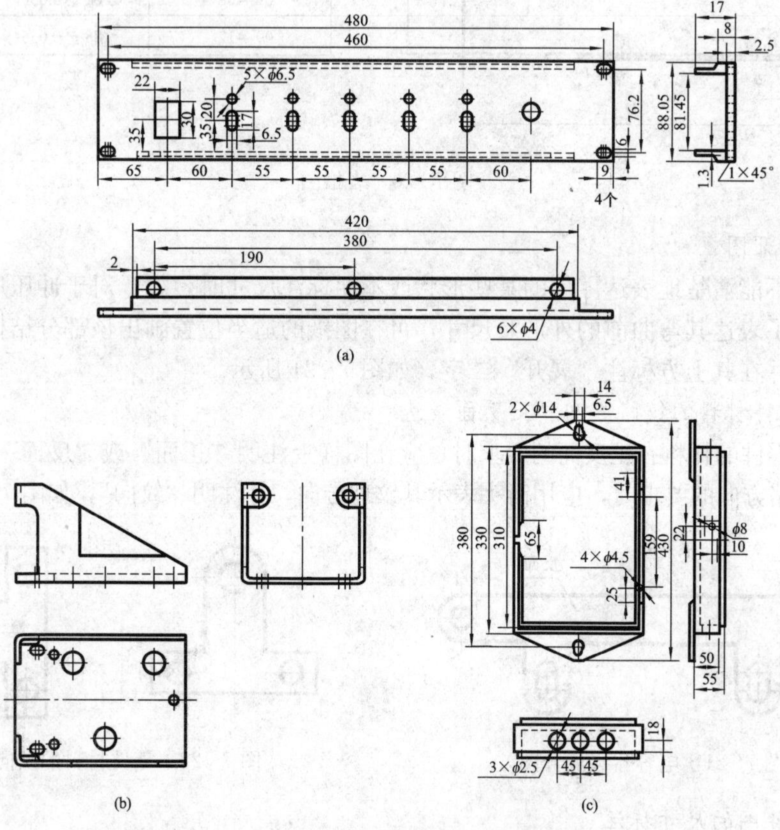

图 7-18　薄板类零件

(a) 面板零件的表达；(b) 底板零件的表达；(c) 机箱零件的表达

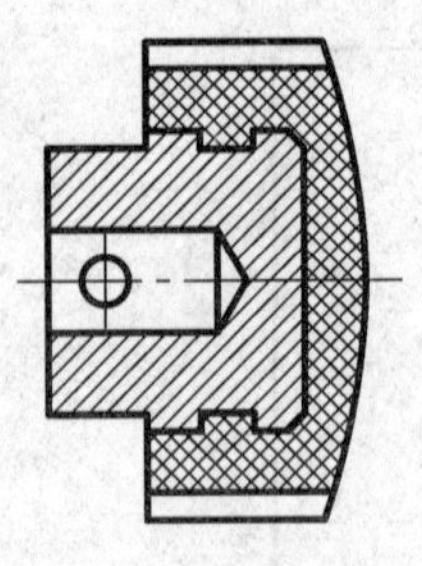

图 7-19 镶嵌类零件

（六）镶嵌类零件

将金属与非金属材料镶嵌在一起即形成镶嵌类零件，如旋钮等。镶嵌类零件的形状和表达方式多与盘盖类零件相似，但应注意金属材料与非金属材料的剖面符号的区别，如图 7-19 所示。

三、电气设备零件图的特殊要求

在绘制电气设备的零件图时，由于电子元器件自身的结构特点与普通的机械零件有较大的不同，因此有一些与普通机械零件图不同的特殊表达方法。

（一）表格图

对于结构相同、尺寸不同的电子元器件，可采用绘制表格图的方式来表达。即：在该系列产品中选择一种规格的电子元器件按一定比例绘制其视图，尺寸不同的地方标注尺寸代号，并在图纸的空白处绘制一个表格，表格中的数据可包括标记、代号、各部分的尺寸、尺寸公差、材料、重量等，如图 7-20 所示。

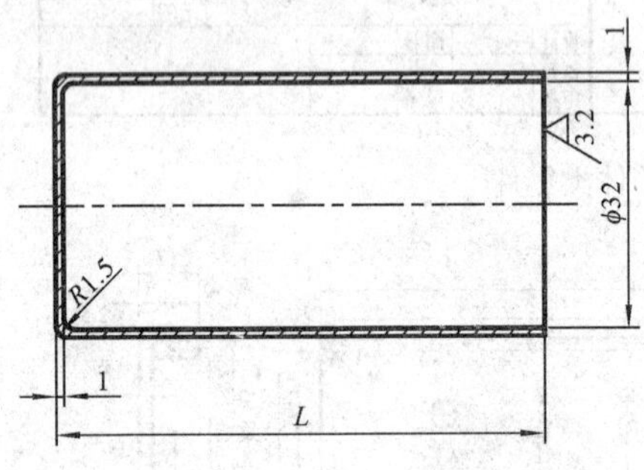

代号	L
09—03	36 ± 0.025
09—08	62 ± 0.030
09—12	88 ± 0.035

图 7-20 表格图

（二）展开图

当视图不能清楚地表达零件的某些形状或不便标注尺寸时，如：对于冲压后再弯曲成型的零件，为了表达其弯曲前的外形及尺寸，可在图纸的适当位置画出该部分结构或整个零件的展开图，并在其上方标注“展开”二字，如图 7-21 所示。

（三）零件材料的纹路方向和正反面表达

当制造零件的材料有正反面的要求时，应在图样上注明“正面”或“反面”；当制造零件的材料有纹路方向的要求时，应用箭头表示其纹理方向，并注明“纹向”，如图 7-22 所示。

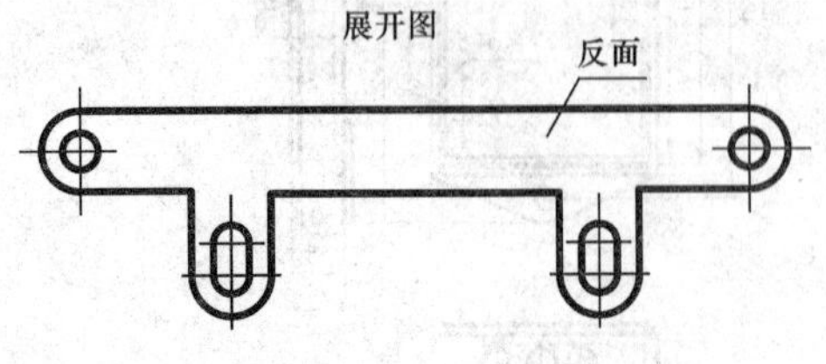

图 7-21 电容器夹展开图

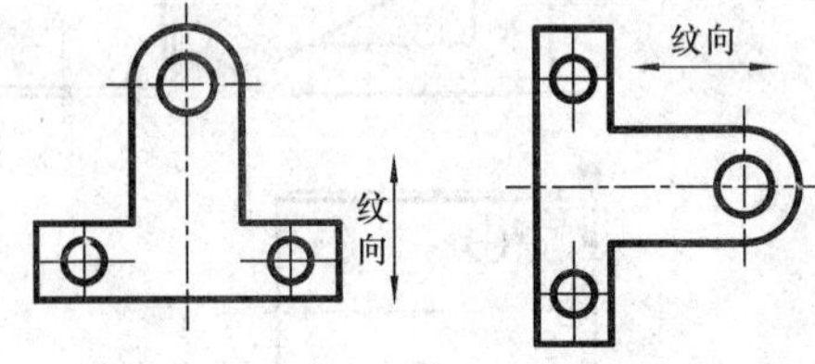

图 7-22 零件材料的纹向表达

四、零件图的尺寸标注

零件图中标注的尺寸是加工和检验零件的重要依据。在组合体的尺寸注法中，曾提出标注尺寸要正确、完整、清晰，对于零件图，除了要满足上述要求外，还必须使标注的尺寸合理，符合设计、加工、检验和装配的要求。要做到标注尺寸合理，需要较多的机械设计和机器制造方面的知识，这里主要介绍一些合理标注尺寸的基本知识。

（一）确定零件图的尺寸基准

如前所述，标注或度量尺寸的起点称为尺寸基准，每个零件的长、宽、高3个方向都至少应有1个度量尺寸的起点——尺寸基准。这种尺寸基准通常按照设计要求或工艺测量的要求来确定，因此有设计基准和工艺基准之分。

设计基准是根据零件在机器中的作用和结构特点，为保证零件的设计要求而选定的一些基准。如图7-23（a）所示的端面Ⅰ是主动齿轮轴轴向设计基准，端面Ⅱ是泵体长度方向的设计基准。在部件装配时它们又体现为装配基准。

工艺基准是指在加工或测量时，确定零件相对机床、工装或量具位置的面、线或点。从工艺基准出发标注尺寸，可直接反映工艺要求、便于操作及保证加工和测量的质量。如图7-23所示的齿轮轴的端面Ⅰ是设计基准，在加工时又是工艺基准，端面Ⅲ是工艺基准，如图7-23（b）、（c）所示。

可作为设计基准或工艺基准的点、线、面有：零件的安装面，装配时的结合面，零件的对称平面、重要的端面、回转体的轴线等。有时在零件的长、宽、高的某个方向上会出现多个尺寸基准，但应注意其中必有一个是起主要作用的，称为主要基准，而其余的称为辅助基准，主要基准和辅助基准之间应有尺寸相关联。一般主要基准通常是设计基准，辅助基准可以是设计基准，也可以是工艺基准，当然几种基准也会发生重合，如图7-23（c）所示。

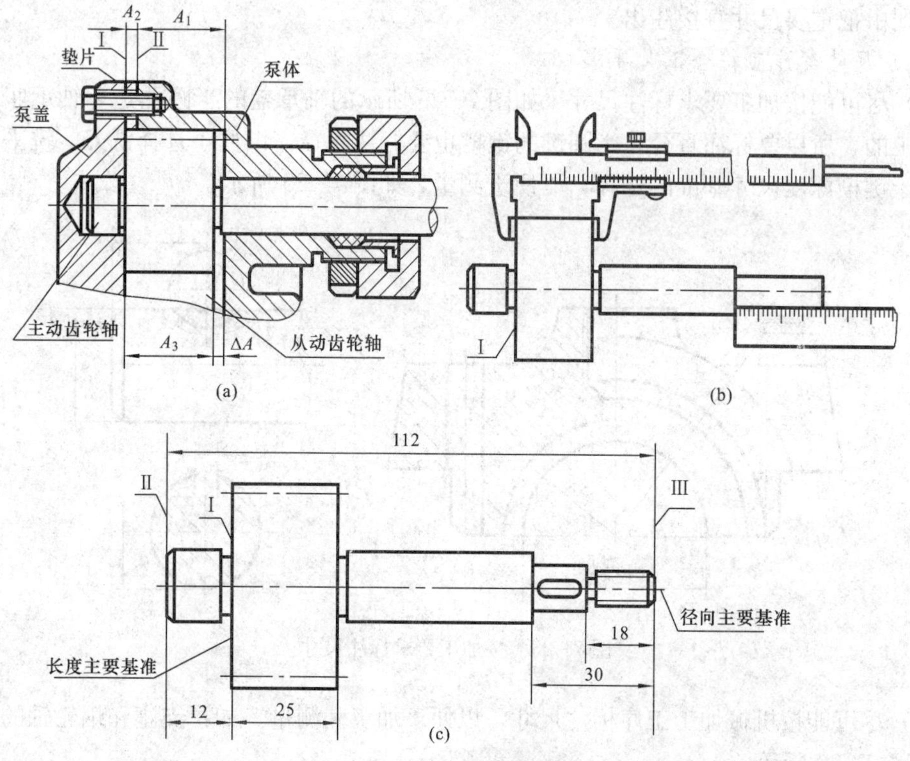

图7-23　零件图的尺寸基准

（a）主动齿轮轴的设计基准；（b）主动齿轮轴的工艺基准；（c）主动齿轮轴的尺寸基准

当我们标注尺寸时，首先要合理地选择尺寸基准，再从基准出发标定位、定形尺寸和总体尺寸。选择尺寸基准应考虑零件的结构特点、工作性能和设计要求，以及零件的加工和测量等方面的要求。

（二）零件的重要尺寸要直接注出

为了保证设计要求，零件的重要尺寸应直接注出。如零件上反映零件所属机器（或部件）规格性能的尺寸、零件间的配合尺寸、有装配要求的尺寸以及保证机器（或部件）正确安装的尺寸等，都应直接注出，如图 7 - 24 所示。

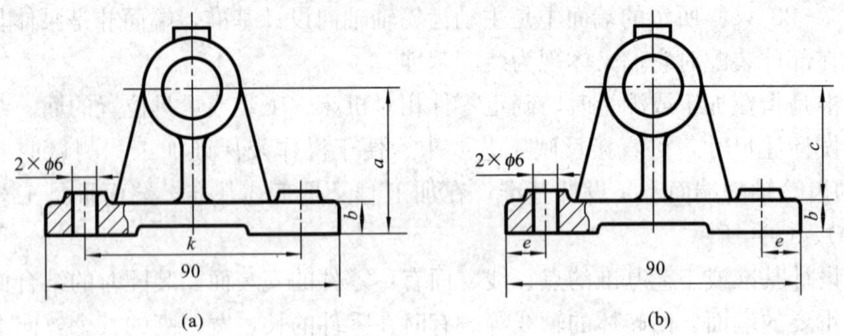

图 7 - 24　重要的尺寸单独标出
（a）正确；（b）错误

加工好的零件尺寸存在着误差，为了使零件的重要尺寸，不受其他尺寸误差的影响，应在零件图中把重要尺寸直接注出。

（三）尺寸标注应符合工艺要求

（1）尽可能按加工要求标注尺寸。如图 7 - 25 所示的轴承盖的半圆孔是和轴承座配合在一起加工的，所以要标注直径。半圆键的键槽也要标注直径，以便于选择铣刀。铣平键键槽时，对于键槽深度尺寸基准的选择，要便于测量，如图 7 - 25 所示。

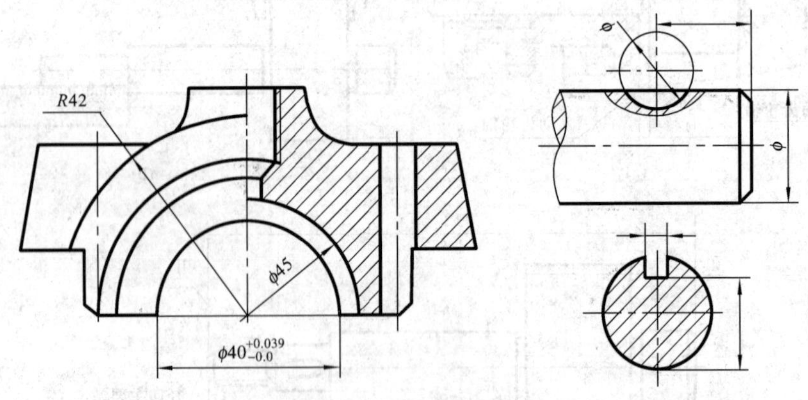

图 7 - 25　按加工要求标注尺寸

（2）尽可能按机械加工工序标注尺寸，以便于加工和测量。如：支座和蜗轮轴的尺寸标注，如图 7 - 26 所示。

（3）按测量要求标注尺寸。所注尺寸应考虑零件在加工过程中测量的方便，如图 7 - 27 所示。

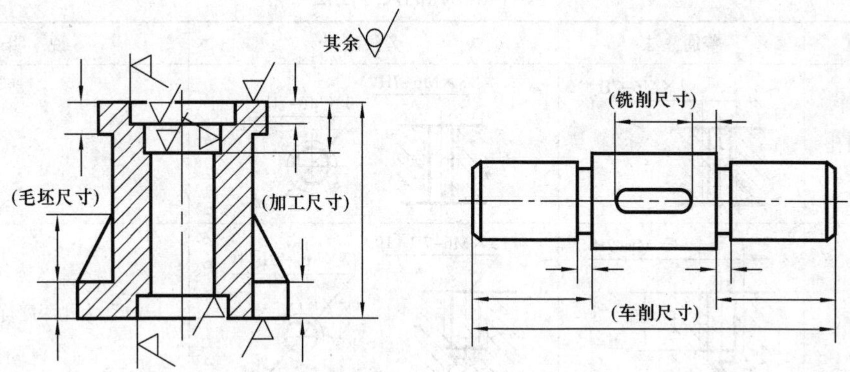

图 7 - 26　按加工工序标注尺寸

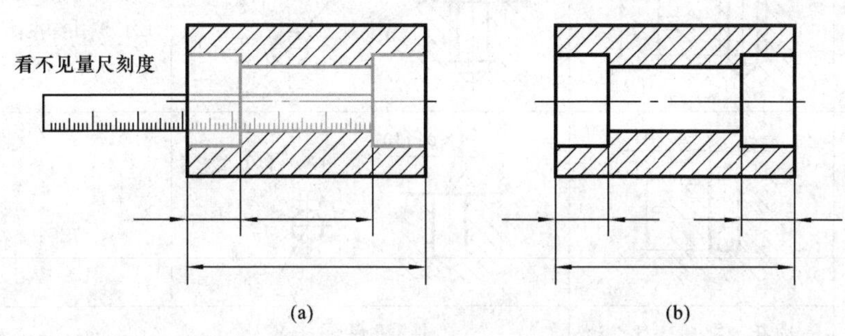

图 7 - 27　按测量要求标注尺寸

(a) 不合理；(b) 合理

(4) 不能注成封闭尺寸链，封闭尺寸链是指尺寸标注在同一方向形成首尾相连的封闭图形。如图 7 - 28 (a) 所示的尺寸 a，b，c，l 就形成了一组封闭尺寸，封闭尺寸链标注的问题在于，若要保证每一个尺寸的精确度要求，就会增加加工成本，在实践中很难达到精度的要求。因此，一般对精确度的要求最低的一环不注尺寸，如图 7 - 28 (b) 所示的未注尺寸的一段，称为开口环，这样既保证了设计要求，又可节约加工费用。

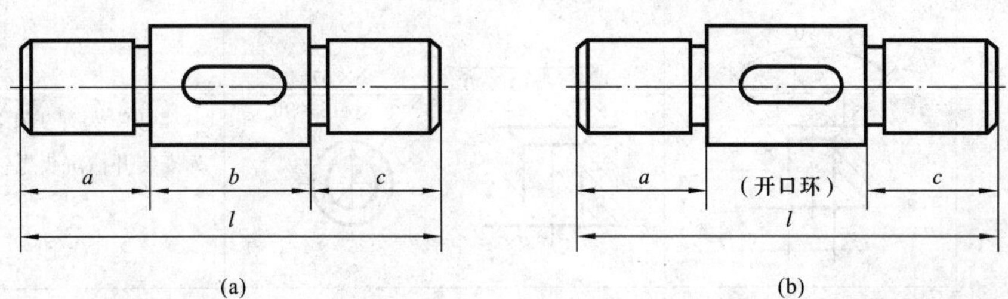

图 7 - 28　不能注成封闭尺寸链

(a) 不合理；(b) 合理

(四) 零件上常见孔的注法

零件上各种孔的尺寸，除采用普通标注法外，还可采用旁注法。零件上常见孔的尺寸标法，如表 7 - 5 所示。

表 7-5 零件常见孔的尺寸注法

结构类型		普通注法	旁注法	说明
螺孔	通孔	3×M6-7H	3×M6-7H；3×M6-7H	
	盲孔	3×M6-7H；10	3×M6-7H ⊤10；3×M6-7H ⊤10	“⊤”为孔深度符号
		3×M6-7H；10；12	3×M6-7H ⊤10 ⊤12；3×M6-7H ⊤10 ⊤12	表示该螺孔的钻孔深度为12，螺孔深度为10
光孔	圆柱孔	4×ϕ4；10	4×ϕ4 ⊤10；4×ϕ4 ⊤10	
	圆锥孔	该孔无普通注法，注意 ϕ4 是指与其相配的圆锥销的公称直径（小端直径）	锥销孔ϕ4 配作；锥销孔ϕ4 配作	“配作”是指该孔与相邻零件的同位圆锥销孔一起加工
锪孔		ϕ20 ⌴；4×ϕ9	4×ϕ9 ⌴ ϕ20；4×ϕ9 ⌴ ϕ20	“⌴”为锪平、沉孔符号。锪孔通常只需锪出圆平面即可，因此沉孔深度一般不注
沉孔		90°；ϕ13；ϕ7	6×ϕ7 ∨ϕ13×90°；6×ϕ7 ∨ϕ13×90°	“∨”为埋头孔符号，该孔为安装开槽沉头螺钉所用
		ϕ12；4.5；4×ϕ6.4	4×ϕ6.4 ∨ϕ12 ⊤4.5；4×ϕ6.4 ∨ϕ12 ⊤4.5	该孔为安装内六角圆柱头螺钉所用

7.2.3　零件图上的技术要求

在前述的零件图中，出现过下列的一些符号，这里需要进一步弄清它们的含义。

$\phi 30^{+0.018}_{+0.002}$　　1.6　　◎ | ϕ0.02 | A　　Ⓐ

零件图中除了视图和尺寸外，还应具备加工和检验零件的技术要求。零件图的技术要求主要有：

(1) 零件的表面粗糙度。

(2) 尺寸公差、形状公差和位置公差。

(3) 对零件的材料、热处理和表面修饰的说明。

(4) 对于特殊加工和检验的说明。

上述内容可以用国家标准规定的代号或符号在图中标注，也可以用文字或数字在标题栏上方空位处写明。

一、表面粗糙度

(一) 表面粗糙度的概念

表面粗糙度是表示零件表面所具有的较小间距和峰谷组成的微观几何形状特征，如图 7-29 所示。

零件在加工时，由于刀具在零件表面上留下的刀痕、切削时表面金属的塑性变形和机床振动等因素的影响，使零件表面存在着间距较小的轮廓峰谷，如图 7-29 所示。

表面粗糙度对零件的配合性质、强度、耐磨性、抗腐蚀性、密封性等影响很大，因此，根据零件表面工件情况不同，零件表面粗糙度的要求也各有不同。

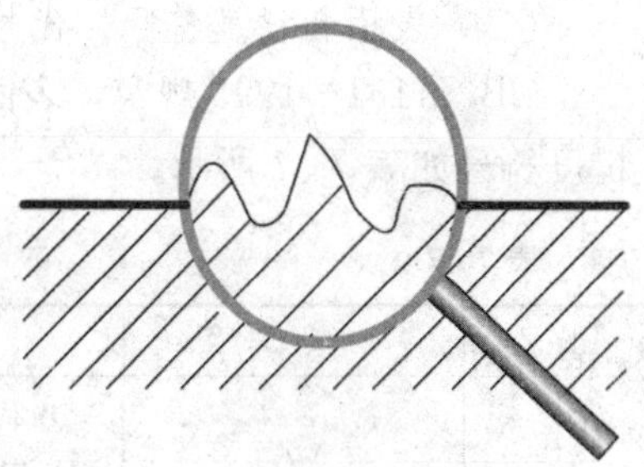

图 7-29　表面粗糙度示意图

(二) 表面粗糙度评定参数

表面粗糙度评定参数有 3 种：轮廓算术平均偏差（*R*a）；微观不平度十点高度（*R*y）；轮廓最大高度（*R*z）。在零件图中多采用轮廓算术平均偏差 *R*a 值。

轮廓算术平均偏差 *R*a 是指在取样长度 *L* 内，轮廓偏距 y_i 的绝对值的算术平均值，其几何定义如图 7-30 所示。

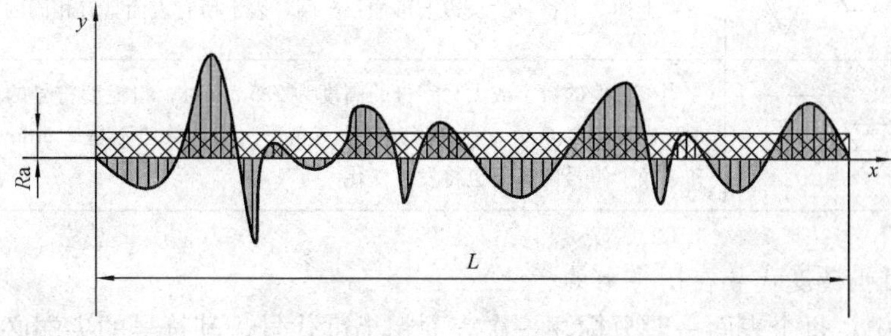

图 7-30　轮廓算术平均偏差 *R*a

Ra 按下列公式计算：$Ra=\frac{1}{L}\int_{D}^{L}|y(x)|\,dx$ 近似值为：$Ra=\frac{1}{n}\sum_{i=1}^{n}|y_i|$

轮廓算术平均偏差 Ra 值以微米为单位。其数值越大，零件表面的加工精度越低，数值越小，其表面加工精度越高。常用表面粗糙度 Ra 的数值与加工方法，如表 7-6 所示。

表 7-6　　常用表面粗糙度 *R*a 的数值与加工方法

表　面　特　征	表面粗糙度（Ra）数值	加工方法举例
明显可见刀痕	100　50　25	粗车、粗刨、粗铣、钻孔
微见刀痕	12.5　6.3　3.2	精车、精刨、精铣、粗铰、粗磨
看不见加工痕迹，微辨加工方向	1.6　0.8　0.4	精车、精磨、精铰、研磨
暗光泽面	0.2　0.1　0.05	研磨、抛光、超精磨

（三）表面粗糙度符号、代号及其注法

GB/T 131—1993 规定，表面粗糙度代号由规定的符号和有关参数值组成。零件表面粗糙度符号如表 7-7 所示。

表 7-7　　表面粗糙度的符号及画法

序号	符　号	意　　义
1		基本符号，表示表面可用任何方法获得。当不加注粗糙度参数值或有关说明时，仅适用于简化代号标注
2		表示表面是用去除材料的方法获得，如车、铣、钻、磨等
3		表示表面是用不去除材料的方法获得，如铸、锻、冲压、冷轧等
4		在上述 3 个符号的长边上可加一横线，用于标注有关参数或说明
5		在上述 3 个符号的长边上可加一小圆，表示所有表面具有相同的表面粗糙度要求
6	3.5　60°　8	当参数值的数字或大写字母的高度为 2.5mm 时，粗糙度符号的高度取 8mm，三角形高度取 3.5mm，三角形是等边三角形。当参数值不是 2.5mm 时，粗糙度符号和三角形符号的高度也将发生变化

（四）表面粗糙度代号在图样上的标注

在零件图中，每个表面一般只标注一次表面粗糙度代号，其符号的尖端必须从材料外部指向零件表面，并应注在可见轮廓线、尺寸线、尺寸界线或引出线上，代号中的数字及符号方向应与标注尺寸的数字方向相同。表 7-8 中列举了表面粗糙度的标注示例。

表 7-8　**表面粗糙度的标注示例**

标注示例	说明
3.2　12.5　30°　3.2　12.5　3.2　12.5　12.5　3.2　30°　12.5　3.2　12.5　3.2	表面粗糙度代号一般注在可见轮廓线、尺寸界线、引出线或它们的延长线上。符号尖端必须从材料外指向表面，表面粗糙度代号中数字及符号的方向必须按图中的规定方向标注
其余 3.2　0.4　1.6　12.5　1.6	代号中数字的方向必须与尺寸数字的方向一致。对其中使用最多的一种代（符）号可统一标注在图样的右上角，并加注“其余”两字，且高度是图样中代（符）号的 1.4 倍
其余　3.2　ϕ　3.2　2×ϕ　ϕ　12.5	对不连续的同一表面，可用细实线相连，其表面粗糙度代（符）号可只注一次
1.6　3.2　1.6　1.6	齿轮、蜗轮等齿槽的粗糙度代（符）号可注在分度线的延长线上。键槽侧面的粗糙度代（符）号可注在引出线上
3.2　1.6	同一表面上有不同的表面粗糙度时，用细实线画出其分界线，注出尺寸和相应的表面粗糙度代（符）号

续表

标注示例	说明
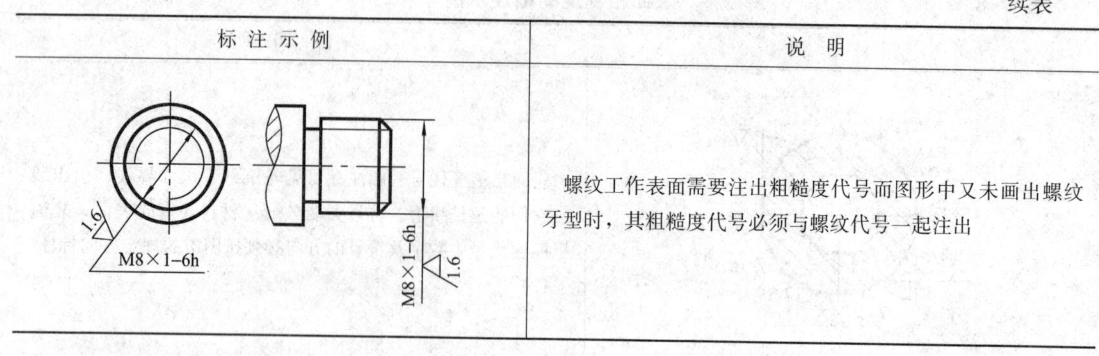	螺纹工作表面需要注出粗糙度代号而图形中又未画出螺纹牙型时，其粗糙度代号必须与螺纹代号一起注出

二、极限与配合

（一）极限的基本概念

（1）互换性。某一产品（包括零件、部件、构件）与另一种产品在尺寸、功能上能够替换的性能称为互换性。零件具有互换性，对于机械工业的现代化协作生产、提高劳动生产率，提供了重要的条件。

在成批或大量生产中，一批零件在装配前不经过挑选，在装配过程中不经过修配，在装配后即可满足设计和使用性能要求，零件的这种在尺寸和功能上可以互相替代的性质称为互换性。

零件的尺寸是保证零件互换的重要几何参数，为了使零件具有互换性，并不要求零件的尺寸做得绝对准确，而是要求在保证零件的机械性能和互换性的前提下，允许零件尺寸有一个变动量，这个允许尺寸的变动量称为公差。保证零件具有互换性的措施：由设计者确定合理的配合要求和尺寸公差大小。

（2）关于极限和偏差的基本术语，如图7-31所示。

1）基本尺寸：设计给定的尺寸，如图7-31所示的$\phi30$。

2）实际尺寸：实际测量所得的尺寸。

3）尺寸偏差（简称偏差）：某一尺寸减去其基本尺寸所得的代数差。国家标准规定了零件加工尺寸偏差的上限和下限，分别称为上偏差和下偏差。

偏差代号：孔的上偏差用ES表示、下偏差用EI表示；轴的上偏差用es表示、下偏差用ei表示。如图7-31所示的孔的上偏差ES=+0.010，下偏差EI=-0.010。

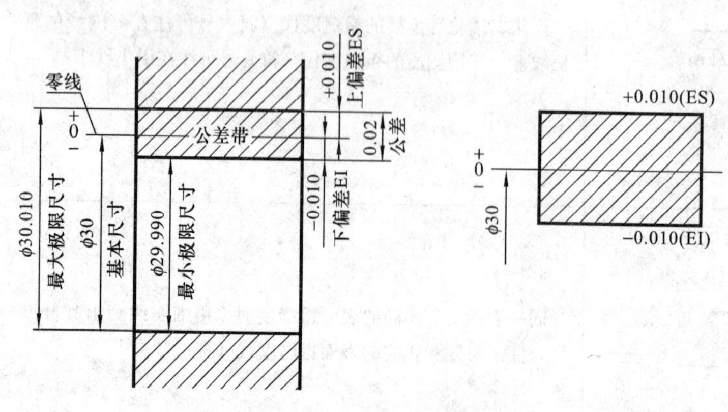

图7-31　术语图解

4）极限尺寸：允许实际加工尺寸变化的极限值。加工尺寸的最大允许值称为最大极限尺寸（为基本尺寸加上偏差），最小允许值称为最小极限尺寸（为基本尺寸加下偏差）。如图7-31所示，$\phi30.010$为孔的最大极限尺寸，ϕ29.990 为孔的最小极限尺寸。

5）尺寸公差（简称公差）：允许尺寸变动的范围称为尺寸公差。公差等于最大极限尺寸与最小极限尺寸之代数差的绝对值，也等于上偏差与下偏差之代数差的绝对值，如图 7-31 所示的孔的公差为 0.02。即：

公差＝最大极限尺寸－最小极限尺寸＝30.010－29.990＝0.020

公差＝上偏差－下偏差＝0.010－（－0.010）＝0.020

6）零线：在公差带图中确定偏差的一条基准直线，即零线表示基本尺寸。

7）尺寸公差带：公差带是由代表上、下偏差的矩形区域构成的。用零线表示基本尺寸，零线的上方为正，下方为负。矩形的上边代表上偏差，下边代表下偏差，矩形的长度无实际意义，高度代表公差。图 7-31 所示的轴和孔的公差带如图 7-32 所示。

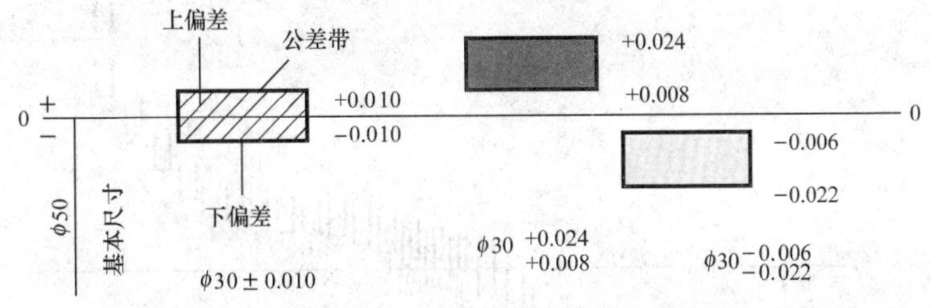

图 7-32　公差带示意图

（3）标准公差与基本偏差。由公差带示意图可以看出影响尺寸加工精度的方面主要有两个，一个是公差带的大小（即上下偏差之间的距离），另一个是公差带相对于零线的位置。因此，国家标准 GB/T 1800.2—1998 中规定了公差带由标准公差和基本偏差组成。标准公差确定公差带的大小；基本偏差确定公差带的位置。

1）标准公差：是指由国家标准（GB/T 1800.3—1998）规定的用以确定公差带大小的任一公差。其大小由两个因素决定，一个是公差等级，另一个是基本尺寸。国家标准将公差划分为 20 个等级，分别用 IT01、IT0、IT1、IT2、IT3、…、IT18 表示。基本尺寸相同时，从 IT01 到 IT18 尺寸公差依次增大，精度依次降低。当公差等级相同时，基本尺寸越大，标准公差越大，允许尺寸变动的范围越宽。为了更好地理解这一点，举一个生活中的例子。例如，到商店买米，若 5kg 的米，称重误差是 0.5kg，同时买 100kg 面粉，称重误差也是 0.5kg，同是 0.5kg 的误差，但感觉米的误差比面粉的误差要大得多。公差等级的实质体现了零件加工的难易程度。在公差带图上，标准公差决定公差带的大小（即上下偏差之间的距离）。

2）基本偏差：是指国家标准（GB/T 1800.2—1998）用以确定公差带位置的极限偏差。一般上、下偏差中靠近零线的那个偏差为基本偏差。基本偏差共有 28 个系列，它的代号用拉丁文字母表示，大写为孔，小写为轴；当在零线的上方时，基本偏差为下偏差，反之则为上偏差，如图 7-33 所示。

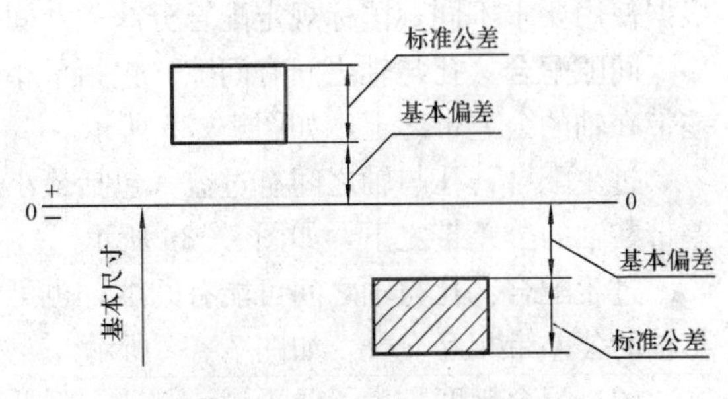

图 7-33　基本偏差示意图

国家标准规定的 28 个基本偏差系列，如图 7-34 所示。

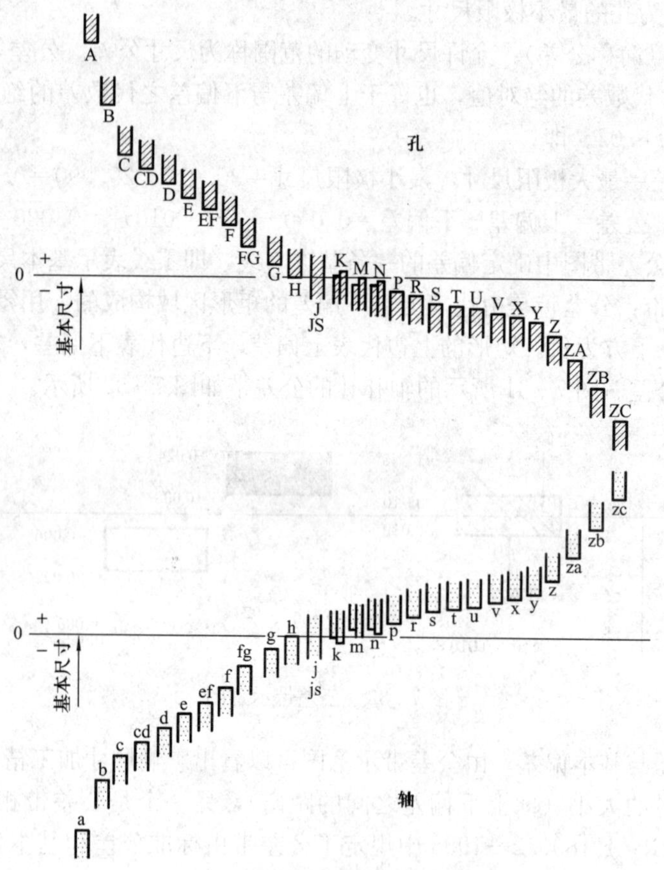

图7-34 基本偏差系列示意图

一个完整的公差带代号，由表示公差带位置的基本偏差代号、表示公差带高度的标准公差等级和基本尺寸组成。例如，$\phi50$H8，其中$\phi50$是基本尺寸，H是基本偏差代号，标准公差等级为IT8，由GB/T 1800.4—1999查得，基本偏差是下偏差，且EI＝0，由GB/T 1800.3—1998查得，标准公差IT＝0.046mm，所以可知上偏差ES＝＋0.046mm，即$\phi50$H8可以表示为$\phi50_{0}^{+0.046}$。

（二）配合

（1）配合的概念。基本尺寸相同的，相互结合的孔和轴公差带之间的关系，称为配合。根据使用要求不同，国标规定配合分3类：间隙配合、过盈配合和过渡配合。

间隙配合：孔与轴之间有间隙（包括最小间隙等于零）的配合。在公差带图中，孔的公差带在轴的公差带之上，如图7-35所示。

过盈配合：孔与轴之间有过盈（包括最小过盈等于零）的配合。在公差带图中，孔的公差带在轴的公差带之下，如图7-36所示。

过渡配合：孔与轴之间可能有间隙，也可能有过盈的配合。在公差带图中，孔的公差带与轴的公差带相互交叠，如图7-37所示。

（2）配合制度。为了便于设计制造，降低成本，实现配合标准化。国家标准规定了两种基本的配合制度，即基孔制和基轴制。

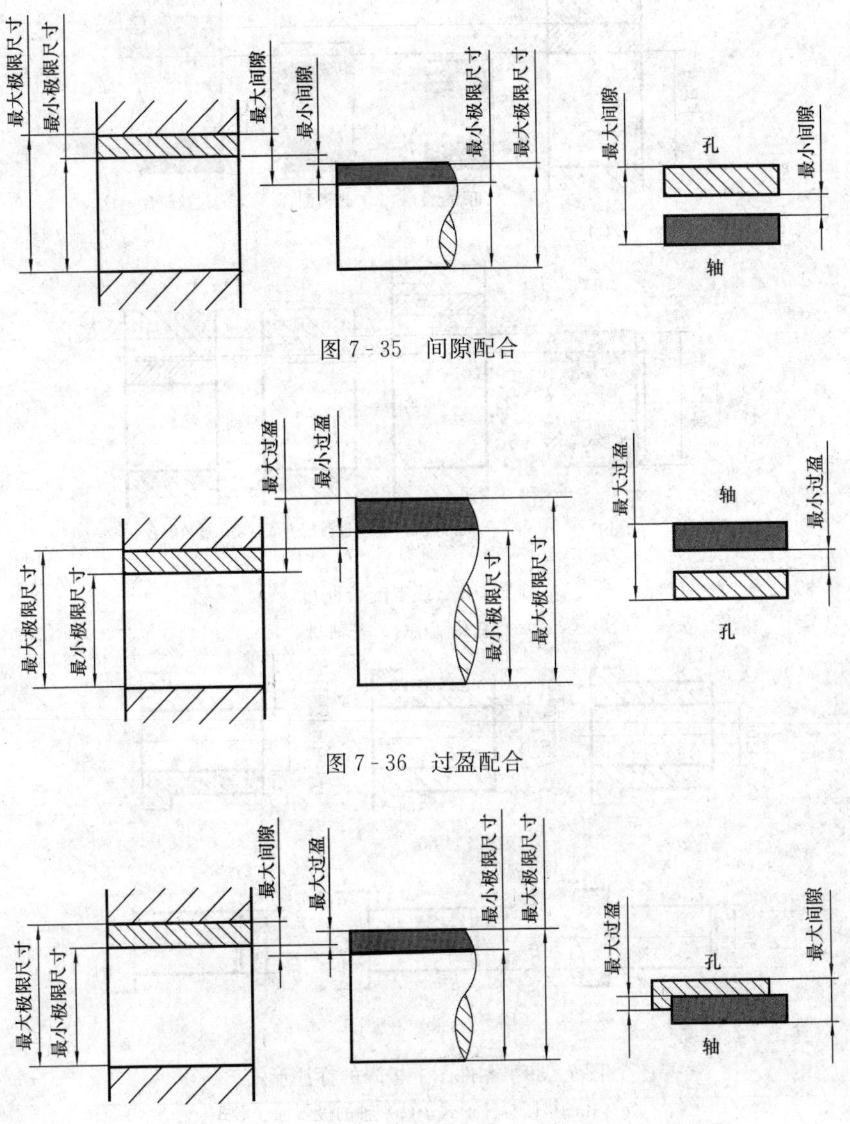

图 7 - 35　间隙配合

图 7 - 36　过盈配合

图 7 - 37　过渡配合

基孔制：基本偏差为一定的孔的公差带，与不同基本偏差的轴的公差带形成各种配合形式的一种制度，如图 7 - 38（a）所示。基准孔的公差带下偏差为零，并用代号 H 表示。

基轴制：基本偏差为一定的轴的公差带，与不同基本偏差的孔的公差带形成各种配合形式的一种制度，如图 7 - 38（b）所示。基准轴的公差带上偏差为零，并用代号 h 表示。

（3）极限与配合的标注及查表。

1）极限与配合在图样中的标注。在零件图中标注线性尺寸的公差有三种形式，如图 7 - 39所示。一是只注公差带代号；二是只注写上下偏差数值，上下偏差的字高为基本尺寸数字高度的 2/3，且下偏差的数字与基本尺寸数字在同一水平线上，在零件图中此种注法居多；三是既注公差带代号又注上、下偏差数值，但偏差数值应加注括号。

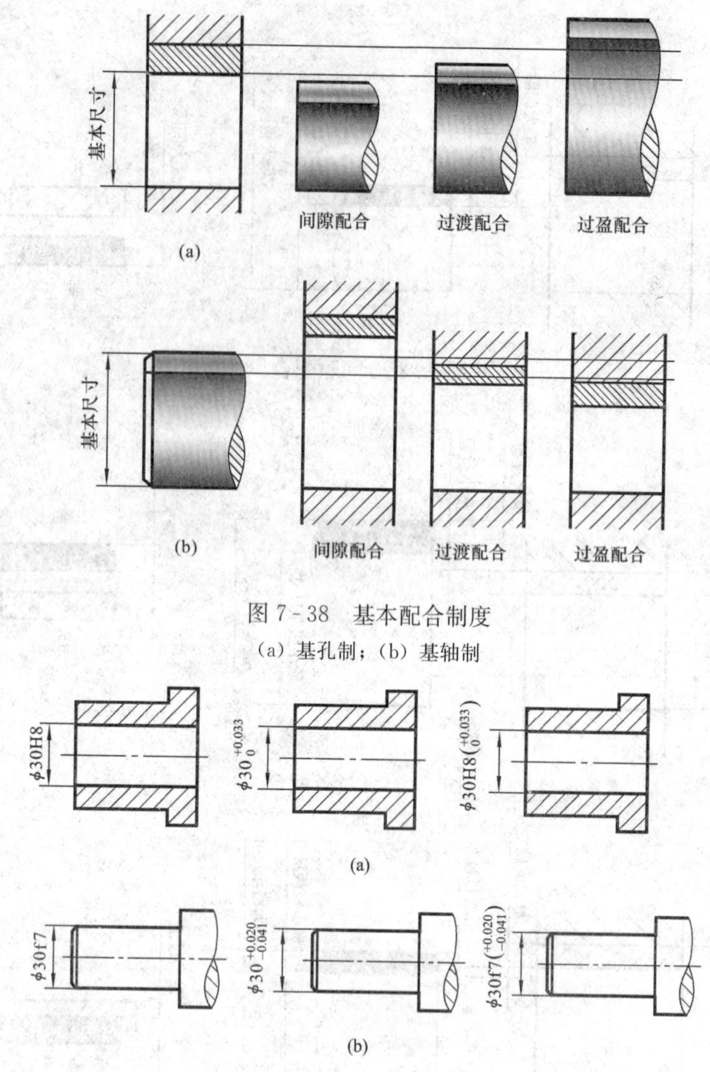

图 7-38　基本配合制度

(a) 基孔制；(b) 基轴制

图 7-39　零件图上极限的标注形式

(a) 孔的极限标注形式；(b) 轴的极限标注形式

在装配图中标注线性尺寸的配合代号时，必须在基本尺寸的右边，用分数形式注出，分子为孔的公差带代号，分母为轴的公差带代号，其标注形式为：

$$\text{基本尺寸}=\frac{\text{孔的基本偏差代号、公差等级}}{\text{轴的基本偏差代号、公差等级}}$$

采用基孔制时，分子为基准孔代号 H 及公差等级。采用基轴制时，分母为基准轴代号 h 及公差等级。例如：$\phi30\ \frac{N6}{h5}$为基轴制过盈配合；$\phi20\ \frac{H7}{f5}$为基孔制间隙配合。装配图极限的标注如图 7-40（a）所示，必要时也允许按图 7-40（b）所示的形式标注。图 7-40（c）所示为轴、轴套、箱体之间的配合标注，读者应注意分析轴套的圆柱内表面和外表面在装配体中所起的作用。

2）查表方法。如果已知基本尺寸和公差带代号，则尺寸的上、下偏差值，可以从极限偏差表中查得。

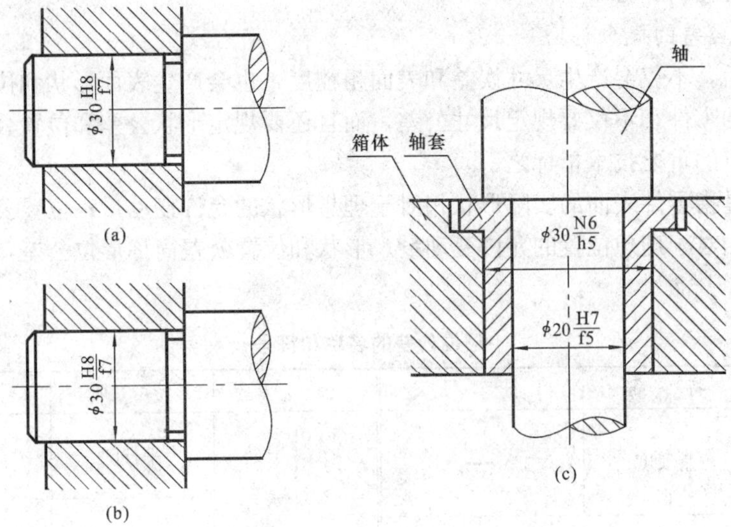

图 7 - 40　装配图上极限的标注

【例 7 - 1】　如图 7 - 41 所示，查表写出 ϕ18H7/p6、ϕ14F8/h7 的偏差数值，并判别它们的配合形式。

ϕ18H7 基准孔的极限偏差，可由附表 12 中查得。在附表中由尺寸段大于 14～18 横行和孔的公差带代号 H7 的纵列相交处查得$^{+18}_{0}$，并写成 $\phi 18^{+0.018}_{0}$。

ϕ18p6 过盈配合轴的极限偏差，可由附表 13 中查得。在附表 13 中由尺寸段大于 14～18 横行和轴的公差带代号 p6 的纵列相交处查得$^{+29}_{+18}$，并写成 $\phi 18^{+0.029}_{+0.018}$。最大过盈量为：18.029－18＝0.029，最小过盈量为：18.018－18.018 ＝ 0。

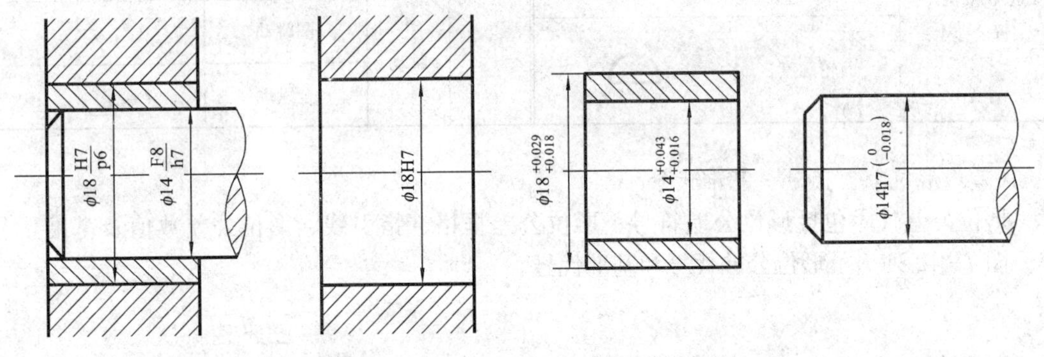

图 7 - 41　查表判别配合形式

$\phi 18\frac{H7}{p6}$ → ϕ18H7 → $\phi 18^{+0.018}_{0}$ → 轴的公差带在孔的公差带上方，为基孔制过盈配合。
　　　　→ ϕ18p6 → $\phi 18^{+0.029}_{+0.018}$

$\phi 14\frac{F8}{h7}$ → ϕ14F8 → $\phi 14^{+0.043}_{+0.043}$ → 孔的公差带在轴的公差带上方，为基轴制间隙配合。
　　　　→ ϕ14h7 → $\phi 14^{0}_{+0.043}$

三、形位公差简介

（一）形位公差的概念

零件加工后，不仅会产生尺寸误差和表面粗糙度，也会产生表面形状和位置误差。对于某些精度较高的零件，不仅要规定尺寸公差，而且还要规定形状公差和位置公差，因为它也是评定产品质量的重要技术指标之一。

形状公差是指零件表面的实际形状相对于理想形状的允许变动量；位置公差是指零件要素的实际位置相对于理想位置的允许变动量。形状和位置公差简称形位公差，其名称和符号如表7-9所示。

表7-9　形位公差的名称和符号

公差	特征	符号	公差		特征	符号
形状公差	直线度	—	位置公差	定向	平行度	//
	平面度	⏥			垂直度	⊥
	圆度	○			倾斜度	∠
	圆柱度	⌭		定位	位置度	⌖
形状或位置公差	线轮廓度	⌒			同轴度	◎
	面轮廓度	⌓			对称度	⌯
				跳动	圆跳动	↗
					全跳动	⌰

（二）形位公差代号、基准代号

形位公差代号包括形位公差符号、形位公差框格、指引线、形位公差数值及基准代号等。图7-42列出了形位公差代号和基准代号。

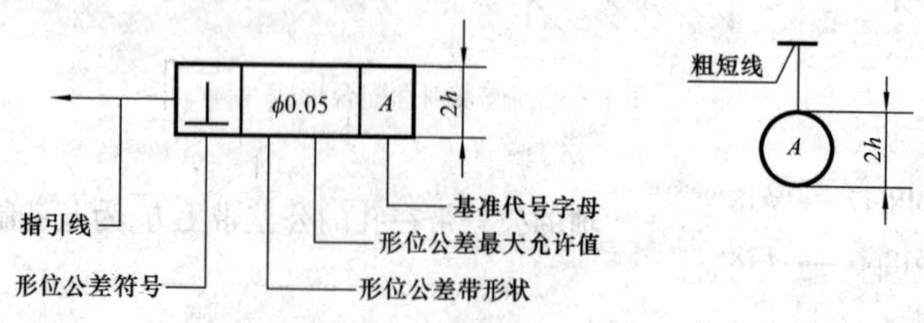

图7-42　形位公差代号和基准代号

（三）形状公差带的定义和标注示例

标注形位公差时，指引线的箭头要指向被测要素的轮廓线或其延长线上；当被测要素是轴线时，指引线的箭头应与该要素尺寸线的箭头对齐。指引线箭头所指方向，是公差带的宽度方向或直径方向。基准要素是轴线时，将基准符号与该要素的尺寸线对齐。形状公差带的定义与标注示例如表7-10所示；位置公差带的定义与标注示例如表7-11所示。

表7-10 形状公差带的定义与标注

名称	标记示例	公差带定义
平面度	表示所指被测面表面的平面度的公差为0.015 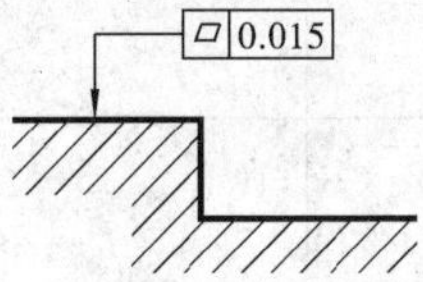 ⏥ 0.015	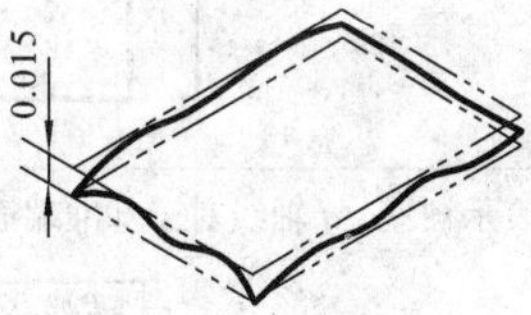 0.015
直线度	表示 ϕd 圆柱体轴线的直线度公差为 ϕ0.008 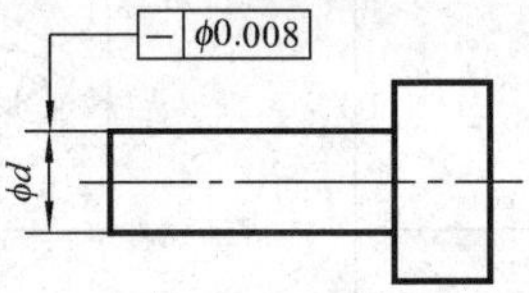 — ϕ0.008 ϕd	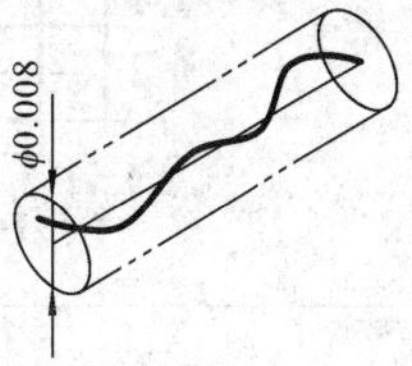 ϕ0.008
圆柱度	表示 ϕd 圆柱体的圆柱度公差为0.006 ⌭ 0.006 ϕd 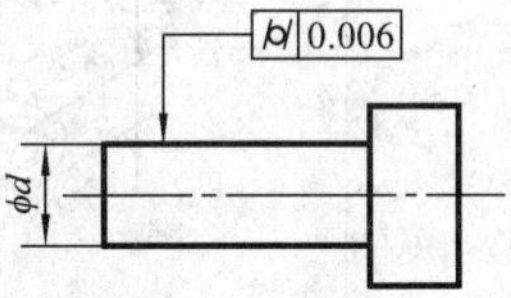	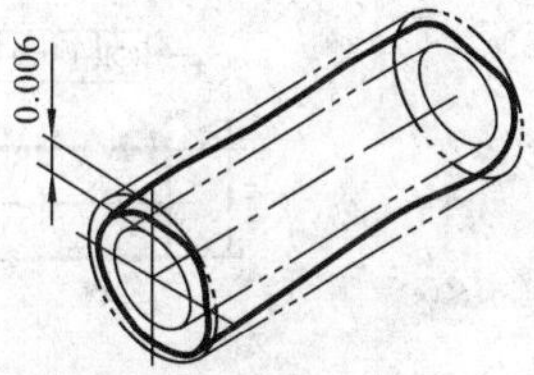 0.006
圆度	表示 ϕd 圆柱体表面圆的圆度公差为0.02 ○ 0.02 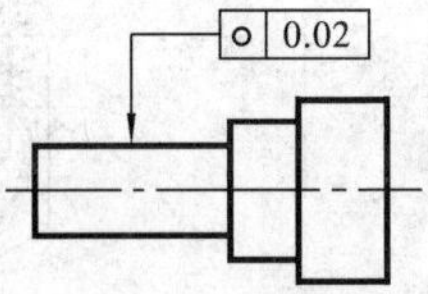	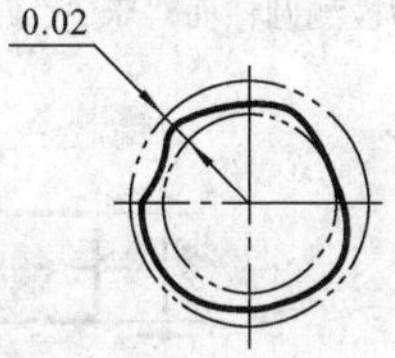 0.02

表7-11 位置公差带的定义和标注

名称	标注示例	公差带定义
平行度	表示所指被测平面对于基准面的平行度公差为0.025 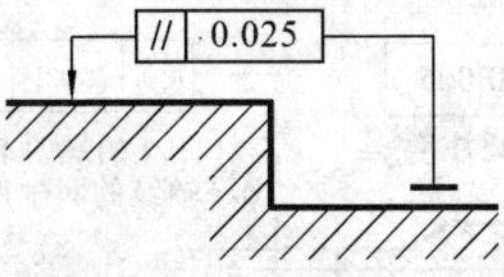 // 0.025	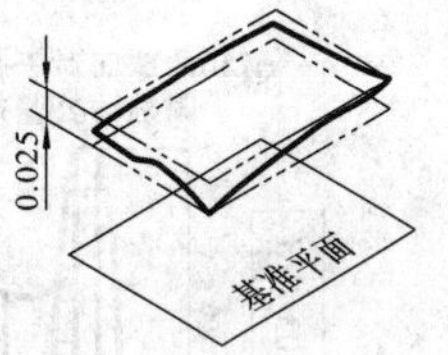 0.025 基准平面
	表示 ϕd 轴线对于基准线 A 的平行度公差为0.025 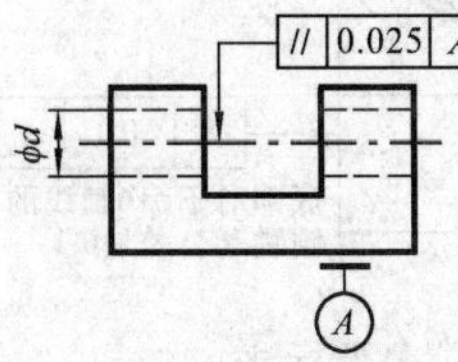 // 0.025 A ϕd A	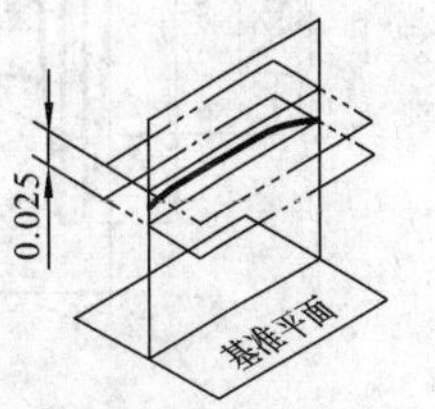 0.025 基准平面

续表

名称	标注示例	公差带定义
对称度	表示被测两端面对于 A 对称中心面的对称度公差为 0.025 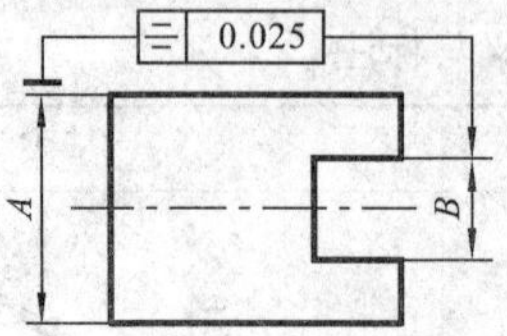	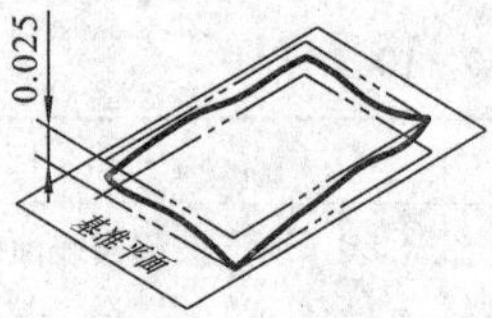
垂直度	表示被测 ϕd 轴线对于基准端面的垂直度公差为 $\phi 0.02$ 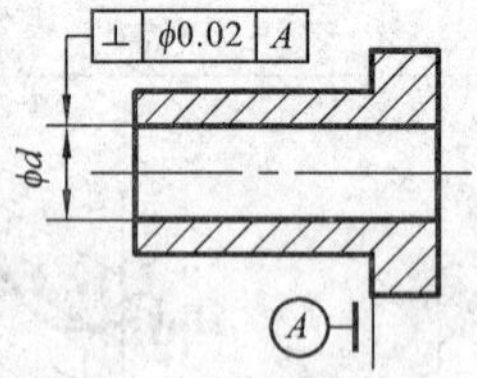	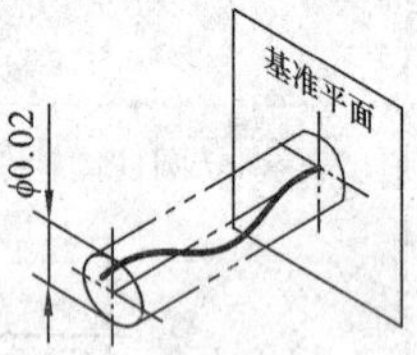
同轴度	表示被测 ϕd_1 轴线对于基准 ϕd_2 轴线的同轴度公差为 $\phi 0.015$ 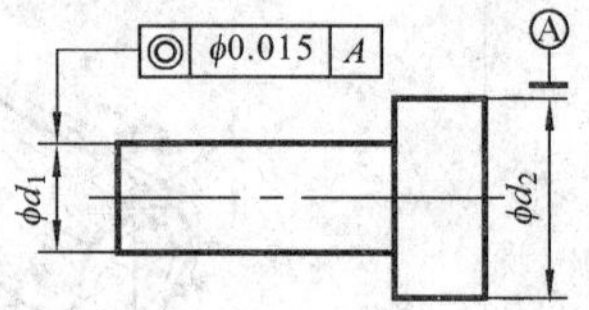	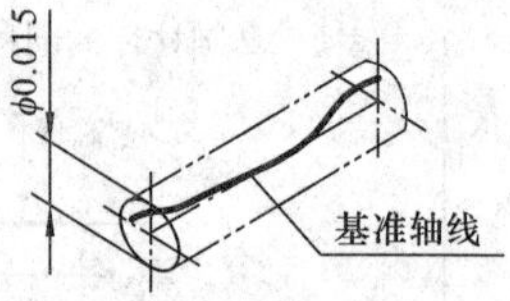
圆跳动	表示被测圆柱面对于 A、B 基准 ϕd 轴线的圆跳动度公差为 0.02 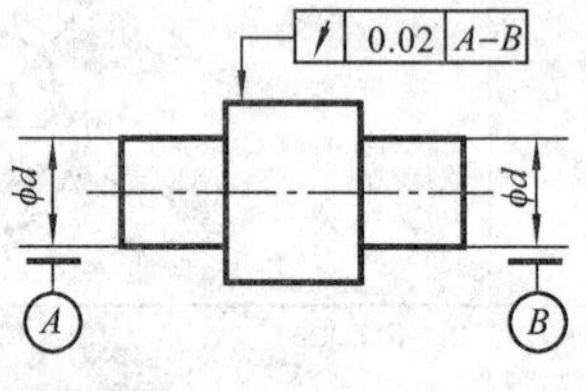	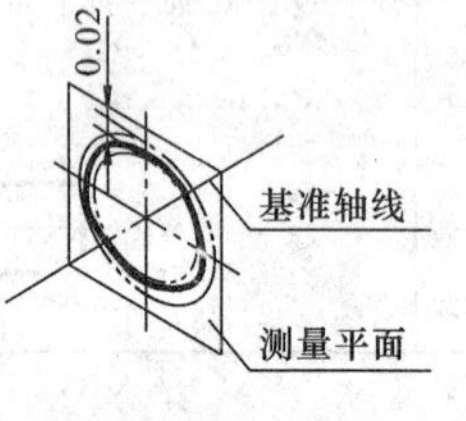

【例 7-2】 气门阀杆的形位公差标注示例，如图 7-43 所示。

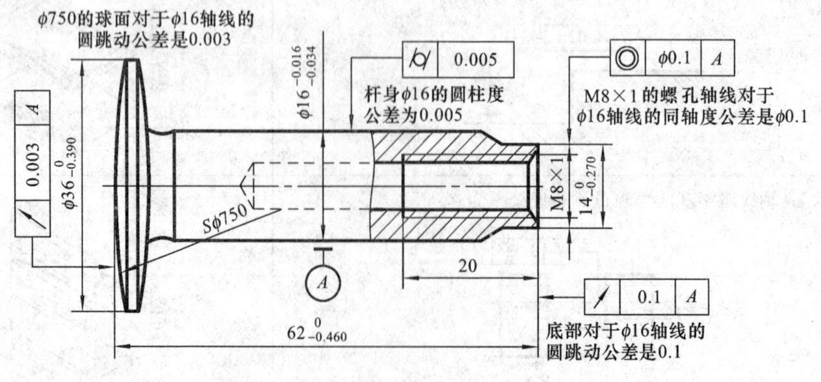

图 7-43 气门阀杆的形位公差标注

四、零件材料与热处理和表面处理

零件的常用材料一般注写在标题栏或“技术要求”中，热处理和表面处理一般注写在“技术要求”中。零件常见材料的分类见附表 14。

7.2.4　常见的零件工艺结构

零件的结构形状，不仅要满足零件在机器中使用的要求，而且在制造零件时还要符合制造工艺的要求。下面介绍一些零件常见的工艺结构。

一、铸造零件的工艺结构

（一）拔模斜度

在铸件造型时为了便于拔出木模，在木模的内、外壁沿拔模方向常作成一定的斜度（一般按 1∶20 选取），称为拔模斜度，如图 7-44（c）所示。斜度根据铸件的高度不同可以通过查阅国家标准获得。铸造零件的拔模斜度在图中可不画、不注，必要时可在技术要求或图形中注明，如图 7-44（a）所示。

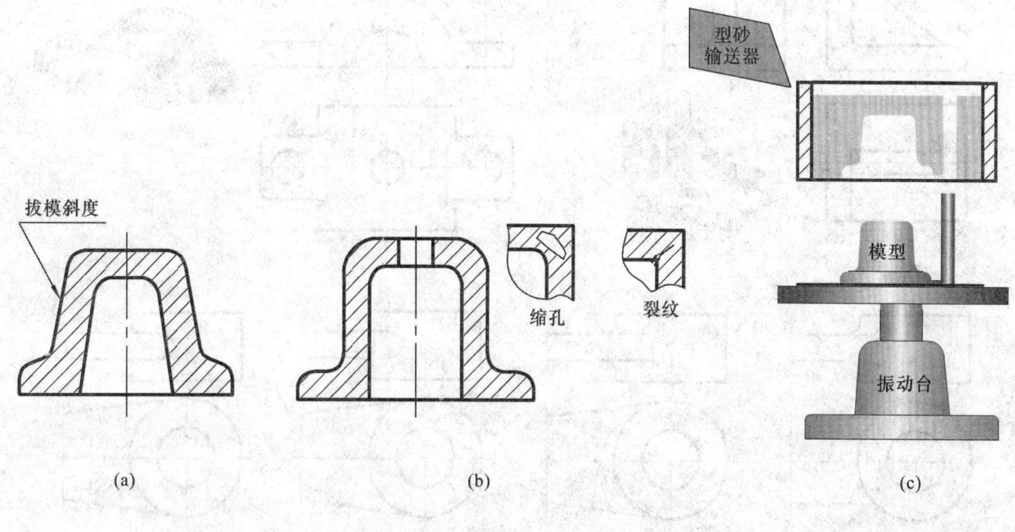

图 7-44　拔模斜度与铸造圆角

（a）拔模斜度；（b）铸造圆角；（c）铸件造型示意图

（二）铸造圆角及过渡线

为了便于铸件造型时的拔模，防止铁水冲坏转角处、冷却时产生缩孔和裂缝，将铸件（或锻件）的转角处制成圆角，这种圆角称为铸造（锻造）圆角。画图时应注意毛坯面的转角处都应有圆角；若是加工面，原圆角被加工掉了，才画成尖角，如图 7-44（b）所示。由于铸件或锻件毛坯表面的转角处有圆角，因此其表面交线模糊不清，为了便于看图仍然要画出交线，但交线两端应空出不与轮廓线的圆角相交，这种交线称为过渡线。如图7-45所示，为常见过渡线的画法。

（三）铸件壁厚

在浇注铸型时，为了避免各部分因铁水冷却速度不同而产生缩孔和裂缝，铸件的壁厚应保持均匀或逐渐过渡，如图 7-46 所示。

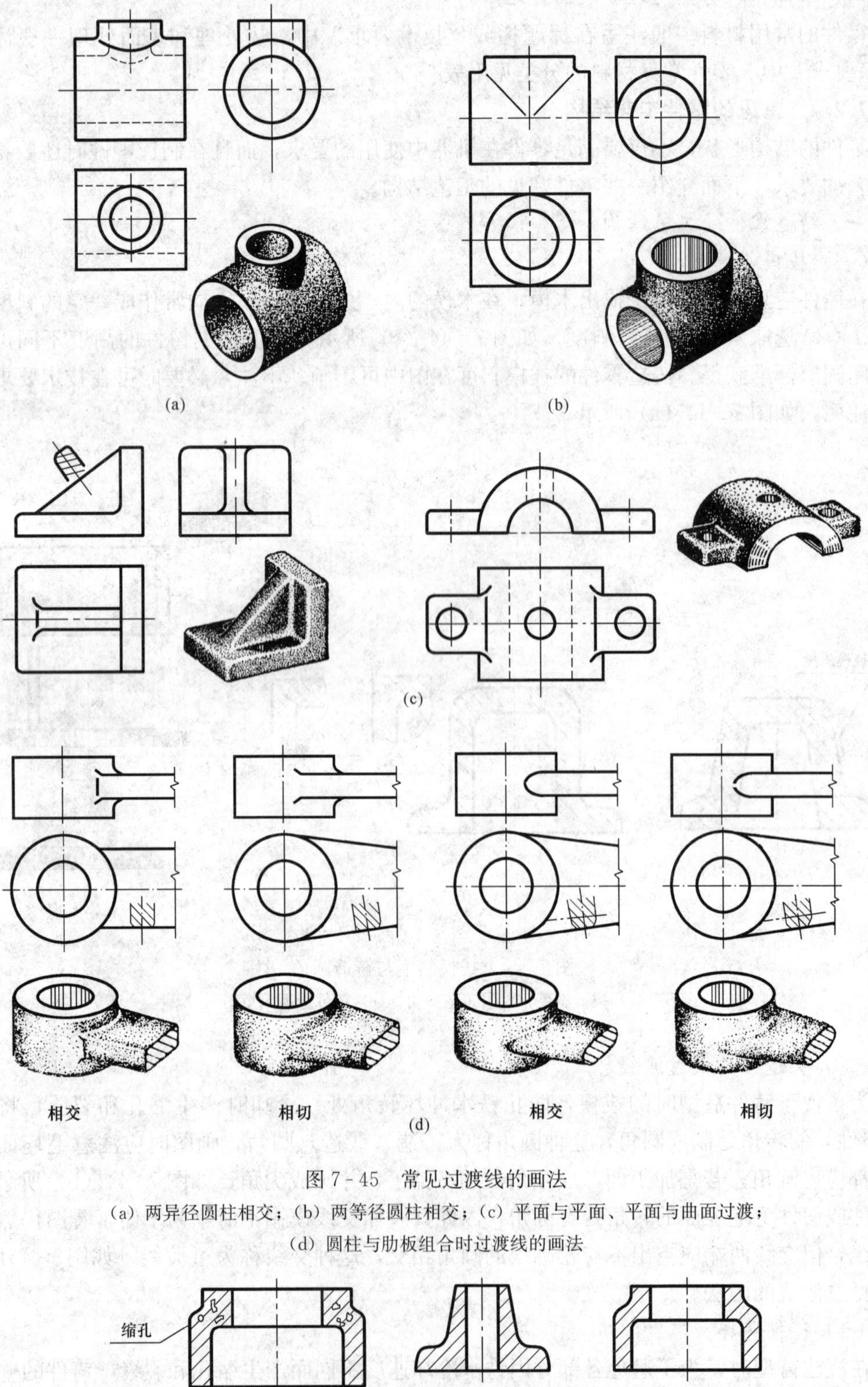

图 7-45 常见过渡线的画法

(a) 两异径圆柱相交；(b) 两等径圆柱相交；(c) 平面与平面、平面与曲面过渡；

(d) 圆柱与肋板组合时过渡线的画法

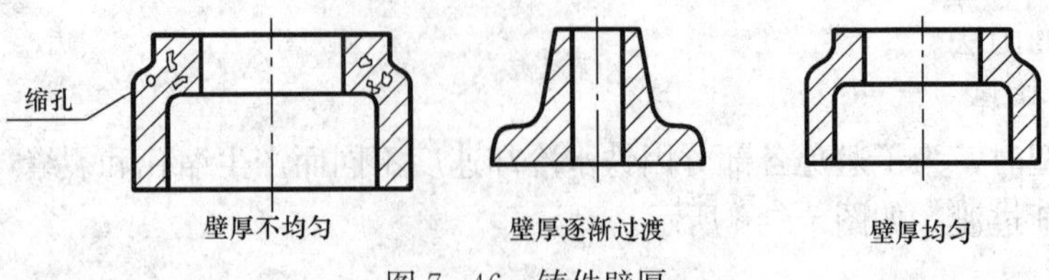

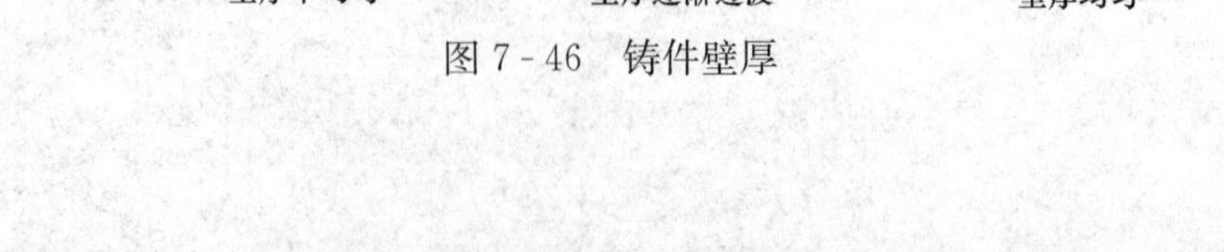

图 7-46 铸件壁厚

二、零件机械加工工艺结构

（一）倒角和倒圆

为了去除零件加工表面转角处的毛刺、锐边及便于零件装配，在轴或孔的端部一般加工成 45°倒角；为了避免阶梯轴轴肩的根部因应力集中而产生断裂，故在轴肩的根部加工成圆角过渡，称为倒圆，如图 7 - 47 所示。

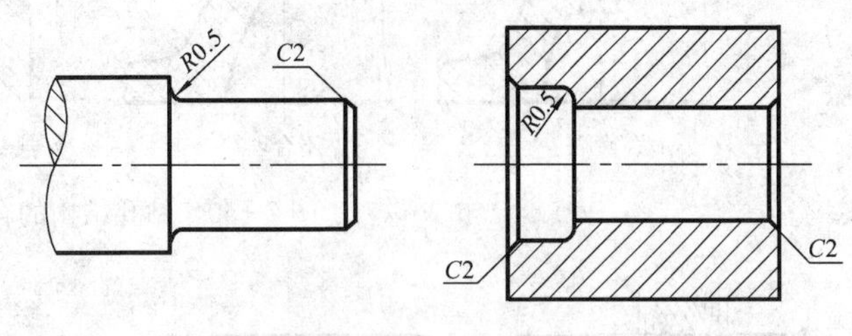

图 7 - 47　倒角和倒圆

（二）退刀槽和砂轮越程槽

在车削加工、车削螺纹或磨削加工时，为了便于退出刀具或使砂轮能稍微超过磨削部位，常在被加工部位的终端，加工出退刀槽或越程槽，如图 7 - 48 所示。

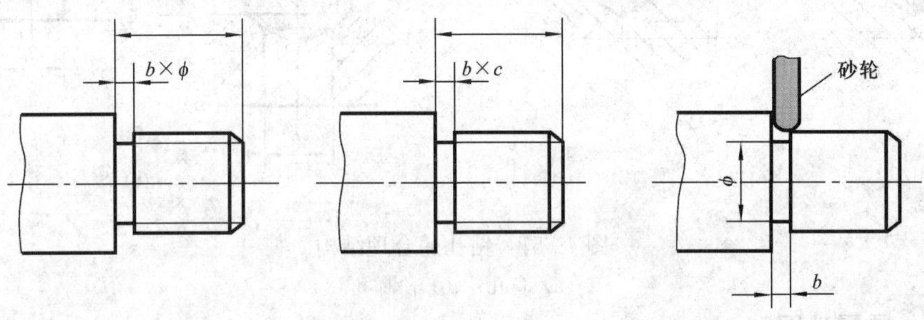

图 7 - 48　退刀槽和越程槽

（三）凸台和凹坑

为使配合面接触良好，并减少切削加工面积，在接触处制成凸台或凹坑等结构，如图 7 - 49所示。

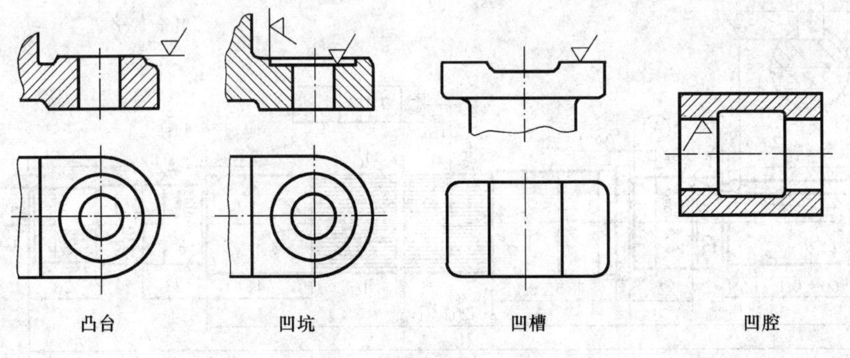

图 7 - 49　凸台和凹坑

（四）钻孔结构

钻孔时，为使钻头与钻孔端面垂直，对斜孔、曲面上的孔，应制成与钻头垂直的凸台或凹坑，如图 7 - 50 所示。零件上的孔多数是用钻头加工而成的，钻削加工的不通孔（盲孔），在孔的底部有 120°的锥角，钻孔深度尺寸不包括锥角；在钻阶梯孔的过渡处也存在 120°锥角的圆台，其圆孔深度也不包括锥角，如图 7 - 51（a）、（b）所示。

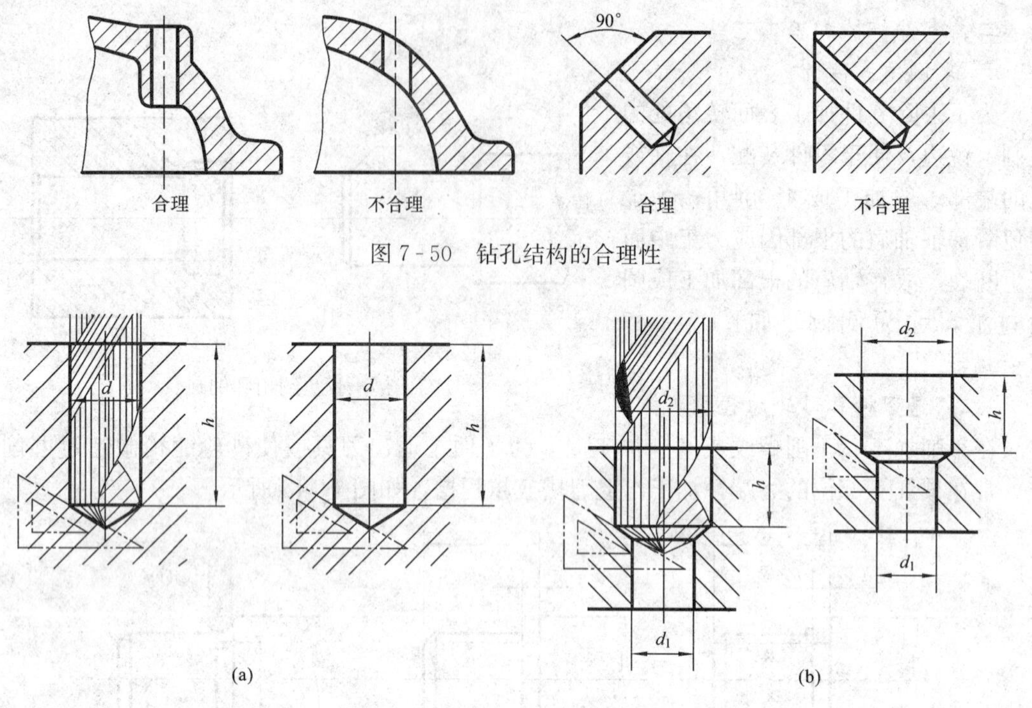

图 7-50 钻孔结构的合理性

图 7-51 钻孔的合理结构

(a) 盲孔；(b) 阶梯孔

7.2.5 看零件图

看零件图的目的是根据零件图了解名称、材料和用途，分析视图想象出零件的结构形状及作用，分析尺寸了解各组成部分的大小及它们之间的相对位置，分析了解制造零件的有关技术要求。现以图 7-52 所示的电动机主轴零件图为例，叙述看零件图的方法和步骤。

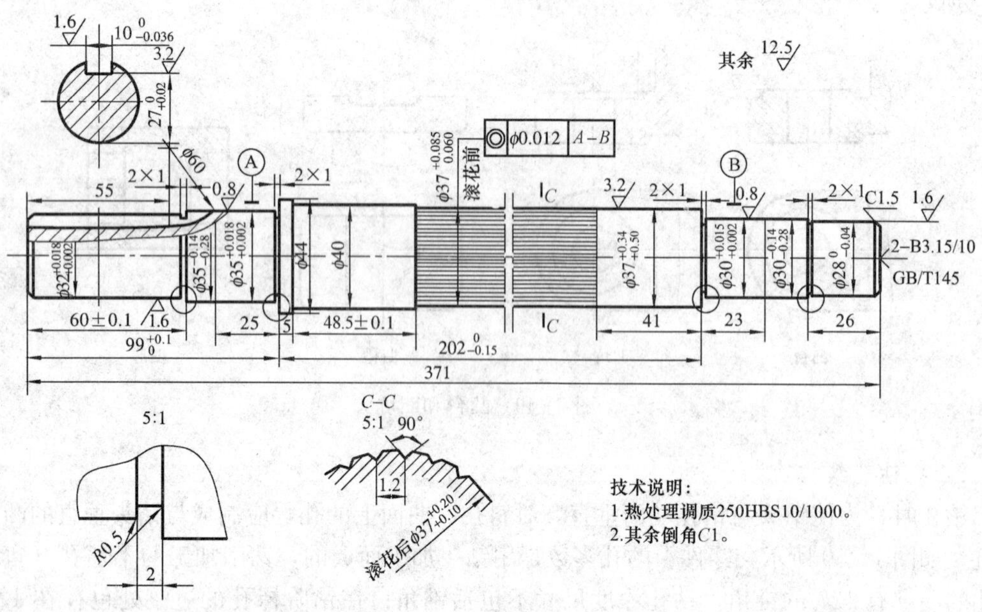

图 7-52 电动机主轴零件图

一、读标题栏，概括了解零件

读图应从阅读标题栏开始，通过阅读标题栏，了解零件的名称、材料、比例等信息。从标题栏中知道零件的名称是电动机主轴，它主要起传递电动机动力的作用，材料为 45 号优质碳素钢，比例为 1∶2，它属于轴套类零件。

二、分析视图，想象零件的结构形状

分析视图是读零件图的重点内容。分析视图应先了解各视图的名称、表达方法以及每个视图的表达内容和重点，一般从主视图开始，配合其他视图，结合形体分析法和线面分析法从大到小，从外到内、从粗到细、从整体到局部逐步深入地分析，进而想象出零件的结构形状，了解各部分结构的作用。

该电动机主轴零件图采用了 4 个图形表达，其中主视图按照加工位置放置，并采用了局部剖视图表达，既表达了主轴的外形，又表达了键槽和越程槽的形状，为了节省图纸还采用了折断的简化画法；另外还采用了一个移出断面图表达键槽的深度；用两个局部放大图表达了中段滚花及越程槽处的细部结构。

按照形体分析法不难看出，该主轴由 7 段直径不同的同轴圆柱体构成，有 4 处越程槽，便于对零件表面的磨削加工；两端的倒角方便零件的装配；左端一段中的键槽是用于与电动机转子的连接；左数第 5 段同样直径的圆柱表面分为有滚花和无滚花两部分，其尺寸加工的精度也不相同。

三、分析尺寸，弄清零件的大小和定位

在分析尺寸时，一般应先分析零件各方向的尺寸基准，再依次识读各部分的定形、定位和总体尺寸，这样才有利于领会设计意图，便于加工和测量。

该主轴零件以中心轴线作为径向尺寸基准，也就是宽度和高度方向的尺寸基准。并由此基准标注了径向的各部分尺寸 $\phi32$、$\phi35$、$\phi44$、$\phi40$、$\phi37$、$\phi30$、$\phi28$。该零件长度方向的基准有左右端面及中间的两处轴肩面，其中左端面应为主要基准，其余为辅助基准。该轴全长 371mm，同轴的 7 段直径不同的圆柱长度从左至右依次为 60、39、5、48.5、148.5、34、26mm。

零件越程槽的尺寸为 2×1，表示其槽宽为 2mm，槽深为 1mm；倒角 $C1.5$ 表示倒角尺寸为 1.5mm×45°。轴的右端面的标记“$<^{2-B3.15/10}_{GB/T145}$”，这表示轴的两端必须保留中心孔，中心孔的型式为 GB/T 145 中规定的 B 型，其规格为 $\phi3.15$，深 10mm。

四、看技术要求，了解零件的加工要求

接下来应逐项识读零件图中的各项技术要求，如表面粗糙度、尺寸公差、形位公差、热处理等内容，通过了解这部分内容才有助于深入了解零件，发现问题。

该主轴的表面粗糙度总体要求都较高，Ra 至少为 12.5μm，要求最高的 $\phi32$、$\phi28$ 圆柱表面及键槽的左右端面均为配合面和结合面；从尺寸公差来看，大部分尺寸均有极限偏差的要求；从形位公差的框格可以看出，有同轴度的要求；从技术要求的说明来看，此轴经过热处理，调质后的硬度值为“250HBS10/1000”，零件的未注倒角的尺寸为 C1。

五、综合分析，形成对零件的整体认识

总结上述内容并进行综合分析，对总体的结构形状特点、尺寸标注和技术要求等，有比较全面的了解。

7.2.6　Auto CAD的图块创建和使用

在工程图中常常会有一些重复出现的结构、符号等，在AutoCAD中可以把这些经常重复出现的结构作成图块存放在一个图形库中，当绘制这些结构时，就可以用插入图块的方法来实现，这样可避免大量的重复工作，从而提高绘图速度。

图块是一个或多个对象组成的对象集合。一旦一组对象组合成块，就可以根据作图需要将这组对象插入到图中任意指定的位置，而且还可以按不同的比例和旋转角度插入。并根据需要为图块创建属性，指定它的名称、用途及设计者等信息，在实践中使用非常广泛。

一、图块操作

（一）创建普通块

选择菜单“绘图”→“块”→“创建”（BLOCK）命令，打开“块定义”对话框，可以将已绘制的对象创建为块，如图7-53所示。

（二）插入块

选择菜单“插入”→“块”（INSERT）命令，打开“插入”对话框。用户可以利用它在图形中插入块或其他图形，并且在插入块的同时还可以改变所插入块或图形的比例与旋转角度，如图7-54所示。

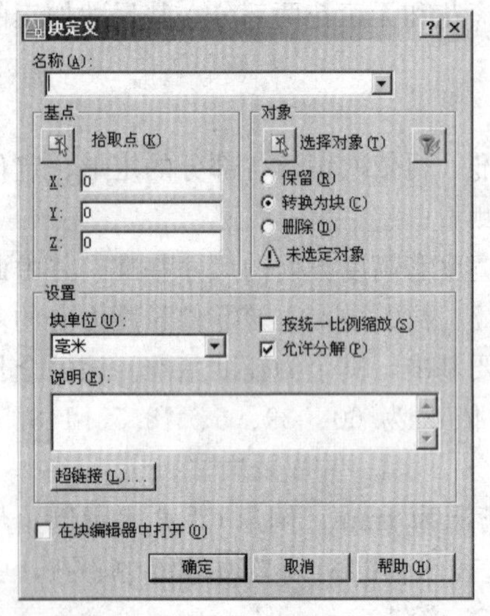

图7-53　“块定义”对话框

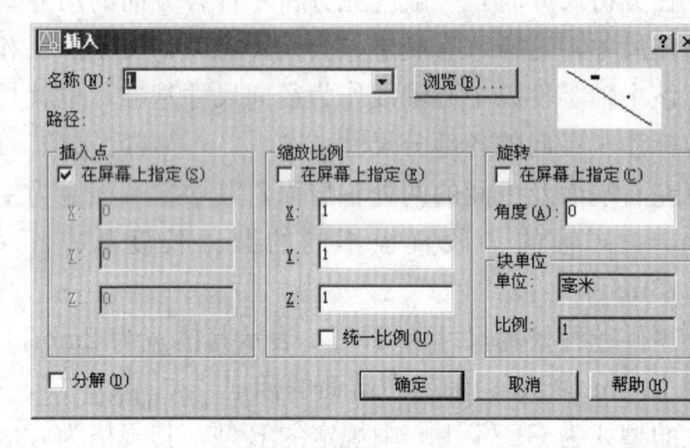

图7-54　“插入”对话框

（三）存储块

在AutoCAD 2007中，使用WBLOCK命令可以打开“写块”对话框，并将块以文件的形式写入磁盘，如图7-55所示。

二、图块的属性

块属性是附属于块的非图形信息，是块的组成部分，可包含在“块定义”的文字对象中。在定义一个块时，属性必须预先定义而后选定。通常属性用于在块的插入过程中进行自动注释。

（一）创建带属性的块

选择菜单“绘图”→“块”→“定义属性”（ATTDEF）命令，可以使用打开的“属性定义”对话框创建块的属性，如图7-56所示。

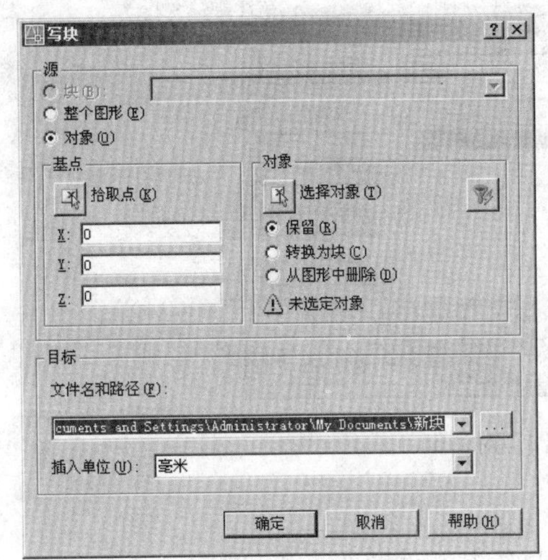

图 7-55　“写块”对话框

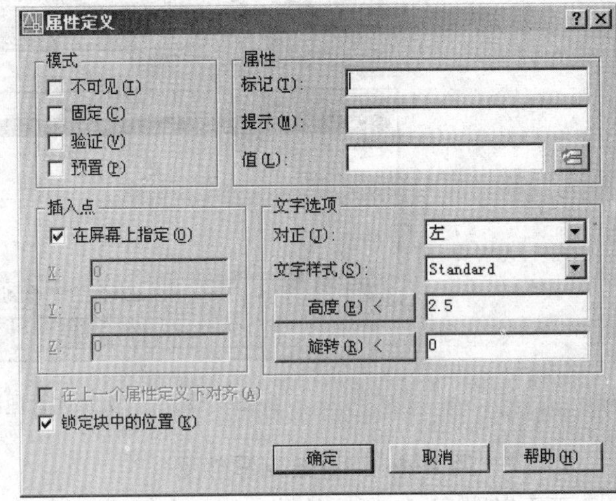

图 7-56　“属性定义”对话框

（二）在图形中插入带属性定义的块

在创建带有附加属性的块时，需要同时选择块属性作为块的成员对象。带有属性的块创建完成后，就可以通过“插入”对话框，在文档中插入该块。在本章绘制零件图的示例中将详细介绍插入带属性定义的块。

（三）修改属性定义

选择菜单“修改”→“对象”→“文字”→“编辑”（DDEDIT）命令或双击块属性，打开“编辑属性定义”对话框。通过“标记”、“提示”和“默认”文本框可以编辑块中定义的标记、提示及默认值属性，如图 7-57 所示。

（四）编辑块属性

选择菜单“修改”→“对象”→“属性”→“单个”（EATTEDIT）命令，或在“修改Ⅱ”工具栏中单击“编辑属性”按钮，都可以编辑块对象的属性。在绘图窗口中选择需要编辑的块对象后，系统将打开“增强属性编辑器”对话框，如图 7-58 所示。

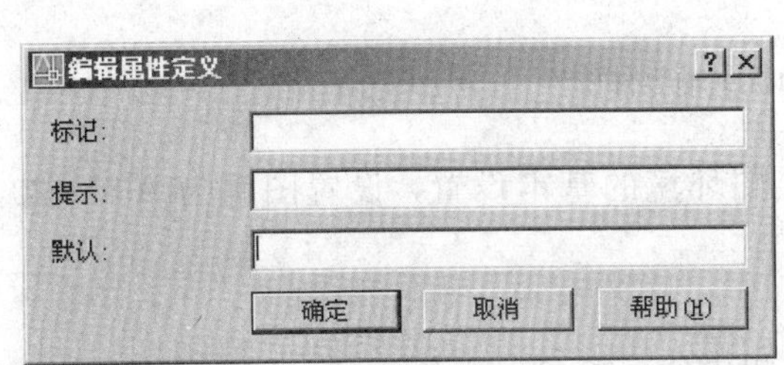

图 7-57　“编辑属性定义”对话框

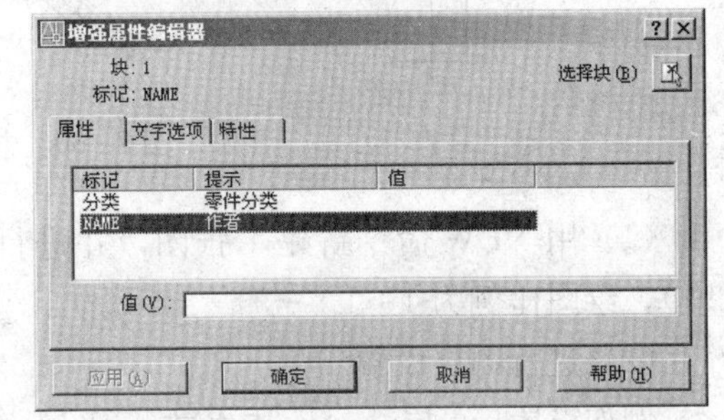

图 7-58　“增强属性编辑器”对话框

（五）块属性管理器

选择菜单“修改”→“对象”→“属性”→“块属性管理器”（BATTMAN）命令，或在“修改Ⅱ”工具栏中单击“块属性管理器”按钮，都可打开“块属性管理器”对话框，可在其中管理块中的属性，如图 7-59 所示。

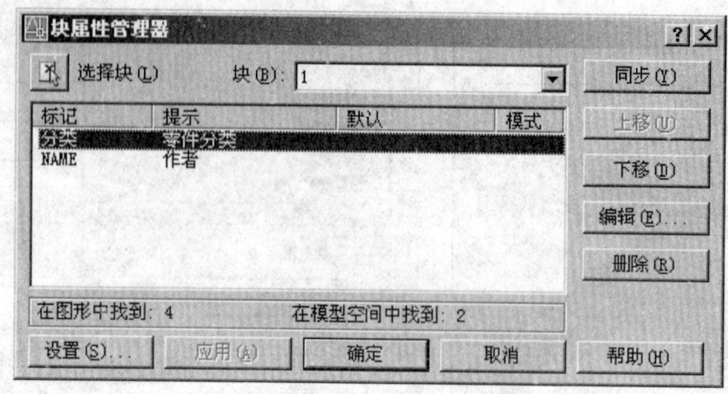

图 7-59 “块属性管理器”对话框

7.2.7 用 Auto CAD 绘制零件图

下面以图 7-60 所示的轴为例，介绍用 AutoCAD 绘制零件图的步骤和方法。

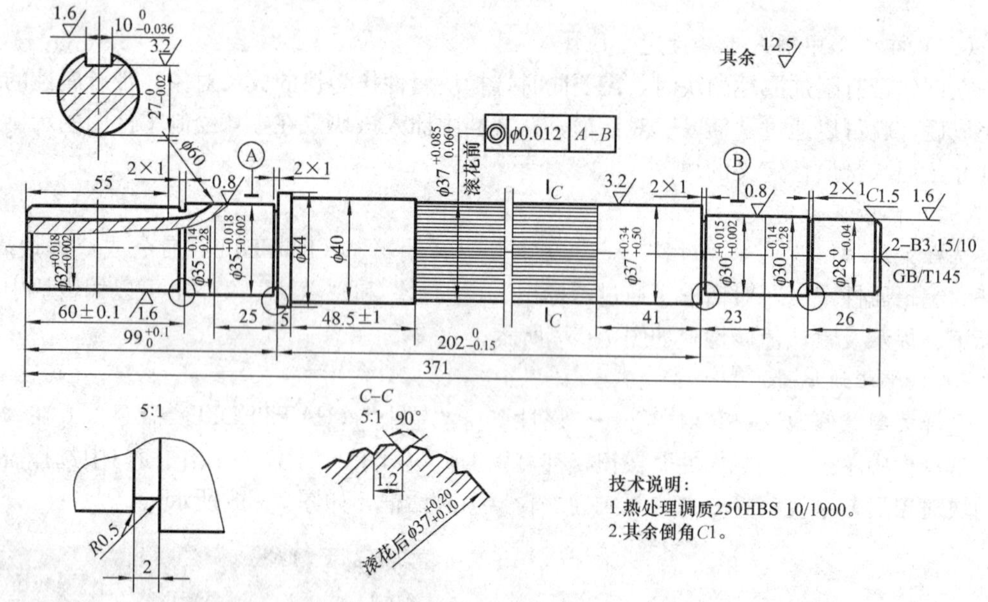

图 7-60 电动机主轴零件图

（1）用 NEW 命令新建一张图，并进行绘图环境的基本设置，设置图幅为 A3（420，297），绘图比例为 1∶1。

（2）进行图层设置。

例如设置：0 层——标注尺寸；01 层——粗实线；02 层——细实线（画细实线、波浪线）；03 层——虚线；04 层——细点划线；05 层——细双点划线。绘制图框、标题栏，填写标题栏并保存文件，如图 7-61 所示。

（3）打开 04 层，用直线命令绘制轴的回转轴线和移出断面图的对称中心线，如图 7-61 所示。注意其位置要使图形布局合理。

（4）打开 01 层，用直线命令、偏移命令绘制轴线上方的主要轮廓线，用修剪命令进行修剪，用倒角命令绘制主轴两端的倒角；用圆命令绘制移出断面图，如图 7-61 所示。

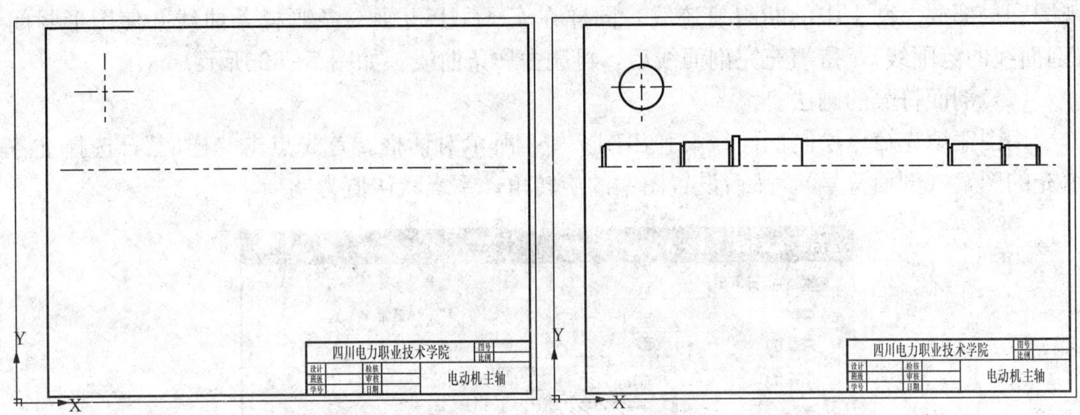

图 7-61　绘制轴中心线和主要轮廓线

(5) 用镜像命令复制完成轴线下方的轮廓线；用偏移、修剪命令绘制主轴左端键槽的投影和移出断面图的键槽形状；打开 05 层，绘制两条双点划线，删去两条双点划线之间的粗实线和单点划线，将左右图形移近（折断画法）。如图 7-62 所示。

将主轴中任意一个尺寸为 2×1 的越程槽用比例缩放命令放大 5 倍（局部放大图Ⅰ）。绘制 $C-C$ 的圆轮廓线，用偏移、修剪、阵列命令完成圆柱上的滚花投影。如图 7-62 所示。

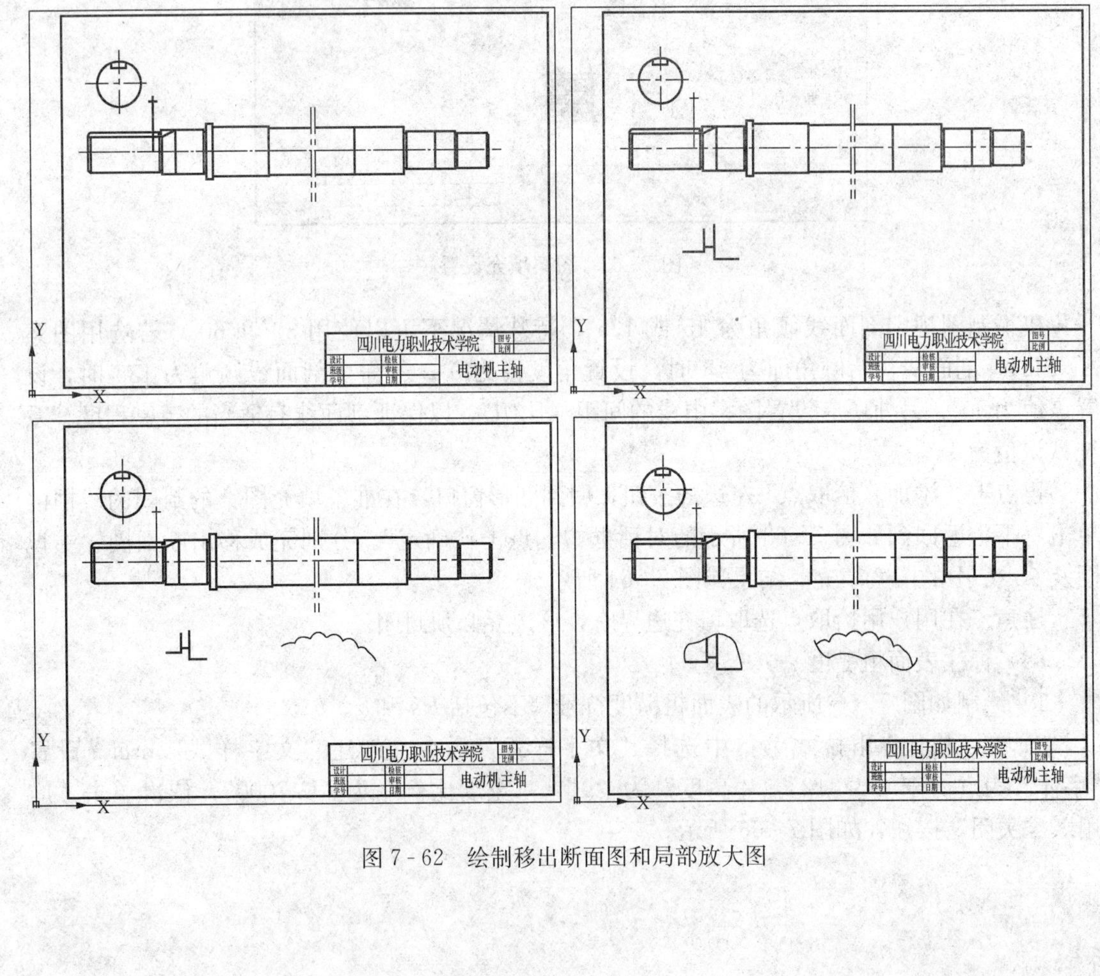

图 7-62　绘制移出断面图和局部放大图

(6) 打开02层，单击“绘图”工具栏上的“样条曲线”图标，绘制主视图中的局部剖视图和局部放大图Ⅰ中的断裂痕迹线，同样在$C-C$上也画一条画样条曲线并使图形封闭(剖面线的范围线)，待填充完剖面线后，再删去样条曲线。如图7-62所示。

(7) 剖面符号的画法。

用图案填充命令绘制剖面线，弹出图7-63所示对话框。首先点击“样例”，选择准备填充的图案（剖面符号）。然后设置图案的旋转角，系统默认值为0。

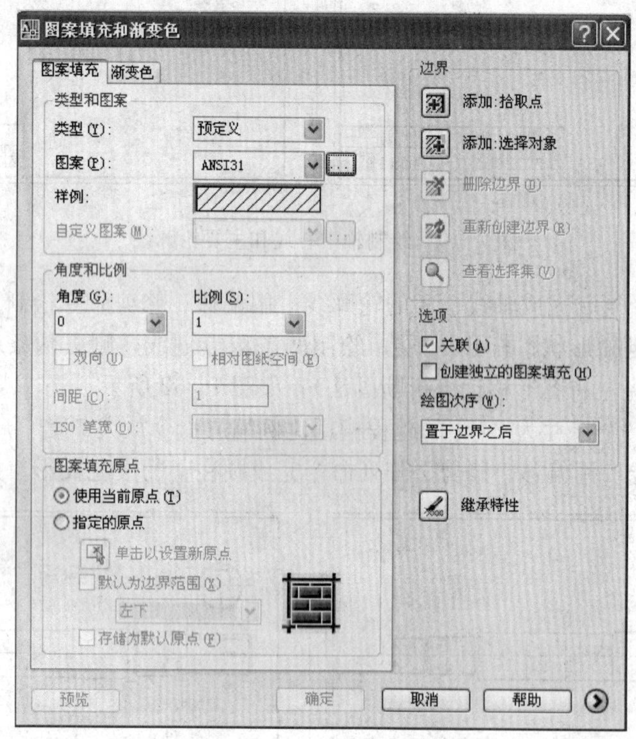

图7-63 图案填充设置

机械制图规定剖面线倾角为45°或135°，特殊情况下可以使用30°和60°。若选用图案ANSI31，剖面线初始倾角即为45°时，设置角度值为0°；若需要剖面线倾角为135°时，设置该值为90°。另外还应设置图案中线的间距（比例），以保证剖面线有适当的疏密程度。系统默认值为1。

再点击“添加、拾取点”左边的按钮，回到图形窗口，在准备填充图案的封闭的线框内单击一下，返回到如图7-63所示的对话框中，点击“确定”。分别完成移出断面图、主视图及$C—C$中的图案填充，结果如图7-64所示。

注意 在用户用拾取点选取填充边界时，该边界必须封闭。

(8) 标注表面粗糙度。

1) 绘制如图7-65所示的表面粗糙度符号（不包括Ra和a、b)。

2) 在“格式”下拉式菜单中选择“文字样式”命令，创建“文字样式”hzcf，设置“字体”为“仿宋GB2312”，“高度”为“0”，“宽度比例”为“0.7000”，依次单击“应用”、“关闭”按钮，如图7-66所示。

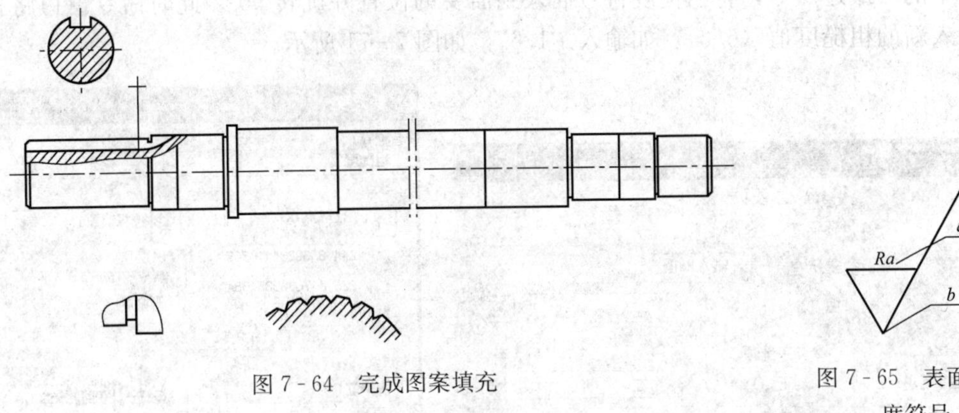

图 7-64　完成图案填充

图 7-65　表面粗糙度符号

文字样式
样式名(S)
hzcf
新建(N)...　重命名(R)...　删除(D)
应用(A)　取消　帮助(H)
字体
字体名(F):　仿宋_GB2312
字体样式(Y):　常规
高度(T):　0.0000
使用大字体(U)
效果
颠倒(E)
反向(K)
垂直(V)
宽度比例(W):　0.7000
倾斜角度(O):　0
预览
AaBbCcD
AaBbCcD　预览(P)

图 7-66　设置文字样式

3）启动 DDATTDEF 命令，或选择菜单“绘图”→“块”→“定义属性”命令，弹出“属性定义”对话框，如图 7-67 所示。在“标记”文本框中输入“*Ra*”，在“提示”文本框中输入“输入 *Ra* 值”，在“值”文本框中输入“6.3”，在“对正”下拉列表框中选择“左”选项，并设置文本格式、文字字高，单击“在屏幕上指定”；在绘图屏幕上拾取图 7-65 中 *a* 点作为属性插入点；回到对话框单击“确定”按钮，完成属性定义。

4）单击“绘图”工具栏上的“创建块”按钮，AutoCAD 弹出如图 7-68 所示的“块定义”对话框，在“名称”文本框中输入“粗糙度”；单击“选择对象”按钮，在屏幕上将粗糙度符号（包括 *Ra*）选中，按 Enter 键，然后单击“拾取点”按钮，选取图 7-65 中的插入点 *b*，单击“确定”按钮，系统弹出图 7-69 所示的“编辑属性”对话框，在其中可修改粗糙度的默认值，再单击“确定”按钮即完成了块的定义。

一般用 BLOCK 命令所定义的块只能直接“插入”本图形文件中。应用 WBLOCK 命令写成的块，可以“插入”到任何图形文件中。

5）插入粗糙度符号。单击“绘图”工具栏上的“插入块”按钮，AutoCAD 弹出如图 7-70 所示的“插入”对话框，在“名称”下拉列表框选择“粗糙度”选项，确定“插入点”和“旋转”为“在屏幕上指定”，“缩放比例”为“统一比例”后在屏幕上选取插入点（应用对象捕捉中的“最近点”），将粗糙度符号插入到需要的位置并旋转90°。此时命令窗口将提示用户输入新的粗糙度值〈6.3〉，如输入“1.6”，如图7-71所示。

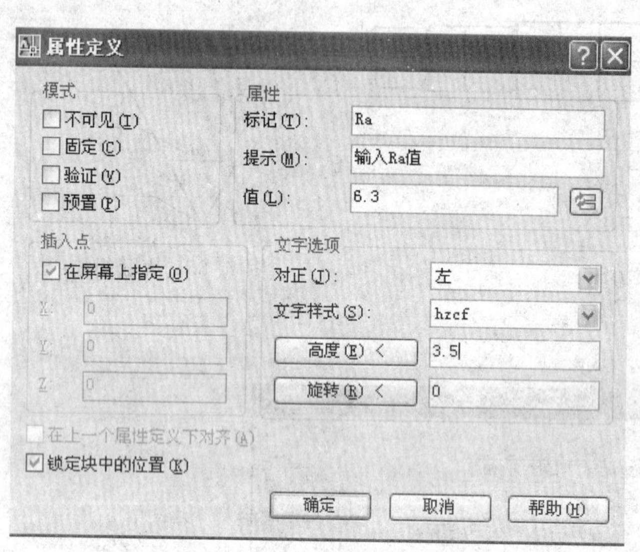

图7-67 定义图块属性

块定义
名称(A): 粗糙度
基点
拾取点(K)
X: 244.8369234416505
Y: 235.6470663854384
Z: 0
对象
选择对象(T)
保留(R)
转换为块(C)
删除(D)
已选择 3 个对象
设置
块单位(U): 毫米
说明(E):
超链接(L)...
按统一比例缩放(S)
允许分解(P)
在块编辑器中打开(O)
确定 取消 帮助(H)

图7-68 块定义设置

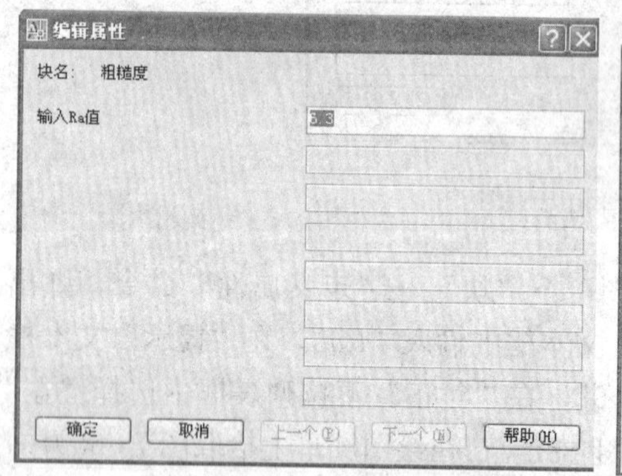

图7-69 “编辑属性”对话框

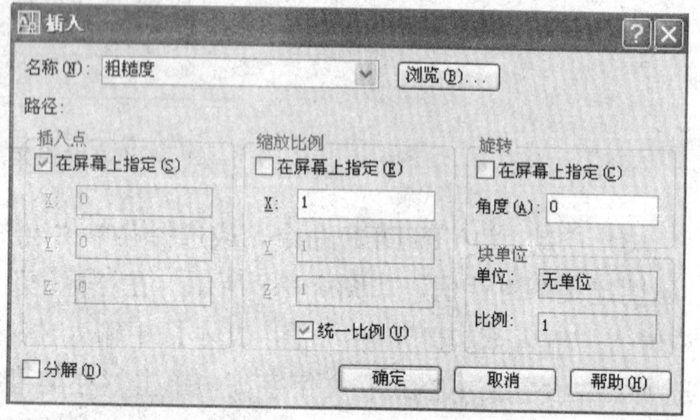

图7-70 “插入”对话框

```
命令: insert
指定插入点或 [基点(B)/比例(S)/X/Y/Z/旋转(R)]:
指定旋转角度 <0>: 90
输入属性值
输入Ra值 <6.3>: 1.6
```

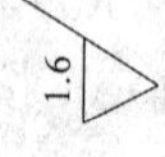

图7-71 插入粗糙度符号的命令行操作

（9）标注尺寸公差选择“格式”→“标注样式”命令，或在“标注”工具栏中单击“标注样式”按钮，在弹出的“标注样式管理器”对话框中，单击“新建”按钮，将弹出一个如图7-72所示的“创建新标注样式”对话框，在“新样式名”文本框中输入“公差标注”，然后单击“继续”按钮，弹出一个“新建标注样式：公差标注”对话框，如图 7 - 73 所示。

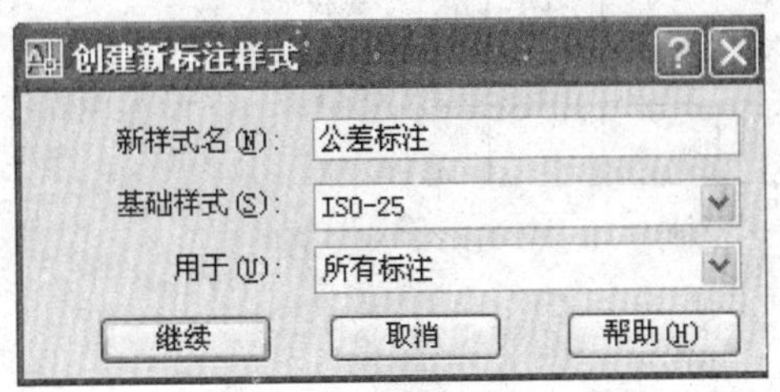

图 7 - 72　新建标注样式

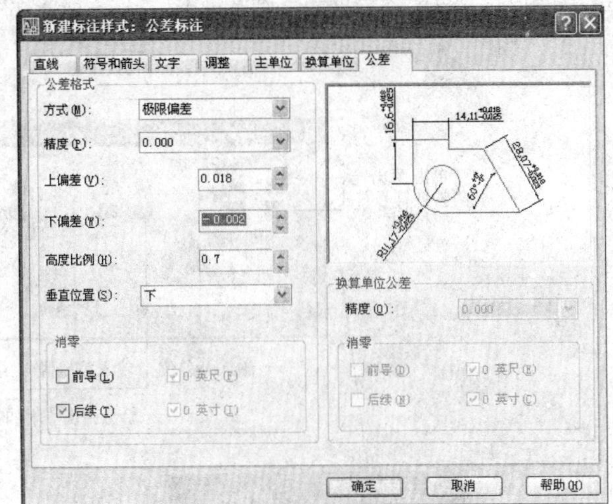

图 7 - 73　新建标注样式（副本）

选择“公差”选项卡，在“公差格式”选项区域中进行设置。

1）“方式”下拉表框：有 5 种选项。

“无”表示无公差标注，如图 7 - 74（a）所示；“对称”表示公差对称分布标注，如图 7 - 74（b）所示；“极限偏差”表示上下偏差数值不等，符号为正或负，如图 7 - 74（c）所示；“极限尺寸”表示用极限尺寸标注，如图 7 - 74（d）所示；“基本尺寸”表示标注基本尺寸，如图 7 - 74（e）所示。在此选“极限偏差”选项。

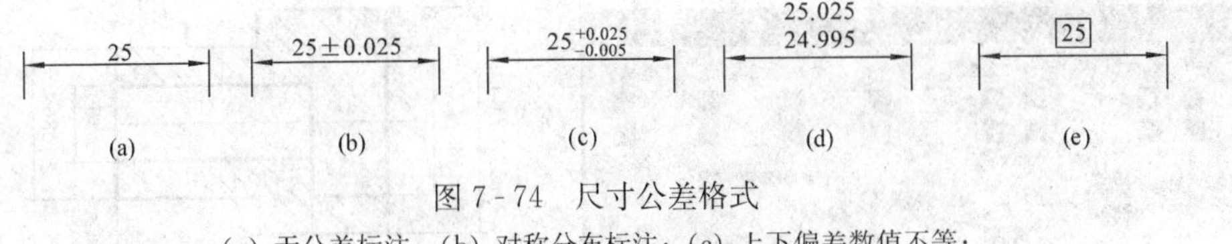

图 7 - 74　尺寸公差格式

（a）无公差标注；（b）对称分布标注；（c）上下偏差数值不等；
（d）极限尺寸标注；（e）标注基本尺寸

2）“精度”下拉列表框：确定公差的精度。图例中选择“0.000”选项。

3）“上偏差”微调框：确定上偏差值。图例中为“+0.012”（上偏差的系统默认值为正值）。

4）“下偏差”微调框：确定下偏差值。图例中为“0.001”（下偏差的系统默认值为负值）。

5）“高度比例”微调框：输入公差文本的比例。图例中选“0.7”。

6）“垂直位置”下拉列表框：确定上下偏差与基本尺寸数字的对齐方式。“上”为上偏差与基本尺寸对齐，“中”为上、下偏差的中间与基本尺寸对齐，“下”为下偏差与基本尺寸对齐。图例中选“下”（也可选“中”）选项。

单击“确定”按钮，在“标注样式管理器”中出现新样式名称。选中新样式名称，单击“置为当前”按钮，单击“关闭”按钮。这样再标注尺寸时，就都带有极限偏差了。

（10）标注形位公差。选择菜单“标注”→“形位公差”命令，或在“标注”工具栏中单击“形位公差”按钮，弹出如图7-75所示的“形位公差”对话框。

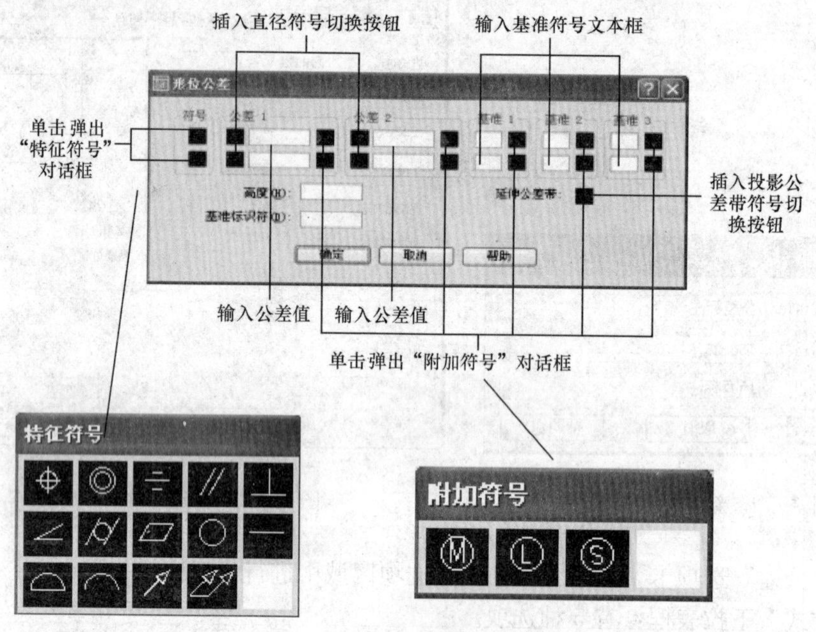

图7-75　“形位公差”对话框

在弹出的“形位公差”对话框中作如图7-76（a）所示的设置，得到的标注结果如图7-76（b）所示。

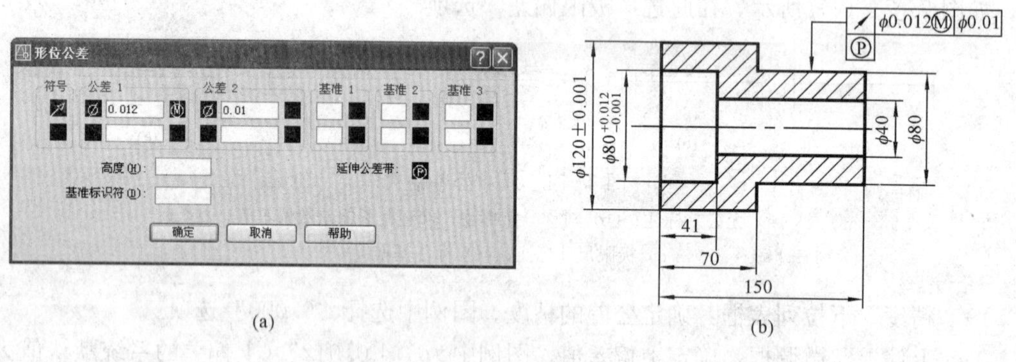

图7-76　“形位公差”设置

（a）设置；（b）结果

（11）标注尺寸。在“格式”或“标注”下拉菜单中选择“尺寸样式”命令，选中“基础样式”，单击“置为当前”按钮，再单击“修改”按钮，利用对话框设置尺寸的标注样式并进行尺寸标注。

（12）打开文字图层，建议用单行文字填写标题栏，用多行文字填写技术要求，结果如图7-77所示。

（13）检查。

（14）存盘或打印输出。

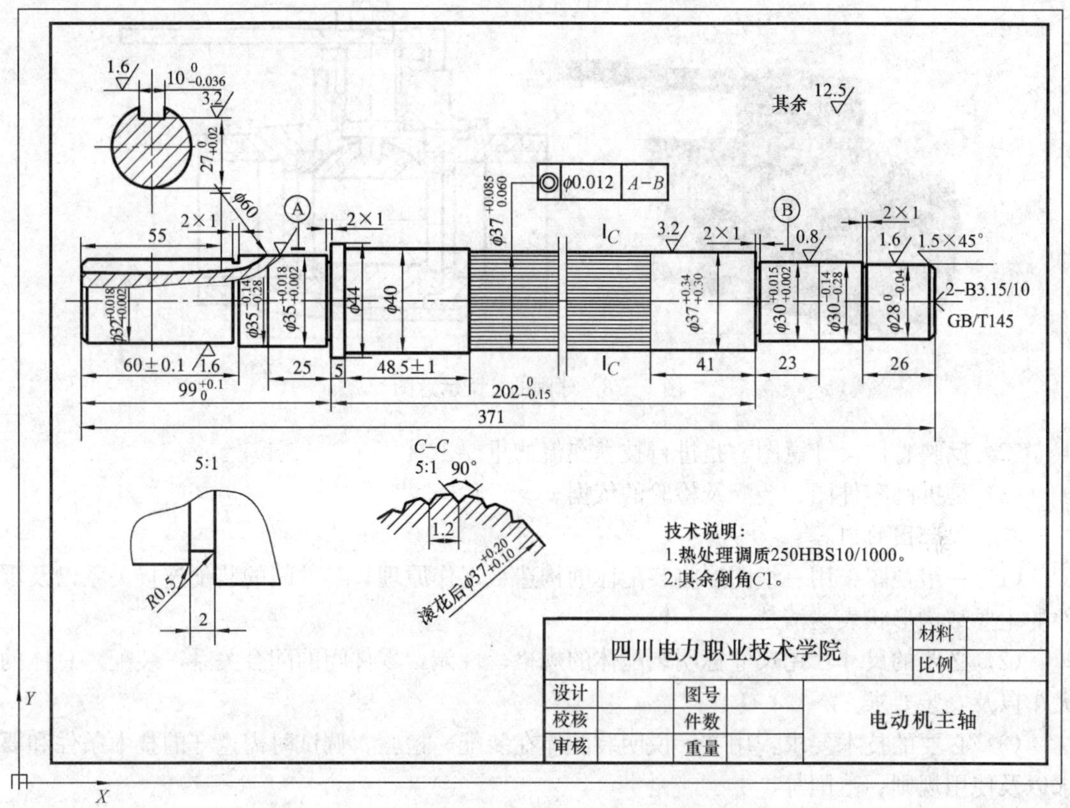

图 7-77　电动机主轴

学习提示：

本节教学内容与实际生产联系密切，涉及到的一些设计、制造、加工、测量方面的生产知识，可通过参观车间、工厂，了解零件的制造过程、表面加工方法及部件的装配过程来积累和提高。在老师的指导下，多参考有关资料和生产图样进行分析、比较、归纳、总结，以逐步提高识读零件图的能力。

7.3　装　配　图

目的与任务　了解装配图的作用、内容和表达方法，能识读简单的装配图。

7.3.1　装配图的作用和内容

表达机器或部件的图样是装配图，它用来表达所组成零件的结构形状、相互位置、装配连接关系、工作原理及传动路线等情况，如图 7-78 所示。

一、装配图的作用

(1) 表示装配体的工作原理和性能、表达零件间的装配关系。

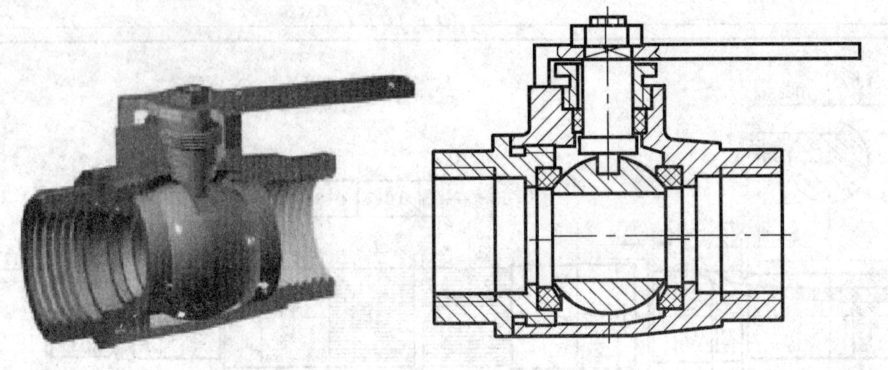

图 7-78 球阀的装配示意图

（2）反映整体设计意图，是进行技术交流的重要工具。

（3）是拆画零件图、装配及检验的依据。

二、装配图的内容

（1）一组视图：用一组图形将装配体的构造、工作原理、零件间的装配连接关系以及零件的主要结构形状表达清楚。

（2）必要的尺寸：用尺寸标明装配体的规格、性能，零件间的配合关系，装配体总体的大小以及安装要求。

（3）必要的技术要求：用文字说明装配体在装配、检验、调试时需遵守的技术条件和要求以及使用规则、范围等。

（4）标题栏：记载装配体的名称、绘图比例、重量和图号等。

（5）零部件编号和明细栏：记载装配体组成零件的名称、序号、材料、数量及标准件的规格、国标代号。

滑动轴承的装配图，如图 7-79 所示。

7.3.2 装配图的表达方法

第 6 章所介绍的机件的表达方法，不仅适用于零件图，也同样适用于装配图。零件图主要是表达单个零件的结构形状，而装配图主要是表达若干个零件的装配关系。因此，装配图还采用了以下一些规定画法和特殊表达方法。

一、装配图画法的一般规定

（1）相邻两零件的剖面线方向相反或间隔相异。

（2）相接触和相配合的两零件的表面接触处，规定只画一条线；非接触面画两条线。

（3）标准件和实心杆件在剖视图中按不剖来画，如图 7-80 所示。

二、装配图画法的特殊规定

（一）拆卸画法

在画某个视图时，如有些零件遮住了必须表达的结构和装配关系时，可将这些零件拆卸后，再画出剩下部分的视图，这种画法叫拆卸画法。如图 7-79 所示的滑动轴承装配图中的俯视图就是假想拆去油杯后绘制的。为了便于看图，可加注“拆去××”。在滑动轴承的装配图中，俯视图的上方所标注的“拆去件 2、件 4、件 8”就是按上述规定标注的。

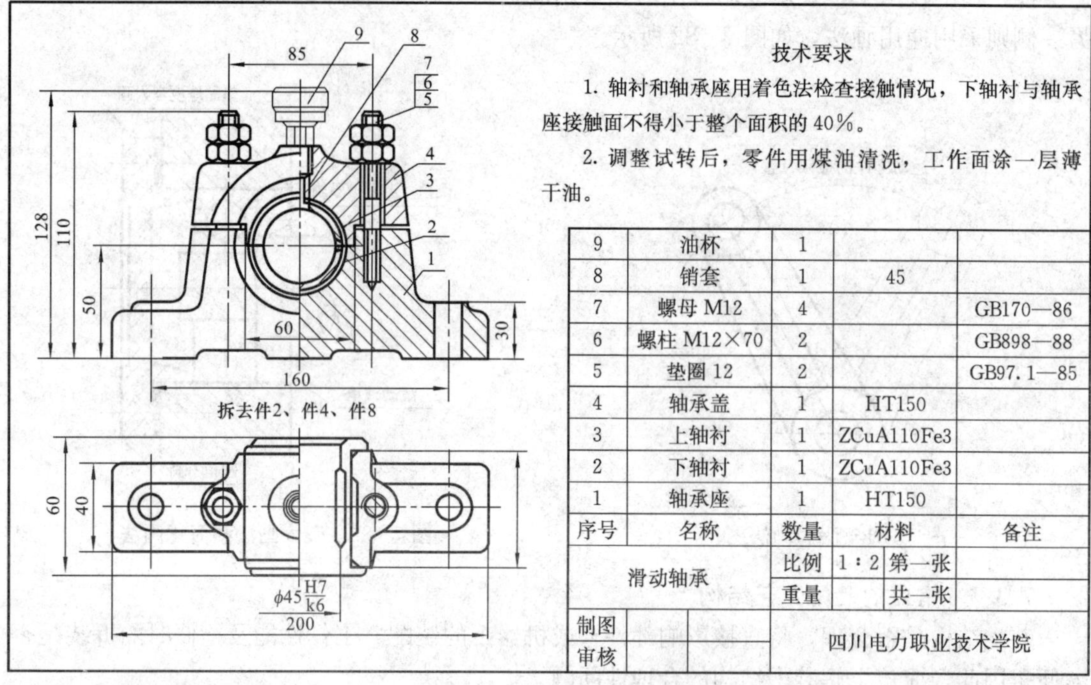

技术要求

1. 轴衬和轴承座用着色法检查接触情况，下轴衬与轴承座接触面不得小于整个面积的 40%。

2. 调整试转后，零件用煤油清洗，工作面涂一层薄干油。

序号	名称	数量	材料	备注
9	油杯	1		
8	销套	1	45	
7	螺母 M12	4		GB170—86
6	螺柱 M12×70	2		GB898—88
5	垫圈 12	2		GB97.1—85
4	轴承盖	1	HT150	
3	上轴衬	1	ZCuA110Fe3	
2	下轴衬	1	ZCuA110Fe3	
1	轴承座	1	HT150	

滑动轴承	比例	1∶2	第一张
	重量		共一张
制图		四川电力职业技术学院	
审核			

图 7-79　滑动轴承的装配图

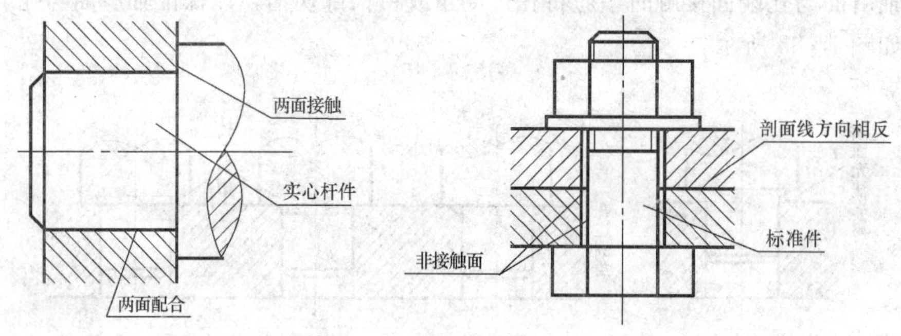

图 7-80　装配图的规定画法

（二）假想画法

在装配图中，为了表示运动零件的极限位置或表示本部件与相邻零（或部）件的装配关系，可用双点划线画出运动零件的一个极限位置或零（或部）件的部分轮廓线，如图 7-81 所示。

（三）夸大画法

当薄片、细弹簧、微小间隙等无法按其实际尺寸画出时，可不按比例，适当夸大地画出，如图 7-82 所示。

（四）简化画法

(1) 在装配图中，如有若干个相同的零件组，允许只详细地画出一处，其余用点划线表示其装配位置。

(2) 在装配图中，零件的工艺结构，如小圆角、倒角、退刀槽等可不画出。

（3）在剖视图中，表示滚动轴承时，采用规定画法。规定画法一般绘制在轴的一侧，而另一侧则采用通用画法，如图 7-82 所示。

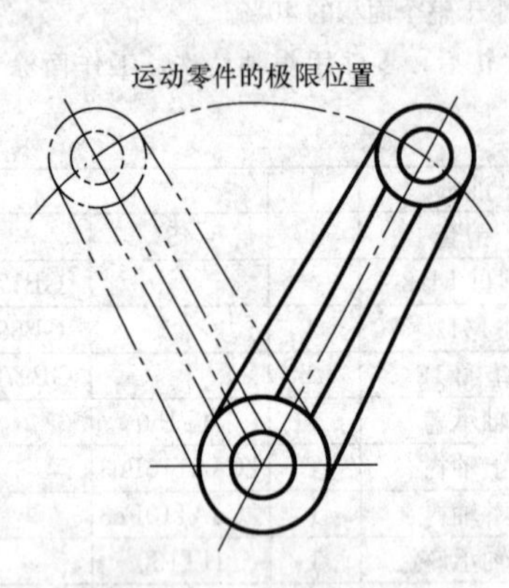

图 7-81 假想画法图

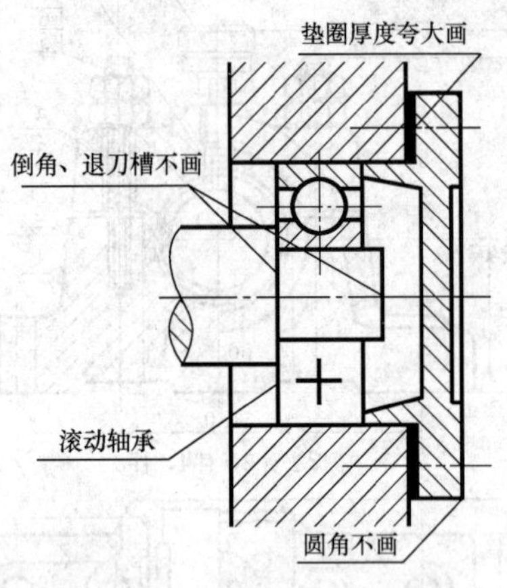

图 7-82 夸大画法和简化画法

7.3.3 常见的装配工艺结构

装配结构是否合理，将直接影响部件（或机器）的装配、工作性能及检修时的拆装是否方便。因此，应该了解装配结构的合理性问题。

一、应考虑面与面之间的接触性能

（1）轴肩面与孔端面接触时，应将孔边倒角或将根部切槽，以保证轴肩面与孔的端面接触良好，如图 7-83 所示。

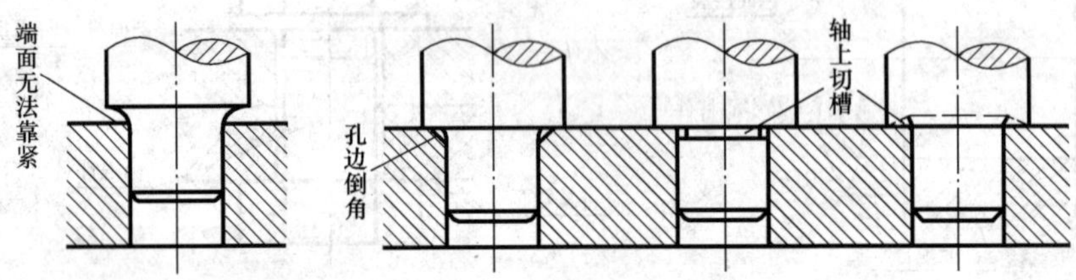

图 7-83 轴肩与孔口接触面的画法

（2）在同一方向上只能有一组面接触，应尽量避免两组面同时接触。这样，既可保证两面接触良好，又可降低加工要求，如图 7-84 所示。

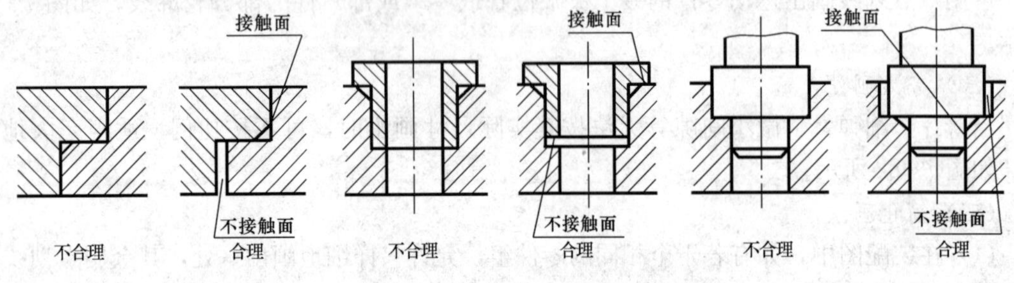

图 7-84 两零件接触面的画法

（3）在螺栓紧固件的连接中，被连接件的接触面应制成凸台或凹坑，且需经机械加工，既保证接触良好，又减少了加工面，降低了生产成本，如图 7 - 85 所示。

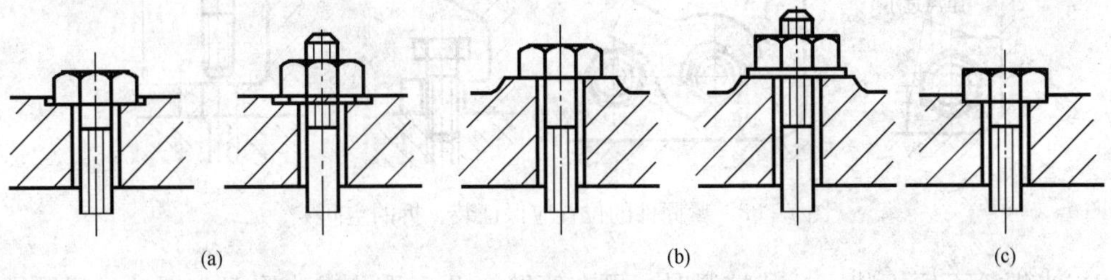

图 7 - 85　紧固件与被连接件接触面的结构

（a）沉孔；（b）凸台；（c）不正确

二、应考虑零件的紧固与定位

（1）为了紧固零件，可适当加长螺纹尾部，在螺杆上加工出退刀槽，在螺孔上作出凹坑或倒角，如图 7 - 86 所示。

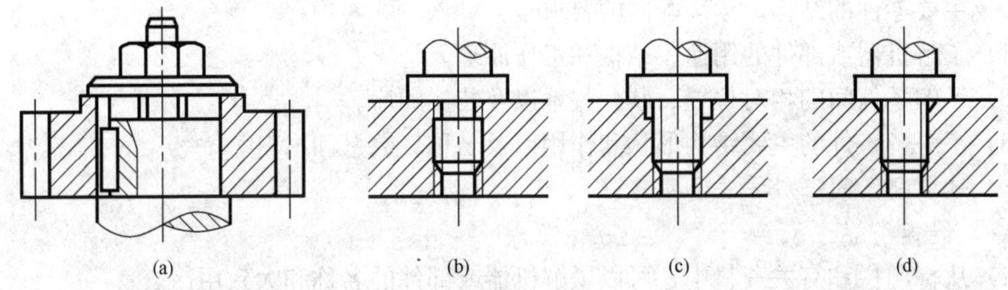

图 7 - 86　螺纹尾部结构

（a）尾部加长；（b）退刀槽；（c）凹坑；（d）倒角

（2）为了防止滚动轴承在运动中产生窜动，应将其内、外圈沿轴向顶紧，如图 7 - 87 所示。

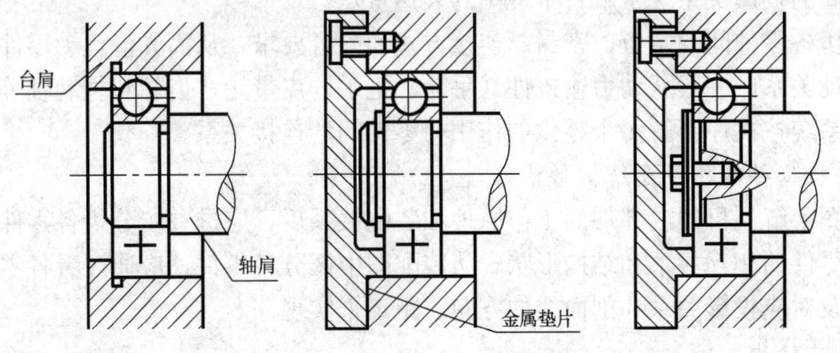

图 7 - 87　滚动轴承的紧固

三、应考虑零件的装、拆方便

（1）对应螺栓等紧固件在部件上位置的设计，必须注意其运动空间，以便于装、拆。一是要留出扳手的转动余地；二是要保证有装、拆的空间，如图 7 - 88 所示。

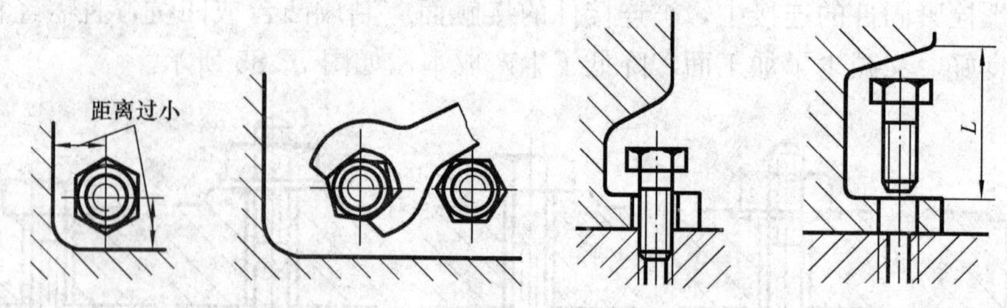

图7-88　紧固件的位置应保证装、拆的空间

（2）当螺栓不便于装、拆和拧紧时，可在箱壁上开一手孔或改用双头螺柱，问题即可解决。

7.3.4　看装配图

一、读装配图的要求

在设计、制造、装配、检验、使用和维修以及技术交流等生产活动中，都要用到装配图。读装配图的目的是要从装配图中了解机器或部件的工作原理、各零件的相互位置和装配关系以及主要零件的结构。读装配图的要求是：

（1）了解机器或部件的用途、结构和工作原理。

（2）了解零件间的相对位置、装配关系以及装拆顺序。

（3）了解各零件的主要结构形状和作用以及名称、数量和材料。

二、读装配图的一般方法和步骤

（一）概括了解

（1）从标题栏和有关资料中，可以了解机器或部件的名称和大致用途。

（2）从明细栏和图上的零件编号中，可以了解各零件的名称、数量、材料和它们所在的位置。

（二）了解装配关系和工作原理

（1）分析表达方法。根据图样上的视图、剖视等的配置和标注，找出投射方向、剖切位置、各视图间的投影关系，了解每个视图的表达重点。

（2）分析各零件间的定位、密封、连接方式和配合要求，从而弄清运动零件与非运动零件的相对运动关系。一般从动力输入件（手轮、把手、皮带轮、齿轮和主动轴等）开始，沿着各个传动系统按次序了解每个零件的作用，零件间的连接关系。

（三）分析零件的作用及结构形状

由装配图了解到机器或部件的工作原理和装配关系后，应进一步分析各零件在部件中的作用以及各零件的相互关系和结构形状。从装配图中区分各零件，应通过看各零件的序号和明细栏，以及对应投影关系和剖面线的方向、距离来实现。

（四）尺寸分析

分析装配图中所注的各种尺寸，可以进一步了解各零件间的配合性质和装配关系。

（五）总结归纳

为了对所看的装配图有一个全面的认识，还应根据机器或部件的工作原理从部件的装拆顺序、安装方法和技术要求等方面进行综合分析，从而获得对整台机器或部件的完整认识。

三、识读装配图举例

（一）概括了解

一般先看标题栏，再看明细栏，通过初步观察，结合阅读有关资料、说明书等，对装配体结构、工作原理先有个概括的了解。如图 7-89 所示，机用虎钳是机床工作台上用于夹紧工件，进行切削加工的一种通用工具。该机用虎钳由 11 种零件组成，其中螺钉、圆柱销为标准件。

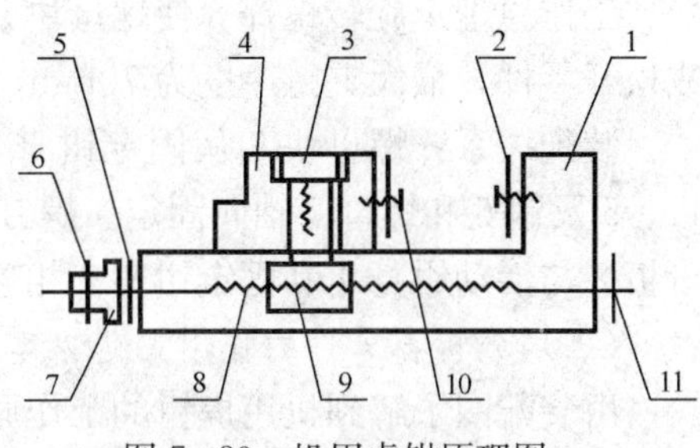

图 7-89　机用虎钳原理图

（二）分析视图，了解装配关系和工作原理

(1) 表达方法分析：如图 7-90 所示，该机用虎钳的装配图采用了 3 个基本视图，1 个局部视图和 1 个局部放大图表达。其中主视图采用了用单一剖切面剖切形成的全剖视图的表达方法，主要反映机用虎钳的工作原理和零件间的装配关系；俯视图采用局部剖视图的表达方法，主要反映固定钳身的结构形状，并用局部剖视图表达钳口板与钳座连接的局部结构；左视图采用了半剖视图的表达方法，剖切位置标注在主视图上。

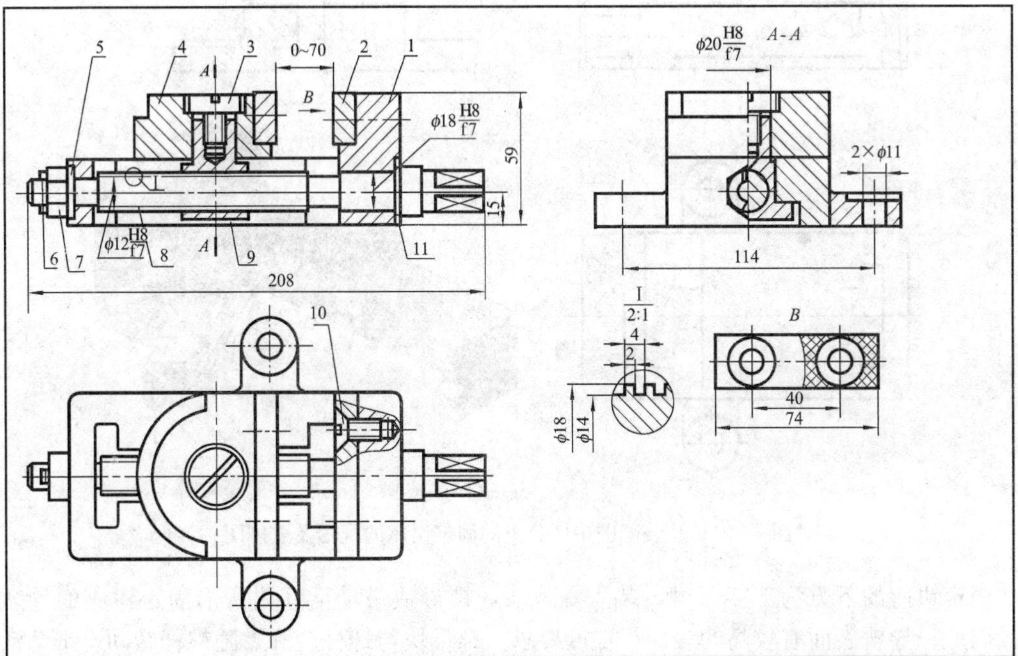

11	垫圈	GB/T 97.2	1	Q235	2	钳口板	2	45	
10	螺钉 M10x12	GB/T 68	4	Q235	1	固定钳座	1	HT200	
9	方块螺母		1	Q235	序号	名称	件数	材料	备注
8	螺杆		1	45	机用虎钳			比例	1:1
7	螺母 M12	GB/T 8170	1	35					
6	销	GB/T 91 3×11	1	Q235				件数	1
5	垫圈	GB/T 97.2	1		制图			数量	
4	活动钳身		1	BT200	校核				
3	螺钉		1	Q235	审核				

图 7-90　机用虎钳装配图

(2) 了解装配关系和工作原理。

工作原理：旋转螺杆 8 使螺母块 9 带动活动钳身 4 作水平方向的左右移动，以实现夹紧或松开零件，最大夹持厚度为 70mm。

装配关系：螺母块 9 从固定钳身 1 的下方装入工字形槽内，再装入螺杆 8，并由垫圈 11、5 及销 6 和螺母 7 轴向固定。螺钉 3 将活动钳身 4 与螺母块 9 连接，用螺钉 10 将两块钳口板 2 与活动钳身 4 和固定钳座 1 相连。

(三) 分析各零件的作用，想象零件的结构形状

由装配图了解到机用虎钳的工作原理和装配关系后，应进一步分析各零件在部件中的作用以及各零件的相互关系和结构形状。机用虎钳的主要零件有：固定钳座、螺杆、螺母块、活动钳身等。以固定钳座为例，根据剖面线的方向、投影规律、距离等线索先将固定钳座从装配图中区分出来，再运用形体分析法逐块想象出其空间形状，如图 7-91 所示的视图为固定钳座从装配图中区分出来的视图。

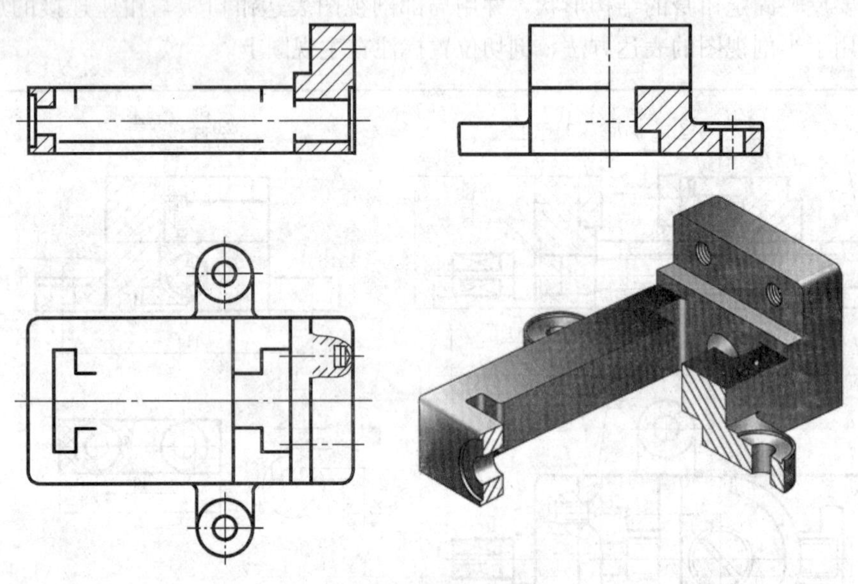

图 7-91 从装配图中区分出的固定钳座的视图及立体图

固定钳座的下方为工字形槽，装入螺母块，螺母块带动活动钳身沿固定钳座的导轨移动。因此，导轨表面有较高的表面粗糙度要求。螺母块与螺杆旋和，随螺杆转动，带动活动钳身左右移动。其上的螺纹有较高的粗糙度要求，螺母块的结构是上圆下方，上部圆柱与活动钳身配合，有尺寸公差要求。

(四) 尺寸分析

螺杆在钳座两端的圆柱孔内转动，两端与圆孔采用基孔制 ϕ18H8/f7 和 ϕ12H8/f7 的配合。活动钳身在固定钳座的水平导面上移动，它与螺母块的结合面采用基孔制 ϕ20H8/f7 的间隙配合。

(五) 综合分析

结合零件的作用和零件间的装配关系，装配图上和零件图上的尺寸及技术要求等进行全面的归纳总结，形成一个完整的认识，全面读懂装配图，如图 7-92 所示。

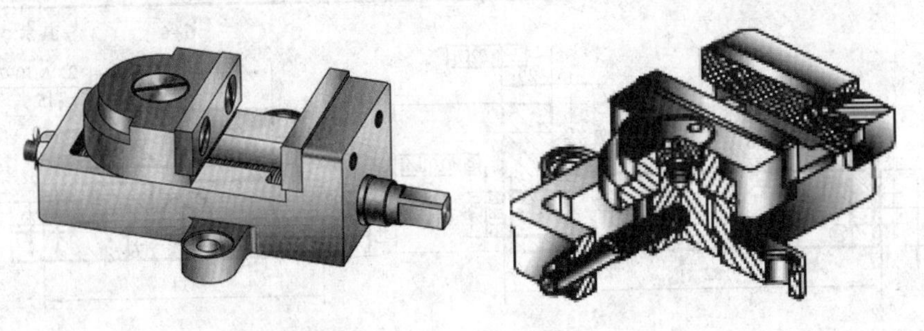

图7-92　机用虎钳立体图

四、由装配图拆画零件图

在设计过程中，一般是根据装配图画出零件图。拆画零件图是在全面看懂装配图的基础上进行的。由于装配图主要表达部件的工作原理和零件间的装配关系，不一定把每个零件的结构形状完全表达清楚，因此，在拆画零件图时，就需要根据零件的作用要求进行设计，使其符合设计和工艺要求。由装配图拆画零件图的步骤如下：

(一) 构思零件形状

根据装配图的装配关系，利用投影关系和剖面线的方向、距离来分离零件并分析所拆分零件的作用及结构形状。对装配图中未表达完全的结构，要根据零件的作用和装配关系重新设计。对装配图中未画出的工艺结构，如铸造圆角、拔模斜度、倒角和退刀槽等，都应在零件图中表达清楚，使零件的结构形状表达得更为完整。

(二) 确定表达方案

由于装配图和零件图的作用不同，在拆图时，零件的视图选择和表达方法不能盲目地照抄装配图，而应根据"零件的视图选择"中的要求重新考虑表达方案。例如：轴套类零件应按加工位置安放；箱体类零件、叉架类零件应按工作位置安放来选取主视图的投影方向。

(三) 零件图的尺寸

拆图时，零件图的尺寸应从以下几方面考虑：

(1) 装配图上注出的尺寸除某些外形尺寸和装配时需要调整的尺寸外，可以直接移到相关的零件图上。凡注有配合代号的尺寸，应该根据配合类别、公差等级注出上下偏差。

(2) 对一些标准结构如沉孔、螺栓通孔的直径、键槽尺寸、螺纹、倒角等应查阅有关标准。对齿轮应根据模数、齿数通过计算确定其参数和尺寸。

(3) 在装配图中未标出的零件的各部分尺寸，可以从装配图上按比例直接量取。

在注写零件图上的尺寸时，对有装配关系的尺寸要注意相互协调，不要互相矛盾。

(四) 零件的技术要求

零件的技术要求包括表面粗糙度、形位公差以及热处理和表面处理等，应根据零件的作用、装配关系和装配图上提出的要求来确定，或参考同类型产品的图样确定。图7-93所示的是根据机用虎钳装配图区分出的固定钳座的视图，按照零件图的要求完成的固定钳座零件图。

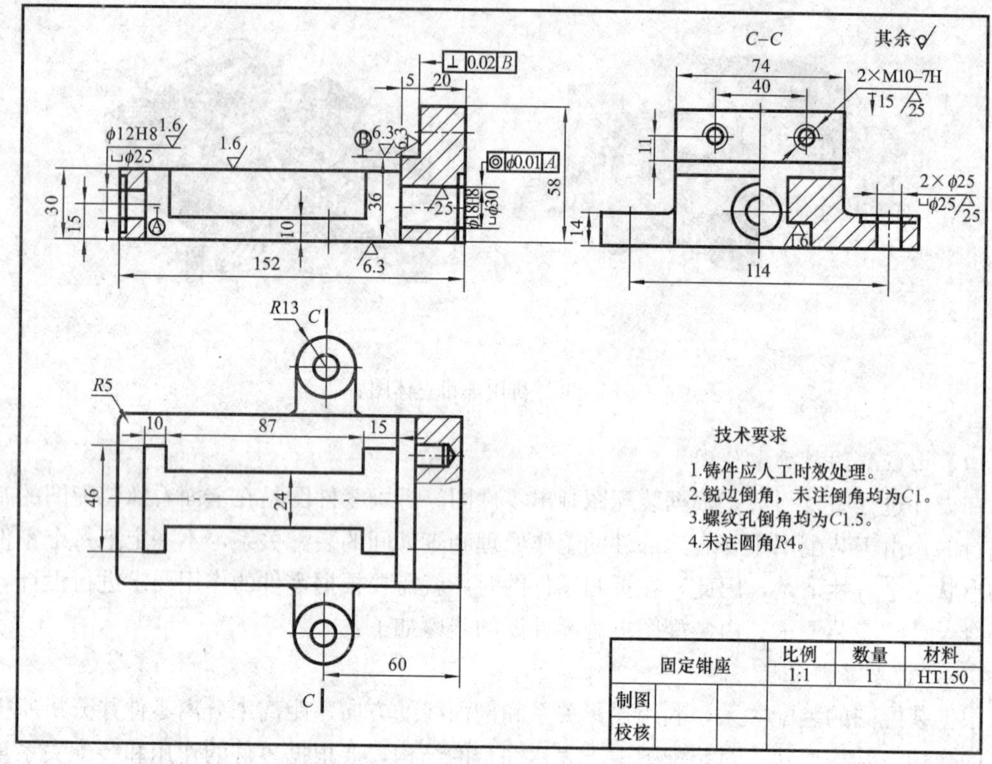

图 7-93 固定钳座零件图

7.3.5 用 Auto CAD 绘制装配图

用 AutoCAD 绘制装配图时，要注意建立零件图图形库，使用图块插入的方法。手工绘图和计算机绘图在画图方法和步骤上并没有本质的区别。在具体操作上要充分利用绘图软件提供的功能，去简化绘图的步骤，提高工作效率。利用计算机画装配图，就不必像手工绘图那样，一笔一笔地去画线。而是可以将每个零件图视为预先定义的图块，然后仿照装配产品的组装程序，用提取图块的方式，将零件一个一个地提取出来去拼画装配图。这样不但装配关系清楚，而且装配图的绘制速度可以成倍地提高。

下面通过绘制机用虎钳装配图，介绍用 AutoCAD 绘制装配图的方法步骤。

作图步骤

(1) 根据每个零件图的尺寸，按照 1∶1 的绘图比例绘制完成每个零件图，并保存成对应的零件图文件，文件名用零件名即可。注意每个零件图都应按照图形分层的原则，把不同的线型用不同的颜色画在不同的图层上，例如：规定粗实线用白色画在粗实线层上，细实线用绿色画在细实线层上，中心线用红色画在中心线层上，剖面线用绿色画在剖面线层上，除了粗实线的线宽为 0.35mm 之外，其余线宽都为 0.15mm。

(2) 将每个零件图的几个视图分别用“创建块”的命令创建成图块，并将图块的基点定义为在装配图中的插入点，为未来插入机用虎钳装配图做好准备。如图 7-94 所示的是创建活动钳身三视图图块的基点设置情况。一般情况下，基准点选在视图的关键点或特殊位置的点，如中心点、圆心、端点等。创建块时，不包括图框和标题栏，图中所标注的尺寸和技术要求应删去或冻结，以便拼画装配图时用。

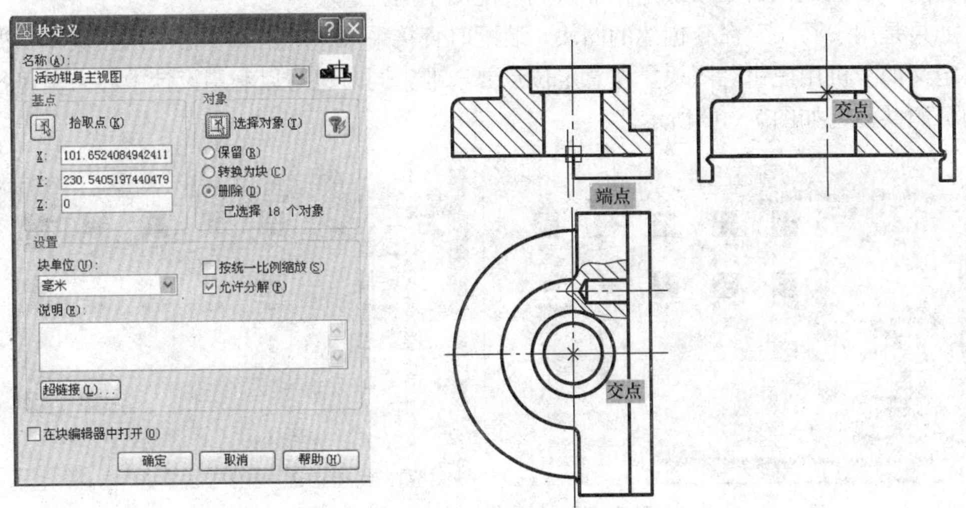

图 7 - 94　创建活动钳身三视图的图块

（3）机用虎钳拼画方法。拼画装配图是在零件图都已绘制完成的情况下进行的。可以创建一个空白图形文件，文件名为“机用虎钳装配图”，也可以直接将像固定“钳座”这样的在装配图中起主体作用的零件图“另存为”装配图，在此基础上来绘制装配图，如图 7 - 95 所示。

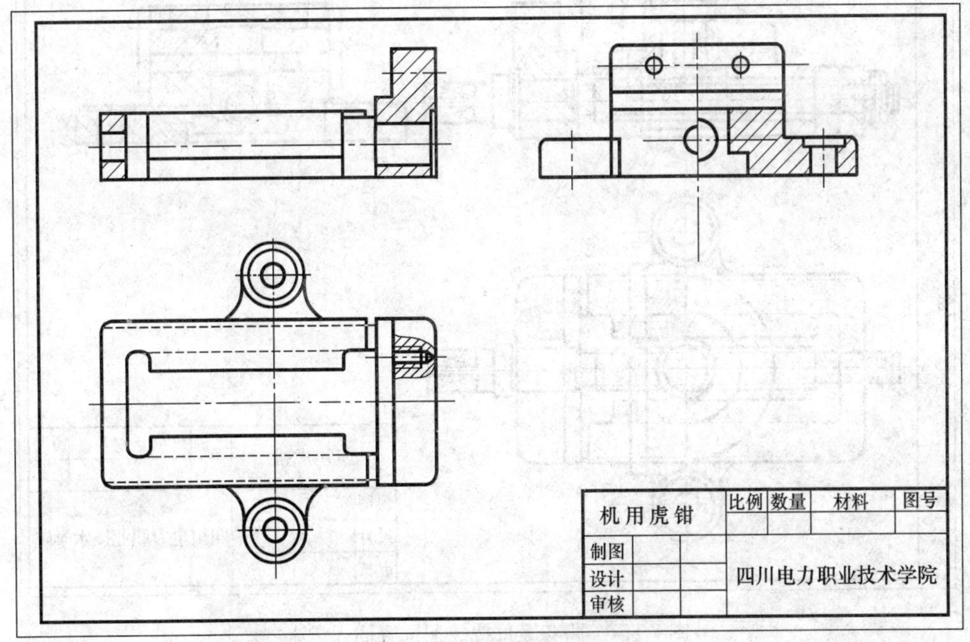

图 7 - 95　钳座

（4）采用中心线和细实线画出装配图上各零件视图的作图基线与定位线，在主要零件的视图上定出装配干线。根据装配体的装配干线，按装配体的装配次序，依次画出各零件的视图。

如果是用“创建块”命令创建的图块，装配时可利用“设计中心”将前面定义好的各个零件图用“块插入”命令依次定位插入到装配图中的位置上。

如果是用“写块”命令创建的图块，装配时直接采用“块插入”命令从图块库中提取前面已定义的“机用虎钳”图块，注意定位点要选准。同时也可以利用设计中心来实现各图形间的资源共享，如图 7 - 96 所示。

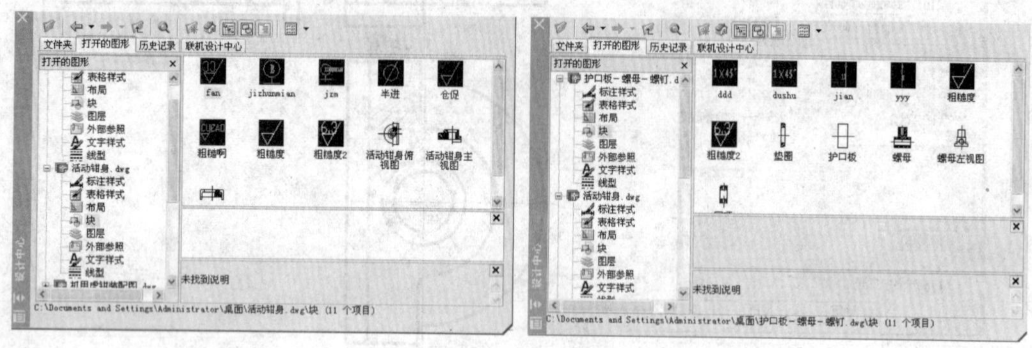

图 7 - 96　利用设计中心来插入图块

在拼装时，也可以用“复制”命令复制零件的视图，并用“对象捕捉”命令来保证精确地定位，即使一个零件图上的某个基准点与另一个零件图上的某个基准点重合。当各零件图拼装到一起之后，也不能有重叠的地方，可以用“修剪”命令把不可见的部分修剪删除，各零件的装配结果如图 7 - 97 所示。

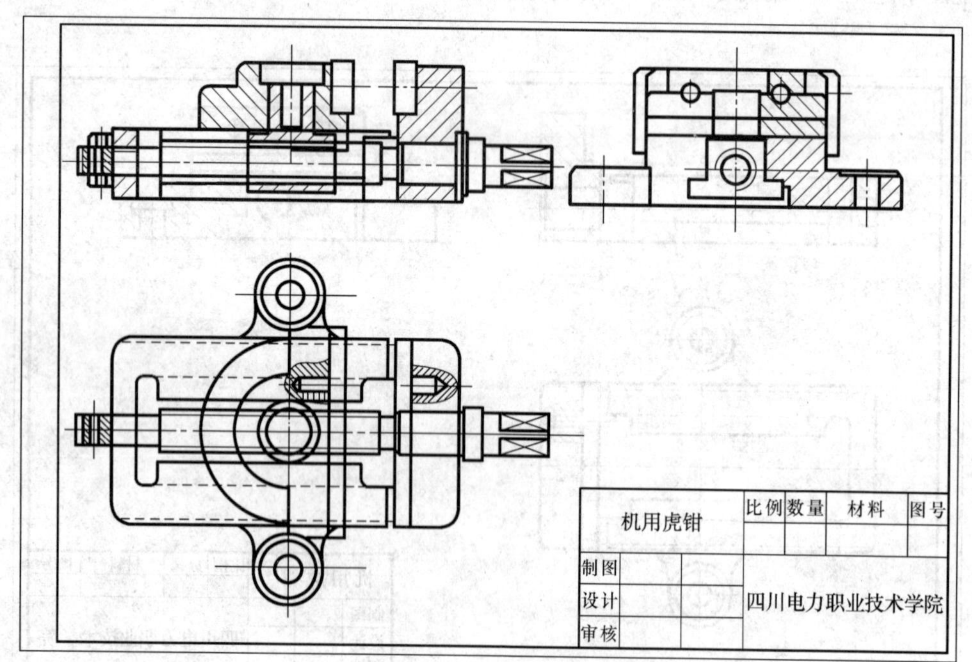

图 7 - 97　将各零件按装配位置插入进来

（5）编辑图形，绘制单个零件的 B 向局部视图，完成表达完整、正确的机用虎钳装配图的各视图。

（6）标注尺寸，注写标题栏、明细栏和技术要求，完成全图，如图 7 - 98 所示。

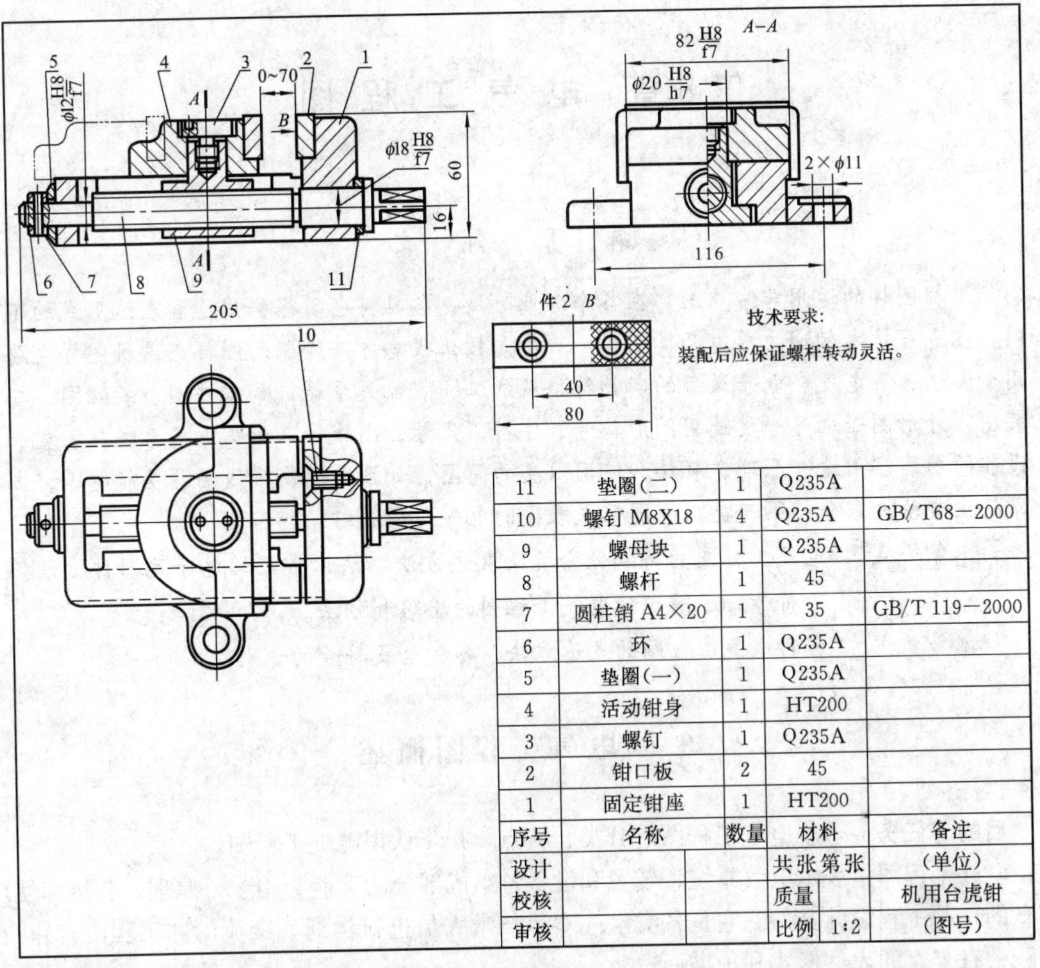

序号	名称	数量	材料	备注
11	垫圈(二)	1	Q235A	
10	螺钉 M8X18	4	Q235A	GB/T68－2000
9	螺母块	1	Q235A	
8	螺杆	1	45	
7	圆柱销 A4×20	1	35	GB/T 119－2000
6	环	1	Q235A	
5	垫圈(一)	1	Q235A	
4	活动钳身	1	HT200	
3	螺钉	1	Q235A	
2	钳口板	2	45	
1	固定钳座	1	HT200	

设计			共张第张	(单位)
校核			质量	机用台虎钳
审核			比例 1:2	(图号)

图 7-98　机用虎钳装配图

学习提示:

识绘装配图是制图基础知识的综合应用，在学习中可以采用对比归纳法，将装配图与零件图进行分析比较，从而帮助理解和提高。

第8章 电气工程图

本章引言

工程图样的运用非常广泛，在各个专业领域也各具特色。根据用途和表达形式的不同，在电气技术领域主要有两类图样，一类是按正投影方法绘制的图样，这种图样主要用于表达各种电气、电子设备的实物特征及加工、装配关系等，如零件图、装配图、安装图、外形图等；另一类是用图形符号、字符、代号、图线等来说明电气系统、装置和设备的功能、用途、原理、装接和使用信息的简图，如系统图、接线图、功能图等。本章将主要给大家介绍第二类用简图形式表达的电气工程图。

本章重点 电气工程图的特点、分类及表达方法，认识常用的电子元器件、设备的符号，了解识读电气工程图的思路和方法。

本章难点 各种电气工程图的表达方法，各种电气符号的识别。

8.1 电气工程图概述

目的与任务 了解电气工程图的分类、特点，初步认识电气工程图。

电气工程图是表示电气系统、装置和设备各组成部分的功能、用途、原理、装接和使用信息的一种工程设计文件。它是各类电气工程技术人员进行沟通、交流的"工程语言"。在实践中有丰富的表达形式和种类。

8.1.1 电气工程图的特点

电气工程图是一种专业工程用图，主要用来阐述电气工程的构成和功能，描述电气装置的工作原理，提供安装和维护使用的信息，辅助电气工程研究和指导电气工程实际施工等，它具有与机械图和土建工程图不同的特点，具体如下。

（1）电气工程图主要的表现形式是简图。简图是指用图形符号、带注释的围框或简化外形来表示系统或设备中各组成部分之间相互关系及其连接关系的一种图示方法。电气工程图有时也采用表格、表图表达。

（2）电气工程图描述的主要内容是设备、装置、元器件和连线。

（3）电气工程图在表达过程中主要考虑采用功能布局和位置布局。

功能布局是指在布置电气元器件符号的位置时，只考虑便于描述所表示的元器件的功能关系而不考虑元器件的实际位置的表达方法，系统图和电路图采用这种方法布局；位置布局是指在布置电气元器件符号的位置时，尽量对应元器件的实际位置来表达的方法，电气工程图中的接线图、平面图通常采用这种方法。

（4）不同的电气工程图采用不同的方法来描述相关的工程图信息、逻辑、功能和能量。例如，同一个电气装置在系统图中的描述内容与在接线图中的描述内容就有很大的差别。

8.1.2 电气工程图的构成及分类

一、概述

（一）电气工程图的基本构成

电气工程图一般由电路（图形）、技术说明和标题栏 3 部分组成，如图 8-1 所示。

（1）电路（图形）：是指用导线将电源和负荷以及有关的控制元件按一定要求连接起来构成闭合回路，以实现电气设备预定功能的装置。电路所能完成的任务是多样的，就其目的而言有两个，一是进行电能的传输、分配与转换；二是进行信息的传递和处理。针对不同的电气设备和电路，形成了各种电气工程图。

（2）技术说明：包括电气工程图中的文字说明和元件明细表。文字说明主要注明电路的要点及安装要求，通常写在图形的右上方，元件明细表主要列出电路中各种元件的符号、规格和数量等。以表格的形式列于标题栏上方，自下而上进行编号。

（3）标题栏：标题栏一般由更改区、签字区和其他区组成栏目，一般应注写单位名称、工程名称、图名、图号，还有设计人、制图人、审核人等的签名和日期。标题栏是电气图的重要技术档案，栏目中的签名人对图中的技术内容各负其责。

（二）电气工程图的分类

按照新的国家标准（GB 6988—1997）的规定，电气工程图按功能性文件、位置文件、项目表划分了几十个类别，这些不同类别的电气工程图适用于不同的专业和场合，其表达的工程含义也不尽相同。同时这些不同类别的电气图之间又存在某些联系和共同点。

一般而言，一项电气工程的电气工程图通常包括以下一些类型的图样。

（1）目录和前言：电气工程图的目录通常包括序号、图样名称、编号、章数等，便于读图时对图纸的查阅和检索。

前言通常包括设计说明、图例、设备材料明细表、工程经费概算等。设计说明主要表述电气工程的设计依据、设计思想与原则，以及图样中未表达清楚的工程特点、安装方法、工艺要求的说明、注意事项等。图例一般只列出本图样中涉及到的一些特殊图例，一般的图例可以查询国家标准和电气工程手册，不需列出。设备材料明细表列出该电气工程所需的主要电气设备和材料的名称、型号、规格和数量，供预算和采购设备材料时参考。工程经费概算用于大致统计该项电气工程所需的费用，是工程概预算和决算的重要依据。

（2）电气系统图和框图：是指采用图形符号或带注释的框来表示电气系统、分系统、成套装置、部件、设备等的基本组成、各项目之间的关系和主要特征的简图。系统图是绘制较其层次低的其他各种电气图的依据，也是操作和维修时重要的参考资料。

（3）电气原理图：是指用图形符号详细表示系统、分系统、成套设备、装置、部件等各组成元件连接关系的实际电路简图。电气原理图是人们理解电气设备、装置等工作原理，进行分析计算、测试检修和编制接线图的依据。

（4）电气接线图：是指用符号表示成套装置，设备或装置的内部、外部各种连接关系的一种简图，要便于安装接线及维护。

（5）其他电气工程图：除了上述的图样外，电气工程图还包括电气平面图、设备布置图、设备元件和材料表、大样图和产品使用说明书用电气图等。这里不再一一详述。

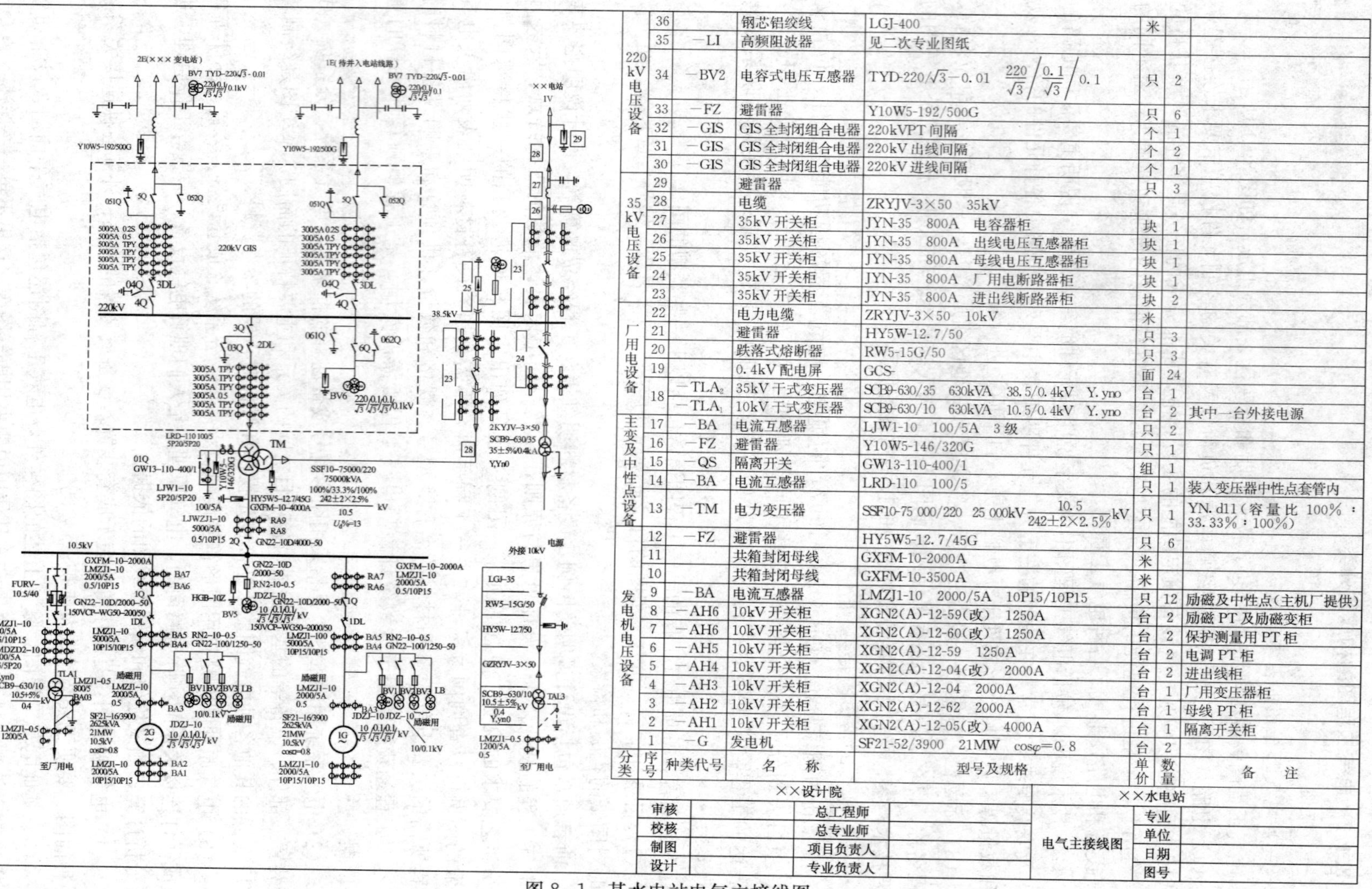

分类	序号	种类代号	名称	型号及规格	单价	数量	备注
220kV电压设备	36		钢芯铝绞线	LGJ-400	米		
	35	—LI	高频阻波器	见二次专业图纸			
	34	—BV2	电容式电压互感器	TYD-220/$\sqrt{3}$−0.01 $\frac{220}{\sqrt{3}}\Big/\frac{0.1}{\sqrt{3}}\Big/0.1$	只	2	
	33	—FZ	避雷器	Y10W5-192/500G	只	6	
	32	—GIS	GIS全封闭组合电器	220kVPT间隔	个	1	
	31	—GIS	GIS全封闭组合电器	220kV出线间隔	个	2	
	30	—GIS	GIS全封闭组合电器	220kV进线间隔	个	1	
35kV电压设备	29		避雷器		只	3	
	28		电缆	ZRYJV-3×50 35kV			
	27		35kV开关柜	JYN-35 800A 电容器柜	块	1	
	26		35kV开关柜	JYN-35 800A 出线电压互感器柜	块	1	
	25		35kV开关柜	JYN-35 800A 母线电压互感器柜	块	1	
	24		35kV开关柜	JYN-35 800A 厂用电断路器柜	块	1	
	23		35kV开关柜	JYN-35 800A 进出线断路器柜	块	2	
厂用电设备	22		电力电缆	ZRYJV-3×50 10kV	米		
	21		避雷器	HY5W-12.7/50	只	3	
	20		跌落式熔断器	RW5-15G/50	只	3	
	19		0.4kV配电屏	GCS-	面	24	
	18	—TLA_2	35kV干式变压器	SCB9-630/35 630kVA 38.5/0.4kV Y.yno	台	1	
		—TLA_1	10kV干式变压器	SCB9-630/10 630kVA 10.5/0.4kV Y.yno	台	2	其中一台外接电源
主变及中性点设备	17	—BA	电流互感器	LJW1-10 100/5A 3级	只	2	
	16	—FZ	避雷器	Y10W5-146/320G	只	1	
	15	—QS	隔离开关	GW13-110-400/1	组	1	
	14	—BA	电流互感器	LRD-110 100/5	只	1	装入变压器中性点套管内
	13	—TM	电力变压器	SSF10-75 000/220 25 000kV $\frac{10.5}{242\pm2\times2.5\%}$kV	只	1	YN.d11(容量比100%:33.33%:100%)
发电机电压设备	12	—FZ	避雷器	HY5W5-12.7/45G	只	6	
	11		共箱封闭母线	GXFM-10-2000A	米		
	10		共箱封闭母线	GXFM-10-3500A	米		
	9	—BA	电流互感器	LMZJ1-10 2000/5A 10P15/10P15	只	12	励磁及中性点(主机厂提供)
	8	—AH6	10kV开关柜	XGN2(A)-12-59(改) 1250A	台	2	励磁PT及励磁变柜
	7	—AH6	10kV开关柜	XGN2(A)-12-60(改) 1250A	台	2	保护测量用PT柜
	6	—AH5	10kV开关柜	XGN2(A)-12-59 1250A	台	2	电调PT柜
	5	—AH4	10kV开关柜	XGN2(A)-12-04(改) 2000A	台	2	进出线柜
	4	—AH3	10kV开关柜	XGN2(A)-12-04 2000A	台	1	厂用变压器柜
	3	—AH2	10kV开关柜	XGN2(A)-12-62 2000A	台	1	母线PT柜
	2	—AH1	10kV开关柜	XGN2(A)-12-05(改) 4000A	台	1	隔离开关柜
	1	—G	发电机	SF21-52/3900 21MW cosφ=0.8	台	2	

××设计院				电气主接线图	××水电站	
审核		总工程师			专业	
校核		总专业师			单位	
制图		项目负责人			日期	
设计		专业负责人			图号	

图8-1 某水电站电气主接线图

下面通过举例来认识一下系统图和框图、原理图、接线图这 3 种基本的电气工程图。

二、系统图和框图

在现代电力系统中，电力供应一般不是由发电厂直接向客户供电的，而是经过升压变电所升压后，送向电力网、再由电网经过各级变电所分级降压，通过各种电压等级的输电线路、配电线路，送给各客户使用。发电、输变电、用电示意图如图 8-2 所示。

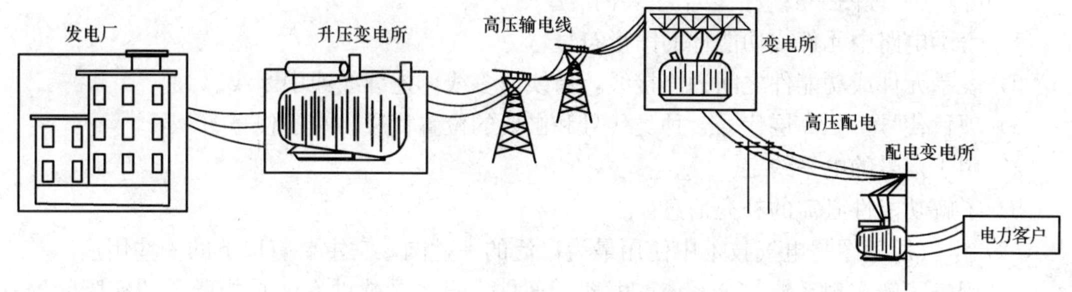

图 8-2　某供电系统示意图

从图中可以看出，一个复杂的电力系统如果用示意图的方式来表达是非常繁琐和复杂的，甚至很难实现。假如把这些过程抽象化一下，用一系列的图形和文字符号来代表这些电气设备，如发电机用 G，变压器用 T，线路用 W，负荷用 P，就可以将电能输送和分配的关系用一种简图将其方便明了地表达出来，这种图就是系统图[1]，如图 8-3 所示。

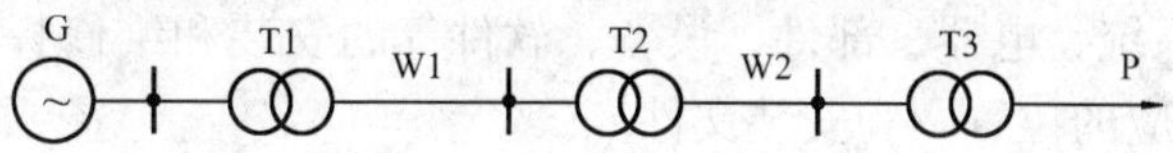

图 8-3　某供电系统概略图

用文字说明方框概略地表示该供电系统的图就是框图，如图 8-4 所示。

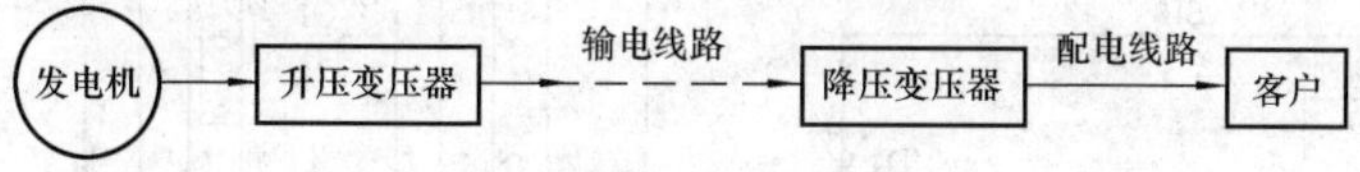

图 8-4　某供电系统框图

由上图可知，概略图和框图是用符号或文字说明方框概略地表示系统结构、组成方式、相互关系及其主要特征的一种简图，是进一步编制详细的技术文件及其逻辑图、原理图、接线图、平面图等的基础性文件，是进行有关的计算、选择导线和电气设备等的主要依据。概略图和框图所描述的内容是系统的基本组成和主要特征，而不是全部组成和全部特征。概略图与框图没有原则性的区别，两者都是用符号绘制的简图。但在实际应用中，一般概略图通常用于表示系统或成套装置，而框图通常用于表示分系统和设备。

三、电气原理图

系统图和框图对于从整体上理解一个系统和装置的基本组成、主要特征是非常重要的，

[1] 系统图可用于各种不同层次的系统概览。这里的系统图是一种较粗略的概况，在国家标准中视为概略图。

但是要想详细地理解装置、设备的电气工作原理，并进行电气接线、分析和计算电路特征和有关参数，就必须有另一种图样了，这就是电气原理图。

电气原理图是指用图形符号按照工作的顺序排列，详细表示电路、设备或成套装置的全部基本组成、连接关系和工作原理，而不考虑其实际位置和形状的一种简图。例如：如图8-5所示为自动延时熄灯开关电路图。

(1) 电气原理图一般包括以下主要内容。

1) 表示电路中元件或功能件的图形符号。

2) 表示元件或功能件之间的连接线，单线或多线，连续线或中断线。

3) 项目代号，如高层代号、种类代号和必要的位置代号、端子代号。

4) 用于信号的电平约定。

5) 了解功能件必需的补充信息。

(2) 电气原理图是电气技术中使用最为广泛的一种图，它主要有以下的一些用途。

1) 用于了解实现系统、分系统、电器、部件、设备、软件等的功能所需的实际元器件以及它们在电路图中的作用，并供分析和计算电路特征和有关参数用。

2) 作为编制接线图的依据。供现场安装接线用的接线图和接线表都是在电气原理图的基础上编制出来的，只有深刻理解电路图，才能看懂接线图和接线表，并能按图表正确地接线。

3) 为测试和寻找故障提供信息。分析、测试和寻找电气故障必须以电气原理图为依据，否则便无从下手。

4) 为系统、分系统、电器、部件、设备、软件等的安装和维修提供依据。要达到这个目的，一般还要有相应的位置图和安装文件。

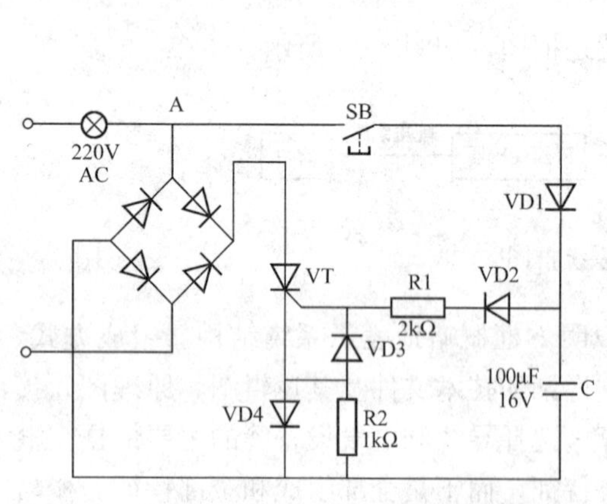

图8-5　自动延时熄灯开关电路

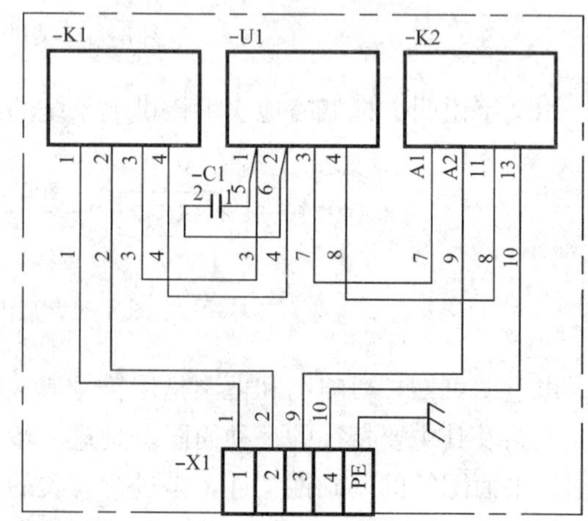

图8-6　单元接线图

四、电气接线图

接线图或接线表是表示电气设备、元器件或装置的连接关系，用来进行安装接线、线路检查、线路维修和故障检修的一种简图和表格。接线图或接线表是表示相同内容的两种表示方式，两者功能相同，可以单独使用，也可以组合起来使用，一般以接线图为主，接线表为辅。

接线图和接线表通常要和电气原理图、平面布置图结合起来使用，根据所表示内容的不同，可分为以下几类。

(1) 单元接线图：是表示成套设备或设备中一个结构单元内部各元件间连接关系的图。这里的结构单元是指可以独立运行的组件或某种组合体，如电动机、继电器、接触器等。如图 8-6 所示为某控制装置组件中分组件的单元接线图。

(2) 互连接图：是表示成套设备或设备内两个或两个以上单元之间的连接关系的图。

(3) 端子接线图：是用于表示成套设备的端子及其与外部导线的连接关系的图。

学习提示：

注意把握电气工程图的总体特点和构成，电气工程图的种类很多，学习中应有重点地抓住几种典型的电气图来理解。

8.2 电 气 符 号

目的与任务　掌握电气符号标注的基本规则，了解一般电子元器件的作用，能够识别常用的电气符号。

构成电气工程的元件、设备、装置、连线很多，在电气施工图中，它们一般情况下都是借用图形符号、文字符号和项目代号来表达的。

8.2.1 电气符号概述

电气符号包括图形符号、文字符号、项目代号和回路标号等，这些符号构成了电气图的基本信息，只有正确识别各种电气符号的含义、构成和表示方法，才能正确识绘电气工程图。

一、图形符号

(一) 概念

图形符号是表示电气设备或概念的图形、标记或字符等的总称。图形符号是构成电气工程图的最基本的单元，是电气工程技术文件中的“象形文字”。

(二) 图形符号的构成

图形符号一般由符号要素、基本符号、一般符号和限定符号 4 部分组成。

(1) 符号要素：是一种具有确切含义的简单图形，表示电气元件的轮廓或外形，与其他的图形符号一起构成完整的意义。

(2) 基本符号：用来说明电路的某些特征，而不代表单独的电器或元件。

(3) 一般符号：是表示一类产品或此类产品特征的简单图形。

(4) 限定符号：用来提供附加信息的一种加在其他图形符号上的符号，通常用来表示电量的种类、可变性、力和运动的方向等。

(三) 图形符号的分类

图形符号的种类繁多，按照 GB/T 4728—2005《电气简图用图形符号》将其分为 11 类。

(1) 导体和连接器件：包括各种导线、连接端子和导线的连接、连接器件、电缆附件等。

(2) 无源元件：包括电阻器、电容器、电感器、铁氧体磁芯、磁存储器矩阵、压电晶体、驻极体、延迟线等。

（3）半导体管和电子管：包括二极管、三极管、晶闸管、电子管、辐射探测器等。

（4）电能的发生和转换装置：包括绕组、发电机、电动机、变压器、变流器等。

（5）开关、控制和保护装置：包括触点（触头）、开关装置、控制装置、电动机启动器、继电器、熔断器、保护间隙、避雷器等。

（6）测量仪表、灯和信号器件：包括指示、记录仪表、热电偶、遥控装置、电钟、传感器。灯、喇叭和电铃等。

（7）电信交换和外围设备：包括交换系统、选择器、电话机、电报机和数据处理设备、传真机、换能器、记录和播放器等。

（8）电信传输：包括通信电路、天线、无线电台及各种电信传输设备等。

（9）电力、照明和电信布置：包括发电站、变电站、网络、音响和电视的电缆配电系统、开关、插座引出线、电灯引出线、安装符号等，适用于电力、照明和电信系统的平面图。

（10）二进制逻辑单元：包括组合和时序单元、运算器单元、延时单元、双稳、单稳和非稳单元、位移寄存器、计数器和存储器等。

（11）模拟单元：包括函数器、坐标转换器、电子开关等。

此外，还包括一些其他的符号，如：机械控制、操作件和操作方法、非电量控制、接地、接机壳和等电位、理想电路元件（电流源、电压源、回转器）、电路故障、绝缘击穿等。常用图形符号如表8-1所示。

表8-1　常用图形符号

图形符号	说　明	图形符号	说　明
+ −	正极、负极		接地一般符号 注：如表示接地的状况或作用不够明显，可补充说明
	运动、方向或力		接机壳
	等电位		
	原电池或蓄电池 注：长线代表阳极，短线代表阴极，为了强调，短线可画粗些	A /sinφ	无功电流表
		V	电压表
		Wh	电度表（瓦特小时计）
	电阻器一般符号		电容器一般符号
	电感器、线圈、绕组、扼流圈		操作器件一般符号 继电器线圈一般符号

续表

图形符号	说　明	图形符号	说　明
	动断（常闭）触点		动合（常开）触点 开关一般符号
⊗	灯，一般符号		理想电压源 理想电流源

二、文字符号

（一）文字符号的组成

文字符号是表示和说明电气设备、装置、元器件的名称、功能、状态和特征的字符代码。文字符号分为基本文字符号和辅助文字符号两大类，可以用单一的字母代码或数字代码来表示，也可以用字母和数字结合的方式表示，一般标注在电气设备、装置和元器件的上面或旁边。通常由基本符号、辅助符号和数字组成。

新的国家标准规定文字符号是以国际电工委员会（IEC）规定的通用英文含义为基础的，而旧的文字符号则是以汉语拼音字母为基础的，两者有很大的区别。在本节介绍新符号的过程中，读者应注意新旧符号的对照。

基本文字符号用以表示电气设备、装置、元器件以及线路的名称和特性，它可以分为单字母符号和双字母符号两种，一般优先采用单字母符号。

（1）单字母符号。单字母符号是用英文字母将各种电气设备、装置和元器件划分为23大类，每一大类用一个专用单字母符号表示，如“R”表示电阻器类，“Q”表示电力电路的开关器件等，如表8-2所示。其中“I”、“O”容易和阿拉伯数字“1”、“0”混淆，不允许使用，字母“J”也未采用。

表8-2　　单字母符号

字母代码	项目种类	举　例
A	组件、部件	分离元件放大器、磁放大器、激光器、微波激发器、印刷电路板等组件、部件
B	变换器（从非电量到电量或相反）	热电传感器、热电偶、光电池、测功计、晶体换能器、麦克风、扬声器、耳机、自整角机、旋转变压器等
C	电容器	
D	二进制单元、延迟器件、存储器件	数字集成电路和器件、延迟线、双稳态元件、单稳态元件、磁芯存储器、寄存器、磁带记录机、盘式记录机
E	杂项	光器件、热器件等元件
F	保护器件	熔断器、过电压放电器件、避雷器
G	发电机、电源	旋转发电机、旋转变频机、电池、振荡器、石英晶体振荡器
H	信号器件	光指示器、声指示器
K	继电器、接触器	
L	电感器或电抗器	感应线圈、线路陷波器、电抗器（并联和串联）

续表

字母代码	项目种类	举　例
M	电动机	
N	模拟集成电路	运算放大器、模拟/数字混合器件
P	测量设备、试验设备	指示、记录、计算、测量设备、信号发生器、时钟
Q	电力电路的开关	断路器、隔离开关
R	电阻器	可变电阻器、电位器、变阻器、分流器、热敏电阻
S	控制电路的开关选择器	控制开关、按钮、限制开关、选择开关、选择器、拨号接触器、连接级
T	变压器	电压互感器、电流互感器
U	调制器、变换器	鉴频器、解调器、变频器、编码器、逆变器、变流器、电报译码器
V	电真空器件、半导体器件	电子管、气体放电管、晶体管、晶闸管、二极管
W	传输通道、波导、天线	导线、电缆、母线、波导、波导定向耦合器、偶极天线、抛物面天线
X	端子、插头、插座	插头和插座、测试塞孔、端子板、焊接端子、连接片、电缆封端和接头
Y	电气操作的机械装置	制动器、离合器、气阀
Z	终端设备、混合变压器、滤波器、均衡器、限幅器	电缆平衡网络、压缩扩展器、晶体滤波器、网络

(2) 双字母符号。双字母符号由表8-2所列的一个表示种类的单字母符号与另一个字母组成，其组合应以单字母符号在前、另一个字母在后的次序列出。双字母符号可以较详细和更具体地表述电气设备、装置和元器件的名称。双字母符号中的另一个字母通常选用该类设备、装置和元器件的英文名称的首字母，或常用缩略语及约定俗成的习惯用字母。

例如："GS"——"G"为电源的单字母符号，"S"为同步发电机的英文名称"synchronous generator"的首位字母，则"GS"表示同步发电机。

电气图中常用的双字母符号及其新旧符号对照如表8-3所示。

表8-3　　常用双字母符号及其新旧符号对照

序号	名称	新符号		旧符号	序号	名称	新符号		旧符号
		单字母	双字母				单字母	双字母	
1	发电机	G		F	2	异步电动机	M	MA	YD
	直流发电机	G	GD	ZF		笼型电动机	M	MC	LD
	交流发电机	G	GA	JF	3	绕组	W		Q
	同步发电机	G	GS	TF		电枢绕组	W	WA	SQ
	异步发电机	G	GA	YF		定子绕组	W	WS	DQ
	永磁发电机	G	GM	YCF		转子绕组	W	WR	ZQ
	水轮发电机	G	GH	SLF		励磁绕组	W	WE	LQ
	汽轮发电机	G	GT	QLF		控制绕组	W	WC	KQ
	励磁机	G	GE	L	4	变压器	T		B
2	电动机	M		D		电力变压器	T	TM	LB
	直流电动机	M	MD	ZD		控制变压器	T	TC	KB
	交流电动机	M	MA	JD		自祸变压器	T	TA	OB
	同步电动机	M	MS	TD		整流变压器	T	TR	ZB

续表

序号	名称	新符号		旧符号
		单字母	双字母	
4	稳压器	T	TS	WY
	互感器	T		H
	电流互感器	T	TA	LH
	电压互感器	T	TV	YH
5	整流器	U		ZL
	变流器	U		BL
	逆变器	U		NB
	变频器	U		BP
6	断路器	Q	QF	DL
	隔离开关	Q	QS	GK
	自动开关	Q	QK	ZK
	转换开关	Q	QC	HK
	刀开	Q	QK	DK
7	控制开关	S	SA	KK
	行程开关	S	ST	CK
	限位开关	S	SL	XK
	终点开关	S	SE	ZDK
	微动开关	S	SS	WK
	脚踏开关	S	SF	TK
	按钮开关	S	SB	AN
	接近开关	S	SP	JK
8	继电器	K		J
	电压继电器	K	KV	YJ
	电流继电器	K	KA	LJ
	时间继电器	K	KT	SJ
	频率继电器	K	KF	PJ
	压力继电器	K	KP	YLJ
	控制继电器	K	KC	KJ
	信号继电器	K	KS	XJ
	接地继电器	K	KE	JDJ
	接触器	K	KM	C
9	电磁铁	Y	YA	DT
	制动电磁铁	Y	YB	ZDT
	牵引电磁铁	Y	YT	QYT
	起重电磁铁	Y	YL	QZT
	电磁离合器	Y	YC	CLH
10	电阻器	R		R
	变阻器	R		R
	电位器	R	RP	W
	启动电阻器	R	RS	QR
	制动电阻器	R	RB	ZDR
	频敏电阻器	R	RF	PR
	附加电阻器	R	RA	FR
11	电容器	C	C	
12	电感器	L		L
	电抗器	L		DK
	启动电抗器	L	LS	QK
	感应线圈	L		GQ
13	电线	W		DX
	电缆	W		DL
	母线	W		M
14	避雷器	F		BL
	熔断器	F	FU	RD
15	照明灯	E	EL	ZD
	指示灯	H	HL	SD
16	蓄电池	G	GB	XDC
	光电池	B		GDC
17	晶体管	V	VT	BG
	电子管	V	VE	G
18	调节器	A		T
	放大器	A		FD
	晶体管放大器	A	AD	BF
	电子管放大器	A	AV	GF
	磁放大器	A	AM	CF
19	变换器	B		BH
	压力变换器	B	BP	YB
	位置变换器	B	BQ	WZB
	温度变换器	B	BT	WDB
			BV	SDB
	自整角机	B		ZZJ
	测速发电机	B	BR	CSF
20	送话器	B		S
	受话器	B		SH
	拾声器	B		SS
	扬声器	B		Y
	耳机	B		EJ
21	接线柱	X		JX
	连接线	X	XB	JP
	插头	X	XP	LT
	插座	X	XS	CZ
22	测量仪表	P		CB
23	天线	W		TX

（二）辅助文字符号

辅助文字符号用以表示电气设备、装置、元器件以及线路的功能、状态和特征，通常也是由英文单词的前一两个字母构成。如“RD”表示红色（Red），“F”表示快速（Fast）。电气工程图中常用的辅助文字符号及其新旧符号对照表如表8-4所示。

表8-4 常用的辅助文字符号及其新旧符号对照表

序号	名称	新符号	旧符号		序号	名称	新符号	旧符号	
			单组合	多组合				单组合	多组合
1	高	H	G	G	16	交流	AC	JL	JL
2	低	L	D	D	17	电压	V	Y	Y
3	升	U	S	S	18	电流	A	L	L
4	降	D	J	J	19	时间	T	S	S
5	主	M	Z	Z	20	闭合	ON	BH	B
6	辅	AUX	F	F	21	断开	OFF	DK	D
7	中	M	Z	Z	22	附加	ADD	F	F
8	正	FW	Z	Z	23	异步	ASY	Y	Y
9	反	R	F	F	24	同步	SYN	T	T
10	红	RD	H	H	25	自动	A，AUT	Z	Z
11	绿	GN	L	L	26	手动	M，MAN	S	S
12	黄	YE	U	U	27	启动	ST	Q	Q
13	白	WH	B	B	28	停止	STP	TT	T
14	蓝	BL	A	A	29	控制	C	K	K
15	直流	DC	ZL	Z	30	信号	S	X	X

（三）文字符号的组合

新的文字符号的组合形式一般为

基本符号＋辅助符号＋数字序号

例如：第一个时间继电器的符号为KT1；第二组熔断器的符号为FU2。

（四）特殊用途文字符号

在电气工程图中，一些特殊用途的接线端子、导线等通常采用一些专用的文字符号。常用的特殊用途的文字符号如表8-5所示。

表8-5 常用的特殊用途的文字符号

序号	名称	文字符号	旧符号	序号	名称	文字符号	旧符号
1	交流系统电源第一相	L1	A	11	接地	E	D
2	交流系统电源第二相	L2	B	12	保护接地	PE	
3	交流系统电源第三相	L3	C	13	不接地保护	PU	
4	中性线	N	0	14	保护接地线和中性线共用	PEN	
5	交流系统设备第一相	U	A	15	无噪声接地	TE	
6	交流系统设备第二相	V	B	16	机壳或机架	MM	
7	交流系统设备第三相	W	C	17	等电位	CC	
8	直流系统电源正极	L＋	11	18	交流电	AC	JL
9	直流系统电源负极	L－	11	19	直流电	DC	ZL
10	直流系统电源中间线	M	Z				

三、项目代号

（一）项目代号的含义

在图上通常用一个图形符号表示基本件、部件、组件、功能单元、设备、系统等，称为项目。项目的大小可能相差很大，电容器、端子板、发电机、电源装置、电力系统都可以称为项目。

用以识别图、表图、表格中和设备上的项目种类，并提供项目的层次关系、实际位置等信息的一种特定的代码称为项目代号。通过项目代号可以将不同的图或其他技术文件上的项目（软件）与实际设备中的项目（硬件）一一对应和联系起来。例如，图上某开关的代码为“＝F＝B4－S7”，则可以根据规定的方法，在高层代号为“F”的系统内含有“B4”的子系统中找到开关“S7”。又如某照明灯的代号为“＋11＋401－H3”，则可在“11”号楼、“401”号房间找到照明灯“H3”。

项目代号是由拉丁字母、阿拉伯数字、特定的前缀符号，按照一定规则组合而成的代码。

（二）项目代号的构成

一个完整的项目符号由4个代号组成：

种类代号段	高层代号段	位置代号段	端子代号段
“－”	“＝”	“＋”	“：”

（1）种类代号。用以识别项目种类的代号称为种类代号。种类代号段是项目代号的核心部分。种类代号一般由字母代码和数字组成。其中的字母代码必须是规定的文字符号，如表8-2和表8-3所示。

例如：－K1表示第1个继电器K；－QS3表示第3个电力隔离开关QS。

（2）高层代号。系统或设备中任何较高层次项目的代号称为高层代号。

例如，某电力系统S中的一个变电所，则电力系统S的代号可称为高层代号，记作“＝S”；若1号变电所的一个电气装置，则1号变电所的代号可称为高层代号，记作“＝1”。所以，高层代号具有“总代号”的含义。高层代号可用任意选定的字符、数字表示，如“＝S＝1”等。

高层代号与种类代号同时标注时，通常高层代号在前，种类代号在后。

例如：1号变电所的开关Q2标记为“＝1－Q2”；S系统中第1子系统中的电气装置A5标记为“＝S＝1－A5”，亦可标记为“＝S1－A5”。

（3）位置代号。项目在组件、设备、系统或建筑物中的实际位置的代号称为位置代号。位置代号一般由自行选定的字符或数字表示。必要时，应给出相应的项目位置的示意图。

例如：105室B列机柜第3号机柜的位置代号可表示为“＋105＋B＋3”；

电动机M3在某位置4中，可表示为“＋4－M3”。

（4）端子代号。用以同外电路进行电气连接的电器的导电件的代号，称为端子代号。端子代号通常采用数字或大写字母表示。

例如：端子板X的5号端子可标记为“－X：5”；

继电器K4的B号端子可标记为“－K4：B”。

项目代号是用来识别项目的特定代码，一个项目可由一个代号段组成（较简单的电气图只标注种类代号或高层代号），也可由几个代号段组成。

例如：标记“＋H84＝S1－Q4：A”表示在S1系统中位置处于H84的开关Q4中的A

号端子。

如图 8-7 所示是一个包括开关柜和控制柜的开关室，其中每列都由若干个机柜构成，在该位置代号中。各列用字母表示，各机柜用数字表示。必要时，在位置代号中，可增加更多的内容。例如上述设备安装在 106 室。设备中的机柜又可以分成分柜。项目代号的标记及含义如图 8-7（c）所示。

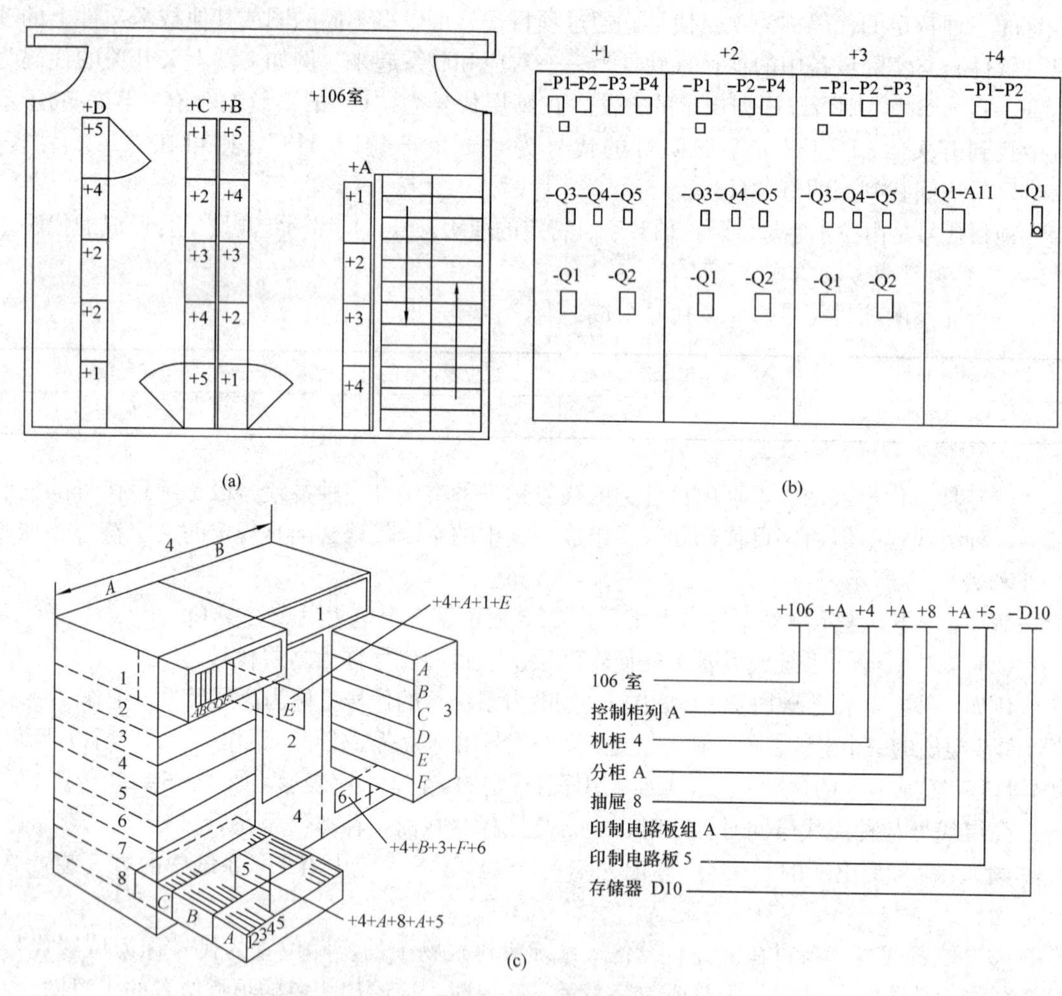

图 8-7 设备的位置代号示意图

(a) 设有数列开关柜列和控制柜列的开关室安装平面示意图；
(b) 位于+A 的开关柜列和控制柜列布置图；(c) 部件示意图

【例 8-1】 电阻器的文字符号及图形符号。

电路中用 R 表示电阻；可变电阻器也用 R 表示。其图形符号如图 8-8 所示。如图 8-8 (a)所示是优选的电阻器图形符号，国内通常采用这种符号；如图 8-8（b）所示也是一种电阻器的符号，通常出现在进口产品的电路图中，国内一些家用电器的电路图中也会出现这种形式的符号。如图 8-8（c）所示是 GB/T 4728—2005 最新规定的可变电阻器图形符号，它是在电阻器图形符号基础上加上箭头，以表示其阻值可连续变化。

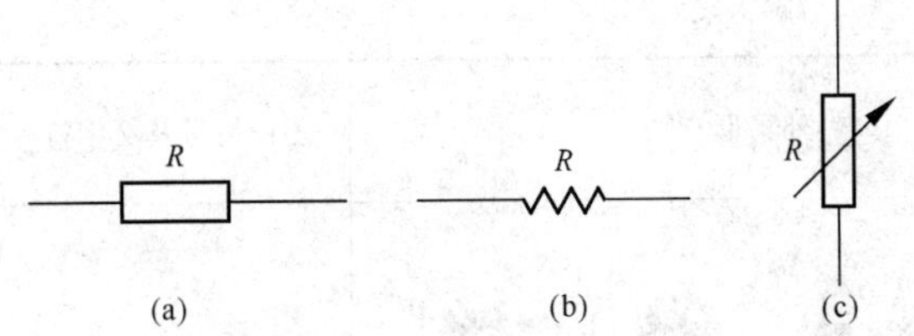

图8-8 电阻器的文字符号及图形符号

(a) 国内常用符号；(b) 国外常用符号；(c) 可变电阻器符号

8.2.2 常见电子元器件的外形图及其图形符号

一个完整的电路就像人们生活中的供水系统，由各种设备、装置来保证它的正常运作。电路的电源就像供水的水泵，用水者对水的需求量不同，就需要用不同的阀门来控制。电路中各局部单元需要的电压和电流也不相同，就需要有像供水系统中和水塔、各级阀门等起相似作用的电阻、电位器、开关等元器件来达到要求，在电路中，它们通过发挥各自的作用来满足电路的需要。

常见电子元器件的外形图及其图形符号如表8-6所示。

表8-6　　常见电子元器件的外形图及其图形符号

内容 电子元器件	外形图	图形符号及文字符号	作用
电阻器		R	电阻器是电子设备中最常用的电子元件之一，在电路中主要起稳定电压、降低电压、分配电压、分配电流和限制电流的作用
电位器		R	电位器是一种可连续调节的可变电阻器，其主要作用是调节电压和电流的大小。通常是靠一个动触点在电阻体上移动，从而改变了电压与电流的大小
电容器		+ C	电容器也是组成电路的一种重要的基本元件，它在电路中一般起耦合交流、隔阻直流、滤波、旁路、耦合、去耦、转相等电气作用，大量使用于各种功能的电路中，是一种贮能元件

续表

内容 电子元器件	外 形 图	图形符号及文字符号	作 用
电感器		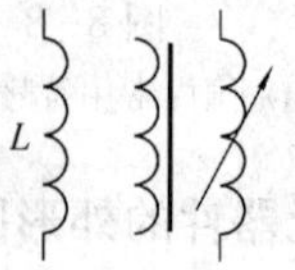 L	电感器在电路中的基本作用：滤波、振荡、延迟、陷波等，形象说法为“阻交流，通直流；阻高频，通低频”，电感器也是一种储能元件，它以磁的形式储存电能，电感线圈还具有延时的作用
半导体分立器件	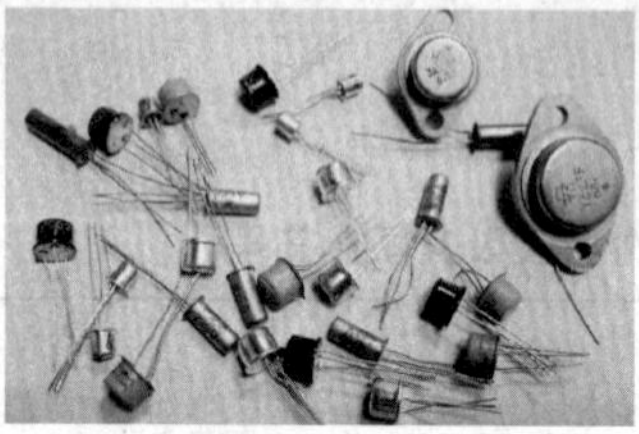	半导体二极管 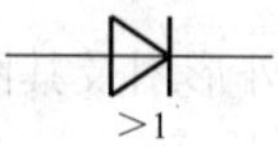 >1 半导体三极管 	半导体分立器件是电子元器件家族中不可缺少的成员，常见的半导体分立器件有二极管、三极管、晶闸管、单结晶体管、场效应管等
集成电路	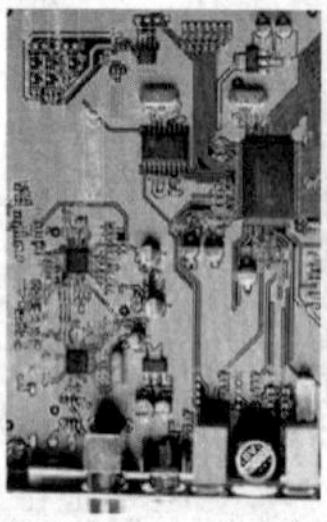 	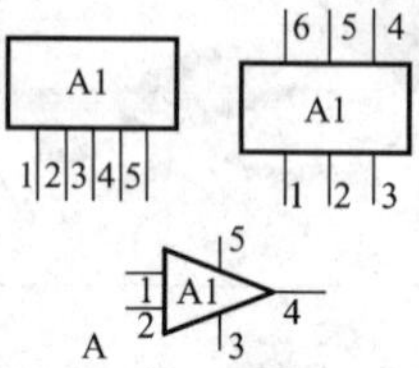 A1 1 2 3 4 5 6 5 4 A1 1 2 3 A 1 2 A1 5 4 3	集成电路是采用半导体制作工艺，在一块较小的单晶硅片上将许多的晶体管及电阻器、电容器等元器件组合成一个完整的具备一定功能的电子电路，广泛运用在电子产品中
变压器		三绕组变压器 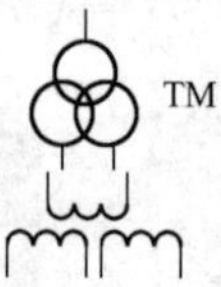  TM 双绕组变压器	变压器是一种变换电压的静止电器。其功能主要有：电压变换、阻抗变换、隔离、稳压等。在电力系统中，为了减少电能输送过程中的电能损耗，需要将电压升高再行输送。同时，在客户端需用变压器将电压降为所需要的电压等级

续表

内容 电子元器件	外形图	图形符号及文字符号	作用
接插件	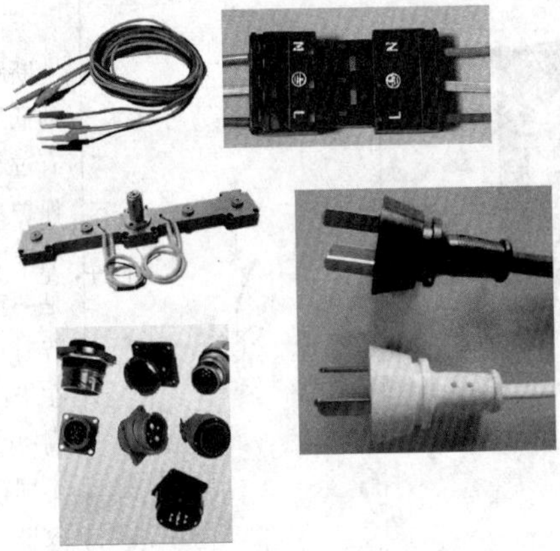	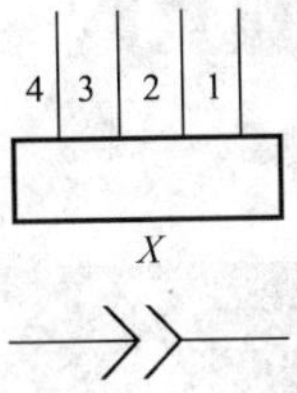 X	接插件就是接头，它在电子设备、装置中起连接各部分电路的作用，接插件一般由插头、插座组成，插头是指自由端，插座是指固定端。接插件的种类繁多，选择接插件时主要就是选择合适的接口，比如针脚数、形状、公母头是否合适等
开关件		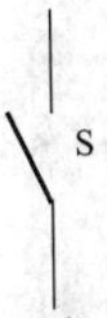 S	开关件一般是指用来控制仪器、仪表或设备等装置的一个部件，它起到接通和断开电路的作用。广泛地应用在各种电子设备，家用电器中。常见的开关有旋转开关、按钮开关、组合按钮开关、键盘开关、微动开关、钮子开关、双列直插式开关、滑动开关、薄膜开关等
继电器	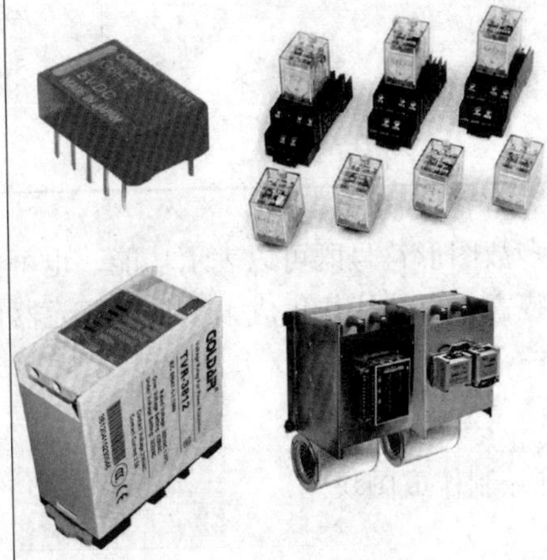	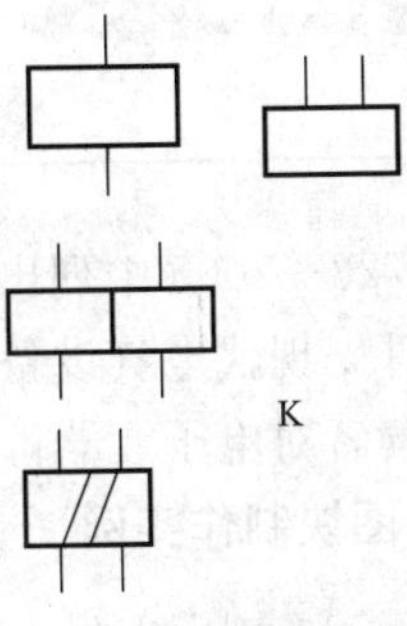 K	继电器是一种当输入的物理量达到规定值时，其电气输出电路被接通或阻断的一种自动电器，是一种用较小的电流去控制较大电流的“自动开关”。它在电路中起自动调节、自动操作、安全保护和监测机器运转等作用。广泛用于生产过程自动化装置，电力系统保护装置，是现代自动控制系统中最基础的电气元件之一

续表

内容 / 电子元器件	外形图	图形符号及文字符号	作用
断路器		Q	断路器是一种很基本的低压电器，断路器具有过载、短路和欠电压保护功能，保护线路和电源的能力。断路器就是一种开关，它和其他普通开关的不同点主要在于：①适用电压等级高；②灭弧介质及方式不同；③灭弧能力强，效果好
熔断器		FU	熔断器是防止电路中电流的过载和短路的保护电器。当电路发生故障或异常时，若电路中正确地安置了熔断器，那么，熔断器就会在电流异常升高到一定的值和熔断器达到一定的温度时，自身熔断切断电流，从而起到保护电路安全运行的作用

注意　在GB/T4728—2005中列出的多数图形符号既可以表示功能，也可以表示能执行这些功能的实际元器件。现代电气设备、装置、部件往往集成了多个电子元器件的功能，本表中的图例仅为了使读者对电子元器件有一个初步认识。

8.2.3　电气符号图块制作实例

【例8-2】　将开关和变压器的一般符号制作成图块。

作图步骤

(1) 先绘制开关和变压器的一般符号（A3图幅）。

1）开关符号的绘制：先绘制 3 条长度为 10 的直线，如图 8-9（a）所示，再将中间的直线旋转 30°，如图 8-9（b）所示，利用捕捉追踪功能绘制一短直线，如图 8-9（c）所示，捕捉短直线中点，将其移动至直线端点，如图 8-9（d）所示。

2）变压器符号的绘制：绘制半径为 10 的圆，如图 8-10（a）所示，复制圆并捕捉圆 90°象限点向下移动 15，如图 8-10（b）所示。还可以在基本符号上添加星形和三角形连接符号，过圆心绘短直线如图 8-10（c）所示，用环形阵列命令完成星形连接符号，如图 8-10（d）所示；用正多边形命令完成三角形连接符号，如图 8-10（e）所示。

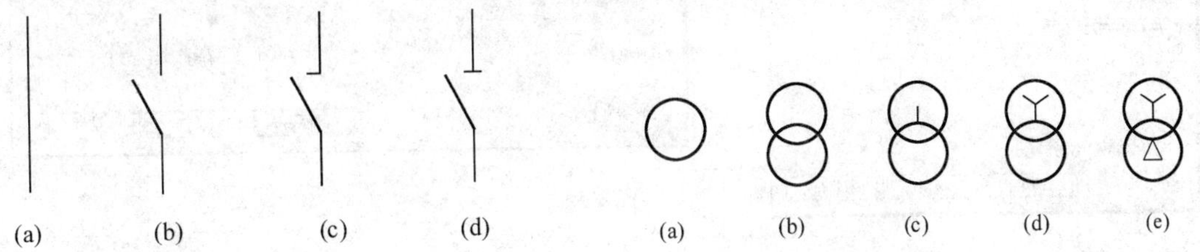

图 8-9　开关符号的绘制过程
（a）绘制在同一方向的三段等长直线；
（b）中间段直线旋转 30°；
（c）绘制一短直线；
（d）移至直线端点

图 8-10　双绕组变压器符号的绘制过程
（a）绘制圆；（b）复制圆 90°象限点约位于另一圆半径的½处；（c）绘短直线；
（d）陈列完成星形连接符号；
（e）完成三角形连接符号

若要绘三绕组变压器，可将圆绕圆半径 1/4 点阵列，设置如图 8-11（c）所示，阵列中心点如图 8-11（a）所示，结果如图 8-11（b）所示。

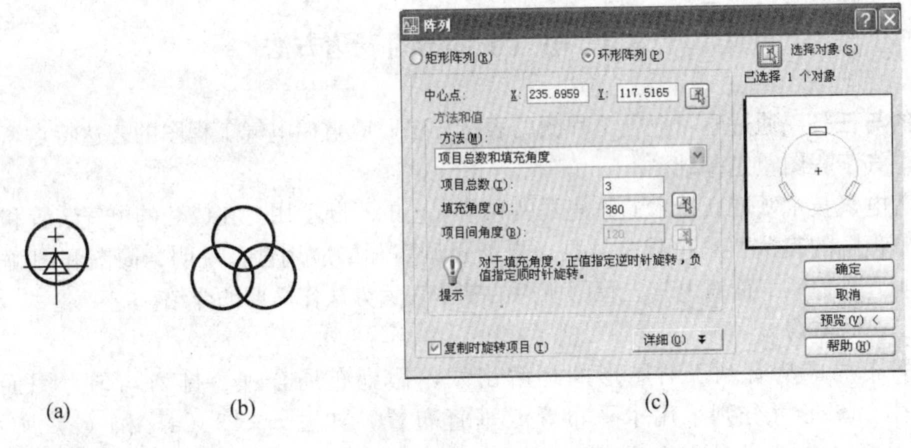

图 8-11　三绕组变压器符号的绘制过程
（a）绘制图；（b）陈列图；（c）陈列命令对话框设置

（2）创建图块。选择“绘图”→“块”→“创建”命令，作如图 8-12（a）所示的设置。

（3）插入块。选择“插入”→“块”命令，打开“插入”对话框，如图 8-12（b）所示。

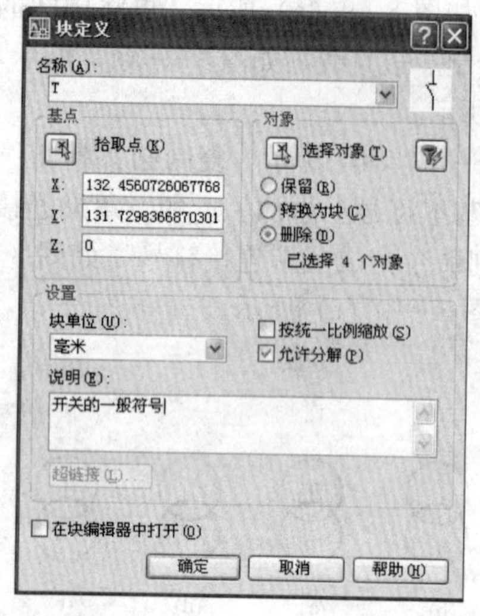

(a)

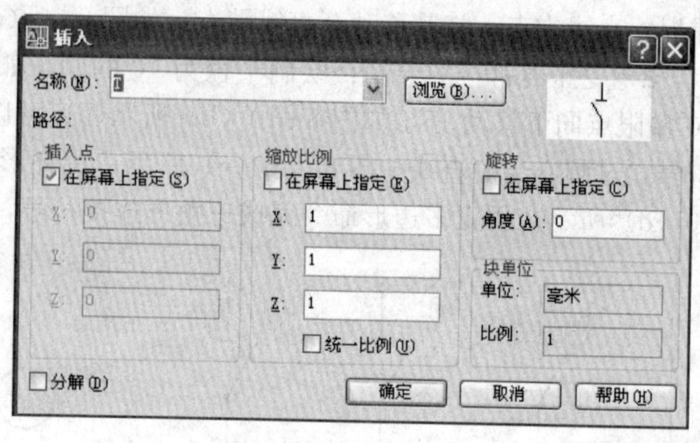

(b)

图 8-12　图块的创建与插入

(a) 块定义；(b) 插入块

学习提示：

利用CAD创建常用的图形符号的块，是绘制电气工程图的基础。在绘制图形符号时应注意按照GB/T4728—2005中的规定绘制。

8.3　电气工程图的表达方法

目的与任务　通过学习电气工程图的表达方法，应掌握电气工程图的表达特点，为绘制和识读电气工程图奠定基础。

随着电气技术领域新技术的飞速发展和新工艺的不断运用，在成套的电气装置和系统中对电气工程图的表达要求也越来越高，更加强调实际的应用性，说明、简图和图解要求清晰、简明、易懂。下面对电气工程图所用的基本表达方法作简要的介绍。

一、图的布局

图的布局应从有利于对图形的理解出发，做到布局合理、排列均匀、图面清晰、便于识读。图形可分别采用水平布置或垂直布置，如图 8-13（a）和（c）所示；当需要的元器件连接成对称格局时，也可采用斜交叉线，如图 8-13（b）所示。元件的排列一般按因果关系或动作顺序从左到右或从上到下布置。读图时也应按这一规律分析识读。

系统图对布局有很高的要求，强调布局清晰，以利于识别过程和信息的流向。一般基本的流向应该是自左向右或自上而下，用来表示项目的（包括方框符号）图形符号要易于区分辨认，必要时每个图形符号应标注项目代号。只有在特殊的情况下才能例外。

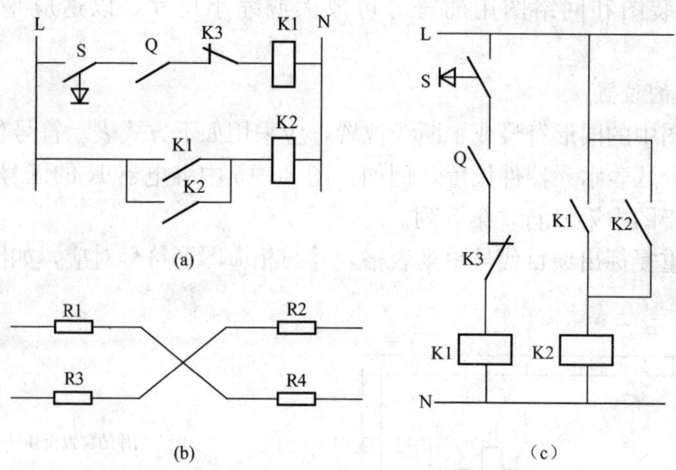

图 8-13　图形布局

(a) 水平布局；(b) 交叉布局；(c) 垂直布局

电气原理图的布局应突出其功能的组合和性能，布局应着重强调过程和信号流的功能关系，功能上相关项目的图形符号应相对集中，彼此靠近；如图 8-14（a）所示。同等重要的或功能上相关的并联支路应对称布置；如图 8-14（b）所示。常用基础电路应采用标准模式；如图 8-14（c）所示为常用的基本桥式电路的表达。一般在控制系统的简图中主控系统功能组应布置在被控系统功能组的左边或上边。

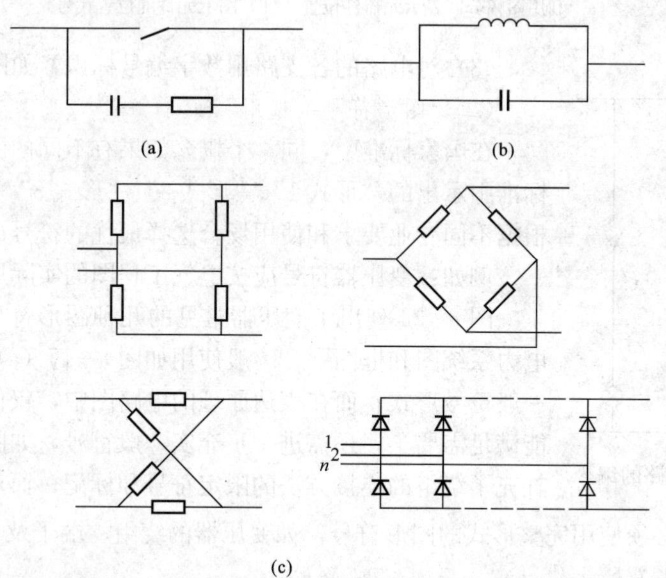

图 8-14　基本电路图的布局

(a) 功能相关的元件表示；(b) 同等重要的并联支路表示；

(c) 常用的基本桥式电路

三、图形符号的表达

图形符号的含义取决于其形状和内容，它的大小和符号图线宽度一般不影响含义。

在这些限制内，安装图和网络图用的符号可放大或缩小尺寸，以适应平面图或地图的比例。

（一）图形符号的位置

为便于寻找简图中的图形符号或中断线位置，应采用如下方式表示符号位置。

（1）利用图幅分区表示元器件位置，例如：图 8 - 15 中继电器 K 的区号为 B5，这表示该继电器的位置位于图中第 B 行，第 5 列。

（2）将简图中重复标出项目代号单列表格，并与相应图形符号对应，如图 8 - 15（b）所示。

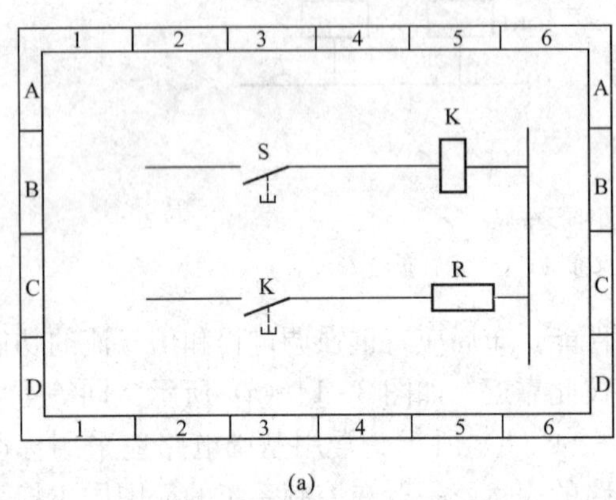

(a)

图上元件的位置代号

序号	元件名称	符号	行号	列号	区号
1	继电器线圈	K	B	5	B5
2	继电器触点	K	C	3	C3
3	开关（按钮）	S	B	3	B3
4	电阻器	R	C	5	C5

(b)

图 8 - 15　图形符号的位置

（a）利用图幅分区表示元器件位置；（b）图上元件的位置代号

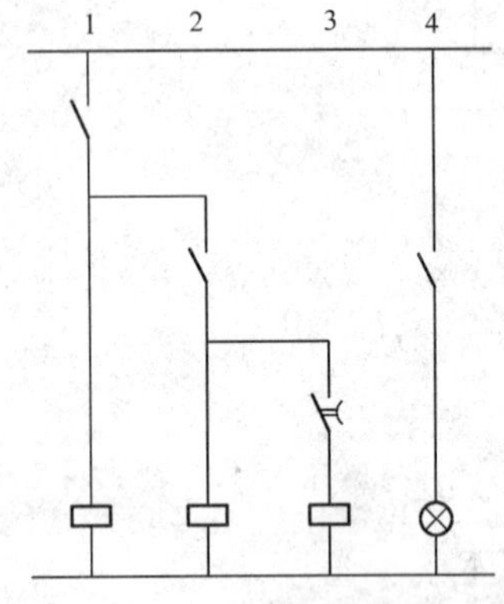

图 8 - 16　电路中支路的编号

（3）对电路的各支路用数字编号标识，如图 8 - 16 所示。

（二）图形符号的选用

在国家标准中，同一个概念如果有不同的图形符号形式，如标准中示出的“形式 1”、“形式 2”、“形式 3”等，一般情况下应根据不同专业要求和使用场合选择最优的符号形式。

例如：变压器符号应按电气工程图的实际用途来选择使用。图 8 - 24 列出了变压器常见的几种图形符号。在实践中，在电力系统图和框图中，一般使用如图 8 - 17（a）所示的变压器的一般符号形式；而在表达原理的电路图中，仅使用通用符号就不能满足需要了，还需进一步充实一般符号，如图 8 - 17（b）所示补充了绕组的连接方法的限定符号和标记；而对于表达安装接线的电路图中，则必须使用完整形式的图形符号，如变压器的绕组、端子及其代号都应表示清楚，如图 8 - 17（c）所示。

三、箭头和指引线

电气工程图中使用两种形式的箭头。如图 8 - 18（a）所示为开口箭头，用于电气连接线上表示能量和信号的流向；图 8 - 18（b）为实心箭头，用于表示力、运动、可变性方向。

指引线用于指示注释的对象，其末端指向被注释部位，并在其末端加注以下标记。

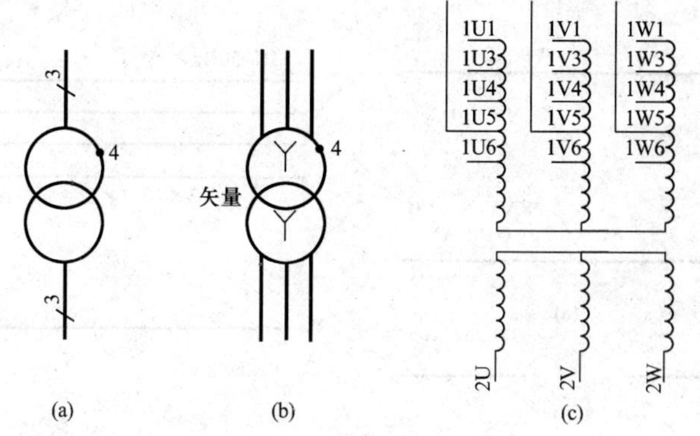

图 8-17 变压器符号

(a) 一般符号；(b) 补充后的图形符号；(c) 完整形式的图形符号

(1) 如末端在轮廓线内，用一黑点，如图 8-18 (c) 所示。

(2) 如末端在轮廓线上，用一箭头，如图 8-18 (d) 所示。

(3) 如末端在电路线上，用一短划线，如图 8-18 (e) 所示。图中指明导线分别为 $2\times2.5mm^2$，$2\times16mm^2$。

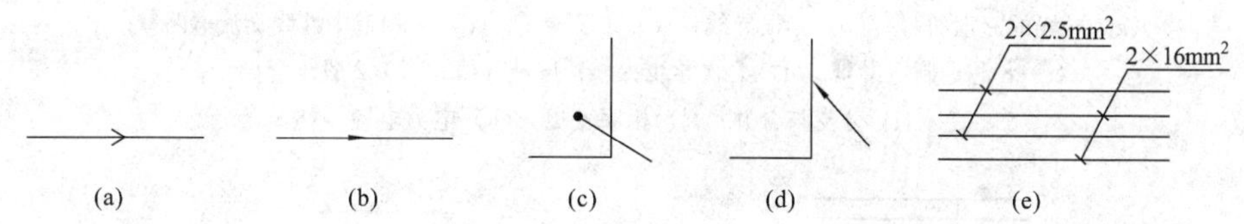

图 8-18 电力工程图中的箭头和指引线

(a) 开口箭头；(b) 实心箭头；(c)、(d)、(e) 指引线

四、连接线

连接线是构成电气工程图的主要组成部分，连接线可以表示导线、导线组、电缆、电力线路、信号线路、母线、总线以及用以表示某一电磁关系、功能关系等的连线。

导线的一般表示方法如图 8-19 所示，端子间的实际导线应采用连续实线，计划扩展的内容用虚线。连接线的粗细一般应一致，但为了突出某些电路、功能时也可以采用不同粗细的连接线。主电路、驻信号通路可采用粗实线，其余部分用细实线，以示区别。

连接线可以采用单线或多线表示法，所谓多线表示法是指每根连接线用一条图线表示，如图 8-20 (a) 所示。单线表示法则是指两根或多根连接线只用一条图线表示，如图 8-20 (b)所示。

除按位置布局的简图外，连接线应为直线并尽量按水平或垂直取向并尽量避免弯曲和交叉；当连接线需要标记时，标记应放在沿水平连接线的上边及沿垂直连接线的左边或放在连接线中断处。

为了简化作图，使图面清晰，穿越图面较长或需要穿越图形稠密区域的连接线可以使用中断线的方法表示，并在中断处加注明图号、张次、图幅分区代号等标记。例如在图 8-21 中的画法。

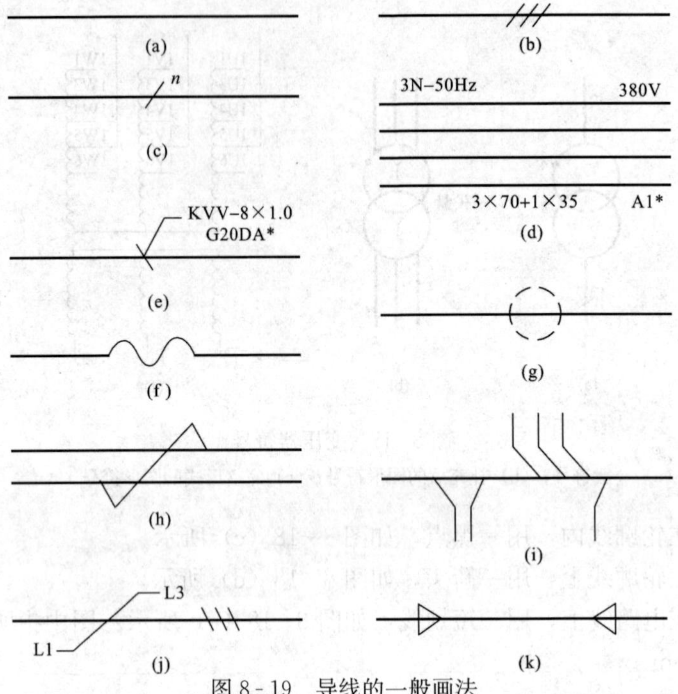

图 8-19　导线的一般画法

(a) 导线的一般符号；(b) 三根导线；(c) n 根导线；(d) 三相带中性线交流电路❶；
(e) 8 芯控制电缆❷；(f) 柔软导线；(g) 屏蔽导线；(h) 2 股绞合导线；
(i) 分支与合并；(j) 相序变更；(k) 电力电缆

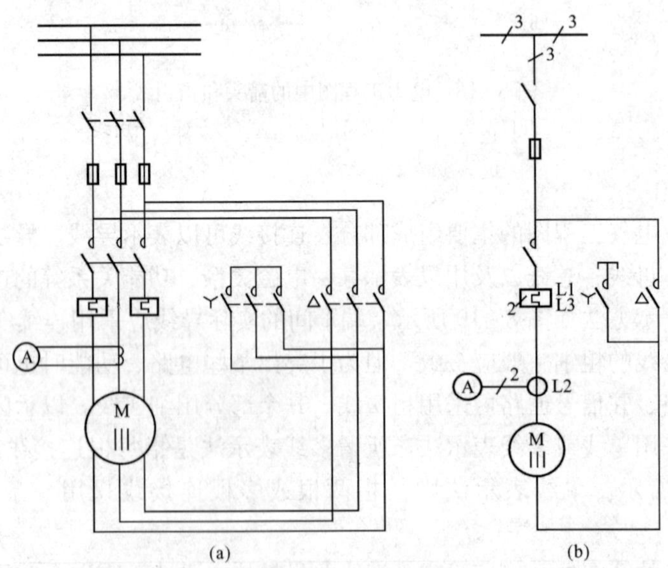

图 8-20　连接线的不同表示法

(a) 多线表示法表示起动器连接线；(b) 单线表示法表示启动器连接线

❶ 3×70+1×35 表示 50Hz，380V 的 3 根导线截面积均为 $70mm^2$，中性线截面积为 $35mm^2$，铝芯线（Al）。

❷ KVV-8×1.0G20DA 表示电缆的型号为 KVV，截面积均为 $1.0mm^2$，穿入直径为 20mm 的钢管（G），地中暗敷设（DA）。

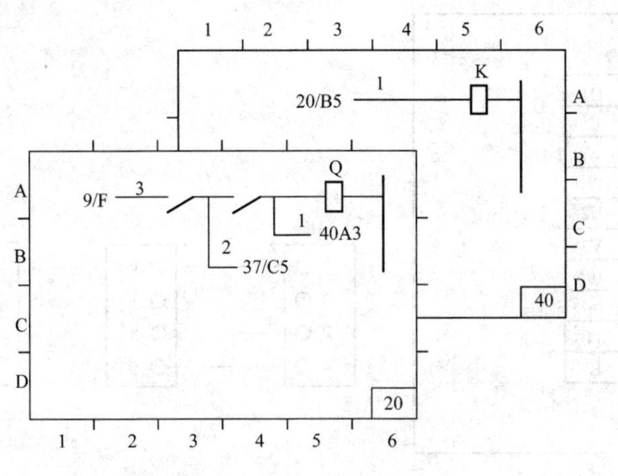

图 8-21 中断连接线的画法

五、端子的表示

用来连接器件和外部导线的导电件称为端子。装有多个互相绝缘并通常与地绝缘的板、块或条称为端子板或端子排。端子的基本符号采用 GB/T4728 中规定的图形符号表示（为空心圆圈），一般来说大多数元件符号上不带明显的端子符号，当端子是符号的一部分时，简图中的端子应画出。

两个或多个元件的多端子互连时，元件上的端子应加代号标记。如果生产厂家或规范给定了端子代号，应按其规定表示，否则设定任意端子代号，所有元件的端子代号均应按从左到右、从上到下的顺序对应排列。同一端子在所有出现该端子代号的相关文件中，应使用相同的端子代号，如图 8-22 所示。

为了便于安装接线，接线图中应包含识别每一连接的连接点以及所用导线或电缆的信息，每个端子都必须注出元件的端子代号，连接导线的两端子必须在项目中统一编号。连接线可以用连续线方式画，也可以断线方式画出。

在接线图中导线连接采用从远端的相对编号法来表示。所谓相对编号法，简单地说，就是“甲编乙的号，乙编甲的号”。例如，要连接甲乙两个设备，可在甲设备接线柱上标出乙设备接线柱的编号，而在乙设备接线柱上标出甲设备接线柱的编号。这样，在接线和维修时就可以根据图纸很容易地找到每个设备的各个端子所连接的对象。

如图 8-23（a）所示为连续线表示法，其对应的相对编号法如图 8-23（b）所示，在项目 K 的端子 1、2 上标出要连接的项目 X 的端子号“－X：6”和“－X：9”，在项目 X 的端子 6、9 上标出要连接的项目 K 的端子号“－K：1”和“－K：2”。

六、注释和技术数据的表示方法

（1）注释。当含义不便于用图示的方法表达清楚时，可在图上采用注释。注释可采用两种形式：一是直接放在所要说明的对象的附近；二是标记，将注释放在图面上的其他位置。当把这些注释按编号顺序放在图纸边框附近时，如果是多张图纸，一般注释放在第一张图上，其他注释则放在其内容相关的图上。注释可采用文字、图形、表格等可以对其对象附加说明清楚的各种可能的形式。

（2）技术数据的表示方法。当需要在电气工程图上表示出元件的技术数据时，通常采用以下方法。

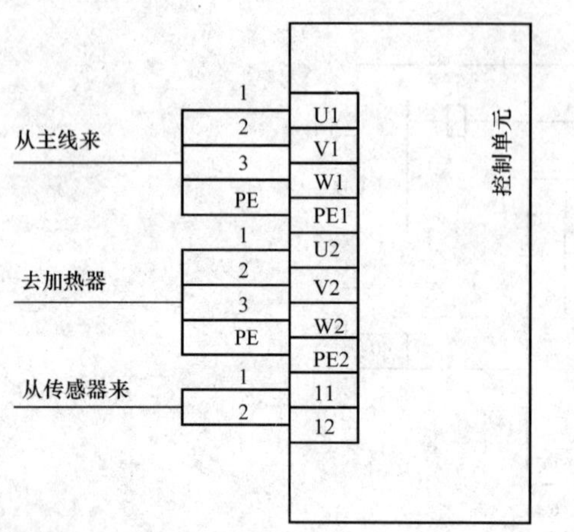

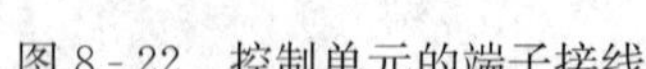
图 8-22 控制单元的端子接线

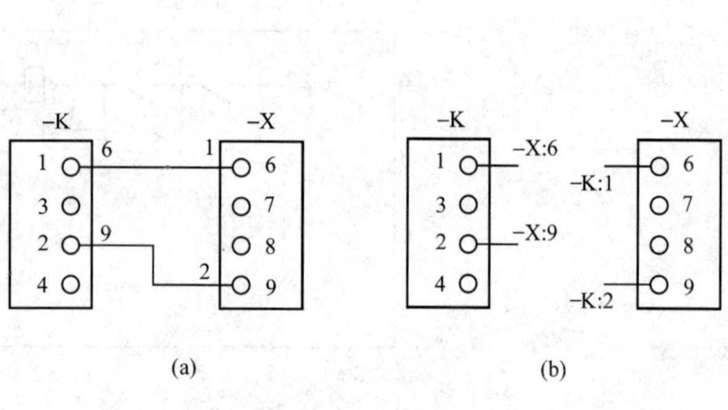

图 8-23 相对编号法

(a) 连续线表示法；(b) 相对编号法

1）标注在图形旁边。

2）标注在图形符号内。

3）以表格的形式给出。

一般在水平布局的图形中，技术数据尽可能注在符号下方，在垂直布局的图形中，技术数据尽可能注在符号左方，如图 8-24 所示。

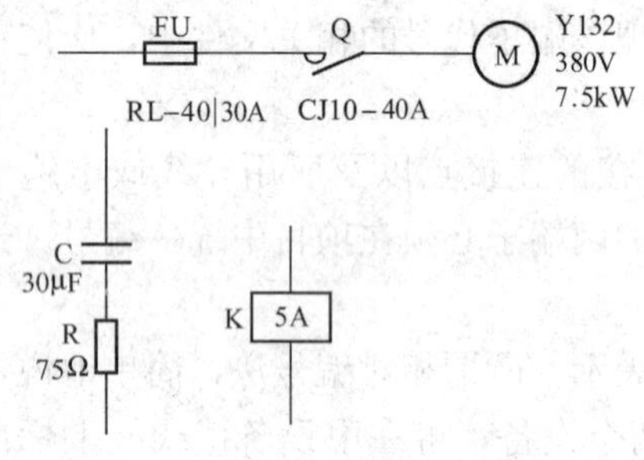

序号	项目代号	名称	型号及技术要求	数据	备注
1	FU	熔断器	RL-40/30A	1	
2	Q	接触器	CJ10-40A	1	
3	M	电动机	Y132, 380V, 7.5kW	1	
4	C	电容器	30μF	1	
5	R	电阻器	75Ω	1	
6	K	电流继电器	动作电流 5A	1	

图 8-24 技术数据的表示方法

七、电路的表示法

常用电路的表示法如表 8-7 所示。

表 8-7 常用电路的表示法

表示法 \ 项目	概念	适用情况	图示实例 1：按钮开关	图示实例 2：继电器
集中表示法	把一个元件各组成部分的图形符号绘制在一起的表示法	较简单的电路	24 21 22 13 14	A1 A2 13 14 23 24

续表

项目 表示法	概念	适用情况	图示实例 1：按钮开关	图示实例 2：继电器
半集中表示法	把一个元件某些图形符号各部分在图上展开的表示方法	比较复杂的电路（通常用于具有机械功能联系的元件）	13 14 24 21 22	A1 A2 13 14　23 24
分开表示法	把图形符号各部分分散于图上的表示方法，并用项目代号表示元件各部分之间的关系，以清晰表示电路布局	比较复杂的电路（用于功能联系的元件）	–S1 13 14 –S1 24 21 22	–K1 A1 A2 –K1 13 14 –K1 23 24

【例 8-3】　电动机单向启动控制电路图如图 8-25 所示。

电动机的控制是生产实践中最主要的电气控制方式之一，电动机单向启动控制电路是最基本也是使用最为广泛的线路，该线路能实现对电动机的启动控制、停止控制、远距离控制、频繁操作等，并有短路、过载等保护。

如图 8-25 所示电路图中的用电器有一台三相交流异步电动机 M、接触器 KM、电源开关 QF、热继电器 FR，KM 起控制 M 的作用，FR 对 M 起过载保护的作用。

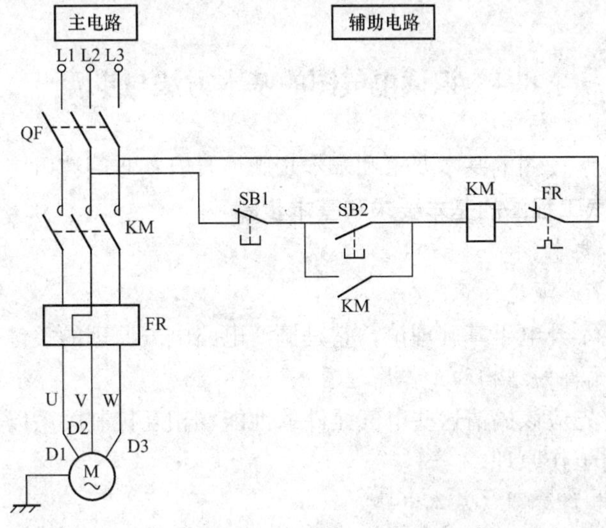

图 8-25　电动机单向启动控制

分析 本电路的布局清晰，基本信息流自上而下，主电路与辅助电路自左而右布置，突出各级功能的组合和性能。

作图步骤 本电路的电源是380V三相交流电。

(1) 电动机启动过程。合上开关QF（电源接通）→按下启动按钮SB2（接触器KM线圈带电）→主触点KM吸合→电动机得电启动。

(2) 电动机停止过程。按下SB1停止按钮→接触器KM线圈失电→主触点KM断开→电动机失电停转。

(3) 自锁过程。因KM的自锁触点并联于SB2两端，当松开启动按钮时，线圈KM通过自锁触点继续维持通电吸合。

(4) 过热保护过程。FR为热继电器，起过热保护作用。当温度超限时接在主回路的热继电器线圈使其触点发生动作，在控制回路中的常闭触点断开，接触器KM失电，主电路断电，电动机停转。

【例8-4】 电缆连接的表示方法如图8-26所示。

分析 来自单元+B5的电缆W161，电缆芯线1、2和3接端子11、12和13，保护接地导体PE接保护接地条，表示电缆的线可位于粗实线的任一点上，而应与交点分开。

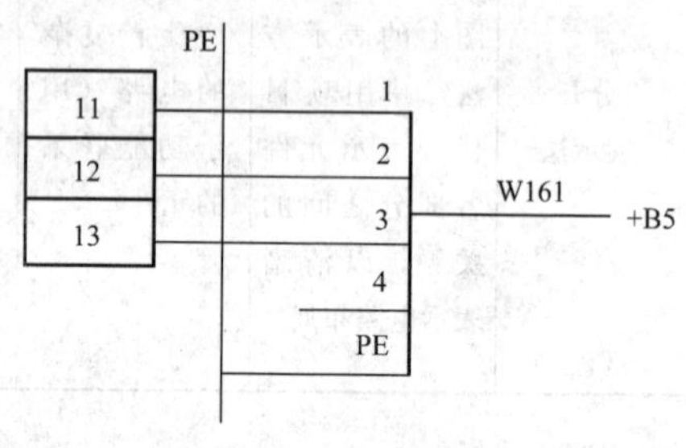

图8-26 电缆连接

学习提示：

注意电气工程图一般的表达方法的通用性，以及它在不同电气图中有不同的侧重表现形式。

8.4 识读电气图的基本方法与步骤

目的与任务 了解读图的基本要求和基本步骤，具有初步阅读电气工程图的能力。

8.4.1 识读电气工程图的基本要求和基本步骤

一、读图的基本要求

（一）结合电工基础理论知识

各种电气图都离不开电工基础理论，它是搞清电路电气原理的关键。

（二）结合电器元件的结构和工作原理看图

看电路图时，首先应该搞清这些电气元件的性能、相互控制关系以及在整个电路中的地位和作用，才能弄清工作原理。

（三）结合典型电路看图（基本电路）

一张复杂的电路图是由若干典型电路组成的。熟悉典型电路对看懂复杂电路，分清主次环节，抓住主要矛盾有很大帮助。

（四）结合电路图的绘制特点看图

应注意利用前面讲过的绘制电路图的特点来读图，例如：对于一般促使触头动作的外力方向，当图形是垂直放置时，为从左向右；当图形是水平放置时，为从下向上；主辅电路在图上的位置；连接线的粗细等，掌握这些绘图特点，对识读电路图是有帮助的。

二、电力工程图识读的步骤

（一）看图纸说明

图纸说明包括图纸目录、技术说明、元器件明细表和施工说明书等。识图时，首先看图纸说明，弄清设计内容和施工要求，这些内容有助于了解图纸的大体情况和抓住识图重点。

（二）看电气原理图

看电气原理图时，首先要分清主线路和辅助电路、交流电路和直流电路。其次按照先看主电路，再看辅助电路的顺序读图。通过看主电路，要搞清用电设备是怎样取得电源的，电源经过哪些元件到达负荷等。通过看辅助电路，要弄清它的回路构成、各元件间的联系、控制关系和在什么条件下回路构成通路或断路，以理解动作情况等。

（三）看安装接线图

看安装接线图时，也要先看主电路，再看辅助电路。看主电路时，从电源引入端开始，顺次经控制元件和线路到用电设备；看辅助电路时，要从电源的一端到电源的另一端，按元件的顺序对每个回路进行分析研究。

安装接线图是根据电气原理图绘制的，对照电气原理图看安装接线图对读图有帮助。还有，回路标号是电器元件间导线连接的标记，标号相同的导线原则上是可以接在一起的。比如：接线端子板内外电路的连接中，相同标号导线要接在端子板的同号接点上。另外，弄清安装现存的土建情况和设备分布情况，对安装工作有很大的帮助。

（四）看展开接线图

结合电气原理图看展开接线图比较方便，对照动作回路的说明，按从上到下或从左到右顺序阅读。要注意，动作元件的触点常常接在其他回路中，不像电气原理图那样直观。看图时，不得遗漏触点，否则，分析动作情况就不全面，甚至无法分析。

（五）看平面布置图和剖面图

看平面布置图时，先了解土建平面概况，然后看电气主要设备的位置布置情况，结合剖面图进一步弄清设备的空间布置，这对安装接线的整体计划和具体施工都是十分必要的。

8.4.2 电气主接线图识图

一、概述

发电厂和变电所的电气主接线是由发电机、变压器、断路器、隔离开关、互感线和电缆等一次设备，按一定要求和顺序连接而成的，它用以表示生产、输送、汇集和分路。电气主接线图可表明一次设备的数量和作用、设备间的连接方式以及与电力连接情况，也被称为一次系统图。常用一次设备的图形符号及文字符号如表8-8所示。

各种形式的电气主接线的特点、运行方式和适用场合将在后续专业课中介绍，这里仅对电气主接线图的图示特点、读图的基本思路作简要介绍，使读者建立起对电气主接线图的基本概念。

表 8-8 常用一次设备的图形符号和文字符号

设备名称	图形符号	文字符号	设备名称	图形符号	文字符号
直流发电机	G	GD	双绕组变压器		TM
交流发电机	G ~	GS	三绕组变压器		TM
直流电动机	M	MD	低压断路器		Q
交流电动机	M ~	MS	接触器		KM
自耦变压器		TA	熔断器		FU
电抗器		L	避雷器		F
分裂电抗器		F	整流器		U
电流互感器		TA	逆变器		U
隔离开关		QS	电缆终端头		X
断路器		QF	接地		E
负荷开关		QL	保护接地		PE

二、电气主接线图的图示特点

一套复杂的电力系统一次电路图是由许多基本电气图构成的。阅读电气主接线图时，首先要根据基本电气系统图主电路的特点来把握读图的方法及要领。

(1) 一次系统图的基本组成和主要特征一般采用概略的方式来描述。

通常仅用符号表示各项设备，而对设备的技术数据、详细的电气接线、电气原理等都不作详细表示。这些内容的详细描述应参看分系统电气图、接线图、原理图等。

(2) 为了简化作图，对于相同的项目，可以只描述其中的一个，其余项目只在功能框内注以“电路同××”，避免重复描述，使图面更清晰，更便于阅读。

(3) 电气主接线一般绘制成单线图，并以母线为核心将各个项目（如电源、负荷、开关电器、电线电缆等）联系在一起。

(4) 一般在电气主接线图中母线的上方为电源进线，母线的下方为出线，一般都是经过配电屏中的开关设备和电线电缆送至负荷的。

(5) 为了突出系统图的功能，供使用维修参考，图中一般还标注了有关的设计参数，如系统的设备容量、计算容量、计算电流以及各路出线的安装功率、计算功率、计算电流、电压损失等。这些既是电气主接线图需要表达的重要内容，也是它的主要特色之一。

三、电气主接线图的读图步骤

(1) 读一次电路图一般是从主变压器开始，了解主变压器的技术参数。然后先看高压侧的接线，再看低压侧的接线。

(2) 为进一步编制详细接线图提供依据和供安装、操作、维修时参考，一次电路图上一般都标注几个重要参数，如设备容量、计算容量、负荷等级、线路电压损失等，在读图时要了解这些参数的含义并从中获得有关信息。

(3) 电气系统一次电路图是以各配电屏的单元为基础组合而成的，所以阅读电气系统一次电路图时，应按照图样标注的配电屏型号查阅有关手册，把有关配电屏电气系统一次电路图看懂。

(4) 看图的顺序可按电能输送的路径进行，即为按电源→母线→开关→设备→馈线等顺序进行。

【例 8-5】 某变电所主接线图实例。

如图 8-27 所示为有两台主变压器的降压变电所的一次回路图。识图时，先看主变压器，由变压器符号的标注可知，变压器 T1 和 T2 的容量都为 6300kVA，电压由 35kV 变为 10kV，接线组别为 Y，d11。高压侧的母线接线形式为外桥式接线，两路进线的隔离开关有接地隔离，桥路的两侧装有避雷器 F 及电压互感器 TV。

变压器低压侧为单母线分段式接线，每台变压器各供一段母线，当有一台变压器停电时，通过母联断路器，由另一台主变压器向 WB1 和 WB2 二段 10kV 母线供电，保证了重要负荷不间断供电。每段 10kV 母线都有架空出线和电缆出线，架空出线的出口处都装有避雷器。在 10kV WB1 段母线上装有一台 50kVA 的所用变压器，并经电缆和 WB2 段母线相连，使 WB1、WB2 两段母线都能向所用变压器供电，保证了所用电源的可靠性。另外，在两段母线都装有电压互感器和避雷针，作计量和防雷保护用。

由于该部分内容与专业课结合紧密，各种形式的电气主接线的特点、运行方式和适用情况留待后续专业课的学习中作讲解。

电气主接线图读图要领：以电能的流向为线索，划分单元，理清关系；先看主变压器，再看电源进出线，最后再看参数和设备。

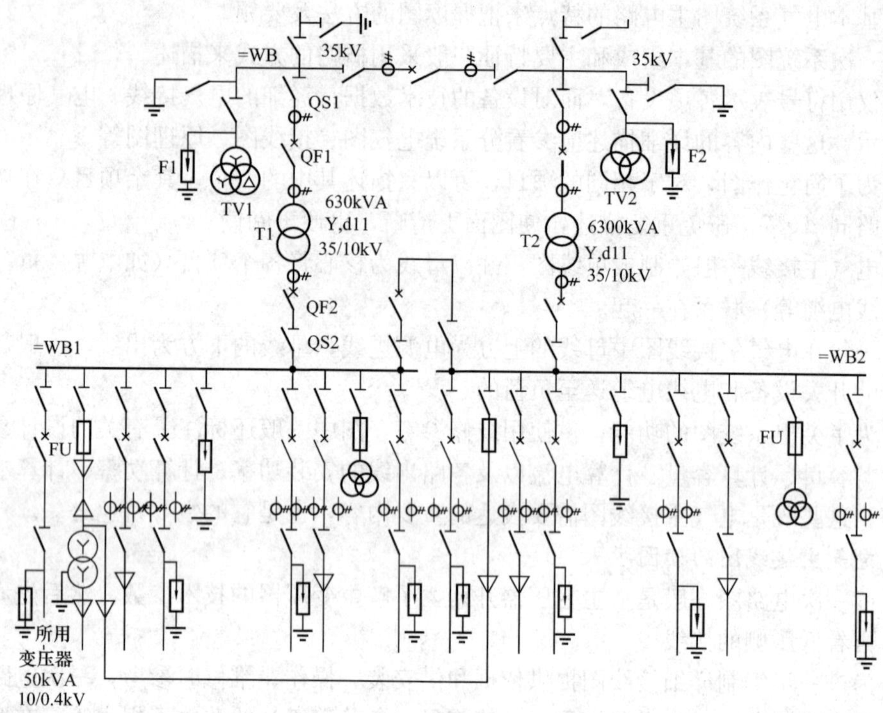

图 8-27 某变电所电气主接线图

8.4.3 二次回路图识图

一、概述

电力系统二次回路是由二次设备，如监察用表计、测量用电计、控制开关、自动装置、继电器、信号器具、控制电缆等所组成的电气连接回路。其任务是通过对一次回路的监察、测量来反映一次回路的工作状态，并控制一次回路。当一次设备发生故障时，继电保护能将故障部分迅速切除，并发出信号，以保证一次设备安全、可靠、经济、合理地运行。二次设备通过电压互感器和电流互感器与一次设备取得电的联系。一次设备和二次设备的关系如图 8-28 所示。

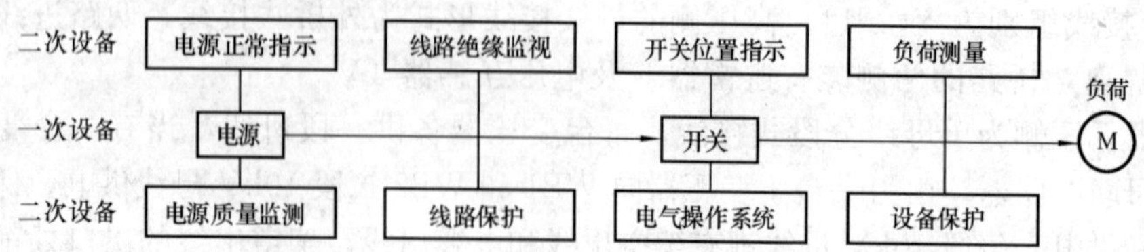

图 8-28 一次设备和二次设备关系示意图

二次回路图是将所有二次设备、元件用国家统一规定的相应图形符号、文字符号或数字符号表示，并按照实际连接的顺序绘出。二次回路图按其用途可分为原理图、展开图、屏面布置图、单元安装图和端子排图几种。

二次回路图是电气工程图的重要组成部分，与其他电气图相比更复杂一些，这主要表现在以下几点。

（一）二次设备数量多

随着电力系统的发展，一次设备的电压等级不断升高、容量不断增大，要求自动化操作与保护的系统也越来越复杂，二次设备的数量与种类也越来越多。在一个电网中，二次设备的数量较一次设备要多很多，据不完全统计，一座中等容量的35kV厂用变电所，一次设备约有30多台，而二次设备可达400多件。

（二）二次连线复杂

由于二次设备数量多，连接二次设备之间的连线也很多，而且二次设备之间的连线也不像一次设备之间的连线那么简单。通常情况下，一次设备只在相邻设备之间连接，且导线的根数仅限于单相2根、三相3根或4根（带零线）、直流2根，而二次设备之间的连线可以跨越很远的距离和空间，且往往互相交错连接，另外某些二次设备的引接线很多，例如：一个中间继电器的引入引出线多达20余根。

（三）二次设备动作程序多、工作原理复杂

大多数一次设备动作过程是通或断，带电或不带电等过程，而大多数二次设备的动作过程程序多，工作原理复杂，以一般保护电路为例，通常应有传感元件感受被测参量，再将被测量送到执行元件，或立即执行，或延时执行，或同时作用于几个元件动作，或按一定的次序作用于几个元件分别动作，动作之后还要发出动作信号，如音响、灯光显示、数字和文字指示等。这样二次回路必然要复杂得多。

（四）二次设备工作电源种类多

以一个10kV配电变电所为例，一次设备的电压等级只有10kV和380V/220V。但二次设备的工作电压等级和电源种类却可能有多种，有直流、交流，有380V以下的各种电压等级，如：380、220、110、36、24、12、6.3、1.5V等。

常用二次设备图形符号如表8-9所示。

表8-9　　常用二次设备图形符号

序号	元件名称	图形符号	序号	元件名称	图形符号
1	当操作器件被吸合时延时断开的动断触点		5	两个绕组的操作元件	
2	当操作器件被吸合时延时闭合的动合触点		6	过电流继电器	I>
3	动断（常闭）触点		7	欠电压继电器	U>
4	操作器件继电器线圈一般符号		8	自动复归常开按钮	

续表

序号	元件名称	图形符号	序号	元件名称	图形符号
9	当操作器件被释放时延时闭合的动断触点		13	电喇叭	
10	当操作器件被释放时延时断开的动合触点		14	信号灯，一般符号	
11	动合（常开）触点开关一般符号		15	电铃	
12	按钮开关（不闭锁）		16	蜂鸣器	

二、二次回路图的图示特点

二次回路接线图的表示方法有原理接线图、展开接线图和安装接线图 3 种。其中原理接线图和展开接线图为表示二次回路工作原理的图，只是表示的方法不同。安装接线图是表示二次设备具体布置位置及二次设备之间、二次设备与端子之间相互连接的图。

由于识读该部分内容与专业知识结合紧密，各种二次回路图的原理、运行方式等留待后续专业课的学习中作讲解。这里仅从一些表达特点和读图的思路上作一些介绍。

（一）二次回路原理图

（1）二次回路原理图反映保护装置的整体构成原理，使图上设备间相互关系直观，使读图者对保护原理有一个明确的整体概念。二次设备采用整体的形式表示，将一次设备和二次设备画在一张图纸上，继电器和触点用集中表示法画在一起。

（2）在二次原理图中，线圈和触点的运行状态都是未带电时的正常状态，否则需注明状态。

（3）在二次原理图中的设备不画出内部接线，不注明设备引出端子的编号，电源只注明极性，交流注明相别，不具体表示是从何处引来的。

【例 8 - 6】 如图 8 - 29 所示为某 10kV 线路的过电流保护原理接线图。

分析 由图 8 - 29 可以看出，10kV 线路过电流保护装置由 4 个继电器组成。一、二次系统通过电流互感器 TA 联络。K1、K2 为电流继电器，接交流回路；K3 为时间继电器，接直流回路；K4 为信号继电器，接直流信号回路。

该图的工作原理：当线路发生短路或过负荷时，使流经 U 相和 W 相电流互感器之一的一次侧电流显著增大，当超过电流继电器 K1 或 K2 的定值时，K1 或 K2（有时二者同时）动作，致使其动合触点闭合，从而导致时间继电器 K3 线圈通电。在经历 K3 所整定的延时动作时间后，K3 的动断延时闭合触点闭合，又因断路器处于合闸位置，K3 发出掉闸脉冲使断路器掉闸线圈 Y 带电，引起 QF 掉闸。同时掉闸脉冲电流流经信号继电器 K4，其触点闭合，K4 发出掉闸信号，以便于值班员确认保护已动作。

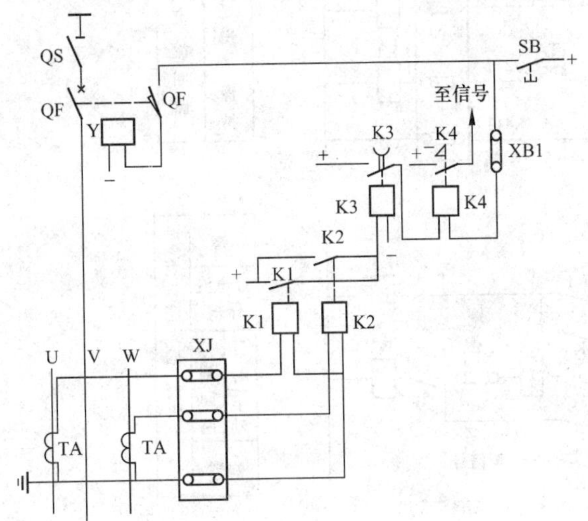

图 8－29　10kV 线路过电流保护原理

（二）二次展开接线图

二次展开接线图采用分开表示法，将二次回路按供电电源不同分成交流电流回路、交流电压回路，直流操作回路和信号回路等几个主要组成部分。同一元件的不同部件，因接回路电源不同分别画在不同的回路中。

在展开图中，无论元件、线圈和触点等都应按规定的文字符号加以注明，以便看出它们的功能。将回路中的电流、按钮、触点、线圈等元件的图形符号依电流通过的方向，按从左向右、从上到下的顺序排列起来，最后便构成完整的展开图。

【例 8－7】　如图 8－30 所示为 10kV 线路过电流保护展开图。

分析　该 10kV 线路过电流保护展开图由交流回路、直流回路和信号回路 3 部分组成。在图的右侧，尚有文字说明回路的作用，可帮助了解回路的动作过程。通过图 8－30 同样能说明当 10kV 线路短路或过负荷时，过电流保护动作掉闸的过程。由于展开图条理清楚，能一条一条地检查和分析，因此实际中应用得最多。

（三）安装接线图

安装接线图是制造、安装和运行中的查线用图，它包括屏面布置图、端子接线图和屏背面接线图。

发电厂变电所的二次设备安装在控制室、继电保护室等相应的屏上，屏内设备与屏外设备通过端子和控制电缆连接。一般有控制屏、继电保护屏、厂用电屏、直流屏、电能表屏和自动记录式仪表屏等。

（1）屏面布置图。屏面布置图是根据二次回路展开图，选好二次设备的型号后进行绘制的，屏面布置图是为了屏面开孔安装二次设备时用的，因此屏面布置图中二次设备及设备间距都要按比例画出，是制造商加工屏台、安装一次设备的依据。

如图 8－31 所示为 110kV 线路控制屏的屏面布置图，屏面左半部为一回出线的二次设备布置，右半部为另一回出线的二次设备布置。

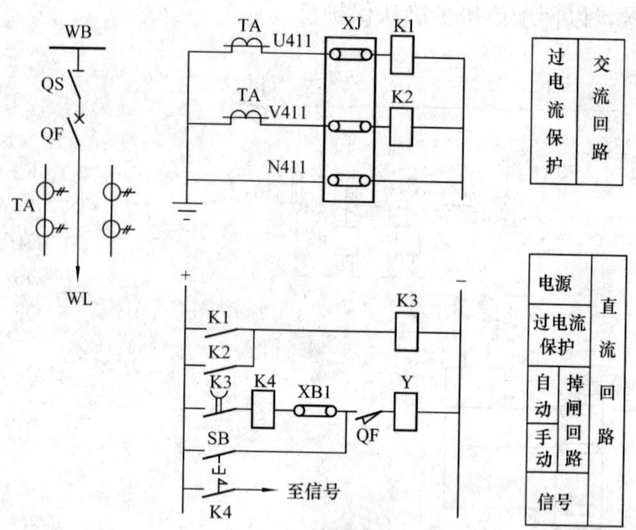

图 8-30 10kV 线路过电流保护展开图

如图 8-32 所示为传统的继电保护屏屏面布置图，屏面自上而下布置有电流继电器、时间继电器、信号继电器、保护出口继电器和连接片等。需要指出的是，微机型继电保护装置已经广泛地取代了基于电磁式继电器的保护装置，新式保护装置的屏面布置同该图已大不相同，屏面元件的数量已大为减少。

(2) 屏后接线图。屏后接线图是站在屏后所看到的接线图。它是以屏面布置图为基础，并以原理接线图为依据而绘制的接线图。主要表达屏面内各二次设备引出端子之间的连接情况，以及二次设备与端子排的连接情况，主要运用在制造厂屏上配线和接线，施工单位现场的二次设备的安装以及运行过程中的试验检查用图。

从屏后向屏体看去，看到的一般为：两列垂直布置的端子排处于屏的两侧；处于屏顶的各种小母线、熔断器和隔离开关等；众多的二次设备的背面及其接线端子，如图 8-33 (d) 所示。

端子排由若干个接线端子组成，每个接线端子由绝缘座和导电片组成，导电片的两端各有一个固定导线用的螺丝，可使两端的导线接通，如图 8-31 (e) 所示。

端子排中的端子一般自上而下按下列顺序排列：①交流电源回路；②交流电压回路；③直流信号回路；④直流控制回路；⑤其他回路（如自动励磁电流和电压回路）；⑥转接回路（用于过渡连接：先排本安装单位的转接，再排其他安装单位的转接，最后排小母线连接用的转接）。

在安装接线图中，在一个屏内布置或属于某个一次回路中的所有二次设备叫做安装单位，如发电机、变压器、线路、母线、断路器等，为了区分这些不同的安装单位，一般采用罗马数字Ⅰ、Ⅱ、Ⅲ、…对它们进行编号。每个安装单位都有自己的端子排。这些端子排之间的接线采用相对编号法来表示。

现以如图 8-30 所示 10kV 线路过电流保护展开图为例，具体说明屏后接线图的表示方法和“相对编号法”的应用。为简化此例，略去了原图中的试验按钮、测试插孔和连接片等环节，形成展开图 8-33 (a)、屏后接线图 8-33 (b) 和 (c)。其中图 8-33 (b) 为端子排图，它是屏后接线图的一个组成部分。

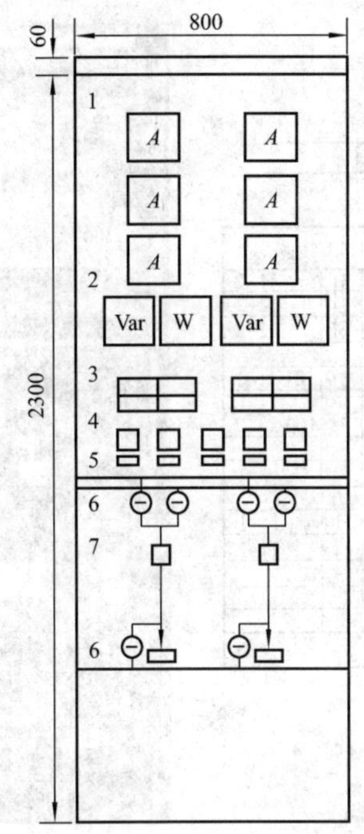

图 8-31　110kV 线路控制屏屏面布置图

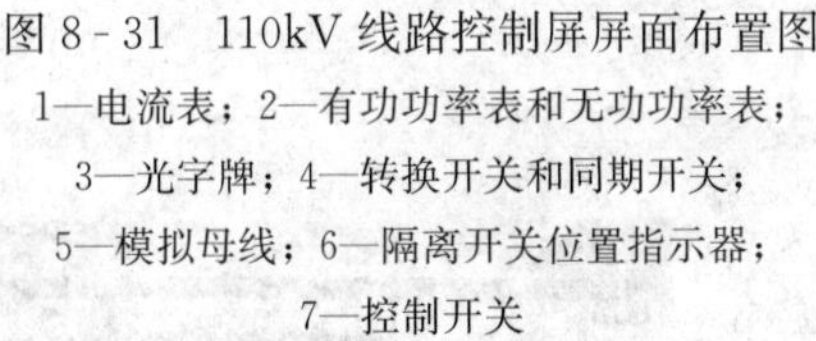
1—电流表；2—有功功率表和无功功率表；
3—光字牌；4—转换开关和同期开关；
5—模拟母线；6—隔离开关位置指示器；
7—控制开关

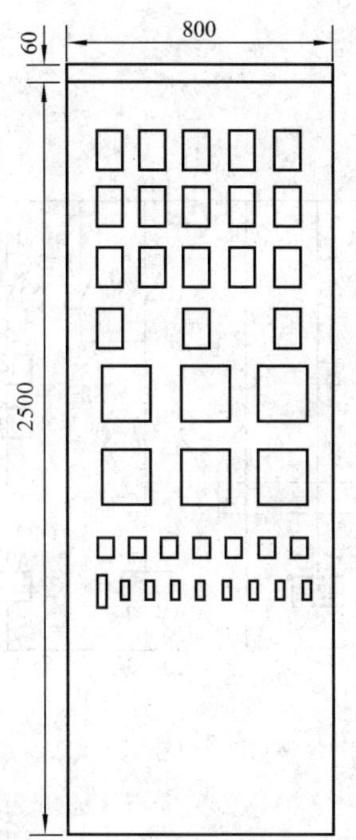

图 8-32　继电保护屏屏面布置图

端子排图表格的首行说明安装单位的编号和名称；其余各行要在中间位置说明端子的序号，在两侧栏标明该侧端子应接的设备（多为屏外设备）编号，或所接回路编号，在另一侧注明该侧端子应接的屏内设备的编号。图 8-33（b）中端子排的左列端子与屏顶的小母线、屏外的电流互感器和该线路的控制屏相连，右列端子与屏内设备相连，在该保护屏中有关该线路的所有二次设备构成安装单位“I”。图中的第 1、2、3 号端子带有竖线标志，代表试验端子，第 5、6 号和第 7、8 号端子为连接端子，它们能上下相互连接起来形成通路，这几个端子的左侧与控制屏的断路器控制电源的负极相连。第 9 号端子的左侧与控制屏的断路器辅助触点 QF 相连，第 11、12 号端子接屏顶的辅助小母线 M703 和“掉牌末复归”光字牌母线 M716。

为了避免混淆，屏上的所有设备均被编号，［参阅图 8-33（c）中各二次设备顶部圆圈中的内容］，其构成包括：①所属安装单位，本例均属于Ⅰ；②设备序号，即在一个安装单位的范围内，从屏背面自上而下，自右而左依次编号。本例中有 4 个设备安装于保护屏，它们都属于安装单位Ⅰ，序列号分别为 1～4；③设备的文字符号（参阅表 8-3）。

如图 8-33（c）所示，4 个设备的端子号旁均标有应连接设备的编号及所接端子号，如电流继电器 K1 的驱动线圈的 2 号端子旁标有Ⅰ-1，表示它与端子排Ⅰ的 1 号端子相连；8 号端子旁标有Ⅰ2-8，表示它与 K2（Ⅰ2）的 8 号端子相连，K2 的 8 号端子旁标有Ⅰ1-8 和Ⅰ1-3，表示它既与 K1（Ⅰ1）的 8 号端子相连，又与端子排Ⅰ的 3 号端子相连，从而实现了Ⅰ-3 与Ⅰ1-8 的连接。同时，端子排Ⅰ的第 3 号端子的内侧标有Ⅰ2-8，表示它与 K2

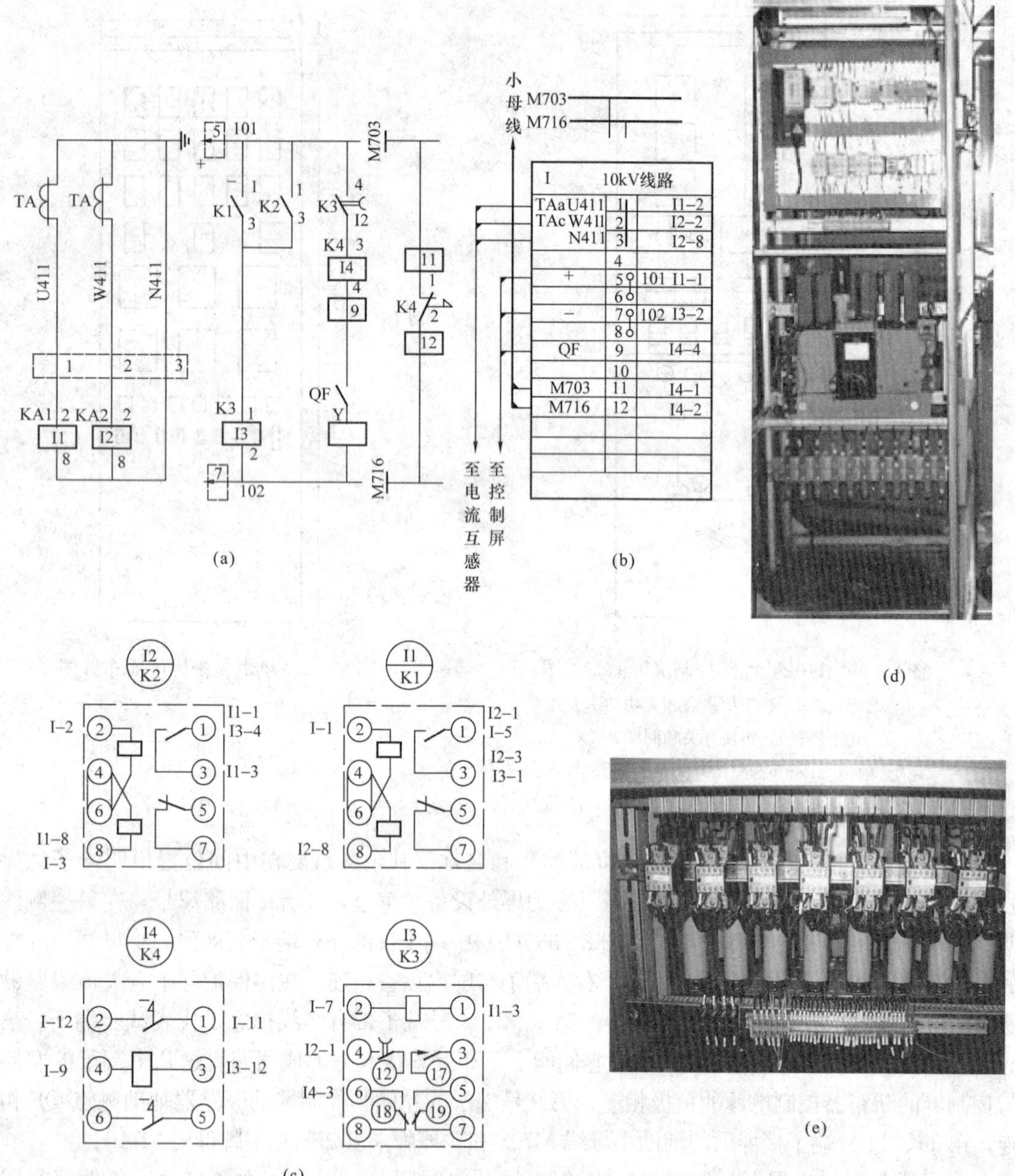

图 8-33　相对编号法的应用实例
(a) 10kV 线路过电流保护展开图；(b)、(c) 过电流保护屏后接线图；
(d) 屏后布置图；(e) 端子排

(Ⅰ2) 相连，这就体现了“相对编号”的原理，另外，K1 的 5、7 号端子旁无标记，说明该触点未使用。

应当指出，单独看屏后接线图是不容易看懂的，应结合展开图来看，以了解各设备之间的连接关系，如图 8-33 (a) 所示。由于该部分内容与专业知识结合紧密，详细的读图内容留待后续专业课的学习中作讲解。

要说明的是，目前使用微机保护的控制屏，其二次设备大为减少，且制造厂商一般为整屏供货，故通常只提供端子排接线图，而不向客户提供其他屏后接线图。

二次回路图读图的要领：看二次电路时，一般从上至下，先左后右，先看交流电路，后看直流电路。看交流回路要从电源开始看，直流回路重点要看线圈，然后抓住各个触点进行分析，将其来龙去脉查清后，图形间的关系也就明晰了。

学习提示：

在阅读电气工程图时，应当抓住图样的表达主题，首先分析主要部分，然后再对一些次要的或附属的功能进行分析。只有建立清晰的读图思路，并结合丰富的专业知识，才能将电气工程图真正读懂。

8.5 用AutoCAD绘制电气工程图

8.5.1 绘图的准备工作

一、设置绘图环境

使用AutoCAD绘制工程图，应先设置绘图环境，然后再画图。由于保存图样时同样也保存了该图样的绘图环境，所以在实际的工作中，往往将绘图环境保存为样板图，以便绘图时直接调用。

设置绘图环境一般包括以下几方面的内容。

(1) 用UNITS命令设置绘图单位。

(2) 用LIMITS命令设置图形界限。

(3) 用ZOOM命令中的“ALL”选项设置全屏显示。

(4) 用DDRMODES命令“草图设置”对话框设置对象捕捉等（包括自动捕捉和自动追踪）。

(5) 用LAYER命令设置图层、线型、颜色和线宽。

(6) 用LTCALE命令设置线型比例。

(7) 用STYLE命令设置文字样式。

(8) 用DIMSTYLE命令设置尺寸样式。

(9) 设置常用的其他变量。

二、使用样板图

读者可以根据专业需要创建系列样板图，以便设计绘图时直接调用。样板图的内容包括上述绘图环境的设置以及图框、标题栏、常用的图块等。一旦设置好样板图就可以重复使用了，减少了不必要的重复操作，可提高绘图效率，还可使一套图纸统一、规范。

(一) 创建样板图

创建样板图的基本步骤如下。

(1) 键入NEW或单击“新建”图标，选择“默认设置”进入绘图区。

（2）设置样板图的绘图环境。

1）用UNITS命令或点“格式”→“单位”设置绘图单位。

2）用LIMITS命令或点“格式”→“绘图界限”设置图形界限。

3）用ZOOM命令中的“ALL”选项设置全屏显示。

4）用DDRMODES命令或点“工具”→“草图设置”，在对话框设置对象捕捉等（包括自动捕捉和自动追踪）。

5）用LAYER命令或点“格式”→“图层”或工具图标设置图层、线型、颜色和线宽。

6）用LTCALE命令设置线型比例。

7）用STYLE命令或点“格式”→“文字样式”设置文字样式。

8）用DIMSTYLE命令或点“格式”→“尺寸样式”设置尺寸样式。

9）设置常用的其他变量。

（3）画图框、标题栏，并制作常用的图块等。

（4）选择“文件”→“另存为”命令，在弹出的“图形另存为”对话框中，在“保存类型”下拉列表框中选择“AutoCAD图形样板文件（*.dwt)”选项，在“保存于”选择样板图的保存路径（通常为…\Template文件夹)，在“文件名”下拉列表框中输入样板图的图名，如“电气A2”。

（5）单击“保存”按钮，在弹出的“样板说明”对话框中输入必要的说明文字，单击“确定”按钮，AutoCAD即将当前图样保存为样板文件，关闭该图形文件即完成样板图的创建。

（二）样板图的调用

如果所创建的样板图保存在“Template”文件夹中，绘制新图时，就可以从“创建图形”选项卡中选择“样板”选项创建，并在该选项卡的列表框中找到所创建的样板图的文件名（如“电气A2”)，将光标指向该文件，列表框右边的预览框中出现该样板图的缩略图形，点击确定，即可打开该样板图来绘制一张新图。

【例8-8】 创建电气图常用的A2图纸的样板图。

作图步骤

（1）设置绘图单位。用UNITS（UN）命令，建议长度单位用“小数”，精度为“0.00”；角度单位用“十进制度数”，精度为“0”，系统默认逆时针方向为正，X方向向左（正东面）为“0”度起点，拖放比例单位设置为“无单位”。

（2）设置图形界限。按照国家标准的规定，A2图纸的长宽尺寸为594×420，用LIMITS命令设置绘图界限，左下角为（0，0)，右上角为（594，420)，并用ZOOM命令中的ALL选项全屏显示。

（3）建立图层，设置线型、颜色和线宽。建立图层及各项的设置如表8-10所示：图层管理器中的相应设置如图8-34所示。

表8-10 建立的图层名称及各项设置

图层名称	颜色（颜色号）	线　型	线　宽
0	白色（7）	实线CONTINUOUS	0.35mm（粗实线用）
01	绿色（3）	实线CONTINUOUS	0.15mm（细实线，尺寸标注及文字用）
02	红色（1）	点划线IS004W100	0.15mm
03	黄色（2）	虚线IS002W100	0.15mm

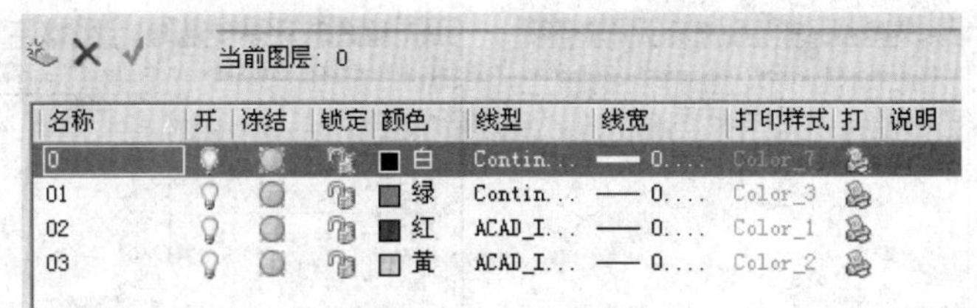

图 8-34　图层设置

（4）设置线型比例。采用 ISO 系列线型，全局线型比例 LTSCALE 采用默认值 1。

（5）设置文字样式。在“格式”菜单中选择“文字样式”命令，打开“文字样式”对话框设置两种文字样式。一种用于标题栏、明细表、技术要求等文字说明，样式名为“HZCF”，字体为“T 仿宋 _ GB2312”，字体宽度比例为“0.7000”。另一种用于尺寸标注，样式名为“HZDX”，shx 字体“gbeitc. shx”，字体宽度比例为“1.0”，如图 8-35 所示。

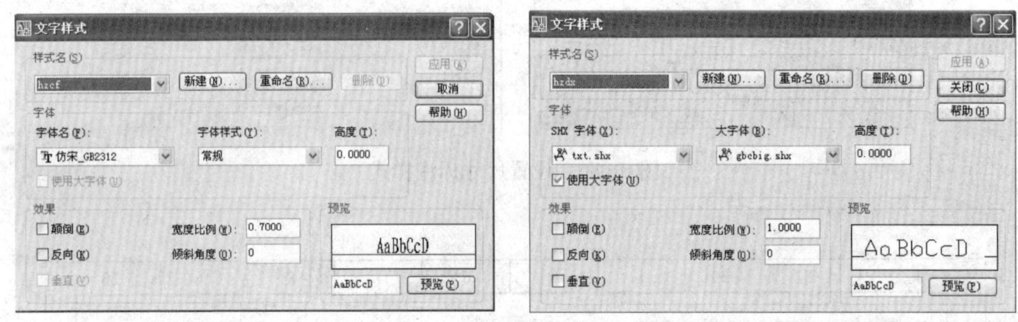

图 8-35　设置文字样式

（6）设置尺寸标注样式。在“格式”菜单中选择“尺寸标注样式”命令，打开“尺寸标注样式管理器”对话框，新建尺寸标注样式名“GB-DQT”，基础标注样式为“ISO-25”，其余变量如图 8-36 所示。

（7）绘制图框、标题栏以及进行图幅分区。设置“01”层为当前层，选择 RECTANG（矩形）命令绘制 594×420 的图纸边界线；设置“0”层为当前层选择 RECTANG 命令绘制图框和标题栏框线；换“01”层为当前层，用 LINE（直线）和 OFFSET（偏移）等命令绘制标题栏分隔线；以“HZCF”为当前文字样式注写标题栏内的有关文字。图幅分区可先用“绘点”中的“定数等分”将图框的长、宽的边作偶数等分后，再选择“直线”命令捕捉等分节点绘制，如图 8-37 所示。

（8）定义常用图块。将电气图常用的有些电气元件、设备、装置的图形符号和数据制作成图块，参见前述相关内容。

（9）保存样板图。将该图保存为“电气 A2. dwt”样板图，保存在“Template”文件夹中。

大家可以根据上例，通过修改图形界限和图框尺寸及相关变量，创建出 A0、A1、A2、A3、A4 等一系列的样板文件。

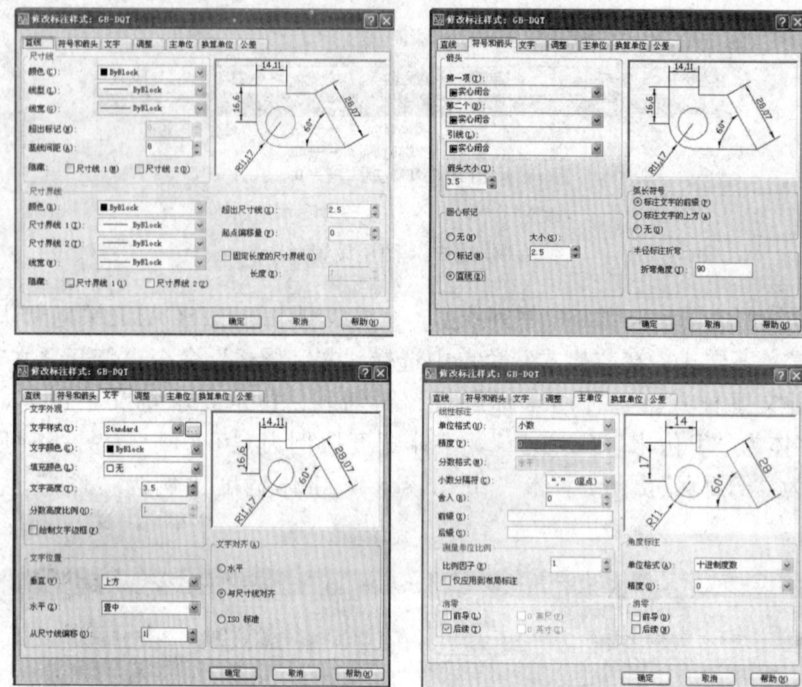

图 8-36 设置尺寸标注样式

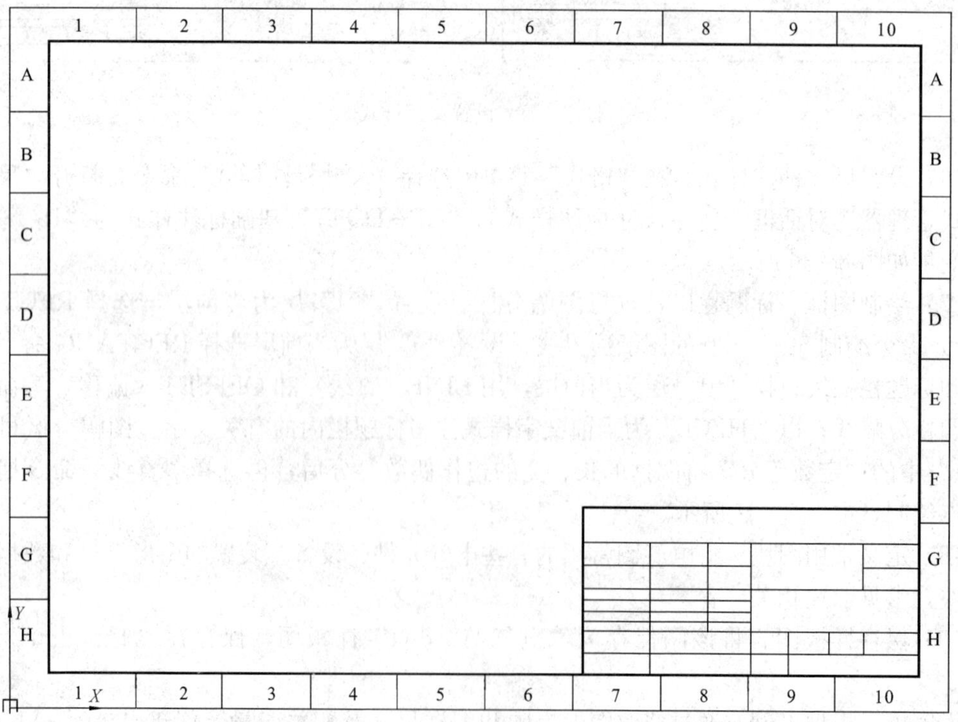

图 8-37 绘制标题栏

三、利用 AutoCAD 设计中心共享设计资源

AutoCAD设计中心是一个与Windows管理器类似的工具，利用该设计中心，不仅可以浏览、查找、预览和管理AutoCAD图形、块、外部引用（参照）及光栅图像等不同的资源文件，而且还可以通过简单的拖放操作，将位于本地计算机、局域网或Internet上的块、图层和外部参照等内容插入到当前图形，实现已有资源的再利用和共享，提高图形的管理和图形设计的效率。

（一）打开和关闭 AutoCAD 设计中心

单击下拉菜单“工具”→“设计中心”命令或按下Ctrl+2组合键。此时，弹出“设计中心”界面，如图8-38所示。

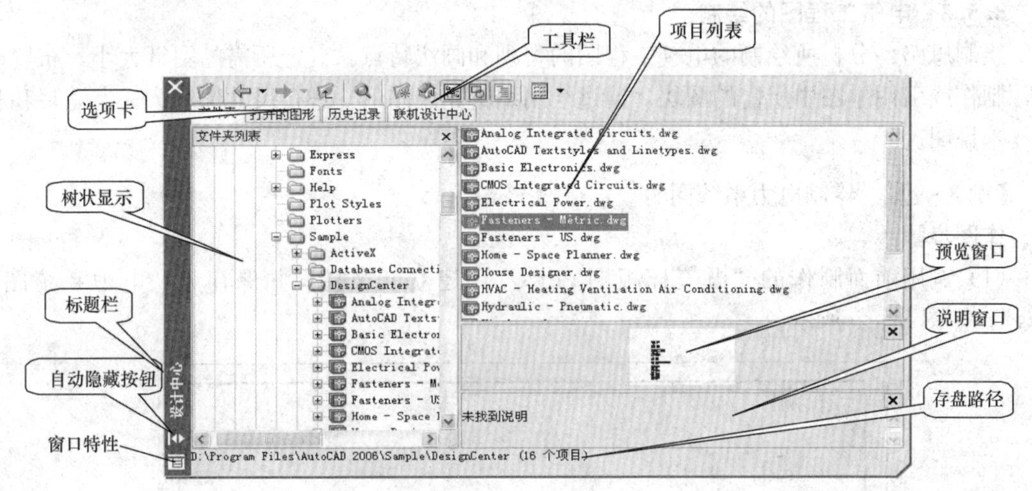

图8-38 “设计中心”界面

（二）用设计中心查找

在AutoCAD设计中心工具栏上单击“查找”按钮，AutoCAD弹出“查找”对话框。利用“查找”对话框可查找只知名称不知存放位置的图层、图块、标注样式、文字样式、线型、布局等，并可将查到的内容拖放到当前图形中。在查找图形文件时，还可以设置条件来缩小搜索范围。

（三）用设计中心打开图形

在AutoCAD设计中心，可以很方便地打开所选的图形文件，具体有以下两种方法。

(1) 用右键菜单打开图形。在设计中心的内容显示框中用右键单击所选图形文件的图标，弹出右键菜单，在右键菜单中选择“在窗口中打开”选项，可将所选图形文件打开并设置为当前图形。

(2) 用拖动方式打开图形。在设计中心的内容显示框中，单击需要打开的图形文件的图标，并按住左键将其拖动到AutoCAD主窗口中的除绘图区以外的任何地方（如工具栏区或命令区），松开鼠标左键后，AutoCAD即打开该图形文件并设置为当前图形。

说明：如果拖曳图形文件到AutoCAD绘图区中，则是将该文件作为一个图块插入到当前的图形文件中，而不是打开该图形。

（四）用设计中心复制

利用 AutoCAD 设计中心，可以方便地把其他图形文件中的图层、图块、文字样式、标注样式等复制到当前图形中，具体有以下两种方法。

（1）用拖动方式复制。在 AutoCAD 设计中心的内容显示框中，选择要复制的一个或多个图层（或图块、文字样式、标注样式等），用鼠标左键拖动所选的内容到当前图形中，然后松开鼠标左键，所选内容就被复制到当前图形中。

（2）通过剪切板复制。在设计中心的内容显示框中，选择要复制的内容，再用鼠标右键单击所选内容，弹出右键菜单，在右键菜单中选择“复制”选项，然后单击主窗口工具栏中的“粘贴”按钮，所选内容就被复制到当前图中了。

8.5.2　电气工程图的绘制

绘制思路：分析所绘制的电气工程图的类别和画法特点，确定所需的图纸大小，布置图面，制作或引用本图中所需的图块，通过绘制编辑完成图形，进行尺寸标注、文字注写和相关技术说明。

【例 8-9】　绘制电力系统图。

作图步骤

（1）调用前面制作的“电气样板图.dwt”，建立新文件，并保存为“电力系统图.dwg”，如图 8-39 所示。

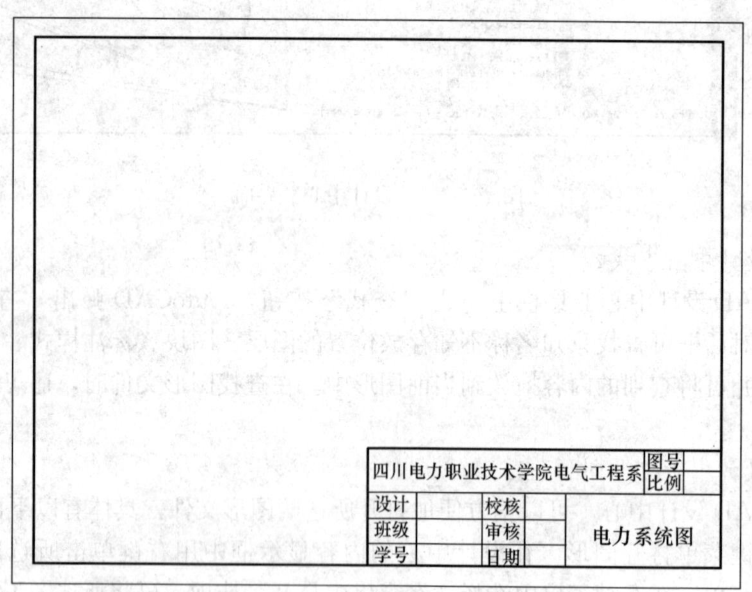

图 8-39　调用样板图

（2）将发电机、站用变压器等电气符号制作成图块，如图 8-40 所示。

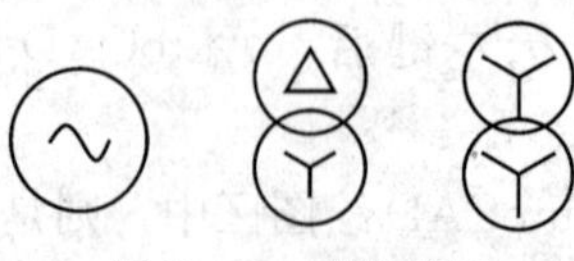

图 8-40　制作图块

(3) 选择“直线”命令绘制系统图中的主要连接线，如图8-41所示。

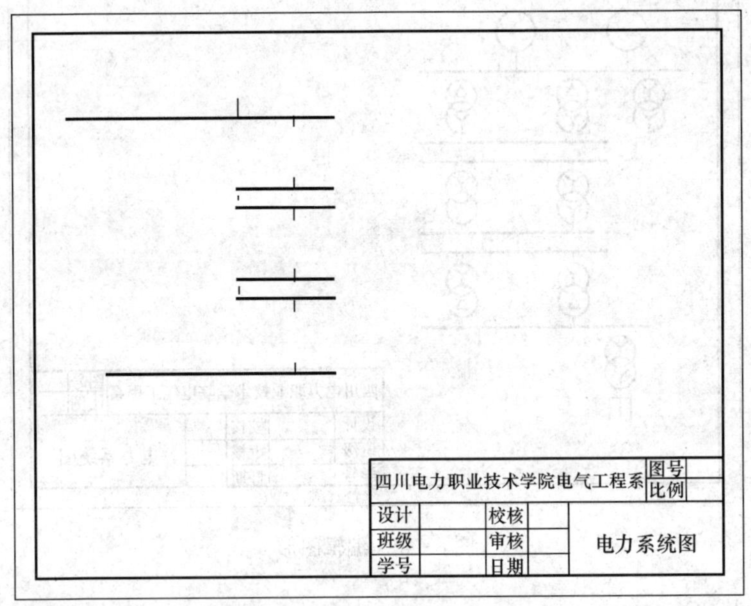

图8-41 构图、绘制主要连接线

(4) 在连接线的适当位置插入制作好的图块，注意调整好比例和角度，如图8-42所示。

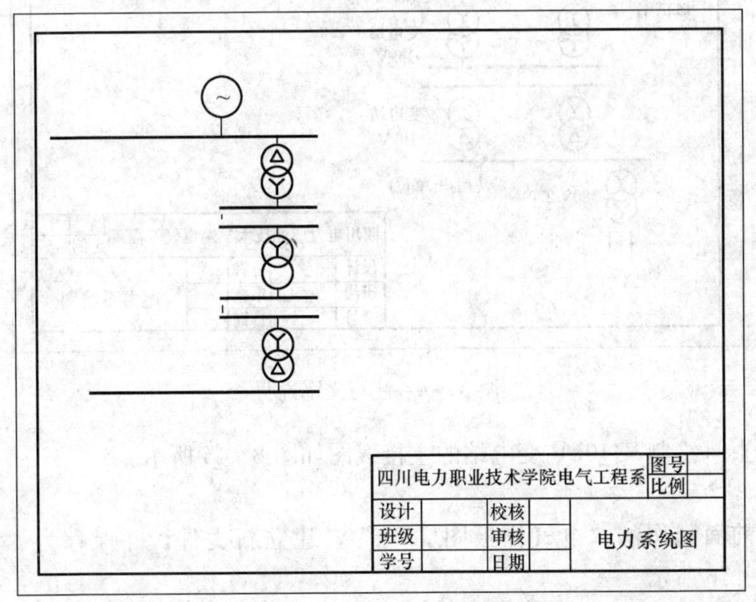

图8-42 插入图块

(5) 选择“镜像”、“复制”、“直线”等命令完成主要的图形内容，如图8-43所示。

(6) 选择“单行文本”命令注写说明文字等，完成全图，如图8-44所示。

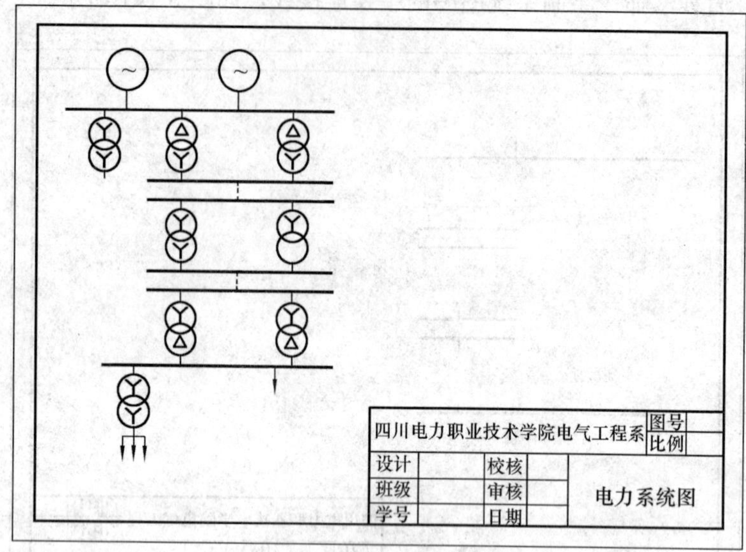

图 8-43 编辑图形

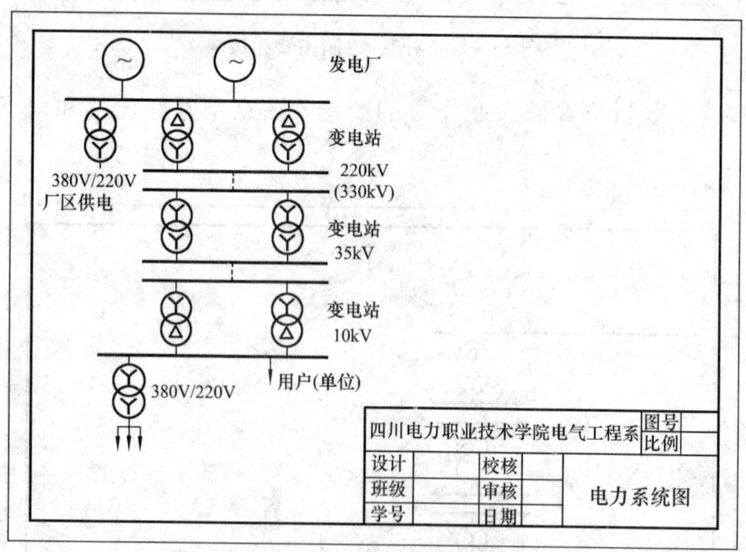

图 8-44 注写文字说明

【例 8-10】 绘制某 10kV 变电站的主接线图如图 8-45 所示。

作图步骤

(1) 调用前面制作的"电气样板图.dwt"，建立新文件，并保存为"电气主接线.dwg"，如图 8-46 所示。

(2) 将图中常用电气符号制作成图块，如图 8-47 所示。

(3) 绘制 10kV 母线，如图 8-48 所示。

(4) 选择"块插入"命令，依次插入图块。在母线一侧画出主变及两侧的器件设备，如图 8-49 所示。

（5）复制相同的主变支路，如图8-50所示。

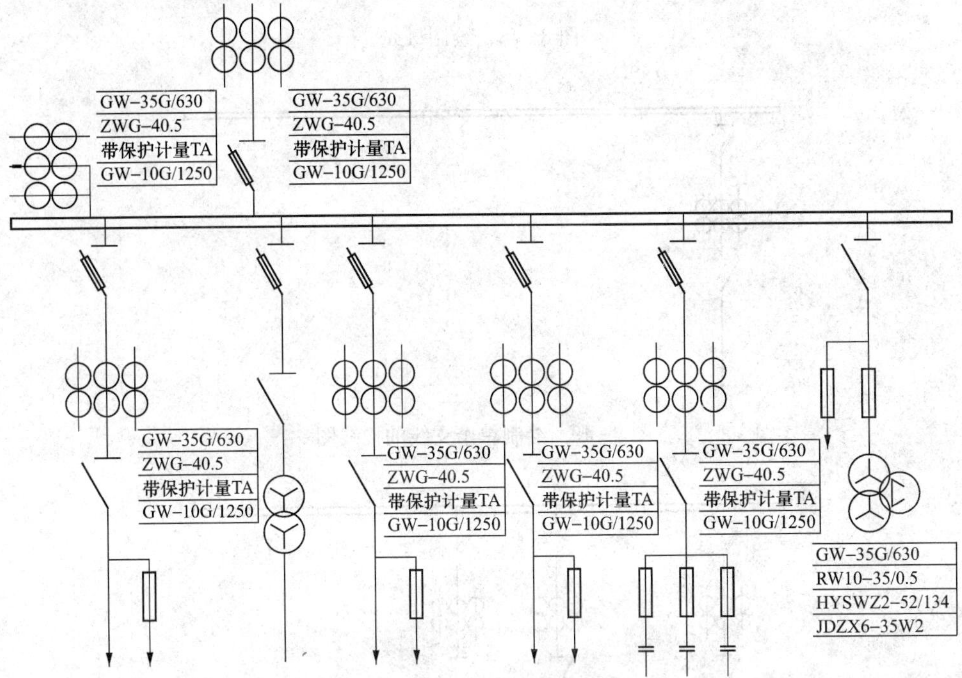

图8-45 某10kV变电所主接线图

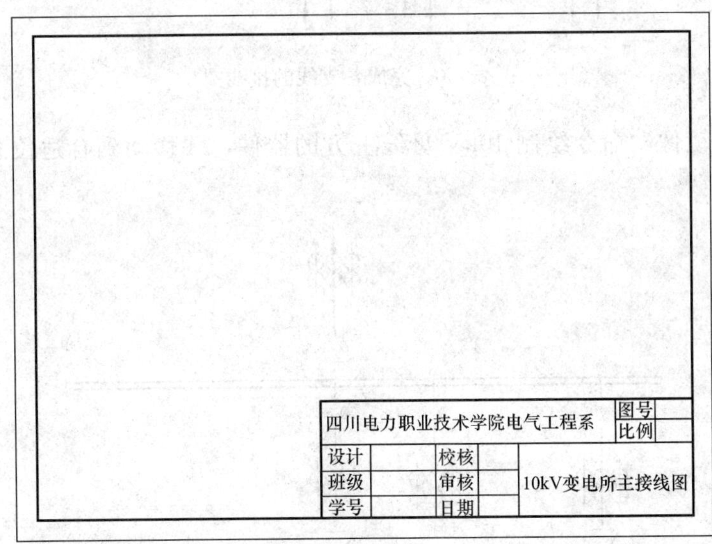

图8-46 调用样板图

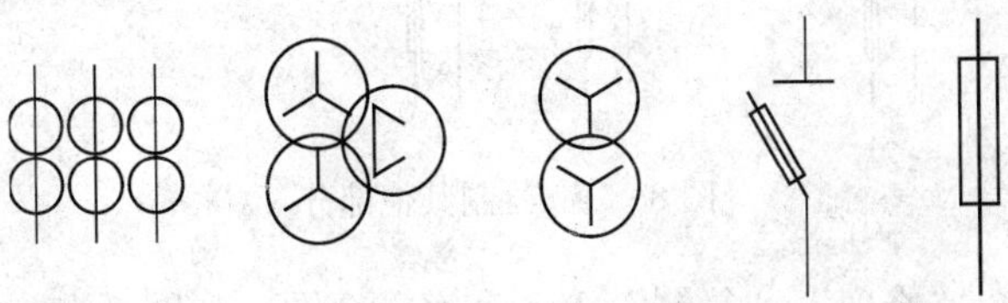

图8-47 制作图块

图 8-48 绘制母线

图 8-49 绘制单个支线的接线图

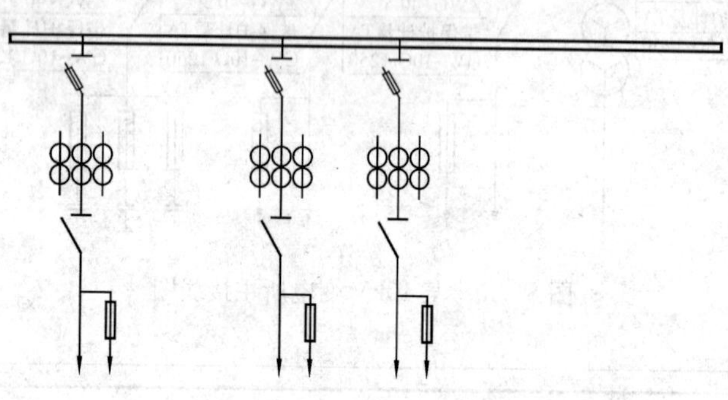

图 8-50 完成各支线的接线图

（6）选择“镜像”命令绘制 10kV 母线上方的器件，并移动到合适位置，如图 8-51 所示。

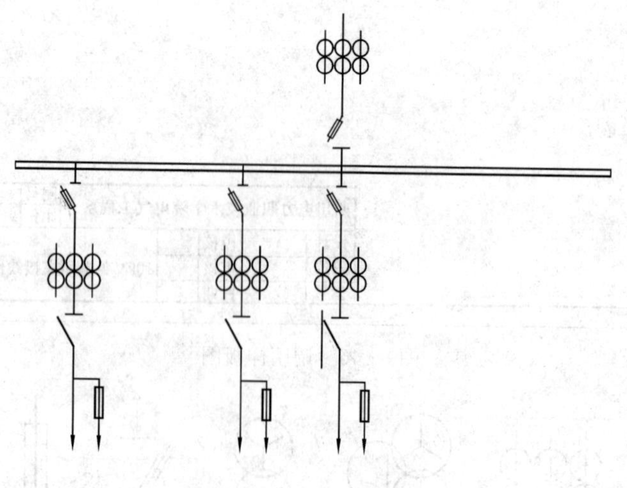

图 8-51 绘制其他部分

（7）选择“偏移”、“修剪”、“复制”等命令完成全图，如图 8-52 所示。

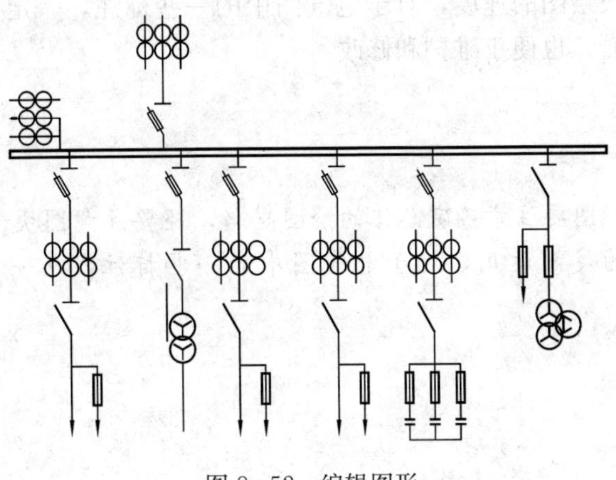

图 8-52　编辑图形

（8）输入注释及文字，完成全图，如图 8-53 所示。

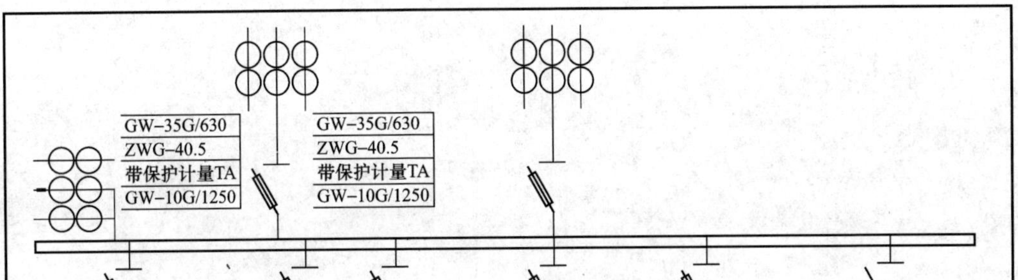

GW–35G/630
ZWG–40.5
带保护计量TA
GW–10G/1250

GW–35G/630
ZWG–40.5
带保护计量TA
GW–10G/1250

GW–35G/630
ZWG–40.5
带保护计量TA
GW–10G/1250

GW–35G/630
ZWG–40.5
带保护计量TA
GW–10G/1250

GW–35G/630
ZWG–40.5
带保护计量TA
GW–10G/1250

GW–35G/630
ZWG–40.5
带保护计量TA
GW–10G/1250

GW–35G/630
RW10–35/0.5
HYSWZ2–52/134
JDZX6–35W2

四川电力职业技术学院电气工程系				图号	
				比例	
设计		校核		10kV变电所主接线图	
班级		审核			
学号		日期			

图 8-53　注写注释文字、完成全图

总结　绘制电气工程图符号多、连接线复杂、比较麻烦，但只要有明确的总体思路，再加上认真细致，是不难掌握的。在绘制的过程中应注意图块、多重复制以及镜像、阵列等命令的灵活运用，以加快绘图的速度，对于电气图中的一些标注，一定要细致、正确、规范，这样才能使读者看得懂，也便于维护和修改。

学习提示：

绘制电气接线图要注意确定总体的绘图思路，还要注意图块、多重复制以及镜像、阵列等命令的灵活运用，对于电气图中的一些标注，也一定要细致、正确、规范。

第9章 电力安装图

本章引言

由于电气技术的广泛运用，各种电气工程越来越多，电力安装图已成为电气工程图中的重要组成部分。本章将介绍几种常用的建筑电力安装图、设备安装图、电力线路安装图，从这几种图样中，不难看到电气图与建筑图、机械图等交叉运用的特点。

本章重点 了解建筑电力安装图、设备安装图、电力线路安装图的表达方法，并能进行一般的识读。

本章难点 识读建筑电力安装图、设备安装图、电力线路安装图。

9.1 建筑图概述

目的与任务 了解房屋建筑图的表达方法和图示特点，能初步识读和绘制一般的房屋建筑图。

9.1.1 房屋建筑图概述

从事电力建设和生产专业的工程技术人员，应该对房屋建筑对本专业工艺结构方面的要求有不同程度的了解。例如：厂房必须满足生产设备的布置和检修要求等。同时，也应该了解房屋建筑的基本知识和具有识读房屋建筑图的初步能力。

一般修建房屋，通常要经过设计和施工两个阶段。首先是按所建房屋的要求进行初步设计，提出方案，确定房屋的平面布置、立面处理、结构造型等内容的初步设计图，然后，根据已经批准的初步设计进行施工图设计，完成一整套可以按图施工的完整的施工图。根据其专业内容和作用的不同，一套完整的房屋施工图一般分为以下几部分。

（1）施工首页图：包括图样目录和设计总说明。

（2）建筑施工图（简称"建施"）：反映房屋的内外形状、大小、布局、建筑节点的构造和所用材料等情况，包括总平面图、平面图、立面图、剖面图和详图。

（3）结构施工图（简称"结施"）：反映房屋的承重构件的布置，构件的形状、大小、材料及其构造等情况，包括结构计算说明书、基础图、结构平面布置图以及构件详图等。

（4）设备施工图（简称"设施"）：反映各种设备、管道和线路的布置、走向、安装要求等情况，包括给水排水、采暖通风与空调、电气等设备的平面布置图、系统图以及各种详图等。

房屋建筑图与机械图一样，都是按正投影原理绘制的。但由于建筑物的形状、大小、结构以及材料与机器部件存在很大差别，所以在表达方法上有所不同。识读房屋建筑图时，必须弄清房屋建筑图与机械图的区别，了解国家标准《房屋建筑制图统一标准》（GB/T50001—2001）等的有关规定，以及房屋建筑图的表达方法和图示特点。

一、房屋建筑图的图示特点

(一)图样的名称和配置

一套完整的房屋建筑施工图包括总平面图、平面图、立面图、剖面图和详图等。建筑图的图样名称与机械图的名称视图名称的区别如表9-1所示。

表9-1 房屋建筑图与机械图的图样名称对照

房屋建筑图	立面图(以不同方式命名)	总平面图、平面图	剖面图	断面图	详图
机械图	主、左、右、后视图	俯视图(含视图和剖视图)	剖视图	断面图	局部放大图

(1)平面图。平面图分为楼层平面图、局部平面图和顶层平面图(为屋顶的俯视图)。楼层平面图是假想用水平剖切面沿建筑物的门、窗洞处剖切后,移去上部,由上向下投射所得到的水平剖视图。一般楼房需要每层画一个平面图,并在图形下方命名为"底层平面图"、"二层平面图"等,如果几个楼层的平面布置相同,也可只画一个"标准层平面图"。

平面图主要反映房屋的平面形状、布局,反映各个房间的分隔、大小、用途,墙的位置和厚度,柱的位置和断面,门、窗和其他主要构配件的位置等内容。

在平面图中常常需要绘制定位轴线,用于确定承重构件(墙、柱等)的位置,作为施工定位和放线的依据。定位轴线的画法及标注如图9-1所示。

1)定位轴线用细点划线绘制,编号圆为直径为8~10mm的细实线圆。

2)平面图上的轴线编号宜标在图样的下方与左侧。横向编号用阿拉伯数字按从左至右的顺序编写,竖向编号用大写拉丁字母按从下至上的顺序编写(一般不采用I、O、Z字母编号)。

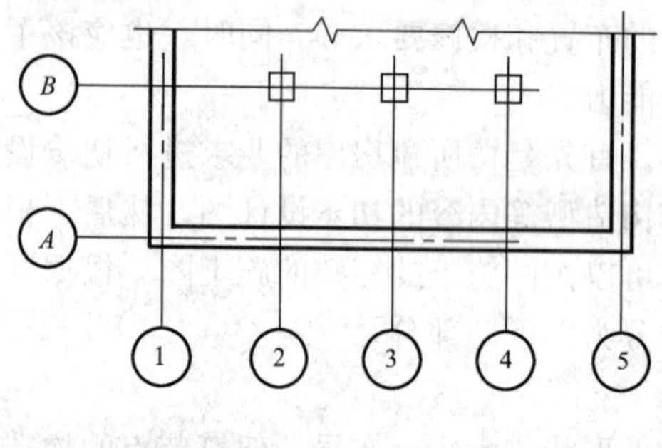

图9-1 定位轴线

(2)立面图。在平行于建筑物立面的投影面上所作出的视图称为立面图。立面图表达房屋的外形、外墙面装饰情况、门窗的位置形式、主要部位标高等。

建筑立面图的命名方式有以下几种。

1)按房屋主要出入口命名,有正立面图、左侧立面图、右侧立面图、背立面图;

2)按房屋的朝向分别称为东立面图、南立面图、西立面图和北立面图;

3)按平面图的定位轴线的编号来命名,如①~⑩、⑩~①立面图,Ⓓ~Ⓐ、Ⓐ~Ⓓ立面图。

(3)剖面图。房屋的剖面图是假想将建筑物竖直剖开后,移去处于观察者与剖切面之间的部分,把余下部分向投影面投射所得的剖视图。剖面图主要表示房屋垂直方向的内部的构造、分层情况、各部位之间的联系,以及地面、门窗、屋面的高度等内容。

(4)详图。详图是用较大的比例详细表达建筑物细部构造的图样。一般在平、立、剖面图中未能详尽表达的建筑细部或构配件的形状、构造和尺寸,就用详图来补充表达清楚。详图可用视图、剖面图、断面图等方式表达,其特点是比例大、尺寸齐全、文字详尽。

平面图、立面图、剖面图和详图是房屋建筑图中最基本的图样,可能的情况下最好按投影关系布置在一张图纸上。也可以将平面图、立面图、剖面图和详图分别画在不同的图纸上。不论是否配置在一张图纸上，每个图样都要标注图名和比例。

为了便于看图，清楚了解各视图之间的关系，凡是视图上的某一部分（或某一构件）另有详图表示的，必须标注详图的索引符号，并应在详图上方注明详图的编号。详图的索引符号和详图符号的标注方法及要求如图 9-2 所示。

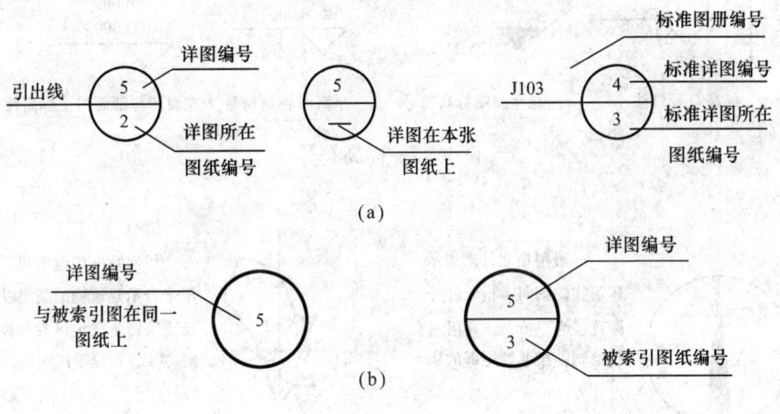

图 9-2 索引符号与详图符号
(a) 索引符号；(b) 详图符号

（二）比例

由于房屋建筑的形体庞大，所以房屋的建筑施工图一般都用较小的比例绘制。如房屋的平、立、剖面图常用比例是 1∶50、1∶100、1∶150、1∶200、1∶300；详图的常用比例是 1∶1、1∶2、1∶5、1∶10、1∶15、1∶20、1∶25、1∶30、1∶50。

（三）图线

建筑制图所采用的图线线型，除折断线和波浪线之外，各种图线都分粗、中、细 3 种规格。图线宽度 d 的线宽系列宜采用 2.0、1.4、1.0、0.7、0.5、0.35mm。粗、中、细 3 种线型的线宽比为 4∶2∶1 。

（四）尺寸标注

房屋建筑图中的尺寸起止符号一般画成中等线宽的短画，其倾斜方向应与尺寸界线成顺时针 45°，长度宜为 2～3mm 。尺寸线不宜超出尺寸界线；尺寸界线的一端应离开图样轮廓线不小于 2mm ，另一端宜超过尺寸线 2～3mm；尺寸数字应根据读数方向在靠近尺寸线的上方中部注写。尺寸单位除标高以“m”为单位外，均以“mm”为单位。

（五）标高

标高是标注建筑物高度的一种尺寸标注形式。在平、立、剖、详图上，常用标高符号表示某一部位的高度。各图上所用标高符号用细实线绘制直角等腰三角形表示。标高数值以 m 为单位，一般注至小数点后三位，标高有绝对标高和相对标高之分。一般建筑总平面图的标高采用绝对标高（即为以青岛黄海平均海平面为高程起算点）。总平面图上的室外地坪标高，用涂黑的三角形表示。建筑平、立、剖面图等采用相对标高，以建筑物底层室内主要地面为高程起算点。标高符号如图 9-3 所示。

（六）指北针和风向频率玫瑰图

指北针和风向频率玫瑰图如图 9-4 所示。

二、房屋建筑图中常用的图例和符号

（1）房屋建筑剖面图上表示的建筑材料应按（GB/T50001—2001）规定的图例画出，常用建筑材料图例如表9-2所示。

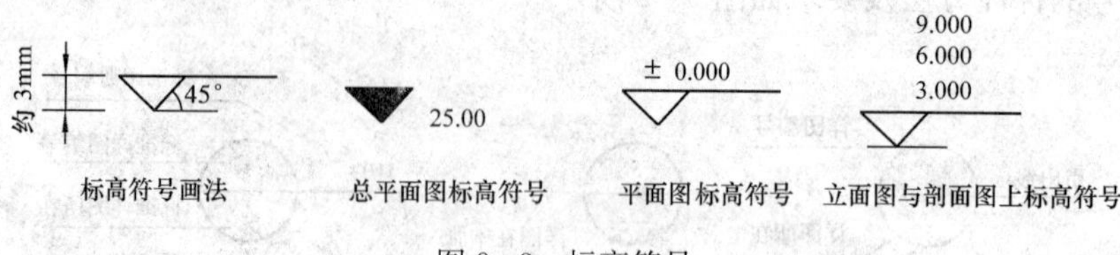

图9-3　标高符号

一般用指北针来表示建筑物的朝向。指北针外圆直径为24mm，宜用细实线绘制，指北针尾部的宽度宜为3mm。

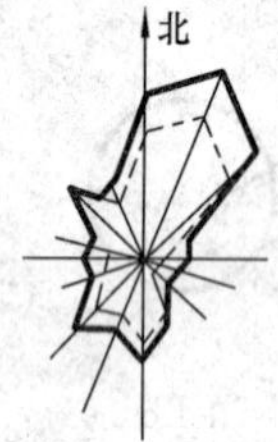

风向频率玫瑰图可以用来表示建筑物的朝向以及建筑物所在地区常年风向（实线）和夏季风向（虚线）情况。

图9-4　指北针和风向频率玫瑰图

表9-2　　常用建筑材料图例

序号	名称	图例	备注	序号	名称	图例	备注
1	普通砖		包括实心砖、多孔砖、砌体。断面较窄不易给出图例线时、可涂红	6	砂砾石、碎砖三合土		
2	混凝土		在剖面图上画出钢筋时，不画图例线；断面图形小，不易画出图例线时，可涂黑	7	毛石		
3	钢筋混凝土			8	砂、灰土		本例中采用较稀的点
4	自然土壤		包括各种自然土壤	9	木材		上图为横断面；上左图为垫木、木砖或木龙骨；下图为纵断面
5	夯实土壤			10	金属		包括各种金属。图形小时，可涂黑

（2）由于平、立、剖面图是采用小比例绘制的，图中的建筑构造及配件不可能按实际情况画出，因此，应采用《建筑制图标准》（GB/T50104—2001）规定的图例来表示构配件，如表9-3所示。

表 9-3　常用建筑构造及配件图例

序号	名　称	图　例	说　明
1	单扇门（包括平开或单面弹簧）	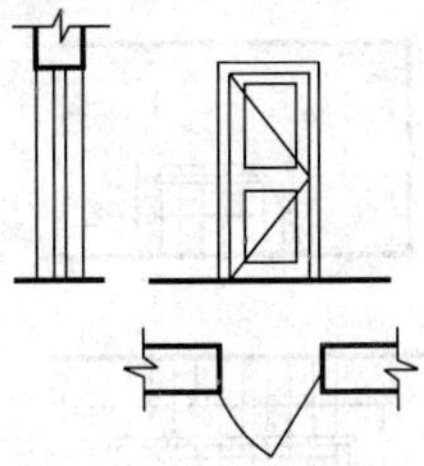	（1）门的名称代号用 M 表示 （2）剖面图左为外、右为内；平面图下为外，上为内 （3）立面图上开启方向线交角的一侧为安装合页的一侧，实线为外开，虚线为内开 （4）平面图上的门线应 90°或 45°开启，开启弧线宜绘出。立面图上的开启方向线，在一般设计图中可不表示，在详图及室内设计图上应表示 （5）立面形式应按实际情况绘制
2	双扇门（包括平开或单面弹簧）	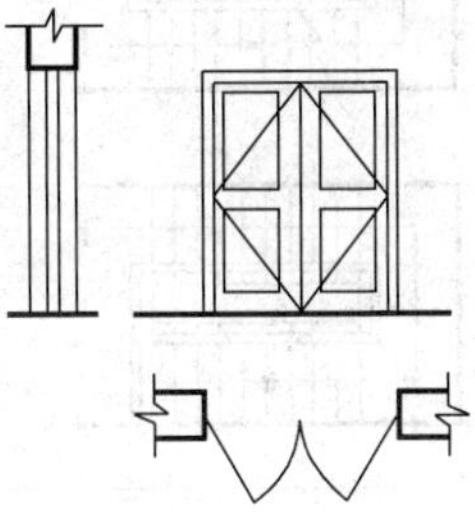	
3	对开折叠门	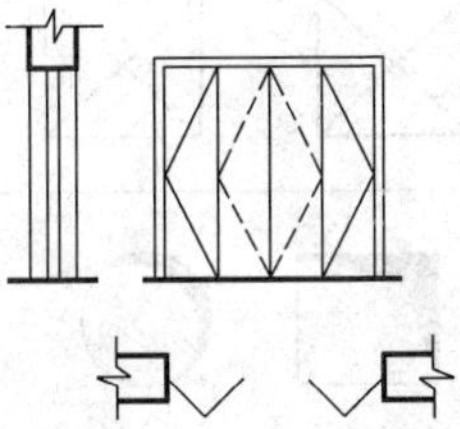	
4	单层固定窗	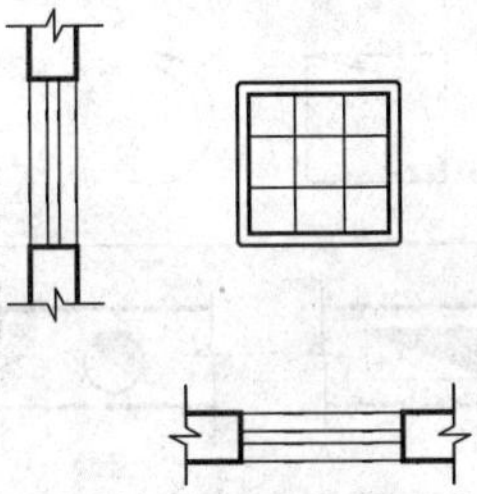	（1）窗的名称代号用 C 表示 （2）立面图中的斜线表示窗的开启方向，实线为外开，虚线为内开，开启方向线相交的一侧为安装合页的一侧，一般设计图中可不表示 （3）剖面图左为外、右为内，平面图下为外，上为内 （4）平剖面图上的虚线仅说明开关方式，在设计图中不需表示 （5）窗的立面形式按实际情况绘制 （6）小比例绘图时，平剖面图的窗线可用单粗实线绘制
5	单层中悬窗	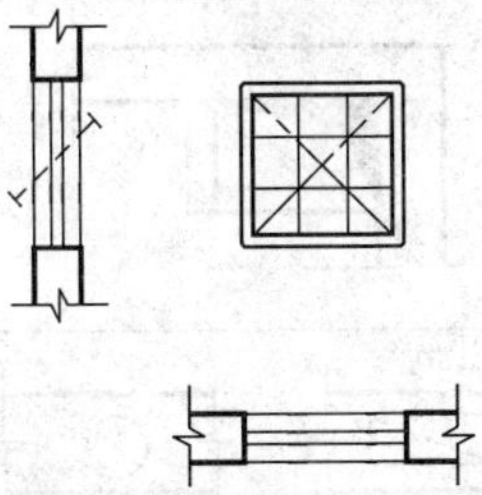	
6	单层外开平开窗	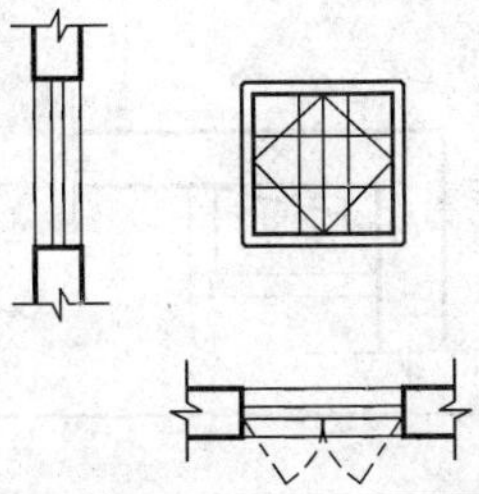	

续表

序号	名　称	图　例	说　明
7	楼梯	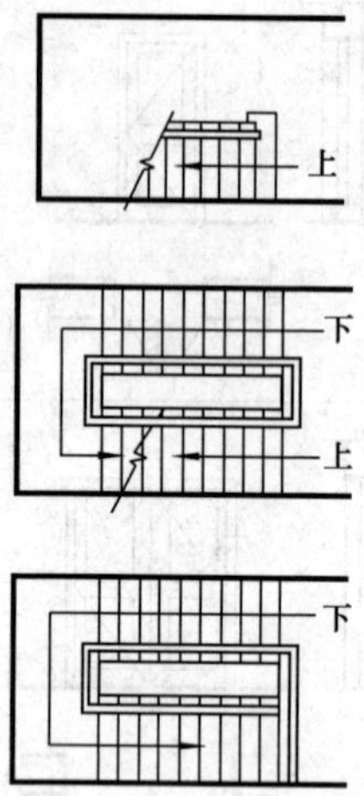	（1）上图为底层楼梯平面，中图为中间层楼梯平面，下图为顶层楼梯平面 （2）楼梯及栏杆扶手的形式和梯段踏步数应按实际情况绘制
8	检查孔	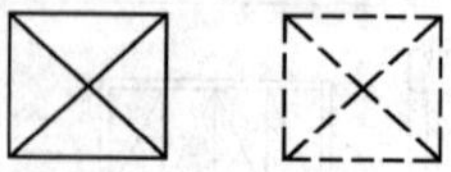	左图为可见孔，右图为不可见孔
9	孔洞		阴影部分可以涂色代替
10	坑槽	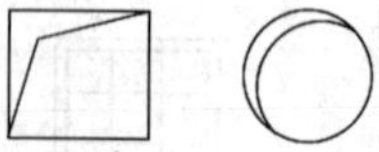	
11	烟道	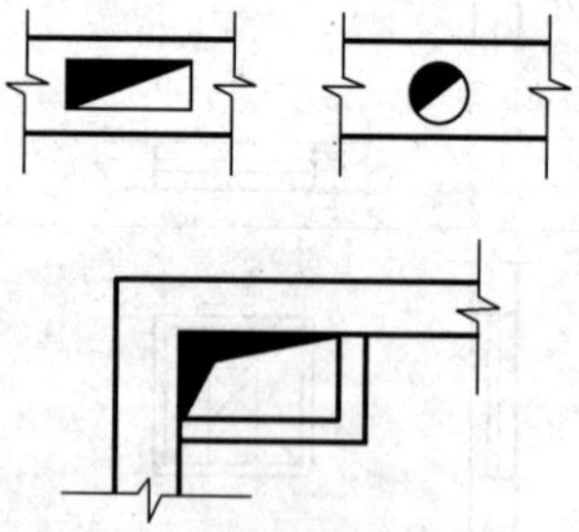	（1）阴影部分可以涂色代替 （2）烟道与墙体为同一材料，其连接处墙身线应断开
12	通风道	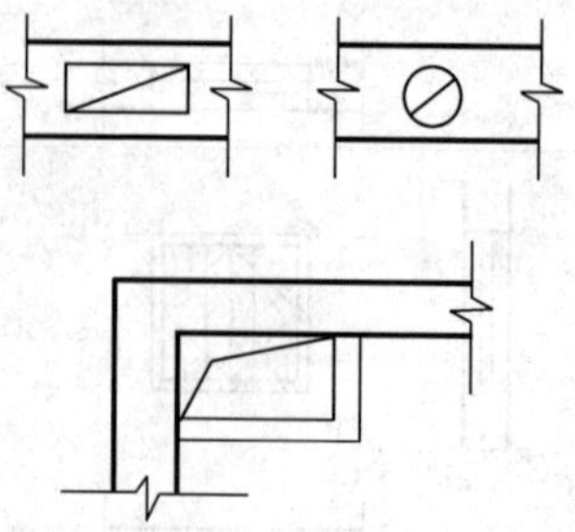	

注　该表摘自 GB/50001—2001。

9.1.2　建筑施工图的识图

一、阅读建筑施工图的步骤

(1) 应掌握投影原理和熟悉建筑图的各种表达方法。

(2) 要熟识施工图中常用的图例、符号、线型、尺寸和比例的意义。

(3) 施工图中涉及一些专业上的问题，应在实践过程中多观察学习。

一套房屋施工图纸，简单的有几张，复杂的有十几张，几十张甚至几百张。阅读时应首先根据图纸目录，检查和了解这套图纸有多少类别，每类有几张。先对建筑物有一个概况了解后，再按目录顺序（按“建施”、“结施”、“设施”的顺序）通读一遍，初步认识该工程对象的建设地点、周围环境、建筑物的大小及形状、结构形式和建筑关键部位等。然后，负责不同专业（或工种）的技术人员根据不同要求，重点深入地看不同类别的图纸。阅读时，应按先整体后局部，先文字说明后图样，先图形后尺寸等顺序依次仔细阅读。阅读时还应特别注意各类图纸之间的联系，以避免发生矛盾而造成质量事故和经济损失。

二、房屋建筑图识图举例

【例9-1】　某变电站的建筑施工图的识读。

(一) 识读建筑平面图

(1) 首先应阅读设计说明，了解该建筑物的工程概况。

本工程为35kV×××变电站项目。工程位于××市××路西。工程为二类建筑，耐火等级为二级，合理使用年限为50年。本工程结构形式为框架结构，抗震烈度为7度。总长25.80m，总宽为18.20m，总高度为7.90m，建筑总面积为665m^2。本工程层数：地下一层层高2.8m，为电缆室；地上一层由层高4.5m和7.0m两部分组成，为值班室、变压器室、消弧线圈室、电容器室和二次设备室。本工程室内地平面依据规划部门提供有关数据确定，室内外高差为0.90m。本工程屋面防水等级为Ⅱ级，耐久年限为15年。本工程地下室抗渗等级为S8 。

(2) 从定位轴线了解房屋的平面布局、室内地面的标高等。

在图9-5地下层平面布置图中，地下层地面标高－2.800m，有横向定位轴线②、③、④、⑤和竖向定位轴线Ⓐ、Ⓑ、Ⓒ、Ⓓ构成柱网，由于该图处于地下，缺少地上的① ，图样结构较简单，需选更具代表性的地上层平面布置图来阅读。

在图9-6底层平面布置图中，底层地面标高±0.000m，该图反映的是地上层的底部的平面布置情况，有横向定位轴线①、②、③、④、⑤ 和竖向定位轴线Ⓐ、Ⓑ、Ⓒ、Ⓓ、Ⓔ、Ⓕ。定位轴线一般位于柱或承重墙的中心线上。

在两个定位轴线之间，必要时可增设附加定位轴线，表示次要承重构件的轴线位置。如(1/A)轴线表示在Ⓐ轴线以后附加的第一根轴线（本例中没有)。

(3) 识读各部分的尺寸标注，了解房间的开间、进深以及走廊、楼梯位置及尺寸等。

平面图上通常沿长、宽两个方向分别标注3道尺寸：第一道尺寸是该建筑的总长和总宽的尺寸；第二道尺寸是定位轴线间距尺寸；第三道尺寸是外墙上门、窗宽度及其定位尺寸（建筑制图中允许尺寸线封闭）。此外，建筑内部各部分的尺寸以及其他细部的尺寸一部分标注在图形中，一部分在其他图形中另行标注。

(4) 识读门窗位置、尺寸及编号。平面图上，在表示门窗的图例旁注写代号，门的代号是M，窗的代号是C。BYC表示百页窗，L表示门连窗，在代号后面要注写编号，同一编号表示同一类型的门窗，如M7062，BYC1506，L2430等，并可从门窗表中查得详细尺寸。

图中有些内容还需进一步查阅其他相关图纸资料才能完全读懂。

(5) 识读其他内容。平面图上还表达了台阶、雨篷、散水的位置及细部尺寸等内容，应依次识读，另外还应了解平面图上剖面图的剖切位置线，以便与剖面图对照查阅。

(二) 识读建筑立面图

建筑立面图反映建筑的外貌形状以及屋顶、门、窗、雨篷、台阶、雨水管等细部的形式和位置。

在立面图上，通常要注写室内外地面、窗台、门窗顶、雨篷底面以及屋顶等处的标高。在图9-7中，①-⑤轴立面图为该建筑的从前向后的投影图。底层地面比外地表高0.900m，底层百页窗距底层地面300mm等，容易获得该建筑的高度方向的各结构的外形和布置情况。⑤-①轴立面图为该建筑从后向前的投影图。图9-8中，Ⓐ-Ⓕ轴立面图该建筑从左向右的投影图，Ⓕ-Ⓐ轴立面图为该建筑从右向左的投影图。

在立面图中可以看到建筑物的外观特征及凹凸变化，建筑物各主要部分的标高及高度关系。如：室内外地面、窗台、门窗顶、阳台、雨篷、檐口等处完成面的标高，及门窗等洞口的高度尺寸；以及建筑立面所选用的材料、色彩和施工要求等。

(三) 识读建筑剖面图

剖面图有横剖面图和纵剖面图。一幢房屋需要几个剖面才能表达清楚内部构造，应根据房屋的具体情况和施工实际需要确定。剖切位置应选择在能反映出房屋内部构造比较复杂的部位，并应通过门窗洞的位置。如果是多层房屋，应选择在楼梯间或层高不同、层数不同的部位。剖面图和图名应与平面图上所注剖切符号的编号一致。

在读剖面图时，首先要在平面图中由剖切线了解剖面的位置、剖面编号和剖视方向。图9-9中，Ⅰ—Ⅰ和Ⅱ—Ⅱ剖面图都是剖切平面平行于侧面的剖面图，但投影方向不同。从底层平面布置图中的剖切符号可以看出：Ⅰ—Ⅰ剖面位于定位轴线②-③之间，为右视图；Ⅱ—Ⅱ剖面位于定位轴线④-⑤之间，为左视图；Ⅰ—Ⅰ和Ⅱ—Ⅱ剖面图表明了建筑内部的梁、墙、预留口、门窗等构件的相互关系，并标注了这些构件的标高，如地下层地面标高(—2.800m)及右面门的标高（3.000m）等，它们是根据生产设备的外形尺寸、操作和检修所需的空间等要求来确定的。

(四) 识读建筑详图

建筑详图是建筑细部的施工图。建筑详图包括表示局部构造的详图，如外墙详图、楼梯详图、阳台详图等；表示房屋设备的详图，如卫生间、厨房、实验室内设备的位置及构造等；表示房屋特殊装修部位的详图，如吊顶、花饰等。如图9-8所示为电缆室墙板地板防水详图，它是一种局部构造的详图。

识读建筑详图时，应依次识读墙身的厚度与各部分的尺寸变化，与定位轴线的关系，注意看清各层梁板等构件的位置、尺寸及其墙身的关系与连接做法；室内各层地面、楼面、屋面等的标高及其构造做法；以及墙身各部位的凹凸线脚、窗口、门头、雨棚、檐口、勒脚、散水以及墙身防潮等的材料、构造做法和尺寸等。

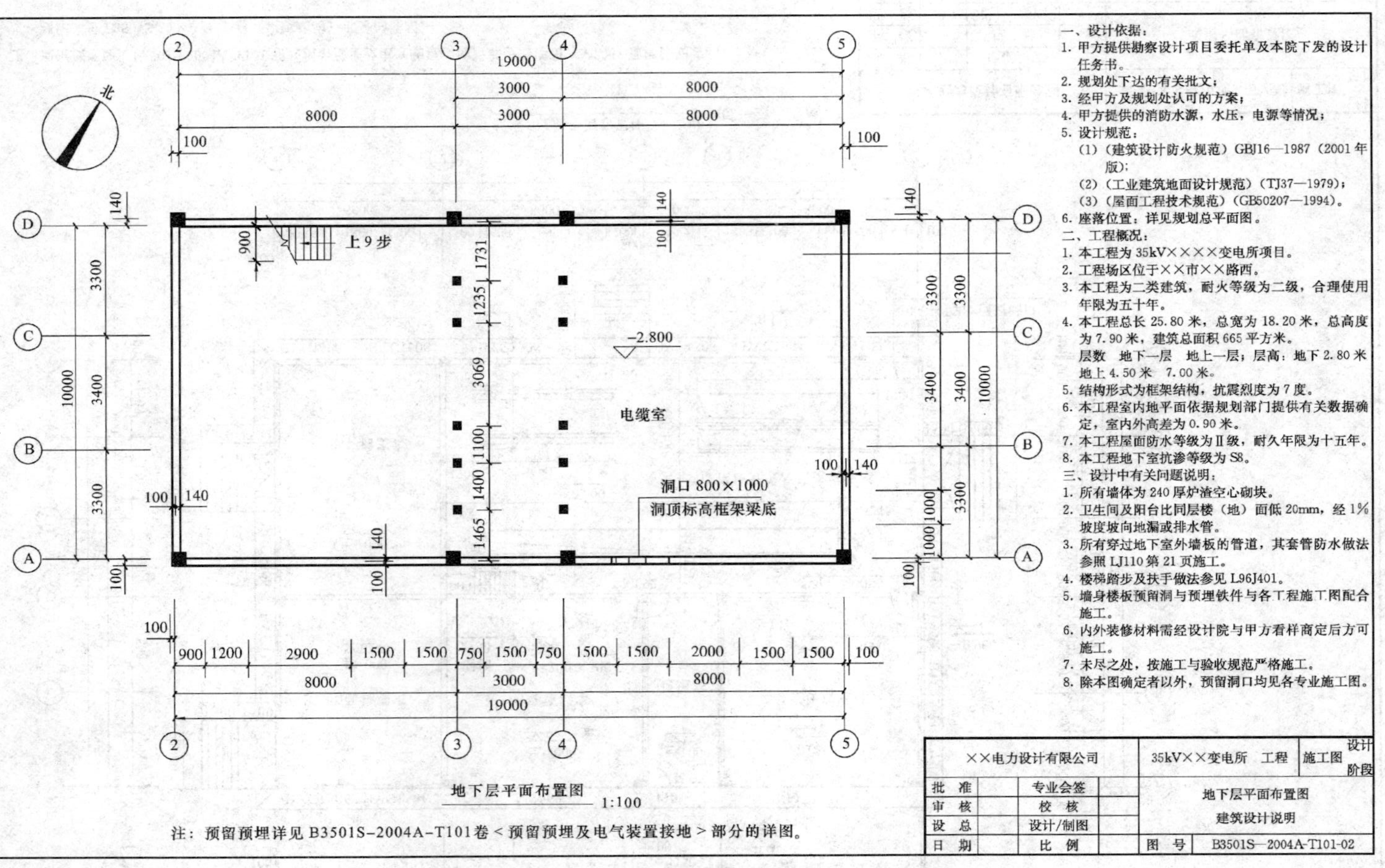

图9-5 地下层平面布置图

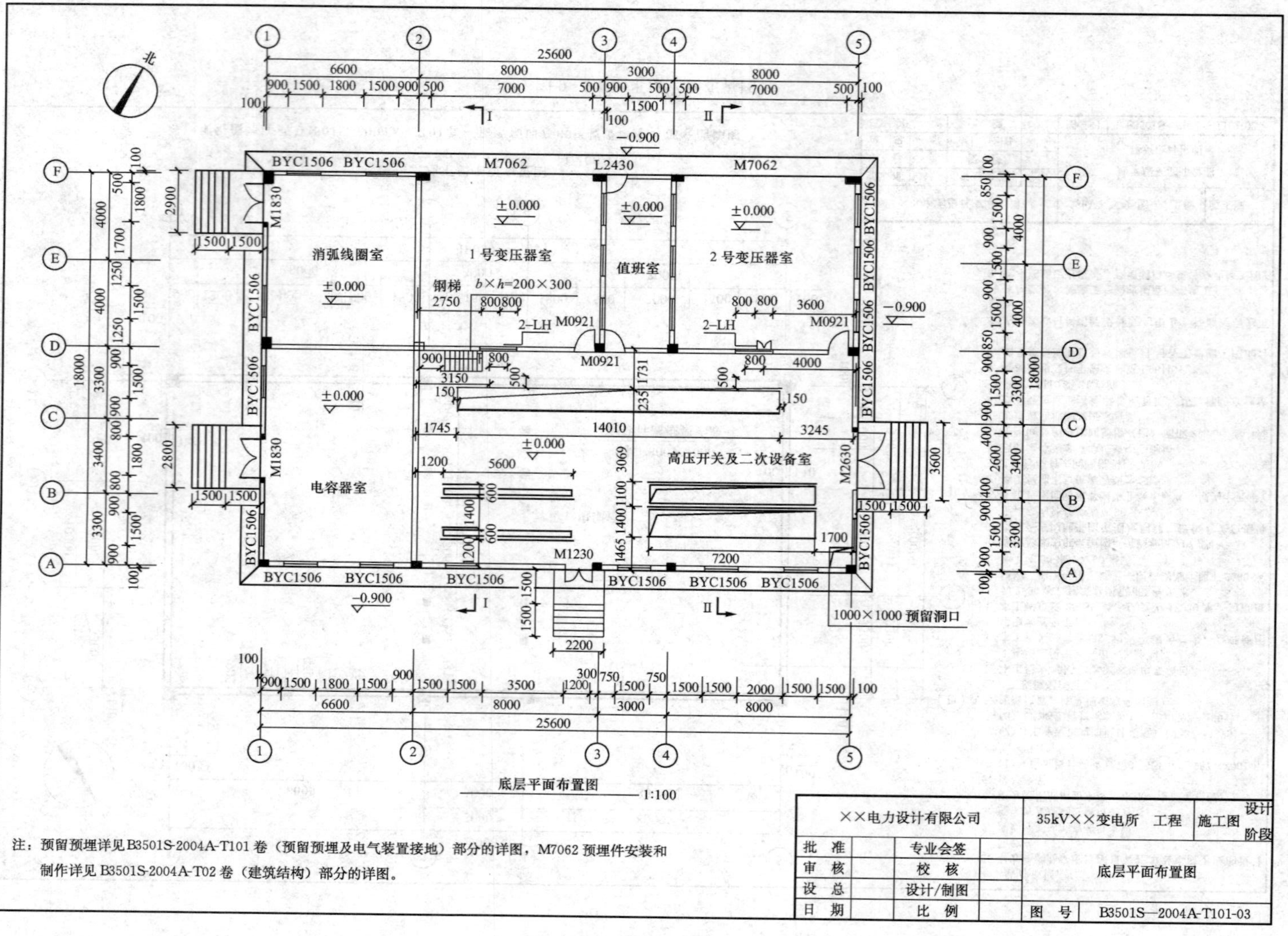

注：预留预埋详见 B3501S-2004A-T101 卷（预留预埋及电气装置接地）部分的详图，M7062 预埋件安装和制作详见 B3501S-2004A-T02 卷（建筑结构）部分的详图。

图 9-6 底层平面布置图

7600 排气扇
600 高塑钢百叶窗
①-⑤ 轴立面图 1:100
⑤-① 轴立面图 1:100
注：所有壁式风样预留孔 φ650。
××电力设计有限公司
35kV××变电所 工程
施工图
设计阶段
批 准
审 核
设 总
日 期
专业会签
校 核
设计/制图
比 例
①-⑤轴立面图 ⑤-①轴立面图
图 号
B3501S—2004A-T101-06

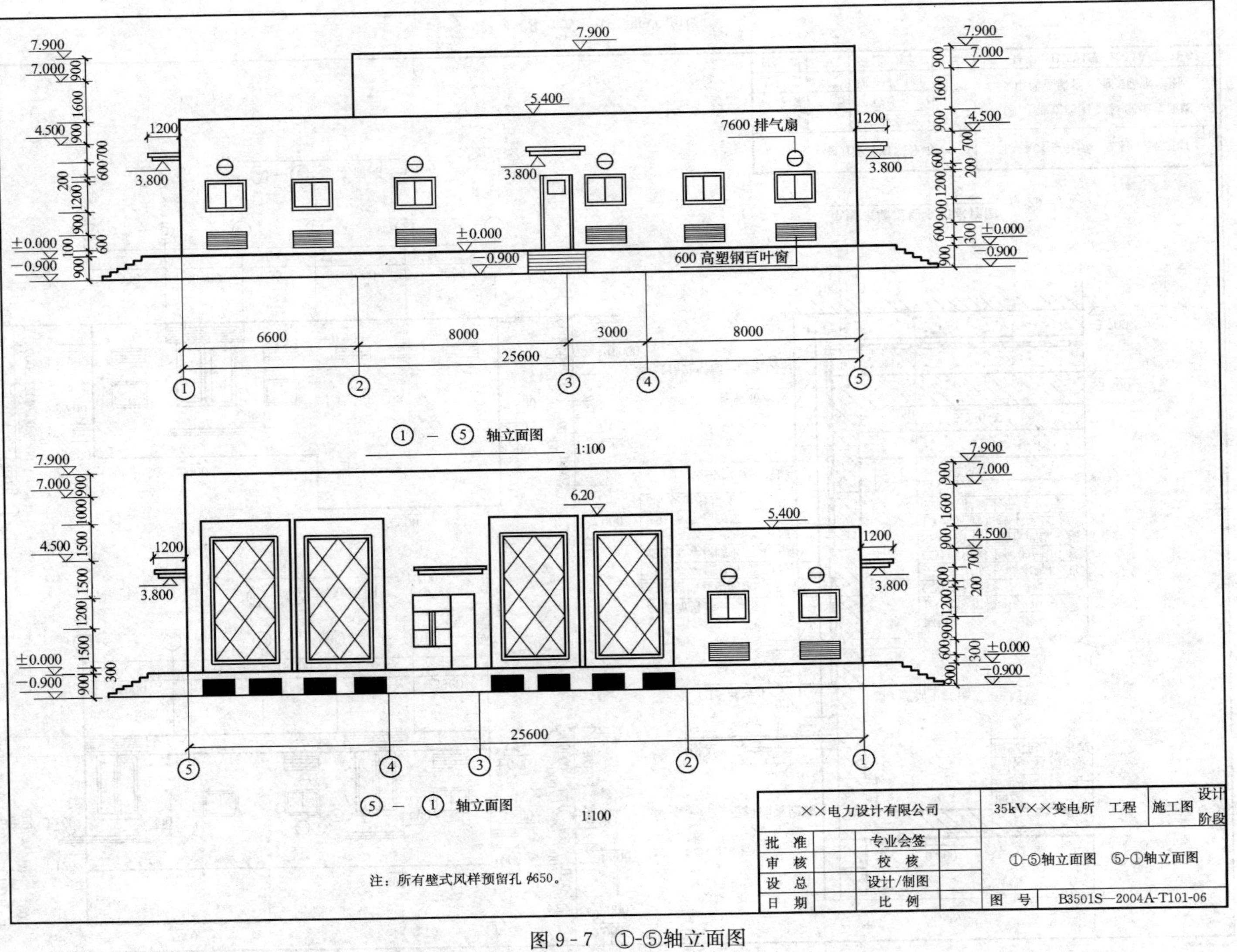

图 9-7 ①-⑤轴立面图

Ⓕ—Ⓐ轴立面图 1:100
Ⓐ—Ⓕ轴立面图 1:100
塑料油膏嵌缝
C15 混凝土
240 厚粘土砖墙
面层
水泥砂浆找平层
主体结构顶板
顶棚详见装修表
内墙面另详
主体结构墙板防水等级S8
1:3 水泥砂浆找平层 20 厚
SBC120 卷材防水两纵一横
1:3 水泥砂浆找平层 20 厚
250 厚空心砖墙
2:8 灰土分层夯实
250 厚空心砖墙
涂膜防水层
转角处增铺一层玻璃布
面层
1:3 水泥浆找平层 10 厚
C20 素混凝土垫层厚
主体结构底板防水等板 S8
C20 素混凝土保护层 10 厚
SBC120 卷材防水两纵一横
1:3 水泥砂浆找平层 20 厚
C20 素混凝土垫层 10 厚
岩石基层
电缆室墙板地板防水详图 1:20
××电力设计有限公司
35kV××变电所 工程
施工图
设计阶段
批 准
审 核
设 总
日 期
专业会签
校 核
设计/制图
比 例
Ⓕ-Ⓐ轴立面图 Ⓐ-Ⓕ轴立面图
电缆室墙板 地板防水详图
图 号
B3501S—2004A-T101-07

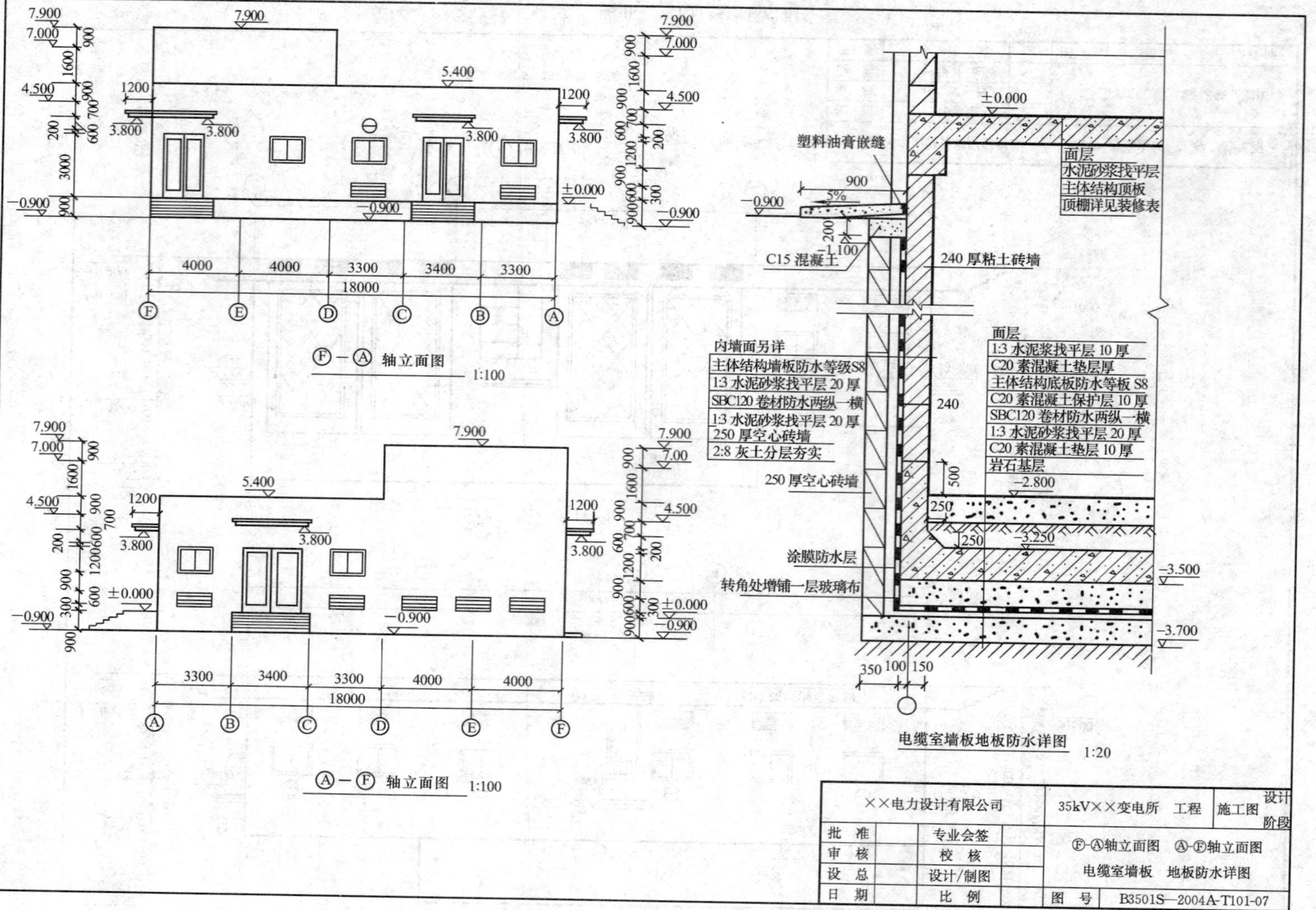

图9-8 Ⓐ—Ⓕ轴立面图

××电力设计有限公司
35kV××变电所 工程
施工图
设计阶段
批准
审核
设总
日期
专业会签
校核
设计/制图
比例
图号
I-I剖面图
II-II剖面图
B3501S—2004A-T101-08
I-I剖面图 1:100
II-II剖面图 1:100
240厚粘土砖墙
大理石窗台板
1.1201
LJ201

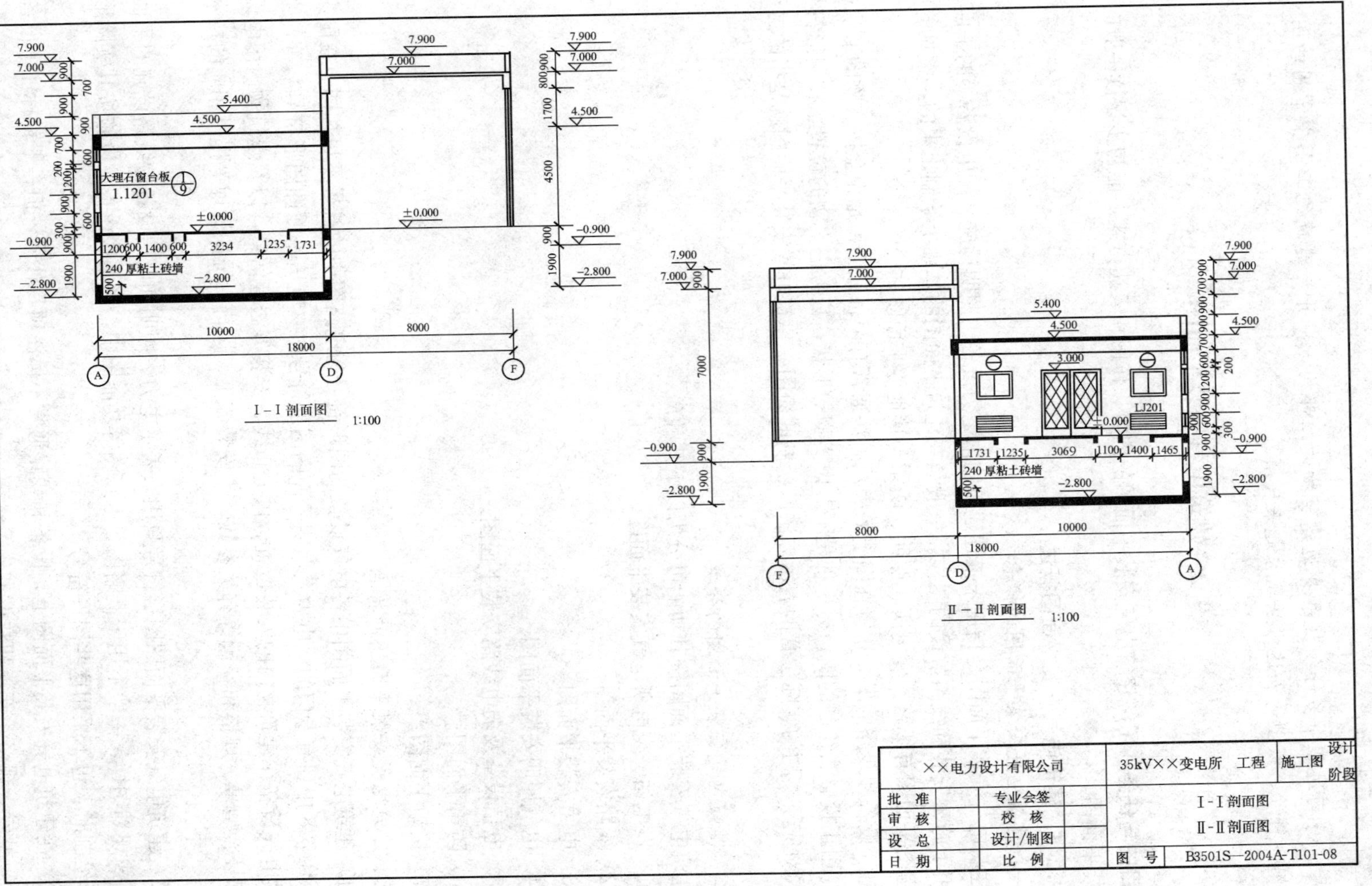

图 9-9 建筑剖面图

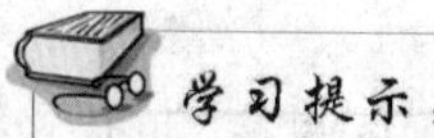

学习提示：

学习过程中多仔细观察身边建筑物的细部构造，并与建筑施工图中常用的图例、符号、线型等表达方法联系起来理解。

9.2 建筑电气安装平面图

目的与任务 了解建筑电气安装平面图的内容、作用和表达方式，能初步识读一般的电气安装平面图。

9.2.1 建筑电气安装平面图概述

一、建筑电气安装平面图的概念

建筑电气安装平面图是指用来描述建筑物内电力设备、照明设施、配电设备等的平面布置，用于施工安装和线路敷设的图样。一般是在建筑平面图的基础上绘制出来的，常见的电气工程图平面图有线路、变电所、照明、防雷与接地等平面图。

电气设备和线路的平面布置在图上的表示方法通常有两种：一种是完全按实物的形状和位置，用正投影法绘制的图；另一种是不考虑实物的形状，只考虑实物的位置，按图形符号的布局对应于实物的实际位置的表示方法而绘制的简图。建筑电气安装平面图就是指的这种简图。

二、建筑电气安装平面图的分类

建筑电气安装平面图按其功能可分为以下几种。

(1) 发电站、变电所电气安装平面图。

(2) 线路安装平面图。

(3) 电力安装平面图。

(4) 电气照明安装平面图。

(5) 电信设备及弱电线路安装平面图。

(6) 防雷平面图。

(7) 接地平面图。

三、建筑电气安装平面图的特点

(1) 建筑电气安装平面图中各电气设备的图形符号与电路图中的符号不尽相同。在国家标准GB4728中列有专门的《电力及照明平面图图形符号》、《电信平面图图形符号》等，主要提供电气设备在建筑物内的安装位置、供电布线、安装方法等信息，以及建筑物内用电设备的编号、型号、规格和容量等有关参数，为安装施工、运行、维护管理等提供相应的技术资料。

(2) 建筑电气安装平面图图形符号只用来表示电力、照明和电信设备、线路设施的平面布置图或规划图样，一般不用于概略图、电路图等功能图中。当这些设备或设施按其实际形状投影绘制时，也不采用这些图形符号。

(3) 在建筑电气安装平面图上，设备和线路通常不标注项目代号，但一般都标注了设备的编号、型号、规格、安装和敷设方式等。

(4) 为了更清晰地表示电气平面图的布置，在建筑电气平面图上往往画出某些建筑构件、构筑物、地形地貌等图形和位置，例如墙体、材料、门窗、楼梯、房间布置、必要的采暖通风和给排水管路、建筑物轴线及道路、河流、桥梁、水域、森林、山脉等。

(5) 在建筑平面图上存在着建筑平面图和电气平面图两种图线。为了不混淆两种图线，同时突出电气布置，通常电气图线比建筑图线的宽度大1～2个等级，如建筑图线用细实线，电气图用较粗的实线。

(6) 建筑电气平面图是在建筑区域或建筑平面图的基础上绘制出来的，因此图上的位置、图线等都与建筑平面图协调一致。

9.2.2　建筑电气安装平面图的识图

一、阅读建筑电气安装平面图的方法和步骤

建筑电气安装平面图是建筑电气施工图的一个主要组成部分。在看建筑电气安装平面图时，应有一个整体的概念。识读建筑电气安装平面图的基本方法如下。

(1) 看技术说明。首先要看清图纸的技术说明，了解施工方法及要求。图纸与说明是电气设计工程师表达设计意图的重要工具，在电气施工中起指导作用，图中的说明主要是对那些在图纸上不易表达或可以统一说明的问题加以明确。

(2) 参考电气系统图。电气系统图是用单线图表示电能或电信号按回路分配的图样，主要表示各个回路的名称、用途、容量以及各主要电气设备、开关元件及导线、电缆的规格型号等。通过电气系统图可以知道该系统的回路个数及主要用电设备的容量、控制方式等。建筑电气工程图中系统图用得较多，动力、照明、变配电装置、通信、广播、电视、火灾报警、防盗保安、微机监控、自动化仪表等都要用到系统图。

(3) 了解电气施工图中建筑物的结构。建筑物的结构包括建筑物的门窗、梁柱、房间、楼梯等。

(4) 看主电路敷设路径。在电气施工图中，主电路通常用较粗实线表示，分支线路用细实线条表示，应了解电路敷设要求和做法。

(5) 看分支线的敷设路径。分支线有分支干线和分支线之分，一般分支干线均有导线条数和路径标志，而分支线则没有。

(6) 了解电气施工中的技术。在电气图中，电气符号可以说明电气设备的安装位置和安装方式，如明装、暗装；器具的安装高度等。

二、建筑电气安装平面图识图举例

【例9-2】　某低压配电线路平面图的识读。

如图9-10所示是某建筑工程外电线路平面图，主要表示10kV电源进线经配电变电所降压后，采用380V架空线路分别送至1～6号建筑物的情况，其主要内容如下。

(1) 配电变电所的型号，图中为柱上式，装有2×S9-250kV·A的变压器；

(2) 架空线路电杆的编号和位置，图中，杆号依次编号为1～14号；

(3) 导线的型号、截面积和每回路根数，例如：10kV电源进线为LJ-3×35，去1号建筑物的导线为BLX-3×95+1×50。

这个平面图具有以下特点。

(1) 为了清楚地表示线路去向，图中绘制出各用电单位的建筑平面外形、建筑面积和用电负荷（计算负荷 P_{30}）大小。

（2）简要绘制了供电区域的地形，如等高线表示地面高程，为线路安装提供了必要的环境条件。

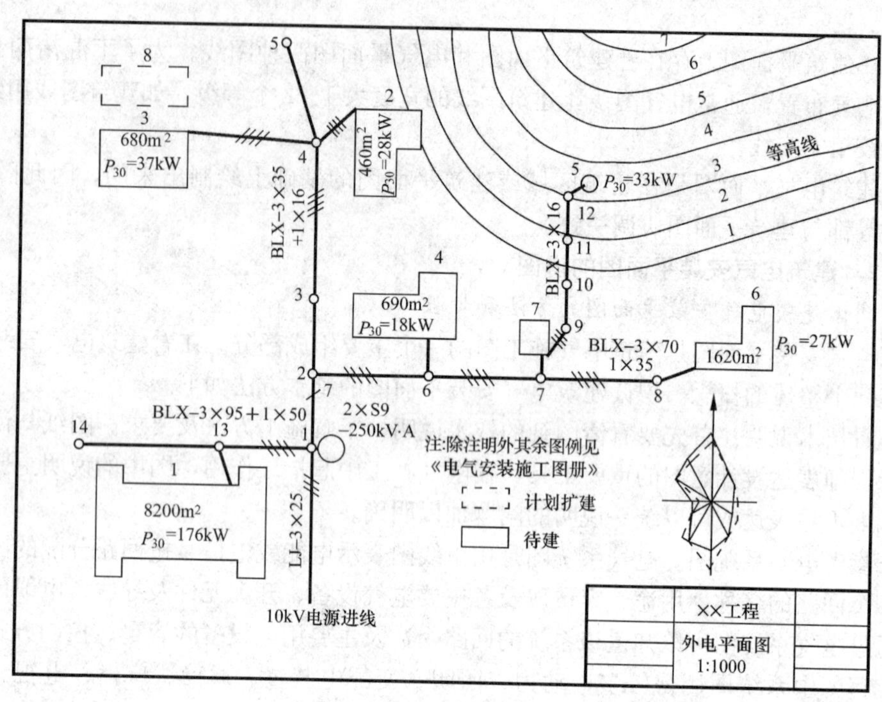

图 9-10　某低压配电线路平面图

（3）图中用风向频率标记（风玫瑰图）表示了该地区常年风向情况（常年以北风、南风为主），这对线路安装和运行有某种参考依据。图中还标出了方位。

（4）线路的长度未标注尺寸，但这个图是按比例（1∶1000）绘制的，可用比例尺直接从图中量出导线的长度。

【例 9-3】　某车间电气安装平面图的识读。

如图 9-11 所示是某车间电力平面图，这一平面图是在建筑平面图上绘制出来的。该建筑平面图（车间）主要由 3 个房间组成，建筑物采用尺寸数字定位（没有画出定位轴线）。

从图中可见，这 3 个房间的建筑面积分别为：8m×19m；32m×19m；10m×8m。这一电力平面图比较详细地表示了各电力配电线路（干线、支线）、配电箱、各电动机等的平面布置及其有关内容。

（一）配电干线

配电干线主要是指外电源至总电力配电箱（0 号）、总配电箱至各分电力配电箱（1～5 号）的配电线路。

图 9-10 比较详细地描述了这些配电线路的布置，如线缆的布置、走向、型号、规格、长度（由建筑物尺寸数字确定）、敷设方式等。例如，由总配电箱（0 号）至 4 号配电箱的线缆，图中标注为：BLX-3×120＋1×50-KW，表示导线型号为 BLX，截面积为 3×120＋1×50mm²，沿墙采用瓷绝缘子敷设（KW），其长度约为 40m。

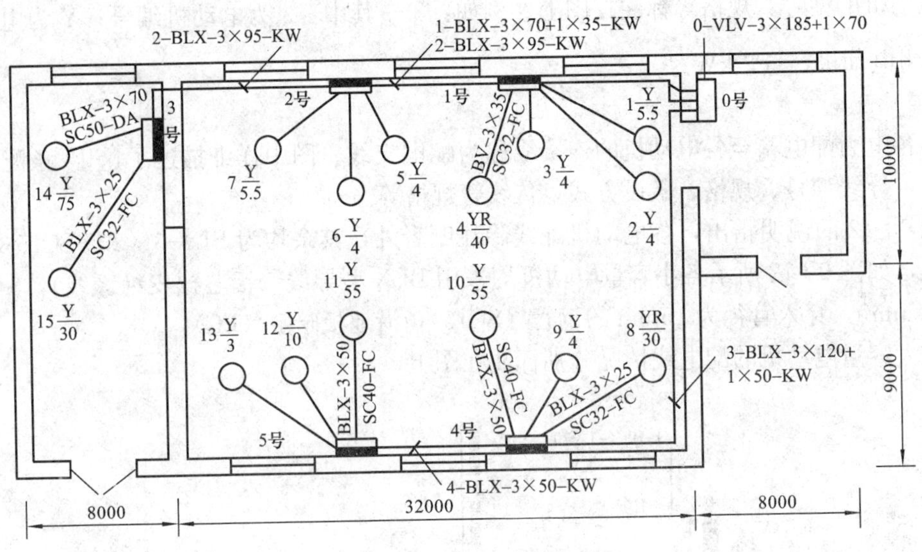

图 9-11　线缆配置图

表 9-4　　**某车间电力线缆配置表**

线缆编号	线缆型号及规格	连接点		长度（m）	敷设方式
		Ⅰ	Ⅱ		
0	VLV-3×185+1×70	42 号杆	0 号配电柜	150	电缆沟
1	BLX-3×70+1×35	0 号配电柜	1、2 号配电箱	18	KW
2	BLX-3×95	0 号配电柜	3 号配电箱	25	KW
3	BLX-3×120+1×50	0 号配电柜	4 号配电箱	40	KW
4	BLX-3×50	4 号配电箱	5 号配电箱	50	KW

线缆配置表（见表 9-4）对上述内容的描述更加具体。

（二）电力配电箱

这个车间一共布置了 6 个电力配电柜、箱，其中：0 号配电箱为总配电柜，布置在右侧配电间内，电缆进线，3 回出线分别至 1 号、2 号、3 号、4 号、5 号电力配电箱。

1 号配电箱，布置在主车间，4 回出线；

2 号配电箱，布置在主车间，3 回出线；

3 号配电箱，布置在辅助车间，2 回出线；

4 号配电箱，布置在主车间，3 回出线；

5 号配电箱，布置在主车间，3 回出线；

（三）电力设备

图 9-11 中所描述的电力设备主要是电动机。各种电动机按序编号为 1～15，共 15 台电动机。图 9-10 中分别表示了各电动机的位置、电动机的型号、规格等。

由于这个图是按比例绘制的，因此，电动机的位置可用比例尺在图上直接量取，必要时还应参阅有关的建筑基础平面图、工艺图等来确定。

电动机的型号、规格等标注在图上。例如：$3\dfrac{Y}{4}$其中：3 为电动机编号；Y 为电动机型号；4 为电动机容量，kW。

（四）配电支线

由各电力配电箱至各电动机的连接线称为配电支线。图中详细描述了这 15 条配电支线的位置、导线型号、规格、敷设方式，传线管规格等。

图 9-12 的说明指出，各电动机配线除注明者外，其余均为 BLX-3×2.5-SC15-FC。也就是说，如图 9-12 所示各小容量电动机均采用 BLX 型导线（铝芯橡皮绝缘线），3 根相线均为 2.5mm，穿入管径为 15mm 的钢管（SC15），沿地板暗敷（FC）。

较大容量电动机的配电线情况分别标注在图上。

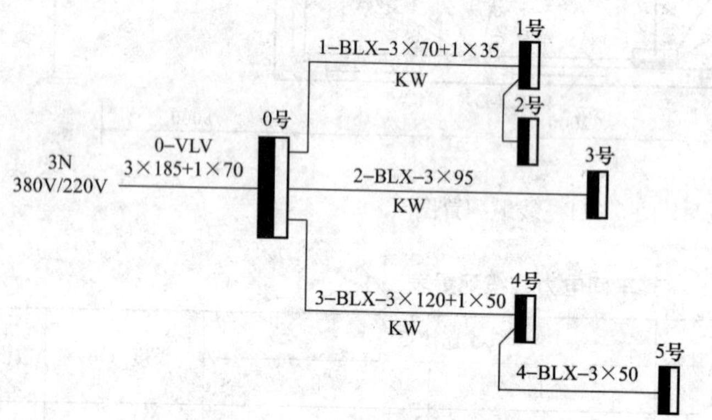

图 9-12　某车间电力干线配置图

三、照明系统电气图识读

（一）照明系统电气图特点

照明系统电气图是利用照明平面图的图形符号在建筑平面图上绘制而成的，它描述了该建筑平面上的电气照明线路和照明设备布置。电气照明平面图通常描述了以下内容。

（1）电源进线和电源配电箱及各分配电箱的类型、安装位置及电源配电箱内的电气系统；

（2）照明线路中导线的根数、型号、规格（截面积）、线路走向、敷设位置、配电方式、导线的连接方式等；

（3）照明灯具的类型、灯泡灯管的功率、灯具的安装方式及安装位置等；照明开关的类型、安装位置及连线等；

（4）插座及其日用电器的类型、容量、安装位置及接线等。

（二）照明系统电气图表示方法

由于电气照明平面图是采用图形符号表示的简图，因此要看懂这种图，必须先要了解其表达方法和标注格式。

照明器具采用图形符号和文字标注相结合的方法表示，文字标注的内容通常包括电光源种类、灯具类型、安装方式、灯具数量、额定功率等。

（1）表示电光源种类的代号见表 9-5。

表 9-5 电光源种类代号

序号	电光源种类	代号	序号	电光源种类	代号
1	氖灯	Ne	7	电发光灯	EL
2	氙灯	Xe	8	弧光灯	ARC
3	钠灯	Na	9	荧光灯	FL
4	汞灯	Hg	10	红外线灯	IR
5	碘钨灯	I	11	紫光线灯	UV
6	白炽灯	IN	12	发光二极管	LED

(2) 常用灯具类型的符号见表 9-6。

表 9-6 常用灯具类型的符号

序号	电光源种类	代号	序号	电光源种类	代号
1	普通吊灯	P	8	工厂一般灯具	G
2	壁灯	B	9	荧光灯灯具	Y
3	花灯	H	10	隔爆灯	B (或代号)
4	吸顶灯	D	11	水晶底罩灯	J
5	柱灯	Z	12	防水防尘灯	F
6	卤钨探照灯	L	13	搪瓷伞罩灯	S
7	投光灯	T	14	无磨砂玻璃罩万能灯	Ww

(3) 表示灯具安装方式的符号见表 9-7。

表 9-7 灯具安装方式的文字符号

序号	名　称	文字方法		备注
		新符号	旧符号	
1	链吊	ch	L	不注高度
2	管吊	P	G	
3	线吊	WP	X	
4	吸顶	S	D	
5	嵌入	R	Q	
6	壁装	Y	B	

(4) 灯具标注的一般格式为 $a-\mathrm{b}\dfrac{c\times d\times \mathrm{l}}{e}\mathrm{f}$

式中 a——某场所同类型照明器的个数；

b——灯具类型代号；

c——照明器内安装灯泡或灯管的数量；

d——每个灯泡或灯管的功率，W；

e——照明器底部至地面或楼面的安装高度，m；

l——电光源的种类，常省略不标；

f——安装方式代号。

例如：$6-S\frac{1\times100}{2.5}ch$表示该场所安装6盏这种类型的灯具，灯具的类型是搪瓷伞罩（铁盘罩）灯（S），每个灯具内安装一个100W的白炽灯，安装高度为2.5m，采用链吊式（ch）方法安装。

又如$4-Y\frac{2\times40}{-}$表示4盏荧光灯（Y），双管2×40W，吸顶安装，安装高度不表示，即用符号“—”表示。

（三）照明接线的表示方法

在一个建筑物内，灯具、开关、插座等很多，它们通常用两种方法连接：一是直接接线法，即各设备可以从线路上直接引接，导线中间允许有接头的接线方式；二是共头接线法，即导线的连接只能通过设备接线端子引接，导线中间不允许有接头的接线方法。采用不同的方法，在平面图上，导线的根数是不同的。

（1）直接接线法如图9-13所示。

（2）共头接线法如图9-14所示。

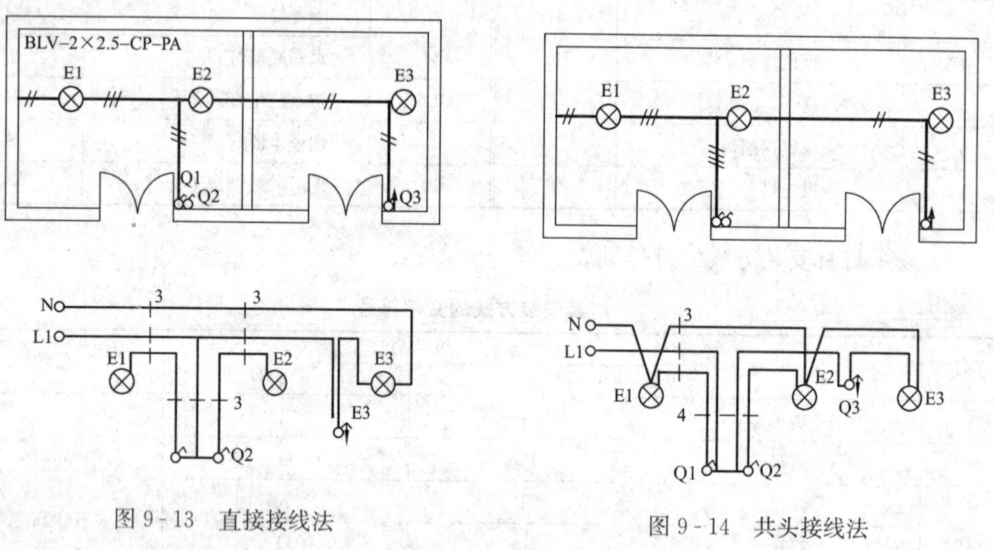

图9-13 直接接线法

图9-14 共头接线法

【例9-4】 识读某建筑第三层电气照明平面图，如图9-15所示。表9-8是负荷统计表。

从如图9-15（b）所示某建筑第三层供电系统图可见，该楼层电源引自第二层，单相交流220V，经照明配电箱XM1-16分成（1～3）MFG这3条分干线，送到1～7号房间。

从此平面图可以看出以下几点。

（1）建筑平面概况。为了清楚地表示线路、灯具的布置，图中按比例用细实线简略地绘制出了该建筑物的墙体、门窗、楼梯、承重梁柱的平面结构。其具体尺寸可查阅相关的土建图。

横向定位轴线①～⑥及纵向定位轴线Ⓐ、Ⓑ、$\frac{1}{B}$、Ⓒ和尺寸表示了各房间开间和进深尺寸。表9-8后的“施工说明”中已说明了楼层结构等，为照明线路和设备安装提供了土建资料。

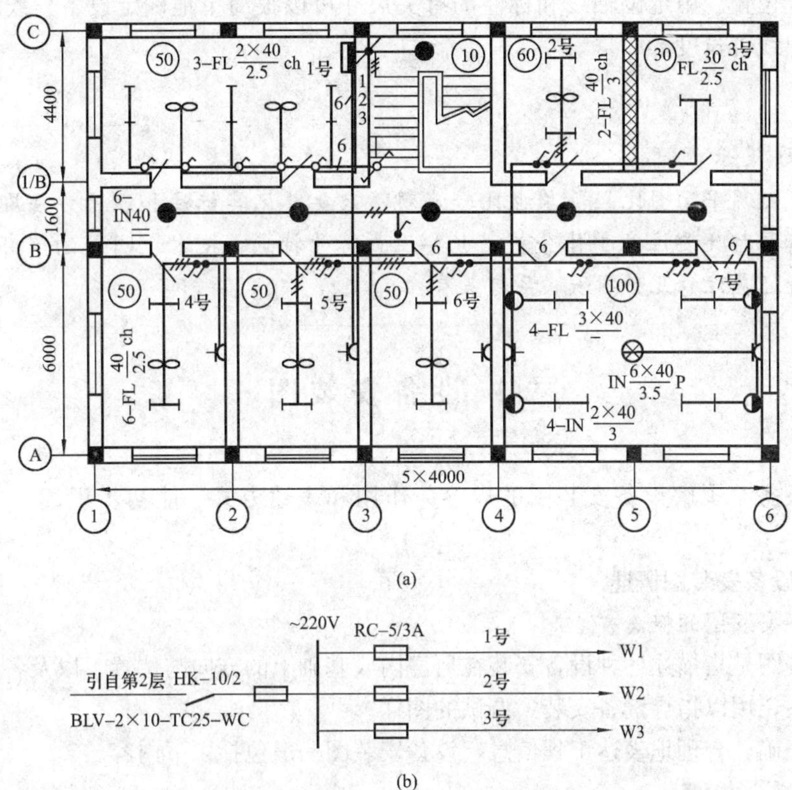

图 9-15　某建筑第三层电气照明平面图

(a) 电气照明平面图；(b) 供电系统图

表 9-8　**负荷统计表**

线路统计	名　称	负荷统计			
		灯具/个	电扇/个	插座/个	计算负荷（kw）
1号	1号房间、走廊、楼道	9	2	—	0.41
2号	4、5、6号房间	6	3	3	0.42
3号	2、3、7号房间	12	1	2	0.48

施工说明：1. 该层层高4m，净高3.88m，楼面为混凝土板。

2. 导线及配线方式：电源引自第二层，总线为PG-BLV-500-2×10-TC25-WC；分干线为（l～3）MFG -BLV -500-2×6-PC20 -WC；各支路为BLVV-500 -2×2.5 -PC15-WC。

3. 配电箱为XMI -16型，并按系统图接线。

（2）照明线路。共有3种不同规格敷设的线路。例如，照明分干线MFG为BLV-500 -2×6-PC20-WC，表示用2根截面积为6mm^{2}的塑料绝缘导线（BLV），采用直径20mm的硬质塑料管（PC20）沿墙暗敷（WC）。

（3）照明设备。如图9-13所示照明设备有灯具、开关、插座、电扇等，照明灯具有荧光灯、吸顶灯、壁灯、花灯等。灯具的安装方式有链吊式（ch）、管吊式（P）、吸顶式

(一) 等。

(4) 图上位置。由定位轴线和标注的有关尺寸可以很简单地确定设备、线路的安装位置，并计算出线管长度。

学习提示：

电气照明平面图比较简单也比较直观，只要熟记其标注和表示方法即可看懂图，但读图时既要注意整体分析，也要注意符号特点、技术说明等细节部分的分析。另外还应注意几种图纸联系起来看。

9.3 设备安装图

目的与任务 了解设备安装图的内容、作用和表达方式，能初步识读一般的设备安装图。

9.3.1 设备安装图概述

一、设备安装图的概念

设备安装图是指描述各种设备安装在厂房内或基础上的方向与位置，以及各设备之间的相互位置关系，用以指导设备安装、调试的图样。

为了能正确、合理地表达工程信息，设备安装图一般包括以下内容。

(一) 视图

设备安装图宜绘制设备安装图首页，应以平面图表示出厂房或车间内的设备与土建结构的相对位置。车间内设备不多时，也可用布置图代替。在设备安装图首页上，应采用粗实线示意绘出设备的简单外形，采用细实线绘出土建有关柱子断面和车间或厂房外墙。

设备安装图宜采用三面视图绘制，必要时还可补充详图；宜采用细实线绘出设备的简单外形和土建基础，采用粗实线绘出支座、框架、地脚螺栓等，采用细双点划线绘出预埋铁件。俯视图上只绘出土建基础、支座、地脚螺栓孔或埋件。

(二) 尺寸和标注

(1) 表明设备定位尺寸和安装方向。

(2) 表明基础外形和地脚螺栓孔的有关尺寸。大型机械和设备还应标注荷载等。

(3) 表明设备接口名称、形式、接口尺寸和位置尺寸。

(三) 标题栏和明细栏

与装配图相似，标题栏中的图名除应标注设备名称外，还宜标注出设备型号或主要规范。图上应列有设备表或技术说明。

二、设备安装图的种类

在电力建设中，由于设备多、安装工作繁重，因此分为若干专业及工种。为适应电力建设的实际需要，设备安装图不仅需要有总体安装图，而且需要各部分安装图。

如图9-16所示为冷油器安装图。这种安装图可供施工用，它的特点是以主机（或主要设备）为主要定位基准安装。

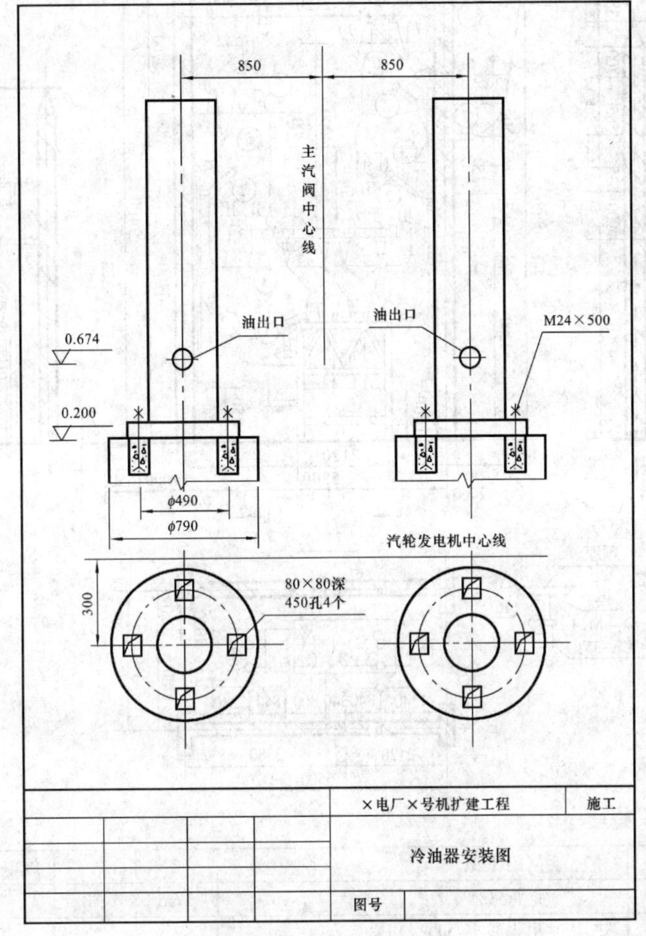

图 9-16 冷油器安装图

如图 9-17 所示为某变电站 35kV 户内配电装置出线间隔安装图，表明该间隔内设备的安装情况与电气线路的连通情况。

三、设备安装图的图示特点

（一）法兰的画法图

设备接口为法兰时，应标明法兰标准规格，非标准法兰应绘制详图。绘制设备接口法兰时，应与设备制造厂的总图一致。螺栓孔不应处于垂直中心线上，如图 9-18 所示。

（二）圆桶形设备接口的画法

竖直圆桶设备宜以主视图和俯视图绘出设备的外形。当其接口与设备中心线成不同角度分布时，可采用多次旋转法，将各接口投影在主视图上。俯视图上可不标注旋转标志，但接口管道在两视图上的编号应相对应。管道接口的水平方向应标注在俯视图上，主视图上标注竖直方向尺寸，如图 9-19 所示。

（三）紧固件的画法

设备安装图中的紧固件可简化绘制，如图 9-20 所示。

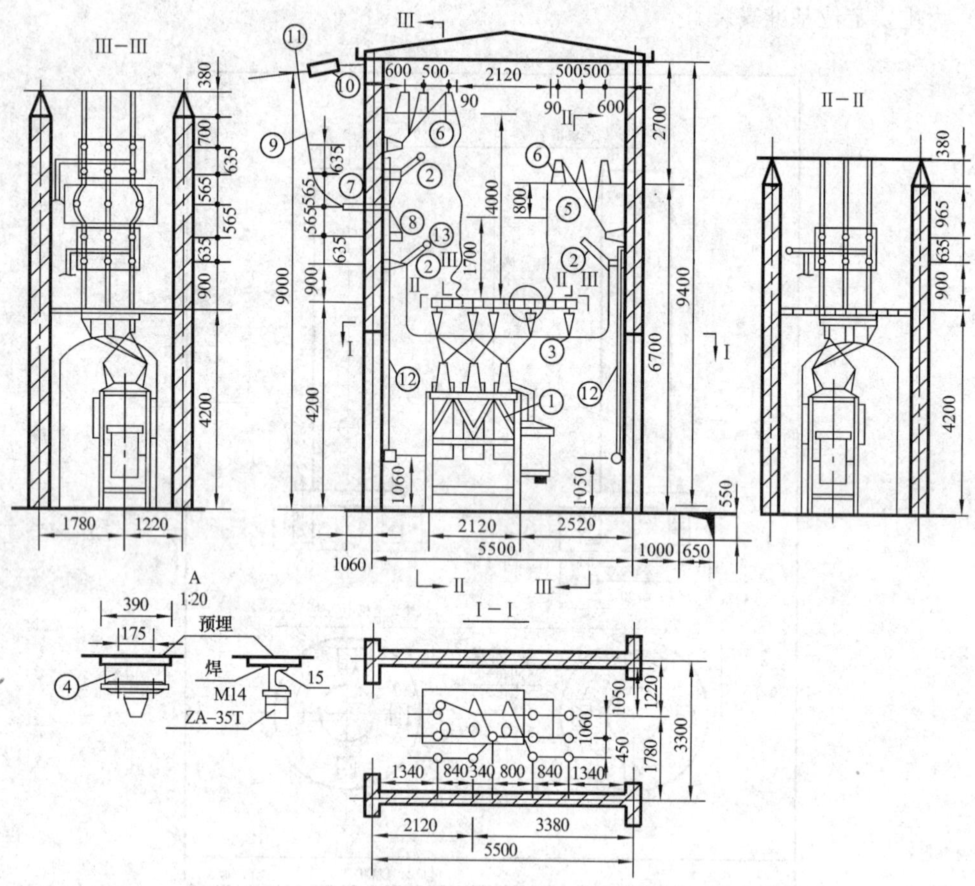

13	网门Ⅰ型	2		施电 210
12	钢管 $\phi 25$	17m	A3	
11	耐张线夹 ND2/ND3	3		
10	耐张绝缘子串	4		
9	钢芯铝线 LGJ	13m		
8	接线端子	6		
7	穿墙套管	3		
6	支柱绝缘子 ZA－35	12		
5	引下线 LMY－60×6	40m		
4	槽钢 5-300	12	A3	
3	支柱绝缘子 ZA－35T	12		
2	隔离开关 GN2－35T	3		
1	油断路器 DW2－35	1		
序号	设备名称	数量	材料	备注

35kV 户内配电装置出线间隔	比例	数量	共 张	(图号)
	1∶50		第 张	
制图 (日期)	(单位名称)			
审核				

图 9-17　35kV 户内配电装置出线间隔

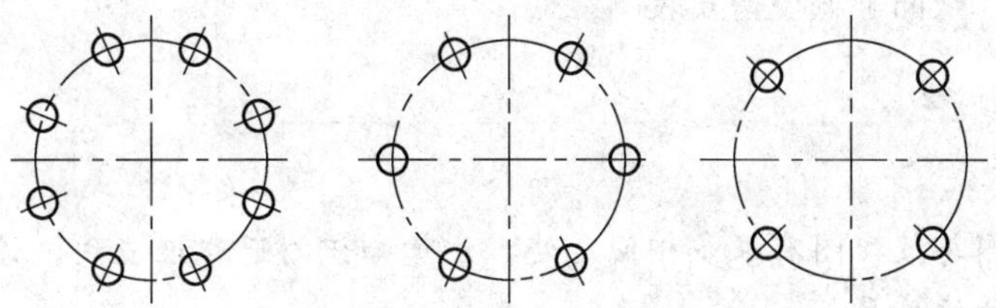

图 9-18　圆形法兰盘螺栓开孔位置图

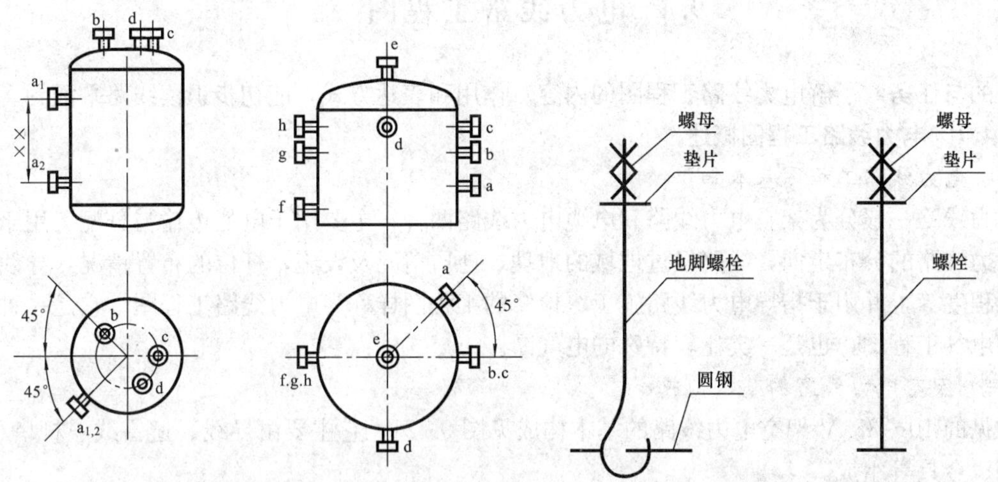

图 9-19　圆桶形设备接口画法　　　　图 9-20　紧固件的简化画法

9.3.2　设备安装图的识读

识读设备安装图的方法与识读机械图类似，一般可按下列步骤进行。

（1）看标题栏，进行概括了解。

（2）分析视图，了解表达方法及其作用。

图 9-17 中采用了 3 个剖面图、一个平面图和两个详图。详图表明了电瓷瓶的连接固定情况。

（3）分析安装设备的厂房。

该间隔实际上是一幢房屋中的一间，从平面图看出，房间为长方形，左、右两边均有进出口。从Ⅰ－Ⅰ和Ⅱ－Ⅱ剖面图可以看出进出口的宽度和高度，其上部为圆拱形。从 3 个剖面图上看出，房间有两层，屋顶为人字型。楼面只有中间走道部分，两边没有楼板，便于一、二楼线路连通。右边间壁较左边间壁低。右边间壁顶上装有主母线，左边间壁顶上装有旁路母线。

（4）分析各设备的安装位置及连通情况。

一楼装有 DWZ-35、600A 的油断路器一台，安装的方向与位置，以及 3 条线路进出油断路器的情况见图 9-17 中的平面图。3 条线路通过右边墙上的隔离开关与主母线相连，通过右边的隔离开关与出线相通。检修时，切断油断路器，可用左边上部的隔离开关连通旁路母线给客户连续供电。各隔离开关均用拉杆引至一楼，在一楼用手柄操纵，二楼走道与隔离开关用网栅隔开，以保证安全。设备的安装位置和线路的安全距离均用尺寸注出。

（5）进行总结，全面了解设备安装图。

学习提示：

设备安装图与装配图有很多相似之处，注意知识的迁移性应用，读图时还应注意设备与建筑物的关系。

9.4 电力线路工程图

目的与任务 了解电力线路工程图的内容、作用和表达方式，能初步识读线路平面图。

9.4.1 电力线路工程图概述

一、电力线路工程图基本知识

电力线路一般分为架空电力线路和电缆电力线路两种，主要用于电能传输与分配。用于表达电力线路的分布走向，线路经过地域的地理、地质情况及设施，杆位的布置情况，导线的松紧程度等，并用于指导电力线路施工、检修的工程图样称为电力线路工程图。它是一种重要的电气工程图，也是一类比较特殊的电气图。

（一）架空电力线路的基本构成

常见的10～35kV架空电力线路的基本构成见图9-21，它主要由导线、避雷线、杆塔、绝缘子、金具等组成。

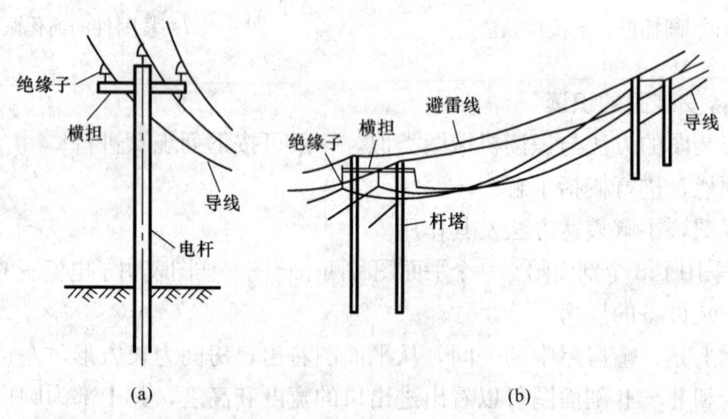

图9-21 架空线路的基本构成

(a) 10kV线路；(b) 35kV线路

（1）导线和避雷线。导线的作用是传输电流。架空线路的导线除了承受正常拉力外，还要受到各种天气因素（气温、风、雨、覆冰等）的影响。架空线路常用的导线是铝绞线（型号为LJ）和钢芯铝绞线（型号为LGJ）。铝绞线主要用于低压线路，钢芯铝绞线主要用于高压线路。避雷线也叫架空地线，安装在电杆顶部，导线的上方，并与大地相连。10kV以下的线路只在雷电活动强烈的个别地段安装避雷线，35kV线路一般也只在进入变电所1～2km的线段安装避雷线。避雷线一般采用镀锌钢绞线（型号为GJ）。

（2）杆塔。杆塔是用来支持导线和避雷线的。它由电杆、横担、拉线等组合而成。在电杆的种类中，应用最为广泛的是圆形钢筋混凝土杆，杆高为21、18、15、12、10、9、8m等。

在架空线路中，由于杆塔的受力情况不同，它们的结构形式也不同，按其作用可分为直线杆、耐张杆、转角杆、终端杆、分支杆、特种杆等。除直线杆外，其他的杆型又称为承力杆。

直线杆又叫中间杆，位于线路的直线段上，它一般不承受顺线路方向的拉力。线路中的电杆大多数为直线杆，约占全部电杆数的80%。

耐张杆线路在运行过程中可能发生断线事故，而使电杆承受一侧的拉力。为了防止故障的扩大，必须在一定距离装设机械强度大、能承受一侧拉力的电杆，这种电杆叫做耐张杆。这样，就可以将断线故障限制在两个耐张杆之间，提高线路供电的可靠性。

转角杆是指在线路转角处设立的电杆。按照转角杆的度数，用于15°、30°、60°和90°以下的转角杆，分别成为15°杆、30°杆、60°杆和90°杆。

终端杆是指设立在电路起端和终端的电杆。

分支杆是指设立在分支线路和干线相连处的电杆。

特种杆是指用于跨越铁路、公路、河流、电力线路等需要加强的地方的电杆。

（3）绝缘子。导线经过杆塔时，是由绝缘子支持的。绝缘子是用来使三相导线之间、导线与杆塔之间保持一定绝缘水平的瓷质或钢化玻璃质元件，习惯上称为瓷瓶。

电力线路上常用的绝缘子主要有两大类：针式和悬式。针式绝缘子的基本型号是P，悬式绝缘子的基本型号是X。针式绝缘子主要用于直线杆塔上。多个悬式绝缘子组合起来成为绝缘子串，绝缘子串用在直线杆上呈悬吊式，用在耐张杆等承力杆上则要受到导线的水平拉力，呈接近水平的状态。电压越高，绝缘子串的片数越多。

（4）金具。金具是用来连接导线和绝缘子、绝缘子和杆塔以及拉线和拉线等的金属附件，其种类很多，如绝缘子与杆塔相连的结合金具、导线连接用的连接金具、拉线连接用的拉线金具、减少导线振动的防振保护金具等。

（二）架空电力线路中常用的术语

（1）耐张段。为了控制事故的范围，常常需要将一条长的线路用耐张杆分成若干段，相邻两耐张塔杆间自成一区间，称为耐张段。

（2）档距L。档距是指相邻两杆之间的水平距离。档距的大小对导线与杆塔受力有很大的影响。

（3）跨距。跨距是指一个耐张段总的水平距离。一个耐张段的跨距等于段内各档的档距和。

（4）代表档距。在一个耐张段内的各档导线由于高差、长度不同，当气象条件变化而不同于施工条件时，各档导线的水平应力略有差异。可以假定有那么一个档，其导线的水平应力适中。这个档的档距就称为这个耐张段的代表档距，也叫规律档距。

（5）限距。为了保证电力架空线路的安全运行和防止行人的触电，规定了架空线路导线与其他各种设施交叉、平行的距离，以及导线对地面、河面和各种路面的最小垂直距离，这些距离称为限距。

（6）弛度F。相邻两杆塔导线悬挂点的假想连线与导线最低点的垂直距离称为弛度或垂弧。

二、电力线路工程图的种类

一份完整的架空线路工程图纸既要表明线路的某些细部结构，又要反映线路的全貌，如线路经过地域的地理、地质情况，杆位的布置情况，导线的松紧程度等。因而需要采用多种图纸，从不同侧面去表现它。一般工矿企业35kV及以下的架空线路工程图主要由以下几类图组成：①杆塔安装图；②线路平面图；③线路纵断面图；④杆位明细表；⑤安装曲线（即放线曲线）图。

杆塔安装图只要表现电杆式横担、绝缘子、金具、拉线等元件的组装情况，与一般机械工程图无多大区别。安装曲线图等将在后续的专业课中学习，这里仅介绍线路平面图和线路纵断面图的图示特点。

三、电力线路图的图示特点

架空电力线路常用平面图形符号见表9-9。

表9-9　　架空电力线路常用平面图形符号

序　号	名　称	图形符号	说　明
1	架空线路		通用符号，包括电力、电信架空线
2	电杆	A—B C	电杆一般符号（单杆、中间杆）可加注文字符号： A—杆材或所属部 B—杆长 C—杆号
3	特型杆		H形杆，标注H；L形杆，标注L；A形杆，标注A；圆角杆，标注号；分区杆，标注S；转角杆，标注转角度数
4	带撑杆电杆		
5	拉线	或	

9.4.2　电力线路图的识读

一、架空电力线路平面图

描述架空电力线路全线概貌时，通常采用平面图、断面图或平断面相结合的平断面图。

线路平面图就是线路在地面上的布置图，也就是线路的俯视图，但主要采用图形符号表示，因而是一种简图。

线路平面图主要表示线路走向，杆位布置、档距、耐张段、拉线等情况，是线路电气工程图中最主要的图，是必不可少的。

如图9-22所示是某一区域10kV架空电力线路平面图，主要表示发电厂至1～3号变电所线路的布置。

这一线路平面图描述的主要对象是发电站至1号变电所的35kV架空电力线路，阅读这一图可以明确以下内容。

(1) 线路共分为5个耐张段。

第1耐张段，1～25号杆，2000m；

第2耐张段，25～46号杆，1800m；

第3耐张段，46～70号杆，1500m；

第4耐张段，70～71号杆，300m（跨越河流）；

第5耐张段，71～82号杆，900m。

(2) 线路全长。

$L=2000+1800+1500+300+900=6500(\mathrm{m})=6.5(\mathrm{km})$

(3) 杆型，主要有以下杆型。

终端杆：1号杆、82号杆；

分支杆：25号杆；

转角杆：46号杆、转角27°，采用30°杆；

跨越杆：70号杆、71号杆，跨越河流。

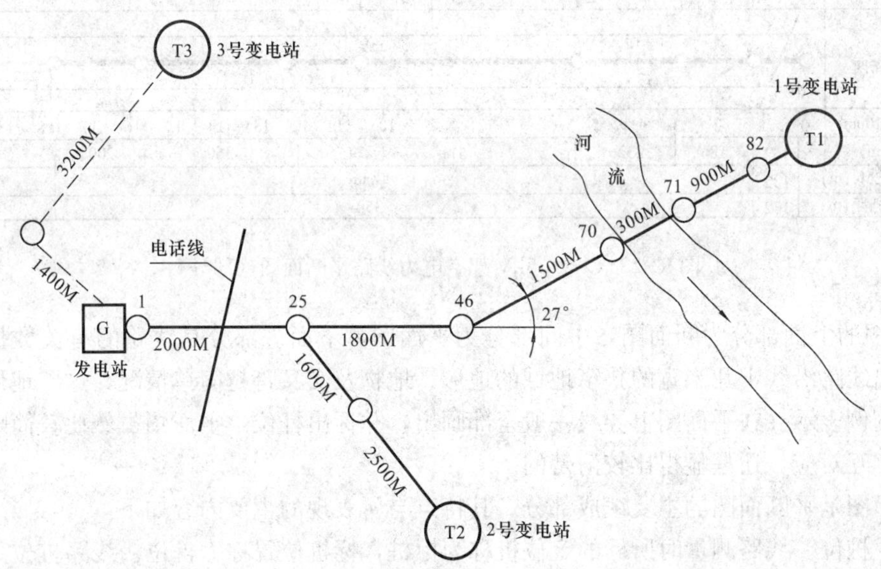

图9-22　某10kV架空电力线路平面图

二、架空电力线路平断面图

对10kV以下架空电力线路，特别是在线路经过地域的地形不太复杂的情况下，一份线路平面图，加上必要的文字说明，基本上可满足施工的要求，但对于10kV以上的线路，尤其是地形比较复杂，单一的线路平面图就不足以对线路描述清楚了，这样还须画出线路纵断面图。

架空线路纵断面图是沿线路中心线的剖面图。通过纵断面图可以看出线路经过地段的地形断面情况，各杆位之间地坪面相对高差，导线对地的距离、驰度及交叉跨越的立面情况；纵断面图对指导施工具有重要的意义。

然而对 35kV 以下的线路，为了使图面更加紧凑、实用，常常将平面图与纵断面图合为一体。不过这种情况下的平面图与前面的线路平面图略有差异，它是沿线路中心线的展开平面图和纵断面图相结合的图，称为平断面图。如图 9 - 23 所示是某 35kV 线路第一、第二耐张段的平断面图。

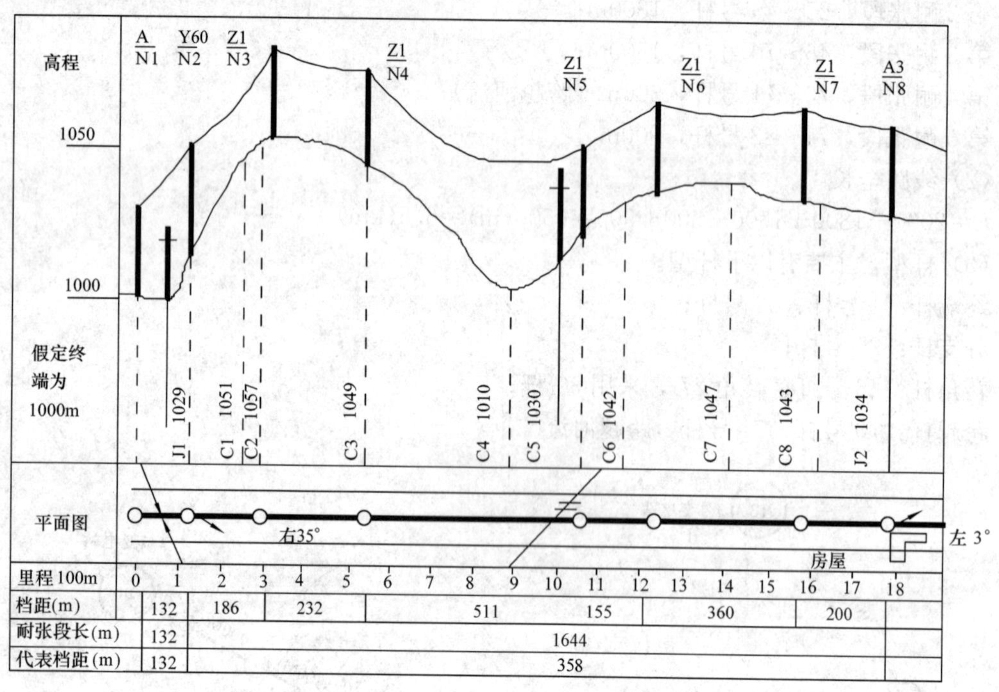

图 9 - 23　××35kV 架空电力线路平断面图（部分）

该图的上面部分为断面图，中间部分为平面图，下面一部分是线路的有关数据。平面图只画出线路沿线十几米宽的狭窄地域的地形、地物及交叉跨越简单情况，这些地形地物一般都用图例表示。在平面图上导线一般全部画出，并标出杆位。平面图虽然比较简略，但与断面图相互对应，还是显得比较清楚的。

断面图是平断面图的主要组成部分，其特点与所表现的主要内容如下。

（1）桩位。线路测量时所标的定位桩称为标桩，标桩位置称为桩位。线路桩位一般有几种：一是转角桩，用 J 表示；二是直线桩，用 C 表示。图中标出的转角桩有 J1（35°转角）、J2（3°转角），图中标注的直线桩有 C1～C8。J 桩与 C 桩都应标注高程；三是里程桩，是每隔 100m 所测定的桩，故又称为 100m 桩，由于里程桩不需要标注高程，所以在断面图上一般不表示，在图纸下方“里程”一栏里所表示的就是里程桩的位置，此外，还有拉线桩、方向桩、杆位桩等，在图面上一般不详细标注。

（2）桩位与杆位的高程。本图假定线路起点的高程为 1000m，其余各桩位所标的高程均以此为基础，例如J1桩为1029m，表示J1比起点高29m，C2的高程最大为1057m，比起点高57m。杆位如果不在高程桩位上，则可按图纸的比例在图纸上直接量出，例如3号杆的高程经测量约为1061m。

（3）在断面上按比例画出了杆高与交叉跨越物的高度，并大致地画出了导线的驰度及其各种限距，例如从图9-23上可以看出，1号与2号杆之间的导线对地距离最短处约为9.5m，显然，这些数据都能满足限距的要求。

在断面图的最上方，对应每一根杆都标出了杆号和杆型。例如，N1杆，杆型为A，这是一终端杆。N2杆，杆型为Y60°，这是一60°转角杆，也是分段用耐张杆。N1～N7均为直线杆，杆型均为Z1。N8为耐张杆，杆型为A3。这些杆型的有关图样可参考杆型图册。

平面图只画出线路沿线十几米宽的狭窄地域的地形、地物及交叉跨越的简单情况，在图中，导线画出L1、L2、L3这3根导线，但杆位只在中间相标注。地形、地物等一般用图例表示，不完全按实物画出，有的甚至只用文字标注。在此图中，1、2号杆之间交叉跨越10kV线路，4、5号杆之间交叉跨越两条通信线路，8、9号杆之间交叉跨越房屋等，都是采用图例表示的，沿途经过的荒山则只用了文字标注。

在平面图上，对于线路的转角不能像图9-22那样明显地表示，因为它是沿线路中心线的展开平面图，所以转角只能借助文字标注，例如：2号杆标注“右35°”是表示线路2号杆向右转角35°，8号杆标注“左3°”是表示线路在8号杆向左转角3°，由此应特别明确，虽然沿线画的都是直线，但并不是线路走向全都是直线。

图面下面一部分标注的里程、档距、耐张段长度、代表档距等，是对平面图与断面图的重要补充与说明，这些都是图面所要表现的重要内容，它与后面所叙述的杆位明细表有某些相同之处，但由于它与平断面图对应标注，显得更加清晰。

三、杆位明细表

平面图与断面图虽然能比较清楚地表现架空线路的一般情况，但对杆位情况却表现得不够充分。杆位是埋设电杆的依据，包括电杆的规格、杆型、挖坑深度、底盘、拉线坑等情况，显然应具体表明。因此，除了平面、断面图以外，还应有一张说明杆位具体情况的图纸，这张图纸通常以表格的形式给出，故称为杆位明细表。表9-10是对应于图9-23中一段线路的杆位明细表，它是对图的重要补充，限于篇幅，这里引用的只是表格的一部分。

对照图9-22和图9-23可以看出，表中的许多内容，例如电杆底盘、拉线盘、接地电阻，以及许多未列出的内容，如拉线规格，线路防振等是图不便于表现的内容。但表中的有些内容，如杆型、档距、交叉跨越、耐张段长度与代表档距等，在图中已经表示清楚了。不过，将上述与杆位有关的部分简练地集中在一张表格中表示出来，能使读者对杆位有一个完整概念，是指导施工和维修的重要图纸，也是线路档案中的一份重要资料。

由表9-10还可以看出每一个杆位的具体情况，例如N1号杆杆型为A，杆高15m，杆位处地质情况为黏土；电杆底盘2个（这表示为双杆），埋深为1.5m，拉线盘4个（有4根拉线），其埋深为2m，该电杆接地要求比较良好，接地电阻小于10Ω，绝缘子倒挂，主要是因为线路往高处去，绝缘子倒挂可以避免雨水沉积在悬式绝缘子上。

表 9-10 杆位明细表

杆号	杆型	杆高（m）	档距（m）	交叉跨越	耐张段长度（m）/代表档距（m）	地质	底盘 个数（个）	底盘 埋深（m）	拉线盘 个数	拉线盘 埋深（m）	接地电阻（Ω）	备注
N1	A	15	131	10kV 线路	132	黏土	2	1.5	4	2	10	
N2	Y60	15	189			碳岩	2	2.0	4	2	30	
N3	Z1	18	232			碳岩	2	1.5	2	2	30	
N4	Z1	15	511	二条电话线	132（右 35°） 1644	碳岩	2	1.5	2	2	30	绝缘子倒挂
N5	Z	15	155			碳岩	2	1.5	2	2	30	
N6	Z1	15	360			黏土	2	1.5	2	2	15	
N7	Z1	15	200			黏土	2	1.5	2	2	15	
N8	A3	15			358（左 3°）	碳岩	2	1.5	2	2	30	

对于每一耐张段，杆位明细表表现得也比较清楚，例如表中，第一耐张段为一孤立档，只有一档，档距、耐张段长度、代表档距均为 132m，第二耐张段共有 6 档，耐张段长度为 1644m，耐张段的代表档距为

$$L_d = \sqrt{\frac{L_1^3 + L_2^3 + \cdots + L_n^3}{L_1 + L_2 + \cdots + L_n}}$$

$$L_d = \sqrt{\frac{186^3 + 232^3 + 511^3 + 155^3 + 360^3 + 200^3}{186 + 232 + 511 + 155 + 360 + 200}} = 358(\mathrm{m})$$

四、电缆线路工程图

（一）电缆线路的构成及特点

电缆的基本结构是线芯、绝缘层、保护层。电力电缆承受的电压高、载流量大，由于线芯之间距离很小，因此防止电缆密封被破坏，防止电缆绝缘损伤，防止电缆过热，是电缆敷设中最主要的问题，这也是电力电缆工程图所要表现的最主要的方面。在阅读电力电缆工程图应注意以下几方面。

（1）电缆的弯曲半径。电缆不允许过度弯曲，油浸式纸绝缘电力电缆的弯曲半径一般不得小于 $10D$。这里的 D 是电缆的外径。

（2）电缆的敷设高差。对于油浸式电缆，为了防止上部电缆油干涸和下部的油压过大，电缆两端的高差有一定的限制，一般不得超过 15～25m，否则应采用堵油措施。

（3）电缆与其他地下管道之间的距离。电力电缆与热力管道平行敷设时，其水平距离不得小于 2m，交叉跨越时不得小于 0.5m，电力电缆与其他管道的水平、垂直距离一般也不得小于 0.5m。

（4）电缆的松弛。为了防止电缆因热胀冷缩而受力过大，电力电缆在敷设时不能拉得太直，电缆的实际长度应比电缆沟的实际长度长 0.5%～1.0%，并每隔一定的距离（一般在电缆接头处）都设立松弛区，松弛长度一般为 0.5m，如果因接头需要，可松弛2～3m。

（5）电缆的机械保护。埋在地下的电缆应有一定的保护电缆措施，例如：电缆埋设深度一般不得小于 0.7m，电缆沟应铺细砂、加盖板；穿越公路、铁路等应穿入钢管或混凝土管保护等。

（6）电缆接头。电缆敷设完毕，各段必须连接成整体，两端还要与电气设备或架空线路相连，使其成为一个连续的整体。这些连接装置称为电缆接头，简称为电缆头。电缆两端的接头称为终端接头，电缆中间连接的接头称为中间头，因堵油需要设置的中间接头称为堵油中间头，电缆干线与分支线的连接头称为分支头。

（二）电缆线路的一般表示方法

电缆线路电气工程图是描述电缆敷设、安装、连接的具体布置及工艺要求的简图，一般用平面图表示。

在平面布置图上常用的图形符号如表9-11所示。

表9-11　　电缆线路常用图形符号

序号	名　称	图形符号	说　明
1	铺砖保护		
2	穿管保护		可加注文字说明穿管规格和长度
3	电缆预留		按标注预留
4	电缆中间接线盒		
5	电缆分支接线盒		
6	电缆与其他设施交叉点	a (1) a (2)	a为交叉点编号 （1）电缆无保护 （2）电缆有保护必要时，还标注地面标高、交叉点坐标、保护管有关数据

（三）电缆线路电气工程图的阅读

如图9-24所示是某10kV电力电缆施工平面布置图，这个图描述了电缆的走向、长度、敷设工艺要求等。这种描述比较概略，这也是本图的特点之一。

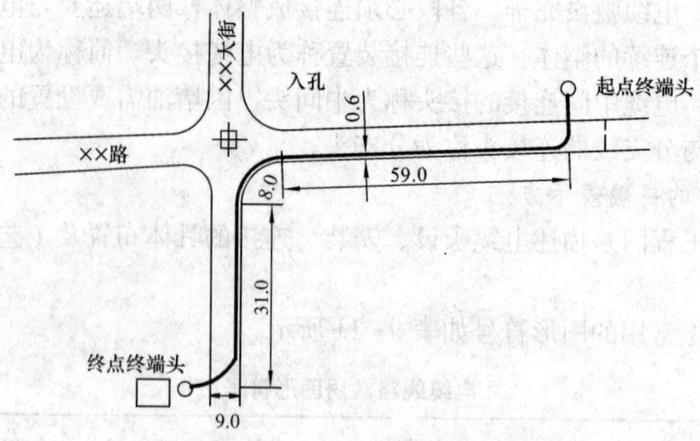

图 9-24 ××10kV 电缆线路施工平面图

注：1. 电缆全长约 130m，电缆的型号规格为 ZLQ2-3×50mm²-10kV；
2. 电缆沿街道应距路沿 0.6m；
3. 电缆穿越街道应加 ϕ120mm 的混凝土管保护；
4. 电缆中间、终端处应留 0.5～2.6m 的松弛；
5. 电缆头制作、电缆敷设工艺要求及做法参见“图册”WB－0081－0087。

学习提示：

电力线路工程图与地形图有密切的关系，学习中应注意相关知识面的拓展，才能正确地识读这部分的图样。

9.5 用 Auto CAD 绘制建筑电气平面图

目的与任务 学会将 AutoCAD 命令综合运用到建筑电气平面图绘制过程中。

建筑电气平面图的绘制与单纯的建筑图和电气图既有联系又有区别，首先要明确的是各种电气符号应按照位置布置法绘制在建筑平面图上的，在绘图时，既要根据建筑图的要求绘制基本的建筑平面图，也要根据电气图的要求，将建筑平面上的各种电气设备、装置等表达清楚。

9.5.1 工程图样的绘图比例与打印比例

绘制建筑工程图时，首先要解决好的就是绘图比例和打印比例的问题。

使用 AutoCAD 绘制工程图时，一般先将所表达的实物绘制为屏幕图形。然后再将屏幕图形打印在图纸上。因此，用计算机绘图时就需要设计两个比例，第一个比例是将实物绘制为屏幕图形时的绘图比例，它是屏幕图形的线段长度与实物上的对应长度之比；第二个比例是将屏幕图形输出到图纸上的打印比例，它是图纸上的线段长度与屏幕图形上对应线段之比。由于屏幕的缩放功能，在屏幕上既可以显示一座城市的交通图，也可以显示直径为 0.1mm 或更小的圆，因此人们通常先按实物的真实大小 1∶1 来绘图，以避免按比例计算尺寸的麻烦，出图时再设置适当的打印比例将屏幕上的图形打印到合适的图纸上。

例如，我们如果希望得到一张绘图比例为 1∶100 的工程图，可用以下两种方法实现：

方法一：在屏幕上按实物的真实大小1∶1绘制图形，并标注尺寸和文字，应注意：文字、图框、标题栏均应按实际大小放大100倍，尺寸样式中标注特征的全局比例应设置为100，图案填充比例和线型比例因子也应相应扩大。出图时设置打印比例为1∶100，即屏幕图形上100mm长的线段在图纸上打印为1mm长。

方法二：在屏幕上先按实物的真实大小1∶1绘制图形，但不标注尺寸和文字，然后用SCALE命令将图形按所需比例缩小100倍，再画图框和标题栏或将缩放后的图样移到样板图框中，最后标注文字和尺寸（尺寸样式“主单位”中的“测量比例因子”设置为100），出图时设置打印比例为1∶1。

用这种方法绘图时，可在同一图纸中设置几种不同比例的图形，处理方法灵活方便。图形缩小时，线型比例因子也应同时缩小。出图时，图中的尺寸数值与线宽不受打印比例的影响。

9.5.2　绘制建筑电气平面图实例

作图的基本思路　首先绘制建筑物的定位轴线，确定建筑平面的大致轮廓，然后绘制墙体、门、窗等，作出建筑物的平面图，其次按位置布置法绘制各种电气符号，并连线形成完整的图形。

作图步骤

（一）设置绘图环境

可以调用已创建好的“建筑样板图”。

（1）绘图单位：mm。

（2）图形界限：50000 mm×35000mm。

（3）设置图层：可根据需要增设电气管线层，选择实线，线宽选为0.18mm；灯层，选择实线，线宽选为0.18mm；接地线层，选择点划线，线宽选为0.18mm。颜色可以采用多个颜色，也可以使用单一的颜色。

（4）将常用的定位轴线符号、索引符号、详图符号等，以及门、窗、柱等图例符号创建成图块，以备调用。

（二）图形绘制

（1）单击“绘图”工具栏中的“插入块”按钮（或选择“插入”→“块”命令），弹出“插入”对话框，在已经建立的建筑块文件库中找到块文件“图框”，将X、Y插入比例改为100，如图9-25（a）所示。单击“确定”按钮，在绘图区插入图框，如图9-25（b）所示。这样图幅就变成了与实际场地一致的空间，绘图采用1∶1绘图。

（2）利用“直线”和“偏移”命令绘制定位轴线，单击“绘图”工具栏中的“插入块”按钮，插入已经定义为块文件的定位轴线编号，如图9-26（a）所示。

（3）利用“偏移”、“修剪”命令或“多线”命令绘制墙线，注意使用“多线”命令时将比例S设置为“240”，对方式J选择“无（Z）”对齐的方式，如图9-24（b）。

（4）选择“插入块”命令，将已经定义为块的“柱”、“门”、“窗”的符号插入平面图形，如图9-27（a）所示。

（5）利用“偏移”、“修剪”、“倒角”、“复制”、“延伸”等命令完成平面图中楼梯、台阶、散水等其他结构的绘制，如图9-27（b）所示。

（6）单击“图层”工具栏中的“图层特性管理器”按钮（或选择菜单栏中的“格式”→“图层”命令），将“0”层设为当前层，关闭定位轴线层。

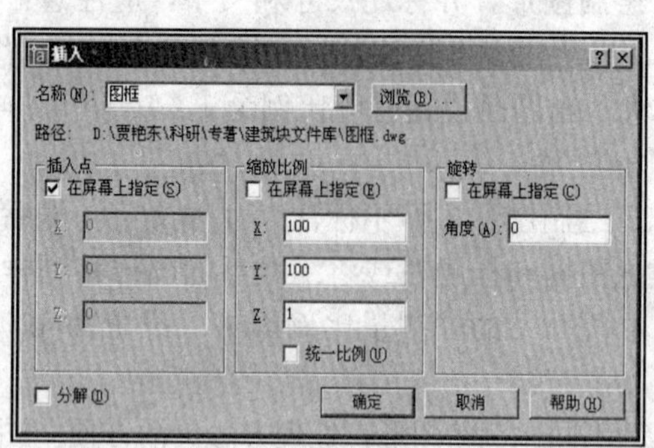

(a)

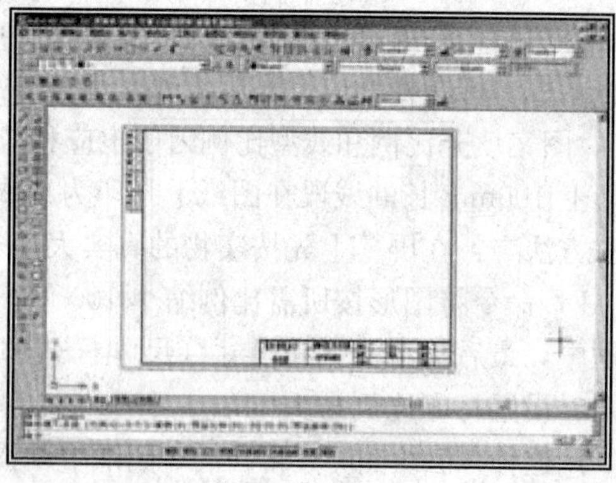

(b)

图 9-25 绘制图框

(a)“插入”对话框；(b)绘图区插入图框

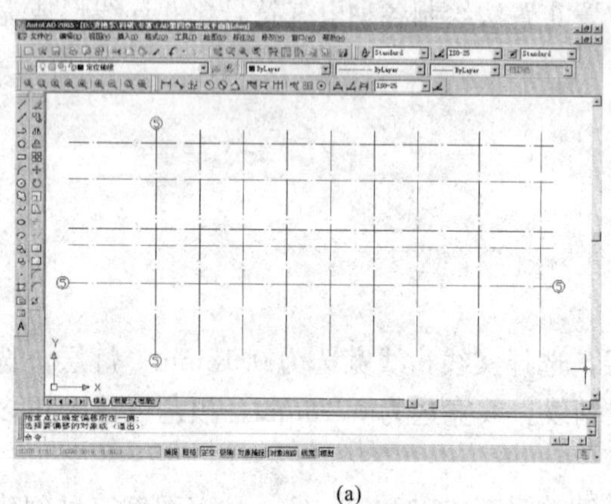

(a)

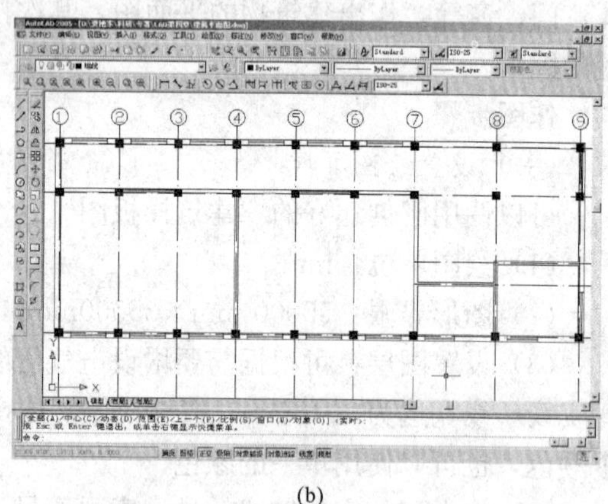

(b)

图 9-26 绘制定位轴线和墙线

(a)绘制定位轴线；(b)绘制墙线

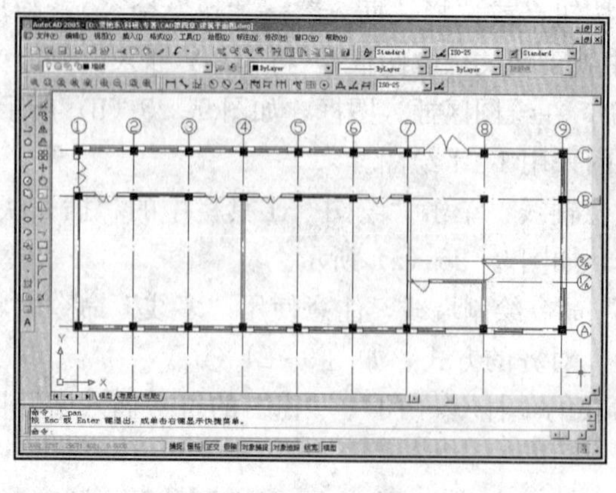

(a)

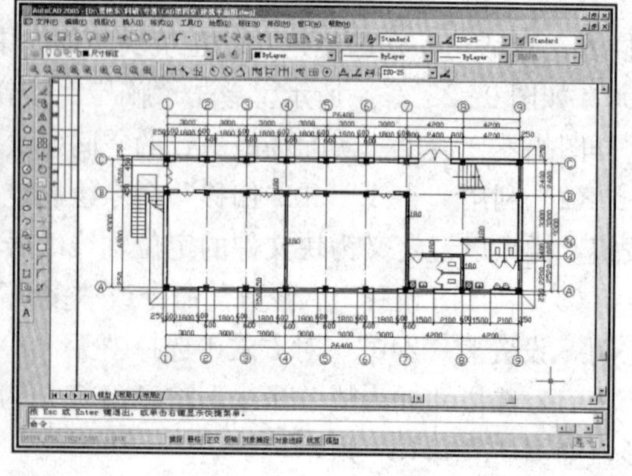

(b)

图 9-27 绘制门窗图形

(a)插入“柱”、“门”、“窗”图块；(b)其他结构绘制

(7) 将灯层设为当前层，单击“绘图”工具栏中的“插入块”按钮（或选择菜单栏中的“插入”→“块”命令），插入已经定义为块文件的双管荧光灯，如图9-28(a)所示。选择“复制”或“阵列”命令完成其他生成其他双管荧光灯的绘制，如图9-28(b)所示。

注意　插入的双管荧光灯图形大小在图中不合适时，可以调整插入比例重新插入。

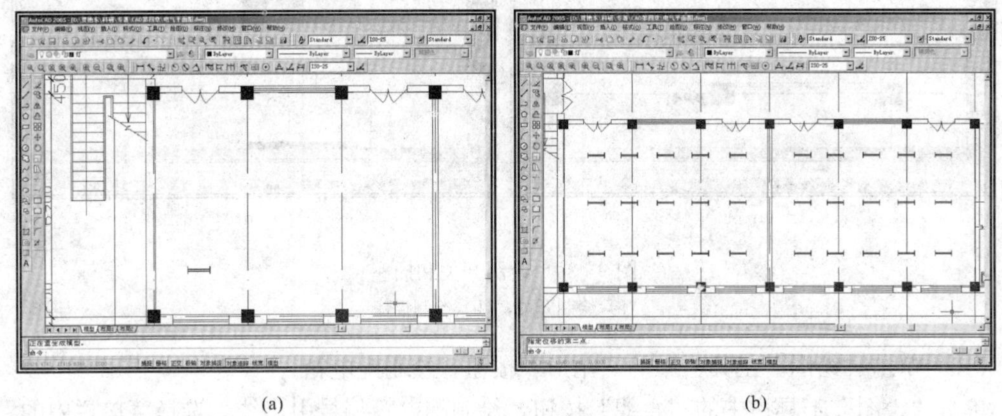

(a)　(b)

图9-28　绘制荧光灯图形

(a) 插入双管荧光灯；(b) 其他双管荧光灯的绘制

(8) 单击“绘图”工具栏中的“圆”和“直线”按钮，将极轴捕捉角设为“45°”，绘制走廊灯的图形符号，如图9-29(a)所示。利用“复制”或“阵列”命令生成其他的灯，如图9-29(b)所示。

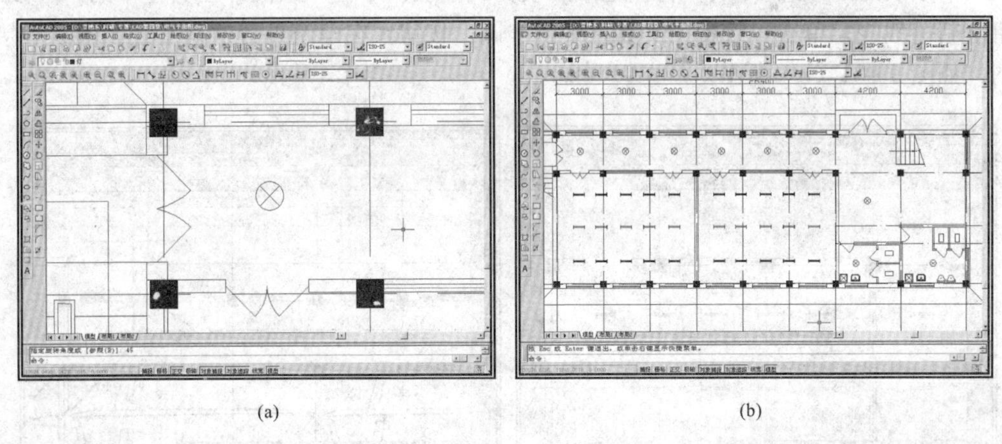

(a)　(b)

图9-29　绘制走廊灯图形

(a) 绘制走廊灯的图形符号；(b) 生成其他的灯

(9) 将电气管线层设为当前层。选择菜单栏中的“绘图”→“圆环”命令，在墙边绘制实心圆环。单击“绘图”工具栏中的“直线”按钮（或选择菜单栏中的“绘图”→“直线”命令），在实心圆环上绘制两段短线，完成单极开关的绘制，如图9-30(a)所示。

绘制暗装插座：单击“绘图”工具栏中的“圆”按钮及“修改”工具栏中的“修剪”按钮，将整圆的一半修剪掉。单击“绘图”工具栏中的“图案填充”，将余下的半圆填充，完成暗装插座的绘制，如图9-30(b)所示。

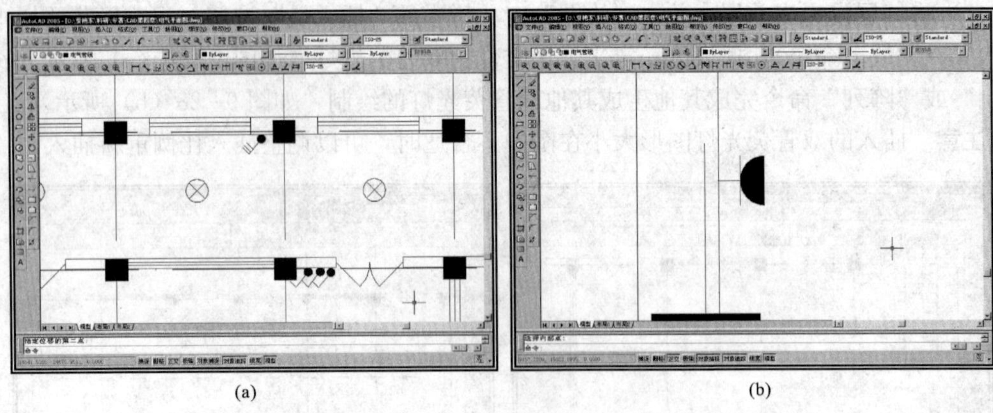

(a)　　(b)

图 9-30　绘制开关和插座

(a) 绘制开关；(b) 绘制插座

(10) 单击“绘图”工具栏中的“矩形”按钮，绘制配电箱。

单击“绘图”工具栏中的“直线”按钮，绘制配电箱编号引出线。选择菜单栏中的“格式”→“文字样式”命令，在“文字样式”对话框中，将默认的“Standard”文字样式的宽高比改为“0.7”。选择“绘图”→“文字”→“单行文字”命令，确定文字的标注起点，给定文字高度为“350”mm（图幅尺寸放大多少倍，就将标准图幅中使用的字高放大多少倍输入），标注配电箱编号，如图 9-31 (a) 所示。

(11) 单击“绘图”工具栏中的“多段线”按钮，线宽设为“35”mm（线宽根据图幅的放大倍数设定），绘制导线，将接地线层设为当前层。单击“绘图”工具栏中的“多段线”按钮绘制接地线；单击“绘图”工具栏中的“圆”按钮，在建筑外合适位置绘制圆表示接地圆钢，如图 9-31 (b) 所示。

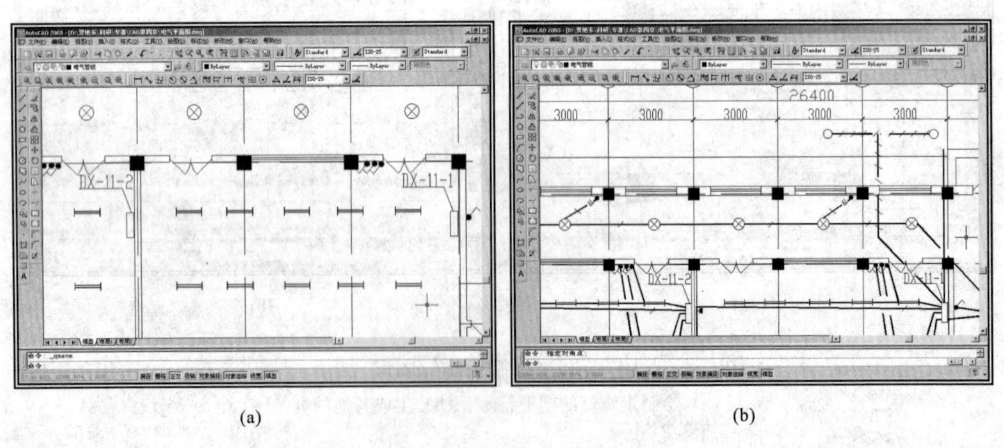

(a)　　(b)

图 9-31　绘制配电箱

(a) 绘制配电箱；(b) 绘制导线

(12) 单击工具栏中的“标注”，标注接地线尺寸等，如图 9-32 (a) 所示。

(13) 将电气管线层设为当前层。单击“绘图”工具栏中的“直线”按钮，在导线和接地线上绘制短线，单击“标注”铵钮，单击“绘图”工具栏中的“多行文字”按钮，标注导线根数。创建以“hzcf”为样式名的文字样式，字体设置为“仿宋字”，字体的宽高比设置为“0.7”，并用该字体注写图名、标题栏等，完成全图，如图9-32（b）所示。

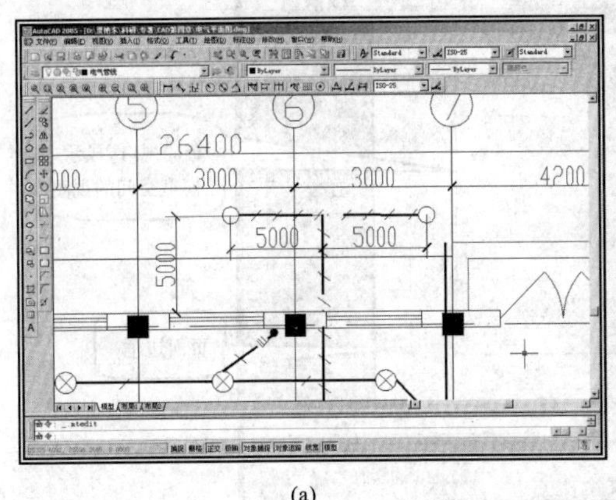

(a)

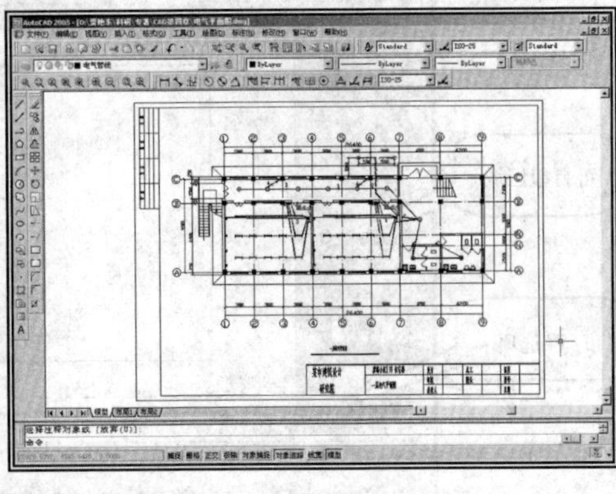

(b)

图9-32 注写尺寸与标题栏

（a）标注接地线尺寸；（b）注写标题栏

学习提示：

用AutoCAD绘制建筑电气平面图要注意建立好常用的电气元件库，以及利用图层功能进行文件的管理，确保作图的高效和准确。

9.6 图形输出

目的与任务 学会AutoCAD输出图形的基本设置和操作步骤。

9.6.1 创建和管理布局

在AutoCAD 2007中，可以创建多种布局，每个布局都代表一张单独的打印输出图纸。布局可显示出页面的边框和实际的打印区域，页面尺寸和实际的打印区域取决于指定给布局的打印机或绘图仪，如图9-33所示。创建新布局后就可以在布局中创建浮动视口。视口中的各个视图可以使用不同的打印比例，并能够控制视口中图层的可见性，如图9-33所示。

一、创建布局

创建新布局的两种最常见用途为：一是创建包含不同图纸尺寸和方向的新图形样板文件；二是将带有不同的图纸尺寸、方向和标题栏的布局添加到现有图形中。

选择“工具”→“向导”→“创建布局”命令，打开“创建布局”向导，即可创建具有不同的图纸尺寸和相匹配的标题栏的布局，还可以指定打印设备、确定不同的打印样式和视口设置，如图9-34所示。

二、管理布局

右击“布局”标签，选择弹出的快捷菜单中的命令可以删除、新建、重命名、移动或复制布局。

默认情况下，选择某个布局选项卡时，系统将自动弹出“页面设置”对话框，供设置页

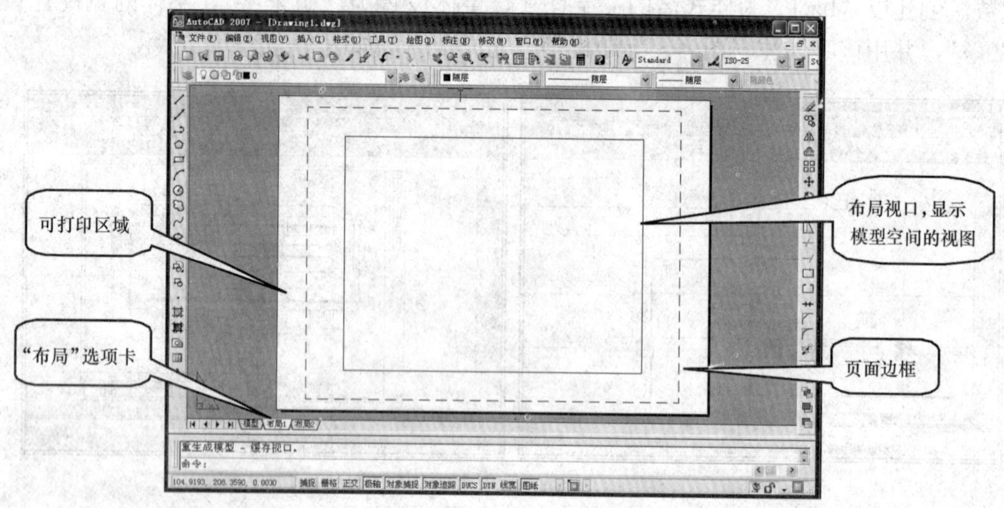

图 9－33　布局视图

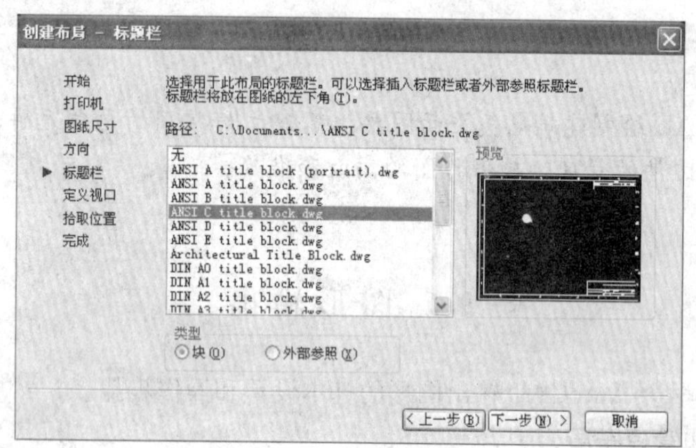

图 9－34　创建布局

面布局。如果以后要修改页面布局，可从快捷菜单中选择“页面设置管理器”命令，通过修改布局的页面设置，将图形按不同比例打印到不同尺寸的图纸中。

三、布局的页面设置

选择“文件”→“页面设置管理器”命令，打开“页面设置管理器”对话框。单击“新建”按钮，打开“新建页面设置”对话框，可以在其中创建新的布局，如图 9－35 所示。

四、使用布局视口

要在布局中显示和缩放模型空间的视图，需创建布局视口。在实践中，通常图形中的对象是在“模型”选项卡中的模型空间创建的，而一些只在打印页面上出现的元素（例如标题栏和注释）可以在布局的图纸空间中绘制的。

在构造布局图时，可以将布局的浮动视口视为图纸空间的图形对象，并对其进行移动和调整。浮动视口可以相互重叠或分离。在图纸空间是无法编辑模型空间中的对象的。如果要编辑模型，必须激活浮动视口，进入浮动模型空间。激活浮动视口的方法有多种，如可执行

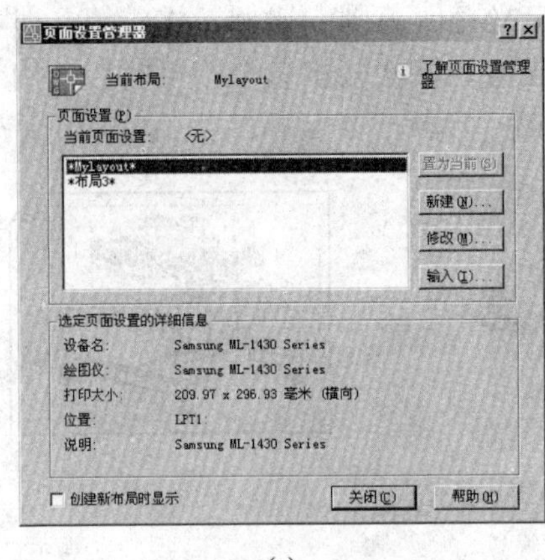

(a)

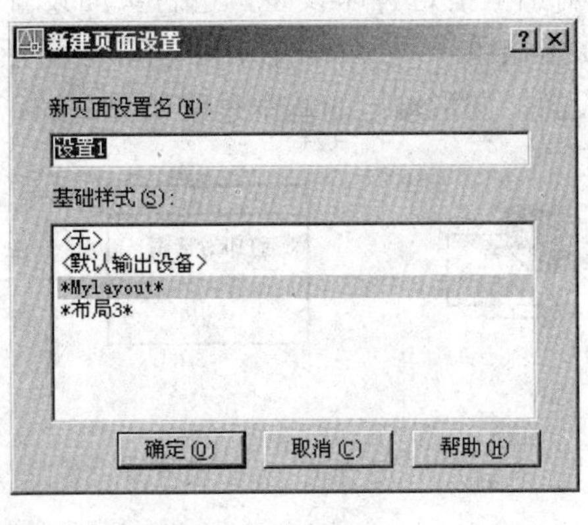

(b)

图 9-35　布局的页面设置

(a) 页面设置管理器；(b) 新建页面设置

MSPACE 命令、单击状态栏上的“图纸”按钮或双击浮动视口区域中的任意位置，如图 9-36 (a) 所示。

在删除浮动视口后，可以选择“视图”→“视口”→“多边形视口”命令，创建多边形形状的浮动视口。也可以将图纸空间中绘制的封闭多段线、圆、面域、样条或椭圆等对象设置为视口边界，这时可选择“视图”→“视口对象”命令来创建，如图 9-36 (b) 所示。

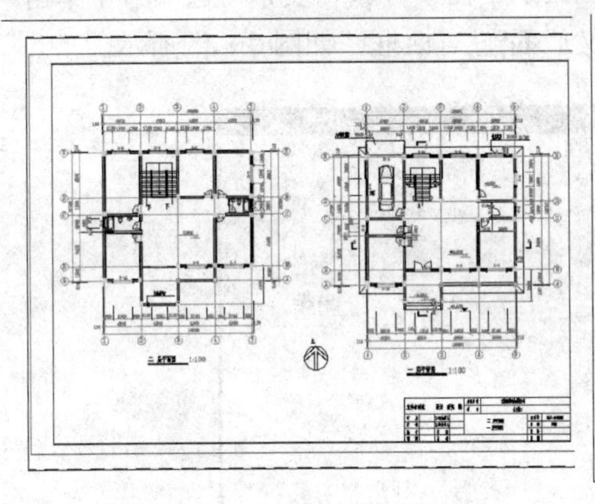

(a)

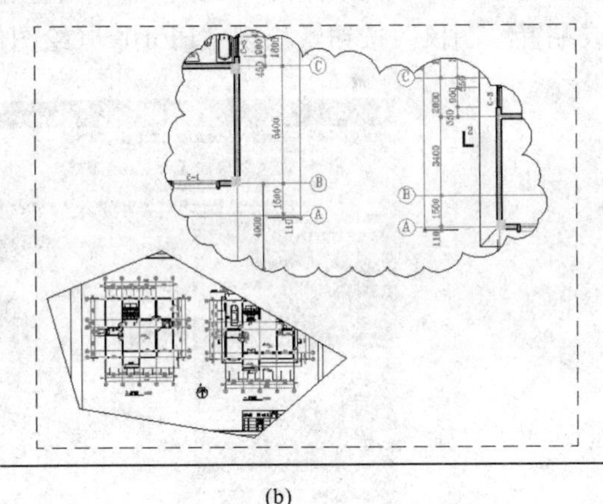

(b)

图 9-36　布局视口

(a) 浮动视口；(b) 特殊形状的浮动视口

五、相对图纸空间比例缩放视图

如果布局图中使用了多个浮动视口，就可以为这些视口中的视图建立相同的缩放比例。这时可选择要修改其缩放比例的浮动视口，在“特性”选项卡的“标准比例”下拉列表框中选择某一比例，然后对所有其他的浮动视口执行同样的操作，就可以设置一个相同的比例值。

9.6.2　出图设备的配置管理

基本思路：我们要出图，既可以在模型空间，又可以在图纸空间进行。出图时，先利用

“打印”对话框指定打印设备；进行页面设置；定义打印范围、比例、样式等，即可出图。一般一次输出单个图形时，使用“打印”对话框设置，一次输出多个图形时，使用“发布”对话框设置。图形输出的基本过程如图 9-37 所示。

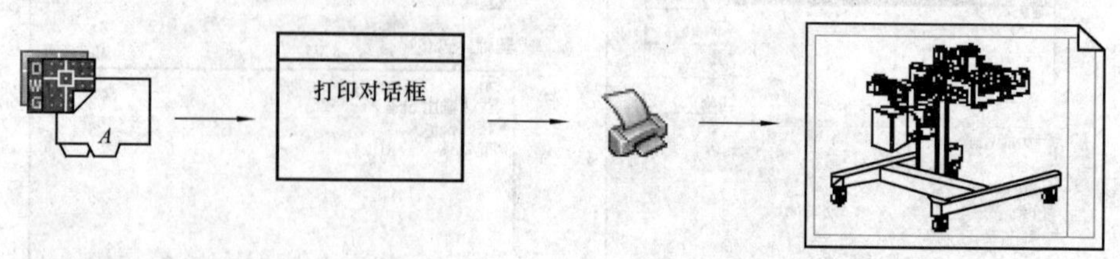

图 9-37 图形输出示意图

一、配置打印机

打印机是主要的出图设备，我们可以利用“绘图设备管理器”，在 AutoCAD 提供的出图设备驱动程序中，配置绘图设备。

“绘图仪管理器”是一个窗口，其中列出了客户安装的所有非系统打印机的绘图仪配置（PC3）文件。如果我们希望 AutoCAD 使用的默认打印特性不同于 Windows 所使用的打印特性，就要创建绘图仪配置文件来指定端口信息、光栅图形和矢量图形的质量、图纸尺寸以及取绘图仪的自定义特性。

绘图仪管理器“添加绘图仪”向导是创建绘图仪配置的基本工具。选择“文件”→“绘图仪管理器”命令，或选择“工具”→“选项”命令，在“打印和发布”选项卡中单击“添加或配置绘图仪”按钮，出现“Plotter（绘图仪）”配置对话框，如图 9-38 所示。

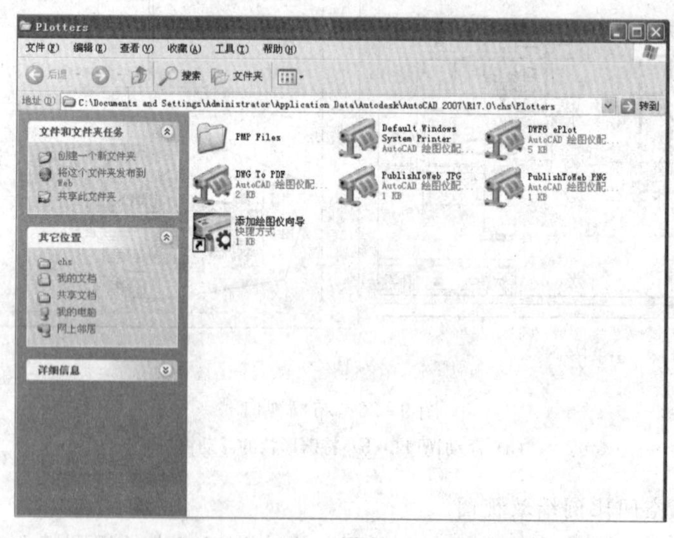

图 9-38 绘图仪配置

在该对话框中，双击“添加绘图仪向导”图标，弹出“添加绘图仪”向导对话框，如图 9-39 所示。根据提示，可以设置添加新的绘图仪。通过下拉菜单：选择“工具”→“向导”→“添加绘图仪”命令，也可调出“添加绘图仪”向导对话框。即可设置出图设备管理内容，包括添加出图设备、设置网络打印服务器、配置系统出图设备等。

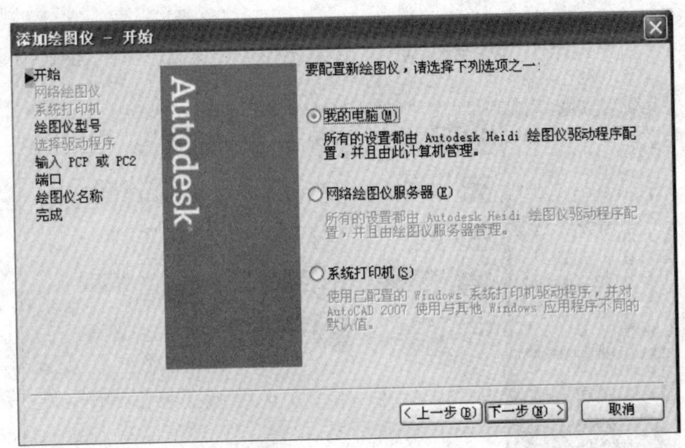

图 9-39　添加绘图仪

二、页面设置

页面设置涉及打印图纸的尺寸、方向和范围，是打印出图必须设置的内容之一。我们在创建布局时，所指定的绘图仪和设置将保存在页面设置中，并与不同的布局相关联。这样利用页面设置管理器，就可以控制布局和“模型”选项卡中的设置，并可以命名和保存页面设置，以便在其他布局中使用。

如果在创建布局时没有指定“页面设置”对话框中的所有设置，也可以在打印之前设置新页面，或替换页面设置并进行保存。

三、打印样式

打印样式决定打印的特性（例如线宽、颜色和填充样式）。是用来控制对象或布局的打印方式的。打印样式表中收集了多组打印样式。打印样式管理器是一个窗口，其中显示了AutoCAD 中可用的所有打印样式表。

打印样式类型有两种：颜色相关打印样式表和命名打印样式表。一个图形只能使用一种类型的打印样式表。客户可以在两种打印样式表之间转换，也可以在设置了图形的打印样式表类型之后，修改所设置的类型。

对于颜色相关打印样式表，对象的颜色决定了打印的颜色。这些打印样式表文件的扩展名为 .ctb。不能直接为对象指定颜色相关打印样式。相反，要控制对象的打印颜色，必须修改对象的颜色。例如，图形中所有被指定为红色的对象均以相同的方式打印。

命名打印样式表使用直接指定给对象和图层的打印样式。这些打印样式表文件的扩展名为 .stb。使用这些打印样式表可以使图形中的每个对象以不同颜色打印，与对象本身的颜色无关。

选择“文件”→“打印样式管理器”或“工具”命令，在弹出的“选项”对话框中选择“打印和发布”选项卡，单击“打印样式表设置”按钮，再单击“添加或编辑打印样式表”按钮，弹出“Plot Styles（出图式样）”对话框，如图 9-40 所示可以创建一个新的打印样式。

在该对话框中，双击“添加打印样式表向导”图标，此时弹出“添加打印样式表”向导对话框，如图 9-41 所示。通过对该对话框的操作，完成新打印样式的设置。通过下拉菜单：选择“工具”→“向导”→“添加打印样式表”（或“添加命名打印样式表”）命令，也可进行新打印样式的设置。

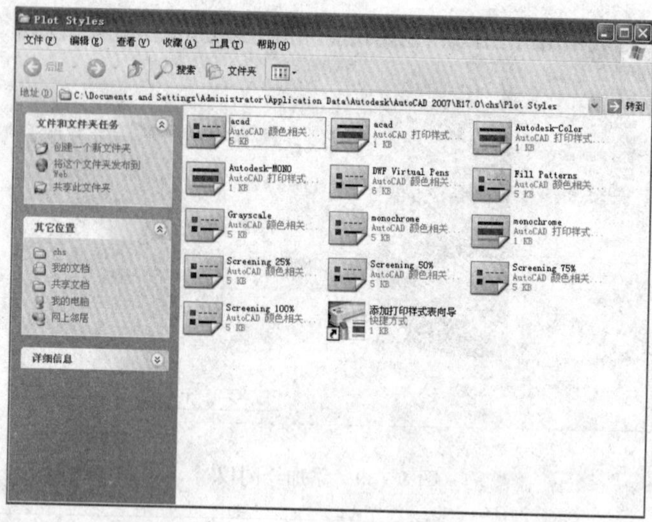

图9-40　出图样式

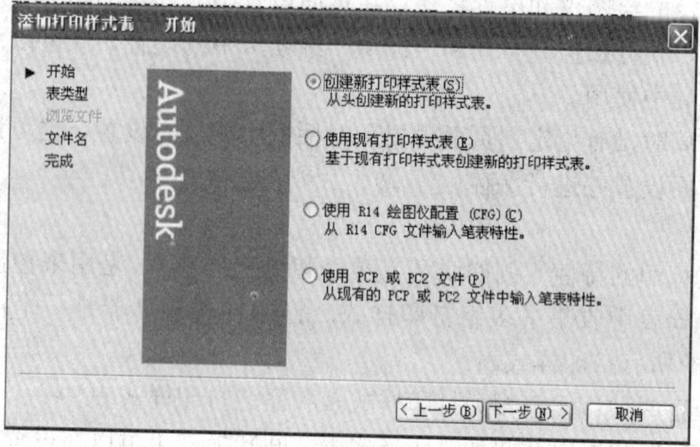

图9-41　创建新打印样式

9.6.3　打印出图

根据不同需要，在AutoCAD中可以打印一个或多个视口，或设置选项来决定打印的内容和布置。

打印图形的基本步骤如下：

(1) 在“文件”菜单中，选择“打印”命令，弹出“打印”对话框，如图9-42所示。

(2) 在“打印”对话框的“打印机/绘图仪”选项区域中，从“名称”下拉列表框中选择一种绘图仪。

(3) 在“图纸尺寸”选项区域中，从“图纸尺寸”下拉列表框中选择图纸尺寸。

(4)（可选）在“打印份数”选项区域中，输入要打印的份数。

(5) 在“打印区域”选项区域中，指定图形中要打印的部分。

(6) 在“打印比例”选项区域中，从“比例”下拉列表框中选择缩放比例。

(7) 有关其他选项的信息，请单击“更多选项”按钮⊙>。

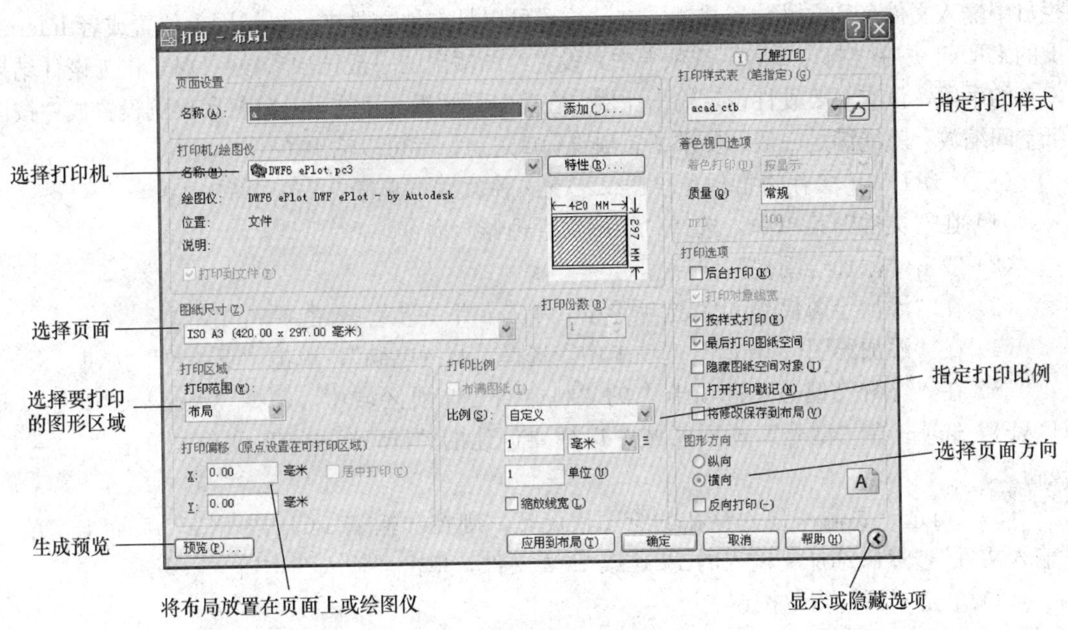

图9-42　打印对话框

(8)（可选）在“打印样式表（笔指定）”选项区域中，从“名称”下拉列表框中选择打印样式表。

(9)（可选）在“着色视口选项”和“打印选项”选项区域中，选择适当的设置。

(10) 在“图形方向”选项区域中，选择一种方向。

(11) 单击“确定”按钮。

9.6.4　发布DWF文件

图形网络格式（Drawing Web Format，DWF）图形文件是一种可以在任何装有网络浏览器和Autodesk WHIP！插件的计算机中都能打开、查看和输出的文件格式。并且这种格式的文件是基于矢量的格式创建的（插入的光栅图像内容除外），可以较好地保证原图形的精确性和完整性，其压缩率高，文件的打开和传输速度快，还可以使用免费的DWF文件查看器。因此得到了越来越广泛的运用。

在AutoCAD 2007中，选择“文件”→“网上发布”命令，即使不熟悉HTML代码，也可以方便、迅速地创建格式化Web页，该Web页中就包含有AutoCAD图形的DWF、PNG或JPEG等格式图像，将其发布到Internet，可以节省时间并提高效率。

这里仅介绍利用ePlot图形输出功能输出DWF文件的方法和步骤。

ePlot图形输出功能生成的DWF格式文件是一种“电子图形文件”，我们可以将输出的过程视为是一种图纸的“虚拟打印”，首先应创建ePlot配置文件。DWF6 ePlot. pc3绘图仪配置文件可创建带有白色背景和纸张边界的DWF文件。通过ePlot可指定如指定画笔、旋转和图纸尺寸等多种设置，所有这些设置都会影响DWF文件的打印外观。

其次打开要输出的图形文件，在“文件”菜单中选择“打印”命令，AutoCAD打开“打印”对话框，在“打印设备”选项卡的“打印配置”选择区域中选择“DWF ePlot. pc3”选项。如果有必要，还可以单击“特性”按钮，细致地设置DWF的有关参数。在“打印到文件”

栏目中输入文件名和文件位置描述。文件位置可以是本地文件夹、局域网上位置或者 Internet 上的 URL。并在“打印设置”选项卡中，设置绘图输出的一般选项参数。DWF 作为设计结果发布的手段，没有必要硬性设定输出比例，在确定了图纸大小之后，将打印比例设置成“按图纸空间缩放”就能满足一般的要求了。预览确认之后，就可以输出了。

（一）为 DWF 文件输出创建绘图仪配置文件的操作步骤

(1) 在“文件”菜单中，选择“绘图仪管理器”命令。

(2) 双击“添加绘图仪”向导。

(3) 在“添加绘图仪-简介”选项卡中，单击“下一步”按钮。

(4) 在“添加绘图仪-开始”选项卡中，选择“我的电脑”，单击“下一步”按钮。

(5) 在“绘图仪型号”选项卡中的“制造商”选项区域中，选择“Autodesk 电子打印(DWF)”选项。在“型号”选项区域中选择要创建的“DWF6 ePlot”文件，单击“下一步”按钮。

(6)（可选）要输入预先存在的绘图仪配置，则在“输入 PCP 或 PC2”页面上，单击“输入文件”，然后选择要输入的 PCP 或 PC2 文件，单击“输入”按钮。

(7) 单击“下一步”按钮。

(8) 在“端口”选项卡中，选择“打印到文件”选项，单击“下一步”按钮。

(9) 在“绘图仪名称”对话框中，输入绘图仪配置文件的名称。单击“下一步”按钮。

(10) 在“完成”对话框中，单击“完成”按钮。新的绘图仪配置文件（PC3）创建完毕。

（二）修改打印的 DWF 文件设置的操作步骤

(1) 在“文件”菜单中，选择“打印”命令。

(2) 在“打印”对话框“打印机/绘图仪”选项区域中的“名称”下拉列表框中，选择“DWF 打印设备”选项，然后单击“特性”按钮，如图 9-43 所示。

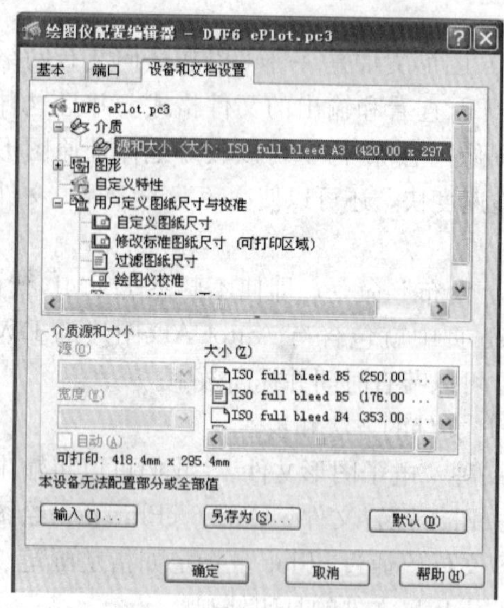

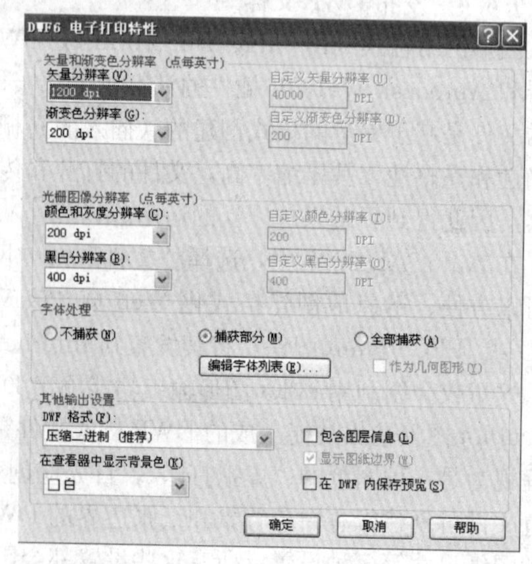

图 9-43 DWF 文件打印设置

(3) 在“绘图仪配置编辑器”对话框中的“设备和文档设置”选项卡上，选择树状视图窗口中的“自定义特性”、“图形”节点等。

（4）单击“自定义特性”节点，在弹出的“DWF6 电子打印特性”对话框中，选择所需的选项，然后单击“确定”按钮。单击“矢量图形”标签，在“颜色深度”选项区域中，选择所需的颜色深度，然后单击“确定”按钮。

（5）在“绘图仪配置编辑器”对话框中，单击“确定”按钮。

（6）在“修改打印机配置文件”对话框中，执行以下操作之一，然后单击“确定”按钮。

（三）DWF 文件输出的操作步骤

（1）在“文件”菜单上，选择“打印”命令。

（2）在“打印机/绘图仪”区域的“名称”下拉列表框中，选择 DWF 打印设备。

（3）在“图纸尺寸”选项区域中，从“图纸尺寸”下拉列表框中选择图纸尺寸。

（4）（可选）在“打印份数”选项区域中，输入要打印的份数。

（5）在“打印区域”选项区域中，指定图形中要打印的部分。

（6）在“打印比例”选项区域中，从“比例”下拉列表框中选择缩放比例。

（7）有关其他选项的信息，单击“更多选项”按钮。

（8）（可选）在“打印样式表（笔指定）”选项区域中，从“名称”下拉列表框中选择打印样式表。

（9）（可选）在“着色视口选项”和“打印选项”选项区域中，选择适当的设置。

（10）在“图形方向”选项区域中，选择一种方向。

（11）在“打印”对话框中的“位置”下拉列表框中，指定 DWF 文件的打印位置，然后单击“确定”按钮，如图 9-44 所示。

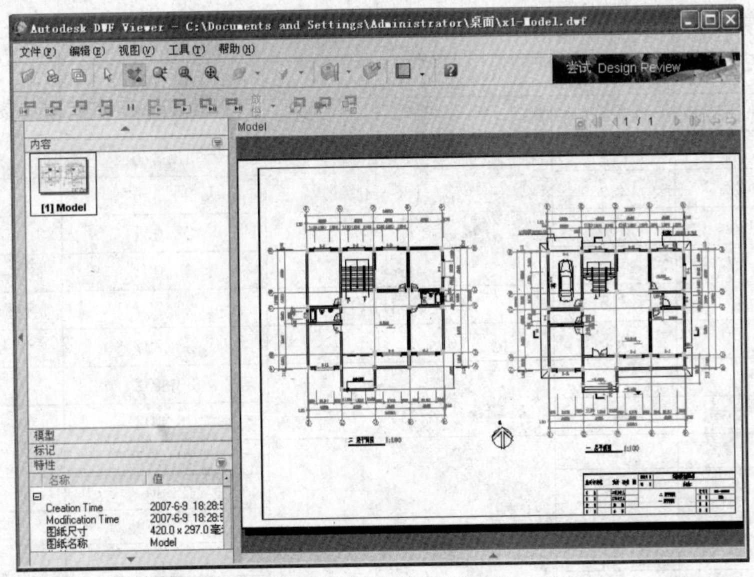

图 9-44　文件输出步骤

学习提示：

人们既可以在模型空间中输出打印图形，也可以在图纸空间中输出打印图形。打印的设置较多，应注意理清思路，经过多次的实践不断理解选项内涵和提高操作技能。

附　　录

一、螺纹

附表 1　　普通螺纹的直径与螺距（摘自 GB/T 193—2003，GB/T 196—2003）

标记示例：

M10—6g（粗牙普通外螺纹，公称直径 d=10，右旋，中径及顶径公差带代号均为 6g，中等旋合长度）

M10×1LH—6H（细牙普通内螺纹，公称直径 D=10，螺距 P=1，左旋，中径及顶径公差带代号均为 6H，中等旋合长度）

（mm）

公称直径 D、d		螺距 p		粗牙中径 D_2、d_2	粗牙小径 D_1、d_1
第一系列	第二系列	粗牙	细　牙		
3		0.5	0.35	2.675	2.459
	3.5	(0.6)		3.110	2.850
4		0.7	0.50	3.545	3.242
	4.5	(0.75)		4.013	3.688
5		0.8		4.480	4.134
6		1	0.75	5.350	4.917
8		1.25	1，0.75	7.188	6.647
10		1.5	1.25，1，0.75	9.026	8.376
12		1.75	1.5，1.25，1	10.863	10.106
	14	2	1.5（1.25）*，1	12.701	11.835
16		2	1.5，1	14.701	13.835
	18	2.5	2，1.5，1	16.376	15.294
20		2.5		18.376	17.294
	22	2.5		20.376	19.294
24		3		22.051	20.752
	27	3		25.051	23.752
30		3.5	(3)，2，1.5，1	27.727	26.211
	33	3.5	(3)，2，1.5	30.727	29.211
36		4	3，2，1.5	33.402	31.670
	39	4		36.402	34.670
42		4.5	4，3，2，1.5	39.007	37.129
	45	4.5		42.007	40.129
48		5		44.752	42.587
	52	5		48.752	46.587
56		5.5		52.428	50.046
	60	5.5		56.428	54.046
64		6		60.103	57.505
	68	6		64.103	61.505

注　1. 优先选用第一系列，第三系列未列入。

2. 括号内尺寸尽可能不用。

* M14×1.25 仅用于火花塞。

二、常用的标准件

附表 2　　**六 角 头 螺 栓**

六角头螺栓—C 级（摘自 GB/T5780—2000）

六角头螺栓—A 和 B 级（摘自 GB/T5782—2000）

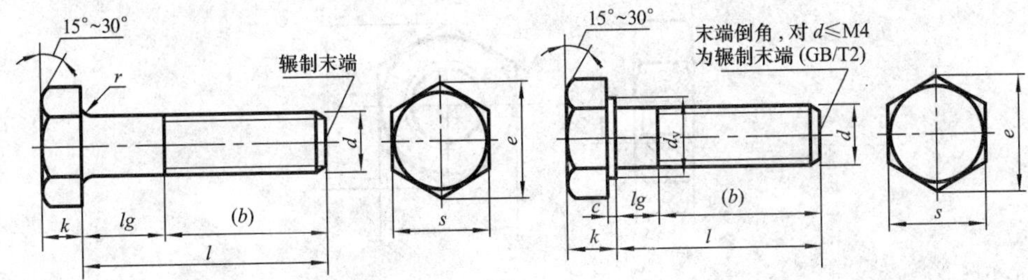

标记示例：

螺纹规格 d=12、公称长度 l=80、性能等级为 8.8 级、表面氧化、A 级的六角头螺栓记为：

螺栓　GB/T5782—2000　M12×80

（mm）

螺纹规格 d		M3	M4	M5	M6	M8	M10	M12	M16	M20	M24	M30	M36	M42
b 参考	l≤125	12	14	16	18	22	26	30	38	46	54	66		
	125<l≤200	18	20	22	24	28	32	36	44	52	60	72	84	96
	l>200	31	33	35	37	41	45	49	57	65	73	85	97	109
c		0.4	0.4	0.5	0.5	0.6	0.6	0.6	0.8	0.8	0.8	0.8	0.8	1
dw 产品等级	A	4.75	5.88	6.88	8.88	11.63	14.63	16.63	22.49	28.19	33.61			
	B、C	4.45	5.74	6.74	8.74	11.47	14.47	16.47	22	27.7	33.25	42.75	51.11	59.95
e 产品等级	A	6.01	7.66	8.79	11.05	14.38	17.77	20.03	26.75	33.53	39.98			
	B、C	5.88	7.50	8.63	10.89	14.20	17.59	19.85	26.17	32.95	39.55	50.85	60.79	72.02
k 公称		2	2.8	3.5	4	5.3	6.4	7.5	10	12.5	15	18.7	22.5	26
r		0.1	0.2	0.2	0.25	0.4	0.4	0.6	0.6	0.8	0.8	1	1	1.2
s 公称		5.5	7	8	10	13	16	18	24	30	36	46	55	65
l（产品规格范围）		20～30	25～40	25～50	30～60	40～80	45～100	50～120	65～160	80～200	90～240	110～300	140～360	160～440
l 系列		12，16，20，25，30，35，40，45，50，55，60，65，70，80，90，100，110，120，130，140，150，160，180，200，220，240，260，280，300，320，340，360，380，400，420，440，460，480，500												

注　1. A 级用于 d≤24 和 l≤10d 或≤150mm 的螺栓；B 级用于 d>24 和 l>10d 或>150 的螺栓。

2. 螺纹规格 d 范围：GB/T 5780—2000 为 M5～M64；GB/T 5782—2000 为 M1.6～M64。

3. 公称长度范围：GB/T 5780—2000 为 25～500；GB/T5782—2000 为 12～500。

附表 3

六 角 螺 母

六角螺母—C级（BG/T 41—2000）　Ⅰ型六角螺母—A和B级（GB/ T 6170—2000）　六角薄螺母—A和B级（GB/T 6172—2000）

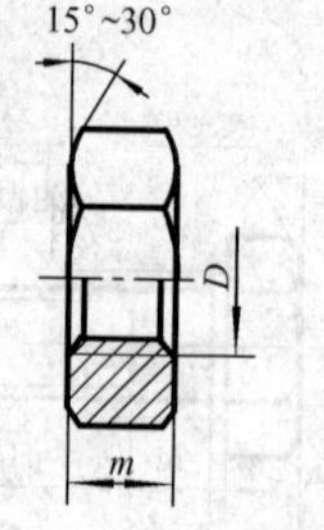

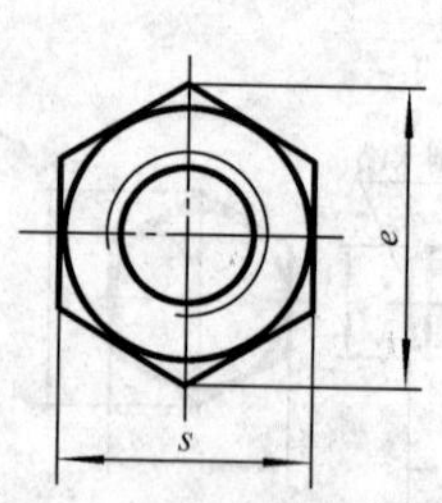

标记示例：

螺纹规格 D=M12、C级六角螺母　记为：螺母 GB/T 41—2000M12

螺纹规格 D=M12、A级1型六角螺母　记为：螺母 GB/T 6170—2000M12

螺纹规格 D=M12、A级六角薄螺母　记为：螺母 GB/T 6172—2000M12

（mm）

螺纹规格 D		M3	M4	M5	M6	M8	M10	M12	M16	M20	M24	M30	M36	M42
e_{min}	GB/T41			8.63	10.89	14.20	17.59	19.85	26.17	32.95	39.55	50.85	60.79	72.02
	GB/T6170	6.01	7.66	8.79	11.05	14.38	17.77	20.03	26.75	32.95	39.55	50.85	60.79	72.02
	GB/T6172	6.01	7.66	8.79	11.05	14.38	17.77	20.03	26.75	32.95	39.55	50.85	60.79	72.02
s_{max}	GB/T41			8	10	13	16	18	24	30	36	46	55	65
	GB/T6170	5.5	7	8	10	13	16	18	24	30	36	46	55	65
	GB/T6172	5.5	7	8	10	13	16	18	24	30	36	46	55	65
m_{max}	GB/T41			5.6	6.4	7.9	9.5	12.2	15.9	18.7	22.3	26.4	31.9	34.9
	GB/T6170	2.4	3.2	4.7	5.2	6.8	8.4	10.8	14.8	18	21.5	25.6	31	34
	GB/T6172	1.8	2.2	2.7	3.2	4	5	6	8	10	12	15	18	21

注　A级用于 $D \leqslant 16$；B级用于 $D > 16$。

附表 4　　垫　圈

小垫圈—A 级（GB/T848—2002）

平垫圈—A 级（GB/T97.1—2002）

半垫圈　倒角型—A 级（GB/T97.2—2002）

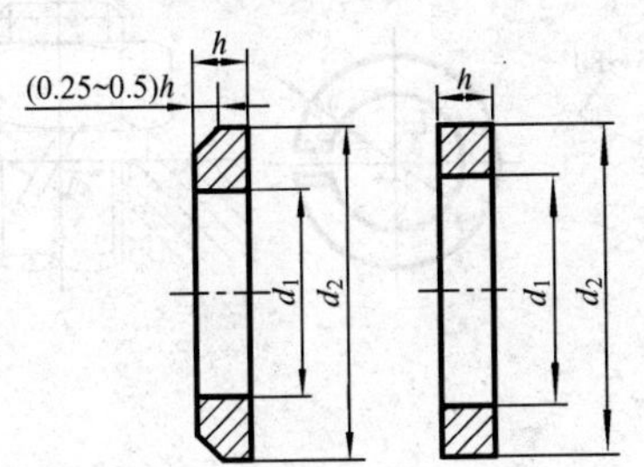

标记示例：

标准系列、公称直径 d=8mm、性能等级为 140HV 级、不经表面处理的平垫圈，记为：垫圈　GB/T97.1—2002

（mm）

公称尺寸（螺纹规格 d）		1.6	2	2.5	3	4	5	6	8	10	12	14	16	20	24	30	36
d_1	GB/T848	1.7	2.2	2.7	3.2	4.3	5.3	6.4	8.4	10.5	13	15	17	21	25	31	37
	GB/T97.1	1.7	2.2	2.7	3.2	4.3	5.3	6.4	8.4	10.5	13	15	17	21	25	31	37
	GB/T97.2						5.3	6.4	8.4	10.5	13	15	17	21	25	31	37
d_2	GB/T848	3.5	4.5	5	6	8	9	11	15	18	20	24	28	34	39	50	60
	GB/T97.1	4	5	6	7	9	10	12	16	20	24	28	30	37	44	56	66
	GB/T97.2						10	12	16	20	24	28	30	37	44	56	66
h	GB/T848	0.3	0.3	0.5	0.5	0.5	1	1.6	1.6	1.6	2	2.5	2.5	3	4	4	5
	GB/T97.1	0.3	0.3	0.5	0.5	0.8	1	1.6	1.6	2	2.5	2.5	3	3	4	4	5
	GB/T97.2						1	1.6	1.6	2	2.5	2.5	3	3	4	4	5

附表 5 **弹 簧 垫 圈**

标准型弹簧垫圈（摘自 GB/T93—1987）

轻型弹簧垫圈（摘自 GB/T859—1987）

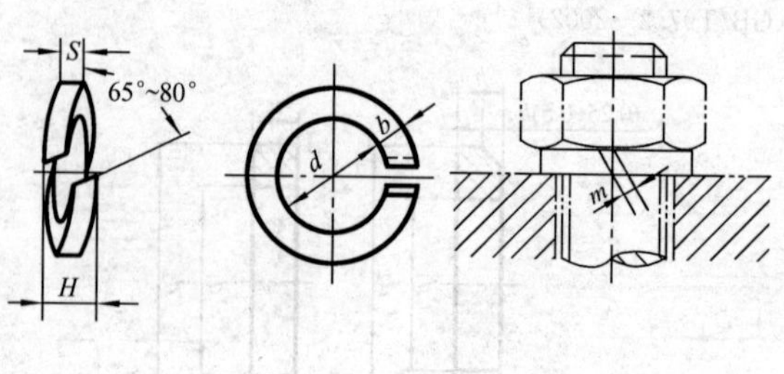

标记示例：

规格 16mm、材料为 65Mn、表面氧化的标准型弹簧垫圈，记为：垫圈 GB/T93—1987 16

规格（螺纹大径）		3	4	5	6	8	10	12	(14)	16	(18)	20	(22)	24	(27)	30
d		3.1	4.1	5.1	6.1	8.1	10.2	12.2	14.2	16.2	18.2	20.2	22.5	24.5	27.5	30.5
H	GB/T93	1.6	2.2	2.6	3.2	4.2	5.2	6.2	7.2	8.2	9	10	11	12	13.6	15
	GB/T859	1.2	1.6	2.2	2.6	3.2	4	5	6	6.4	7.2	8	9	10	11	12
S(*b*)	GB/T93	0.8	1.1	1.3	1.6	2.1	2.6	3.1	3.6	4.1	4.5	5	5.5	6	6.8	7.5
S	GB/T859	0.6	0.8	1.1	1.3	1.6	2	2.5	3	3.2	3.6	4	4.5	5	5.5	6
m≤	GB/T93	0.4	0.55	0.65	0.8	1.05	1.3	1.55	1.8	2.05	2.25	2.5	2.75	3	3.4	3.75
	GB/T859	0.3	0.4	0.55	0.65	0.8	1	1.25	1.5	1.6	1.8	2	2.25	2.5	2.75	3
b	GB/T859	1	1.2	1.5	2	2.5	3	3.5	4	4.5	5	5.5	6	7	8	9

注 1. 括号内的规格尽可能不用。

2. *m* 应大于零。

附表 6　　双头螺柱　（摘自 GB/T897～900—1988）

双头螺柱—$b_m=1d$（摘自 GB/T897—1988）

双头螺柱—$b_m=1.25d$（摘自 GB/T898—1988）

双头螺柱—$b_m=1.5d$（摘自 GB/T899—1988）

双头螺柱—$b_m=2d$（摘自 GB/T900—1988）

A 型

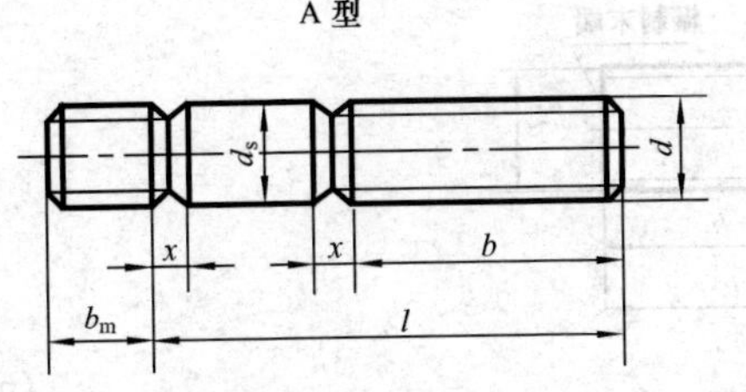

B 型

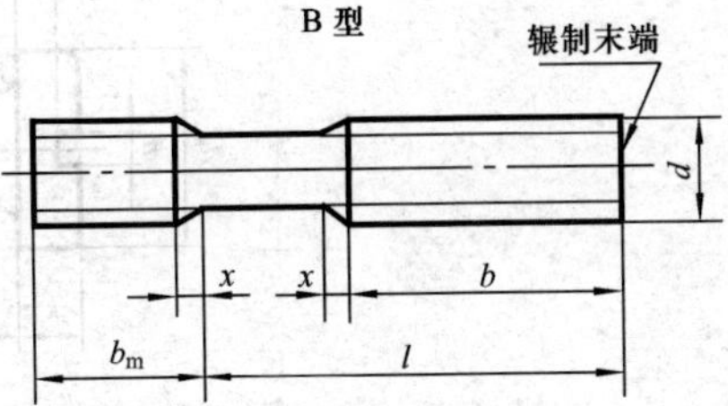

标记示例：

两端均为粗牙普通螺纹，$d=10$mm，$l=50$mm，性能等级为 4.8 级，B 型，$b_m=1d$　记为：螺柱 GB/T897—1988 M10×50 旋入机体一端为粗牙普通螺纹，旋螺母一端为 $P=1$mm 的细牙普通螺纹，$d=10$mm，$l=50$mm，性能等级为 4.8 级，A 型，$b_m=1d$ 记为：螺柱 GB/T897—1988 AM10—M10×1×50 旋入机体一端为过渡配合的第一种配合，旋螺母一端为粗牙普通螺纹，$d=10$mm，$l=50$mm，性能等级为 8.8 级，镀锌钝化，B 型，$b_m=1d$　记为：螺柱 GB/T897—1988 GM10—M10×50—8.8—Zn·D

（mm）

螺纹规格 d	b_m（旋入机体端长度）				d_s	x	l/b（螺柱长度/旋螺母端长度）
	GB/T897	GB/T898	GB/T899	GB/T900			
M4			6	8	4	1.5P	16～22/8　25～40/14
M5	5	6	8	10	5	1.5P	16～22/10　25～50/16
M6	6	8	10	12	6	1.5P	20～22/10　25～30/14　32～75/18
M8	8	10	12	16	8	1.5P	20～22/12　25～30/16　32～90/22
M10	10	12	15	20	10	1.5P	25～28/14　30～38/16　40～120/26　130/32
M12	12	15	18	24	12	1.5P	25～30/16　32～40/20　45～120/30　130～180/36
M16	16	20	24	32	16	1.5P	30～38/20　40～55/30　60～120/38　130～200/44
M20	20	25	30	40	20	1.5P	35～40/25　45～65/35　70～120/46　130～200/52
M24	24	30	36	48	24	1.5P	45～50/30　55～75/45　80～120/54　130～200/60
M30	30	38	45	60	30	1.5P	60～65/40　70～90/50　95～120/66　130～200/72　210～250/85
M36	36	45	54	72	36	1.5P	65～75/45　80～110/60　120/78　130～200/84　210～300/97
M42	42	52	65	84	42	1.5P	70～80/50　85～110/70　120/90　130～200/96　210～300/109
M48	48	60	72	96	48	1.5P	80～90/60　95～110/80　120/102　130～200/108　210～300/121
l 系列	12，(14)，16，(18)，20，(22)，25，(28)，30，(32)，35，(38)，40，45，50，(55)，60，(65)，70，(75)，80，(85)，90，(95)，100，110～260（10 进位），280，300						

注　1. 括号内的规格尽可能不用。

2. P 为螺距。

3. $b_m=1d$，一般用于钢对钢；$b_m=1.25d$、$b_m=1.5d$，一般用于钢对铸铁；$b_m=2d$，一般用于钢对铝合金。

附表7 **开槽盘头螺钉（摘自GB/T 67—2000）**

标记示例：

螺纹规格 d=M5、公称长度 l=20、性能等级为4.8级、不经表面处理的A级开槽盘头螺钉，记为：螺钉 GB/T67—2000 M5×20

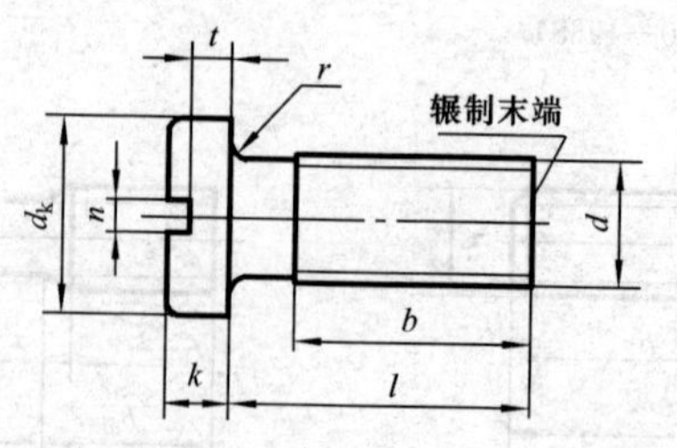

（mm）

螺纹规格 g	M1.6	M2	M2.5	M3	M4	M5	M6	M8	M10
P（螺距）	0.35	0.4	0.45	0.5	0.7	0.8	1	1.25	1.5
b	25	25	25	25	38	38	38	38	38
d_k	3.2	4	5	5.6	8	9.5	12	16	20
k	1	1.3	1.5	1.8	2.4	3	3.6	4.8	6
n	0.4	0.5	0.6	0.8	1.2	1.2	1.6	2	2.5
r	0.1	0.1	0.1	0.1	0.2	0.2	0.25	0.4	0.4
t	0.35	0.5	0.6	0.7	1	1.2	1.4	1.9	2.4
公称长度 l	2～6	2.5～20	3～25	4～30	5～40	6～50	8～60	10～80	12～80
l 系列	2，2.5，3，4，5，6，8，10，12，（14），16，20，25，30，35，40，45，50，（55），60，（65），70，（75），80								

注 1. 括号内的规格尽可能不用。

2. M1.6～M3的螺钉，公称长度 $l\leqslant30$ 的，制出全螺纹；M4～M10的螺钉，公称长度 $l\leqslant40$ 的，制出全螺纹。

附表 8　开槽沉头螺钉（摘自 GB/T 68—2000）

标记示例：

螺纹规格 d=M5、公称长度 l=20、性能等级为 4.8 级、不经表面处理的 A 级开槽沉头螺钉，记为：螺钉　GB/T68—2000　M5×20

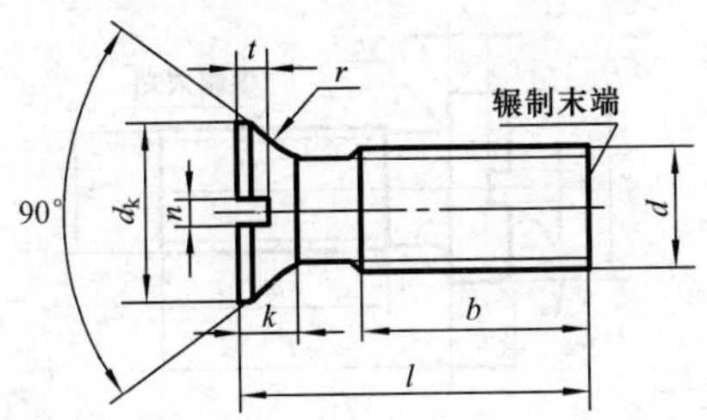

（mm）

螺纹规格 d	M1.6	M2	M2.5	M3	M4	M5	M6	M8	M10
P（螺距）	0.35	0.4	0.45	0.5	0.7	0.8	1	1.25	1.5
b	25	25	25	25	38	38	38	38	38
d_k	3.6	4.4	5.5	6.3	9.4	10.4	12.6	17.3	20
k	1	1.2	1.5	1.65	2.7	2.7	3.3	4.65	5
n	0.4	0.5	0.6	0.8	1.2	1.2	1.6	2	2.5
r	0.4	0.5	0.5	0.8	1	1.3	1.5	2	2.5
t	0.5	0.6	0.75	0.85	1.3	1.4	1.6	2.3	2.6
公称长度 l	2.5～16	3～20	4～25	5～30	6～40	8～50	8～60	10～80	12～80
l 系列	2.5，3，4，5，6，8，10，12，（14），16，20，25，30，35，40，45，50，（55），60，（65），70，（75），80								

注　1. 括号内的规格尽可能不用。

2. M1.6～M3 的螺钉，公称长度 l≤30 的，制出全螺纹；M4～M10 的螺钉，公称长度 l≤45 的，制出全螺纹。

附表 9　　**开槽圆柱头螺钉（摘自 GB/T 65—2000）**

标记示例：

螺纹规格 d=M5、公称长度 l=20、性能等级为 4.8 级、不经表面氧化的 A 级开槽圆柱头螺钉，记为：螺钉　GB/T65—2000　M5×20

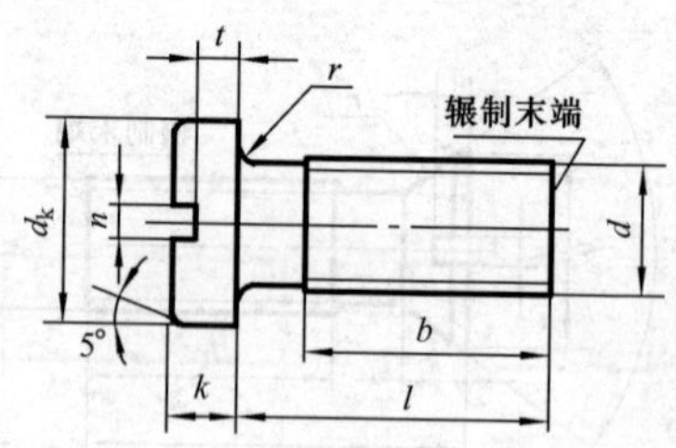

（mm）

螺纹规格 d	M1.6	M2	M2.5	M3	M4	M5	M6	M8	M10
P（螺距）	0.35	0.4	0.45	0.5	0.7	0.8	1	1.25	1.5
b	25	25	25	25	38	38	38	38	38
d_k	3	3.8	4.5	5.5	7	8.5	10	13	16
k	1.1	1.4	1.8	2.0	2.6	3.3	3.9	5.0	6.0
n	0.4	0.5	0.6	0.8	1.2	1.2	1.6	2	2.5
r	0.1	0.1	0.1	0.1	0.2	0.2	0.25	0.4	0.4
t	0.35	0.5	0.6	0.7	1	1.2	1.4	1.9	2.4
公称长度 l	2～16	3～20	3～25	4～30	5～40	6～50	8～60	10～80	12～80
l 系列	2，3，4，5，6，8，10，12，（14），16，20，25，30，35，40，45，50，（55），60，（65），70，（75），80								

注　1. M1.6～M3 的螺钉，公称长度 $l\leqslant30$ 的，制出全螺纹；M4～M10 的螺钉，公称长度 $l\leqslant40$ 的，制出全螺纹。

2. 括号内的规格尽可能不用。

附表 10　　　　　　　　　　　**销**

圆柱销（摘自 GB/T119.1—2000）

圆锥销（摘自 GB/T117—2000）

开口销（摘自 GB/T91—2000）

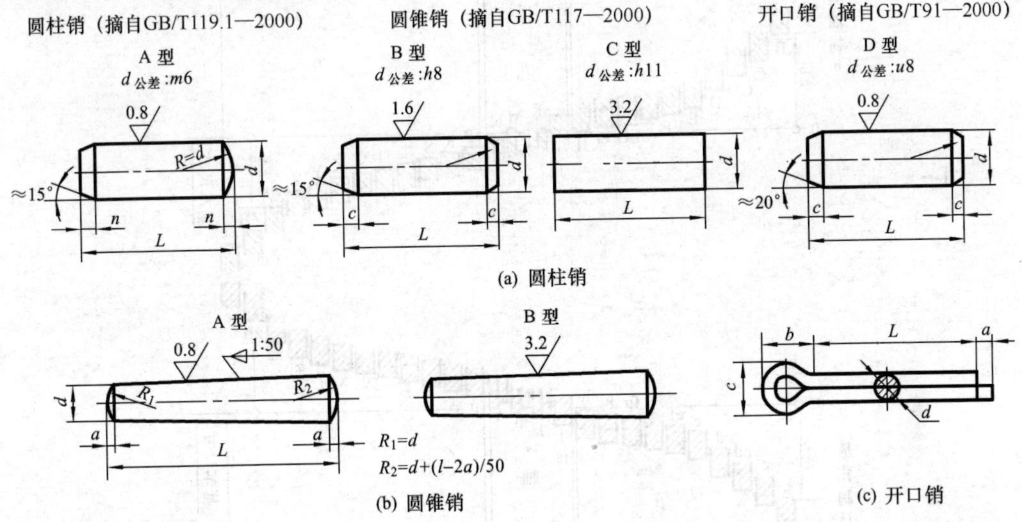

(b) 圆锥销　　　　(c) 开口销

机械制图（机械专业）

标记示例：

公称直径 10mm、长 50mm 的 A 型圆柱销，记为：销　GB/T119.1—2000　6m10×50

公称直径 10mm、长 60mm 的 A 型圆锥销，记为：销　GB/T117—2000　10×60

公称直径 5mm、长 50mm 的开口销，记为：销　GB/T91—2000　10×50

（mm）

名称	公称直径 d	1	1.2	1.5	2	2.5	3	4	5	6	8	10	12
圆柱销 GB/T119.1	n≈	0.12	0.16	0.20	0.25	0.30	0.40	0.50	0.63	0.80	1.0	1.2	1.6
	c≈	0.20	0.25	0.30	0.35	0.40	0.50	0.63	0.80	1.2	1.6	2	2.5
圆锥销 GB/117	a≈	0.12	0.16	0.20	0.25	0.30	0.40	0.50	0.63	0.80	1	1.2	1.6
开口销 GB/T91	d（公称）	0.6	0.8	1	1.2	1.6	2	2.5	3.2	4	5	6.3	8
	c	1	1.4	1.8	2	2.8	3.6	4.6	5.8	7.4	9.2	11.8	15
	b≈	2	2.4	3	3	3.2	4	5	6.4	8	10	12.6	16
	a	1.6	1.6	1.6	2.5	2.5	2.5	2.5	4	4	4	4	4
	L（商品规格范围公称长度）	4～12	5～16	6～20	8～25	8～32	10～40	12～50	14～65	18～80	22～100	30～120	40～160
l 系列	2，3，4，5，6，8，10，12，14，16，18，20，22，24，26，28，30，32，35，40，45，50，55，60，65，70，75，80，85，90，100，120												

三、极限与配合

附表 11 基本偏差系列及配合种类

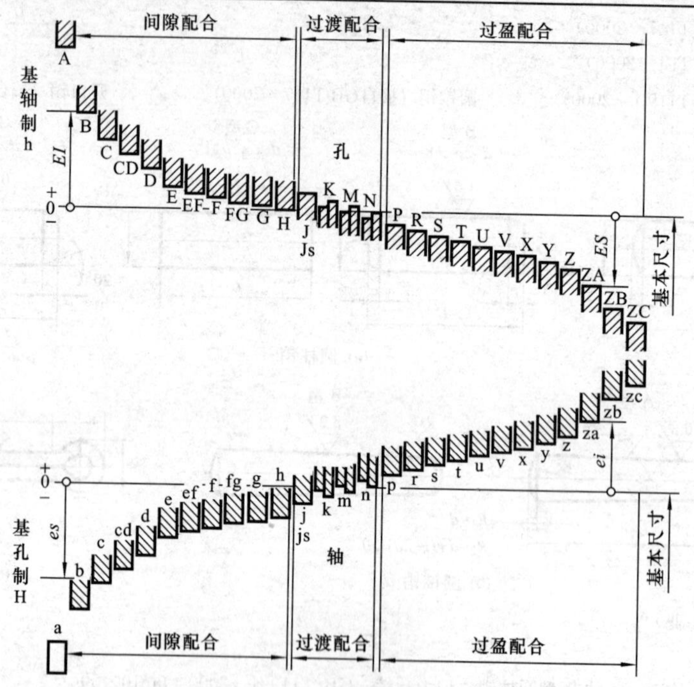

标准公差值（基本尺寸大于 6 至 500mm）

基本尺寸（mm）	公差等级							
	IT5	IT6	IT7	IT8	IT9	IT10	IT11	IT12
＞6～10	6	9	15	22	36	58	90	150
＞10～18	8	11	18	27	43	70	110	180
＞18～30	9	13	21	33	52	84	130	210
＞30～50	11	16	25	39	62	100	160	250
＞50～80	13	19	30	46	74	120	190	300
＞80～120	15	22	35	54	87	140	220	350
＞120～180	18	25	40	63	100	160	250	400
＞180～250	20	29	46	72	115	185	290	460
＞250～315	23	32	52	81	130	210	320	520
＞315～400	25	36	57	89	140	230	360	570
＞400～500	27	40	63	97	155	250	400	630

附表 12　　优先及常用配合孔的极限偏差表（摘自 GB1801—1999）　　(μm)

代号		A	B	C	D	E	F	G				H			JS	K			M		N	P		R		S	T	U	
基本尺寸/mm													公差等级																
大于	至	11	11	*11	*9	8	*8	*7	6	*7	*8	*9	10	*11	12	6	7	6	*7	8	7	6	7	6	*7	7	*7	7	*7
—	3	+330 +270	+200 +140	+120 +60	+45 +20	+28 +14	+20 +6	+12 +2	+6 0	+10 0	+14 0	+25 0	+40 0	+60 0	+100 0	±3	±5	0 -6	0 -10	0 -14	-2 -12	-4 -10	-4 -14	-6 -12	-6 -16	-10 -20	-14 -24	—	-18 -28
3	6	+345 +270	+215 +140	+145 +70	+60 +30	+38 +20	+28 +10	+16 +4	+8 0	+12 0	+18 0	+30 0	+48 0	+75 0	+120 0	±4	±6	+2 -6	+3 -9	+5 -13	0 -12	-5 -13	-4 -16	-9 -17	-8 -20	-11 -23	-15 -27	—	-19 -31
6	10	+370 +280	+240 +150	+170 +80	+76 +40	+47 +25	+35 +13	+20 +5	+9 0	+15 0	+22 0	+36 0	+58 0	+90 0	+150 0	±4.5	±7	+2 -7	+5 -10	+6 -16	0 -15	-7 -16	-4 -19	-12 -21	-9 -24	-13 -28	-17 -32	—	-22 -37
10	14	+400 +290	+260 +150	+205 +95	+93 +50	+59 +32	+43 +16	+24 +6	+11 0	+18 0	+27 0	+43 0	+70 0	+110 0	+180 0	±5.5	±9	+2 -9	+6 -12	+8 -19	0 -18	-9 -20	-5 -23	-15 -26	-11 -29	-16 -34	-21 -39	—	-26 -44
14	18																												
18	24	+430 +300	+290 +160	+240 +110	+117 +65	+73 +40	+53 +20	+28 +7	+13 0	+21 0	+33 0	+52 0	+84 0	+130 0	+210 0	±6.5	±10	+2 -11	+6 -15	+10 -23	0 -21	-11 -24	-7 -28	-18 -31	-14 -35	-20 -41	-27 -48	—	-33 -54
24	30																											-33 -54	-40 -61
30	40	+470 +310	+330 +170	+280 +120	+142 +80	+89 +50	+64 +25	+34 +9	+16 0	+25 0	+39 0	+62 0	+100 0	+160 0	+250 0	±8	±12	+3 -13	+7 -18	+12 -27	0 -25	-12 -28	-8 -33	-21 -37	-17 -42	-25 -50	-34 -59	-39 -64	-51 -76
40	50	+480 +320	+340 +180	+290 +130																								-45 -70	-61 -86
50	65	+530 +340	+380 +190	+330 +140	+174 +100	+106 +60	+76 +30	+40 +10	+19 0	+30 0	+46 0	+74 0	+120 0	+190 0	+300 0	±9.5	±15	+4 -15	+9 -21	+14 -32	0 -30	-14 -33	-9 -39	-26 -45	-21 -51	-30 -60	-42 -72	-55 -85	-76 -106
65	80	+550 +360	+390 +200	+340 +150																						-32 -62	-48 -78	-64 -94	-91 -121
80	100	+600 +380	+440 +220	+390 +170	+207 +120	+126 +72	+90 +36	+47 +12	+22 0	+35 0	+54 0	+87 0	+140 0	+220 0	+350 0	±11	±17	+4 -18	+10 -25	+16 -38	0 -35	-16 -38	-10 -45	-30 -52	-24 -59	-38 -73	-58 -93	-78 -113	-111 -146
100	120	+630 +410	+460 +240	+400 +180																						-41 -76	-66 -101	-91 -126	-131 -166
120	140	+710 +460	+510 +260	+450 +200	+245 +145	+148 +85	+106 +43	+54 +14	+25 0	+40 0	+63 0	+100 0	+160 0	+250 0	+400 0	±12.5	±20	+4 -21	+12 -28	+20 -43	0 -40	-20 -45	-12 -52	-36 -61	-28 -68	-48 -88	-77 -117	-107 -147	-155 -195
140	160	+770 +520	+530 +280	+460 +210																						-50 -90	-85 -125	-119 -159	-175 -215
160	180	+830 +580	+560 +310	+480 +230																						-53 -93	-93 -133	-131 -171	-195 -235
180	200	+950 +660	+630 +340	+530 +240	+285 +170	+172 +100	+122 +50	+61 +15	+29 0	+46 0	+72 0	+115 0	+185 0	+290 0	+460 0	±14.5	±23	+5 -24	+13 -33	+22 -50	0 -46	-22 -51	-14 -60	-41 -70	-33 -79	-60 -106	-105 -151	-149 -195	-219 -265
200	225	+1030 +740	+670 +380	+550 +260																						-63 -109	-113 -159	-163 -209	-241 -287
225	250	+1110 +820	+710 +420	+570 +280																						-67 -113	-123 -169	-179 -225	-267 -313
250	280	+1240 +920	+800 +480	+620 +300	+320 +190	+191 +110	+137 +56	+69 +17	+32 0	+52 0	+81 0	+130 0	+210 0	+320 0	+520 0	±16	±26	+5 -27	+16 -36	+25 -56	0 -52	-25 -57	-14 -66	-47 -79	-36 -88	-74 -126	-138 -190	-198 -250	-295 -347
280	315	+1370 +1050	+860 +540	+650 +330																						-78 -130	-150 -202	-220 -272	-330 -382
315	355	+1560 +1200	+960 +600	+720 +360	+350 +210	+214 +125	+151 +62	+75 +18	+36 0	+57 0	+89 0	+140 0	+230 0	+360 0	+570 0	±18	±28	+7 -29	+17 -40	+28 -61	0 -57	-26 -62	-16 -73	-51 -87	-41 -98	-87 -144	-169 -226	-247 -304	-369 -426
355	400	+1710 +1350	+1040 +680	+760 +400																						-93 -150	-187 -244	-273 -330	-414 -471
400	450	+1900 +1500	+1160 +760	+840 +440	+385 +230	+232 +135	+165 +68	+83 +20	+40 0	+63 0	+97 0	+155 0	+250 0	+400 0	+630 0	±20	±31	+8 -32	+18 -45	+29 -68	0 -63	-27 -67	-17 -80	-55 -95	-45 -108	-103 -166	-209 -272	-307 -370	-467 -530
450	500	+2050 +1650	+1240 +840	+880 +480																						-109 -172	-229 -292	-337 -400	-517 -580

注　带“*”者为优先选用的，其他为常用的。

附表 13　　优先及常用配合轴的极限偏差表（摘自 GB1801—1999）　　（μm）

代号		a	b	c	d	e	f	g	h								js	k	m	n	p	r	s	t	u	v	x	y	z
基本尺寸/mm		公差等级																											
大于	至	11	11	*11	*9	8	*7	*6	5	*6	*7	8	*9	10	*11	12	6	*6	6	*6	*6	6	*6	6	*6	6	6	6	6
—	3	-270 -330	-140 -200	-60 -120	-20 -45	-14 -28	-6 -16	-2 -8	0 -4	0 -6	0 -10	0 -14	0 -25	0 -40	0 -60	0 -100	±3	+6 0	+8 +2	+10 +4	+12 +6	+16 +10	+20 +14	—	+24 +18	—	+26 +20	—	+32 +26
3	6	-270 -345	-140 -215	-70 -145	-30 -60	-20 -38	-10 -22	-4 -12	0 -5	0 -8	0 -12	0 -18	0 -30	0 -48	0 -75	0 -120	±4	+9 +1	+12 +4	+16 +8	+20 +12	+23 +15	+27 +19	—	+31 +23	—	+36 +28	—	+43 +35
6	10	-280 -338	-150 -240	-80 -170	-40 -76	-25 -47	-13 -28	-5 -14	0 -6	0 -9	0 -15	0 -22	0 -36	0 -58	0 -90	0 -150	±4.5	+10 +1	+15 +6	+19 +10	+24 +15	+28 +19	+32 +23	—	+37 +28	—	+43 +34	—	+51 +42
10	14	-290 -400	-150 -260	-95 -205	-50 -93	-32 -59	-16 -34	-6 -17	0 -8	0 -11	0 -18	0 -27	0 -43	0 -70	0 -110	0 -180	±5.5	+12 +1	+18 +7	+23 +12	+29 +18	+34 +23	+39 +28	—	+34 +33	—	+51 +40	—	+61 +50
14	18																							—		+50 +39	+56 +45	—	+71 +60
18	24	-300 -430	-160 -290	-110 -240	-65 -117	-40 -73	-20 -41	-7 -20	0 -9	0 -13	0 -21	0 -33	0 -52	0 -84	0 -130	0 -210	±6.5	+15 +2	+21 +8	+28 +15	+35 +22	+41 +28	+48 +35	—	+54 +41	+60 +47	+67 +54	+76 +63	+86 +73
24	30																							+54 +41	+61 +48	+68 +55	+77 +64	+88 +75	+101 +88
30	40	-310 -470	-170 -330	-120 -280	-80 -142	-50 -89	-25 -50	-9 -25	0 -11	0 -16	0 -25	0 -39	0 -62	0 -100	0 -160	0 -250	±8	+18 +2	+25 +9	+33 +17	+42 +26	+50 +34	+59 +43	+64 +48	+76 +60	+84 +68	+96 +80	+110 +94	+128 +112
40	50	-320 -480	-180 -340	-130 -290																				+70 +54	+86 +70	+97 +81	+113 +97	+130 +114	+152 +136
50	65	-340 -530	-190 -380	-140 -330	-100 -174	-60 -106	-30 -60	-10 -29	0 -13	0 -19	0 -30	0 -46	0 -74	0 -120	0 -190	0 -300	±9.5	+21 +2	+30 +11	+39 +20	+51 +32	+60 +41	+72 +53	+85 +66	+106 +87	+121 +102	+141 +122	+163 +144	+191 +172
65	80	-360 -550	-200 -390	-150 -340																		+62 +43	+78 +59	+94 +75	+121 +102	+139 +120	+165 +146	+193 +174	+229 +210
80	100	-380 -600	-220 -440	-170 -390	-120 -207	-72 -126	-36 -71	-12 -34	0 -15	0 -22	0 -35	0 -54	0 -87	0 -140	0 -220	0 -350	±11	+25 +3	+35 +13	+45 +23	+59 +37	+73 +51	+93 +71	+113 +91	+146 +124	+168 +146	+200 +178	+236 +214	+280 +258
100	120	-410 -630	-240 -460	-180 -400																		+76 +54	+101 +79	+126 +104	+166 +144	+194 +172	+232 +210	+276 +254	+332 +310
120	140	-460 -710	-260 -510	-200 -450	-145 -245	-85 -148	-43 -83	-14 -39	0 -18	0 -25	0 -40	0 -63	0 -100	0 -160	0 -250	0 -400	±12.5	+28 +3	+40 +15	+52 +27	+68 +43	+88 +63	+117 +92	+147 +122	+195 +170	+227 +202	+273 +248	+325 +300	+390 +365
140	160	-520 -770	-280 -530	-210 -460																		+90 +65	+125 +100	+159 +134	+215 +190	+253 +228	+305 +280	+365 +340	+440 +415
160	180	-580 -830	-310 -560	-230 -480																		+93 +68	+133 +108	+171 +146	+235 +210	+277 +252	+335 +310	+405 +380	+490 +465
180	200	-660 -950	-340 -630	-240 -530	-170 -285	-100 -172	-50 -96	-15 -44	0 -20	0 -29	0 -46	0 -72	0 -115	0 -185	0 -290	0 -460	±14.5	+33 +4	+46 +17	+60 +31	+79 +50	+106 +77	+151 +122	+195 +166	+265 +236	+313 +284	+379 +350	+454 +425	+549 +520
200	225	-740 -1030	-380 -670	-260 -550																		+109 +80	+159 +130	+209 +180	+287 +258	+339 +310	+414 +385	+499 +470	+604 +575
225	250	-820 -1110	-420 -710	-280 -570																		+113 +84	+169 +140	+225 +196	+313 +284	+369 +340	+454 +425	+549 +520	+669 +640
250	280	-920 -1240	-480 -800	-300 -620	-190 -320	-110 -191	-56 -108	-17 -49	0 -23	0 -32	0 -52	0 -81	0 -130	0 -210	0 -320	0 -520	±16	+36 +4	+52 +20	+66 +34	+88 +56	+126 +94	+190 +158	+250 +218	+347 +315	+417 +385	+507 +475	+610 +580	+742 +710
280	315	-1050 -1370	-540 -860	-330 -650																		+130 +98	+202 +170	+272 +240	+382 +350	+457 +425	+557 +525	+682 +650	+822 +790
315	355	-1200 -1560	-600 -960	-360 -720	-210 -350	-125 -214	-62 -119	-18 -54	0 -25	0 -36	0 -57	0 -89	0 -140	0 -230	0 -360	0 -570	±18	+40 +4	+57 +21	+73 +37	+98 +62	+144 +108	+226 +190	+304 +268	+426 +390	+511 +475	+626 +590	+766 +730	+936 +900
355	400	-1350 -1710	-680 -1040	-400 -760																		+150 +114	+244 +208	+330 +294	+471 +435	+566 +530	+696 +660	+856 +820	+1036 +1000
400	450	-1500 -1900	-760 -1160	-440 -840	-230 -385	-135 -232	-68 -131	-20 -60	0 -27	0 -40	0 -63	0 -97	0 -155	0 -250	0 -400	0 -630	±20	+45 +5	+63 +23	+80 +40	+108 +68	+166 +126	+272 +232	+370 +330	+530 +490	+635 +595	+780 +740	+960 +920	+1140 +1100
450	500	-1650 -2050	-840 -1240	-480 -880																		+172 +132	+292 +252	+400 +360	+580 +540	+700 +660	+860 +820	+1040 +1000	+1290 +1250

注　带"*"者为优先选用的，其他为常用的。

四、常用材料的分类

附表 14　　**常用的金属材料与非金属材料**

名称		牌号	说明	应用举例
黑色金属	灰铸铁 GB/T9439 —1988	HT100	HT——“灰铁”代号 150——最低抗拉强度（MPa）	属低强度铸铁。用于盖、手把、手轮等不重要零件
		HT150		属中等强度铸铁。用于一般铸件，如机床座、端盖、带轮、工作台等
		HT200		属高强度铸铁。用于较重要铸件，如汽缸、齿轮、凸轮、机座、床身、飞轮、带轮、齿轮箱、阀壳、联轴器、衬筒、轴承座等
	球墨铸铁 GB/T1348 —1988	QT450—10	QT——“球铁”代号 150——最低抗拉强度（MPa） 10——最低伸长率（%）	具有较高的强度和塑性。广泛用于机械制造业中受磨损和受冲击的零件，如曲轴、汽缸套、活塞环、摩擦片、中低压阀门、千斤顶座等
		QT500—7		
		QT600—3		
	铸钢 GB/T1352 —1989	ZG200—400	ZG——“铸钢”代号 200——最低屈服强度（MPa） 400——最低抗拉强度（MPa）	用于各种形状的零件，如机座、变速箱壳等
		ZG270—500		用于各种形状的零件，如飞轮、机架、水压机工作缸、横梁等
		ZG310—570		用于各种形状的零件，如联轴器、汽缸、齿轮及重负荷的机架等
	普通碳素结构钢 GB/T700 —1988	Q215—A	Q——“屈”字代号 215——屈服点数值（MPa） A——质量等级	塑性大、抗拉强度低、易焊接，用于铆钉、垫圈、开口销等
		Q235—A		有较高的强度和硬度，伸长率也相当大，可以焊接，用途很广，是一般机械上的主要材料，用于低速轻载齿轮、键、拉杆、钩子、螺栓等
		Q275		
	优质碳素结构钢 GB/T699 —1999	15、15F	15——平均含碳量（质量分数）（万分之几） F——沸腾钢	塑性、韧性、焊接性能和冷冲压性能均极好，但强度低，用于螺钉、螺母、法兰盘、渗碳零件等
		35		不经热处理可用于中等载荷的零件，如拉杆、轴、套筒、钩子等；经调质处理后适用于强度和韧性要求较高的零件，如传动轴等
		45		用于强度要求较高的零件，如齿轮、机床主轴、花键轴等
		15Mn	15——平均含碳量（质量分数）（万分之几） Mn——含锰量较高	其性能与 15 号钢相似，渗碳后淬透性、强度比 15 号钢高
		45Mn		用于受磨损的零件，如转轴、心轴、齿轮、花键轴等

续表

<table>
<tr><th colspan="2">名称</th><th>牌号</th><th>说明</th><th>应用举例</th></tr>
<tr><td rowspan="10">有色金属</td><td rowspan="3">普通黄铜
GB/T5232
—1985</td><td>H59</td><td rowspan="3">H——“黄”铜的代号
59——基本元素铜的含量
（质量分数）（%）</td><td>用于热扎、热压零件，如套管、螺母等</td></tr>
<tr><td>H68</td><td>用于复杂的冷冲零件和深拉伸零件，如弹壳、垫座等</td></tr>
<tr><td>H96</td><td>用于散热器和冷凝器管子等</td></tr>
<tr><td rowspan="4">铸造锡青铜
GB/T1176
—1987</td><td>ZCuSn5Pb5Zn5</td><td>Z——“铸”造代号
Cu——基本元素铜元素符号
Sn10——锡及其含量
（质量分数）（%）</td><td>用于轴瓦、衬套、缸套、油塞离合器、蜗轮等中等滑动速度下工作的耐磨、耐腐蚀零件</td></tr>
<tr><td>ZCuSn10Zn2</td><td></td><td>用于中等及较高负荷和小滑动速度下工作的重要管配件，以及阀、旋塞、泵体、齿轮、叶轮、蜗轮等</td></tr>
<tr><td>ZuAl9Fe4Ni4Mn2</td><td></td><td>用于耐磨和400℃以下工作的零件，如船舶螺旋桨、轴承、蜗轮、螺母、阀体、法兰</td></tr>
<tr><td>ZcuAl10Fe3</td><td></td><td>用于强度高、耐磨耐腐蚀的零件，如蜗轮、轴承、衬套、耐热管配件等</td></tr>
<tr><td rowspan="2">铸造铝合金
GB/T1173
——1995</td><td>ZAlSi5Cu1Mg</td><td>Z——“铸”造代号
Al——基本元素铝元素符号
Si5——硅及其含量
（质量分数）（%）</td><td>用于风冷发电机的汽缸头、机闸、油泵体等225℃以下工作的零件</td></tr>
<tr><td>ZAlCU4</td><td></td><td>用于中等载荷、形状较简单的200℃以下工作的小零件</td></tr>
<tr><td colspan="4"></td></tr>
<tr><td rowspan="6">非金属</td><td rowspan="2">尼龙</td><td>尼龙6</td><td rowspan="2">6、66为顺序号，66比6的力学性能和线膨胀系数高</td><td>力学性能高，韧性好，耐磨、耐水、耐油，用于一般机械零件、传动件及减摩、耐磨件，如齿轮、蜗轮、轴承、丝杠、螺母、凸轮、风扇叶轮、螺钉、垫圈等。其特点是运转时噪声小</td></tr>
<tr><td>尼龙66</td><td></td></tr>
<tr><td rowspan="4">耐油橡胶板
GB/T5574
—1994</td><td>3707</td><td rowspan="4">37、38——顺序号
07——扯断强度（kPa）</td><td>用于在一定温度的机油、变压器油、汽油等介质中工作的零件，冲制各种形状的垫圈</td></tr>
<tr><td>3807</td><td></td></tr>
<tr><td>3709</td><td></td></tr>
<tr><td>3809</td><td></td></tr>
</table>

参 考 文 献

[1] 国家技术监督局．技术制图．机械制图．电气制图．北京：中国标准出版社，2006.

[2] 王槐德，强毅等．机械制图．国家标准工作组．新旧标准代换教程．北京：中国标准出版社，2005.

[3] 手册编委会. 电气安装技术实用手册．北京：万方数据电子出版社，2001.

[4] 金大鹰等．机械制图．北京：机械工业出版社，2004.

[5] 高炳岩等．电力工程识绘图．北京：中国电力出版社，2006.

[6] 董崇庆、陈梨来等．电力工程识绘图．北京：中国电力出版社，2004.

[7] 谭胜富．电气工人识图 100 例．北京：化学工业出版社，2006.

[8] 童幸生等．实用电子工程制图．北京：高等教育出版社，2003.

[9] 周长城，郑志蕴，狄长春．AutoCAD 2006 中文版电气设计实例精讲．北京：人民邮电出版社，2006.

[10] 赵国增．计算机辅助绘图与设计——AutoCAD 2006. 北京：机械工业出版社，2006.